독학사
한권합격

1단계 교양과정

사회학개론

시대에듀

머리말 INTRO

학위를 얻는 데 시간과 장소는 더 이상 제약이 되지 않습니다. 대입 전형을 거치지 않아도 '학점은행제'를 통해 학사학위를 취득할 수 있기 때문입니다. 그중 독학학위제도는 고등학교 졸업자이거나 이와 동등 이상의 학력을 가지고 있는 사람들에게 효율적인 학점 인정 및 학사학위 취득의 기회를 줍니다.

학습을 통한 개인의 자아실현 도구이자 자신의 실력을 인정받을 수 있는 스펙인 독학사는 짧은 기간 안에 학사학위를 취득할 수 있는 가장 빠른 지름길로써 많은 수험생들의 선택을 받고 있습니다.

이 책은 독학사 시험을 준비하는 수험생분들이 단기간에 효과적인 학습을 할 수 있도록 다음과 같이 구성하였습니다.

---

01 '핵심이론' 중 시험장에 꼭 알고 들어가야 하는 부분을 요약한 '필수 암기 키워드'를 수록하여 시험 직전에 공부한 내용을 확인할 수 있도록 하였습니다.
※ 필수 암기 키워드 특강 : www.sdedu.co.kr → 독학사 → 학습자료실 → 무료특강

02 '2024~2022 기출복원문제'를 수록하여 최근 출제 경향을 파악하고 이에 맞춰 학습할 수 있도록 하였습니다.
※ 최신기출문제 특강 : www.sdedu.co.kr → 독학사 → 학습자료실 → 무료특강

03 시행처의 평가영역을 바탕으로 시험에 출제될 수 있는 내용을 정리하여 '핵심이론'으로 구성하였으며, '더 알아두기'와 '체크 포인트'를 통해 관련 내용까지 파악할 수 있도록 하였습니다.

04 출제 경향을 철저히 분석하여 구성한 '실전예상문제'와 '최종모의고사'를 통해 본인의 실력을 점검할 수 있도록 하였습니다.

시간 대비 학습의 효율성을 높이기 위해 방대한 학습 분량을 최대한 압축하여 정리하였으며, 출제 유형을 반영한 문제들로 구성하도록 노력하였습니다. 이 책으로 학위취득의 꿈을 이루고자 하는 수험생분들의 합격을 응원합니다.

편저자 드림

독학학위제 소개 BDES

독학학위제란?

「독학에 의한 학위취득에 관한 법률」에 의거하여 국가에서 시행하는 시험에 합격한 사람에게 학사학위를 수여하는 제도

- ✅ 고등학교 졸업 이상의 학력을 가진 사람이면 누구나 응시 가능
- ✅ 대학교를 다니지 않아도 스스로 공부해서 학위취득 가능
- ✅ 일과 학습의 병행이 가능하여 시간과 비용 최소화
- ✅ 언제, 어디서나 학습이 가능한 평생학습시대의 자아실현을 위한 제도
- ✅ 학위취득시험은 4개의 과정(교양, 전공기초, 전공심화, 학위취득 종합시험)으로 이루어져 있으며 각 과정별 시험을 모두 거쳐 학위취득 종합시험에 합격하면 학사학위 취득

독학학위제 전공 분야 (11개 전공)

국어국문학 / 영어영문학 / 심리학 / 경영학 / 컴퓨터공학 / 간호학 / 법학 / 행정학 / 가정학 / 유아교육학 / 정보통신학

※ 유아교육학 및 정보통신학 전공: 3, 4과정만 개설
  (정보통신학의 경우 3과정은 2025년까지, 4과정은 2026년까지만 응시 가능하며, 이후 폐지)
※ 간호학 전공: 4과정만 개설
※ 중어중문학, 수학, 농학 전공: 폐지 전공으로, 기존에 해당 전공 학적 보유자에 한하여 2025년까지 응시 가능

※ 시대에듀는 현재 4개 학과(심리학과, 경영학과, 컴퓨터공학과, 간호학과) 개설 완료
※ 2개 학과(국어국문학과, 영어영문학과) 개설 중

⬡ 과정별 응시자격

단계	과정	응시자격	과정(과목) 시험 면제 요건
1	교양	고등학교 졸업 이상 학력 소지자	• 대학(교)에서 각 학년 수료 및 일정 학점 취득 • 학점은행제 일정 학점 인정 • 국가기술자격법에 따른 자격 취득 • 교육부령에 따른 각종 시험 합격 • 면제지정기관 이수 등
2	전공기초		
3	전공심화		

4	학위취득	• 1~3과정 합격 및 면제
		• 대학에서 동일 전공으로 3년 이상 수료
		  (3년제의 경우 졸업) 또는 105학점 이상 취득
		• 학점은행제 동일 전공 105학점 이상 인정
		  (전공 28학점 포함)
		• 외국에서 15년 이상의 학교교육과정 수료
			없음(반드시 응시)

⬡ 응시방법 및 응시료

• 접수방법 : 온라인으로만 가능
• 제출서류 : 응시자격 증빙서류 등 자세한 내용은 홈페이지 참조
• 응시료 : 20,700원

⬡ 독학학위제 시험 범위

• 시험 과목별 평가영역 범위에서 대학 전공자에게 요구되는 수준으로 출제
• 독학학위제 홈페이지(bdes.nile.or.kr) ➡ 학습정보 ➡ 과목별 평가영역에서 확인

⬡ 문항 수 및 배점

과정	일반 과목			예외 과목		
	객관식	주관식	합계	객관식	주관식	합계
교양, 전공기초 (1~2과정)	40문항×2.5점 =100점	–	40문항 100점	25문항×4점 =100점	–	25문항 100점
전공심화, 학위취득 (3~4과정)	24문항×2.5점 =60점	4문항×10점 =40점	28문항 100점	15문항×4점 =60점	5문항×8점 =40점	20문항 100점

※ 2017년도부터 교양과정 인정시험 및 전공기초과정 인정시험은 객관식 문항으로만 출제

⬡ 합격 기준

■ 1~3과정(교양, 전공기초, 전공심화) 시험

단계	과정	합격 기준	유의 사항
1	교양	매 과목 60점 이상 득점을 합격으로 하고, 과목 합격 인정(합격 여부만 결정)	5과목 합격
2	전공기초		6과목 이상 합격
3	전공심화		

■ 4과정(학위취득) 시험 : 총점 합격제 또는 과목별 합격제 선택

구분	합격 기준	유의 사항
총점 합격제	• 총점(600점)의 60% 이상 득점(360점) • 과목 낙제 없음	• 6과목 모두 신규 응시 • 기존 합격 과목 불인정
과목별 합격제	• 매 과목 100점 만점으로 하여 전 과목(교양 2, 전공 4) 60점 이상 득점	• 기존 합격 과목 재응시 불가 • 1과목이라도 60점 미만 득점하면 불합격

⬡ 시험 일정

| 1단계
2월 중 | 2단계
5월 중 | 3단계
8월 중 | 4단계
10월 중 |

■ 1단계 시험 과목 및 시간표

구분(교시별)	시간	시험 과목명
1교시	09:00~10:40(100분)	국어, 국사(필수)
2교시	11:10~12:00(50분)	외국어(필수) : 영어, 독일어, 프랑스어, 중국어, 일본어 중 택 1과목
중식 12:00~12:50(50분)		
3교시	13:10~14:50(100분)	현대사회와 윤리, 문학개론, 철학의 이해, 문화사, 한문, 법학개론, 경제학개론, 경영학개론, 사회학개론, 심리학개론, 교육학개론, 자연과학의 이해, 일반수학, 기초통계학, 컴퓨터의 이해 중 택 2과목

※ 시험 일정 및 세부사항은 반드시 독학학위제 홈페이지(bdes.nile.or.kr)를 통해 확인하시기 바랍니다.

※ 시대에듀에서 개설된 과목은 빨간색으로 표시하였습니다.

⬡ 총평

2024년 시험의 출제 경향은 작년과 비슷하게 전반적으로 고른 분포를 보이면서도, 일부 영역에서 변화가 있었습니다. '사회학의 대상과 방법', '문화', '사회화와 퍼스낼리티', '일탈 행동', '사회 변동과 사회 발전' 영역의 문항 수가 증가하였으나 '사회학의 이론', '사회 계층', '현대 사회', '한국 근·현대의 사회 변동과 발전' 영역의 문항 수는 감소하였습니다. 매년 출제되는 영역에서 차이가 생길 수 있으니, 기출되었던 영역에 중점을 두면서도 전반적인 내용을 두루 학습하시기 바랍니다.

⬡ 학습 방법

사회학에서 등장하는 용어는 우리가 일상생활에서 사용하는 용어보다 의미의 확장이 많습니다. 그러므로 학습하다가 모르는 단어가 나온다면 반드시 사전 또는 인터넷 검색을 통해 용어의 의미를 정확하게 이해하고 넘어가야 한다는 점을 당부드립니다. 문제의 패턴은 매년 거의 유사한 것으로 보이며 '기본적인 개념 확인 문제', '제시문의 내용을 파악하는 문제' 등이 주로 출제되고 있습니다. 특히 기출된 영역은 반복 출제될 가능성이 높으므로, 교재에서 '기출' 표시가 되어 있는 부분은 반복적으로 학습하시기 바랍니다.

⬡ 출제 영역 분석

출제 영역	문항 수		
	2022년	2023년	2024년
사회학의 성립	2	3	3
사회학의 대상과 방법	2	2	3
사회학의 이론	5	6	3
사회학의 과제	0	0	0
문화	4	3	7
사회화와 퍼스낼리티	1	2	3
지위와 역할	3	3	3
사회 집단	1	2	2
일탈 행동	2	2	4
사회 구조론	0	1	0
사회 조직	2	2	2
사회 제도	1	0	0
사회 계층	3	3	1
가족	3	0	1
농촌 사회와 도시 사회	2	1	1
현대 사회	3	3	2
집합 행동과 사회 운동	2	2	2
사회 변동과 사회 발전	4	2	3
한국 근·현대의 사회 변동과 발전	0	3	0
총합	40	40	40

독학사 시험을 처음 준비하면서 학습 계획을 세우려고 경험 삼아 시험을 보러 갔을 때, 시험장에서 사람들이 무슨 책을 가지고 공부하는지 살펴볼 수 있었는데, 그때 알게 된 것이 시대에듀입니다. 시대에듀에서 출간한 문제집을 구매한 후 동영상 강의가 있다는 것도 알게 되었고, 혼자서는 막막했던 공부를 보다 수월하게 준비할 수 있었습니다. 잘 정리된 이론과 문제풀이 해설은 효율적인 학습을 하는 데 도움이 되었고, 상세한 설명이 포함된 동영상 강의는 과목에 대한 전반적인 이해도를 높여주었습니다.

독학사 시험은 워낙 공부할 내용이 방대하다 보니 이론 학습과 문제풀이 연습을 최대한 단기간에 끝내고 싶었습니다. 서점에서 여러 도서들을 비교해 보다가 시대에듀에서 출간한 교재로 공부를 시작했고, 나중에는 '1단계 5과목 벼락치기' 교재도 구입했습니다. 제가 선택한 5과목이 한 권에 다 수록되어 있어서 보다 간편하게 마무리 점검용으로 활용할 수 있었습니다. 문제를 풀어 보고도 잘 이해되지 않는 부분은 동영상 강의의 도움을 받는 편인데, 기출문제 무료 강의가 제공되니 유용하게 활용할 수 있었습니다. 필수 암기 키워드는 처음 학습하면서 주요 내용이 무엇인지 파악하는 데 많은 도움이 됐습니다.

독학사 시험에 합격하겠다는 목표는 잡았는데, 공부를 어떻게 해야 하는지 몰라서 감을 못 잡고 헤매고 있었습니다. 그러다가 인터넷 검색을 통해 시대에듀 교재를 선택하게 됐는데, 교재가 체계적으로 구성되어 있어 개념을 잡는 데 많은 도움이 되었습니다. 최신기출문제를 통해 출제 경향을 파악할 수 있었고, 출제 경향이 반영된 실전예상문제와 최종모의고사로 공부한 내용을 확실하게 점검할 수 있었습니다. 교재 앞부분에 수록된 필수 암기 키워드를 반복해서 봤는데, 주요 개념을 체크할 수 있어서 좋았습니다.

독학사는 시험을 주관하는 국가평생교육진흥원에서 관련 교재를 출간하지 않고, 기출문제도 공개하지 않아 교재를 선택하는 데 많은 어려움이 있었습니다. 여러 후기들을 비교하여 선택한 시대에듀의 독학사 기본서 시리즈는 탁월한 선택이었던 것 같습니다. 출제 경향을 반영한 핵심이론과 문제들로 기초를 탄탄하게 세울 수 있었습니다. 특히 도움이 되었던 것은 무료로 제공되는 필수 암기 키워드 특강이었습니다. 이 강의를 통해 개념 체계를 잘 세울 수 있었고, 시험 직전에 마무리 점검을 할 때에도 도움이 되었습니다.

이 책의 구성과 특징 STRUCTURES

01 필수 암기 키워드

핵심이론 중 반드시 알아야 할 중요 내용을 요약한 '필수 암기 키워드'로 개념을 정리해 보세요.

02 최신기출문제

'2024~2022년 기출복원문제'를 풀어 보면서 출제 경향을 파악해 보세요.

03 핵심이론

시행처의 평가영역을 반영하여 꼼꼼하게 정리된 '핵심이론'을 학습하며 기초를 탄탄하게 쌓아 보세요.

제 1 장 | 실전예상문제

01 사회학적 문제의식을 머튼의 시각에서 조명해 보면, 특정 제도와 관행은 외피적 기능과 이면적 기능을 갖고 있다. 사회학은 두 기능 모두를 살피고 연구하지만, 이면적 기능(잠재적 기능)에 더 주목한다.

01 다음 중 사회학의 성격에 대한 설명으로 틀린 것은?
① 사회학은 닫힌 사회에서는 발전하기 어려운 학문이다.
② 사회학은 공식적인 상황 규정을 거부하는 성향을 가졌다.
③ 사회학은 폭로하려는 동기(Debunking motif)를 가진 학문이다.
④ 사회학은 이면적 기능보다는 외피적 기능에 더욱 관심을 갖는다.

---

04 실전예상문제

'핵심이론'에서 공부한 내용을 바탕으로 '실전예상문제'를 풀어 보면서 문제를 해결하는 능력을 길러 보세요.

제1회 최종모의고사 | 사회학개론

제한시간: 50분 | 시작 ___시 ___분 ~ 종료 ___시 ___분

⊐ 정답 및 해설 473p

01 문자를 해독하지 못하는 사람들에게는 사용하기 어렵지만, 비교적 짧은 시간에 많은 사람을 대상으로 조사할 수 있는 조사방법으로 알맞은 것은?
① 심층면접
② 설문조사
③ 참여관찰
④ 문헌연구

03 다음 내용에서 공통적으로 설명하는 사회 규범으로 옳은 것은?

• 친족 간의 웃어른께 큰 절을 할 것이 기대된다.
• 강제력의 정도에 있어 가장 규제력이 낮은 사회 규범이다.

① 원규
② 민습
③ 법률

---

05 최종모의고사

'최종모의고사'를 실제 시험처럼 풀어 보며 실력을 점검해 보세요.

+ P / L / U / S +

1단계 시험을 핵심자료로 보강하자!

국어 / 영어 / 국사 <핵심자료집 PDF> 제공

1단계 시험을 준비하는 수험생을 위해 교양필수과목인 국어/영어/국사 핵심 요약집을 PDF로 제공하고 있어요. 국어는 고전문학/현대문학, 영어는 중요 영단어/숙어/동의어, 국사는 표/사료로 정리했어요.

※ 경로 : www.sdedu.co.kr → 독학사 → 학습자료실 → 강의자료실

목차 CONTENTS

목차 CONTENTS

PART 4 최종모의고사

합격의 공식 시대에듀 www.sdedu.co.kr

최신기출문제

2024년	기출복원문제
2023년	기출복원문제
2022년	기출복원문제

출/ 제/ 유/ 형/ 완/ 벽/ 파/ 악/

훌륭한 가정만한 학교가 없고, 덕이 있는 부모만한 스승은 없다.

– 마하트마 간디 –

※ 기출문제를 복원한 것으로 실제 시험과 일부 차이가 있으며, 저작권은 시대에듀에 있습니다.

01 다음 내용과 가장 관련 있는 학자는?

> - 사회학의 창시자로, 사회를 과학적으로 탐구하는 새로운 과학의 필요성을 주장하면서 사회학이라는 용어를 처음 사용하였다.
> - 인류의 지적 진화와 관련하여 '신학적 단계 – 형이상학적 단계 – 과학적 단계'로 진화한다는 '3단계 법칙'을 제시하였다.

① 베버
② 스펜서
③ 콩트
④ 마르크스

01 제시문은 콩트에 관한 설명으로, 콩트는 사회를 과학적으로 탐구하는 새로운 과학의 필요성을 주장하면서 사회학이라는 용어를 처음 사용한 사회학의 창시자이다. 사회의 진보가 인간 정신의 진보에 의하여 이루어진다고 생각했으며, 인류의 지적 진화와 관련하여 3단계 법칙을 제시하였다. 인간의 지적 능력은 신학적 단계에서 형이상학적 단계를 거쳐 실증적 단계로 발전하고, 이러한 지적 발전과 더불어 사회가 진보한다고 주장하였다.

정답 01 ③

02 베버는 사회학을 '사회적 행위의 해석적 이해를 통해 그 행위의 과정과 결과를 인과적으로 설명하는 학문'이라고 규정하였다. 그에게 있어 사회학의 과제는 행위자가 자신의 행위에 부여하는 주관적 의미를 파악해서 그것의 인과관계를 밝혀내는 것이었다.

① 스펜서는 다윈의 진화론을 사회에 적용하여 사회도 생물 유기체와 같아 동질적이고 단순한 사회에서 이질적이고 복합적인 사회로 진화한다는 사회 진화론을 주장하였다.

② 사회적 사실은 뒤르켐이 주장한 개념이다. 사회적 사실이란 고정된 것이든 그렇지 않은 것이든 간에 개인에게 외재하며 그에게 구속력을 행사할 수 있는 일체의 감정·사고·행동양식이다. 뒤르켐은 사회적 사실이 그 자체로 존재성을 갖고 있는 것으로서, 사회현상은 사회적 사실이며 여기에는 사회구조적인 결정인자가 있다고 보았다.

④ 마르크스는 역사적 유물론에 기초하여 지금까지의 모든 인간 역사는 계급 투쟁의 역사라고 보았다. 경제 체계는 공동 소유하에 있게 될 것이며 평등주의적이고 참여적인 사회주의 사회가 건설될 것이라고 주장하였다.

02 다음 중 베버의 사회학의 연구 대상으로 옳은 것은?

① 사회 진화론
② 사회적 사실
③ 사회적 행위
④ 사회주의 사회

정답 02 ③

03 다음 내용과 가장 관련 있는 이론은?

> 사회는 하나의 유기체이며, 사회를 형성하고 있는 많은 부분 요소 사이에 의견의 합의가 있다. 사회는 많은 개인으로 이루어졌고, 여러 개인이 한 사회 내에서 질서를 유지하며 살기 위해서는 합의가 있어야 한다. 유기체가 균형을 이루는 것과 같이 사회도 균형을 이루며 통합한다.

① 갈등론
② 교환이론
③ 구조기능주의
④ 상징적 상호작용론

03 제시문은 합의론에 관한 내용이다. 합의론은 사회를 하나의 유기체로 보며, 사회가 형성되고 그 속에서 여러 개인이 함께 존재한다는 것 자체가 사회 내의 집단 성원들이 공감하는 어떤 공통의 합의가 이루어졌기 때문이라고 본다. 이러한 합의론적 경향을 보이는 사회 학설에는 사회 유기체설, 사회체계이론, 구조기능주의 등이 있다.
① 갈등론은 사회 질서보다는 사회 변동에 관점을 두며, 한 사회 안에서 어떤 문제가 발생한 것은 사회가 변화해 가기 위한 지극히 정상적이고도 필연적인 계기로 본다.
② 교환이론은 인간의 사회 행위를 서로 주고받는 교환 행위로 규정하고, 모든 인간은 기본적으로 이윤을 추구하는 존재라는 전제에서 출발한다. 또한 자신의 이익을 추구하려는 동기를 가진 인간은 이와 같은 보상 욕구를 충족하기 위하여 타인과 상호작용을 한다고 본다.
④ 상징적 상호작용론은 개인을 활동적·창조적 주체로 보며, 언어나 제스처 등의 상징을 통해 의미를 교환하고 그 속에서 서로의 생각·기대·행동을 조정해 가는 미시적인 사회 과정에 초점을 맞추는 이론이다.

04 다음 내용에 해당하는 개념으로 적절한 것은?

> 찰스 밀스가 주장한 개념으로, 개개인들의 삶의 모습에 영향을 미치는 사회·역사적 과정에 대해 종합적으로 파악하는 정신적 자질을 의미한다.

① 사회 계층
② 사회적 사실
③ 사회적 지위
④ 사회학적 상상력

04 ① 사회 계층이란 사회구성원들을 그들의 지위, 재산, 교육, 수입 등에 의하여 분류할 때 비슷한 지위를 차지하고 있는 일군의 층을 의미한다.
② 뒤르켐은 외부적인 압력을 '사회적 사실'이라고 규정하며 철저하게 외부의 '사물'로 객관적으로 다루어져야 하며, 자신의 주관적인 판단을 포함하면 안 된다고 주장한다.
③ 사회적 지위는 한 개인이 점유하고 있는 각 집단에서의 개별 지위들을 종합한 단일 지위를 말한다.

정답 (03 ③   04 ④)

05 뒤르켐은 『자살론』에서 자살이란 사회현상에서 원인은 '사회와 개인의 관계 유형'이며 결과는 '개인의 자살'이라고 파악하여, 사회 구조 및 현상과 개인의 자살이 갖는 관계를 분석했으며, 이를 통해 자살의 원인을 이기적 자살, 이타적 자살, 아노미적 자살, 숙명적 자살로 유형화했다.

② 사회명목론은 사회라는 것이 명목(名目)뿐인 것이며 사회의 특질은 그 사회구성원인 개개인의 특질의 합이라고 본다. 대표적인 학자로는 베버, 쿨리, 미드, 짐멜 등이 있다.

③ 지식사회학에서는 지식이 사회의 소산임을 문제로 삼고, 지식이 어떠한 사회적 요인을 조건으로 취하며 또 그 요인과 어떻게 기능적 관련을 갖느냐에 관심을 둔다. 만하임이 대표적인 주장자로, 만하임은 정치적 무기로서의 이데올로기론(論)으로부터 과학으로서의 지식사회학이 성립한다고 주장했다.

④ 사회명목론을 극단적으로 주장하면 심리학적 환원론에까지 나아가게 되며, 심리학적 환원론은 개인의 심리적 특성, 동기, 태도 등을 옳게 파악하면 사회의 특성은 물론 나아가 사회 구조와 제도적인 운영도 파악할 수 있다는 견해이다.

06 사회학의 대표적인 연구 방법으로는 과학적 관찰, 이론적 설명, 체험적 이해가 있다.

ㄱ. 사회학은 이론적 설명을 위해 논리적 도출을 사용하여 사실이 설명되는 논리·연역적 체계를 취한다.

ㄴ. 사회학은 인간과 사회 구조의 관계를 과학적으로 관찰하는데, 과학적으로 관찰한다는 것은 통제된 관찰을 의미한다.

ㄹ. 사회학은 인간과 집단에 대해 공동체적 연대 의식을 갖고 그들의 삶을 해석하고 체험적으로 이해하려고 한다.

정답 05 ① 06 ③

05 다음 내용과 가장 관련 있는 이론은?

> 뒤르켐은 사회학적 관점에서 문제의 원인을 개인적·심리적 영역이 아니라 집단과 개인의 상호적 인과관계 속에서 찾으려 했다. 그가 말하는 인과관계란 현상의 이전과 이후 상태 사이의 필연적인 관계이며, 이 두 상태를 비교함으로써 문제의 원인을 파악할 수 있다고 하였다.

① 자살론
② 사회명목론
③ 지식사회학
④ 심리학적 환원론

06 다음 중 사회학의 대표적인 연구 방법에 해당하는 것을 모두 고른 것은?

> ㄱ. 이론적 설명
> ㄴ. 과학적 관찰
> ㄷ. 직관적 사유
> ㄹ. 체험적 이해

① ㄱ, ㄴ
② ㄴ, ㄹ
③ ㄱ, ㄴ, ㄹ
④ ㄱ, ㄷ, ㄹ

07 다음 연구 주제에 적합한 사회학적 연구 방법은?

- 독거노인의 소외감이 우울과 자살에 미치는 영향에 관한 연구
- 다문화가정 학생의 학교 적응에 관한 연구

① 연역법
② 귀납법
③ 비교법
④ 개별화

08 다음 중 세계 체계론에 대한 설명으로 옳은 것은?

① 세계 자본주의 체계의 구조는 단일한 분업의 원칙에 따라 상이한 상품 생산에 입각한 평등한 교환관계로 서로 연관된 중심부, 반주변부, 주변부의 3가지 국가군으로 되어 있다.

② 강력한 국가 기구를 가지고 자유 임금과 노동에 기초하여 제조품 생산에 주력하는 주변부는, 허약한 국가 기구를 가지고 강제노동에 기초하여 농산물 경작에 주력하는 중심부에 대하여 국제 교역 과정에서의 잉여를 수탈하는 것으로 파악하였다.

③ 세계 자본주의 체계의 기능은 단일한 자본주의적 생산 양식에 따라 불평등한 교환관계를 통해 잉여가 주변부에서 중심부로(또는 반주변부를 거쳐) 이전되고, 나아가서 종속적 구조를 주변부에 형성하는 것으로 파악한다.

④ 주변부는 중심부에 의해 수취당하며 동시에 반주변부를 수취하는 제3의 구조적 위치를 점유하고 있는 나라들이다.

---

07 제시된 연구 주제와 같이 개별 사실이나 명제로부터 일반적인 결론을 끌어내는 연구 방법은 귀납법이다. 귀납추론은 흔히 '구체적인 사실로부터 보편적 사실을 추론하는 방식'으로 정의된다. 특히 귀납법은 개별적인 특수한 사실이나 원리를 전제로 해서 일반적인 사실이나 원리를 추론하는 연구 방법을 말하며, 주로 인과관계를 확정하는 데 사용한다.
① 연역법은 '보편적인 사실로부터 구체적 사실을 추론하는 방식'으로, '전제가 참이라면 결론은 필연적으로 참이다.'를 특징으로 한다. 특히 연역법은 논리 연역에 따른 추리 방법으로, 일반적 사실이나 원리를 전제로 하여 특수한 사실이나 원리를 결론으로 끌어내는 추리 방법을 말한다. 경험이 아닌 논리를 통해서 필연적인 결론을 끌어내는 것으로, 삼단 논법이 대표적이다.

08 ① 세계 체계론에 따르면 세계 자본주의 체계의 구조는 단일한 분업의 원칙에 따라 상이한 상품 생산에 입각한 불평등한 교환관계로 서로 연관되어 있다.
② 강력한 국가 기구를 가지고 자유 임금과 노동에 기초하여 제조품 생산에 주력하는 것은 중심부이다.
④ 반주변부는 중심부에 의해 수취당하며 동시에 주변부를 수취하는 제3의 구조적 위치를 점유하고 있는 나라들이다.

정답 07 ② 08 ③

09 상징적 상호작용론은 인간은 언어나 문자와 같은 상징을 통해 상호작용을 하면서 자신과 대상에 의미를 부여하는 능동적인 존재라는 철학적 전제하에 사회문화 현상을 미시적 관점에서 바라본다.
① 사회명목론은 인간과 사회와의 관계에서 사회보다는 개인이 중요하다고 보는 관점이다.
② 사회실재론은 인간과 사회와의 관계에서 개인보다는 사회가 우선이고 중요하다는 견해이다.
④ 과학적 관리론은 기업 경영 및 생산 과정 과학화 운동과 고전적 조직이론이 접목되면서 구축된 관리 이론이다.

09 다음 내용과 가장 관련 있는 사회학적 이론은?

> 인간은 사회로부터 영향을 받는 수동적인 존재가 아니라 자신과 대상에 의미를 부여하는 능동적인 존재라는 점을 이론적 전제로 하며, 개인이 사물이나 행위에 주관적으로 의미를 부여하면서 자신의 행위를 선택한다고 본다.

① 사회명목론
② 사회실재론
③ 상징적 상호작용론
④ 과학적 관리론

10 가치중립은 사회과학자가 개인적인 가치관이나 사상을 연구 과정과 결과에 개입시켜서는 안 된다고 하는 방법론적인 태도를 의미한다. 즉, 가치중립성(몰가치성)은 사회과학으로부터 실천적·윤리적 가치를 배제해야 한다는 사회과학 방법론상의 이론으로, '가치개입' 또는 '가치판단'과 상반되는 용어이다.

10 다음 내용과 가장 관련 있는 개념은?

> 사회과학자의 연구는 객관적이어야 하며, 개인적인 가치관이나 사상을 자신의 연구 과정과 결과에 개입시켜서는 안 된다고 하는 방법론적 태도를 뜻한다.

① 가치개입
② 가치판단
③ 가치형성
④ 가치중립

정답 (09 ③   10 ④)

11 다음 내용에서 괄호 안에 공통으로 들어갈 용어로 적절한 것은?

> ( )은(는) 대중문화를 비평하기 위해 프랑크푸르트학파가 『계몽의 변증법』에서 주장한 개념이다. ( )은(는) 자본주의적으로 대량 생산된 대중문화(Mass Culture)를 의미하는데, 프랑크푸르트학파에서 대중문화 대신 ( )(이)란 용어를 사용한 것은 그것이 대중에 의해 생산된 것이 아니라 산업적 구조에 의해 상품으로서 생산된 것이기 때문이다.

① 대중매체
② 자본주의
③ 문화산업
④ 소비문화

12 다음 사례를 지칭하는 용어로 가장 적절한 것은?

> 오픈AI에서 개발한 인공지능 언어 모델인 ChatGPT는 방대한 양의 텍스트 데이터를 사전 학습하여 사용자의 입력에 적절하고 의미 있는 응답을 생성할 수 있다. 또한 다양한 주제를 이해하고 텍스트를 생성할 수 있어 챗봇, 언어 번역, 콘텐츠 생성 등 여러 분야에서 응용될 수 있다. 하지만 사용자의 민감한 데이터를 저장하고 사용하여 데이터 개인정보 보안에 대한 문제가 발생할 수 있고, 정보의 소유권이나 저작권 등의 문제를 해결해야 한다는 과제가 남아 있다.

① 문화 동화
② 문화 지체
③ 문화 변형
④ 아노미

11 프랑크푸르트학파인 아도르노(T. Adorno)와 호르크하이머(M. Horkheimer)가 『계몽의 변증법(The Dialectic of Enlightenment)』에서 대중문화를 비평하기 위해 사용한 개념은 문화산업(Culture Industry)이다. 프랑크푸르트학파의 주장에 따르면, 후기 자본주의 사회에서 문화는 이윤의 도구가 되었다. 그렇게 이윤의 도구가 된 문화산업, 즉 대중문화는 사물화된 의식을 조장하고 대중을 무력화함으로써 독점자본주의 체제가 유지되고 재생산될 수 있도록 기능한다고 주장한다.

12 인공지능 기술이 발달하긴 했지만, 이를 뒷받침하는 개인정보 보안이나 저작권 보호 등의 문제가 아직 해결되지 않은 상황이다. 이처럼 문화가 변동할 때 문화 내용의 제 측면이 골고루 같은 속도로 변하지 않고 한 측면은 빠르게 변하는 반면 다른 측면은 천천히 변하여 생기는 문화의 부조화 현상을 문화 지체라고 한다.
① 문화 동화란 여러 가지 독특한 하위문화를 가진 집단이 그 사회의 지배 문화로 통합되는 문화 현상, 즉 한 사회의 문화 요소는 없어지고 다른 사회의 문화 요소로 대체되는 현상을 의미한다.
③ 문화 변형이란 두 개의 이질적인 문화가 오랜 기간 접촉하는 동안 각각 본래의 문화 유형을 잃어가고 새로운 문화를 창조해 내는 문화 현상을 의미한다.
④ 아노미란 한 사회에 대립하는 가치관이 공존하여 개인이 가치관의 혼란을 일으키는 현상을 의미한다.

정답 11 ③ 12 ②

13 문화적 특성은 유전적이거나 타고나는 선천적 속성이 아니라, 출생 후 성장 과정에서 사회화를 통해 획득하는 후천적 속성을 띤다.
[문제 하단의 표 참조]

13 다음 중 문화의 속성에 해당하지 <u>않는</u> 것은?

① 창조성
② 축적성
③ 공유성
④ 선천성

[문화의 속성]

창조성	문화가 인간의 창조물이라는 것은 문화의 가장 중요한 특성이다.
후천성	문화적 특성은 타고나는 것이 아닌, 출생 후 성장 과정에서 사회화(사회적 상호작용을 통한 후천적 학습)를 통해 획득되므로, 학습성이라고도 한다.
축적성	문화는 상징 체계를 통해 세대를 이어서 전승되면서 쌓여간다.
공유성	문화는 한 집단 구성원들이 공통으로 갖는 생활 양식이다.
체계성	문화의 각 요소는 상호 유기적인 관련을 맺고 있으면서 전체적으로 하나의 통합성을 가진다.
변동성	문화는 고정불변이 아닌, 문화적 특성이 추가 또는 소멸하며 변화한다.
보편성	세계 어느 사회나 문화가 있고 사회성원 모두에게 영향을 미친다.
다양성	문화는 표현의 다양성과 가치관의 상대성을 갖고 있다.

정답 13 ④

14 다음 내용에서 괄호 안에 들어갈 용어를 순서대로 고른 것은?

> (㉠) 문화는 전체 문화와 달리, 특정 집단에서 독특하게 나타나는 문화, 즉 한 사회 내의 여러 집단이 각각 자기 집단 성원들끼리만 공유하는 문화를 말한다. (㉡) 문화는 기존 사회의 질서를 인정하지 않고 그것을 파괴하려는 집단의 문화를 말한다. 이들 집단이 전체 문화의 가치관을 받아들이지 않고 그들끼리의 가치관을 내세워 사회 전체 문화의 가치관에 도전하기 때문이다.

	㉠	㉡
①	부분	지배
②	상위	전체
③	하위	대항
④	대중	주류

15 다음 내용과 가장 관련이 깊은 것은?

> 자기 민족과 문화의 모든 것만이 옳고 합리적이며 윤리적이라고 생각하고 다른 민족의 문화를 배척 내지 경멸하는 태도를 말한다. 이 태도가 타민족이나 국가 간의 관계에서 강조될 때는 타민족에 대해 배타적인 편견을 갖게 된다. 서구 사람들이 열대지방 사람들의 옷차림을 보고 경망스럽다고 여기는 것이 한 예이다.

① 문화 상대주의
② 문화 사대주의
③ 자문화 중심주의
④ 문화 통합주의

14 하위 문화(부분 문화)는 특정 집단에서 독특하게 나타나는 문화이며, 대항 문화(반문화)는 기존 사회의 질서를 인정하지 않고 그것을 파괴하려는 집단의 문화를 말한다.
- 전체 문화는 한 사회의 성원 대부분이 공유하는 문화로, 그 사회의 가장 기본이 되는 가치와 이념이 행동이나 상징으로 표현되는 것이기 때문에 그 사회성원이 대체로 이질감이나 거부감 없이 받아들이는 문화이다. 사회가 복잡해질수록 다양한 가치관이 나타나며, 사회성원들의 지배적인 가치관이 표현되므로, 전체 문화를 지배 문화 또는 주류 문화라고도 한다.
- 대중 문화는 대중 매체를 기반으로 한 문화, 혹은 대중이 중심이 되는 문화이다.

15 ① 문화(적) 상대주의란 세계 문화의 다양성을 인식하고, 각 문화의 독특한 환경과 역사·사회적 상황에서 이해해야 하며, 각 문화의 가치를 인정하고 존중해야 한다는 태도를 말한다.
② 문화 사대주의는 다른 문화권의 문화가 자기 나라의 문화보다 우월하다고 느끼며 자기 문화를 열등하게 생각하고 다른 문화권의 문화를 비판 없이 동경하는 것이다.

정답 (14 ③   15 ③)

16 미국에 사는 중국인들이 차이나타운에서 그들의 문화를 유지하면서 생활하는 것은 문화 공존으로 볼 수 있다.

16 다음 중 문화 변동의 양상에 관한 설명으로 옳지 <u>않은</u> 것은?

① 두 가지 이상의 서로 다른 문화가 오랜 시간 동안 지속적인 접촉으로 인해 일방 또는 쌍방의 문화에 변화가 일어나는 현상을 문화 접변이라고 한다.

② 문화 공존의 예로는 미국의 지배하에 있었던 필리핀에서 현재 영어와 필리핀어를 공용으로 사용하는 것을 들 수 있다.

③ 스페인 문화와 토착 인디언의 문화가 결합하여 제3의 문화를 만들어낸 멕시코 문화는 문화 융합의 예이다.

④ 미국에 사는 중국인들이 차이나타운에서 그들의 문화를 유지하면서 생활하는 것은 문화 동화로 볼 수 있다.

정답 (16 ④)

17 다음 내용에서 괄호 안에 들어갈 적절한 용어를 순서대로 고른 것은?

> (㉠)는 미래에 속하게 될 집단에서 요구되는 행동양식을 미리 학습하는 것으로, 신입사원 연수를 예로 들 수 있다. (㉡)는 사람들이 과거에 가지고 있던 것과는 근본적으로 다른 규범과 가치를 내면화하는 경우로, 교도소 교정 교육을 예로 들 수 있다.

	㉠	㉡
①	예기적 사회화	발달 사회화
②	역사회화	발달 사회화
③	예기적 사회화	재사회화
④	원초적 사회화	재사회화

»»○

[사회화의 형태]

원초적 사회화	어린 시절의 학습 과정으로 언어와 인지 능력의 향상, 문화적 규범과 가치의 내면화, 정서적 유대의 확립, 다른 사람들의 역할과 관점에 대한 평가 등을 포함한다.
예기(적) 사회화	학습 역할들이 현재가 아닌 미래의 역할에 지향된 사회화로, 어린아이들이 소꿉놀이하면서 어머니와 아버지의 흉내를 내보는 것이 대표적인 예이다.
발달 사회화	새로운 기대나 의무, 역할의 습득이 요구되는 상황(결혼이나 전직 등)에서 새로운 학습이 옛것에 부가되거나 융화되어 일어나는 사회화를 말한다.
역사회화	구세대의 문화 지식이 젊은 세대로 전해지는 것이 아니라 그 반대의 방향으로 일어나는 현상이다. 시골에서 서울로 이주한 노인들이 자식들로부터 대도시의 생활 방식을 배우는 경우, 어른들이 컴퓨터를 어린 세대에게 배우는 경우 등이 이에 해당한다.
재사회화	급격한 생활환경의 변화가 있을 때, 즉 사람들이 과거에 가지고 있던 것과는 근본적으로 다른 규범과 가치를 내면화하는 경우이다. 특히 군대나 포로수용소, 교도소, 수녀원, 정신병원 등과 같은 이른바 '총체적 기관'에서 효율적으로 일어난다.

17 [문제 하단의 표 참조]

정답 17 ③

18 ① 인지 발달 이론은 피아제(Piaget)
　　가 제시한 인지 이론으로, 그는
　　인간의 인지 발달은 환경과의 상
　　호작용에 의해서 이루어지는 적
　　응 과정이라고 보았다.
③ 에릭슨은 심리 사회성 발달 이론
　　(사회성 이론)에서 인간의 행동
　　에 기초하여 사회 속에서 맺게 되
　　는 사회적 관계에 따라 일생을 8
　　단계로 나누고 각 발달 단계가 상
　　호관련성이 있다고 주장했다.
④ 상징적 상호작용론은 상징을 매
　　개로 한 사회구성원 간의 상호작
　　용에 주로 관심을 가지고 사회·
　　문화 현상을 이해하는 이론이다.

18 다음 내용과 가장 관련 있는 이론은?

> 프로이트(Freud)는 원초아, 자아, 초자아의 상호작용으로 성격이 형성된다고 보았다. 처음 태어났을 때는 무의식 영역에 있는 본능으로 구성된 '원초아'만 존재하다가, 더 자라면 본능을 현실적이고 논리적으로 해결하고자 노력하는 '자아'라는 성격 구조가 발달하며, 무의식 영역에 있는 '초자아'는 가장 나중에 완성된다고 하였다. '초자아'는 도덕적 규범이 무엇인지 알게 되면서 양심이나 죄책감, 도덕성으로 발달하게 된다. 이러한 세 가지 성격 구조에서 자아가 원초아와 초자아의 욕구와 기대를 적절히 조절하게 될 때 인간은 사회적으로 잘 기능하게 된다고 보았다.

① 인지 발달 이론
② 정신 분석 이론
③ 심리 사회성 발달 이론
④ 상징적 상호작용론

19 몰개성화란 집단 내에서 구성원들이
개별성과 책임감을 상실하여 집단행
위에 민감해지는 현상을 말한다. 사
회화는 개인 차원에서 개인의 개성
과 자아를 형성하는 것을 목적으로
하므로, 사회구성원의 몰개성화를
사회화의 목적으로 보기는 어렵다.

19 다음 중 사회화의 목적에 해당하지 않는 것은?

① 사회적 소속감 함양
② 사회구성원 간의 문화 공유
③ 사회의 유지 및 통합에 기여
④ 사회구성원의 몰개성화

정답 　18 ②　19 ④

20 지위와 역할에 대한 설명으로 옳지 <u>않은</u> 것은?

① 역할은 지위의 역동적 측면을 구성한다.

② 사회적 지위는 사회 또는 집단 안에서 개인의 서열, 즉 높고 낮음을 뜻하는 것이다.

③ 지위 불일치는 한 개인의 사회적 위치가 그의 사회적 지위에 긍정적 효과와 부정적 효과를 동시에 미치는 상황을 뜻한다.

④ 사회 구조는 사회적 지위나 역할을 갖고 있는 개인과 개인 사이의 관계가 일정한 질서에 의해 고정화되고 유형화된 관계들로 구성되어 있다.

21 다음 내용에 해당하는 것은?

> 두 개의 이질적인 문화가 접촉을 하면서도 각각 자체 문화의 가치관과 특성을 그대로 유지하면서 한 사회 내에서 공존하는 문화 현상을 일컫는다.

① 문화 동화

② 문화 변형

③ 문화 수용

④ 문화 지체

---

20 사회적 지위는 사회 속에서 다른 사람들과의 관계를 통해 형성되는 개인의 사회적 위치로, 사회 또는 집단 안에서 개인의 서열, 즉 높고 낮음을 뜻하는 것이 아니라, 사회관계에서 주어지는 단순한 위치만을 가리키는 용어로 사용된다.

21 ① 문화 동화는 여러 가지 독특한 하위문화를 가진 집단이 그 사회의 지배 문화로 통합되는 문화 현상, 즉 한 사회의 문화 요소는 없어지고 다른 사회의 문화 요소로 대체되는 현상을 말한다.

② 문화 변형(융합)은 두 개의 이질적인 문화가 오랜 기간 접촉하는 동안 각각 본래의 문화 유형을 잃어가고 새로운 문화를 창조해 내는 문화 현상, 즉 A문화와 B문화가 접촉하는 동안 C문화가 나타나는 현상을 말한다.

④ 문화 지체는 문화가 변동할 때 문화 내용의 제(諸) 측면이 골고루 같은 속도로 변하지 않고 어느 측면은 빠르게 변하는데, 다른 측면은 천천히 변하기 때문에 생기는 문화의 부조화 현상을 말한다.

정답 20 ② 21 ③

22 [문제 하단의 표 참조]

22 다음 용어들과 가장 관련 있는 지위는?

> 나이   성별   인종

① 주된 지위
② 성취 지위
③ 계층적 지위
④ 귀속적 지위

»»○

[사회적 지위의 유형]

주된 지위	사회적 정체성을 결정하는 데 중요한 역할을 하는 지위로, 전통 사회에서는 신분, 현대 사회에서는 직업 등이 해당한다.
귀속(적) 지위	본인의 의사나 노력과는 관계없이 주어진 사회적 지위로, 나이와 성, 인종 등이 있다.
성취 지위 (획득 지위)	노력으로 성취한 사회적 지위로 교육 수준, 직업, 수입 등이 있다.

23 제시문은 역할 갈등의 사례이다. 역할 갈등이란 두 개 또는 그 이상의 지위들에 상응하는 역할들이 동시에 요구되어 양립 불가능하게 된 경우에 발생하는 사회 갈등이다.
① 역할 혼동이란 한 개인이 갖는 두 개 또는 그 이상의 지위들에 상응하는 역할들 사이에 문제가 생기기는 하지만, 그것들이 양립 불가능한 것은 아니어서 어느 역할을 선택해야 할지 고민하는 상황이다.
② 역할 긴장이란 하나의 사회적 지위에 요구되는 여러 역할 사이에서 양립 불가능한 행동·기대·의무들이 생길 때 개인이 경험하는 스트레스 또는 긴장을 말한다.
④ 다중 역할이란 개인이 둘 이상의 사회적 지위를 가지고 있어서 다양한 역할 행동을 하는 것을 말한다.

23 다음 사례와 가장 관련 있는 것은?

> A는 사이클 동아리 회원이면서 학급의 배구 경기 대표이기도 하다. 금요일 방과 후 같은 시간대에 사이클 동아리 조별 모임과 학급 배구 예선전이 겹쳐서, A는 사이클 동아리 회원의 역할과 학급 배구 경기 대표로서 해야 할 역할 사이에서 어떤 것을 선택해야 할지 망설이고 있다.

① 역할 혼동
② 역할 긴장
③ 역할 갈등
④ 다중 역할

정답 22 ④   23 ③

24 다음 중 사회집단의 특성으로 옳지 <u>않은</u> 것은?

① 소속 의식이 있어야 한다.

② 최소 세 명 이상의 사람이 있어야 한다.

④ 지속적인 상호작용이 있어야 한다.

③ 유대 관계가 있어야 한다.

25 다음 중 사회집단의 유형에 대한 설명으로 옳은 것은?

① 이익사회는 자연적 의지에 따라 형성된 집단이다.

② 공동사회는 선택적 의지에 따라 형성된 집단이다.

③ 내집단은 구성원 간의 간접적인 접촉과 목적 달성을 위한 수단적인 만남을 바탕으로 형성된 집단이다.

④ 일차집단은 구성원들 간의 친밀한 대면접촉을 통하여 이루어진 집단이다.

26 다음 내용과 관련 있는 일탈의 특성은?

> 한국 문화에서는 일탈이라고 판단되더라도, 미국 문화에서는 일탈이라고 평가되지 않을 수 있다.

① 절대성

② 일회성

③ 상대성

④ 다면성

24 사회집단의 특성
• 일정 수의 사람이 있어야 한다(최소 두 명 이상).
• 일정 수의 사람이 공유하는 의식과 가치가 있어야 한다.
• 소속 의식이 있어야 한다.
• 상호작용이 있어야 한다.
• 유대 관계가 있어야 한다.

25 ① 이익사회(Gesellschaft)는 인간의 선택적 의지에 의해 형성된 집단으로, 합리성과 수단적 인간관계를 중시하고, 공식적인 규율에 의해 질서가 유지된다(회사, 학교, 정당, 국가 등).
② 공동사회(Gemeinschaft)는 인간의 의지와 무관하게 자연적으로 형성된 집단으로, 정(情)과 전인적인 인간관계를 중시하고, 전통과 관습에 의해 질서가 유지된다(가족, 친족, 촌락 공동체, 민족 등).
③ 내집단은 우리 집단이라고도 하며, 자기 자신이 소속되어 있다고 느끼는 집단이다. 구성원 간의 간접적인 접촉과 목적 달성을 위한 수단적인 만남을 바탕으로 형성된 집단은 이차집단이다.

26 일탈의 상대성
• 일탈의 개념은 시간적·공간적인 면에서 상대적인 개념으로, 특정 행위는 역사적 조건이나 사회적 상황에 따라 일탈 행동이 될 수도 있고 아닐 수도 있다.
• 일탈 행위의 평가는 문화적 상황에 따라 다르기 때문에 어떤 문화적 상황에서 야기되는 일탈인가를 고찰하는 데서 일탈의 이해가 시작되어야 한다.

정답 24 ② 25 ④ 26 ③

27 ① 사회학적 범죄이론은 범죄의 원인을 범죄자의 사회적 환경을 중심으로 파악하는 범죄이론이다.
③ 심리학적 범죄원인론은 인간의 심리 과정을 추적함으로써 비행·범죄 원인을 파악하고자 하는 이론이다.
④ 사회구조이론은 사회구조적 측면에서 잘못된 사회 구조의 영향으로 범죄가 발생한다는 이론이다.

27 다음 내용과 가장 관련 있는 이론은?

> 범죄의 원인을 범법자의 얼굴 형태 등 해부학적 특성과 신체적 구성과 같은 개인적인 자질이나 속성을 중심으로 파악하는 범죄이론이다.

① 사회학적 범죄이론
② 생물학적 범죄원인론
③ 심리학적 범죄원인론
④ 사회구조이론

28 차별교제이론에서는 범죄 행위가 학습될 때 그 학습은 범죄의 기술뿐만 아니라 특정한 방향의 동기, 추동, 합리화, 태도까지도 포함한다고 본다.

차별교제이론
(Differential Association Theory)
비행 행위를 설명하는 사회학적 이론으로, 에드윈 H. 서덜랜드(Edwin H. Sutherland)가 체계화한 이론이다. 범죄는 일반적인 행위와 마찬가지로 학습을 통해서 배우게 되고, 학습은 주로 친밀한 사람들과의 상호작용을 통해 일어난다고 주장한다. 그러나 우연적 또는 충동적 범죄는 잘 설명해 주지 못한다.

28 차별교제이론에 대한 설명으로 옳지 <u>않은</u> 것은?

① 서덜랜드(E. H. Sutherland)가 체계화시킨 이론이다.
② 일탈자와 가까이하면 일탈자가 될 개연성이 커진다고 주장한다.
③ 우연적 또는 충동적 범죄는 잘 설명해 주지 못한다.
④ 범죄 행위가 학습될 때 그 범위는 범죄의 기술에 한정될 뿐, 특정한 방향의 동기까지 학습되는 것은 아니라고 본다.

정답 27 ② 28 ④

29 다음 내용과 가장 관련 있는 이론은?

> 사회를 유지하기 위한 기본적인 제도적 장치들이 오히려 범죄를 유발한다는 이론이다. 일탈의 결정적 요인은 사람 또는 그의 행위가 불특정 다수의 인식 또는 평가에 의해서 '일탈'로 규정되고 그런 취급을 지속적으로 받게 된다면, 점차 이를 받아들이고 일탈을 반복하게 된다고 본다. 또한, 본질적으로 일탈을 규정하는 절대적인 기준은 없다고 주장한다.

① 차별교제이론
② 기회구조론
③ 낙인이론
④ 중화이론

30 사회 조직에 대한 설명으로 옳지 <u>않은</u> 것은?

① 사회 조직은 특정 목적을 위해 비교적 분명한 위계와 절차에 따라 소속감을 느끼고 집합적인 활동에 참여하는 사람들의 결합을 의미한다.
② 자발적 결사체는 사회의 다원화에 기여한다.
③ 특정 목적을 위해 의도적으로 만들어진 공식 조직과 친밀한 인간관계를 바탕으로 상호 작용하면서 형성된 집단인 비공식 조직이 있다.
④ 사회 조직은 그 구성원의 지위와 역할의 구분이 모호하다.

29 ① 차별교제이론은 일탈 행위가 차별 교제의 과정을 통해 학습된다고 보는 이론이다.
② 기회구조론은 제도적 수단이 없는 아노미적 상태와 비제도적 수단이 있는 범죄 문화의 조건이 상승 작용할 때 일탈과 범죄가 유발된다고 본다.
④ 중화이론은 사람은 누구나 양심의 압박을 중화할 방법만 알면 일탈자가 될 수 있다는 이론이다.

30 사회 조직은 그 구성원의 지위와 역할이 명백하게 구분되고 체계화되어 운영된다.

정답 29 ③ 30 ④

31 [문제 하단의 표 참조]

31 다음 중 관료제의 역기능에 해당하는 것은?

① 지위에 따른 임무를 명쾌하게 규정
② 직책과 지위가 일정한 위계 체계에 따라 배열
③ 형식주의
④ 능력 원칙에 의한 충원

≫○

[관료제의 기능]

역기능	순기능
• 관료제에서 일하는 사람은 훈련 받은 무능력자로 전락할 수 있다 (형식주의). • 몰인정함과 비인간화를 초래한다. • 절차 합리성의 번문욕례(Red tape)를 조장한다. • 관료는 윗사람의 눈치를 지나치게 보는 복지부동의 자세로 일을 하게 되는 경우가 많다.	• 관료의 직책은 아무에게나 맡겨지는 것이 아니고, 능력 원칙에 따른 시험으로 해결된다. • 지위에 따른 임무를 명쾌하게 규정한다. • 직책과 지위가 일정한 위계 체계에 따라 배열되어 있다. • 직책 보유자의 능률적 직책 수행을 유발·보장하기 위해 재직의 보장에 필요한 수단들을 강구한다.

32 ① 계급은 비연속적인 대립과 단절을 전제로 한 집합 개념으로, 사회 내에 존재하는 실제적·객관적 지위가 경제력이라는 단일 지표에 의하여 분류된 사회 불평등 구조를 말한다.
③ 갈등주의적 관점에서는 불평등 구조를 집단 간의 갈등, 경쟁, 정복으로부터 생겨난 결과물로 보았다.
④ 연속선상에 있는 지위의 서열로서 다원적 지표에 의하여 분류되는 불평등 구조는 계층을 의미한다.

32 사회 불평등 현상에 대한 설명으로 옳은 것은?

① 계층은 사회 내에 존재하는 실제적·객관적 지위가 경제력이라는 단일 지표에 의하여 분류된 사회 불평등 구조를 말한다.
② 기능주의적 관점에서는 사회 불평등 구조를 사회의 통합, 기능의 조정, 결속의 필요성에서 생겨난 것으로 본다.
③ 갈등주의적 관점에서는 희소한 재능을 요구하는 역할들이 가장 능력 있는 개인들에 의해서 수행되기 때문에 사회적 보상의 불평등한 배분이 일어난다고 보았다.
④ 계급은 연속선상에 있는 지위의 서열로서 다원적 지표에 의하여 분류되는 불평등 구조를 말한다.

정답 31 ③ 32 ②

33 가족의 기능 변화에 따른 현상으로 거리가 <u>먼</u> 것은?

① 가족이 전담했던 교육 기능은 학교 등 전문 교육 기관이 담당하고, 가족은 일부분만 담당하게 되었다.

② 전통 사회에서 가족은 생산과 소비를 자체적으로 해결하는 자족적 단위였으나, 점차 가족은 생산 기능만 남게 되었다.

③ 오락, 휴식, 통신, 후생 복지 등도 가족 외적인 제도로 분화되었다.

④ 질서 유지 기능은 가족으로부터 분화하여 정치제도로 확립되었다.

33 전통 사회에서 가족은 생산과 소비를 자체적으로 해결하는 자족적 단위였으나, 산업혁명 이후 자족적 생산 기능은 점차 가족에서 분리되어 나가고, 가족은 소비 기능만 남게 되었다.

34 한국 농촌사회의 변화 양상으로 옳지 <u>않은</u> 것은?

① 다문화가정의 증가에 따른 문화 정체성 혼란의 문제가 대두되고 있다.

② 이농 현상, 노령화 현상 등으로 인해 노동력 부족이 심화하고 있다.

③ 도시에 편중된 경제적 자원으로 인해 농촌사회의 소득수준은 상대적으로 낮은 편이다.

④ 귀농・귀촌인의 증가 등으로 주민 구성원들이 다양해지고 있는데, 가치관・생활 양식 차이 또는 이해관계 등으로 인한 분쟁과 갈등이 감소하고 있다.

34 귀농・귀촌인의 증가 등으로 농촌사회의 주민 구성원들이 다양해지고 있는데, 가치관・생활 양식 차이 또는 이해관계 등으로 인한 분쟁과 갈등이 증가하고 있다.

정답 33 ② 34 ④

35 사회보험의 목적은 재해구제로, 강제가입을 원칙으로 하며, 당사자가 부담 능력에 따라 일정 비용을 갹출하는 것으로 재원을 충당한다.
① 기초연금의 재원은 국가 및 지자체의 세금이며 대한민국 국적의 국내에 거주(「주민등록법」 제6조 1, 2호에 따른 주민등록자)하는 만 65세 이상 중 가구의 소득인정액이 선정기준액 이하이면 받을 수 있다.
③ 공공부조는 과거의 납부와 기여에 상관없이 혜택을 받으며 생활보호, 의료보호, 재해구호 등이 이에 속한다.
④ 사회서비스는 국가·지방자치단체 및 민간 부문의 도움이 필요한 모든 국민에게 복지, 보건의료, 교육, 고용, 주거, 문화, 환경 등의 분야에서 인간다운 생활을 보장하고 상담, 재활, 돌봄, 정보의 제공, 관련 시설의 이용, 역량 개발, 사회참여 지원 등을 통하여 국민 삶의 질이 향상되도록 지원하는 제도를 말한다. 관계 법령에서 정하는 일정 소득수준 이하의 국민에 대한 사회서비스에 드는 비용의 전부 또는 일부는 국가와 지방자치단체가 부담한다.

36 집합행동이란 대개 제도적으로 합법화된 질서 밖에서 구성된 행동이다.

---

35 다음 설명에 해당하는 사회복지와 가장 관련 있는 것은?

> • 일정 조건 이상이면 일률 가입을 원칙으로 한다.
> • 혜택과 관련 없이 능력에 따라 비용을 부담한다.

① 기초연금은 만 65세 이상 소득인정액이 선정기준액 이하이면 국민연금과 함께 모두 받을 수 있다.
② 사회보험은 국민에게 발생하는 사회적 위험을 보험의 방식으로 대처함으로써 국민의 건강과 소득을 보장하는 제도이다.
③ 공공부조는 소득 재분배의 효과도 있다.
④ 사회서비스는 도움이 필요한 모든 국민에게 인간다운 생활을 보장하고 국민 삶의 질이 향상되도록 지원하는 제도를 말한다.

36 집합행동과 사회운동을 비교하여 설명한 것으로 옳지 <u>않은</u> 것은?

① 사회운동은 명백한 변화 지향적 이념을 갖고 그들이 바라는 정책들을 추진하기 위해 노력한다는 특성이 있다.
② 집합행동의 영향이 사회 전반에 영향을 미치게 될 때, 이를 사회운동이라 한다.
③ 집합행동이란 대개 제도적으로 합법화된 질서 안에서 구성된 행동이다.
④ 군중 중심의 집합행동은 연대 감정의 강화로 새로운 의식주 구조와 사회의 조직화를 초래하여 구조적 변혁을 쟁취할 수 있는 특성이 있다.

정답 35 ② 36 ③

37 구사회운동과 비교해 볼 때 신사회운동의 특성으로 옳지 <u>않은</u> 것은?

① 노동 계급이 주체가 된다.

② 모든 삶의 질에 관심을 두고 탈물질적 경향을 띤다.

③ 자율적이고 분권화된 조직의 원리를 강조한다.

④ 환경 보전, 반핵, 여성 운동, NGO, 소비자 운동 등으로 전개된다.

>>>🔍

[신사회운동과 구사회운동]

구분	신사회운동	구사회운동
주체	중간 계급	노동 계급
지향점	모든 삶의 질에 관심을 가지며 탈물질적 경향	물질적인 경향
주요 관심사	문화적·사회적 측면에 관심 – 현대 산업 사회에서 삶의 방식과 질의 문제, 자율적이고 분권화된 조직의 원리 강조	분배, 경제력, 정치권력 문제
실제 모습	환경 보전, 반핵, 여성 운동, NGO, 소비자 운동	노동 운동 중심으로 전개

37 신사회운동에서는 중간 계급이 주체이고, 구사회운동에서는 노동 계급이 주체가 된다.
[문제 하단의 표 참조]

정답 37 ①

38 제시문은 앨빈 토플러의 『제3의 물결』에 대한 내용이다. 앨빈 토플러(Alvin Toffler, 1928~2016)는 미래학자 겸 저술가로, 정보화시대를 최초로 예견한 『제3의 물결(The Third Wave)』이나 『권력 이동(The Third Wave)』, 『미래의 충격(Future shock)』 등 10여 권이 넘는 미래학 관련 저서를 발간했다.

38 다음 내용과 가장 관련 있는 학자는?

> 인류가 맞이한 제1의 물결은 농업 혁명에 의해 수렵 채집의 문명이 농경사회로 대체되는 혁명적 사회 변화라고 하였다. 그리고 제2의 물결은 산업혁명에 의한 농경사회에서 산업 사회로의 변화로 보았다. 고도로 산업화되어 있으며 대량생산, 대량 분배, 대량소비, 대량교육 등에 기반하고 있다고 하였다. 아울러 제3의 물결은 정보화 혁명을 통한 지식기반 사회로의 변화로 보았으며 탈대량화, 다양화, 지식기반 생산과 변화의 가속이 있을 것으로 예측했다.

① 레이먼드 레이 커즈와일
② 울리히 벡
③ 앨빈 토플러
④ 허버트 스펜서

39 사회를 생물학적 유기체에 비유하고, 사회 구조의 분화 및 통합에 초점을 둔 이론은 스펜서(H. Spencer)의 진화론이다. 뒤르켐은 스펜서와는 달리 분업에 의해 창출된 상호의존성이 근대 사회에서의 통합을 위한 충분조건이 되지 않는다고 보았다.

39 사회 변동 이론에 대한 설명으로 옳지 않은 것은?

① 파슨스의 균형이론은 사회 내부로부터의 급진적인 변동의 발생과 그에 수반되는 현상을 설명할 수 없다.
② 뒤르켐의 진화론은 사회를 생물학적 유기체에 비유하고, 사회 구조의 분화 및 통합에 초점을 둔 이론이다.
③ 갈등론은 이해의 차이가 갈등을 일으키기도 하지만 이에 따라 사회 발전과 복지를 증진할 수 있다는 이론이다.
④ 신진화론은 사회학적 측면과 문화 인류학적 측면에서 문화의 변동을 설명하는 이론이다.

정답 38 ③ 39 ②

40 다음 내용과 가장 관련 있는 이론은?

> 라틴 아메리카 발전 정책의 근간이 되어 온 근대화론에 대한 비판에서 출발한 이론이다. 제3세계의 저발전은 선진자본주의 국가와의 경제적 의존관계 때문이라고 보았다. 이 이론에는 중심－주변 관계, 프랭크(A. G. Frank)의 세 가지 가설, 푸르타도(C. Furtado)의 저발전의 과정 등이 있다.

① 교환이론
② 중화이론
③ 종속이론
④ 사회해체이론

40 근대화이론에 대한 부정으로부터 출발한 종속이론은 1960년대에 들어 라틴 아메리카 대륙의 학자들이 라틴 아메리카의 발전 문제를 다루면서 제시한 이론이다. 중심부와 주변부 사이의 교환관계를 중시함으로써 내부적인 생산관계의 모순에 따른 계급 갈등이 사회 변동에 미치는 영향을 적절히 포착하지 못했다는 점이 한계로 지적되고 있다.

① 교환이론은 개인 행위에 초점을 맞추는 미시적 접근법에서 출발하였으나, 점차 그 설명 원리를 거시적인 사회 조직과 사회 구조로 확장한 독특한 이론으로, 행동주의 심리학의 영향을 받아 호만스(G. Homans)가 수립했다.

② 마짜(D. Matza)의 중화이론(Techniques of neutralization theory)은 사람은 누구나 양심의 압박을 중화할 방법만 알면 일탈자가 될 수 있다는 이론이다.

④ 사회해체이론은 산업화·도시화에 의한 범죄의 증가 현상을 개인적 결함에 초점을 맞추어 연구하는 사회병리학을 비판하면서 등장한 이론이다.

정답 40 ③

01 '인간 이성의 오류 발생 가능성으로 인한 잠재적 전쟁가능성이 있는 상태'는 로크가 생각한 자연 상태의 정의이다.

③ 홉스와 로크는 주권이 인민으로부터 지도자에게 양도될 수 있다고 생각하였다. 물론, 홉스는 전면적인 양도를 주장하였고, 로크는 언제든 회수가능한 일부 양도를 주장하였다는 차이점이 있다. 루소는 주권을 지배자에게 양도될 수 없는 것으로 보았다.

④ 홉스는 시민들이 '만인의 만인에 대한 투쟁 상태'로 돌아가는 것보다는 군주에게 절대 복종하는 것이 생명과 안전을 지킬 수 있기 때문에 더 낫다는 입장에서 저항권을 인정하지 않았다. 반면, 로크는 국가가 계약의 목적인 시민의 자연권을 보호하기는커녕, 침해할 경우 그러한 국가에 대해 저항할 수 있다고 보았다. 루소는 군주가 일반의지를 거슬려 권력을 남용할 경우 국민은 그 권력에 저항할 수 있다고 보았다.

01 다음 중 홉스의 사회계약사상과 관련이 <u>없는</u> 것은?

① 성악설에 기반하여 인간의 자연상태를 '만인의 만인에 대한 투쟁' 상태로 보았다.

② 자연 상태는 평화롭지만 인간 이성의 오류 발생 가능성으로 인해 전쟁 발생이 가능한 잠재적 상태이다.

③ 주권은 인민으로부터 지배자에게 양도될 수 있다.

④ 시민의 저항권은 인정하지 않았다.

정답 01 ②

02 다음 중 사회학 형성기에 활동을 하지 <u>않은</u> 학자는?

① 오귀스트 콩트(A. Comte)

② 생시몽(S. Simon)

③ 피에르 부르디외(Pierre Bourdieu)

④ 허버트 스펜서(Herbert Spencer)

03 다음 내용에서 괄호 안에 들어갈 용어로 적절한 것은?

> 뒤르켐(E. Durkheim)은 '사회'를 정치체계·종교체계·가족체계 및 기타의 체계 등 여러 부분이 합성되어 새로운 형질로 전화(轉化)된 하나의 실체로 파악하고, 전체로서의 '사회'는 부분들을 개별적으로 분석해서는 파악될 수 없는 것이라고 주장하였다. 그는 사회학을 '(   )(이)라고 하는 객관적 현상을 연구하는 학문'이라고 규정한다.

① 사회적 사실

② 사회학적 상상력

③ 사회적 유기체

④ 아노미 현상

---

02 사회학의 형성기는 대략 18C 말~19C 초를 말하며, 대표적인 학자로 '콩트, 생시몽, 스펜서' 등을 꼽는다. 시기적으로 프랑스 혁명 당시와 직후에 활동했던 인물들로, 프랑스 혁명의 참상을 목격하면서 혁명 이전의 세계에 대해서도, 혁명이 가져온 변화에 대해서도 어느 정도 거리를 두려 했다. 이제 정부와 정치는 무소불위의 권력을 가진 존재가 아니며, 인간 사회에 의해 수동적으로 규정당하고 변하는 입장에 놓였다고 주장했기 때문에 정치, 즉 국가를 움직이는 사회는 어떤 원리에 따르는가를 정의하게 되었다.

③ 피에르 부르디외(1930~2002)는 프랑스의 사회학자이자 참여 지식인으로 '부르디외 학파'를 형성하고, 사회학을 '구조와 기능의 차원에서 기술하는 학문'으로 파악하였다. 신자유주의자들을 비판하면서 범세계적인 지식인 연대의 필요성을 주장했다. 대표적인 저서로는 『구별짓기』, 『호모 아카데미쿠스』 등이 있다

03 사회 구성원은 각각 자아, 개인의식 그리고 자유를 가지고 있다. 하지만 개인은 사회라는 외부적인 압력으로 인해 그 의식과 자유를 제한받는다. 예를 들어, 대한민국의 고등학생은 '입시'라는 외부적 압력에 의해 자신의 생각과 자유를 제한받는다. 이때 대한민국의 고등학생들이 겪는 '입시'라는 외부적인 압력을 뒤르켐은 '사회적 사실'이라고 규정한다. 뒤르켐은 이 외부적 압력, 즉 사회적 사실은 철저하게 외부의 '사물'로 객관적으로 다루어져야 하며, 자신의 주관적인 판단을 포함시키면 안 된다고 주장한다.

정답 (02 ③ 03 ①)

04 ① 해석학적 방법은 사회과학과 자연과학의 대상은 본질적으로 다르다는 가정 하에서 출발한다. 따라서 자연과학의 방법과 가정은 인간 연구에 부적당하다고 본다. 이들은 사회적 세계가 의미를 담고 있는 세계라는 사실을 강조하며, 사회과학 연구의 궁극적 목적은 우리가 살고 있는 세계를 이해하고 해석하는 것이라고 본다. 즉, 사회과학의 목적은 인간 행태(behavior)의 인과관계를 논증하는 것이 아니라, 인간 행위(action)의 의미를 이해하고 해석하는 것이라고 생각한다.

04 다음 내용에서 괄호 안에 들어갈 용어로 적절한 것은?

( )은 사회현상에 대하여 다음과 같은 가정을 하고 있다. 인간의 행위는 물질의 운동과 마찬가지로 객관적으로 관찰할 수 있다. 즉, '무게, 온도, 압력' 등과 같은 측정값을 가지고 물질의 운동이나 속성을 수량화(quantity)할 수 있는 것과 같이, 인간의 행위를 '객관적으로 측정할 수 있는 방법'을 고안해 내는 것이 가능하다. 이러한 객관적인 측정값을 가지고 관찰된 사항 등으로부터 행위에 대한 이론화가 가능해진다는 것이다. 따라서 ( )은 직접적으로 관찰할 수 있는 행위(behavior)를 특히 중요시한다. 직접적으로 관찰할 수 없는 의미나 감정 또는 목적 등은 중요하게 취급되지 않는데, 이는 행위를 잘못 이해하게 만드는 원인이 된다고 생각하기 때문이다.

① 해석적 방법
② 실증적 방법
③ 관계적 방법
④ 총체적 방법

05 사회현상을 규정하고 있는 주요 변수들 사이의 관계를 정립하고, 주요 변수에 의하여 설명되는 사회현상에 대한 체계적인 관점을 제공하는 것은 '이론'의 역할이다.

05 이론과 사실의 역할에 대한 설명으로 옳지 <u>않은</u> 것은?

① '이론'은 현상을 설명하고 예측할 목적으로 변수 간의 관계를 상세히 기술하여 현상에 대한 체계적인 관점을 제시하는 것이다.
② '사실'은 사물에 대한 지식을 논리적 연관성에 따라 하나의 체계로 이루어 놓은 것을 말한다.
③ '사실'은 관찰이나 경험 등을 통해서 참이나 믿을 만한 것으로 확립된 내용이다.
④ '사실'은 실제로 일어났거나 현재 진행 중인 사건을 의미하므로, 우리가 그것에 대해 옳고 그름을 판단하거나 좋고 싫음을 판단하는 것과는 무관하다.

정답 04 ② 05 ②

06 사회과학의 양적 연구방법에 대한 설명으로 옳지 <u>않은</u> 것은?

① 양적 연구방법은 계량화된 사료의 통계적 분석을 통해 결론을 도출하는 방법이다.

② 양적 연구방법은 사회현상에 대한 과학적 연구를 통해 법칙의 발견이나 일반화의 정립이 가능하다고 생각한다.

③ 양적 연구방법은 연구대상이 갖는 주관적 의미 해석에 중심을 두는 방법이다.

④ 양적 연구방법은 자연현상과 사회현상은 본질적으로 같은 특성을 가지고 있기 때문에 사회문화 현상에도 일정한 규칙성이 존재한다고 전제한다.

07 다음 중 과학적 인식방법과 관련이 <u>없는</u> 것은?

① 객관적 방법

② 비교적 방법

③ 분석적 방법

④ 일상적 방법

---

06 연구대상이 가지는 주관적 의미 해석에 중심을 두는 방법은 '질적 연구방법'이다. 질적 연구방법은 연구대상의 생활세계에 대한 관찰이나 면담 등으로 자료를 수집한 후 연구자의 해석을 통해 결론을 도출하는 방법이다.

07 '일상적 방법'은 베버가 제시한 '방법론적 이원론'의 방식으로 등장한 해석학에서 쓰이는 사회과학의 탐구방식이다. 특히 '해석주의'에서는 사회현상의 연구는 그 구성의 모체인 인간을 대상으로 하는 것이며, 특정한 환경과 조건에 대한 행위자의 의미가 내포되어 있기 때문에 자연과학과 똑같은 방법으로 연구하는 것은 옳지 않다고 보았다. 따라서 사회현상을 이해하기 위해서는 그 행위를 발생시키는 행위자들의 주관적인 의식에 대한 이해가 우선적으로 필요하다고 보았다. 그러므로 연구자의 '생활세계'를 이해하기 위한 '일상적인 방법'을 사용한다. 이는 실증주의에서 언급하는 '과학적인 인식방법'과는 차이가 있다.

정답 06 ③ 07 ④

08 파슨스는 사회체계이론에서 '사회 질서가 유지되는 기반이 무엇인가?'에 관심을 두고 그 핵심을 '사회 체계'에서 찾았다. 파슨스는 '사회는 상호의존적인 성격이 강하고, 균형을 유지하려는 경향이 있다'고 보았다. 따라서 사회 한 부분의 변화는 연관된 다른 부분의 변화를 유발하여 균형과 재균형의 순환을 가져온다고 보았다. 이렇게 사회가 유지되기 위해서는 적어도 네 가지의 기본적인 기능이 필수적으로 요구된다고 주장하였는데, 파슨스는 이것을 '적응(A = Adaptation), 목적달성(G = Goal attainment), 통합(I = Integration), 잠재성(L = Latency)'의 AGIL 모형으로 설명하였다.

② 다렌도르프는 사회를 비롯한 모든 조직이 상명하복의 위계 관계로 짜인 권위구조가 존재한다고 보고, 권위가 있는 지배자 집단과 권위가 없는 피지배자 집단이 서로 지배자 집단이 되기 위해 갈등하는 구조로 사회가 이루어진다고 보았다.

③ 쿨리는 미시적 관점에서 일상생활에서 발생하는 사람들 간의 상호작용에 초점을 두었다. 특히 상징, 즉 언어나 제스처를 통해 의미를 교환하고 그 속에서 서로의 '생각, 기대, 행동'을 조정하는 과정이 사회현상을 일으키는 근본적인 원인이라고 보았다. 따라서 사회현상을 이해하기 위해서는 '개인에게 주어진 상황'과 '자신 및 자신과 상호작용 관계에 있는 사람들의 행위에 어떠한 의미를 부여하는가'를 이해하는 것이 선행되어야 한다고 주장하였다.

④ 교환이론은 행동주의 심리학의 영향을 받아 호만스가 주창하였다. 기본적으로 교환이론은 '인간은 기본적으로 이윤을 추구하는 경제학적으로 합리적인 존재'라는 가정에서 출발하며, 인간의 상호작용이 단순한 행위가 아니라 '손익을 계산하여 얻어지는 이기적인 상호작용'이라고 생각한다.

정답 08 ①

---

08 다음 내용과 가장 관련이 깊은 것은?

> • 사회는 상호의존적인 여러 부분들로 구성되며 각각의 부분이 전체 사회의 균형을 유지하는 경향이 있다고 보았다. 따라서 어느 한 부분의 변화는 연관된 다른 부분의 변화를 유발하여 균형과 재균형의 순환을 가져온다고 보았다.
> • 사회는 네 개의 분화된 하위 체계로 구성되어 있으며, 각 하위 체계는 특정한 문제의 해결과 관련된 고유의 기능을 수행한다.

① 파슨스(T. Parsons) – 사회체계이론
② 다렌도르프(R. Dahrendorf) – 갈등론
③ 쿨리(C. H. Cooley) – 상징적 상호작용론
④ 호만스(G. Homans) – 교환이론

09 다음 중 갈등 이론가가 <u>아닌</u> 인물은?

① 코저(L. Coser)

② 마르크스(K. Marx)

③ 블루머(H. Blumer)

④ 다렌도르프(R. Dahrendorf)

10 다음 내용에서 괄호 안에 공통으로 들어갈 용어로 적절한 것은?

> '사실판단'은 사실을 있는 그대로 표현하는 것으로, '나팔꽃은 나팔꽃이다.'와 같이 사실 확인을 통해 객관적인 진위의 판단이 가능하다. 이에 비해 (   )은(는) 사람의 가치관이 개입되는 판단으로, 주로 진·선·미 따위의 가치 일반의 문제와 관련되기 때문에 객관적인 진위의 판별이 쉽지 않다. 이와 관련하여 '나팔꽃은 예쁘다.'를 예로 들 수 있는데, (   )은(는) 사람마다 다르므로 똑같은 현상에 대하여 여러 가지 판단이 가능하기 때문이다.

① 가치중립

② 가치자유

③ 가치판단

④ 가치논쟁

09 블루머는 미국의 사회학자 조지 미드(G. H. Mead, 1863~1931)의 제자로, 1930년대 처음으로 '상징적 상호작용'이라는 용어를 사용한 학자이다.

10 ① '가치중립'은 베버가 주장한 것으로, 사회과학자는 개인적인 가치관이나 사상을 연구과정과 결과에 개입시켜서는 안 된다고 하는 방법론적인 태도를 의미한다. 즉, 가치중립성(= 몰가치성)은 사회과학으로부터 실천적·윤리적 가치를 배제해야 한다는 사회과학 방법론상의 이론으로, '가치개입' 또는 '가치판단'과 상반되는 용어이다.

정답 (09 ③   10 ③)

11 사회의 각 성원이 소속되어 있는 집단이나 조직이 처해 있는 상황적 여건을 관찰·연구함으로써, 사회학자들은 개개 사회성원들의 사생활을 광범위한 사회와의 관계로 조명한다. 이러한 사회적 관계 및 조건의 변화는 늘 우리의 일상생활에 영향을 미치기 때문에, 사회가 어떻게 돌아가는지를 이해하려면, 개개인들의 삶의 모습에 영향을 미치는 사회·역사적 과정에 대한 관계적·종합적 사고가 필요하다. 이를 통해 다양한 개개인의 외부에 나타나고 있는 인생의 경력(경험)이 가지는 내적 삶의 의미와 관련된 생애를 확대한 역사적 표시를 이해할 수 있게 된다. 또한, 인간의 삶에 가장 친근한 특색과 아주 거리가 먼 개인과 관계가 없는 변화와의 관계를 관찰할 수 있는 능력을 밀스(C. W. Mills)는 '사회학적 상상력'이라고 하였다.

11 다음 중 "사회학적 상상력"이란 용어를 주장한 인물은?

① 밀스(C. W. Mills)
② 뒤르켐(E. Durkheim)
③ 짐멜(G. Simmel)
④ 비트겐슈타인(Wittgenstein)

12 문화의 구성요소는 크게 '물질문화'와 '비물질문화'로 구분된다. 물질문화는 인간이 살아가는 데 필요한 도구나 기술을 말한다. 이는 인간이 환경에 적응하는 중요한 수단이 된다. 비물질문화는 '제도문화'와 '관념문화'로 구분할 수 있는데, 제도문화는 '법, 예절, 관습' 등 사회의 질서 유지와 원활한 운영을 위한 사회 제도 및 행동 기준을 말한다. 관념문화는 '언어, 종교, 예술, 학문, 가치, 태도' 등 인간 행동에 의미를 부여하거나 방향을 제시해 주어 인간의 삶을 보다 풍요롭게 만들어주는 정신적 창조물을 의미한다.
볼드리지(J. V. Baldridge)는 문화를 '경험적 문화, 심미적 문화, 규범적 문화'로 나누었는데, '경험적 문화(= 물질문화), 심미적 문화(= 관념문화), 규범적 문화(= 제도문화)'라고 생각하면 된다.

12 다음 중 문화의 3대 구성요소가 <u>아닌</u> 것은?

① 물질문화
② 관념문화
③ 제도문화
④ 상징문화

정답 11 ① 12 ④

13 다음 내용과 가장 관련이 깊은 것은?

> • 일상적인 개인의 생활을 중심으로 규정해 놓은 행동 규범으로, 상식 또는 에티켓이라고 하며, 가장 규제력이 낮은 사회규범이다.
> • 식사 예절, 옷 입는 법, 말씨 등의 규범을 뜻하는 표현이다.
> • 이 규범을 어겼다고 해서 사회적 제재나 형벌을 받지는 않지만, 따돌림이나 비난 등의 제재를 받을 수 있다.

① 법률
② 원규
③ 민습
④ 유행

13 ① 법은 의식적으로 제정하고 공식적으로 선포된 정당성에 입각하여 집행하는 규범이다. 사회가 복잡해짐에 따라 규범의 위반 행위에 대해 개개인 또는 집단의 보복이 자의적으로 이루어질 경우 혼란과 부작용이 우려되기 때문에, 정부나 국가기관이 합법성의 틀 안에서 물리적 제재를 담당한다.
② 원규는 사회의 유지와 존속이라는 근본적인 가치를 위해 불가피하다고 인정되고, 따라서 반드시 지켜야 할 규범이다. 사람들은 원규를 위반하면 사회 질서가 붕괴될 위험까지 있다고 믿기 때문에, 원규의 위반자에게는 가혹한 처벌이 따른다. 특히 '절대로 해서는 안 되는 것'과 같은 부정적 원규는 '금기'(taboo)로 간주된다(예 근친상간의 금기). 특히, 원규와 민습은 명확하게 구분하기는 어려운데, 차이는 종류의 차이라기보다는 정도의 차이로 보아야 한다. 즉, 중요성의 정도나 처벌의 가혹성의 차이이다.
④ 유행은 사회 전반에 걸쳐 특정한 행동 양식이나 사상 따위가 일시적으로 많은 사람의 추종을 받아서 널리 퍼지는 현상이나 경향을 의미한다. 유행은 사람들의 '선호'(preference)를 의미하는 것이지, 지켜야 하는 규범으로 인식되지는 않는다.

정답 13 ③

14 문화 지체는 문화가 변동할 때 문화 내용의 여러 측면이 골고루 같은 속도로 변하지 않고 어느 측면은 빠르게, 다른 측면은 천천히 변하기 때문에 생기는 문화의 부조화 현상을 말한다. 일반적으로 기술 수준은 빠르게 변하지만, 그에 따른 윤리적 규범 수준이 따르지 못할 때 발생하는 현상을 말한다.

① 기술 지체는 '문화 지체'의 반대 개념으로, 비물질문화의 변동 속도를 물질문화가 따라잡지 못하는 것을 의미한다. 예를 들어, 개발도상국 등에서 서구식 민주주의나 사상의 유입으로 국민들의 의식과 기대 수준이 높아졌음에도 지역사회의 과학기술이 이를 따라가지 못하는 것이 대표적인 사례이다. 이러한 기술 지체의 해결 방안으로 해당 지역사회의 인프라 수준을 고려하여 만드는 기술인 '적정 기술' 개념이 등장하였다. 예를 들어, 아프리카 지역의 '물 부족 국가'에서는 엄청난 첨단 시설이 아닌 적정한 수준의 여과기술 정도면 충분히 건강한 생활을 유지할 수 있는데, 이런 기술이 적정 기술의 사례이다.

14 **다음 내용과 가장 관련이 깊은 것은?**

> 오그번(W. F. Ogburn)은 문화의 변동이 기술 발달에 의해서 일어난다고 보았다. 또한 그는 한 사회에서 기술 발달이 그 기술을 뒷받침하는 가치관과 같은 정신적인 발달과 동반되어 나타나지 않을 때 문화의 부조화 현상이 생긴다고 하였다.

① 기술 지체
② 문화 지체
③ 규범 지체
④ 인지 부조화

정답 14 ②

15 다음 내용과 가장 관련이 깊은 것은?

> - 이미 습득한 사회화의 내용이 개인의 새로운 집단이나 직업, 지위, 변화한 상황에 부적합하거나 개인의 적응을 저해할 우려가 있는 상황을 전제로 한다.
> - 이미 습득한 사회화의 내용을 새로운 내용으로 대체함으로써 개인이 새로운 집단이나 직업, 지위, 변화한 상황에 순조롭게 적응하는 데 기여한다.
> - 주로 군대나 교도소 등에서 발생한다.

① 발달 사회화
② 재사회화
③ 역사회화
④ 원초적 사회화

16 다음 내용에서 괄호 안에 들어갈 용어로 적절한 것은?

> 리스먼(D. Riesman)은 (   )이라는 저서를 통해 사회적인 발달 단계에 따른 퍼스낼리티 유형을 제시하였다. 그는 21세기 대중사회의 인간 유형을 '전통지향형, 내부지향형, 외부지향형(타인지향형)'의 세 가지로 구분하고, 이 순서대로 인류의 사회적 성격이 발전해 왔다고 주장한다.

① 고독한 시민
② 위대한 군중
③ 고독한 군중
④ 자비로운 군중

---

15 재사회화는 급격한 생활환경의 변화가 있을 때, 즉 사람들이 과거에 가지고 있던 것과는 근본적으로 다른 규범과 가치를 내면화하는 경우이다. 특히 군대나 포로수용소, 교도소, 수녀원, 정신병원 등과 같은 이른바 '총체적 기관'에서 효율적으로 일어난다.
① 발달 사회화는 새로운 기대나 의무, 역할의 습득이 요구되는 상황(예 결혼, 전직 등)에서 새로운 학습이 옛것에 부가되거나 융화되어 일어나는 사회화를 말한다.
③ 역사회화는 구세대의 문화지식이 젊은 세대로 전해지는 것이 아니라 그 반대의 방향으로 일어나는 현상이다. 노인들이 새롭게 컴퓨터를 배우는 경우 등이 그 예이다.
④ 원초적 사회화는 어린 시절의 학습 과정으로, '언어와 인지 능력의 향상, 문화적 규범과 가치의 내면화, 정서적 유대의 확립, 다른 사람들의 역할과 관점에 대한 평가' 등을 포함한다.

16 '고독한 군중'은 타인지향형 현대인들, 즉 소속된 집단으로부터 격리되지 않기 위해 항상 타인의 눈치를 보며 내적 고립감과 갈등을 겪는 사람들을 의미하는 표현이기도 하다. 참고로 '사회적 퍼스낼리티'란 한 사회의 개인들에게 가장 흔히 나타나는 성격을 말하며, '사회적 성격'이라고도 한다.

정답 15 ② 16 ③

17 어머니는 결혼을 해서 출산을 해야 얻을 수 있는 지위이다. 결혼이라는 행위 자체가 본인의 의지로 하는 후천적인 성취 지위라는 것을 고려해보면, 어머니는 성취 지위라고 볼 수 있다.

18 역할 갈등이란 '한 개인'이 동시에 여러 지위를 가지거나, 하나의 지위에 대해 서로 상반되는 역할이 요구될 때 나타나는 갈등으로, '역할 긴장'과 '역할 모순'으로 구분할 수 있다.
[문제 하단의 표 참고]

---

17 다음 중 귀속 지위가 <u>아닌</u> 것은?

① 한 집안의 딸
② 조선 시대의 노비
③ 성인 남성
④ 한석봉의 어머니

18 다음 내용에서 괄호 안에 들어갈 용어를 순서대로 고른 것은?

> • (A) : 도둑인 아들을 잡은 경찰관 아버지
> • (B) : 자상하면서, 재미있고, 카리스마 있는 선생님이 되기를 요구함

	A	B
①	역할 모순	역할 긴장
②	역할 기대	역할 모순
③	역할 혼동	역할 긴장
④	역할 갈등	역할 혼동

》》》𝒪

구분	역할 긴장(Role Strain)	역할 모순(Role Conflict)
지위의 수	하나의 지위	여러 개의 지위
의미	하나의 지위에서 서로 상반되는 둘 이상의 역할이 기대될 때 발생하는 역할 갈등	한 개인이 자신이 가진 두 개 이상의 지위에 따른 역할을 동시에 수행해야 할 경우 발생하는 역할 갈등
사례	• 자상하면서 카리스마 있는 선생님을 요구 • 아름다우면서 억척스러운 주부를 요구	• 부모님이 돌아가셨지만, 개그 공연을 해야 하는 개그맨 • 도둑인 아들을 잡은 경찰관 아버지

정답 17 ④ 18 ①

19 다음 중 원초집단에 대한 설명으로 옳지 <u>않은</u> 것은?

① 구성원들 간의 친밀한 대면 접촉을 통하여 이루어진 집단으로, 인간을 성숙한 사회적 존재로 성장시키는 데 가장 중요한 기능을 담당하는 사회 집단을 말한다.

② 구성원들 간에 인격적인 관계가 맺어지게 되고 인간 본성이 형성된다.

③ 어린이는 부모와의 공감을 통해 사회 규범과 도덕적 가치를 배운다.

④ 구성원 간의 간접적인 접촉과 목적 달성을 위한 수단적인 만남을 바탕으로 결합된 집단이다.

20 다음 내용에서 괄호 안에 공통으로 들어갈 용어로 적절한 것은?

> (　　　)이 자신의 소속 집단과 일치하는 경우 만족감과 안정감을 형성한다. 반면 자신이 속해있지 않은 집단을 (　　　)으로 삼을 경우 현재 소속 집단 성원들에게 배척당하고, 자신이 속해 있지 않은 집단 성원마저 자신을 거부하면 어느 집단에도 소속되지 못하는 주변인이 된다. 또한, 객관적 조건이 비슷함에도 불구하고 다른 집단에 비하여 자신의 처지가 열등하다고 느끼게 되어 상대적 박탈감을 갖는다.

① 내집단
② 준거집단
③ 외집단
④ 공식집단

19 '구성원 간의 간접적인 접촉과 목적 달성을 위한 수단적인 만남을 바탕으로 결합된 집단'이란 이차집단을 의미한다.
원초집단(일차집단, Primary Group)은 쿨리(C. H. Cooley)에 의해 처음 언급된 집단으로, 구성원 간의 친밀한 접촉을 통해서 이루어진 집단을 의미한다.

20 준거집단은 1942년 하이먼(H. Hyman)이 도입한 개념으로, 한 개인이 그 자신의 신념·태도가치 등을 규정하고 행동의 지침으로 삼는 집단이다. 즉, 한 개인이 특정한 상황 속에서 자아정체감을 얻고 행위의 판단기준을 배우며, 거기에서 지배적인 규범에 따라 판단하고 행위하는 집단을 준거집단(reference group)이라고 부른다. 따라서 준거집단은 자아 평가와 태도 형성을 위한 준거의 틀을 제공하고 행위 기준이 되는 집단으로, '표준집단'이라고 부르기도 한다.

① 내집단은 한 개인이 그 집단에 소속한다는 느낌을 가지며 구성원 간에 '우리'라는 공동체 의식이 강한 집단으로, 자아 정체감을 얻으며 판단과 행동의 기준을 배우게 되는 집단이다.

③ 외집단은 내가 소속된 집단이 아니므로 이질감을 가지거나 심지어는 적대감이나 공격적인 태도까지 가지게 되는 경우로서, '타인집단'과 같은 의미이다. 인간은 외집단을 통해서 집단의 성격을 비교·파악할 수 있게 되고 내집단의 결속의 필요성을 인식하게 되며, 서로 다른 판단과 행동의 기준이 있다는 것을 알게 된다.

정답 19 ④　20 ②

21 낙인이론은 1960년대에 등장한 이론으로, 비행이 사회통제를 유발한다는 기존 이론과 달리 사회통제가 일탈을 유발한다는 정반대의 주장을 펼쳤다. 한 사람을 일탈자로 낙인찍고 '형벌, 교정처분' 등의 사회적 제재를 적용하는 것은 일탈을 줄이기보다 증폭시킨다고 주장하는 이론이다.

② 차별교제이론을 주장한 서덜랜드(E. H. Sutherland)는 일탈행동을 정상적으로 학습된 행동으로 묘사하면서, 이러한 정상적인 학습의 본질을 밝히고자 하였다. 일탈은 개인의 성향이나 사회경제적 지위의 발현으로 나타나는 것이 아니라, 일탈도 일반적인 행위와 마찬가지로 학습을 통해서 배우게 되고 일탈자 역시 일반인과 마찬가지의 학습과정을 거친다는 것이다. 학습은 주로 친밀한 사람들과의 상호작용을 통하여 일어나며, 일탈에 대한 긍정적 정의보다 부정적 정의에 많이 노출될수록 일탈 가능성이 높다고 보았다.

③ 아노미란 'A(Anti) + nom(규범)ie'의 구조로, '지배적인 규범이 부재(不在)하는 상황'이라고 정의할 수 있다. 사회의 규범이 약화되거나 부재할 때, 또는 그 이상의 상반된 규범이 동시에 존재할 때, 한 개인은 행동의 지침을 잃게 되고 개인의 욕구와 행위를 조정해 줄 수 있는 사회적 규율이 없으므로 행동 방향을 잃게 되는 상태를 말한다.

④ 중화이론(Techniques of neutralization theory)이란, 일탈자와 정상인이 다르다는 통념을 배격하고, 규범에 동조하는 사람이나 어기는 사람이나 근본적으로는 모든 규범을 어기고 싶은 욕구를 가지고 있다는 것이다. 즉, 사람은 누구나 양심의 압박을 중화할 수 있는 방법만 안다면 일탈자가 될 수 있다는 이론이다. 범죄 환경을 접하고도 범죄에 빠지지 않는 이유는 범법 행위의 부도덕성을 수긍하기 때문이며, 반대로 범죄를 저지르는 이유는 나름대로의 이유를 들어 범법 행위의 부도덕성을 부정(그럼으로써 자신의 행위를 정당화)하기 때문이다.

정답 21 ①

21 다음 내용과 가장 관련이 깊은 것은?

- 일탈 행동은 타자에 의해 상대적으로 규정된 것이다.
- 한 사람이 타자에 의해 일탈자로 규정되고 그런 취급을 지속적으로 받게 된다면, 그는 점차 이를 받아들이고 일탈을 반복하게 된다.
- 이차적 일탈에 초점을 두고 있기 때문에, 일차적 일탈과 강자(= 권력자)의 일탈을 경시하는 경향이 있다.

① 낙인이론
② 차별교제이론
③ 아노미이론
④ 중화이론

22 다음 내용에서 괄호 안에 공통으로 들어갈 용어로 적절한 것은?

> 1939년 서덜랜드(Edwin H. Sutherland)에 의해 처음으로
> (　　　) 범죄라는 용어가 사용되었다. (　　　) 범죄는 사회
> 의 지도적 또는 관리적 위치에 있는 사람이 직무상 지위를
> 이용하여 저지르는 범죄를 의미한다. 횡령, 배임, 탈세, 외
> 화 밀반출 등을 비롯하여 뇌물 증여, 주식이나 기업 합병,
> 공무원의 부패, 근로기준법·공정거래법 위반 등을 대표적
> 인 사례로 볼 수 있으며, 자본주의 사회의 일상적 현상으로
> 볼 수 있으나 기업 활동이나 행정 집행 과정에서 저질러지
> 기 때문에 적법 또는 위법의 판단을 내리기 어렵다.

① 블루칼라

② 블랙칼라

③ 화이트칼라

④ 옐로우칼라

23 다음 내용에서 괄호 안에 공통으로 들어갈 용어로 적절한 것은?

> (　　　)은(는) 사회 구성원 간 상호 관계를 맺는 방식과 관련
> 된 안정적이고 정형화된 상호작용의 틀을 말한다. (　　　)은
> (는) 개인이 행동할 수 있는 범위나 행동 양식(사회적 상호
> 작용의 틀)을 제시함으로써 개인의 자유를 구속하거나 강제
> 한다는 점에서 부정적인 면이 있다. 그러나 이러한 (　　　)
> 은(는) 구성원들이 구조화된 행동을 하도록 함으로써 구성
> 원들의 행동을 예측할 수 있게 하여 안정되고 규칙적인 인
> 간관계의 존속을 가능하게 한다는 점에서 긍정적인 면이
> 있다.

① 사회 구조

② 사회적 상호작용

③ 사회적 제재

④ 사회적 영향력

---

22 화이트칼라 범죄는 정치·경제적으
로 명망이 높은 사회적 지위에 있는
사람들이 그 직무수행의 과정에서
행하는 지능적 범죄를 말한다. 화이
트칼라 범죄는 다음과 같은 특징을
가진다.
- 일반 범죄보다 죄의식이 희박하다.
- 피해가 일반 국민에게 간접적으로
  파급되기 때문에 일반적으로 크게
  죄악시되지 않고, 그로 인해 사회
  의 비난강도가 약하다.
- 증거인멸이 쉽고 수법이 교묘하다.
- 사회의 신용을 파괴하고 국가의 경
  제성장을 해친다.
- 전통적인 범죄에 비하여 그 피해나
  손해가 광범위하고 그 규모가 크
  며, 그 결과로 인해 범죄자가 범죄
  로 얻는 이익도 매우 크다.
- 피해자가 불특정 집단이기 때문에
  특정하기 어렵다. 이로 인해 법 침
  해 사실이 현실로 드러나지 않는 경
  우가 많으므로 숨겨진 범죄가 많다.

23 사회 구조란 '사회적 규칙'이라고 이
해하면 된다.

정답 (22 ③   23 ①)

24 과학적 관리론은 인간의 사회적·심리적인 측면을 도외시하고 너무 기계적·물리적·생리적 측면을 강조하였다는 비판을 받고 있으며, 인간을 기계의 일부로 취급하여 '인간 소외 현상'을 심화시킨다는 비판 또한 받고 있다.

24 다음 중 과학적 관리론에 대한 옳은 설명을 모두 고른 것은?

> ○ 작업 수행에 있어서 낭비와 비능률을 제거하고, 생산 과정에 있어서 필요한 지식과 기술을 활용해서 생산의 효과를 올리려는 이론이다.
> ○ 각각의 노동자에게 업무를 배당하여, 업무를 완수한 노동자에게 높은 성과금을 지불하고, 그렇지 못한 노동자에게 일급 정도의 낮은 보수를 지급하여 생산을 극대화하려 하였다.
> ○ 인간의 사회적·심리적인 측면까지 고려하여 생산성의 비능률을 적극적으로 개선하려 했다는 평가를 받는다.
> ○ 개개인의 작업을 분해하고 분석하여 표준화된 하루 작업량을 설정하고, 이것을 기준으로 관리의 과학화를 도모하려고 하였다.

① ㉠, ㉡
② ㉡, ㉣
③ ㉠, ㉡, ㉣
④ ㉠, ㉡, ㉢, ㉣

25 ① 목적 전치 현상은 목적과 수단의 가치가 바뀌어 목적보다 수단이 더 중시되는 현상을 의미한다.
② 연공서열에 따른 보상과 신분 보장이 지나치게 강조될 경우 무사안일주의가 발생할 수 있다.
④ 위계(位階)란 사회적 위치(지위)의 단계를 의미하며, 서열(序列)이란 일정한 기준에 따라 순서대로 늘어선 것이다. 따라서 위계 서열화란 사회적 위치(지위)가 순서대로 늘어선 것이다.

25 다음 내용에서 괄호 안에 들어갈 용어로 적절한 것은?

> 관료제는 대규모의 업무를 효율적으로 수행할 수 있다는 점에서, 그리고 업무에 대한 책임 소재의 명확성이 높다는 점에서 장점이 있다. 하지만 구성원들이 각자의 단편적인 업무만을 반복적으로 수행하고 자율성과 창의성을 발휘하지 못하는 기계 부속품 취급을 받는다는 점에서 (   )이 발생할 수 있다.

① 목적 전치 현상
② 무사안일주의 현상
③ 인간 소외 현상
④ 위계 서열화 현상

정답 24 ③ 25 ③

26 계급과 계층에 대한 설명으로 옳지 않은 것은?

① 계급은 사회 내 존재하는 실제적·객관적 지위가 경제력이라는 단일 지표에 의해 분류된 사회 불평등 구조를 말한다.

② 계층은 연속선상에 있는 지위의 서열로서, 다원적 지표에 의하여 분류되는 불평등 구조이다.

③ 계급은 지배와 피지배, 갈등과 대립이 불가피함을 전제로 하며, 계급의식이 강조된다.

④ 계층은 사회적 희소가치의 불평등한 분배 상태를 범주화하여 이해하려는 분석적인 의미로, 각 계층들은 수직적으로 하나의 연속선상에 배열되지만, 사회적 이동은 제한된다.

26 계층은 사회적 희소가치의 불평등한 분배 상태를 범주화하여 이해하려는 분석적인 의미로, 각 계층들은 수직적으로 하나의 연속선상에 배열되지만, 사회적 이동이 자유롭다.

27 다음 내용과 가장 관련이 깊은 것은?

> • 한 개인이 가지는 사회적 지위의 차원별 높이가 서로 다른 상황이다.
> • 한 개인의 사회적 위치가 그의 사회적 지위에 긍정적인 효과와 부정적인 효과를 동시에 미치는 상황이다.
> • 지속적으로 일어난다면 기존 사회 체제에 대한 불만이 표출되어 사회 통합을 저해할 수 있다.

① 역할 갈등

② 역할 행동

③ 성취 지위

④ 지위 불일치

27 ① 역할 갈등은 두 개 또는 그 이상의 지위들에 상응하는 역할들이 동시에 요구되어 양립 불가능하게 된 경우에 발생하는 사회적 갈등을 의미한다. 한 사람이 가지고 있는 역할들 사이에서만 나타나는 것이 아니고, 하나의 제도 안에서 서로 다른 지위를 차지하고 있는 사람들 사이에서도 나타난다.

정답 26 ④ 27 ④

28 ① 데이비스–무어 이론은 각 직업의 기능적 중요성의 차이와 희소성에 입각하여 계층 현상을 불가피하고 긍정적인 존재로 파악하고 있다. 사회의 특정 위치는 다른 지위나 위치들보다 더 중요하고, 그 수행을 위해서는 특수한 기능을 요한다고 보았다.
③ 마르크스는 생산 수단의 소유 유무라는 단일 요인에 의해 사회 계층을 '자본가 계급'(부르주아지)과 '노동자 계급'(프롤레타리아)의 두 집단으로 분류했다.
④ 다렌도르프는 갈등론의 관점에서, 가치와 규범에 근거를 둔 제재(Sanction)와 보상이 불평등의 근원이라고 보았다.

28 다음 내용과 가장 관련이 깊은 인물은?

> • 계급론이 사회 계층의 복잡다단한 측면을 취급하기에는 너무 단순하다고 주장하면서, 다차원적인 접근방법을 제시하였다.
> • 계층 현상이 경제적인 '계급', 사회적인 '지위', 정치적인 '권력'을 중심으로 분화된다고 보았다.

① 데이비스–무어(K. Davis & W. Moore)
② 베버(M. Weber)
③ 마르크스(K. Marx)
④ 다렌도르프(R. Dahrendorf)

29 부모의 지위가 자녀에게 세습되는 전통 사회보다는, 개인의 능력에 따라서 사회적 이동이 일어나는 현재 사회에서 사회 이동의 폭이 훨씬 크다.

29 사회 이동에 대한 설명으로 옳지 <u>않은</u> 것은?

① 개인 또는 집단이 하나의 계층적 위치에서 다른 계층적 위치로 이동하는 현상을 말한다.
② 부모의 지위가 자녀에게 그대로 세습되는 전통 사회에서는 세대 간 사회 이동의 폭이 현재 사회에서보다 크다.
③ 집단 또는 개인의 사회적 지위의 변화를 통틀어 일컫는 말로, 분배 체계에서 개인의 위치 변화를 의미한다.
④ 한 사회의 계층 체계가 폐쇄적인가 개방적인가에 따라 그 양, 정도, 폭이 다르게 나타난다.

정답 28 ② 29 ②

30 요즘 한국 사회의 변화의 특징으로 옳지 <u>않은</u> 것은?

① 우리나라의 자영업자와 경영자 계층의 소득 불평등은 점점 커지고 있다.

② 사회 계층의 구조화 정도가 낮다.

③ 우리나라에서 교육은 개인의 경제적 지위를 가져오는 중요한 요인으로 작용한다.

④ 소득 불평등은 농촌보다 도시가 더 낮다.

31 요즘 한국의 농촌 사회의 특징으로 옳지 <u>않은</u> 것은?

① 보건 및 사회서비스 영역의 인프라가 부족하여 의료시설이나 문화시설들의 부족현상이 심화되고 있다.

② FTA 등 농업시장 개방으로 인한 경쟁력 문제 및 농촌인구 고령화로 인한 생산성의 문제 같은 거시적인 압력에 직면해 있다.

③ 인터넷 통신망의 발달로 인해 교육 수준에서나 경제적인 측면에서 도시와 비슷한 수준의 사회적 지위를 누리고 있다.

④ 다문화 가정의 증가에 따른 문화 정체성 혼란의 문제는 현재 한국 농촌이 해결해야 하는 어려운 문제이다.

32 우리 사회의 급격한 고령화의 원인으로 옳지 <u>않은</u> 것은?

① 노인 부양에 따른 세대 간 갈등의 심화

② 출생률의 감소

③ 의료기술의 발달과 생활환경의 개선

④ 사회보장제도의 발달

---

30 소득 불평등은 도시보다 농촌이 더 낮다. 즉, 도시의 소득 불평등이 더 심하다.

31 인터넷 통신의 발달로 인한 농수산물 산지와 소비자 간의 직접 연결이 늘어나면서 경제적인 측면의 수준이 많이 향상되었으나, 도시에 편중된 경제적 자원으로 인해 아직까지 소득수준이나 사회적 지위의 차이는 큰 편이다.

32 노인 부양에 따른 세대 간 갈등의 심화는 고령화의 원인이라기보다는 고령화 현상으로 인해 나타난 하나의 사건으로 보아야 한다.

정답 30 ④ 31 ③ 32 ①

33 노동계급이 주체가 되어 '노동계급'의 경제 사회적 이익을 위해 움직였던 사회운동은 '구사회 운동'으로 1980년대 이전에 중심이 되었던 사회운동이다. 1980년 이후에는 '물질적인 경향'이 아닌 모든 삶의 질에 관심을 가지는 탈물질적 성향(예 환경, 반핵, 여성운동 등)을 가지는 '신사회 운동'이 시작되었다.

③ 현대 사회는 정보통신 기술의 발달로 인해 '일방향 통신'에서 '쌍방향 통신'으로 통신의 주체가 바뀌게 된다. 쌍방향 통신은 정보화 사회의 시민을 단순한 정보의 소비자가 아니라 토플러가 말한 정보의 프로슈머(Prosumer)로 만들었다. 즉, 정보의 생산자(Producer)인 동시에 소비자(Consumer)가 되는 것이다. 또한, 쌍방향 통신 매체를 이용하여 시민운동이 활성화될 수 있기 때문에, 중간 집단의 부재나 약화를 극복함으로써 '원격민주주의'(Tele-democracy)의 발전에 기여할 수 있다.

33 현대 사회의 변화 양상으로 옳지 <u>않은</u> 것은?

① 1990년대 구소련 체제의 해체로 인해 냉전체제는 붕괴하고, 미국과 소련을 중심으로 한 '자본주의 vs 공산주의' 이념 대립은 종결되었다.

② 정보화는 '자본, 기술, 인력'에 관한 정보가 국경을 초월해 넘나들게 함으로써, 세계화 추세를 북돋워 세계를 하나의 큰 자본주의 시장으로 통합시켰다.

③ 쌍방향 통신이 일상화되는 원격 교육이 이루어지면, 교사와 학생이 직접 서로 마주 보고 있지 않더라도 영상을 통해 서로 의사를 교환함으로써 교육과 학습이 상호보완적으로 이루어질 수 있다.

④ 현대 사회의 사회운동은 노동계급을 주체로 하여, 노동계급의 경제적 이익과 정치권력을 수호하기 위한 물질적인 경향을 중심으로 전개되었다.

34 인터넷 기반의 커뮤니티가 활성화되어 온라인상에서의 사회문제 토론이 활성화된 것은 2000년대 이후부터이다.

34 1990년대 한국 시민운동에 대한 설명으로 옳지 <u>않은</u> 것은?

① 1990년대에 들어서면서 다양한 의제를 중심으로 한 전문 시민운동으로 변모하였다.

② 환경, 여성, 생활경제, 소비자 운동, 먹을거리 등 시민의 일상과 가까운 의제를 중심으로 하는 단체들이 등장하였다.

③ 경제정의실천시민연합, 참여연대, 환경운동연합 등 여러 시민단체들이 활발하게 활동하였다.

④ 인터넷 기반의 커뮤니티가 활성화되면서 시민들은 온라인에서 사회문제에 대한 의견을 공유하였다.

정답 33 ④ 34 ④

35 다음 내용에서 괄호 안에 들어갈 용어로 적절한 것은?

> 대중이 대중매체를 통해 공동의 쟁점에 관심을 갖고 자신의 의견을 갖게 되면 (   )이 되는데, 이러한 집단의 집단적 의견을 여론이라고 한다. 여론은 대중매체에 의해서 형성이 되기 때문에, 대중매체를 장악하면 여론을 조작하는 것도 가능하다.

① 대중
② 공중
③ 군중
④ 관중

35 대중은 지위·계급·직업·학력·재산 등의 사회적 속성을 초월한 불특정 다수의 사람들로 이루어진 집합을 의미한다. 대중들의 집합행동은 주로 대중매체에 의해 만들어지는 경향이 많은데, 대중매체는 대중들의 집합행동 출발점과 지향점을 제시해주는 역할을 한다. '대중'이 대중매체를 통해 공동의 쟁점에 관심을 갖고 자신의 의견을 갖게 되면 '공중'(public)이 된다.
군중이란 어떤 개인 또는 사건 주위에 모여 있는 사람들의 일시적인 집합을 의미한다. 사회집단이 '규범, 역할, 사회통제' 같은 조직 요소들을 바탕으로 구조화되어 있는 반면, 군중은 구조화되어 있지 않은 일시적인 사회적 상호작용을 나타낸다. 일시적인 상호작용이기 때문에 그 상호작용은 예측하기 어려운 점이 존재한다.

36 다음 내용과 가장 관련이 깊은 것은 무엇인가?

> • 목표가 뚜렷하며, 목표달성을 위한 구체적인 프로그램이 있다.
> • 정당성을 제공하고, 방향을 제시해 주는 이념(이데올로기)을 갖추고 있다.
> • 그 성원의 참여를 촉진시키기 위한 슬로건·노래·회합 등의 의식행위가 있다.
> • 지도자와 추종자 사이에 뚜렷한 역할구분을 하고 있다.

① 폭동
② 혁명
③ 개혁
④ 사회 운동

36 ② 혁명은 기존 질서에 깊이 불만을 품고 모든 사회조직과 구조를 근본적으로 바꾸려고 하는 사회 운동을 말한다. 그 예로는 프랑스 혁명, 볼셰비키 혁명, 동학농민운동 등이 있다.
③ 개혁은 기존 사회질서의 일부에 개혁이 필요하다고 판단될 때 현존하는 가치관이나 행동을 변화시켜 자신들이 의도하는 새로운 질서를 만들어 보려고 하는 개혁지향적인 운동을 말한다. 예를 들어, 여성임금차별 폐지운동은 기존의 정치체계·경제체제·가족관계 등은 인정하고, 다만 경제제도 중에서 여성에 대한 임금차별에 대한 관행과 제도를 바꾸어 보고자 하는 운동이다.

정답 35 ②   36 ④

37 1960년대는 1차 산업인 농업과 섬유업이 중심이 되어 경제 활동의 주가 되었고, 1970년대에 들어서면서 새마을 운동으로 경제가 서서히 살아나기 시작하였다.

37 1960~1970년대 한국의 공업화와 경제발전과정에 대한 설명으로 옳지 <u>않은</u> 것은?

① 1962년부터 경제 개발 계획을 수립·추진함으로써 풍부한 노동력을 바탕으로 한 경공업 부문의 수출 산업화에 성공하였으며, 이를 토대로 대외지향적 성장 전략이 가속화되었다.

② 공업화 전략의 추진으로 취업 기회가 크게 확충됨에 따라 근로자를 중심으로 소득 분배 구조가 개선되었으나, 농공 간의 발전 격차 문제가 제기되기 시작하였다

③ 1960년대는 새마을 운동이 경제 활동의 주가 되었고, 1970년대에 들어서면서 1차 산업인 농업과 섬유업이 중심이 되어 경제가 서서히 살아나기 시작하였다.

④ 1970년대 후반 들어 경공업이 발달하기 시작했으며, 전자 제품을 외국으로 수출하기 시작하였다.

38 종속이론은 제3세계 국가들의 '발전 속도'에 주목하였다. 중심부에 있는 선진국들은 '빠른' 속도의 발전을 하는 반면, 주변부에 있는 제3세계 국가들은 '느린' 속도의 발전을 한다고 생각했기 때문이다. 주변부의 이 느린 발전속도를 종속이론 학자들은 '저발전' 상태라고 칭하였다.

38 다음 내용에서 괄호 안에 공통으로 들어갈 용어로 적절한 것은?

'A 이론'은 제3세계에서 나타난 근대화의 결과와 방향에 대한 반성과 비판의 소리를 배경으로 출현하였다. 즉, 제3세계의 여러 국가들은 현저한 경제 성장을 달성했음에도 불구하고 선진자본주의 국가와의 상대적 격차가 줄어들지 않고 오히려 증가하였으며, 국내적으로 실업, 부의 사회적 격차들이 감소되지 않고 심화되는 현상을 보였던 것이다. 이 때문에 남아메리카의 사회과학자들은 "(   )(이)란 무엇인가?", "왜 (   )이(가) 지속되고 있는가?"에 대한 의문을 가졌고 이에 대한 문제의식이 'A 이론'으로 등장하게 되었다. 그들은 서유럽 사회의 발전이론인 'B 이론'은 중심부에 있는 유럽국가의 발전에는 적합하게 적용된다고 보았다. 다만, 그 발전은 주변부에 있는 제3세계 국가들의 '자원과 노동'을 착취하면서 성립되는 것이고, 이에 따라서 주변부에 있는 나라들이 (   )에 시달리게 된다는 것이다.

① 종속 상태　　　　　② 세계화
③ 근대화　　　　　　④ 저발전

정답　37 ③　38 ④

39 종속이론에 대한 설명으로 옳지 <u>않은</u> 것은?

① 1960년대 중반 이후 남미의 발전을 연구하는 학자들에 의하여 전개된 사회 및 경제 발전에 관한 이론이다.

② 종속이론에 따르면 사회의 발전은 '사회적 진화의 보편적 노정'이라는 입장에서 출발하였다.

③ 종속이론에 따르면 제3세계 국가들의 발전은 현재의 세계 자본주의 체제에는 거의 불가능하다고 생각한다.

④ 라틴 아메리카 발전 정책의 근간이 되어 온 근대화이론에 대한 부정으로부터 출발한다.

39 근대화론이 가지는 문제점에 대한 설명이다. 근대화론은 개별 사회의 특징이나 성향을 무시하고 '사회 진화론'적인 측면에서 '미발전 사회'가 '발전된 사회'로 보편적인 여정을 따라 진화한다고 보는 이론이다. 이러한 사고방식은 후대에 많은 학자들에게 비판받았다.

40 다음 내용에서 괄호 안에 들어갈 용어로 적절한 것은?

> 1894년 '전봉준'을 중심으로 하여 농민층의 주도로 일어난 '동학농민운동'은 1차 봉기에서 반봉건(反封建)의 기치를 걸고 전라도 일대를 장악하였다. 5월의 '전주화약'을 계기로 해산하였던 동학 농민군이 이후 '일본군'의 경복궁 점령으로 촉발된 '청일전쟁'을 기점으로 외세의 침략에 대응하기 위한 반외세(反外勢)적인 성격을 지닌 보수적 (　　) 운동으로 성격이 변화하였다.

① 개항반대

② 사대주의

③ 위정척사

④ 민족주의

40 ③ 위정척사 사상은 조선 후기 외국의 세력 및 문물이 침투하자, 이를 배척하고 유교 전통을 지킬 것을 주장하며 일어난 사회적 운동이다. 위정(衛正)이란 바른 것, 즉 성리학과 성리학적 질서를 수호하자는 것이고, 척사(斥邪)란 사악한 것, 즉 성리학 이외의 모든 종교와 사상을 배척하는 것이다. 위정척사 세력들은 전통적인 사회 체제를 고수하는 것이 목적이었기 때문에 개화사상에도 반대하였다.

정답 39 ② 40 ④

※ 기출문제를 복원한 것으로 실제 시험과 일부 차이가 있으며, 저작권은 시대에듀에 있습니다.

01 사회학의 아버지라 불리는 콩트(1798 ~1857)는 프랑스 대혁명(1789~1799) 직후 출생하여 프랑스 혁명 직후의 혼란스러운 사회가 여러 사건을 거치며 안정되어가는 과정을 보면서 '생명체'가 '항상성'을 유지하려는 성질이 있는 것처럼 '사회'도 언제나 균형을 유지하려는 경향이 있다고 생각하였다. 이러한 아이디어가 훗날 '사회유기체설'의 기본적인 아이디어가 되었다고 볼 수 있다.
① 대공황(1929)
③ 십자군 전쟁(1096~1270)
④ 제1차 세계대전(1914~1918)

01 사회학의 태동배경과 가장 관련 깊은 역사적 사건은?

① 대공황
② 프랑스 대혁명
③ 십자군 전쟁
④ 제1차 세계대전

02 콩트는 인간의 지적 발전이 '신학적 단계 → 형이상학적 단계 → 과학적(= 실증적) 단계'를 거쳐서 발전한다고 보았다. 특히 콩트는 수학과 물리학, 생물학 등의 자연과학은 신학적, 형이상학적 사유를 벗어난 실증적인 단계에 들어왔다고 보았지만 인간을 연구하는 학문들은 아직 신학적, 형이상학적 단계를 벗어나지 못하고 있다고 생각하였다. 이로 인해 그는 실증주의 사회과학을 옹호하였고, 그것의 이름을 '사회학'이라고 명명하였다.

02 사회학의 시조인 콩트가 제시한 정신적 진보의 3단계 법칙에서 각 단계를 순서대로 나열한 것은?

① 형이상학적 단계 → 신학적 단계 → 과학적 단계
② 신학적 단계 → 과학적 단계 → 형이상학적 단계
③ 신학적 단계 → 형이상학적 단계 → 과학적 단계
④ 과학적 단계 → 형이상학적 단계 → 신학적 단계

정답 01 ② 02 ③

03 다음 중 마르크스(Marx) 계급론의 개념을 모두 고른 것은?

> ㄱ. 상부구조와 하부구조
> ㄴ. 자본주의 정신
> ㄷ. 생산력과 생산관계의 모순
> ㄹ. 공동체주의

① ㄱ, ㄴ

② ㄱ, ㄷ

③ ㄴ, ㄷ

④ ㄴ, ㄹ

03 ㄱ. 마르크스는 사회의 본질은 상부구조(superstructure)와 하부구조(infrastructure)로 구성되어 있으며, 경제적 영역인 토대(하부구조)가 비경제적 영역인 상부구조를 결정한다고 보았다. 하부구조란 어느 사회의 경제양식을 의미하는 것으로 생산양식(mode of production)이라는 말로 표현되고, 상부구조란 생산양식을 제외한 나머지로 정치, 사법제도, 이데올로기, 예술의 양식(문화), 종교 등을 가리킨다. 결국, 사회를 움직이는 기본적인 동력은 하부구조인 생산양식에 있고, 생산양식이 변하면 상부구조도 변하게 된다고 보았다.

ㄷ. 마르크스가 말하는 생산양식은 생산력과 생산관계라는 두 요소로 구성된다. 생산력이란 생산에 동원되는 주요한 에너지의 형태로 근육·기계·테크놀로지 등이 이에 해당한다. 생산관계란 생산활동을 둘러싼 인간의 관계를 의미하는 것으로 영주나 소작인 사이의 노예적 예속관계나 자본가와 노동자 사이의 고용관계와 같은 것을 말한다. 생산관계 내부에는 자본가와 노동자처럼 이해관계를 달리하는 계급 사이의 갈등이 내재하며, 이것을 현재화(顯在化)한 것이 계급투쟁이다.

04 스펜서(Spencer)의 이론과 가장 관련이 깊은 것은?

① 계급갈등론

② 사회유기체론

③ 사회실재론

④ 변증법적 유물론

04 스펜서는 "사회는 생물유기체와 같이 생존을 위한 욕구를 가지고 있으며, 이를 만족시키기 위해 지속적으로 작동하는 기관을 가지고 있다. 이 욕구를 충족시켜주는 기관을 구조라고 한다. 그 구조가 수행하는 역할을 기능이라고 한다."라고 말하며 진화론에 기반을 둔 사회유기체설을 주장하였다.

①·④ 계급갈등론과 변증법적 유물론은 마르크스의 주장이다.

③ 사회실재론은 뒤르켐이 주장한 이론이다.

정답 03 ② 04 ②

05 개별 사실이나 명제로부터 일반적인 결론을 이끌어내는 연구방법은 귀납법이다. 귀납추론은 흔히 '구체적인 사실로부터 보편적 사실을 추론해내는 방식'으로 정의된다. 특히 귀납법은 개별적인 특수한 사실이나 원리를 전제로 해서 일반적인 사실이나 원리를 추론해내는 연구 방법을 말한다. 주로 인과관계를 확정하는 데 사용된다.
① 연역법은 '보편적인 사실로부터 구체적 사실을 추론해내는 방식'으로, '전제가 참이라면 결론은 필연적으로 참이다.'를 특징으로 한다. 특히 연역법은 논리 연역에 따른 추리 방법으로 일반적 사실이나 원리를 전제로 하여 특수한 사실이나 원리를 결론으로 이끌어내는 추리 방법을 말한다. 경험이 아닌 논리를 통해서 필연적인 결론을 이끌어내는 것으로, 삼단논법이 대표적이다.

05 다음 설명에서 괄호 안에 들어갈 말로 알맞은 것은?

> (　　　)은(는) 개별 사실이나 명제로부터 일반적 결론을 이끌어내는 과학적 연구방법이다.

① 연역법
② 개별화
③ 비교법
④ 귀납법

06 해석학적 방법은 사회과학과 자연과학의 대상은 본질적으로 다르다는 가정 하에서 출발한다. 이로 인해 자연과학의 방법과 가정은 인간연구에 부적당하다고 본다. 이들은 사회적 세계가 의미를 담고 있는 세계라는 사실을 강조하며, 사회과학의 목적은 인간 행태(behavior)의 인과관계를 논증하는 것이 아니라, 인간 행위(action)의 의미를 이해하고 해석하는 것이라고 한다. 그리고 인간은 의식·생각·느낌·의미·의도와 존재인식을 가지고 있기 때문에 인간의 행동은 의미를 가지게 되며, 상황을 규정하고 자신과 다른 사람의 행동에 의미를 부여하게 된다고 본다. 그 결과 인간은 단순히 외부적 자극에 반응하거나 그냥 무의미하게 움직이는 것이 아니라 목적적인 행동을 한다는 것이다.

06 다음 설명에 해당하는 것은?

> 사회현상을 설명하는 데에는 행위자의 주관적 감정, 의미, 동기 등을 이해하기 위한 감정이입이나 해석의 과정이 중요하다고 보는 입장이다.

① 해석학적 방법
② 총체론적 분석
③ 경험적 연구
④ 체계론적 분석

정답 05 ④　06 ①

07 다음 중 구조기능주의의 전제로 옳은 것은?

① 사회체계는 구조적인 갈등관계를 기반으로 한다.

② 사회는 자연과 달리 각 부분이 서로 독립적으로 기능한다.

③ 사회는 구조의 합리화를 강화하는 순환적인 발전과정을 겪는다.

④ 사회의 각 부분은 전체 사회의 안정과 연대를 위해 움직이는 복잡한 체계이다.

08 상징적 상호작용이론과 가장 관련이 깊은 것은?

① 대규모 양적 조사를 이용하여 자아 문제를 연구한다.

② 자아 형성 과정에서 사회구조가 미치는 영향에 주목한다.

③ 사회질서는 사회적 실재로, 그 자체가 객관적인 연구의 대상이다.

④ 사람들과 관계를 맺을 때, 상대방이라는 거울에 비추어 자신의 행동을 결정한다.

09 교환이론에 대한 설명으로 옳지 <u>않은</u> 것은?

① 대표적인 학자로는 쿨리(Cooley)와 미드(Mead)가 있다.

② 인간들끼리 주고받는 상호작용에 초점을 맞추는 이론이다.

③ 최대다수의 최대행복을 추구하는 공리주의 경제학의 영향을 받았다.

④ 사회적 행위는 적어도 두 사람 사이에서 교환자원을 주고받는 반복적인 행위이다.

---

07 미국의 사회학자인 파슨스(T. Parsons, 1902~1979)로부터 시작되는 구조기능주의(structure functionalism)는 사회유기체설의 관점을 전제한다. 사회의 각 부분인 '개인'은 전체 사회의 안정과 연대를 위해 움직이는 복잡한 체계의 일부라는 것이다.
① 갈등론의 입장이다.
② 구조기능주의는 사회유기체설을 전제로 하기 때문에 사회의 각 부분이 모두 연결되어 있다고 생각한다.
③ 진화론의 입장이다.

08 쿨리(C. H. Cooley)의 '거울 속의 자아이론'이다. 그는 자아의 형성 과정을 '거울 속의 자아(looking glass self)'라는 말로 설명하는데 타인과의 상호관계에서 타인에게 비추어진 자아의 상(image), 혹은 타인의 반응 속에서 형성되는 자아상(自我像)을 중심으로 자아가 형성된다는 것이다. → 자기를 대상화하여 평가하는 자기성찰성을 강조함
①·②·③은 거시적인 시각의 이론으로, 미시적인 시각의 이론인 '상징적 상호작용이론'과 관련이 적다.

09 교환이론의 대표적인 학자로는 호만스(G. Homams)가 있다. 호만스는 인간행동을 상호작용하는 개인들 사이의 보상과 징벌의 교환으로 개념화하기 때문에 경제학의 이론적 방식으로 인간의 행동을 설명하려고 시도하였으며, 경제학의 전제처럼 인간은 합리적으로 시장에서의 그들의 행동의 장기적 결과를 계산하고 그들의 거래에서 물질적 이윤의 극대화를 시도한다고 가정하였다. 쿨리(Cooley)와 미드(Mead)는 상징적 상호작용이론을 대표하는 학자들이다.

정답 07 ④ 08 ④ 09 ①

10 원규는 사회의 유지와 존속이라는 근본적인 가치를 위해 불가피하다고 인정되고, 따라서 반드시 지켜야 할 규범이다. 원규와 민습은 명확하게 구분하기는 어려운데, 그 차이는 종류의 차이라기보다는 정도의 차이로 보아야 한다. 즉, 중요성의 정도나 처벌의 가혹성의 차이이다.

① 법은 의식적으로 제정하고 공식적으로 선포된 정당성에 입각하여 집행하는 규범이다. 사회가 복잡해짐에 따라 규범의 위반 행위에 대해 개개인 또는 집단의 보복이 자의적으로 이루어질 경우 혼란과 부작용이 우려되기 때문에, 정부나 국가 기관이 물리적 제재를 합법적으로 담당하는 것이다.

③ 민습이란 가장 흔히 일상적으로 사람들이 준수하는 규범으로, 특정상황에서 바람직하고 올바르다고 간주하는 행위지침을 말한다. 예를 들어, 식사 관행, 의복 관행, 예절이나 의식 등 한 사회가 전통적으로 지키는 관습이나 관행에 속하는 것이 민습이다(예 밥을 먹을 때 수저를 사용하는 것, 어른에게 고개 숙여 인사하며 존댓말을 사용하는 것 등).

④ 문화규범이란 어떤 문화가 가지는 규범을 말한다. 즉, 그 문화가 어떤 상황에 대해 정의하면 이러한 정의는 행동의 지침이 되어 인간사회의 규범을 형성함으로써 사람들의 행동에 영향을 미친다. 이 규범의 종류에는 종교, 관습, 도덕 등이 있다.

11 문화를 습득하는 과정은 '문화화'라고 하며, 사회적 규범·규칙·행동양식을 습득하는 과정은 '사회화'라고 한다. 굳이 구분을 하고 있지만, 사실상 문화화와 사회화는 비슷한 과정으로 보는 것이 좋다.

10 다음 중 문화종류에 대한 설명으로 옳은 것은?

① 법(laws) - 최소 수준의 민습이 비공식화된 규범이다.
② 원규(mores) - 사회의 기본적 안녕과 가치를 수호하는 규범이다.
③ 민습(folkways) - 일상생활에서 절대적으로 지켜야 할 규범이다.
④ 문화규범(cultural norm) - 사회집단 사이에 협의를 통해 형성된 공식화된 규칙이다.

11 다음 설명에서 괄호 안에 들어갈 말로 알맞은 것은?

개인이 자신이 속한 사회의 문화를 습득하는 과정을 (㉠)라고 하며, 인간이 자신이 태어난 사회 속에서 살아가면서 다양한 사회적 규범, 규칙, 행동양식들을 습득하는 과정을 (㉡)라고 한다.

	㉠	㉡
①	사회화	문화화
②	문화화	규범화
③	문화화	사회화
④	사회화	규범화

정답 10 ② 11 ③

12 다음 설명에 해당하는 문화유형은?

> 1960년대 서양에서 유행하였던 히피운동, 반전운동, 자연주의운동 등이 여기에 속한다. 한국 사회에서는 1980년대 독재에 저항하며 자유를 추구한 대학문화와 1990년대부터 확산되기 시작한 청소년의 일탈적 폭주족 문화를 일컫는다.

① 대중문화

② 대항문화

③ 민중문화

④ 주류문화

13 다음 설명과 관련이 깊은 문화변동의 종류는?

> 자동차와 같은 물질적 요소가 도입되었으나, 교통질서와 같은 정신적 요소가 즉시 수용되지 않는다.

① 문화 지체(culture lag)

② 문화 충격(culture shock)

③ 문화 적응(culture adaption)

④ 문화 동화(culture assimilation)

---

12 대항문화(반문화)는 사회의 지배적인 문화(주류문화)에 정면으로 반대하고 적극적으로 도전·저항하는 하위문화의 일종을 말한다.
① 대중문화는 대중매체를 기반으로 한 문화, 혹은 대중이 중심이 되는 문화이다. 요즘은 대중매체가 사회 다수의 취향을 반영한다는 민주적 성격을 강조하여 파퓰러 컬쳐(popular culture ; pop culture)라 부른다.
③ 민중문화는 대중문화와 비슷한 표현이다.
④ 주류문화는 한 사회 전반에 깔려 있는 지배적인 문화를 의미한다.

13 제시문이 설명하는 상황은 '문화 지체'를 의미한다. 즉, 한 사회의 문화는 물질적인 것과 비물질적인 것을 모두 포함하고 있는데 물질문화의 변동 속도는 빠른 데 반해, 비물질문화의 변동 속도가 느려 발생하는 부조화 현상을 문화 지체라 한다. 오그번(W. F. Ogburn)이 처음으로 언급하였다.

정답 (12 ② 13 ①)

14 재사회화는 일차적인 사회화에 의하여 학습한 가치·규범·신념 등을 버리고 새로운 가치·규범·신념을 내면화하는 것을 말한다. 일반적으로 재사회화는 사회적 일탈을 교정하기 위한 재사회화(예 교도소 수감)와 사회적 적응을 위한 재사회화로 구분할 수 있다. 제시문의 경우는 사회주의적 생활방식과 거의 대조되는 자본주의적 생활방식을 습득하기 위한 사회적 적응의 재사회화라고 볼 수 있다.
③ 탈사회화는 재사회화의 시작 단계로 기존에 사회화되어 있던 사회규범, 관습 등에서 벗어나는 행동을 의미한다.
④ 예고적 사회화(= 예기 사회화)는 미래에 속하게 될 집단의 규범을 미리 학습하는 과정을 의미한다(예 대학교 신입생 오리엔테이션).

14 다음 설명에 해당하는 사회화 유형은?

> 탈북자(혹은 새터민)가 우리 사회에 들어와 그들이 살았던 북한의 사회주의적 삶의 방식과는 전혀 다른 자본주의적인 생활방식을 다시 습득해야 하는 경우를 말한다.

① 재사회화
② 강화사회화
③ 탈사회화
④ 예고적 사회화

15 본인의 의사와 무관하게 태어나면서부터 받는 지위를 귀속 지위(㉠)라 한다. 반면 자신의 노력에 의해서 성취한 지위를 성취 지위(㉡)라 한다. 귀속 지위는 출생에 의해서 주어지는 지위이기 때문에 개인이 변경할 수 없다(예 성별, 인종 등).
공식적·비공식적 지위는 다음과 같은 경우를 생각하면 된다. 아버지가 우리 회사 사장님이라면, 공식적 지위는 '사장과 사원'이지만, 비공식적 지위는 '아버지와 아들'이 된다.

15 다음 설명에서 괄호 안에 들어갈 말로 알맞은 것은?

> 지위에는 성별, 세대(나이), 가족, 지역, 국적, 신분처럼 본인의 의지와 노력 여하와 상관없이 저절로 주어지거나 속하게 되는 (㉠)가 있는가 하면, 학력, 직업, 직위처럼 본인의 의지나 노력을 통해 얻게 되는 (㉡)가 있다.

	㉠	㉡
①	귀속 지위	성취 지위
②	성취 지위	귀속 지위
③	귀속 지위	사회적 지위
④	사회적 지위	성취 지위

정답 14 ① 15 ①

16 다음 상황과 관련이 깊은 사회학 개념은?

> 어렸을 때부터 친한 친구가 직장 상사가 되어서 그의 명령을 수행하는 처지가 되었다.

① 계급 갈등(class conflict)
② 역할 갈등(role conflict)
③ 다중 역할(multiple roles)
④ 지위 불일치(status inconsistency)

17 다음 설명에서 기계공학과와 유명 셰프의 특징에 해당하는 집단유형을 연결한 것으로 옳은 것은?

> (가) ○○대학 학과별 축구대회에서 기계공학과 학생들은 혼연일체가 되어 자기 과의 승리를 기원하며 목이 터지도록 응원하였다.
> (나) 음식점을 준비하는 A씨는 유명 셰프들을 역할모델로 삼아 그들의 성공 노하우를 열심히 배우고 있다.

	(가)	(나)
①	내집단	외집단
②	내집단	준거집단
③	외집단	공식집단
④	비공식집단	공식집단

16 역할 갈등은 일반적으로 한 개인에게 서로 상치되거나 상반되는 역할을 요구하거나 기대하면 생기는 문제로, 역할 모순과 역할 긴장이 존재한다. 제시문의 경우는 역할 모순과 관련된 상황으로, '친구의 지위에서 기대하는 역할'과 '직장상사의 지위에서 기대하는 역할'이라는 두 가지 역할이 충돌하기 때문에 역할 모순 상태에 빠지게 된다.
④ 지위 불일치는 한 개인이 가지는 사회적 지위의 차원별 높이가 서로 다른 상황을 말한다. 예를 들어, 경제적으로는 상층, 사회적으로는 하층의 지위에 있을 때 우리는 지위 불일치 현상을 경험한다고 말한다.

17 내집단에 해당하기 위해서는 다음 두 가지 조건이 모두 충족되어야 한다.

> ㉠ 현재 소속되어 있을 것
> ㉡ 소속감을 가지고 있을 것

(가)에서 기계공학과 학생들이 기계공학과를 '자기 과'라고 생각하고 있는 점을 보아 현재 소속되어 있는 과에 소속감을 느끼고 있다는 것을 알 수 있다. 또한 (나)에서 자신의 '역할 모델'을 따라가기 위해 노력하고 있는 A씨는 유명 셰프를 '준거집단'으로 설정하였다고 볼 수 있다.

정답 16 ② 17 ②

18 제시문은 사회해체이론에 대한 내용이다. 사회해체이론은 산업화·도시화에 의한 범죄의 증가현상을 개인적 결함에 초점을 맞추어 연구하는 사회병리학을 비판하면서 등장한 이론이며, 도시화·산업화 등으로 기존의 사회체제가 붕괴되어 현존하는 사회적 행동기준이 개인에 대하여 미치는 영향력이 감소하여 사람들의 반사회적 태도가 증가하고, 규범준수에 대한 사회 구성원의 공감대가 약화된 것이 범죄의 원인이 된다는 이론이다.

18 다음 설명에 해당하는 이론은?

> 사회질서의 해체나 규범적 혼란이 사회적 결속이나 통합을 약화시켜 범죄의 발생률을 높인다고 설명하는 이론이다.

① 낙인이론
② 사회유대이론
③ 아노미이론
④ 사회해체이론

19 전통적인 범죄(예 강도, 살인 등)는 가해자와 피해자가 분명하게 존재하는 데 비해, 희생자 없는 범죄는 피해자와 가해자의 관계가 분명치 않다는 점에서 구분되며, 전통적 범죄와 구별하기 위해서 이를 통칭하여 희생자가 없는 범죄라고 하고 있다(예 매춘, 마약 복용 등).

19 범죄의 유형과 그 예가 바르게 짝지어진 것은?

① 사이버 범죄 – 폭행
② 블루칼라 범죄 – 탈세
③ 화이트칼라 범죄 – 강도
④ 희생자가 없는 범죄 – 대마초 흡연

20 네트워크조직이란 상호의존적인 조직 사이의 신뢰를 바탕으로 서로 독립성을 유지하는 조직들이 상대방이 보유하고 있는 자원을 마치 자신의 자원인 것처럼 활용하기 위하여 수직적·수평적·공간적 신뢰 관계로 연결된 조직 간 상태를 말한다.

20 다음 설명과 관련이 깊은 조직 유형은?

> • 경영자가 조직적 장벽을 제거하거나 최소화시키기 위해 선택하는 조직 구조 중 하나이다.
> • 각 사업부서가 자신의 고유 기능을 독자적으로 수행함과 동시에 제품 생산이나 프로젝트 수행과 같이 유기적 연계가 필요한 경우에는 상호 협력한다.

① 관료제
② 서비스조직
③ 사업조직
④ 네트워크조직

정답 18 ④ 19 ④ 20 ④

21 다음 설명에 해당하는 것은?

> 집단 구성원 간의 정서적 화합을 이끌어내는 데 적합하며, 구성원 간의 활발한 상호작용을 통해 참여를 이끌어내고 갈등을 최소화할 수 있는 리더십 유형이다.

① 권위주의형 리더십
② 민주형 리더십
③ 자유방임형 리더십
④ 거래형 리더십

21 Lewin은 리더십 이론에서 리더십의 유형을 '권위주의형, 참여형(민주형), 위임형(자유방임형)'으로 구분하였다. 제시문에 언급된 리더십 유형은 참여형(민주형) 리더십이다.

22 다음과 같이 종교의 기능을 설명한 학자는?

> 종교가 사회발전에 중요한 동인으로 작용해 왔다고 설명하였으며, 프로테스탄티즘의 교리 속에는 노동윤리, 금욕사상 등이 있어 자본주의의 성장에 기능적으로 작용하였다고 강조하였다.

① 허버트 스펜서(H. Spencer)
② 조지 리처(G. Ritzer)
③ 막스 베버(M. Weber)
④ 탈코트 파슨스(T. Parsons)

22 베버는 현대의 부르주아 자본주의가 왜 서구사회에서 먼저 일어났는가를 규명하였다. 그는 부르주아 자본주의를 합리적인 노동과 생산 조직을 통해서 이윤을 최대화하는 정신에 기초하고 있는 것으로 '이념형'화하여 '프로테스탄트의 소명 사상 및 금욕 정신'과 밀접히 관련된다는 것을 '상상적 실험'의 방법을 통해 밝혀냈다. 프로테스탄트 교도들은 금욕의 윤리를 잘 지킴으로써 구원을 받을 수 있다는 동기에서 자본을 축적하여 현대 부르주아 자본주의를 발전시켰다는 것이다.

정답 21 ② 22 ③

23 막스 베버(M. Weber)는 계층이론을 통해서 마르크스의 계급이론을 비판하였다. 베버는 사회 계층이 경제적 요인 즉, 생산수단의 소유여부에 따른 '계급(class)', 사회적 위신에 따른 '지위(status)', 정치적 위치에 따른 '권력(power)' 등의 세 가지 측면으로 이루어진다고 보았다.

23 다음 설명에서 괄호 안에 들어갈 개념을 순서대로 고른 것은?

- (㉠)은(는) 경제적 개념으로, 비슷한 수입 정도나 경제력을 가진 사람으로 구성된 범주이다.
- (㉡)은(는) 사회문화적 개념으로, 개인이나 집단에 주어지는 존경이나 사회적 명예, 위세를 말한다.
- (㉢)은(는) 정치적 개념으로, 다른 사람의 저항에도 불구하고 자신의 의지를 관철하는 능력이다.

	㉠	㉡	㉢
①	계급	지위	권력
②	문화	권력	지위
③	지위	계급	권력
④	계급	문화	지위

24 ① 차상위계층(준빈곤층 혹은 잠재적 빈곤층)은 국민기초생활수급자가 아닌 가구로서, 가구소득이 최저생계비를 겨우 넘어선 계층을 의미한다.
② 한계빈곤층은 공공부조 대상자, 즉 극빈층이 수급하는 급여액 기준에서 100~140% 범위 내에 있는 사람들을 의미한다.
③ 근로빈곤층(working poor)은 근로능력을 가진 빈곤층, 정규직 근로자이면서 소득이 너무 낮아 가족을 빈곤으로부터 탈피시킬 수 없는 모든 근로자, 현재 취업상태에 있음에도 불구하고 빈곤한 근로자 등으로 규정할 수 있다.

24 다음 설명에 해당하는 빈곤층 개념은?

가족구성원 중 한 사람에게 건강상의 문제나 경제적인 문제가 발생하면 곧 빈민층으로 떨어져 헤어 나오기 힘든 사람들이다. 결국 자존감 상실, 자괴감 등으로 이어져 사회성까지도 잃기 쉬운 사람들이다.

① 차상위계층
② 한계빈곤층
③ 근로빈곤층
④ 신빈곤층

정답 23① 24④

25 다음 사회현상을 설명하는 개념은?

> 부동산업자는 경제적 소득수준이 높지만 사회적 위신이나 명예는 낮다. 반면에 교사는 사회적 위신은 높지만 소득수준은 그리 높지 않다.

① 지위 불일치
② 부정적 준거집단
③ 외집단
④ 상대적 박탈감

26 다음 설명과 관련이 깊은 사회학자는?

> 계층체계는 개인의 필요성이나 욕망 때문이 아니라 사회적 필요성에 의해 생겨난다. 각 직업에 적절한 보상이 주어지는데, 보상은 직업의 기능적 중요성과 인재의 희소성에 의해 결정된다.

① 다렌도르프(R. Dahrendorf)
② 데이비스-무어(K. Davis & W. Moore)
③ 호만스(G. Homams)
④ 허버트 스펜서(H. Spencer)

27 다음 설명에 해당하는 가족형태는?

> 보통 3세대로 구성되는 가족형태로, 하나의 핵가족이나 여러 핵가족이 그들의 근친과 동거하는 형태이다.

① 연속단혼제
② 확대가족
③ 핵가족
④ 개방혼제

25 계층을 다차원적인 측면에서 생각한다면 한 개인이 여러 차원에서 점하고 있는 위치가 항상 같을 수 없다. 한 개인이 사회의 희소가치 배분에서 점하고 있는 위치가 각 차원의 서열에서 서로 다를 때 지위 불일치가 발생한다. 즉, 한 개인이 점하고 있는 지위가 여러 차원에서 서로 일치하지 않는 상황을 지위 불일치(地位不一致)라고 한다.

26 제시문에 나온 관점은 데이비스-무어(K. Davis & W. Moore)의 관점으로 이를 기능주의라고 한다. 기능주의의 기본적인 관점은 사회가 유지되고 존속하려면 반드시 수행하지 않으면 안 되는 여러 가지 기능이 있다는 것이다. 나아가 사회가 좀 더 효율적으로 움직이려면 적재적소에 꼭 필요한 사람을 '정당히' 충원하여야 한다고 말한다. 이러한 과정에서 불평등한 분배가 자연스럽게 나타난다고 보는 견해가 기능주의적 관점이다.

27 확대가족은 한 가정에 3대 이상의 세대가 어우러져 사는 가족 형태로, 일부일처제 원칙하에 혈연이나 입양으로 인하여 두 쌍의 부부가 자식들과 함께 산다.
① 연속단혼제는 단혼(일부일처제)이 연속적으로 이어지는 형태로 이혼이 과거에 비해 용이해진 현대 사회에서 나타나고 있다.
④ 개방혼제는 배우자 각자가 혼외 성관계를 가질 수 있는 권리를 포함한 여러 가지 융통성에 동의하는 결혼이다(상호계약).

정답 25 ① 26 ② 27 ②

28 ③ 갈등론자의 의견이다.
② 기능론과 갈등론 모두 가족은 중요한 사회적 기능을 수행한다고 생각한다.

28 가족제도가 가지는 사회적 기능과 거리가 먼 것은?

① 기능론자들은 가족이 사회적 보호와 정신적 안정의 기능을 가진다고 보았다.
② 갈등론자들은 가족이 중요한 사회적 기능을 수행한다고 생각한다.
③ 기능론자들은 부모가 사회화를 통해 기존의 사회적 가치관을 자녀에게 학습시킴으로써 기존의 권력 구조를 강화한다고 생각한다.
④ 갈등론자들은 가족을 여성에 대한 남성의 지배가 실현되는 제도라고 보았다.

29 세계가족은 『위험 사회』를 쓴 울리히 벡의 저작 『장거리 사랑』이라는 책에서 처음으로 등장한 개념이다. 울리히와 엘리자베트 벡 부부는 『장거리 사랑』에서 "국제결혼 부부, 결혼 및 노동 이주, 대리모, 스카이프(인터넷 무료전화 서비스)에 기댄 애정관계라는 … 온갖 종류의 장거리 관계들, 곧 사랑의 지구적 혼란"을 집중적으로 파고든다. 이를 위해 도입한 개념이 '세계가족'이다.
① 울리히 벡은 '남자와 여자, 그리고 하나 또는 그 이상의 자녀라는 고전적 가족 모델과 유럽에서 오랫동안 지배적이었던 가족형태인, 같은 언어를 쓰고 같은 여권을 소지하며 같은 나라, 같은 곳에 거주하는 일국적 가족, 곧 근거리 사랑에 토대를 둔 가족체제'를 '정상가족'이라고 보았다.
③ 패치워크는 자투리 조각보를 이어 만든 수공예 제품을 말하는데, 패치워크가족이란 조각보처럼 여러 인간관계들이 복합적으로 구성돼 가족인 유대감을 이루어 내는 공동체를 말한다. 특히 이혼과 재혼이 급증하면서 생겨난 성이 다른 가족 구성원들, 입양 등으로 혈연관계가 섞이지 않은 공동체 가족을 말한다.

29 다음 설명과 관련이 깊은 가족의 변천 현상은?

> 과거 주말부부에 머물던 가족형태가 국제화로 인해 확장되어 국경을 넘어 떨어져 지내는 초국가적 가족이 나타났다.

① 정상가족
② 다문화가족
③ 패치워크가족
④ 세계가족

정답 28 ③ 29 ④

30 다음 설명에서 괄호 안에 들어갈 말로 옳은 것은?

> (   )는 기존 도시의 주변 지역에 새로운 거주 지역이 형성되어 사람과 도시 기능이 이전되는 현상이다.

① 역도시화

② 근교화

③ 거대도시화

④ 도시화

30 근교화란 도시 주변 지역에 새로운 거주 지역이 형성되어 사람들이 교외로 주택을 마련해서 도심지를 떠나는 것뿐만 아니라, 각종 활동과 기능의 무대가 교외로 이전되는 현상까지 포함하는 개념이다.
① 역도시화란 도시의 중심부와 교외를 포함한 도시권 전체의 인구가 감소되기 시작하는 도시 쇠퇴 단계를 말한다.
③ 거대도시화란 한 나라 안에서의 도시가 '거대도시 → 대도시 → 중소도시'의 계열로 체계화되면서 상호 관련을 맺어가는 과정을 말한다.
④ 도시화란 도시가 형성되고 변화하는 과정, 즉 인구가 도시로 집중되는 현상을 가리키는 말로 전체 인구 중 도시 인구의 비율이 증가함을 말한다.

31 다음 설명에 해당하는 것은?

> 도시가 형성되고 변화하는 과정, 즉 도시에 거주하는 인구의 규모와 밀도가 커지는 경향으로 전체 인구 중 도시 인구의 비율이 증가함을 말한다.

① 도시화

② 역도시화

③ 집중적 도시화

④ 분산적 도시화

31 도시화란 도시가 형성되고 변화하는 과정, 즉 인구가 도시로 집중되는 현상을 가리키는 말로 전체 인구 중 도시 인구의 비율이 증가함을 말한다.
③ 집중적 도시화란 중심도시의 교외 지역은 정체된 가운데, 중심도시에 인구와 산업이 집중하여 급격히 팽창하는 현상이다.
④ 분산적 도시화란 교외화라고도 하며, 중심도시의 주변 지역으로 인구와 산업이 분산되어 이루어지는 도시화이다.

정답 (30 ②   31 ①)

32 ⊙은 문화자본이다. 프랑스의 사회학자였던 피에르 부르디외는 『자본의 형태』(1986)에서 사회적 권력과 사회적 불평등을 결정짓는 데 작용하는 세 종류의 자본이 존재한다고 보았다. 세 가지 자본은 각각 소득과 소유권으로 이해되는 경제자본, 사람들과의 연결을 지칭하는 사회자본, 교육·문화적 대상·학위로 이해되는 문화자본이다. 특히 문화자본은 예술과 문화에 대한 객관적인 지식, 문화적 취향과 선호, 공식 자격(대학학위, 컨테스트 입상 등), 문화적 기술과 실제적인 지식(악기를 다루는 능력 등), 스스로를 차별화하고 좋고 나쁨을 구분하는 능력 등 여러 측면을 가진다. 즉, 문화자본은 단순한 취향의 차이가 아니라 사회적 위치를 반영하는 하나의 지표가 되며, 문화자본을 많이 가진 엘리트집단은 자신들의 '고급문화'를 대중문화와 구별 짓고 정당화함으로써 문화의 위계, 더 나아가 계급 위계를 영속화하고 당연한 것으로 받아들이게 한다.

33 상업영화와 예술영화의 개봉관 수 차이는 '문화적 의미의 양극화'라고 보아야 한다.

정답 32 ③ 33 ②

32 자본의 종류에 대한 설명에서 괄호 안에 들어갈 용어로 적절한 것은?

> (⊙)은 예술과 문화에 대한 객관적인 지식, 문화적 취향과 선호, 공식 자격(대학 학위, 컨테스트 입상 등), 문화적 기술과 실제적인 지식(악기를 다루는 능력 등), 스스로를 차별화하고 좋고 나쁨을 구분하는 능력 등 여러 측면을 가진다고 보았다. 그리고 예술, 음악, 음식에 대한 취향이 사회적 계급에 따라 결정되는 모습을 통해 (⊙)이 단순한 취향이 아니라 사회적 위치를 반영하는 하나의 지표임을 나타낸다.

① 사회자본
② 경제자본
③ 문화자본
④ 지식자본

33 최근 심각한 사회문제로 대두되고 있는 사회경제적 양극화 현상과 거리가 먼 것은?

① 정규직과 비정규직의 소득격차
② 상업영화와 예술영화의 개봉관 수 차이
③ 부유층 자녀와 빈곤층 자녀의 사교육비 차이
④ 전문직 종사자와 비숙련·저숙련 노동자 간 임금격차

34 다음 설명과 관련이 깊은 사회학자는?

> 사회적 퍼스낼리티란 온갖 사회집단 사이에 공통된 성격으로 계급, 집단, 지역, 국가의 성격을 말한다. 이런 성격과 사회의 연결은 사회가 개개인에게 어느 정도 순응 태도를 심어주는 데서 발견할 수 있다. 개인이 군중 속으로 몰입하게 되면 이성적인 생각을 할 수 없게 된다. 따라서 개인의 개별적이고 의식적인 퍼스낼리티는 군중 속에서 거의 사라진다.

① 베네딕트(R. Benedict)
② 미드(G. H. Mead)
③ 매슬로우(A. H. Maslow)
④ 리스먼(D. Riesman)

35 다음 설명에 해당하는 사회운동의 형태는?

> • 1960년대 유럽에서 등장한 사회운동의 조류이다.
> • 계급투쟁 중심이었던 과거의 노동운동과는 달리 반전(反戰), 환경, 시민권, 페미니즘 등 사회의 여러 분야에서 '바람직한 사회'를 만들기 위한 운동이 주류를 이루게 된다.

① 세대운동
② 시민사회운동
③ 탈근대운동
④ 신사회운동

---

34 데이비드 리스먼(D. Riesman)은 『고독한 군중』이라는 저서에서 사회의 발전 단계에 따른 퍼스낼리티 유형을 '전통지향형, 내부지향형, 외부지향형'의 세 가지로 제시했다. 사회적 퍼스낼리티란 한 사회의 개인들에게 가장 흔히 나타나는 성격을 말하며, 사회적 성격이라고도 한다.
① 베네딕트는 아메리카 인디언 문화에서 남부 푸에블로족(Pueblo Indian)의 아폴로(Apollo)형 문화와 서부 대평원 지역의 콰키우틀족(Kwakiutl Indian)의 디오니소스(Dionysos)형 문화에서 개인과 퍼스낼리티 사이에 얼마나 밀접한 관계가 있는가를 연구했다.
② 미드는 사회적 상호작용을 통한 자아발달을 사회학의 핵심으로 보고, 사회화의 과정을 자아의 형성과정과 연결하여 설명한 학자이다.
③ 매슬로우(A. H. Maslow)는 인간은 원초적으로 다음과 같은 욕구가 단계적으로 충족되어야만 개인이 원만하고 완성된 퍼스낼리티를 형성한다고 본다. 그 단계는 '기본적·생리적 욕구 → 안전과 보장의 욕구 → 소속과 애정의 욕구 → 자기존중의 욕구 → 자아실현의 욕구'이다.

35 신사회운동은 혁명적 움직임이나 정치권력의 교체가 목표가 아닌 현대사회 대부분의 시민운동[인권, 환경, 여성, 장애인, 성소수자, 반전(反戰) 등]의 다양한 분야에서 이루어지고 있는 사회운동이다.

정답 34 ④ 35 ④

36 제시문에서 설명하고 있는 개념은 지역주의(지역색)에 대한 설명이다.

36 다음 설명에 해당하는 것은?

> 전통사회에서 개인은 자신이 속한 집단에 대한 강한 귀속감을 가지고 있다. 혈연집단으로 가족과 친족 및 일부 인척까지 포함하는 친척부터, 자연집단으로 동향인 및 같은 지방 사람들에 이르기까지 자기와 관계 깊은 집단들에 강한 애착심을 느껴왔다. 이러한 귀속감과 애착심은 대체로 자신의 지역을 다른 지역과 구별하고, 자신의 지역에 대해서 애착을 갖고 동일시하게 하는 경향을 가진다.

① 가족주의
② 지역주의
③ 혈연주의
④ 지방분권주의

37 제시문이 설명하는 이론은 시카고대학 베커(G. S. Becker)의 합리적 선택이론이다. 그는 소비자 선택이론을 가정의 자녀출산에 적용하여 부모들의 행동을 소비자 선택의 합리성으로 분석함으로써 1992년 노벨경제학상을 받았다. 그러니까 개인의 행동은 누군가의 강요에 따른 것이 아니라 자신이 취득한 정보를 가지고 사건의 가능성, 잠재적 비용과 이익 등을 따져가며 찾아낸 가장 좋은 결정이라는 것이다.

37 다음 사회현상을 설명하는 데에 적합한 사회운동 이론은?

> • 사람들이 어떤 결정을 내릴 때 수익과 비용 등을 따져가며 자신에게 가장 이득이 되는 합리적인 방향으로 결정을 내린다는 이론이다.
> • 결혼, 이혼, 범죄, 출산, 흡연 등 사회적 행동들은 도덕적 판단이 아니라 경제적 판단을 통해서 의사결정이 이뤄진다고 본다.
> • 예를 들면, 범죄에서도 범죄자는 범죄의 이익과 잡혔을 때의 손해를 계산하여 행동한다고 생각한다.

① 계급혁명이론
② 신사회운동론
③ 군중심리이론
④ 합리적 선택이론

정답 (36 ② 37 ④)

38 현대사회의 특징인 탈산업사회와 지식정보사회에 대한 설명으로 옳지 <u>않은</u> 것은?

① 미셸 푸코는 지식 정보사회의 국가는 국민들을 감시하고 통제하는 체제가 될 것이라고 주장하였다.

② 친교 활동과 감시가 접합되면서 감시에 대한 저항감이 약해질 수 있다.

③ 탈산업사회는 혁신적인 기술의 발전을 통해서 제조업 종사자의 수를 유지하면서 생산량을 늘릴 수 있게 되었다.

④ 조지 길더는 『마이크로코즘』이라는 책에서 디지털 혁명의 기본이 되는 반도체 기술이 정신을 부의 원천으로 올려놓았다고 주장한다.

38 탈산업사회는 혁신적인 기술의 발전을 통해서 제조업 종사자의 수가 감소되어도 생산량을 유지하거나 늘릴 수 있다는 특징이 있다.

39 다음 설명에서 괄호 안에 들어갈 용어를 순서대로 고른 것은?

(㉠)은 제3세계 국가의 저발전의 원인이 그들 사회 내부의 전통적 구조에 있다고 보는 (㉡)을 거부하고, 오히려 제3세계의 저발전은 선진자본주의 국가와의 경제적 의존관계 때문이라고 보았다. 따라서 제3세계의 발전을 위해서 자본주의적 세계의 체계와 단절이 필요하다고 보았다.

	㉠	㉡
①	종속이론	세계체계론
②	제3세계이론	식민지 반봉건사회론
③	근대화론	세계체계론
④	종속이론	근대화론

39 ㉠은 종속이론, ㉡은 근대화론이다. 종속이론은 제3세계에서 나타난 근대화의 결과와 방향에 대한 반성과 비판의 소리를 배경으로 출현하였다. 즉, 제3세계의 여러 국가들은 현저한 경제 성장을 달성했음에도 불구하고 선진자본주의 국가와의 상대적 격차가 줄어들지 않고 오히려 증가하였고, 국내적으로 실업, 부의 사회적 격차들이 감소되지 않고 심화되는 현상을 보였던 것이다. 이 때문에 남아메리카의 사회과학자들은 "저발전이란 무엇인가?", "왜 저발전이 지속되고 있는가?"에 대한 의문을 가졌고 이에 대한 문제의식이 종속이론으로 등장하게 되었다. 그들은 서유럽 사회의 발전이론인 '근대화론'이 중심부에 있는 유럽국가의 발전에는 적합하게 적용된다고 보았다. 다만 그 발전은 주변부에 있는 제3세계 국가들의 '자원과 노동'을 착취하면서 성립되는 것이고, 이에 따라서 주변부에 있는 나라들이 저성장에 시달리게 된다는 것이다.

정답 38 ③ 39 ④

40 다문화주의는 각각의 문화를 보존하면서 대등한 관점에서 조화를 이루어야 한다고 보는 관점으로, 문화의 대등성을 강조하는 개념이다. 다문화주의는 주류문화와 비주류문화의 차이점을 구분하지 않고, 문화 간 위계서열을 부정하면서 다양한 문화의 대등한 공존을 강조하는 이념이다. 대표적인 모형으로 '샐러드 그릇 모델'이 있다.

① · ③ 용광로이론은 동화주의 모델의 대표적인 이론으로, 기본적으로 동화주의는 주류문화와 소수의 비주류문화를 구별하고 비주류문화가 주류문화에 편입돼야 한다고 보는 입장이다. 동화주의는 기본적으로 "한 사회는 동일한 문화를 공유해야 사회 통합에 유리하다."라고 생각한다. 따라서 타문화권에서 온 이주민에게 우리의 언어, 음식, 예절 문화 등을 강요하며 문화의 다양성을 인정하지 않는 태도를 보인다.

④ 문화다원주의는 다문화주의와 유사하지만 약간 다른 개념이다. 다문화주의가 '주류문화'와 '비주류문화'의 차이를 인정하지 않는 것에 반해, 문화다원주의는 주류문화의 우선순위를 인정하는 가운데 비주류문화 역시 고유성을 잃지 않고 병존할 수 있도록 존중하는 이론이라고 볼 수 있다. 대표적인 모형으로 '국수 대접 모형'이 있다.

40 다음 설명에 해당하는 것은?

> 소수집단의 문화적 차이에 대한 절대 존중과 소수문화에 집단적 차원의 권리를 부여한다는 원칙에 따라 최근의 이민자정책을 주도하는 이념이다.

① 용광로이론
② 다문화주의
③ 동화주의
④ 문화다원주의

정답 40 ②

교육은 우리 자신의 무지를 점차 발견해 가는 과정이다.

– 윌 듀란트 –

제 1 장

사회학의 성립

교육이란 사람이 학교에서 배운 것을 잊어버린 후에 남은 것을 말한다.

– 알버트 아인슈타인 –

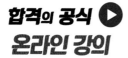

제 1 장 | 사회학의 성립

제1절 사회학의 창시자들

1 사회학의 개념

(1) 사회학의 성립 [기출] 22

① 사회학이라는 학문의 이름은 1893년에 프랑스의 콩트(A. Comte)에 의해 처음 붙여졌다.

② 사회계약설은 국가에 대한 사회의 우위를 나타내고, 시민혁명의 사상적 기반이 되었다.

③ 사회학은 전근대적 농경사회가 근대적인 산업사회로 이행하는 과정에서 오는 사회적 혼란을 수습하기 위해서 출현했다.

(2) 사회학이 발전할 수 있는 사회

① **열린 세계와 열린 사회** : 사회학이 발전할 수 있는 사회는 다원주의가 공존하는 사회
 → 자유주의 사회체제 ⇒ 사회학 발전 가능

② **닫힌 사회 체제** : 다양한 견해를 자유롭게 표현할 수 없는 체제 ⇒ 사회학 발전 불가능
 ㉠ 국가는 억압과 배제의 장치를 정교하고 효율적으로 작동시켜 다원적 사고가 가능하지 않도록 한다.
 ㉡ 전근대적 전통 사회, 국가가 절대 유일한 한 가지 진리를 공식화하여 국민에게 강요하는 사회(군국주의 사회, 공산주의 사회, 파시즘 체제)는 사회학이 발전할 수 없다.

(3) 사회학의 특징(문제의식으로서의 사회학) – 버거(P. Burger)의 사회학 해석 방법

① **공식적 상황 규정의 무조건적 수용 거부**
 ㉠ 닫힌 체제의 지배층은 사회학적 해석을 기존의 틀과 질서를 흔드는 불온한 행위로 매도하기 때문에 사회학자들은 공식적 상황 판단 또는 공식적 상황 규정을 그대로 수용하는 일에 주저한다.

> **더 알아두기**
>
> **공식적 상황 규정**
> 인간행위나 사회사건 등에 대해서 대부분의 사람들이 함께 수용하는 견해, 또는 정부와 같은 공공기관이 그 현상과 현실에 대해 일정하게 내리는 공적 판단

 ㉡ 사회학자는 사물의 겉모습(또는 현상)만 관찰하는 데 만족하지 않고, 사물과 현상을 꿰뚫어 보려는 본질을 보려고 한다.

ⓒ

열린 사회	국가의 공식적 담론이 국민 대다수에 의해 자발적으로 수용됨
닫힌 사회	국가의 공식적 상황 규정이 국민의 동의에 기초하지 않음

② 이데올로기적 기능을 폭로하는 불신의 기예

　㉠ 버거(P. Burger)는 사회학적 사고(思考)를 철학자 니체가 말했던 불신의 기예(技藝)의 한 부분이라고 지적했다.

　㉡ 지배층의 공식적 담론(특정한 집단의 이익이 어떻게 현상 인식을 왜곡시키는가)에 주목했던 사상가들과 철학자들은 사회학적 회의와 불신을 깊이 인식 → 회의와 불신은 이데올로기적 기능을 폭로하는 지적 행위와 연관

③ 사회학은 특정 제도와 관행의 외피적 기능과 이면적 기능과 관련

　㉠ 머튼(R. K. Merton)은 특정 제도와 관행은 외피적 기능(표면적 기능)과 이면적 기능(잠재적 기능)을 갖고 있다고 했다.

　㉡

외피적 기능 (표면적 기능)	• 어떤 특정 제도가 공식적으로 추구하는 목적과 직결됨 • 공식적 상황 판단 속에서 찾을 수 있는 기능
이면적 기능 (잠재적 기능)	• 공식적 판단 속에서는 잘 드러나지 않지만 공식적 기능보다 더 중요한 결과를 낳기도 함 • 사회학과 사회학자들이 더 주목하는 기능

　㉢ 사회학은 공식적으로 해롭다고 규정된 제도나 관례의 역기능뿐 아니라 그것이 지닌 나름대로의 이로운 점, 즉 순기능을 찾는 데도 관심을 기울인다.

(4) 사회학의 연구 동기

① 폭로하려는 동기 – 버거(P. Berger)

　㉠ 공식적 체계의 위선(기존의 전체주의 사회)을 폭로하려는 동기를 사회의식의 본질로 파악하였다.

　㉡ 겉으로 보이는 것이 진실이 아닐 수 있다는 사회학적 시각은 겉과 속이 다른 경우 그 위선을 폭로하려는 사회의식을 본질로 삼았다.

② 예기치 못한 결과에 대한 새로운 역사적 설명 – 베버(M. Weber)

　㉠ 사회학적 시각은 역사 현실을 새롭게 설명하였다. → 예기치 못한 현상이 발생하였을 때 새로운 설명을 부여하는 기능

　㉡ 자본주의 정신의 발달은 개신교 윤리의 예기치 못한 잠재적 기능의 결과로 보았다.

　　– 『프로테스탄트 윤리와 자본주의 정신』

③ 상대화의 욕구 – 베버(M. Weber)

　㉠ 사회학은 독특한 문제의식이고 열린 문제의식으로 열린 세계와 열린 사회에서 번성할 수 있다고 보았다.

　㉡ 베버는 마술로부터 깨어남 즉, 각성과도 일맥상통한다고 보았다.

2 콩트의 사회학 이론(사회학의 시조)

(1) 질서와 진보의 문제 [기출] 24

① 콩트는 사회학의 창시자로 최상위의 학문으로서 사회학이라는 용어를 처음 사용
   → 사회를 과학적으로 탐구하는 새로운 과학의 필요성을 주장하면서 사회학이라 불렀다.
② 사회학은 **사회의 진보와 질서의 법칙들을 연구하는 학문**, 사회학 연구에는 자연과학에서 사용하는 여러 가지 방법들(관찰, 실험, 비교 등)이 사용될 수 있다고 보았다.
③ 혁신적인 진보적 사상과 전통주의적인 질서의 이념을 통일적으로 종합하려고 했으며, 질서는 언제나 진보의 조건이고 진보는 질서의 필연적인 목적이 되어야 한다고 생각했다.

(2) 사회유기체적 접근

① 사회 정학에서는 **생물학적 유기체적 관점**을, 사회 동학에서는 **진화론적 관점**을 강조하였다.
② 사회 정학에서 그는 각각의 사회단위(가족, 계급, 도시, 농촌 등)를 생명체의 요소 혹은 기관에 해당하는 것으로 보고, 이들이 전체 사회 내에서 어떻게 조화를 이루고 있는가를 규명하려 하였다.
③ 사회유기체적 접근은 사회의 여러 가지 기능적 부분들 간의 조화와 균형을 강조
   → 부분보다 **전체**가 강조되고, 따라서 **질서**가 강조되었다.

(3) 사회 정학과 사회 동학

① **사회 정학**
   ㉠ 탐구 분야 : 사회의 질서와 안정의 문제
   ㉡ 탐구 방법
      • 사회유기체적 접근을 통해 사회가 유지되고 기능하는 질서의 법칙을 찾고자 함
      • 현존하는 사회 질서 문제를 다루면서 사회 구조를 과학적·객관적·실증적으로 분석함
② **사회 동학**
   ㉠ 탐구 분야 : 진보와 변동의 문제
   ㉡ 탐구 방법
      • 사회 진보의 원리를 찾고 구조 변동을 추적하는 것(사회 변동)
      • 기본적으로 인간의 진보를 다루며 이상사회 건설을 위한 방향 제시

(4) 인류의 지적 진화의 3단계 법칙 [기출] 24, 22, 20

① 콩트는 사회의 진보가 인간 정신의 진보에 의해 이루어진다고 생각했으며, 인류의 지적 진화와 관련해 '인류의 진화 법칙' 또는 인류의 지적 진화의 '3단계 법칙'을 제시했다.
② 사회 동학에서는 인간의 지적 능력은 신학적 단계에서 형이상학적 단계를 거쳐 **실증적(= 경험적 = 사실적)** 단계로 발전하고, 사회도 이러한 지적발전과 더불어 진보한다고 주장하였다.
   ㉠ 신학적·운명적 단계 : 이 단계의 사람들은 존재의 근원적 원인과 결과를 찾으려 하였고, 초자연적인 힘에 크게 의존하였고, 주된 지배자는 사제와 군인이었다.

ⓛ **형이상학적·추상적 단계** : 모든 현상을 철학적으로 사고하고 추상적 원리를 추구하였고, 이 단계의 주된 지배자는 성직자와 법률가이다.

ⓒ **과학적·실증적 단계** : 경험적·실증적 방법에 의해 모든 현상의 법칙을 찾아내려고 하였고, 실증적으로 검증된 것만 믿으려 하였고, 주된 지배자는 산업 경영자와 과학자이다.

구분	지적 단계	지배자 유형	사회 단위
제1단계	신학적, 운명적	사제와 군인	가족
제2단계	형이상학적, 추상적	성직자와 법률가	국가
제3단계	과학적, 실증적	산업 경영자와 과학자	전 인류

(5) 실증 과학의 위계

① 콩트는 사회학이 실증 과학이기를 주장하지만 이것이 가능하려면 사회학보다 단순한 다른 학문들이 먼저 실증적 단계에 도달해야 한다고 보고 개별 과학의 위계를 설정했다.

② '수학 → 천문학 → 물리학 → 화학 → 생물학 → 사회학'의 순으로, 각각의 과학은 앞 과학의 발전이 이루어져야 비로소 나타난다고 보고 있다.

③ 콩트는 사회학을 최후로 발전할 과학으로 간주하면서 모든 과학 가운데 가장 중요하고 복합적인 것으로 봄 → 또한 사회학이 인류의 복지에 기여해야 한다고 믿었다.

3 마르크스(K. Marx)의 사회학 이론 기출 22, 20

(1) 마르크스 사상의 3가지 원천

① **독일 고전철학** : 헤겔의 변증법적 논리와 포이어바흐의 유물론적 사고를 받아들여 변증법적 유물론을 제창하였다.

② **영국의 고전정치경제학** : 애덤 스미스나 리카도의 "노동이 가치를 창출한다."라는 노동가치설의 영향 → 고전경제학파의 사상인 자본축적이론과 노동가치설을 비판적으로 수용하면서 마르크스 이론의 중심 축을 세웠다.

③ **프랑스의 유토피아적 사회주의 사상** : 생시몽을 비롯해 콩트로 이어지는 이상사회 건설을 위한 방향 제시는 마르크스의 이상사회 수립을 위한 체계적·논리적인 이론 구상의 결정에 많은 영향을 주었다.

(2) 방법론적 접근 방식

① **전체적 접근법** : 사회를 하나의 전체, 즉 체계적으로 보고 그 속에 있는 사회 집단이나 제도·신념·교리·교육 제도·종교·예술을 상호 관련된 전체로서 연구해야 하고, 독립된 각각의 체계로 보면 전체의 실체를 파악할 수 없다.

② **역사적 접근법** : 모든 사상·사고·교리, 그리고 진리라고 생각되었던 어떤 것도 역사적 특수성과 관련지어 이해해야 한다.

③ **변동성** : 변동은 내적 모순과 갈등에서 일어나는 것으로 변동 사례를 연구하면 그 원인과 결과를 설명할 수 있는 일정한 규칙성을 발견할 수 있다.

(3) 인류 역사의 단계적 발전 이론

① 노동은 인간을 동물과 구별하는 특징이며, 인간 최초의 역사적 행위는 물질 생활 자체의 생산이다.
② 마르크스는 생산 양식의 변화에 대한 분석을 전 인류 역사에 걸쳐 시도하였다.
③ 사회는 그 사회의 발전 정도에 따라 생산력이 결정되고, 생산력 또한 그것에 적합한 생산관계를 결정
   → 생산력과 생산 관계의 조응 법칙
④ 인류 역사의 발전 단계(생산 양식의 변화에 따라) : 고대적 → 봉건적 → 자본제적 → 사회주의적 단계

(4) 계급 투쟁(사회 구성체와 계급)

① 사회는 상부 구조와 하부 구조로 이루어진 사회 구성체로 보았다.
   ㉠ 상부 구조 : 하부 구조 위에 있는 법·도덕·가치·이념·정치·종교·문화·규범 등
   ㉡ 하부 구조 : 생산력과 생산 관계의 복합체인 생산 양식 → 사회의 토대가 되며 곧 경제 제도가 된다.
     • 생산력 : 한 사회의 총 생산량(생산 수단, 노동력, 그리고 기술이 총 투입되어 나온 결과)
     • 생산관계 : 물건을 생산하는 과정에서 인간들끼리 맺고 있는 인간관계 → 유산자(Bourgeois)
       와 무산자(Proletariat)의 관계로 생산수단을 가진 계급에게 노동력을 제공하고, 그 대가로 생존에 필요한 생필품을 나누어 받는 계급 사이의 관계
     • 사회변동 : 생산력과 생산관계 사이의 모순과 갈등으로 새로운 사회의 출현
② **인류 역사의 발전 과정** : 인류 역사는 '원시 공산사회 체제 → 노예제 사회 → 봉건제 사회 → 자본주의 사회 → 사회주의 사회'의 5단계로 발전

(5) 프롤레타리아 혁명론

① 사회변동의 주요 원천은 인간이 가지고 있는 관념이나 가치가 아니고, 경제적 영향에 의하여 일차적으로 촉진 → 하부구조를 강조하는 경제 결정론이라고 여겨지기도 한다.
② 지금까지의 모든 인간 역사는 계급 투쟁의 역사라고 하였다(역사적 유물론에 기초).
③ 자본주의는 미래에 사회주의 혹은 공산주의에 의하여 대체될 것이고, 사회주의 사회에서는 아무런 계급도 존재하지 않을 것이다.
④ 경제 체계는 공동 소유하에 있게 될 것이며, 평등주의적이고 참여적인 사회질서가 건설될 것이라는 주장 → 개인 간의 모든 불평등이 사라질 것이라는 말은 아니다.
⑤ **주요 관심사** : 자본주의 사회의 붕괴와 사회주의 사회의 건설

(6) 비판

① 지나치게 결정론적인 주장을 제시한다는 비판을 받았으며, 그가 예견한 사회주의 사회의 도래 역시 실제로는 빗나갔다.

② 자본주의 체제가 지니는 자기 치료적 능력을 간과하였다.

> **체크 포인트**
>
> **콩트, 마르크스 사회학의 공통점**
> 종합 사회학적 성향, 과학주의, 실천적 지향 포인트

제2절 | 사회학 이론의 선구자들

1 허버트 스펜서(H. Spencer)의 진화론 기출 22

(1) 단순 사회에서 복합 사회로 진화(초기 스펜서의 이론)

① 사회 발달의 기본 원리를 진화론에서 찾았다.

② 사회도 생물 유기체와 같기 때문에 크기의 증대는 분화와 복잡성을 증가시켜 동질적이고 단순한 사회로부터 이질적이고 복합적인 사회로 진화한다.

③ 구조적 복합성의 정도에 따라 사회 형태를 '단순 사회(추장제가 없는 사회) → 복합 사회(간헐적으로 추장이 있는 사회) → 이중 복합 사회(추장제가 불안정한 사회) → 삼중 복합 사회(추장제가 안정된 사회)'로 분류하였다.

(2) 군사형 사회와 산업형 사회(후기 스펜서의 이론)

① 스펜서는 사회의 내적 규제의 엄격성의 정도와 형태에 따라 사회 형태를 군사형 사회와 산업형 사회로 분류하였다.

  ㉠ 군사형 사회 : 강제적 협동과 정부의 의지에 의해 지배되는 사회 → 개별 단위들은 중앙집권적인 통제에 복종하며 개인의 의지는 인정되지 않는다.

  ㉡ 산업형 사회 : 개인의 자유에 의해 행동하고 **자발적 협동과 계약적 관계**, 개인의 창의성에 기초하는 사회, 개인 스스로가 자제하는 분권화된 규제 장치가 마련되어 있는 사회이다.

② 처음에 스펜서는 단순하고 미분화된 군사형 사회에서 산업형 사회로 진화가 이루어진다고 보았으나, 산업화된 영국 사회의 갈등과 군사력 증강을 보며 현대의 복합 사회가 군사형 사회일 수도 있다고 설명했다.

[군사형 사회와 산업형 사회의 비교]

구분	군사형 사회	산업형 사회
지배적 기능 또는 활동	보존과 세력 강화를 위한 단계적 방어와 공격의 활동	개인적 서비스의 평화적·상호적 수수
사회 조정의 원리	강제적 협동, 질서의 강요에 의한 조직 편성, 활동에 대한 긍정적·부정적 양면의 규제	자발적 협동, 계약과 정의의 원리에 의한 규제, 활동에 대한 부정적 규제
국가와 개인의 관계	• 개인은 국가의 이익을 위하여 존재 • 자유·재산·이동성 제한	• 국가가 개인의 이익을 위하여 존재 • 자유·재산과 이동성에 대한 제한이 거의 존재하지 않음
국가와 기타 제조직과의 관계	• 모든 조직은 공공 조직 • 사적 조직들은 배제됨	사적 조직들은 고취됨
국가의 구조	집권적	분산적
사회의 계층적 구조	• 서열·직업·지역이 고정되어 있음 • 지위가 상속됨	• 서열·직업·지역이 탄력적·개방적임 • 지위 간의 이동이 존재
경제 행위의 유형	경제적 자율성과 자족성, 외부와의 교역이 거의 없음, 보호주의	경제적 자율성의 상실, 상호의존적이고 평화로운 교역, 자유 무역
가치가 있다고 여겨지는 사회적·개인적 성격	애국심·용기·존경·충성·복종·권위에 대한 믿음, 원칙	독립, 탑인의 존경, 억압에 대한 반항, 개인중심주의, 진실성, 친절함

(3) 개인주의와 자유주의 주장

① 철저한 진화론자였던 스펜서는 적자생존과 자연 도태 현상에 근거하여 빈민법이나 사회복지와 같은 정부의 간섭을 배격하며 개인주의적 자유주의를 강력히 주장하였다.

② **개인주의적 자유주의 입장** : 개인 유기체는 집합주의적 전체이지만 사회에 있어서는 전체는 개인 각자의 행복을 위해 존재한다.

더 알아두기

허버트 스펜서(H. Spencer, 1820~1903)
• 영국의 사회학자인 스펜서는 사회학의 선구자이다. 그는 사회 질서보다는 사회 변동에 더 관심을 가졌으며, 콩트와 마찬가지로 유기체적 사회관을 지니고 있었다.
• 스펜서는 유기체적 관점에서 한 걸음 더 나아가 다윈(C. Darwin)의 진화론을 인간 사회에 본격적으로 적용하여, 사회는 동질적인 부분들로 구성된 미분화된 형태로부터 점차 이질적인 것들로 이루어진 분화된 형태로 진화한다는 사회진화론을 주장하였다.
• 스펜서는 '분화는 통합을 수반한다'는 명제를 내세웠는데, 그 이유는 분화된 사회의 여러 부분이 서로 달라지게 되면 그만큼 그들은 상호의존적이 되기 때문이라는 것이다.
• 콩트(A. Comte)가 인간의 지적 능력의 향상, 즉 관념에 있어서의 진보에 일차적인 관심을 두었다면 스펜서는 그러한 정신의 상태보다는 인간의 외적 환경, 즉 사회 제도와 구조의 분화 문제에 더 주목하였다.

> **체크 포인트**
>
> **사회 유기체와 생물 유기체의 유사점**
> • 존속해 가는 동안 그 크기가 증대하고 성장한다.
> • 양의 증대에 따라 구조의 복잡성이 증대한다.
> • 구조의 분화가 기능의 분화를 가져온다.
> • 분화된 부분 간의 상호의존성이 형성된다.

2 에밀 뒤르켐(E. Durkheim)의 사회학 이론

(1) 뒤르켐의 사회적 사실 기출 23

① **사회적 사실의 개념**

　㉠ 사회적 사실은 사회학의 연구대상으로, 고정된 것이든 그렇지 않은 것이든 간에 개인에게 외재하며, 그에게 **구속력**을 행사할 수 있는 일체의 감정·사고·행동양식이다.

　㉡ 개인이 존재하고 있는 특정한 사회에서 살기 위해서 개인은 그 사회의 사회적 사실을 따르지 않으면 안 되므로, 이와 같이 **사회적 사실은 개인의 외부에, 그리고 개인의 상부에 존재하는 객관적 사실이다.**

　㉢ 사회적 사실이란 개인들보다 범주가 큰 사회 행위의 유형이며 개인적 차원을 초월한 현실을 지니며, 예로는 관료제, 과잉인구, 인종주의 범죄 등이 있다.

② **사회적 사실의 특징**

　㉠ 사회적 사실은 그 자체로 존재성을 갖고 있는 것으로서 사회현상은 사회적 사실이며 여기에는 사회구조적인 결정인자가 있다고 보았다. 따라서 개인을 생물학적 실체로 보고 개인의 심리학적 특성으로부터 사회현상을 설명하는 환원론을 거부한다.

　㉡ 사회현상은 생물학이나 심리학적 해석으로 설명될 수 없는 그 자체의 본질을 가지고 있다고 보았다. → 사회적 사실 자체를 하나의 물건같이 객관적으로 취급해야 한다는 것이 뒤르켐의 방법론

　㉢ 사물과 같이 개인의 외부에 존재하는 것이고, 개인의 생각이나 의도에 대하여 일정한 한계와 방향을 제시한다.

　㉣ 외재성과 강제성 : 사회적 사실은 개인이 만드는 것이 아니라 도덕, 종교, 법 등의 규범과 같이 외부에서 강제되는 초개인적 실재로서, 개인적 사실로 환원시켜 설명할 수 없다.

　㉤ 사회실재론의 입장 : 사회의 법칙이 자연 과학의 법칙과 다르지 않다고 보았으며, 사회를 개인들로부터 독립된 하나의 사물(Things)로 보아야 한다고 주장하였다.

　㉥ '사회적 사실을 사물로 취급하라'는 것이 뒤르켐의 명제 → 사회는 객관적인 관찰 방법으로 연구가 가능하다는 것이다.

③ **사회학주의** : 사회적 사실은 생물학 차원이나 개개인의 심리적 현상으로 환원시켜 설명할 수 없다는 주장으로, 사회적 사실을 사물처럼 취급하는 견해이다.

(2) 뒤르켐의 집합의식(사회적 사실의 형성)

① 사회질서의 기초가 되는 것은 집합의식, 즉 사회성원들이 공유하고 있는 신념과 가치들이다.

② 사회적 사실은 사회성원들의 의식의 종합으로 이루어지는 것인데, 이렇게 종합된 의식을 뒤르켐은 집합의식이라고 부른다.

③ 집합의식은 개인의식의 종합으로 형성된 것이지만 일단 형성되면 개인의식과 다른 성질을 지니게 되며 다시 개인의식으로 환원되지도 않는다.

(3) 실증연구

① 『사회분업론』

ㄱ 달라지는 사회 변동을 산업화의 부분으로서 분업의 발전이라는 용어로 이해하려고 시도하였다.

ㄴ 뒤르켐은 『사회분업론』에서 증명하려 했던 실증적인 중심 주제인 '개인은 사회적 사실의 영향력을 벗어날 수 없는 존재'라는 것을 증명하려 했다.

ㄷ 분업의 발전에 따라 인간의 유대는 동질적인 사람들 사이의 **기계적 연대의 사회**로부터 이질적인 사람들 사이의 **유기적 연대의 사회**로 발전한다.

ㄹ 분업이 늘어남에 따라 사람들은 더욱 많이 상호의존하게 되는데, 각자는 다른 직업에 종사하는 사람들이 공급해 주는 재화와 용역을 필요로 하기 때문이다.

ㅁ 시간이 지남에 따라 인구가 점점 증가하고, 인구의 증가는 인구밀도를 높이며, 이러한 현상이 나타나면 생산성의 증가를 위해 분업이 발달한다. → 이러한 현상들은 인위적인 조작이 아니라 시간의 흐름에 따라 일어나는 자연스러운 현상이다.

ㅂ 현대 사회로 갈수록 분업이 발달하고 성원들이 이질적이며, 개인들 사이의 상호관계도 목적에 의해서 유기적인 인간관계를 맺는다.

② 『자살론』 기출 24

ㄱ 자살의 근본적인 영향은 사회적 요인 → 자살은 개인의 심리적 요인, 인종, 유전, 빈곤, 지리적 요인이 아니고 사회적 요인이다.

ㄴ 뒤르켐의 자살률 연구 결과 – 유럽
  • 사회 통합의 정도가 높고 규제력이 강한 사회에서는 자살률이 낮고, 사회 통합의 정도가 낮고 규제력이 약한 사회에서는 자살률이 높다.
  • 사회 통합과 규제력이 약화된 집단에서는 이기적 자살이 많고, 반대로 사회 통합의 정도가 높고 사회 결속력이 강한 집단에서는 이타적인 자살의 확률이 높다.
  • 사회적 결속력의 정도가 개인의 내면 세계에 영향을 준다.

ㄷ 자살의 분류
  • 이기적 자살 : 사회 통합과 규제가 약화된 집단에서 많이 일어나는 자살 유형이다. 개인의 사회적 고립, 개인에 대한 사회적 압박이 줄어든 경우로, 전시보다 평시에 많이 일어난다(고독한 독신자의 경우).
  • 이타적 자살 : 사회 통합의 정도가 높고 사회 결속력이 강한 집단에서 많이 일어나는 자살로, 집단에 대한 극단적인 의무감이 집단을 위한 자살을 발생시킨다.

• 아노미적 자살 : 사회 구조의 급격한 변화에 따라 규범의 규제력이 무너지는 상황에서 자주 발생하는 자살 유형이다.

③ 『종교 생활의 원시 형태』 기출 20

　㉠ 종교는 성(聖)과 속(俗)의 구별에서 시작되고, 성과 속은 특정 대상에의 의미로 구별되는 사회적 규정이다.

　㉡ 뒤르켐은 원시 사회에서부터 인간은 모든 대상을 성과 속으로 구분하고 성스러운 대상에게 특별한 의미를 부여하면서부터 종교가 시작되었다고 설명하였다.

　㉢ 사회성원들의 집합적인 생각에 의해서 성스럽다고 규정된 대상은 사회적 사실로 인정되고, 이것은 종교의 형태로 개인생활을 지배한다.

　㉣ 성과 속으로 규정된 대상은 사회적 사실이 종교 형태가 된다.

3 막스 베버(M. Weber)의 사회학 이론

(1) 베버의 사회학적 이론의 두 가지 명제

① **사회학의 궁극적인 분석의 단위** : 구체적으로 활동하는 인간의 행위

② **역사의 흐름** : 합리화로의 진행

③ 이 두 가지 명제를 가지고 그는 현대 서구 사회를 분석하고, 서구 사회의 변동 추세를 예측하면서 이론화하려고 했다.

(2) 사회학의 분석의 단위는 인간의 사회적 행위

① **사회학의 분석의 단위** : 개인과 개인 사이에 **상호작용**을 하며, **구체적으로 활동**하는 인간의 행위여야 한다. 사회학은 개인의 행위를 이해함으로써 그것으로부터 사회제도와 조직 등을 이해할 수 있다.

② 뒤르켐과 달리 베버는 어떠한 제도나 조직 등 일체의 사회적 형성물은 그 자체의 독자적인 실재성을 가지고 있지 않다고 본다.

③ 베버가 말하는 '이해'는 행위자가 주관적으로 자기의 행위에 부여한 의미를 뜻한다.

(3) 인간의 사회적 행위에 대한 이해 기출 24

① 베버는 사회학을 사회적 행위의 해석적 이해(연구자가 연구대상자인 개인들의 행위를 그의 경험과 감정에 비추어서 파악하는 방법)를 통해 그 행위의 과정과 결과를 인과적으로 설명하는 학문이라고 규정하였다.

② 베버에게 있어서 사회학의 과제는 행위자가 자신의 행위에 부여하는 주관적 의미를 파악해서 그것의 인과관계를 밝혀내는 것이다.

③ 이해적 방법은 연구자가 행위자와의 공통경험을 바탕으로 그 행위자의 동기구조를 파악해야 한다.

㉠ 사회학은 행위자가 자신의 행위에 주관적으로 부여한 의미를 찾아내고, 이해해야 한다.

㉡ 행위자가 왜 그러한 행위를 했는가 하는 행위의 동기 구조를 행위자의 입장에서 파악하고 이해해야 한다.

(4) 프로테스탄트의 윤리와 자본주의 정신 `기출` 22

① 베버의 유명한 저서『프로테스탄트의 윤리와 자본주의 정신』에서 그는 현대의 부르주아 자본주의는 왜 (동양사회가 아닌) 서구사회에서 먼저 일어났는가를 규명하였다.

② 베버는 부르주아 자본주의를 합리적인 노동과 생산 조직을 통해서 이윤을 최대화하는 정신에 기초하고 있는 것으로 '이념형'화 → 프로테스탄트의 소명 사상 및 금욕 정신과 밀접히 관련된다는 것을 '상상적 실험'의 방법을 통해 밝혀냈다.

③ 프로테스탄트 교도들은 금욕의 윤리를 잘 지킴으로써 구원을 받을 수 있다는 동기에서 자본을 축적하여 현대 부르주아 자본주의를 발전시켰다는 것이다.

④ 베버는 이 논문에서 자본주의가 발달한 동안은 **자본주의 정신의 원천의 하나가 개신교의 윤리와 적합했기 때문이라는 것을 역사적으로 증명**하려고 했다.

⑤ 자본주의 정신이란 성실한 인간, 그리고 자기 자본의 증식을 위해서 노력하는 것이 각자의 의무라고 생각하는 특수한 윤리이다.

㉠ "일하지 않으면 먹지도 말라."라는 사도 바울의 말처럼 노동을 신성시하는 개신교의 교리와 적합하다는 것이다.

㉡ 같은 맥락에서 기독교가 보급되지 않은 동양사회에서는 자본주의가 발달하지 않았다고 본다.

⑥ 사회 변동의 동인은 물질적인 것이 아니라 기독교 정신과 같은 사회의 도덕·규범·가치·종교 등 개인의 일상생활을 지배하고 있는 정신적인 측면이다.

(5) 베버의 관료제에 대한 연구

① **관료제** : 다양한 서열을 가진 관료들에 의하여 직무와 직원으로 나뉘는 대규모 조직이다.

② 대규모 기업, 정부 조직, 병원, 학교 등이 모두 관료제의 대표적 사례이다.

③ 베버는 관료제의 진보가 당시 시대의 필연적인 특징이라고 믿었다.

> **더 알아두기**
>
> **마르크스와 베버의 차이점**
> - 마르크스는 자본주의 사회를 생산력의 변화에 따른 봉건사회의 내재적 모순으로부터 발전한 것으로 설명하였으나, 베버는 프로테스탄트 윤리가 그 형성에 중요한 하나의 원인임을 주장하였다. 이는 경제 이외의 여러 가지 사회 구조들(정치, 문화, 예술, 사상 등)의 자율성이 마르크스에 의해서는 인정되지 않았으나 베버에 의해서는 인정되었음을 뜻한다.
> - 마르크스는 경제 관계의 맥락에서 결정되는 계급과 계급 투쟁을 사회 변동의 동인으로 보았으나, 베버는 경제적 계급과 사회적 지위, 그리고 정치적 권력은 서로 밀접히 연관은 되지만 분석적으로 독립적인 차원들임을 강조하였다. 즉, 마르크스가 일원적(즉, 경제) 결정론자였다면 베버는 다원론자였다.
> - 마르크스는 사회과학자들의 이론은 그들의 행위와 분리될 수 없다는 입장을 견지하였으나, 베버는 사회과학자들은 가치중립의 입장에서, 즉 그들의 개인적 신념이나 가치관으로부터 벗어나 객관적(혹은 상호주관적)인 입장에서 연구를 진행해야 한다고 주장하였다.

제3절 현대적 사회학

(1) 초기 사회학자

① 콩트나 마르크스 등의 초기 사회학자들은 극심한 사회적 혼란과 대립 속에서 바람직한 사회의 모습을 구상하는 데 있어서의 사회학적 인식의 필요성을 역설하였다.

② 사회학의 이론적 기초를 확립한 스펜서, 뒤르켐, 베버 역시 현실 사회의 발전 방향을 조감하고, 그 부작용에 미리 대처하는 과제를 사회학이 해결할 수 있다고 보았다.

(2) 현대적 사회학

① 사회학적 관점의 발달은 주로 유럽에서 시작되었지만, 20세기에 사회과학의 한 분야로서 전 세계적으로 확립되었고, 몇 가지 중요한 발전은 미국에서 이루어졌다.

② **조지 허버트 미드(George Herbert Mead)**

㉠ 사회생활에서 언어와 상징의 중요성을 전반적으로 강조하였다.

㉡ 발전시킨 관점은 '상징적 상호작용론(Symbolic interactionism)'으로 불리게 되었다.

㉢ 전체 사회에 대한 거시적인 분석보다는 소규모의 사회 과정 연구에 더 큰 관심을 가지면서 사회학의 발전에 기여했던 학자이다.

③ **탈코트 파슨스(Talcott Parsons)**

　　㉠ 주요 업적은 원래 뒤르켐과 콩트가 선구를 이루었던 이론적 관점, 즉 기능주의(Functionalism)를 집대성한 것이다.

　　㉡ 기능주의를 통해 인류 사회를 보편적으로 설명할 수 있는 거대한 이론 구축을 시도한 것으로 볼 수 있다.

> **더 알아두기**
>
> **찰스 라이트 밀스, 『사회학적 상상력』** 기출 24, 23, 21
> 찰스 라이트 밀스는 미국의 사회학자이다. 베버, 프로이트, 마르크스 등의 사회 과학 방법론을 흡수하면서 현대사회의 분석에 가장 유효한 방법론을 세우려고 하였다. 그의 저서로는 미국 지배계급을 분석한 『파워엘리트』, 중류계급을 분석한 『화이트칼라』 등이 있다. 그는 또한 1959년 『사회학적 상상력』을 저술하여 개인이 자신의 인생 경험의 한계를 뛰어넘어 사회 전체를 통찰할 수 있는 능력이 있다고 주장하였다. 그는 이 사회학적 상상력을 통해, 자신이 경험하지 않더라도 간접적인 방법으로 사회 구조를 통찰(상상)함으로써, 문제의 원인이 무엇인지 알아내고 해결하는 데 필요한 행동을 결정할 수 있다고 하였다.

(3) 거시적 · 미시적 접근

① 현대 사회학의 이론적 관점은 사회 현상에 대한 미시적인 접근과 거시적인 접근이 병행되고 균형을 유지하면서 발전되어 온 것으로 볼 수 있다.

② 오늘날 사회학의 주요 이론적 접근은 기능주의, 갈등론, 구조주의, 상호작용론 등으로 크게 분류
　　→ 기능주의와 갈등론은 거시적 사회 이론에 속하며, (초기) 구조주의와 상호작용론은 미시적 사회 이론에 속한다.

01 사회학적 문제의식을 머튼의 시각에
서 조명해 보면, 특정 제도와 관행은
외피적 기능과 이면적 기능을 갖고
있다. 사회학은 두 기능 모두를 살피
고 연구하지만, 이면적 기능(잠재적
기능)에 더 주목한다.

01 **다음 중 사회학의 성격에 대한 설명으로 틀린 것은?**

① 사회학은 닫힌 사회에서는 발전하기 어려운 학문이다.

② 사회학은 공식적인 상황 규정을 거부하는 성향을 가졌다.

③ 사회학은 폭로하려는 동기(Debunking motif)를 가진 학문
이다.

④ 사회학은 이면적 기능보다는 외피적 기능에 더욱 관심을 갖
는다.

02 사회학은 인간의 사회적 공동생활을
연구하는 사회 과학으로서 자유주의
사회 체제에서 발달할 수 있다.

02 **사회학은 시민 사회의 발달과 함께 성장해 온 학문이다. 다음
중 사회학이 발달할 수 있는 사회 체제는 어느 것인가?**

① 군국주의 사회 체제

② 공산주의 사회 체제

③ 자유주의 사회 체제

④ 파시즘 체제

정답 01 ④ 02 ③

03 사회학이 발전할 수 있는 사회에 해당하는 것은?

① 닫힌 체제의 사회

② 전근대적 전통사회

③ 국가가 한 가지 진리를 공식화하여 국민에게 강요하는 사회

④ 다원주의 사고가 존중되는 사회

04 다음 중 사회학의 연구 동기와 거리가 <u>먼</u> 것은?

① 상대화의 욕구

② 예기치 못한 결과에 대한 새로운 역사적 설명

③ 폭로하려는 동기(Debunking motif)

④ 현상 유지

05 다음 중 사회 동학에 대한 설명으로 옳은 것을 〈보기〉에서 모두 고른 것은?

┌─ 보기 ─────────────────────────────
│ ㉠ 이상사회 건설을 위한 방향을 제시한다.
│ ㉡ 질서는 언제나 진보의 조건이지 목적은 아니다.
│ ㉢ 사회 진보의 원리를 찾고 구조 변동을 추적하는 것이다.
│ ㉣ 현존하는 사회의 질서 문제를 다루고 사회 구조를 과학
│   적·객관적·실증적으로 분석한다.
└────────────────────────────────────

① ㉠, ㉡

② ㉠, ㉢

③ ㉢, ㉣

④ ㉠, ㉡, ㉢

---

03 사회학이 발전할 수 있는 사회는 다원주의가 존중되는 사회(자유주의 사회 체제)이다.

04 사회학의 연구 동기
폭로하려는 동기, 예기치 못한 결과에 대한 새로운 역사적 설명, 상대화의 욕구 등이 있다.

05 콩트는 사회학을 사회 정학과 사회 동학으로 구분하고, 사회 정학은 사회의 질서와 안정의 문제를, 사회 동학은 진보와 변동의 문제를 탐구하는 분야로 하였다. 따라서 사회 동학은 사회 진보의 원리를 찾고 구조 변동을 추적하는 것으로, 기본적으로 인간 정신의 진보를 다루며, 이상사회 건설을 위한 방향을 제시한다.

정답 (03 ④ 04 ④ 05 ②)

06 공식적 상황 판단(또는 공식적 상황 규정)이란 인간 행위나 사회 사건 등에 대해서 대부분의 사람들이 함께 수용하는 견해로, 정부와 같은 공공 기관이 그 현상과 현실에 대해 일정하게 내리는 공적 판단을 말한다. 사회학자들은 공식적으로 규정한 상황 판단을 무조건적으로 수용하지 않는다.

06 다음과 같은 집단의 사람들 중에서 공식적 상황 판단 또는 공식적 상황규정을 그대로 수용하기를 가장 주저하는 입장에 해당하는 사람은 누구인가?

① 법학자
② 정치적 지배자
③ 심리학자
④ 사회학자

07 콩트는 사회의 진보는 질서와 인간 정신의 진보에 의해서 이루어진다고 보았다. 또한 질서는 언제나 진보의 조건이고, 진보는 질서의 필연적인 목적이 되어야 한다고 하였다. 모든 사회는 인간 정신의 발전 단계에 해당되는 일정한 단계를 거쳐 진보한다고 보고 인류의 지적 진화의 3단계 법칙을 제시하였다.

07 인류의 역사 발전을 질서와 진보의 관점에서 찾은 학자는 누구인가?

① 스펜서(H. Spencer)
② 마르크스(K. Marx)
③ 파슨스(T. Parsons)
④ 콩트(A. Comte)

08 콩트는 "질서는 언제나 진보의 조건이고, 진보는 질서의 필연적인 목적이 된다."라고 주장하였다.

08 다음 설명 중 옳지 <u>않은</u> 것은?

① 마르크스 이론에서는 생산력이 역사를 추진하는 힘이라고 본다.
② 마르크스는 생산 수단의 소유 여부에 따라서 계급을 나눈다.
③ 콩트는 진보는 언제나 질서의 조건이고, 질서는 진보의 필연적인 목적이라고 주장한다.
④ 다렌도르프는 상명하복의 권위 관계에 따라서 계급을 구분한다.

정답 06 ④ 07 ④ 08 ③

09 다음 중 콩트와 거리가 **먼** 것은?

① 사회진화론적 관점

② 사회 정학과 사회 동학

③ 사회유기체적 접근

④ 실증 과학의 위계

>>>○

콩트의 이론

• 콩트는 사회학을 '사회 정학'과 '사회 동학'으로 나누고 사회 정학에서는 질서를, 사회 동학에서는 진보를 다룬다.

• 사회유기체적 접근 : 부분보다 전체가 강조되고, 따라서 질서가 강조된다.

• 인류의 지적 발달 단계 : 신학적 단계 → 형이상학적 단계 → 과학적 단계

• 실증 과학의 위계 : 수학 → 천문학 → 물리학 → 화학 → 생물학 → 사회학(단순한 것에서 실증적인 것으로 학문이 발전)

10 사회를 설명하는 데 있어 부분보다 전체, 즉 질서를 강조하는 접근방법에 해당하는 것은?

① 갈등론적 접근

② 사회유기체적 접근

③ 사회명목론적 접근

④ 이해적 접근

11 콩트가 제시한 실증 과학의 위계에 의하면 사회학이 발전하기 위해서는 그 전 단계에서 어떤 학문이 발전해야 하는가?

① 생물학

② 물리학

③ 천문학

④ 수학

---

09 사회진화론적 관점은 진화론과 사회 유기체설을 결합한 이론으로 스펜서의 주장이다.

10 사회유기체적 접근이란 부분보다 전체가 강조되고 따라서 질서를 강조하는 것이다.

11 실증 과학의 위계
수학 → 천문학 → 물리학 → 화학 → 생물학 → 사회학

정답 09 ① 10 ② 11 ①

12 콩트는 사회학이 실증 과학이 되기 위해서는 다른 학문들이 실증적 단계에 먼저 이르러야 한다고 보았다. 개별 과학의 성격을 일반성·단순성·독립성의 위계로 내세웠으며, 자연 과학 중 가장 보편적 학문인 수학이 실증 과학의 기초를 형성해야 한다고 주장하였다.

12 콩트는 일정한 기준에 의하여 실증 과학의 위계를 세웠다. 다음 중 콩트가 판단의 기준으로 제시하지 <u>않은</u> 것은?

① 역사성
② 일반성
③ 단순성
④ 독립성

13 콩트는 인류의 지적 발달 단계에 따라 1단계에서는 가족, 2단계에서는 국가, 3단계에서는 전 인류로 사회 단위를 나누었다. 각 단계의 지적 단계는 1단계가 신학적·운명적, 2단계가 형이상학적·추상적, 3단계가 과학적·실증적이라는 특징이 있다.

13 콩트는 인류의 지적 발달 단계에 따라 기본적인 사회 단위의 범위가 변한다고 보았다. 지적 발달이 과학적·실증적 단계로 발전한 사회 단위에 해당하는 것은?

① 개인
② 국가
③ 가족
④ 전 인류

14 [문제 하단의 표 참고]

14 콩트는 국가가 사회의 기본단위가 되는 시대에서는 어떤 계층이 사회의 지배자 계층이 된다고 보았는가?

① 법률가
② 군인
③ 과학자
④ 산업 경영자

》》Q

[콩트의 3단계 이론]

단계	지배자 유형	사회 단위
신학적 단계	사제와 군인	가족
형이상학적 단계	성직자와 법률가	국가
실증적 단계	산업 경영자와 과학자	전 인류

정답 12 ① 13 ④ 14 ①

15 다음 중 모든 지식은 인간의 감각적 경험을 근거로 이루어
  진다는 인간 지식의 발달 단계에 해당하는 것은?

  ① 형이상학적 단계
  ② 실증적 단계
  ③ 공상적 단계
  ④ 추상적 단계

16 사회학의 창시자로 사회학을 사회 정학과 사회 동학으로 구분
  한 학자는 누구인가?

  ① 베버
  ② 스펜서
  ③ 콩트
  ④ 뒤르켐

17 마르크스 사상에 영향을 준 사상에 해당하지 <u>않는</u> 것은?

  ① 독일 고전철학
  ② 영국의 고전 정치경제학
  ③ 신자유주의 사상
  ④ 프랑스의 유토피아적 사회주의 사상

15 콩트(A. Comte)는 인간 지식의 발달
  과정으로 '신학적 단계 → 형이상학
  적 단계 → 실증적 단계'의 3법칙을
  제시하였는데, 실증적 단계는 인간
  지식의 한계에 대한 인식이다.

16 콩트는 1839년 그의 저서 『실증철학
  강의』에서 Socius라는 라틴어와 logos
  라는 희랍어를 합성하여 'Sociologie'
  를 만들었으며, 사회학을 사회 질서를
  다루는 사회 정학과 사회 진보를 다루
  는 사회 동학으로 나누었다.

17 마르크스 사상의 3가지 원천에는 독
  일 고전철학, 영국의 고전 정치경제
  학, 프랑스의 유토피아적 사회주의
  사상이 있다.

정답 15 ② 16 ③ 17 ③

18 마르크스는 헤겔의 변증법적 발전 과정을 바탕으로, 생산 양식의 변화에 따라 사회 체제도 변동해 왔다고 주장했다. 즉, 조화를 이루던 생산력과 생산관계 사이에 모순과 갈등이 발생하게 되면 인류 사회가 다음 단계로 발전하게 된다는 것이다.

18 마르크스의 변증법적 역사 발전의 관점에서 볼 때, 역사가 한 단계에서 다음 단계로 발전하는 계기에 해당하는 것은?

① 프롤레타리아가 계급 의식을 느낄 때
② 새로운 시대 정신이 나타날 때
③ 부르주아의 독재 체제가 강화될 때
④ 생산력과 생산관계 사이에 모순이 발생할 때

19 • 부르주아지 : 자본가 계급으로, 생산 수단을 가진 유산자 계급이다.
• 프롤레타리아 : 노동자 계급으로, 생산 수단을 가지지 못한 무산자 계급이다.

19 다음 중 용어 및 그에 대한 설명으로 옳은 것은?

① 부르주아지(Bourgeoisie) – 자본가 계급, 생산수단을 안 가진 집단
② 프롤레타리아(Proletariat) – 노동자 계급, 생산수단을 가진 집단
③ 부르주아지(Bourgeoisie) – 유산자 계급, 생산수단을 가진 집단
④ 프롤레타리아(Proletariat) – 무산자 계급, 생산수단을 가진 집단

20 마르크스의 유물론은 헤겔과 포이어바흐로 이어지는 관념론에 대한 반발이다. 마르크스의 이론적 입장은 항상 구체적 물질 세계에 연결되어야 한다는 것이다.

20 다음 중 변증법적 유물론의 관점에서 인류 역사의 단계적 발전 과정을 설명한 학자는 누구인가?

① 헤겔(G. Hegel)
② 마르크스(K. Marx)
③ 포이어바흐(L. Feuerbach)
④ 애덤 스미스(A. Smith)

정답 18 ④ 19 ③ 20 ②

21 다음 중 마르크스의 방법론적 접근방식이 <u>아닌</u> 것은?

① 전체적 접근

② 역사적 접근

③ 이해적 접근

④ 변동성

22 다음 중 구조 기능주의의 설명 방식이 <u>아닌</u> 것은?

① 사회는 균형 상태에 있다.

② 사회의 발전은 계급 갈등에 의해 이루어진다.

③ 사회는 상호의존적인 4개의 체계로 구성된다.

④ 사회를 유지하기 위해 환경에 대한 적응이 중요하다.

23 인간의 능력은 천부적인 측면보다는 환경에 의해 계발되는 측면이 더 크다고 전제하고, 사회의 불평등한 분배가 불평등한 능력 계발을 가져온다고 주장하는 견해에 해당하는 것은?

① 기능주의적 견해

② 인적 자원 개발이론

③ 합리주의적 견해

④ 갈등론적 견해

21 마르크스의 방법론적 접근방식은 다음과 같다.
- 전체적 접근 : 사회를 하나의 전체로 보고 그 속에 있는 사회 집단이나 제도·신념·교리·교육 제도 등 어떤 것도 상호 관련된 전체로 연구해야 한다는 방법론이다.
- 역사적 접근 : 모든 사상·사고·교리, 그리고 진리라고 생각되었던 어떠한 것도 역사적 특수성과 관련지어 이해해야 한다는 것이다.
- 변동성 : 많은 변동 사례들을 연구하면 그 원인과 결과를 설명할 수 있는 일정한 규칙성을 발견할 수 있다는 견해이다.

22 기능이론은 사회 본질을 상호의존적인 관계 또는 부분의 집합으로 구성된 체제로 본다.
① · ③ · ④ 기능이론
② 갈등론

23 갈등론적 견해란 사회가 유지되고 질서 있는 것처럼 보이는 것은, 사회의 힘 있는 자가 힘 없는 자를 자기들의 기준에 맞추어 따라오도록 강제적인 힘을 행사하기 때문이라는 입장이다. 즉, 힘 있는 자의 힘 없는 자에 대한 강제력이 항상 존재하고, 동시에 이 강제력 때문에 사회는 갈등한다.

정답 21 ③ 22 ② 23 ④

24 스펜서는 진화의 원리가 우주의 근본 원리라고 보고 사회도 생물 유기체와 같이 크기의 증대는 분화의 증가를 가져오고, 복잡성을 증가시킨다고 보았다. 즉, 사회도 동질적이고 단순한 사회로부터 점점 이질적·복합적인 사회로 진화한다고 보는 것이다.

24 진화의 원리를 우주의 근본 원리라고 보고, 그것을 사회에 적용시키려 했던 학자는 누구인가?

① 콩트(A. Comte)
② 스펜서(H. Spencer)
③ 소로킨(P. Sorokin)
④ 뒤르켐(E. Durkheim)

25 스펜서(H. Spencer)의 사회 진화 형태
단순 사회 → 복합 사회 → 이중 복합 사회 → 삼중 복합 사회

25 스펜서에 의하면 복합 사회 다음에 출현할 사회의 형태는 어느 것인가?

① 복지 사회
② 산업형 사회
③ 이중 복합 사회
④ 다중 복합 사회

26 스펜서의 군사형 사회와 산업형 사회
• 군사형 사회 : 강제적 협동과 정부의 의지에 의해 지배되는 사회로, 개별 단위들은 중앙집권적인 통제에 복종하며 개인의 의지는 인정되지 않는다.
• 산업형 사회 : 개인의 자유에 의해 행동하고 자발적 협동과 계약적 관계, 개인의 창의성에 기초하는 사회이다.

26 자발적 협동과 계약적 관계로 특징지을 수 있는 사회 유형에 해당하는 것은?

① 산업형 사회
② 군사형 사회
③ 정보화 사회
④ 자본주의 사회

정답 24 ② 25 ③ 26 ①

27 다음 중 극도의 개인주의를 주장한 학자는 누구인가?

① 스펜서
② 뒤르켐
③ 마르크스
④ 베버

28 스펜서가 지적한 '군사형 사회'의 특징으로 볼 수 <u>없는</u> 것은?

① 내적 규제는 강제적·중앙집권적이다.
② 일반적으로 이웃 나라와 갈등 관계에 있다.
③ 분권화된 규제 장치를 가지고 있다.
④ 애국심, 충성, 용기 등의 가치가 높이 평가된다.

29 다음 중 사회를 "하나의 실체로서 인간 개개인의 밖에 존재한다."라고 주장한 학자는 누구인가?

① 마르크스(K. Marx)
② 콩트(A. Comte)
③ 뒤르켐(E. Durkheim)
④ 스펜서(H. Spencer)

---

27 스펜서(H. Spencer)는 사회 복지를 포함한 사회의 모든 일에 정부의 간섭을 적극 배격하고 개인주의적 자유주의를 강력히 주장하였다.

28 군사형 사회의 특징은 다음과 같다.
- 경제 행위의 유형 : 경제적 자율성과 자족성, 외부와의 교역이 거의 없다.
- 국가와 기타 조직과의 관계 : 모든 조직은 공공 조직이며, 사적 조직들은 배제된다.
- 국가의 구조 : 집권적이다.
- 가치가 있다고 여겨지는 성격 : 애국심·용기·충성·복종·권위에 대한 믿음 원칙 등이다.

29 에밀 뒤르켐의 사회의 외재성과 구속성
- 외재성 : 사회란 하나의 실체로서 인간 개개인의 밖에 존재하는 것이다.
- 구속성 : 사회는 개인 밖에 존재하면서 개인을 향해 무시 못할 영향력을 행사한다.

정답 27 ① 28 ③ 29 ③

30 에밀 뒤르켐은『사회분업론』에서 분업이 사회 질서의 기초임을 밝히고 있다. 분업은 단순히 경제적 효용에 그 가치가 한정되는 것은 아니며, 사회적 연대를 일으키는 것으로 도덕적인 성격을 띤다는 사실을 밝히고 있다. 또한 사회 분업의 증가가 기계적 사회에서 유기적 사회로의 이동을 일으키며 사회적 연대도 그에 따라 변한다고 지적한다.

30 뒤르켐이『사회분업론』에서 실증적으로 증명하려고 했던 중심 주제로 옳은 것은?

① 현대 사회로 갈수록 분업화가 사회 질서의 기초가 된다.
② 경제 제도에서 분업이 가져온 효율성을 구체적으로 수치화하려고 했다.
③ 개인은 사회적 사실의 영향력을 벗어날 수 있는 존재라는 것을 증명하려 했다.
④ 사회가 분업화된다는 것은 필연적으로 사회 분열을 가져온다는 것을 증명하려 했다.

31 뒤르켐은 사회학을 사회적 사실을 연구하는 학문이라고 규정하였다. 뒤르켐이 말하는 사회적 사실이란 고정된 것이든 그렇지 않은 것이든 간에 개인에게 외재하며, 그에게 구속력을 행사할 수 있는 일체의 감정·사고·행동양식을 말한다.

31 '사회적 사실'이란 용어를 사용한 학자는 누구인가?

① 콩트(A. Comte)
② 뒤르켐(E. Durkheim)
③ 오그번(W. Ogburn)
④ 베버(M. Weber)

32 뒤르켐은 사회적 변동 측면에서 볼 때, 전근대적·전통적인 사회에서는 사회성원들이 동질적이고 기계적인 유대 관계에 바탕을 두고 있다고 하였다. 그러나 분업화된 사회에서는 서로 전문적인 서비스를 교환하는 범위에서 상호작용하고 의존도가 높아지는 유기적 연계를 가진다고 하였다.

32 다음 중 뒤르켐이 사회 분업이 발달하지 않은 동질적인 사회의 인간관계 유형을 표현한 용어에 해당하는 것은?

① 1차적 관계
② 2차적 관계
③ 기계적 연대
④ 유기적 연대

정답 (30 ① 31 ② 32 ③)

33 다음 내용에서 괄호 안에 들어갈 말을 순서대로 바르게 나열한 것은?

> 뒤르켐은 『종교 생활의 원시 형태』라는 그의 저서에서 가장 원초적인 단계의 종교의 시작은 (㉠)과 (㉡)의 구별에서부터 시작된다고 말했다.

	㉠	㉡
①	신	인간
②	두려움	믿음
③	영혼	육체
④	성(聖)	속(俗)

34 뒤르켐이 기계적 연대의 사회에서 점차 유기적 연대의 사회로 이행한다고 보면서 사회가 이행하는 직접적인 원인으로 주장한 것은?

① 시간의 흐름
② 가족의 해체
③ 분업의 발달
④ 종교의 세속화

35 다음 중 학자와 그 주장이 바르게 연결된 것은?

① 마르크스 – 프로테스탄티즘이 자본주의 발전의 동인이다.
② 뒤르켐 – 사회학은 사회적 사실을 연구하는 학문이다.
③ 콩트 – 생산력과 생산관계의 모순이 사회 변동의 주요 요인이다.
④ 베버 – 사회학은 사회 정학과 사회 동학으로 구분할 수 있다.

---

33 뒤르켐은 그의 저서에서 가장 원초적인 단계의 종교의 시작은 성(聖)과 속(俗)의 구별에서부터 시작된다고 말하였는데, 신성한 것의 범위는 종교에 따라 무한히 달라질 수 있기 때문에 신성한 것이 구체적으로 무엇인지는 말할 수 없다고 하였다.

34 뒤르켐은 분업의 발달을 경제적 효율성의 기준으로 평가할 것이 아니라, 사회적 연대를 만들어 주는 토대로 인식해야 한다고 주장하였다.

35 뒤르켐은 콩트가 과학적 기반 위에 사회학을 창설하려던 계획을 성공적으로 실행하지 못했다고 믿었으며 사회학이 과학적이기 위해서는 사회적 사실을 연구해야 한다고 주장하였다.

정답 33 ④ 34 ③ 35 ②

36 버거는 문제의식으로서 사회학을 해석함에 있어서 공식적 상황 규정의 무조건적 수용을 거부하였고, 회의와 불신은 이데올로기적 기능을 폭로하는 지적 행위와 연관되어 있다고 보았다. 또한 사회학은 특정 제도와 관행의 외피적 기능과 이면적 기능과 관련되어 있다는 입장이다. ④는 콩트의 주장 내용에 해당한다.

36 다음 중 버거의 사회학 해석 방법에 대한 설명으로 옳지 <u>않은</u> 것은?

① 사회학은 공식적 상황 규정의 무조건적 수용을 거부한다.
② 사회학적 사고를 철학자 니체가 말했던 불신의 기예의 한 부분이라고 지적하였다.
③ 공식적 체계의 위선(기존의 전체주의 사회)을 폭로하려는 동기를 사회의식의 본질로 파악하였다.
④ 사회학은 모든 과학 가운데 가장 중요하고 복합적인 것으로 인류 복지에 기여해야 한다고 보았다.

37 ③은 현대적 사회학의 학자 중에서 조지 허버트 미드의 사회학 이론으로 사회생활에서 언어와 상징의 중요성을 전반적으로 강조한 입장이다.

37 다음 중 콩트와 마르크스 사회학의 공통점이 <u>아닌</u> 것은?

① 과학주의
② 실천적 지향
③ 상징적 상호작용론
④ 종합 사회학적 성향

38 베버는 『프로테스탄트의 윤리와 자본주의 정신』에서 서구 자본주의의 발전이 개신교의 윤리와 적합했기 때문이라는 것을 역사적으로 증명하려고 하였다. 베버는 "일하지 않으면 먹지도 말라."는 사도 바울의 말처럼 노동을 신성시하는 개신교의 교리와 자본주의 정신이 적합했기 때문에 기독교가 보급되지 않은 동양 사회에서는 자본주의가 발달하지 않았다고 보았다.

38 막스 베버의 『프로테스탄트 윤리와 자본주의 정신』이라는 책은 어떤 내용인가?

① 서구 자본주의의 발전 과정에서 종교가 담당한 역할을 주목하고, 종교에 의한 자본주의 발전 과정을 설명한 책이다.
② 프로테스탄트 윤리가 이윤의 극대화를 목적으로 하는 자본주의 정신을 발전시켰다는 내용이다.
③ 기술 발달이 사회 변동을 가져온다는 내용이다.
④ 기독교가 자본주의를 만나면서 더욱 활발히 전 세계로 전파되었다는 사실을 증명해 보이면서 프로테스탄트 윤리는 자본주의라는 정신적 토양 위에서 번성한다는 내용이다.

정답 36 ④ 37 ③ 38 ①

39 다음 중 서구 사회에서 자본주의가 발달한 원인에 대한 베버의 견해를 가장 잘 설명한 것은?

① 산업 혁명을 시작으로 서구 사회에서 기술이 먼저 발달했기 때문이다.
② 하느님의 은총 때문이다.
③ 자본주의 정신이 기독교의 개신교 윤리에 적합했기 때문이다.
④ 서양 사회는 동양 사회보다 물질적 측면을 강조하는 가치관을 가지고 있기 때문이다.

40 다음 내용에서 괄호 안에 들어갈 적절한 용어는?

> 베버는 기독교를 (   ) 종교로 간주하였는데 이는 기독교는 인간이 기독교의 신앙과 도덕적 공준들을 따르면 구원받을 수 있다는 믿음을 수반하기 때문이다.

① 내세
② 기복
③ 구원
④ 윤회

39 베버는 자본주의가 발달한 동안은 자본주의 정신의 원천의 하나가 개신교의 윤리와 적합했기 때문이라는 것을 역사적으로 증명하려고 하였다. 또한 사회 변동의 동인은 물질적인 것이 아니라 기독교 정신과 같은 사회의 도덕·규범·가치·종교 등 개인의 일상생활을 지배하고 있는 정신적인 측면이라고 주장하였다.

40 베버의 프로테스탄트 윤리는 교도들이 금욕의 윤리를 잘 지킴으로써 구원을 받을 수 있다는 동기에서 자본을 축적하여 현대 부르주아 자본주의를 발전시켰다는 것이다.

정답 39 ③ 40 ③

우리 인생의 가장 큰 영광은 결코 넘어지지 않는 데 있는 것이 아니라
넘어질 때마다 일어서는 데 있다.

– 넬슨 만델라 –

사회학의 대상과 방법

얼마나 많은 사람들이 책 한 권을 읽음으로써 인생에 새로운 전기를 맞이했던가.

– 헨리 데이비드 소로 –

제 2 장 │ 사회학의 대상과 방법

제1절 │ 사회학의 대상

1 사회학과 사회과학

(1) 사회학의 연구 영역

① 최근에는 학문 간의 명백한 구분이 불필요하다는 견해가 지배적이고, 사회학은 **사회 현상의 전 영역**을 연구 대상으로 삼는 종합 사회 과학으로 자리 잡고 있다.

② 사회학의 관심은 인간 행위의 한 차원에만 국한되는 것이 아니라 여러 차원에 걸쳐 있으며, 각 차원 간의 상호작용과 관련되고, 특히 집단 과정과 사회 체계 등에 특별한 관심을 기울이게 된다.

③ 어느 영역의 사회 현상이든 그것이 인간들의 집단생활의 결과로 나타나는 것이면, 모두 사회학의 관심이 될 수 있다.

(2) 사회학에 대한 비난

① 사회 현상을 연구하는 것은 사회학뿐만이 아니며, 연구 대상의 폭 또한 광범위하게 넓다.

② 사회학은 많은 학자들로부터 하이픈 학문, 스캐빈저 학문 등 사회학의 고유한 연구 대상이 없다는 비판을 받는다.

    ㉠ 하이픈(Hyphen) 학문 : 기존의 학문에 연자부를 달기만 하면 사회학이 된다는 뜻

    ㉡ 스캐빈저(Scavenger) 학문 : 고유 연구 대상이 없으므로 다른 사회 과학이 연구하고 남은 부문만 연구하면 된다는 뜻

(3) 사회학의 비난에 대한 대응

① **짐멜(G. Simmel)** : 형식 사회학을 주장 → 인간 상호작용과 사회관계의 기본 유형 및 그 형식만을 다루는 학문이 바로 사회학이라고 정의함으로써, 사회학의 고유한 연구 대상이 있음을 주장하였다.

    ㉠ 사회학이라는 새로운 학문 분과는 상호작용의 기본적·일반적인 형식의 탐구라는 주제만을 유일하게 다루어야 한다고 하였다.

    ㉡ 종합적인 과학으로서의 사회학이라는 콩트의 생각을 비판하면서 만일 사회학이 모든 것을 포괄한다면 아무런 연구 영역을 갖지 못할 것이라고 지적하고, 사회학 역시 개별적·전문적인 고유 영역을 갖고 있어야 한다고 주장하였다.

    ㉢ 사회학의 고유 영역은 바로 '사회와 개인의 관계'이며 사회란 그 구성원들 간의 상호작용으로 이루어진 객관적 통합체로, 다양한 역사적 시기와 문화적 환경 속에서 이러한 상호작용들의 형식을 연구하는 것이 사회학의 임무라고 생각하였다.

ⓔ 사회학이 다루어야 할 정당한 대상은 인간 사회 현상 전반이 아니라, **인간 상호작용의 특수한 형식과 형식의 집단적 특성을 묘사하고 분석하는 데** 있다는 것이다. → 형식이란 내용들과는 구별되는 비교적 안정되고 유형화된 사회생활의 요소를 의미했다.

ⓜ 비슷한 형식의 조직이 다양한 이해관심을 갖고 있는 서로 상이한 내용을 지니고 존재하는 반면, 유사한 사회적 관심 혹은 내용들이 전혀 다른 형태의 조직 내에서 발견된다.

ⓗ 사회 생활 속에서 실제로 드러나는 이러한 특징은 개별적인 사회 현상들의 일회성에 관심을 쏟을 필요가 없으며 오히려 그 사건들의 밑에 놓여 있는 제일성, 곧 유형화된 요소인 인간 상호작용의 형식에 관심을 가져야한다는 사실을 말해준다고 생각하였다.

더 알아두기

짐멜의 형식 사회학
- 사회학의 곤경을 해결하는 데 기여
- 종합 사회학적 입장에 반대
- 사회학이 사회 생활에 있어 '형식'을 연구하는 학문이라 함

---

② **소로킨(P. A. Sorokin)** : 사회학을 'N+1의 학문'이라고 규정

ⓐ N이란 경제, 정치, 법학 등의 기존의 학문을 뜻하고, 각 학문 간의 상호관계, 공통성과 차이점 등을 설명하기 위해서는 또 하나의 학문이 필요하다면서 N+1번째 학문이 사회학이라는 것이다.

ⓑ N+1번째 학문이 바로 사회학이란 뜻에서 사회학은 여러 사회 과학들의 기초 학문 또는 종합 학문이라고 할 수 있다.

ⓒ 여러 사회 현상의 일반적 공통성이 연구 대상이라고 보았으며, 우선 특수 현상들의 공통 요소를 과학적으로 규명한 후 이를 기점으로 비공통 요소들이 서로 어떻게 관련되고 있는가를 규명하는 일이 부차적 문제라고 하였다.

더 알아두기

사회학 이론의 특징
- 객관성 : 누구나 부정하기 어려운 사실에 대한 진술이어야 한다.
- 체계성 : 단편적인 지식이 아닌 논리적 연관성을 갖추고 정리되어야 한다.
- 일관성 : 논리적으로 서로 모순되지 않고 통일적으로 전개되어야 한다.
- 일반화된 명제 : 일반화된 명제에 근거하여야 한다.
- 타당성 : 검증 가능하고 응용적인 실효성이 있어야 한다.

---

2 사회학의 연구 대상

사회학 안에서 인간과 사회의 관계를 조명하는 관점은 사회 실재론적 관점과 사회 명목론적 관점, 상호작용론적 관점이 있다.

(1) 사회 실재론적 관점

① **명제** : "전체는 개개 구성원의 합보다 더 크다."

　㉠ 인간과 사회와의 관계에서 **개인보다는 사회가 우선이고 중요하다는 견해** → 사회는 실제로 존재하는 것이며, 그 자체의 생명력을 보존하기 위해서 대단히 강력한 기제를 사용한다. 그러므로 이러한 사회 속에 살고 있는 인간은 사회의 부속품에 지나지 않는다.

　㉡ 사회가 주체이며 인간은 사회에 종속되어 사회가 행사하는 강력한 영향력의 범위를 벗어나지 못한다.

　㉢ 인간의 종속성과 의존성이 강조되는 반면, 사회의 질서 유지를 위해서 사회가 행사하는 강력한 구속성이 정당화된다.

　㉣ 사회는 그 자체의 의지와 목적을 가지고 있으므로 그 목적을 달성하기 위해서는 사회가 할 수 있는 모든 힘을 행사할 수 있다.

② **사회의 외재성과 구속성** : 뒤르켐(E. Durkheim)

　㉠ 사회의 외재성(外在性) : **사회란 하나의 실체로서 인간 개개인의 밖에 존재**

　㉡ 사회의 구속성(영향력) : 사회란 개인의 밖에 존재하는 것으로 끝나는 것이 아니라, 밖에서 개인을 향해 무시 못할 영향력을 행사하는 구속성을 강조 → 개인은 사회의 의지에 따라야 하고, 사회의 목적 달성에 한 몫을 해야 한다. 만약 개인이 사회의 의지에 따르지 않고 사회의 목적에 반하는 행위를 하면, 사회는 그 개인을 구속하거나 심지어 퇴출시키는 등의 방법으로 응징한다.

③ **뒤르켐의 『자살론』**

　㉠ 자살 같은 개인의 행동도 일정하게 사회 결속력 또는 구속력에 의해 좌우된다.

　㉡ 집단 결속력의 강도가 집단에 따라 다르지만, 무엇보다 그 압력이 외재한다는 사실에 주목해야 한다.

④ **구조 결정론**

　㉠ 구조 결정론이란 인간은 그가 속한 사회나 집단의 강력한 힘에 조정되고 그 자신의 사고나 의지, 판단에 따라 행동하지 못하는 사회의 꼭두각시라고 보는 견해

　㉡ 구조 결정론적 관점 : 사회는 거대한 감옥이고, 인간은 그 감옥의 수인이라는 견해(에밀 뒤르켐)

(2) 사회 명목론적 관점

① **명제** : "전체는 개개인 구성원의 합 이외에 아무것도 아니다."

　㉠ 인간과 사회와의 관계에서 **사회보다는 개인이 중요하다고 보는 관점**

　㉡ 사회라는 것은 명목(名目)뿐인 것이며 사회의 특질은 그 사회 구성원인 개개인의 특질의 합이다.

　　• 개개인 구성원의 합 자체가 사회이기 때문에 개인을 떠난 사회는 존재할 수 없다.

　　• 그 사회의 성격, 집단심, 애국심, 민족의 얼 같은 정서도 개개인의 정서의 합일 뿐 그 이상도 그 이하도 아니므로, 사회 명목론은 출현적 속성을 인정하지 않는다.

　㉢ 사회는 인간이 만들고, 제도로 정착되고, 구조화되는 것이지 사회가 인간을 만드는 것은 아니라고 본다. 그러므로 사회의 주체는 인간이며 사회는 인간의 종속 변수에 지나지 않는다.

　㉣ 개개인이 선(善)이면 그 개인들로 구성된 전체인 사회도 선(善)할 것이고, 개개인이 악(惡)이면 그 사회도 악(惡)하다는 해석이 가능하다.

　㉤ 전체주의, 독재, 민주주의와 같은 정치 체제도 그 사회에서 살고 있는 사람들의 지향에 따라 형성된 체제이다.

② **한계**

　㉠ 인간의 주체성과 창의력을 강조하는 사회 명목론은 사회에서 행해지고 있는 많은 문제점들을 설명하지 못하는 한계를 가지고 있다.

　㉡ 인간 역사를 통해 점철되어 온 구조적인 악의 근원을 개개인의 특성으로 설명할 수 없는 한계에 부딪혔다.

　㉢ 극단적인 사회 명목론의 강조는 사회 현상을 개인의 심리현상으로 되돌려 심리학적 환원론으로 이어질 수 있다.

③ **심리학적 환원론**

　㉠ 사회 명목론을 극단적으로 주장하면 심리학적 환원론에까지 나아가게 된다.

　㉡ 심리학적 환원론 : 개인의 심리적 특성, 동기, 태도 등을 옳게 파악하면 **사회의 특성은 물론 나아가 사회 구조와 제도적인 운영도 파악할 수 있다는 견해**

더 알아두기

사회 명목론과 사회 실재론의 차이점

• 인간과 사회의 관계에서 사회 실재론은 사회를 중시하고, 사회 명목론은 인간을 중시한다.

• 사회 실재론이 인간을 꼭두각시로 축소시키는 오류를 범한다면, 사회 명목론은 인간의 힘을 너무 낙관한다.

• 사회 실재론은 인간의 타율성과 수동성을 강조하여 일종의 허무의식을 조장하기 쉽고, 닫힌 체제의 지배세력을 용이하게 해주는 보수적 공헌을 할 수도 있다면, 사회 명목론의 명목론적 인식에 입각한 가르침은 구조 개혁의 무용을 은근히 시사하는 일종의 체제 옹호적 성격으로 인하여 보수적 기능을 담당할 수 있다.

(3) 상호작용론적 관점

① **개념**

    ㉠ 상호작용론은 실재론과 명목론의 단점을 극복하기 위해 등장한 이론

    ㉡ 개인과 사회가 서로 의존하고 상호작용하고 있다는 관점 → 인간과 사회가 모두 주체로서의 독립 변수인 동시에 영향을 받는 객체로서의 종속 변수가 된다.

    ㉢ 개인 속에 사회가 있으며, 사회 속에서 인간은 비로소 인간으로서 제구실을 할 수 있다고 보는 견해이다.

② **개인 속에 내재하는 사회**

    ㉠ 사회 규범의 내면화 : 사람이 태어나서 자라는 과정, 즉 개인 속에 사회가 존재한다는 것을 의미한다.

    ㉡ 프로이트(S. Freud) : 내면화된 사회를 초자아(Super-ego)라고 했으며, 초자아는 양심처럼 도덕적 판단에 따라 개인의 행동을 명령하는 힘이다. 즉, 양심에 어긋나는 생각이나 행동을 하게 되었을 때, 자신을 질책하고 벌을 주는 무의식에 있는 기능이다.

    ㉢ 미드(G. H. Mead) : 인간이 사회적 상징인 언어를 배움으로써 자아(Self)를 얻게 되고 사회화됨을 강조하였다.

    ㉣ 쿨리(C. H. Cooley) : 사회적 존재로 성숙된 자아를 '거울 보는 자아(The looking glass self)'라고 하면서, 자신의 자아를 상대방의 입장 또는 사회의 입장에서 바라보고 성찰하는 것으로 상호작용의 중요성을 강조하였다.

③ **사회 속에 내재하는 개인**

    ㉠ 사회 구조는 특정한 사회적 지위들로 구성되어 있고, 모든 인간은 사회 속에서 역할과 지위를 가진다.

    ㉡ 사람이 일정하게 행동하도록 요구받는 것은 그 지위에 수반하는 역할(Role) 때문이다.

    ㉢ 개인은 사회적 지위의 보유자이고, 역할 수행자이다. 지위는 사회이고, 인간은 역할 수행자이다. 이는 곧 사회를 떠난 개인이란 존재할 수 없음을 뜻한다.

(4) 지식 사회학

① **창시자**

    ㉠ 지식 사회학을 학문으로서 정립한 학자는 제1차 세계 대전 후 독일에서 지식의 사회적 피제약성 또는 존재의 피구속성을 주장한 셸러(M. Scheler), 만하임(K. Mannheim)이다.

    ㉡ 만하임은 1925년에 논문 「지식 사회학의 문제」를, 1929년에 「이데올로기와 유토피아」를 발표하며 지식 사회학 이론을 체계화했다는 평가를 받았다.

② **개념**

    ㉠ 만하임은 지식 사회학을 '사회생활에서 불확실하고 모호하게 보이는 모든 것에 대한 의심의 체계화'라고 정의

    ㉡ 만하임은 마르크스의 전통과는 달리 인간 의식과 사고의 모든 영역에서 이데올로기가 존재한다는 통찰에서 출발 → 어느 특정한 의식과 사고 체계만이 허위의식이라는 논리는 성립할 수 없으며, 단지 상호비판만이 가능하다는 주장

ⓒ 지식 사회학에서는 지식이 사회의 소산임을 문제로 삼고, 지식이 어떠한 사회적 요인을 조건으로 취하며 또 그 요인과 어떻게 기능적 관련을 갖느냐에 관심을 둔다. → 지식 자체를 대상으로 하는 학문이다.

ⓔ 지식은 인간을 둘러싸고 있는 사회적 요인들의 상호작용 속에서 생성되고 성장하며 그 구체적 내용이 결정되기 때문에, 어떤 지식이든지 사회 현실에 반영되어 있을 수밖에 없다.

ⓜ 독일의 지식 사회학은 처음부터 마르크스주의에 대한 대항적 성격을 띠었으며, 이데올로기론의 극복을 지향하고 있었다.

ⓗ 셸러가 현상학적 입장에서 정신의 자기 결정성과 영원성을 강조한 데 비해서, 만하임은 자기까지도 포함한 모든 사상(事象)을 존재의 제약을 받은 이데올로기이자 부분적인 것이라고 지적하였고, 이를 상대화하면서 지식인에 대한 전체 종합을 주장하였다.

③ **내용**

㉠ 지식 사회학에 직접적인 영향을 끼친 이론은 마르크스와 엥겔스의 이데올로기 이론으로, 허위의식으로서의 이데올로기에 대한 이해 → 마르크스와 엥겔스는 이데올로기를 허위의식(False consciousness)이라고 정의

㉡ 지식 사회학자들은 관념의 체계를 특정한 이해의 표현 또는 결과로 취급하는데, 그런 관념의 체계를 이데올로기라 부르고 그 본질이 감추어져 있다고 여긴다. 따라서 지식 사회학의 과업은 만하임이 '이데올로기를 생산하는 삶의 조건들'이라 정의한 것들을 밝히는 것이다.

㉢ 지식 사회학의 관점에서 애덤 스미스의 경제학을 본다면, 그것은 가치중립적인 지적 구조물이라기보다 자본주의 이데올로기의 일부인 부르주아적 이해의 표현으로 규정되었다.

㉣ 최근에는 프로이트의 정신 분석을 원용해서 이데올로기들이 계급적 이해의 무의식적인 합리화라고 주장하였다.

㉤ 만하임은 모든 관념의 체계가 계급의 기반을 갖고 있으며 계급의 편견에 좌우된다는 이론의 딜레마를 타개하는 방안의 하나로 계급 없는 지식인들의 계층, 즉 사회적으로 독립된 인텔리겐치아(지식 계급)의 가능성을 구상하기도 했다.

④ **비판**

㉠ 지식 사회학의 비판자들은 만일 모든 철학이 이데올로기라면 지식 사회학도 다른 어떤 관념의 체계와 마찬가지로 이데올로기이며, 또 그것들과 마찬가지로 가치중립적이지 못하다고 주장하였다.

㉡ 진리처럼 보이는 모든 것이 이해의 위장된 합리화라면 지식 사회학 또한 진리일 수 없다는 것이다.

3 사회학과 사회 과학의 관계

(1) 사회학과 정치학의 관계

① 정치학은 정치 이념, 정치 철학, 정부 형태, 정치 권력의 분배 및 구조화, 정치 제도, 정치 체계 등을 연구하고 사회학은 사회적 행위로서의 정치 행동이나 정치 제도 또는 다른 사회 제도와의 관련성을 연구하였다.

② 정치 과정에서 인간의 구체적인 정치적 태도, 정치적 선택, 특정 정치적 가치관 수용 등의 문제는 사회학자들이 큰 관심을 갖고 있다.

③ 특정 정치적 이념 또는 가치를 국민들이 수용하여 내면화하는 정치 사회화 문제 역시 사회학자들의 큰 관심사이다.

④ 정치학은 정치학적 인간을 전제로 하나, 정치학적 인간에 대한 분석과 해명은 사회학자의 연구 과제이다.

⑤ 정치학적 인간에 대해 사회학자들이 더 관심을 갖는다는 사실은 두 학문 간의 상호협조가 필요하다는 뜻이다.

(2) 사회학과 경제학의 관계

① 경제학은 재화와 용역의 생산, 분배 및 소비 현상을 연구하는 사회 과학으로, 수요자와 공급자, 시장의 운용 등에 중점을 둔다.

② 사회학과 경제학은 모두 경제 제도와 경제 행위에 관심을 갖고 있다.

③ 경제 사회학은 사회학의 분과 학문으로, 경제학과 사회학이 만나는 지점에서 형성되는 대표적 학문 분야이다.

④ 경제 현상도 사회학 고유의 연구 주제인 개인의 동기와 사회 규범 내지 제도들의 영향을 받기 때문에 이들과 관련하여 연구되어야 경제학적 설명과 예측도 정확할 수 있다. 이런 현상은 경제학과 사회학의 연계성 혹은 상호보완성을 보여준다.

⑤ 경제학은 경제 현상 그 자체에 중점을 두고, 사회학은 경제생활의 사회적 측면들, 즉 사람들의 경제 활동과 관련되어 일어나는 사회적 상호작용과 사회적 행위를 연구한다는 점에서 경제학과 구별된다.

(3) 사회학과 심리학의 관계

① 심리학은 주로 지각 과정, 인지 과정, 학습 과정, 동기, 정서, 감정, 인성 등 개인의 심리상태 및 행위에 중점을 둔다.

② 심리학은 주로 개인에 중점을 두고, 사회학은 개인보다는 상호작용하는 복수의 개인들에 중점을 둔다.

③ 사회 심리학은 심리학과 사회학의 분과 학문으로, 동일한 사회 심리학이라 할지라도 사회학의 영역에 속하는 사회 심리학과 심리학의 영역에 속하는 사회 심리학은 그 주안점에 차이가 있다.

④ 심리학의 사회 심리학에서는 사회적 특성들이 개인의 인성에 어떻게 영향을 미치는지에 주안점을 두어 **주된 초점이 개인**에 있는 반면, 사회학의 사회 심리학에서는 개인의 인성, 특성들이 사회 과정에 어떻게 영향을 미치는지에 주안점을 두어 **주된 초점이 사회**에 있다.

(4) 사회학과 인류학의 관계

① 인류학의 가장 중요한 연구 대상인 문화와 사회학의 중요한 연구 대상인 사회는 상호의존성이 매우 강하다.

② 인류학은 다른 어떤 인접 학문들보다도 사회학과 가깝다. 인류학은 형질 인류학, 고고학, 인류학적 언어학, 문화(혹은 사회)인류학 등으로 구분되는데, 이들 중 문화 인류학이 사회학과 가장 가깝다.

③ 사회학은 주로 현대의 대규모 산업(혹은 정보)사회에서의 집단 과정을 탐구하고, 문화 인류학은 주로 고립된 소규모의 원시 또는 미개 사회를 총체적으로 연구함에 있어서 차이가 있다.

제2절	**사회학의 연구방법**

> **더 알아두기**
>
> **사회학의 대표적인 연구방법** 기출 24
> • **과학적 관찰** : 보통 가설을 세워 경험적 자료를 수집해 통계적 처리를 거쳐 가설을 검증하는 방법이 사회학에서는 관례화되어 있다.
> • **이론적 설명** : 논리적 도출을 사용하여 사실이 설명되는 논리 · 연역적 체계를 취한다.
> • **체험적 이해** : 이론과 실천을 분리하지 않고 현실의 구조적 모순과 비리를 변혁시키는 일에 높은 가치를 부여하기 때문에 그 모순과 비리로 인해 억울하게 고통당하는 인간과 집단에 대해 공동체적 연대 의식을 갖고 그들의 삶을 해석하고 이해하려는 것이다.

1 과학적 관찰

(1) 특징

① 사회학은 인간과 사회 구조의 관계를 과학적으로 관찰하는데 과학적으로 관찰한다는 것은 통제된 관찰을 의미한다.

② 과학적인 관찰의 모형은 자연 과학적 실험의 모형으로, 자연 과학자는 실험을 통해 인과관계를 찾는다.

③ 관찰 대상 · 관찰 시기 · 관찰 방법을 사전에 명확히 해두는 것을 필요로 하는데, 이러한 점에서 우연적 관찰과 구별된다.

④ 관찰자의 개인차에 기인하는 자의성(恣意性)이 배제될 것을 강조한다. 따라서 수량화하는 일, 객관적 사실과 관찰자의 해석을 혼동하지 않는 일, 관찰의 결과를 일반화함에 있어서 충분한 자료를 얻어 다른 관찰자와의 협의를 거친 다음 결정하는 일 등을 매우 중요시한다.

⑤ 실험 집단과 통제 집단으로 나누고 실험 집단에서 나타나는 결과를 통제 집단과 비교한다.

⑥ 사회 과학에서는 엄밀한 인과적 관계 성립이 어렵다는 데 문제가 있고, 사회현상에서는 두 집단(실험 집단과 통제 집단)이 동질 상태였다는 것을 주장하는 일이 쉽지 않다.

(2) 인과관계의 논리 구조

인과관계의 논리 구조는 어떤 결과의 필요충분조건을 밝히는 문제이다.

① **필요조건이 되는 경우** : X가 Y의 필요조건이 되면 적어도 X는 Y의 한 원인이라 주장할 수 있다.

> 필요조건 : X → Y or not Y, not X → not Y ⇒ X는 Y의 필요조건

㉠ X → Y or not Y : 만일 X가 일어나면, Y는 일어날 수도 있고, 안 일어날 수도 있다.
㉡ not X → not Y : 만일 X가 일어나지 않으면, Y는 절대로 일어나지 않는다.

② **충분조건이 되는 경우** : X가 Y의 충분조건이 되면 X는 Y의 강력한 한 원인이라 할 수 있다.

> 충분조건 : X → Y, not X → Y or not Y ⇒ X는 Y의 충분조건

㉠ X → Y : X가 일어나면, Y는 반드시 일어난다.
㉡ not X → Y or not Y : X가 일어나지 않으면, Y는 일어날 수도 있고, 일어나지 않을 수도 있다.

③ **필요충분조건이 되는 경우** : X가 Y의 필요충분조건이 되면 X는 Y의 결정적이고 완벽한 원인이라 할 수 있지만, 사회 현상에서는 이런 조건을 만족시켜 주는 인과관계를 찾기 어렵다.

> 필요충분조건 : X → Y, not X → not Y ⇒ X는 Y의 필요충분조건

㉠ X → Y : X가 일어나면, Y는 반드시 일어난다.
㉡ not X → not Y : X가 일어나지 않으면, Y는 절대로 일어나지 않는다.

(3) 사회학적 인과관계

① 사회 현실에서 필요충분조건의 관계는 전혀 찾을 수 없고, 충분조건에 근접하는 인과관계, 필요조건에 근접하는 듯한 관계는 가끔 찾을 수 있다.
② 사회학은 통계학의 도움을 받아 인과관계의 존재 여부보다 그 관계의 정도와 수준을 밝히는 데 도움을 주게 되는데, 이와 같은 인과관계를 기여조건이라 부른다.

(4) 경험적 가설 검증

가설을 세워 실제로 경험적 자료를 수집해 통계적 처리를 거쳐 가설을 검증하는 연구 방법은 사회학에서 거의 관례화되어 있다.

2 이론적 설명

(1) 논리·연역 체계

① **설명** : 개념들로 이루어지는 것이 아니라 **명제들**로 이루어진다.

② **명제** : 변수들 간의 관계를 나타내는 문장으로 관계의 진위가 증명될 수 있어야 한다.

③ **상위명제와 하위명제** : 명제가 표명하는 관계의 진실성이 클수록 그 명제는 상위명제가 되고, 그 진실성이 작을수록 하위명제가 된다.

④ **공리** : 진실성이 확실하고 자명하여 증명할 필요가 없을 정도의 명제는 최상위명제로서, 공리가 된다.

⑤ **논리적 도출** : 하위명제는 상위명제로부터 논리적으로 끌어낼 수 있는 것을 말하며, 대체로 3단 논법의 형식이 여기에 해당한다.

> **더 알아두기**
>
> **3단 논법의 예시**
> ㉠ 모든 사람은 죽는다.
> ㉡ 개똥이는 사람이다.
> ㉢ 그러므로 개똥이는 죽는다.
> ※ 위에서 개똥이의 죽음은 ㉠과 ㉡으로부터 논리적으로 도출된다. 논리적이라 함은 필연적이란 뜻이다. 이 경우 개똥이의 죽음이라는 사실이 설명된다.

⑥ **이론적 설명** : 이론적 설명은 명제들로 이루어져 있으므로 논리·연역적 체계를 갖추어 설명해야 한다. 이처럼 논리·연역적으로 체계를 갖추어 설명할 때, 그것을 이론적 설명이라고 한다. 즉, 공리에서 정리가 논리적으로 도출되고 경험적 가설이 정리로부터 논리적으로 도출되며 그 경험적 가설이 실제 조사를 통해 증명되면 이론적 설명이 이루어지는 것이다.

※ 사회학의 이론 구성 과정 : 공리 → 정리 → 경험적 가설 → 실제 조사 및 증명 → 이론적 설명

(2) 호만스의 방법론(성공명제, 자극명제, 가치명제)

호만스(G. Homans)는 사회학에서 가장 기본적인 명제는 개인의 행위에 관한 명제라고 주장한다. 즉, 인간의 사회적 행위를 설명하려면 몇 가지 기본 명제를 활용해야 한다.

① 어떤 행위를 보상할수록, 그 행위는 반복되게 된다(성공명제).

② 지난날 특정한 자극이 행위의 보상을 가져다 주었다면, 지금의 자극이 지난날의 자극과 비슷할수록, 비슷한 행위가 일어날 가능성이 크다(자극명제).

③ 호만스는 이와 같이 가치명제, 박탈 및 만족의 명제, **좌절과 공격의 명제**를 제시하고, 이런 명제들의 논리·연역적 전개를 통해 특정 현상과 현실을 설명해 낼 수 있다고 하였다.

3 체험적 이해

(1) 행위

① 체험적 이해의 방법은 **사회적 행위의 의미를** 해석하는 방법이다.

② 행위란 객관적으로 관찰 가능한 행동에 더해 단순히 자극-반응 모델로 설명할 수 없는 추가의 요소가 함축된 것을 말한다. 즉, 인간의 움직임에는 객관적으로 관찰 가능한 '행동'뿐 아니라 그에 더하여 $+\alpha$가 있기 때문이다. 그것을 행동과 구별하여 행위라고 부른다.

(2) 베버가 말한 행위

① 베버(M. Weber)는 인간 행위가 본질적으로 사회적 성격을 갖게 됨을 강조했다.

② 행위란 행위 주체가 그 행위에 붙여 주는 주관적 의미를 통해 남의 행위를 참작하고 거기에 대응하는 한 사회적 성격을 띠게 된다는 것이다.

(3) 추체험의 연구 방법과 인식론적 특권

① **추체험의 연구 방법** : 연구자가 피연구자의 입장에서 피연구자의 체험을 경험하려는 것이다.

② **인식론적 특권** : 공감적 체험을 정당하고 적합한 사회학 방법으로 활용하는 연구자들은 빈민이나 민중들도 전문가 못지않은 이론 구성자로 보고, 그들의 상황 판단을 존중해 주는 것이다.

제3절　사회 조사의 방법

1 현지 조사와 사례 연구

(1) 현지 조사

① 사회 현상이 존재하는 **현장에 직접 가서** 집단생활의 전반에 걸쳐 자세하게 관찰할 필요가 있을 때 사용되는 조사 연구 방법이다.

② 연구자의 **직접 체험**으로 주관적이다.

(2) 사례 조사(사례 연구)

① 연구자의 관심을 충족시켜줄 만한 **특정한 사례를 집중적으로 분석**하는 방법을 말한다.

② 사회 현상을 철저하게 관찰하면서 많은 조사 지역이나 조사 대상을 한꺼번에 연구하기란 현실적으로 불가능한 경우가 많으므로, 하나 혹은 몇 개의 사례만을 연구 대상으로 한다.

③ 서베이나 표본 조사 등이 양적 분석이 가능한 경우에 흔히 사용된다면, 사례 조사는 양적 분석이 어려운 질적 분석에 흔히 사용된다.

④ 사례 조사는 서베이 등이 지니는 피상성을 극복하여 연구 문제에 대한 집중적이고 심도 있는 분석을 가능케 한다는 장점이 있으나, 조사 결과의 객관성을 유지하기 어렵다는 단점이 있다.

2 표본 조사와 서베이 조사

(1) 표본 조사

① 통계학적인 원리에 의해서 **표본을 추출하여** 전체를 추리하려는 모든 조사를 가리킨다.

② **장점**

  ㉠ 시간을 절약할 수 있다.

  ㉡ 비용을 절감할 수 있다.

  ㉢ 폭넓게 조사할 수 있다.

  ㉣ 전수 조사에 비하여 집중적으로 탐구할 수 있고, **응답한 내용을 세밀히 검토할 수 있다.**

③ **단점**

  ㉠ 적절한 표본을 잡기가 어렵고, 누구나 할 수 있는 것이 아니다.

  ㉡ 언제 어떤 대상에 대해서나 적용될 수 있는 것이 아니다.

  ㉢ 매우 세분하게 대상의 다양한 부분까지 알려고 하는 경우에는 적절치 않다.

  ㉣ 아주 복잡한 표본 설계를 요하는 조사는 시간이 **전수 조사보다 더 걸리고,** 또 오차나 부정확한 결과를 낳을 가능성이 커진다.

(2) 서베이 조사

① 서베이 조사(Survey research)란 연구자가 자신의 연구 문제에 관한 일정한 설문을 구성하고 조사 대상자들에게 **설문을 배포하여 자료를 수집하는** 조사 방법으로, 사회 과학자들이 자료 수집을 위하여 가장 많이 사용한다.

② **서베이 조사 방법**

  ㉠ 응답자가 응답한 내용을 누가 기록하느냐에 따라 다음과 같이 구분된다.

   • 응답자 자신이 직접 기록하는 자기 응답 서베이

   • 조사원이 대신 받아 적는 서베이(설문의 내용이 매우 복잡한 심층 면접의 경우에 흔히 사용됨)

  ㉡ 설문을 어떠한 방법을 사용해서 수거하느냐에 따라서도 우편 서베이, 전화 서베이, 전자 서베이 등으로 세분된다.

③ **장·단점** : 서베이는 많은 사람들을 대상으로 일시에 조사를 시행함으로써 시간과 비용의 측면에서 효율성이 높지만, 응답자들의 응답 내용이 인위적·피상적일 수 있다는 단점이 있다.

3 실험과 관찰

(1) 실험

① 연구의 초점이 되는 변수 이외의 다른 요인들이 작용하지 못하도록 통제하고, 원인과 결과가 되는 변수 간의 관계를 보다 명백히 규정할 수 있다(실험적 방법에서는 실험을 한 집단을 실험 집단, 실험하지 않는 집단을 통제 집단이라 한다).

② **실험의 3대 구성 요소** : 독립변수 vs 종속변수, 실험집단 vs 통제집단, 사전측정 vs 사후측정

  ㉠ 독립변수란 인과관계에서 원인으로 작용하는 변수를 말하고, 종속변수란 결과로 작용하는 변수를 말한다.

  ㉡ 실험집단은 실험처치가 가해지는 집단을 말하고, 통제집단은 실험처치가 가해지지 않는 집단을 말한다.

  ㉢ 사전측정이란 실험처치가 가해지기 이전의 Y의 상태를 측정하는 것이고, 사후측정은 실험처치가 가해진 이후의 Y의 상태를 측정하는 것이다.

③ **장ㆍ단점**

  ㉠ 장점 : 실험은 **인과관계를 명확히 규명**할 수 있다.

  ㉡ 단점 : **많은 수의 사람들을 대상으로 실험을 하기 어렵고**, 피험자들이 실험 상황임을 인식함으로써 있는 그대로의 **평소의 행동을 보이지 않는** 단점이 있다.

(2) 관찰

① 관찰(Observation)은 사람들의 행동과 태도를 있는 그대로 관찰하여 기록하는 방법을 말한다.

② 사람들의 태도(혹은 심리 상태)를 연구하는 데에는 서베이나 실험 등이 적당하지만, 사람들의 행동(Behavior)을 연구하기 위해서는 관찰이 더 적당할 수 있다. 서베이나 실험 등을 사용하면 행동은 관찰되기 어려울 뿐 아니라, 응답자가 자신의 행동을 변화시킬 가능성이 높기 때문이다.

> **더 알아두기**
>
> **사회조사 절차**
> ① 작업 가설의 설정
> ② 조사 설계의 수립
> ③ 자료 수집 기법의 결정
> ④ 자료 분석
> ⑤ 가설 검정과 이론의 통합

01 사회학의 3가지 연구방법에는 과학적 관찰, 이론적 설명, 체험적 이해 등이 있다.

02 이해적 방법은 베버의 연구 방법 중 한 가지로, 연구자가 행위자(연구 대상자)와의 공통 경험을 바탕으로 행위자의 행위의 동기 구조를 파악할 수 있고, 이로 인해 그 행위자의 행위를 행위자의 입장에서 파악할 수 있다.

03 베버가 말하는 이해는 '행위자가 주관적으로 자기의 행위에 부여한 의미'를 뜻한다. 그러므로 특정 행위가 객관적으로 어떤 의미를 갖는가는 중요하지 않다. 즉, 사회학은 행위자가 자신의 행위에 주관적으로 부여한 의미를 찾아내고, 이를 이해해야 한다.

---

01 사회학의 대표적인 연구 방법이 <u>아닌</u> 것은?

① 과학적 관찰
② 이론적 설명
③ 직관적 사유
④ 체험적 이해

02 행위자와의 공통 경험을 바탕으로 행위의 동기 구조를 파악할 수 있다고 보는 베버의 연구 방법은 무엇인가?

① 체험적 방법
② 관찰법
③ 이해적 방법
④ 객관적 연구 방법

03 다음 내용에서 괄호 안에 들어갈 가장 적절한 말은 무엇인가?

> 베버가 말하는 '이해'는 행위자가 (   ) 자기의 행위에 부여한 의미를 뜻한다.

① 타자로부터
② 객관적으로
③ 주관적으로
④ 직관적으로

정답 (01 ③ 02 ③ 03 ③)

04 다음 중 베버와 가장 관련 **없는** 것은?

① 이념형
② 협동
③ 이해사회학
④ 프로테스탄트 윤리와 자본주의 정신

05 베버가 제시한 사회 조사의 한 방법인 '이념형'에 대한 설명으로 **옳지 않은** 것은?

① 이념형은 실재적인 것으로 인식 목적을 위해 구성된 논리적 구성물이다.
② 사회학을 인간의 사회적 행위를 이해·해석하여 행위의 원인과 결과를 밝히고, 인과관계를 설명하는 과학이라 정의하였다.
③ 사회적 행위를 분석하기 위해서는 일반개념의 틀이 필요한데, 이것이 바로 이념형이다.
④ 현실적으로는 존재할 수 없는 성질의 것으로, 특정의 인간 행위가 오류나 감정에 의해서 흐트러지지 않고 합리적인 것을 지향할 때 어떤 경로를 밟는지를 기술하는 것이다.

06 근대 이후 인간 이성(합리성)의 발달은 모든 절대적인 가치를 상대화시키려고 한다. 베버가 말한 이 현상은 무엇인가?

① 근대성(Modernity)
② 각성(Disenchantment)
③ 합리성(Rationalization)
④ 폭로(Debunking)

---

04 베버는 '관료제 7대 원칙'을 내세웠는데 '분업, 명령 체계, 공개 채용, 임명직 관료 채용, 경력별 고정급, 사용자와 직원 구분, 제도에 의한 통제' 등이 그것이다. 또한 베버는 사회학적 분석의 단위를 개인의 행위에 두었으며 '이해사회학, 프로테스탄트 윤리와 자본주의, 이념형'으로 설명하였다.

05 이념형은 실재적인 것이 아니라 인식 목적을 위해 구성된 논리적 구성물이며, 경험적 사실을 비교·측정하는 순기술적 보조 수단이다.

06 근대화와 민주화를 병행 추진하자는 주장은 거의 절대화된 근대화 가치 및 그것에 기초한 각종 정책과 제도를 상대화하는 것으로 인식되었다. 상대화는 베버가 말한 '마술로부터의 깨어남', 즉 '각성'과 일맥상통한다.

정답 04 ② 05 ① 06 ②

07 변증법적 유물론의 관점에서 인류 역사의 단계적 발전 과정을 설명한 사람은 마르크스이다.
②·③·④는 베버와 관련 있다.

07 다음 중 관련이 가장 <u>적은</u> 것은?

① 변증법적 유물론
② 이해적 방법
③ 인간의 사회적 행위
④ 프로테스탄트 윤리와 자본주의 정신

08 심리학은 주로 개인에 중점을 두고, 사회학은 개인보다는 상호작용하는 복수의 개인들에게 중점을 둔다.

08 사회학과 심리학의 관계에 대한 설명으로 옳지 <u>않은</u> 것은?

① 심리학은 사회학적 연구 성과를 요구하며, 사회학과 상호 보완적이다.
② 사회학은 주로 개인에 중점을 두고, 심리학은 개인보다는 상호작용하는 복수의 개인들에게 중점을 둔다.
③ 사회학의 사회 심리학에서는 개인의 인성 특성들이 사회 과정에 어떻게 영향을 미치는지에 주안점을 두어 주된 초점이 사회에 있다.
④ 심리학은 개인의 동기, 지각, 태도, 학습, 정서 등에 대한 연구인데 개인의 지각 같은 심리적 현상은 사회문화적 환경에서 자유로울 수 없다.

09 짐멜(G. Simmel)은 인간 상호작용과 사회 관계의 기본 유형, 그 형식만을 다루는 학문이 바로 사회학이라고 정의함으로써, 사회학의 고유한 연구 대상이 있음을 주장하였다.

09 '사회학은 정치와 경제가 갈등 관계인가, 아니면 유착 관계인가 등의 상호작용 형식을 연구하는 학문'이라고 주장한 학자는 누구인가?

① 뒤르켐(E. Durkheim)
② 콩트(A. Comte)
③ 짐멜(G. Simmel)
④ 코저(L. Coser)

정답 07 ① 08 ② 09 ③

10 다음 중 짐멜의 형식 사회학에 대한 설명으로 옳지 <u>않은</u> 것은?

① 사회학의 기초 범주로 상호작용의 형식이라는 범주를 말하였다.

② 사회학이라는 새로운 학문 분과는 상호작용의 기본적·일반적인 형식의 탐구라는 주제만을 유일하게 다루어야 한다고 보았다.

③ 종합적인 과학으로서의 사회학이라는 콩트의 생각을 비판하면서 사회학 역시 개별적이고 전문적인 고유 영역을 갖고 있어야 한다고 주장하였다.

④ 사회학이 다루어야 할 정당한 대상은 인간 사회 현상 전반이라고 주장하였다.

10 짐멜은 사회학의 고유 영역이 바로 '사회와 개인의 관계'이며 사회란 구성원들 간의 상호작용으로 이루어진 객관적 통합체로, 다양한 역사적 시기와 문화적 환경 속에서 이러한 상호작용들의 형식을 연구하는 것이 사회학의 임무라고 생각하였다. 곧 사회학이 다루어야 할 정당한 대상은 인간 사회 현상 전반이 아니라, 인간 상호작용의 특수한 형식들과 그 집단적 특성들을 묘사하고 분석하는 데 있다는 것이다.

11 다음 중 귀납법에 대한 설명으로 <u>틀린</u> 것은?

① 개별적인 사실들로부터 이론을 유추해 나가는 논리적 과정이다.

② 일반화된 이론으로 개별적 사실을 설명하는 논리적 과정이다.

③ 기존의 이론이 존재하지 않을 때 활용할 수 있는 방법이다.

④ 관찰이 얼마나 반복되어야 이론이 되는지의 기준이 불명확하다.

11 귀납법은 특수한 사실을 전제로 하여 일반적인 진리 또는 원리로 결론을 내리는 방법을 말한다.

정답 10 ④ 11 ②

12 사회 실재론적 관점은 '전체는 개개 구성원의 합보다 더 크다.'고 본다. 즉, 인간과 사회의 관계에서 사회를 강조하는 견해이다. 사회는 주체로서 인간 밖에 존재하며, 인간은 사회에 종속되므로 사회 질서의 유지를 위해 사회가 인간에게 행사하는 구속성이 정당화된다. 이는 결국 구조 결정론에 이르게 되고, 인간은 사회의 꼭두각시이자 사회라는 거대한 감옥의 수인이 된다는 견해이다.

12 '전체는 개개 구성원의 합(合)보다 크다.'라는 중심 명제를 기본으로 인간과 사회와의 관계를 설명하는 관점은 무엇인가?

① 사회 명목론적 관점
② 사회 실재론적 관점
③ 심리학적 관점
④ 상호작용론적 관점

13 사회 명목론은 '전체는 각 구성원의 합 이외에 아무것도 아니다.'라는 명제로 요약할 수 있다. 즉, 사회는 개인의 목표를 증진시켜 주는 도구에 불과하고 단순히 개인들의 집합체이므로, 개인은 존재하지만 사회는 실제로 존재하지 않는 명분에 불과하다.

13 개개인이 모두 착하면 그 집단과 사회는 자동적으로 착해질 것이라고 보는 관점의 이론은 무엇인가?

① 사회 구성체론
② 사회 명목론
③ 상호작용론
④ 집단이론

14 사회 명목론은 인간과 사회와의 관계에서 사회보다는 개인이 중요하다고 보는 관점으로 개개인이 선(善)이면 그 개인들로 구성된 전체인 사회도 선(善)할 것이고, 개개인이 악(惡)이면 그 사회도 악(惡)하다는 해석이 가능하다.

14 사회 구성원 개개인이 모두 선(善)하면 사회악(惡)이 사라질 것이라고 믿는 관점에 해당하는 것은?

① 사회 명목론
② 사회 실재론
③ 사회 구조론
④ 인간 심성론

정답 12 ② 13 ② 14 ①

15 다음 중 객관적으로 관찰할 수 있는 지표에 의해 개념을 구성하는 것은?

① 조작적(操作的) 정의
② 명명적(命名的) 정의
③ 실재적(實在的) 정의
④ 사실적(事實的) 정의

15 조작적 정의는 사회 조사를 위하여 사물 또는 현상을 객관적이고 경험적으로 기술하기 위한 정의이다.

16 사회 현상 및 그에 대한 탐구의 특징으로 옳지 <u>않은</u> 것은?

① 통제된 실험이 곤란하다.
② 객관성을 유지하기가 곤란하다.
③ 당위(Sollen)의 법칙이 지배한다.
④ 몰가치적이고 보편적인 성질을 지닌다.

16 몰가치적이고 보편적인 성질은 자연 현상에 대한 설명이다. 사회 현상은 가치 함축적이고, 가치 판단적이며 인간이 창조해낸 가치 기준으로 특수성을 지닌다.

17 다음 내용을 사회·문화 현상과 결부시켜 가장 잘 설명한 것은?

> 위대한 민족 문화는 그 민족의 역사적 특수성을 잘 반영하면서도 인류의 보편적 가치를 지니고 있다.

① 사회마다 역사적·문화적 배경이 다르다.
② 인간의 사고 방식과 행동 방식은 다르게 나타난다.
③ 문화의 보편성과 특수성의 관계는 상호보완적이다.
④ 인류가 공통적으로 원하는 이상이나 목표 등에 있어 보편적 가치가 있다.

17 사회 현상은 시간과 공간의 특수성을 가지고 있지만, 인류의 이상이나 목표에는 보편적인 가치를 지닌다.

정답 15 ① 16 ④ 17 ③

18 호만스의 기본적 명제는 다음과 같다.
- 성공 명제 : 어떤 행위를 보상할수록, 그 행위는 반복된다.
- 자극 명제 : 지난날 특정한 자극이 행위의 보상을 가져다 주었다면, 지금의 자극이 그 자극과 비슷할수록 비슷한 행위가 일어날 가능성이 크다.
- 이 외에도 가치 명제, 박탈 및 만족의 명제, 좌절과 공격의 명제 등이 있다.

18 다음 중 인간의 사회적 행위를 설명하기 위해서 호만스가 제시한 명제가 <u>아닌</u> 것은?

① 성공 명제
② 자극 명제
③ 좌절과 공격 명제
④ 상황 명제

19 구조화된 서베이는 양적 접근 방법이다. 서베이는 구조화 또는 반구조화된 질문지를 사용하여 우편, 메일, 면접 조사를 통해 계획적·체계적으로 자료를 수집하는 방법이다.

19 다음 자료 수집 방법 중 지역 사회의 정보를 위해 사용하는 질적 접근 방법으로 볼 수 <u>없는</u> 것은?

① 비공식적 인터뷰
② 사회 지표 분석
③ 공식적 인터뷰
④ 구조화된 서베이

20 민감한 질문에 대한 응답은 면접법보다 질문지법으로 받는 것이 더 쉽다.

20 다음과 같이 면접법과 질문지법을 비교한 내용 중 <u>잘못된</u> 것은?[(+) 유리한 요소, (−) 불리한 요소]

	구분	면접법	질문지법
①	회수율	높음(+)	낮음(−)
②	표본의 편견	적음(+)	많음(−)
③	인원, 시간, 비용 부담	큼(−)	적음(+)
④	민감한 질문에 대한 응답	쉬움(+)	어려움(−)

정답 (18 ④   19 ④   20 ④)

21 다음 중 사회학 이론의 특징에 대한 설명으로 옳지 <u>않은</u> 것은?

① 논리적 일관성이 있어야 한다.

② 검증 가능하고 응용적인 실효성이 있어야 한다.

③ 단편적인 지식이 중요하며 체계성이 있어야 한다.

④ 누구나 부정하기 어려운 사실에 대한 진술이어야 한다.

21 사회학 이론은 단편적인 지식으로가 아니라 논리적 연관성을 가지고 체계성을 갖춰야 하며, 객관성과 일관성을 갖고 검증 가능하고 응용적인 실효성이 있는 타당성을 바탕으로 일반화된 명제에 근거하여야 한다.

22 '편부모가정에서 자란 아이는 폭행을 범할 수도 있고, 범하지 않을 수도 있다. 그러나 양친부모가정에서 자란 아이는 절대로 폭행을 하지 않는다.'라고 할 때, 편부모가정과 폭행 사이의 인과관계에 대한 설명이 옳은 것은?

① 편부모가정은 폭행의 충분조건이 된다.

② 편부모가정은 폭행의 필요조건이다.

③ 편부모가정은 폭행의 필요충분조건이다.

④ 편부모가정과 폭행 사이에는 아무런 관계가 없다.

22 필요조건이 되는 경우는 다음과 같다.
- 만일 X가 일어나면, Y는 일어날 수도 있고 안 일어날 수도 있다.
- 그러나 X가 일어나지 않으면, Y는 절대로 일어나지 않는다.

※ X → Y or not Y, not X → not Y

23 다음 중 추체험(追體驗)의 연구 방법을 설명한 내용으로 가장 옳은 것은?

① 체험의 추상성을 폭로하는 방법이다.

② 증명할 필요가 없을 정도로 확실한 명제일지라도 다시 체험적 명제로 바꾸어야 한다는 연구방법이다.

③ 3단 논법적 논리적 도출의 한 방법이다.

④ 연구자가 피연구자의 자리에 서서 피연구자의 체험을 경험하려는 연구방법이다.

23 추체험 방법은 연구자가 피연구자의 자리에 서서 피연구자의 체험을 경험하려는 방법이다.

정답 21 ③ 22 ② 23 ④

24 표본 조사는 통계학적인 원리에 의해서 표본을 추출하여 전체를 추리하려는 모든 조사를 말하며, 전수 조사에 비해 집중적으로 탐구하고 또 응답한 내용을 세밀히 검토할 수 있으나, 적절한 표본을 잡기가 어렵고 아주 복잡한 표본 설계를 요하는 조사의 경우 시간이 전수 조사보다 더 걸리고 부정확한 결과를 낳을 위험이 있다.

24 **다음과 같은 장·단점을 갖는 사회학의 연구 방법에 해당하는 것은?**

장점	• 시간과 비용을 절약할 수 있음 • 폭넓게 조사할 수 있음 • 집중적으로 탐구하고 응답한 내용을 세밀히 검토할 수 있음
단점	• 언제 어떤 대상에 대해서나 적용될 수 있는 것이 아님 • 매우 세분하게 대상의 다양한 부분까지 알려고 하는 경우에는 적절하지 않음

① 실험
② 관찰
③ 표본 조사
④ 서베이 조사

25 만하임은 마르크스의 전통과는 달리 인간 의식과 사회의 모든 영역에서 이데올로기가 존재한다는 통찰에서 출발하였으며, 지식 사회학의 이론을 체계화하였다는 평가를 받고 있다.

25 **다음 내용에서 설명하는 사회학 관점에 해당하는 대표 학자는 누구인가?**

• 사회생활에서 불확실하고 모호하게 보이는 모든 것에 대한 의심의 체계화
• 어느 특정한 의식과 사고 체계만이 허위의식이라는 논리는 성립할 수 없으며 단지 상호비판만이 가능하다는 주장
• 모든 관념의 체계가 계급의 기반을 갖고 있으며 계급의 편견에 좌우된다는 이론의 딜레마를 타개하는 방안의 하나로 계급 없는 지식인들의 계층, 즉 사회적으로 독립된 지식 계급의 가능성을 구상하기도 하였음

① 미드
② 쿨리
③ 만하임
④ 프로이트

정답 24 ③ 25 ③

제 3 장

사회학의 이론

지식에 대한 투자가 가장 이윤이 많이 남는 법이다.

– 벤자민 프랭클린 –

제 3 장 | 사회학의 이론

1 사회학의 흐름

(1) 현대 사회학

① **현대** : 보통 제1차 세계 대전(1914~1918)과 1917년의 러시아 혁명 발발을 기점으로 보았다.

② 제2차 세계 대전의 종전과 더불어 사회학 이론도 이데올로기를 배경으로 공산진영과 자유진영으로 구분되었다.

(2) 사회학의 접근 방법

합의론적 접근(합의론, 체계론, 사회체계론, 구조 기능주의, 균형론), 갈등론적 접근(급진적 사회학, 교환이론), 상호작용론적 접근(상징적 상호작용론, 민속방법론, 연극학적 접근), 비판이론, 역사이론, 지식 사회학적 접근, 제3세계이론 등

2 현대 사회학의 관점

(1) 공산진영

① 마르크스주의를 사회학의 인식론적 기초로 하는 갈등론적 관점이다.

② 정통 마르크스주의를 공식 교리로 사회학의 인식론적 기초로 삼았다.

(2) 자유진영

① 질서지향적이고 보수적인 색채를 기초로 하는 합의론적 관점이다.

② 현대 사회에 새롭게 나타난 양상들을 강조하면서 마르크스주의와 대결하려는 분위기가 팽배하면서 이른바 아카데미 사회학의 주류가 형성되었다.

제2절	현대 사회학의 이론 조류

1 합의론

(1) 합의론의 개념 기출 24

① **기본 이론**

　　㉠ 사회를 하나의 유기체로 보고, 사회를 형성하고 있는 많은 부분 요소들(개인, 집단, 가족, 학교, 기업체 등) 사이에 의견의 합의가 있다는 것을 가정한다.

　　㉡ 사회는 많은 개인(또는 개체)들로 이루어졌고, 여러 개인들이 한 사회 내에서 질서를 유지하며 살기 위해서는 합의가 있어야 한다.

　　㉢ 파슨스(T. Parsons)는 합의론적 관점의 대표자로, 어떤 공통의 합의기준이 없으면 사회란 성립할 수 없다고 본다.

　　㉣ 사회가 형성되고 그 속에서 여러 개인이 함께 존재한다는 것 자체가 사회 내의 집단 성원들이 공감하는 어떤 공통의 합의가 이루어졌기 때문이라고 본다.

　　㉤ 사회성원들이 공감하는 합의의 기준은 **성원의 다수가 지지하는 방향**에서 형성되고, 그것은 문화에 의해서 외재화된다고 본다. 이렇게 외재화된 일정한 약속이 사회 규범이고, 뒤르켐은 이를 사회적 사실이라고 정의했다.

② **합의론적 경향을 보이는 사회학설** : 사회유기체설, 사회체계이론, 구조 기능주의 등

③ **비판** : 파괴나 무질서를 비정상적인 것으로 보아 사회의 현상 유지를 바란다는 의미에서 보수주의적 가치 전제를 담고 있다는 비판을 받고 있다.

(2) 합의론적 관점의 공통 과정(합의론, 체계론, 사회 체계론, 구조 기능주의, 균형론 등)

① 체계(또는 전체)는 여러 부분 요소들로 구성되어 있다.

② 각 부분 요소들은 각각 맡은바 기능을 담당한다.

③ 각각의 기능을 담당하고 있는 부분 요소들은 상호유기적인 협력 관계를 맺는다.

④ 각 부분 요소들은 전체의 유지와 존속에 기여한다.

⑤ 체계는 언제나 스스로 균형과 조화를 이루려는 경향이 있다(체계의 항상성).

> **［ 더 알아두기 ］**
>
> **합의론과 갈등론적 접근법의 공통점**
> 사람은 개인의 의지적 판단보다는 사회구조적 여건에 의해 행동한다고 본다. 즉, 개인의 행동은 의지보다는 개인 외적인 사회적 환경에 의해 지배를 받는다고 본다.

2 사회 체계론 _{기출} 20

(1) 사회 행위이론

① 모든 사회 현상은 행위자의 자유로운 주관적 의사나 의지에 의하여 선택한 행위에 영향을 받는다는 이론으로, 자의적인 개개인의 행위가 어떻게 사회체계 전반을 설명해 줄 수 있는가를 논한다.

② **사회 행위가 일어나기 위한 기본요소(행위자, 상황, 지향)**

    ㉠ 행위를 하는 개인, 즉 행위자가 있어야 한다.

    ㉡ 행위를 하는 시간적·공간적 상황이 필요하다.

    ㉢ 주어진 상황에서 행위자가 특정 행위를 선택하게 하는 행위자의 지향이 있어야 한다.

③ **사회 행동의 유형 변수** : 행위자는 구체적인 상황에 직면했을 때 여러 가지 행동 유형 중에서 그때의 상황에 맞는 행동 유형 한 가지를 자의적으로 선택해서 행동한다.

> **더 알아두기**
>
> **파슨스의 사회 행동의 유형 변수**
> - 감정적 : 감정 중립성
> - 확산적 : 제한적
> - 특수적 : 보편적
> - 귀속적 : 성취적
> - 집합체 지향적 : 자기 지향적

(2) 사회 체계이론 – 파슨스(Talcott Parsons)

① **기본 이론** _{기출} 23, 22

    ㉠ 사회는 상호의존적인 여러 부분들로 구성되며 각각의 부분이 전체 사회의 균형을 유지하는 경향이 있다고 보았다. 따라서 어느 한 부분의 변화는 연관된 다른 부분들의 변화를 유발하여 균형과 재균형의 순환을 가져온다고 보았다.

    ㉡ 파슨스는 사회 질서가 유지되는 기반이 무엇인가에 관심이 있었다. 사회 변동은 부차적인 관심사로서 변동 자체가 역동적인 균형상태인 것으로 보았다.

② **사회학의 연구 대상** : 사회 체계

    ㉠ 사회 체계란 '복수 행위자의 상호의존적인 행위들이 만들어 내는 하나의 통일적인 전체'이다.

    ㉡ 사회 행위가 일어나려면 최소 두 명의 개인, 즉 복수 행위자가 필요하다(자아와 타자).

③ **AGIL모델** : 파슨스는 『사회체계』라는 저술에서 모든 인간사회가 유지되기 위해서는 적어도 네 가지의 기본적인 기능이 필수적으로 요구된다고 주장하였는데, 이것이 '사회 체계의 기능적 필수요건'을 정리한 그의 AGIL모델이다.

    ㉠ 적응의 기능(A = Adaptation) : 사회체계는 변하는 외부환경에 적응할 수 있어야 한다. 사회에서는 경제 제도가 이 기능을 수행한다.

      ⓛ 목적 달성의 기능(G = Goal attainment) : 체계가 계속 존속하기 위해서는 체계가 존재하는 목적을 달성해야 한다. 사회에서는 **정치 제도가 이 기능을 담당**한다.

      ⓒ 통합의 기능(I = Integration) : 체계는 여러 부분들로 구성되어 있기 때문에 체계 내의 각 단위들을 조정·통합하는 기능이 필요하다. 사회에서는 **법·관습 등이 이 기능을 수행**한다.

      ⓔ 잠재성의 기능(L = Latency) : 체계의 유형 유지와 체계 내에서 일어나는 긴장을 처리할 수 있어야 한다. 사회에서 일어나는 긴장은 문화, 오락, 종교 등이 완화시키는 기능을 수행하고, 체계의 유형 유지를 위해서는 특히 문화, 종교가 이 기능을 담당한다.

   ④ **비판** : 파슨스의 체계이론은 점진적으로 일어나는 사회 변동 과정을 잘 설명해 주는 장점이 있지만, 현실 유지에 관심이 큰 보수적인 이론으로, 급격한 사회 변동(혁명, 전쟁 등)을 설명하는 데는 부적절한 면이 있다.

3 갈등론 [기출] 23

(1) 갈등론의 기본 이론

   ① 보수적인 성향의 기능론과 달리 급진적 성향의 이론으로, 사회 질서보다는 **사회 변동에 관점**을 둔다.

   ② 사회 질서가 사회성원들의 합의에 의해서 유지된다고 보는 기능론자들과 달리 갈등론자들은 사회 질서는 권력에 의해서 유지되고, 계급적 가치나 이해관계의 반영 또는 이익추구의 수단이라고 본다.

   ③ 한 사회 안에서 어떤 **문제가 발생한 것은 사회가 변화해 가기 위한 지극히 정상적이고도 필연적인 계기**로 본다.

   ④ 힘있는 자의 힘 없는 자에 대한 강제력이 항상 존재하고, 동시에 이 **강제력 때문에 사회는 갈등**한다.

   ⑤ 갈등론자들은 사회적으로 공유된 가치나 종속 감정을 인정하지 않으며, 오늘의 사회적 현실을 계급 투쟁의 역학관계에서 만들어진 것이라고 주장한다.

   ⑥ 갈등이 사회의 항구적인 속성이며, 갈등없는 사회란 하나의 유토피아상에 불과하다고 본다.

(2) 갈등론의 기본 가정

마르크스(Marx)의 전통을 이어받은 이 이론은 사람들이 추구하는 부, 위세, 권력 등은 희소하기 때문에 이들을 획득 또는 유지하기 위해서는 불가피하게 갈등이 일어남을 기본적 가정으로 하고 있다.

   ① 사회는 두(여러) 부분 요소로 구성되어 있다(고전 갈등론에서는 두 부분으로 구성되어 있다고 하나, 현대의 갈등론에서는 두 부분 이상의 여러 상충되는 이해 집단들로 구성되어 있다고 본다).

   ② 사회의 각 부분요소들은 자기의 이익을 추구하므로 **사회는 언제나 서로 상충되는 이익을 추구하는 이익집단들이 존재**한다.

   ③ 상반된 이익집단들은 언제나 갈등 관계에 있으므로 모든 사회는 항상 갈등이 존재한다(갈등의 편재성).

   ④ 사회의 부분 요소들은 **사회의 와해와 변동에 기여**한다.

   ⑤ 모든 사회는 시시각각으로 변동한다(변동의 편재성).

⑥ 사회가 유지되고 질서 있는 것처럼 보이는 것은 사회의 힘 있는 일부 성원들의 힘없는 다수의 성원들에 대한 강제력 때문이다.

(3) 마르크스와 다렌도르프의 갈등 원인

① 마르크스는 인류의 역사를 투쟁, 그것도 계급 투쟁의 역사로 본다. 즉, 생산 수단을 소유한 계급과 생산 수단이 없이 노동만으로 생활하는 계급과의 투쟁의 역사인 것이다.

② 마르크스는 생산 수단의 소유 여부에 따라 계급을 유산자 계급과 무산자 계급으로 나누었고, 유산자 계급과 무산자 계급의 갈등이 모든 사회에 존재한다고 보았다.

③ 다렌도르프는 사회를 비롯해 모든 조직 내에는 상명하복의 위계 관계로 짜인 권위구조가 존재한다고 보고, 권위가 있는 지배자 집단과 권위가 없는 피지배자 집단이 있으며, 이들은 언제나 지배자 집단이 되고자 갈등한다고 보았다.

④ 마르크스는 갈등의 원인을 경제적인 것에서 찾지만, 다렌도르프는 정치적인 것에서 찾는다.

구분	계급 구분의 원천	가진 자	안 가진 자
마르크스(K. Marx)	생산 수단의 소유 여부	유산자 계급(Bourgeoisie)	무산자 계급(Proletariat)
다렌도르프 (R. Dahrendorf)	상명하복의 권위 구조	지배 계급	피지배 계급

(4) 코저의 갈등 집단의 긍정적 기능

코저(L. Coser)는 갈등 관계가 반드시 역기능적인 측면만을 가지고 있는 것이 아니라, 여러 가지 긍정적인 기능도 수행한다고 본다. 즉, 갈등이 분열이나 해체만을 가져오는 것이 아니라 집단의 결속력을 강화하고 기존 사회 체계에 대한 비판을 가능하게 함으로써 사회의 변동과 안정 양면에 적극 기여한다고 보며, 갈등의 기능을 강조한다.

① **집단 결속의 기능** : 다른 집단과 갈등 관계에 있는 집단성원들은 '우리'라는 의식을 갖고 자기 집단을 유지하려는 응집력을 강화시킨다.

② **집단 보존의 기능** : 갈등을 통하여 적의와 분노를 발산시킴으로써 사회성원들의 긴장을 해소하고, 기존 사회 체계의 유지에 도움을 준다.

③ **집단 구조의 결정** : 외집단에서 오는 갈등적인 압력은 그것에 대처할 수 있는 강도의 집단 규범과 구조 및 조직을 재정비하는 기회를 가지게 한다.

④ **이데올로기의 창출** : 성원들에게 갈등 상황의 정당성을 믿게 하고 타 집단과의 투쟁의식을 고취시키기 위해 새로운 이데올로기를 창출해 낸다.

⑤ **세력 균형의 창출** : 타 집단과의 객관적인 힘의 비교는 자기 집단 내의 새로운 세력 균형을 창출하는 계기를 마련해 준다.

⑥ **집단 동맹의 확대** : 갈등 과정에서 자기를 방어하고 타 집단을 약화시키기 위해서 제3자와 제휴 및 동맹 관계를 맺는다.

> **더 알아두기**
>
> **급진 사회학**
> - 약자 편에 서서 기존 체제를 근본적으로 변화시켜야 불평등의 구조가 해소된다는 이론
> - 급진 사회학자들이 사회 현상을 보는 관점은 근원적으로 마르크스주의적이라고 할 수 있지만, 시대의 변화로 인해 마르크스주의를 재해석하는 새로운 학파도 형성
> - 계급 간의 대립과 갈등이 사회 구조의 핵심을 이룬다고 봄
> - 인간은 원래 조화로운 공존을 원하는 천성이 있으나, 불평등한 사회 체제(억압, 착취)는 그 발현을 저지하고 사람들을 홉스적인 의미에서의 동물적 존재로 만들어 버린다고 봄(사회 병리, 일탈 행위, 범죄, 알코올 중독)

4 상호작용론과 상징적 상호작용론

(1) 상호작용론

① 인간의 상호작용은 일찍이 짐멜의 형식 사회학에서부터 사회학자들의 관심의 대상이었다.

② **이론적 특징**

ㄱ 상호작용론은 미시적인 관점에서 일상생활에서 일어나는 **사람들 간의 상호작용에 초점**을 갖는다.

ㄴ 상호작용론은 하나의 통합된 이론이기보다는 여러 이론, 즉 교환이론, 상징적 상호작용론, 현상학적 이론, 민속방법론 등을 통칭하는 용어이다.

ㄷ 상호작용론은 여러 갈래로 구분되지만, 사람들 간에 이루어지는 미시적인 상호작용의 본질이 무엇인가를 밝히면서 집단과 사회의 질서 및 변동의 본질을 탐색한다는 점에서는 공통점을 갖는다.

③ 가장 대표적인 상호작용론은 **상징적 상호작용론과 교환이론**이다.

(2) 상징적 상호작용론 [기출] 24, 22

① **창시자** : 미국의 사회학자 미드(G. H. Mead)와 쿨리(C. H. Cooley)이다.

② **상징적 상호작용론의 특징**

ㄱ 개인을 활동적·창조적인 주체로 본다.

ㄴ 상징, 즉 언어나 제스처를 통해 의미를 교환하고 그 속에서 서로의 생각, 기대, 행동을 조정해 가는 미시적인 사회 과정에 초점을 맞추는 이론이다. → 미드, 블루머 등의 시카고학파

ㄷ 주어진 상황과 자신 및 자신과 상호작용 관계에 있는 사람들의 행위에 어떠한 의미를 부여하는가를 이해하는 것이 선행되어야 한다고 주장한다.

ㄹ 개인의 자아의식 형성은 사회에서의 상호작용의 결과이며, 각 개인은 일상생활의 다양한 상황에서 접하는 타인의 눈을 통하여 자신을 알게 된다.

ㅁ 우리는 타인과의 상호작용을 통하여 의미를 이해하고, 사회적으로 주어진 의미를 중심으로 우리의 생활을 조직한다.

ⓑ 사회관계는 상호작용 관계에 있는 쌍방이 각각 자신의 행동에 대하여 상대방이 어떻게 대응할 것인가를 예언하고, 상호 용납할 수 있는 방법으로 상대방을 정의하여, 쌍방이 수용할 수 있는 행동의 한계를 설정해 준다.

ⓢ 사회 현상을 이해하는 데 있어 구조적 결정론이나 심리학적 환원론 모두를 배격하고, 자아 성찰적인 의식과 사회 간의 역동적인 작용·반작용을 중요시한다.

ⓞ 타인과의 상호작용 상황에서 기계적으로 반응하는 것이 아니라 인간의 자율적·창조적 능력을 매우 강조하고 있다.

ⓩ 연구 방법에 있어서도 생동하는 경험 세계의 유동성을 손상하지 않는 직접적인 참여관찰, 개별 사례 연구, 사문서 분석 등의 방법을 중요시한다.

ⓩ 소규모의 사회적 현상에 과도하게 집중한다는 비판을 받기 쉽다.

5 교환이론과 급진 사회학

(1) 교환이론 기출 22, 20

① 교환이론은 개인 행위에 초점을 맞추는 미시적 접근법에서 출발하였으나, 점차 그 설명 원리를 거시적인 사회 조직과 사회 구조로 확장시킨 독특한 이론으로, **행동주의 심리학의 영향을 받아 호만스 (G. Homans)가 수립했다.**

② 인간의 사회 행위를 서로 주고받는 교환 행위로 규정하고 **모든 인간은 기본적으로 이윤을 추구하는 존재라는 전제에서 출발한다.**

③ 인간의 상호작용은 단순한 교섭 행위가 아니라, 결과적으로 얻어지는 손익을 계산하여 상호작용에서 얻어지는 보상이 상호작용에 투입한 시간이나 에너지와 같은 비용을 초과하거나 균형을 이룰 때 가능하다.

④ 자신의 이익을 추구하려는 동기를 가진 인간은 이와 같은 보상 욕구를 충족하기 위하여 타인과 상호 작용을 한다고 본다.

⑤ 호만스는 주로 개인 대 개인 사이에서 일어나는 상호작용의 유형을 형식화하려 했다.

⑥ 블라우(P. Blau)는 교환이론을 개인과 개인 간의 관계만이 아니라, 개인과 집단, 집단과 집단, 집단과 국가, 국가와 국가, 나아가 세계 질서의 권력 구조에도 적용할 수 있는 거시적인 이론의 정립을 시도하였다.

(2) 급진 사회학

① 급진 사회학은 사회의 약자 편에 서서 기존 체제를 근본적으로 변화시키지 않는 한 불평등 구조는 해소될 수 없다고 보는 입장이다.

② 급진 사회학자들을 계급 간의 대립과 갈등이 사회 구조의 핵심을 이룬다고 본다.

③ 인간은 원래 조화로운 공존을 원하는 천성을 가지고 있으나, 억압과 착취의 불평등한 사회 체제는 그 발현을 저지하고 사람들을 홉스적인 의미의 동물적 존재로 만들어 버린다고 본다(사회 병리, 일탈 행위, 범죄, 알코올 중독 등).

④ 급진 사회학자들이 사회 현상을 보는 시각은 근원적으로 마르크스주의적이라고 할 수 있으나, 시대의 변화에 따라 마르크스주의를 재해석하는 새로운 학파도 형성되고 있다.

제3절 가치중립의 문제

1 베버의 가치중립성

(1) 사실판단과 가치판단

① **사실판단** : 사실을 있는 그대로 표현하는 것으로, '나팔꽃은 나팔꽃이다.'와 같이 사실 확인을 통해서 객관적인 진위의 판단이 가능하다.

② **가치판단** 기출 23 : 사람의 가치관이 개입되는 판단으로, 주로 진, 선, 미 따위의 가치 일반의 문제와 관련되기 때문에 객관적인 진위의 판별이 쉽지 않다. 예를 들어 '나팔꽃은 예쁘다.'가 이에 속하는데 가치판단은 사람마다 다르므로 똑같은 현상에 대하여 여러 가지 판단이 가능하기 때문이다.

③ **가치판단의 우선순위**

㉠ 기본적 가치 > 파생적 가치

㉡ 보편적 가치 > 특수한 가치

㉢ 사회적 가치 > 개인적 가치

(2) 가치중립성의 개념 기출 24

① **베버의 가치중립성**

㉠ 베버가 주장한 것으로, 사회과학자는 개인적인 가치관이나 사상을 자신의 연구 과정과 결과에 개입시켜서는 안 된다고 하는 **방법론적 태도**를 뜻한다.

㉡ 가치중립성(몰가치성)은 사회과학으로부터 실천적·윤리적 가치를 배제해야 한다는 사회과학 방법론상의 이론으로, 가치개입 또는 가치판단과 상반되는 용어이다.

㉢ 베버의 가치중립은 실천을 포기하고 과학을 위한 과학에 치중한 것이 아니고, 과학이 사회 현실의 개조에 객관적·실천적으로 참여할 수 있게 하는 주장이다.

ㄹ 베버는 자연과학과 사회과학의 연구 방법론적 특징을 설명하면서 이를 체계화한 사회과학 방법론의 가장 중요한 특징으로 지적하였다.

ㅁ 베버는 저서인 『사회과학방법론』에서 사회과학적 탐구 행위를 '대상의 선택'과 '연구 방법'으로 나누고, 대상의 선택에는 연구자의 가치판단이 필수적으로 일어나지만, 연구 방법에서는 연구자의 가치가 개입되지 말아야 할 것을 주장하였다. 이런 의미에서 **대상의 선택은 '가치개입적'이며, 대상의 연구는 '가치중립적'이다.**

② **사회과학에서의 가치중립성**

ㄱ 가치중립이란 개념은 사회 과학자가 모든 가치판단 행위를 일절 중지해야 한다는 뜻은 아니다.

ㄴ 사회과학의 가치중립성이란 사실을 의미하는 '존재론적 진술(사실의 세계)로부터 가치를 의미하는 당위론적 진술(가치의 세계)을 끌어낼 수 없다.'는 것을 의미한다.

ㄷ 가치중립성 개념은 연구 과정에서 과학자의 자의적 판단의 개입을 과학적인 법칙의 적용을 통하여 최대한 방지할 것을 강조하는 베버의 사회과학의 방법론적 출발점이다. 즉, 사회과학자는 과학적 탐구 과정에서 실증적 정신에 입각해야 한다는 원칙이다.

ㄹ 베버는 '과학자는 연구 대상의 선택 과정에는 연구자의 가치가 개입되지만, 선택한 것을 연구하는 과정에서는 철저히 가치중립을 지켜야 한다.'라고 보았다.

ㅁ 사회과학적 연구에 있어서 가치중립의 문제는, 연구자가 가치를 가져서는 안 된다기보다는 그가 가지고 있는 가치 때문에 사실을 왜곡해서 자료를 수집하거나 해석해서는 안 된다는 것을 의미한다.

ㅂ 가치의 문제는 주로 연구 활동의 과정에서 가치판단과 관련된다. 연구자는 자유롭고 책임성 있는 상호 비판의 과정을 통해서 주관적 가치의 개입을 가능한 한 배제해 나가야 한다.

③ **가치중립의 한계성**

ㄱ 사회과학은 인간을 위한 것이어야 한다.

ㄴ 사회과학은 인간에 의해 연구되고 있다.

2 사회·문화 현상을 탐구하는 자세

(1) 객관적인 태도

사회·문화 현상을 정확히 파악하려면 우선 자기의 주관을 떠나 **객관적 입장**에 서야 하고, 가능한 한 선입관이나 특정 집단의 가치와 관점 및 이해관계가 개입되지 **않도록** 해야 한다.

(2) 개방적인 태도

사회·문화 현상을 바르게 인식하고 이해하기 위해서는 새로운 사실 또는 다른 사람의 주장을 아무런 편견 없이 받아들이는 개방적 자세가 필요하다.

(3) 상대주의적 태도

그 사회가 지닌 역사적·문화적 배경이나 그 사회가 처해 있는 현실적인 여건에 따라 각각 다른 의미로 받아들여지는 것이 일반적이라는 것을 인식해야 한다. 그러므로 각 **사회와 문화의 특수성**을 감안하여 그 사회와 문화를 인식하고 탐구해야 한다.

(4) 조화의 중요성 인식

어느 한쪽으로 치우치지 않고 다양한 상호작용 관계를 인식하고 **조정과 타협**을 통해 갈등을 극복함으로써 **참다운 조화**를 이루는 생활을 하도록 노력해야 한다.

제4절 | 새로운 이론의 도전

1 민속 방법론과 구조주의

(1) 민속 방법론

① 미국의 가핑클(H. Garfinkel)이 대표적인 학자이다.

② 민속 방법론이란 우리가 일상생활에서 당면하게 되는 **타인과의 관계를 규정 짓는 기본 원칙**에 대한 연구방법이다.

③ 현상학적 사회학의 한 분야로 기존 사회학의 바탕을 이루고 있는 **실증주의적 전통에 대한 대안적인 비판으로서의 의미**를 지닌다.

④ 사회 질서란 상호작용의 쌍방이 공통된 의미에 합의함으로써 그들이 당면한 상황을 이해할 수 있게 된 결과이다.

⑤ 사회 질서의 실재성보다는 구체적으로 사람들 사이에서 서로 합의된 것으로 **인정하는 규율(Rule)**을 찾는 데 더 비중을 둔다.

⑥ 사회는 서로 믿게 하는 능력을 가진 사람들로 인해 존재한다. 따라서 사회 안에서 자연스럽게 생길 수 있는 갈등을 최소한으로 줄이기 위하여 이 민속학적 연구 방법의 적용은 매우 중요한 과제로 부각된다.

⑦ 사람들이 사회적 현실의 감각을 유지해 가는 방법과 그 감각에 따른 상호작용의 규칙에 관심을 갖는다.

⑧ 가핑클은 일상적인 상호작용 과정을 고의로 교란시키는 실험을 해봄으로써, 사회적 실재의 감각을 구성하고 유지시켜 감에 있어서는 묵시적 동조의 방법이 매우 중요함을 밝혔다.

⑨ 민속 방법론은 상호작용의 미시적 측면에만 주안점을 둠으로써, 보다 큰 사회 구조 문제는 도외시한다는 비판을 받기도 한다.

(2) 구조주의

① 구조주의의 개요

㉠ 뒤르켐과 모스, 그리고 언어학자 소쉬르 등을 원조로 하는 프랑스의 독특한 지적 전통 위에서 출현한 사상조류다.

㉡ 기능주의와 결합되어 '구조 기능주의'로 불리면서 거시 이론의 한 갈래를 이루었으며, 초기 구조주의는 오히려 미시적 입장이 매우 강하다.

㉢ 그 발전의 추진력이 언어학에 있음에도 불구하고, 기능주의와 같이 뒤르켐의 저술로부터 영향을 받았다.

㉣ 대표적 이론가는 프랑스의 인류학자 레비-스트로스(C. Levi-Strauss)이다.

㉤ 현재 사회·인문·예술·문학 등의 여러 방면에 영향을 끼치고 있는 방법론이다.

㉥ 인간의 주체성과 자유의 문제에 대한 마르크스주의와 실존주의 견해를 비판하고 관계 개념에 주목하였으며, 구조를 형성하는 요소들 간의 동질성이 전제된 '교환'이라는 사고방식을 중시했다. 특히 사회의 구조와 체제, 의미론 등의 재구성을 꾀하고 있다.

> **더 알아두기**
>
> **알튀세**
> 마르크스 사상에 구조주의적 해석을 제시한 프랑스 철학자로 마르크스의 이데올로기에 대한 분석을 심화시켜 '이데올로기적 억압기구로서의 국가'라는 개념을 만들었다.

② 페르디낭드 소쉬르(Ferdinand de Saussure)의 이론

㉠ 스위스 언어학자 페르디낭 드 소쉬르는 구조주의적 사고에서 가장 중요한 초기의 원천이었다.

㉡ 언어는 단어의 '배후에 존재'하면서도, 단어 속에서 지칭되지 않는 문법과 의미의 규칙들로 구성된다.

㉢ 언어의 구조를 분석하는 것은 우리말의 저변에 존재하는 규칙들을 찾는 것이다. 이러한 규칙들의 대부분은 단지 암묵적으로만 우리에게 알려져 있다.

㉣ 소쉬르는 단어의 의미란 그 단어가 말하는 대상이 아니라 언어의 구조로부터 유래된다고 주장한다. 즉, 단어의 의미란 언어의 규칙들이 인식하는 관련 개념들 간의 차이에 의하여 만들어진다는 것이 소쉬르의 주장이다.

③ 레비-스트로스(C. Levi-Strauss)의 이론

㉠ 무질서해 보이는 사회·문화현상 속에서 일정한 질서를 찾아내는 구조주의의 선구자이며, 문화 사이의 우열을 인정하는 문화 상대주의의 선구자이다.

㉡ 사물과 감정을 그 성질에 따라 이분법적으로 대조·대립시켰으며, 자아와 타자를 구별하는 이분법적 분류가 인간 심성의 기본 구조임을 밝혔다.

㉢ 레비-스트로스는 인간이 '자연'으로부터 '문명'으로 이행하는 한계적 영역 바로 그 가운데서 인간 생활의 보편적 원리를 찾아냄으로써, 서구적 이성의 우월성을 공공연히 내세우는 풍조에 대해 반성의 계기를 제공했다.

④ **구조주의에 대한 비판**

　㉠ 미시적 관점의 초기 구조주의는 사회학에서 일반적인 이론적 틀로서는 한계(약점)가 있다.

　㉡ 구조주의는 너무 정태적이고 비역사적이며, 관념론적이라는 비판을 받았다.

　㉢ 구조주의는 의사소통과 문화를 탐색하는 데는 유용하지만, 경제 활동·정치 활동과 같은 사회생활이 보다 거시적이고 실제적인 문제에 적용하기에는 어려움이 따른다.

　㉣ 구조주의에 대한 비판으로 등장하고 있는 후기 구조주의는 구조주의에서 거의 무시되었던 종교와 역사의 역할을 다시 중시하고 구조를 인정할 때에도 그것을 구성하는 요소가 서로 이질적이고 또한 서로 겹침으로써 중층적인 구조를 형성하게 된다고 주장했다.

　㉤ 후기 구조주의와 포스트모더니즘은 깊이 연관되어 있지만, 일반적으로 후기 구조주의는 사상의 영역, 포스트모더니즘은 문화예술 영역에서의 움직임을 가리킨다.

2 비판 이론, 실존 사회학, 사회학의 사회학

(1) 비판 이론

① 독일의 프랑크푸르트 학파가 견지하고 있는 이론적 입장으로 호르크하이머(M. Horkhei mer), 아도르노(T. W. Adorno), 마르쿠제(H. Marcuse) 등이 대표적인 학자이다.

② 근대적 전통 이론과 물상화된 현실을 근본적으로 거부하는 새로운 시각에 관심을 갖고 나아가 기성 이론을 비판적으로 재구성했다.

③ '비판'은 원래 전통적 이론에 대한 비판의 의미로부터 출발하였으나, 차츰 현대의 사회생활 및 지적 생활의 광범위한 부분에 대한 비판이라는 의미로 발전해 갔다.

④ 비판 이론에서 비판의 원점은 인간 주체이며, 과학적 정밀성을 추구하는 실증주의적 특징을 지닌다.

⑤ 경제 결정론적, 기계론적 경향을 맹렬히 비판하고 문화의 영역과 실천의 문제에 관심을 집중시키는 점에서는 마르크스주의의 재구성이라 볼 수도 있다.

⑥ 이론이란 '주체의 실천, 목적 설정에서 나오는 인식의 전체적 연관'이다.

(2) 실존 사회학 `기출` 20

① 프랑스의 작가이자 사상가인 사르트르(J. P. Sartre)의 사상적 영향을 받아 근래에 성립된 이론으로서, '현세적으로 이루어지는 모든 형태의 인간 경험'에 초점을 맞추는 접근법이다.

② 현상학의 미시적 관점과 마르크스주의의 거시적 관점을 변증법적으로 통합하려는 시도에서 출발하였다.

③ 사람은 사회적으로 구속받을 수밖에 없다는 사실을 인정하고 그럼에도 불구하고 개인적으로 자유로울 수 있다는 것을 강조한 이론이다.

④ 행위자들이 감정, 정서 등에 관심을 가지는 점에서 '감정의 사회학' 같은 최신 분야를 만들어 내기도 하고, 삶의 정신적·물리적인 차원 사이의 관계도 중요한 연구영역으로 잡고 있다.

(3) 사회학의 사회학(지식 사회학)

① 사회학에 지식 사회학적 방법을 정립시킨 사회학으로, **만하임**이 대표적이다.

② 지식 사회학이란 모든 지식이나 사상은 내용만이 아니라 형식까지도 사회적으로 결정된 것으로 보는 분석 방법이다.

③ 미국의 사회학자 프리드릭스는 이러한 지식 사회학의 방법을 사회학 이론 및 사상에까지 적용시키는 '사회학의 사회학'이란 개념을 도입하였다.

01 합의론적 관점의 공통 가정은 다음
과 같다.
- 체계(또는 전체)는 여러 부분 요소
들로 구성되어 있다.
- 각 부분 요소들은 각각 맡은바 기
능을 담당한다.
- 각각의 기능을 담당하고 있는 부분
요소들은 상호 유기적인 협력 관계
를 맺는다.
- 각 부분들은 전체의 유지와 존속에
기여한다.
- 체계는 언제나 스스로 균형과 조화
를 이루려는 경향이 있다.

01 부분과 전체와의 관계에서 각 부분들은 전체의 유지와 존속에 기여한다고 보는 관점에 해당하는 것은?

① 합의론적 관점
② 사회 명목론적 관점
③ 갈등론적 관점
④ 사회 구성체론의 기본 관점

02 경계는 체계의 외부와 내부 또는 한
체계와 다른 체계를 구분 짓는 구획,
선 혹은 침투성을 지닌 테두리로, 경
계선은 체계 내부로의 에너지 흐름과
외부로의 에너지 유출을 규제한다.

02 다음 중 사회 체계적 관점의 주요 개념으로 적절한 것은?

① 적소는 부분인 동시에 전체적 총체이다.
② 경계는 체계의 정체성을 유지하기 위해 필요하다.
③ 건강은 긍정적이거나 부정적인 가치를 부여한다.
④ 피드백은 서로 다른 체계들이 접촉하거나 의사소통하는 과정이다.

03 합의론적 관점의 대표적인 학자는
파슨스(T. Parsons)이다. 그의 이론
은 사회 행위이론과 사회 체계이론
으로 구성되어 있다.

03 현대 사회학에서 합의론적 관점의 대표적인 학자는 누구인가?

① 파슨스(T. Parsons)
② 코저(L. Coser)
③ 다렌도르프(R. Dahrendorf)
④ 피아제(J. Piaget)

정답 (01 ① 02 ② 03 ①)

04 파슨스의 사회 체계론과 관련하여 정치 제도의 기능에 해당하는 것은?

① 적응의 기능
② 목적 달성의 기능
③ 통합의 기능
④ 긴장 관리의 기능

05 복수 행위자의 상호의존적인 행위들이 만들어 내는 하나의 통일적인 전체를 지칭하는 용어는 무엇인가?

① 사회체계
② 행위의 유형변수
③ 사회행위
④ 항상성

06 파슨스의 사회 행위이론에서 사회 행위의 기본요소가 <u>아닌</u> 것은?

① 규범
② 행위자
③ 상황
④ 지향성

---

04 **파슨스의 사회체계 유지의 기능적 요건**
• 목적 달성의 기능 : 정치 제도가 수행한다.
• 적응의 기능 : 경제 제도가 수행한다.
• 통합의 기능 : 법, 관습 등이 수행한다.
• 잠재적 유형 유지와 긴장 관리 기능 : 문화, 오락, 종교 등이 완화시킨다. 가족 제도가 대표적이다.

05 **사회체계**
복수 행위자의 상호의존적인 행위들이 만들어 내는 하나의 통일적인 전체이다. 사회성원들이 공유하는 가치기준은 제도화되고, 나아가 사회구조로 결정된다. 사회체계 유지의 기능적 요건으로는 '적응의 기능, 목적달성의 기능, 통합의 기능, 잠재적 유형 유지와 긴장 관리 기능' 등이 있다.

06 사회 행위의 기본요소는 다음과 같다.
• 행위를 하는 행위자가 있어야 한다.
• 행위를 하는 시간적·공간적 상황이 필요하다.
• 주어진 상황에서 행위자가 특정 행위를 선택하게 하는 행위자의 지향이 있어야 한다.

정답 04 ② 05 ① 06 ①

07 갈등이론의 대표자로 평가받는 코저는 갈등 관계가 반드시 역기능적인 측면만 가지는 것이 아니라고 주장하였다. 그는 갈등이 분열이나 해체만을 가져오는 것이 아니라, 집단의 결속력을 강화하고 기존 사회체계에 대한 비판을 가능하게 함으로써 사회의 변동과 안정 양면에 적극 기여한다고 보며, 갈등의 기능을 강조하였다.

07 갈등이 사회에 분열만을 가져오는 것이 아니라, 사회 비판을 가능하게 하고 사회의 변동과 안정 양면에 기여한다고 본 학자는?

① 마르크스(K. Marx)
② 다렌도르프(R. Dahrendorf)
③ 코저(L. Coser)
④ 파슨스(T. Parsons)

08 사회적 결속이나 행위가 권력관계에 의한 것이며, 따라서 언제나 사회에는 갈등이 상존한다고 보는 입장은 갈등론적 관점이다.

08 다음 중 합의론과 갈등론에 대한 설명으로 옳지 <u>않은</u> 것은?

① 코저(L. Coser)가 제시한 갈등의 긍정적 기능은 '집단 결속 기능, 집단 보존 기능, 집단구조의 결정, 이데올로기의 창출, 세력 균형의 창출, 집단 동맹의 확대' 등이 있다.
② 합의론과 갈등론은 사회를 보는 기본적인 관점을 제공해주는 접근 방법이다.
③ 합의론적 관점은 사회가 그 구성원들의 동의와 합의에 기초한다고 보는 관점이다.
④ 합의론적 입장은 사회에는 갈등이 상존한다고 보는 입장이다.

09 상호작용론이란 개인과 집단이 따로 존재하는 것이 아니라 서로 의존하고, 상호작용하고 있다는 것이다. 즉, 사회는 인간을 떠나 그 존재를 스스로 드러낼 수 없고, 인간 또한 사회를 떠나 존재할 수 없다는 것이다.

09 개인 속에 사회가 있고, 사회 속에서 인간이 제구실을 할 수 있다고 보는 이론에 해당하는 것은?

① 사회 실체론
② 사회 명목론
③ 출현적 속성이론
④ 상호작용론

정답 07 ③ 08 ④ 09 ④

10 '개인 속에 내재하는 사회'의 의미로 옳은 것은?

① 사회 규범의 내면화를 말한다.

② 개인이 역사 변동의 주체라는 뜻이다.

③ 인간은 동물과 달리 자신이 살고 있는 사회에 대한 독특한 문제의식을 가지고 있다는 뜻이다.

④ 사회는 개인의 주머니 속에 들어 있는 것이나 마찬가지라는 뜻을 은유적으로 표현한 말이다.

11 "양심의 가책이란 개인 속에 (   ) 사회 규범의 작용을 뜻한다."라고 할 때 괄호 안에 들어갈 말로 적절한 것은?

① 숨어있는

② 외재화된

③ 내재화된

④ 명문화된

12 사회 규범이 규범으로서 계속 유지 · 존속되기 위해 꼭 필요한 과정에 해당하는 것은?

① 규범의 다양성

② 규범의 세속화

③ 규범의 내면화

④ 규범의 적응력

10 사람이 태어나서 자라는 과정이란 한 마디로 사회가 개인 속으로 들어가는 과정을 말하는데, 이것을 '사회 규범의 내면화'라고 한다.

11 인간 속에 내재하게 된 사회, 개인 속에서 영향력을 발휘하는 사회적 실체를 양심(良心)이라고 한다. 사람다운 사람은 반드시 양심의 가책을 느끼고, 양심의 가책을 느낀다는 말은 곧 사회가 인간 속에 들어와서 작용한다는 말이기도 하다.

12 사회 규범에는 강제성과 규제력도 있으나, 어떠한 사회 규범도 그 집단 성원들 사이에서 타당하고 합리적이라고 인정되지 않으면 오래 지속될 수 없다. 이렇게 타당하고 합리적인 사회 규범이 있는 사회에서 살다 보면 자연스럽게 규범을 준수하게 되는 '규범의 내면화'가 일어나게 된다.

정답 10 ① 11 ③ 12 ③

13 출현적 속성은 개인의 특징에 없는 것이 사회에 나타나는 것(민족혼, 집단심, 애국심)이다.

14 베버는 저서인 『사회과학방법론』에서 사회 과학적 탐구 행위를 '대상의 선택'과 '연구 방법'으로 나누고, 대상의 선택에는 연구자의 가치판단이 필수적으로 일어나지만, 연구 방법에서는 연구자의 가치가 개입되지 말아야 할 것을 주장하였다. 이런 의미에서 대상의 선택은 '가치개입적'이며, 대상의 연구는 '가치중립적'이다.

13 2002 월드컵 때 우리나라 국민이 보여주었던 축구에 대한 관심과 애국심을 나타내는 사회학적 용어는 무엇인가?

① 축구 사랑
② 사회적 속성
③ 출현적 속성
④ 사회화

14 베버가 주장한 가치중립성에 대한 설명으로 옳지 않은 것은?

① 사회 과학자는 개인적인 가치관이나 사상을 자신의 연구 과정과 결과에 개입시켜서는 안 된다고 하는 방법론적 태도를 뜻한다.
② 사회 과학으로부터 실천적·윤리적 가치를 배제해야 한다는 사회 과학 방법론상의 이론으로, 가치의 개입 또는 가치판단과 상반되는 용어이다.
③ 실천을 포기하고 과학을 위한 과학에 치중하기보다 과학이 객관적으로 사회 현실의 개조에 실천적으로 참여할 수 있게 하기 위해서 주장한 것이다.
④ 과학자는 연구 대상의 선택 과정에서 철저히 가치중립을 지켜야 한다고 주장하였다.

15 다음 중 합의론적 경향을 보이는 사회 학설에 해당하지 <u>않는</u> 것은?

① 상호작용론
② 사회 유기체설
③ 사회 체계이론
④ 구조 기능주의

16 다음과 같이 마르크스와 다렌도르프의 견해를 비교한 내용에서 옳은 것은?

구분		마르크스	다렌도르프
①	갈등의 원인	경제적인 이유	정치적인 이유
②	계급 구분의 원천	상명하복의 권위 구조	생산 수단의 소유 여부
③	가진 자	지배 계급	유산자 계급 (Bourgeoisie)
④	안 가진 자	피지배 계급	무산자 계급 (Proletariat)

»»🔎

구분	마르크스	다렌도르프
갈등의 원인	경제적인 이유	정치적인 이유
계급 구분의 원천	생산 수단의 소유 여부	상명하복의 권위 구조
가진 자	유산자 계급 (Bourgeoisie)	지배 계급
안 가진 자	무산자 계급(Proletariat)	피지배 계급

15 합의론은 사회가 형성되고 그 속에서 여러 개인이 함께 존재한다는 것 자체가 사회 내의 집단 성원들이 공감하는 어떤 공통의 합의가 이루어졌기 때문이라 보는 입장으로, 사회 성원들이 공감하는 합의의 기준은 성원의 다수가 지지하는 방향에서 형성되고, 그것은 문화에 의해서 외재화된다고 본다. 합의론적 경향을 보이는 사회 학설에는 사회 유기체설, 사회 체계이론, 구조 기능주의 등이 있다.

16 [문제 하단의 표 참고]

정답 15 ① 16 ①

17 사회·문화 현상을 정확히 파악하려면 우선 객관적인 입장에서 선입관이나 특정 집단의 가치와 관점 및 이해 관계가 개입되지 않도록 해야 하며, 새로운 사실이나 다른 사람의 주장을 편견 없이 받아들이는 개방적 자세가 필요하다. 또한 상대주의적 입장을 견지하면서 조정과 타협을 통해 갈등을 극복함으로써 참다운 조화를 이루도록 노력해야 한다.

17 다음 내용에서 설명하는 사회·문화 현상을 탐구하는 자세로 옳은 것은?

> 그 사회가 지닌 역사적·문화적 배경이나 그 사회가 처해 있는 현실적인 여건에 따라 각각 다른 의미로 받아들여지는 것이 일반적이라는 것을 인식해야 한다. 그러므로 각 사회와 문화의 특수성을 감안하여 그 사회와 문화를 인식하고 탐구해야 한다.

① 객관적인 태도
② 개방적인 태도
③ 상대주의적 태도
④ 조화를 중시하는 태도

18 민속 방법론은 상호작용의 미시적 측면에만 주안점을 두어 보다 큰 사회 구조 문제는 도외시한다는 비판을 받기도 하는데, 사회 질서의 실재성보다는 구체적으로 사람들 사이에서 서로 합의된 것으로 인정하는 규율을 찾는 데 비중을 둔 이론이다.

18 다음 내용에서 공통적으로 설명하는 이론은 무엇인가?

> • 미국의 가핑클이 대표적인 학자이다.
> • 우리가 일상생활에서 당면하게 되는 타인과의 관계를 규정짓는 기본 원칙에 대한 연구방법이다.
> • 현상학적 사회학의 한 분야로 기존 사회학의 바탕을 이루고 있는 실증주의적 전통에 대한 대안적인 비판으로서의 의미를 지닌다.

① 구조주의
② 비판 이론
③ 실존 사회학
④ 민속 방법론

정답 17 ③ 18 ④

19 다음 내용과 같은 주장을 한 학자는 누구인가?

> 인간이 '자연'으로부터 '문명'으로 이행하는 한계적 영역 바로 그 가운데서 인간생활의 보편적 원리를 찾아냄으로써 서구적 이성의 우월성을 공공연히 내세우는 풍조에 대해 반성하는 계기를 제공하였다.

① 모스
② 뒤르켐
③ 레비-스트로스
④ 페르디낭 드 소쉬르

20 다음 중 실존 사회학에 대한 설명으로 옳지 <u>않은</u> 것은?

① 호르크하이머, 아도르노, 마르쿠제 등이 대표적인 학자이다.
② 현세적으로 이루어지는 모든 형태의 인간 경험에 초점을 맞추는 접근법이다.
③ 현상학의 미시적 관점과 마르크스주의의 거시적 관점을 변증법적으로 통합하려는 시도에서 출발하였다.
④ 사람은 사회적으로 구속받을 수밖에 없다는 사실을 인정하고 그럼에도 불구하고 개인적으로 자유로울 수 있다는 것을 강조하였다.

정답 19 ③ 20 ①

행운이란 100%의 노력 뒤에 남는 것이다.

- 랭스턴 콜먼 -

제 4 장

사회학의 과제

또 실패했는가? 괜찮다. 다시 실행하라. 그리고 더 나은 실패를 하라!

– 사뮈엘 베케트 –

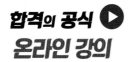

제 **4** 장 │ 사회학의 과제

제1절 사회학 이론의 수준

1 역사이론

(1) 개념

역사주의의 전통에서 유래한 이론으로, 콩트, 마르크스, 스펜서, 베버 등 사회적 현실을 평면적으로 파악하지 않고 역사의 산물로서 파악하려는 경향을 말한다.

(2) 역사이론의 강점

① 과거의 역사와 현실을 비교하여 미래의 전망을 밝힘으로써 단계적인 **역사 발전**을 주장하는데, 그 주장의 힘이 미래의 추진력이 되어 강렬한 발전적 충동을 일으킨다.

② 역사의 법칙을 밝히고 사회의 미래상을 제시함으로써 문제의식을 불러일으켜 **역동적 사회 형성**에 기여한다.

(3) 역사이론의 결점

① 사회 발전을 위한 구체적인 계획이나 경험적 연구에서 얻어질 수 있는 자료를 제시해 주지 못한다.

② 객관적 논리를 무조건 긍정적으로 수용함으로써, 경험적 이해 이전의 이론을 전체로 받아들이기 쉽다(사회 변동 이론, 갈등이론의 기반이 되고 있다).

2 체계이론

(1) 개념

① 인간과 사회에 대한 이론이다.

② 파슨스를 중심으로 한 미국 사회학자들의 경향이며, 독일의 형식 사회학도 그 이론적 바탕에 자리하고 있다. 고도의 일반성을 가진 정태적 분석으로 사회 구조를 파헤친다.

(2) 파슨스의 두 가지 관점

① 의사소통을 가능하게 하는 상징체계의 질서

② 기대의 규범적 측면에 대한 동기 지향의 상호성에 있어서의 질서

(3) 장점

① 다른 사회를 분석할 때 이론적 경제성이 보장된다.

② 사회를 전체적으로 계획할 때 매우 짜임새 있는 이론이 된다.

③ 사회적 평형을 찾기 위한 밑받침이 된다.

(4) 단점

① 역사적·동태적 분석이 힘들다.

② 이데올로기를 문제시하지 않는 이론으로 전락한다.

③ 사회 문제를 본의 아니게 외면하는 인식 방법 자체에 이미 한계를 내포하고 있다.

(5) 한계

일반 체계이론은 그 전체에서 이미 보수성을 띠고 있고, 사회적 갈등과 변혁의 역사적 현실을 외면하였다.

3 실증이론

(1) 개념

① 라자스펠트(Lazarsfeld), 런드버그(Lundberg) 등을 중심으로 하는 경험주의적·실증적 연구방법이다.

② 특수한 문제를 경험적으로 주의 깊게 연구하여 그 결과를 통합함으로써 포괄적인 지식을 구축해 나가는 것이 그들의 연구과정이다.

③ 라자스펠트는 "사회 과학자는 자기가 원하는 자료를 자기 스스로 얻어야 한다."라고 주장했다.

(2) 비판과 평가

① 경험주의적 방법은 오늘날 중대한 사회 문제나 인간적 문제를 등한시한다.

② 긍정적으로 평가한다면, 이론의 발견·수정·보완과 같은 적극적인 기능이 인정되어야 한다.

4 한국 사회학의 발전 과정

(1) 제1기

일본 교육 체계가 남긴 서구 사회학의 전통을 밑받침으로 한 이론 사회학의 도입과 수련기라고 볼 수 있다.

(2) 제2기

미국 사회학이 본격적으로 도입되고, 사실 탐구를 위한 조사방법이 사회학 연구 방법으로 크게 활용되었던 시기이다.

(3) 제3기

미국 사회학의 조사 방법론의 무비판적 추종을 지양하고, 한국적 특색의 사회학이 모색된 단계이다.

더 알아두기

독일 사회학과 미국 사회학

(1) **독일 사회학** : 사회학의 지배적 경향이 시민 사회의 각 단계에 있어서의 역사적·종합적 인식을 목표로 하고 있다.

(2) **미국 사회학** : 구조적 체계의 내면성과 실증적 조사에 역점을 두고 있다.

  ① 만하임의 미국 사회학의 특징

    ㉠ 다수의 전문학자의 공동 연구에 의해서 실적을 올린다.

    ㉡ 추상적 이론에 빠지지 않고, 구체적·실제적 문제의 연구가 항상 결합되어 있다.

    ㉢ 일상생활의 직접적 필요에서 나왔으며, 그 해결을 과제로 하고 있다.

  ② 미국 사회학의 결함

    ㉠ 연구를 개별적인 것으로 분리하였다.

    ㉡ 사회학자에 대한 평가는 조사기술을 처리하는 수완과 실지 조사에 있어서의 기술에 의존한다.

    ㉢ 사회생활의 질적 사실이 간과되고, 필연적으로 그 내용이 공허한 것이 되지 않을 수 없다는 점이다.

제2절   이론과 실천

1 사회학 이론의 역할

(1) 개요

사회학은 사회에 대한 적극적인 문제의식에서 출발했고, 그 연구 대상은 인간과 사회였다.

① **인간** : 일정한 역사적 상황 속에서의 실천적 인간

② **사회** : 인간들의 삶의 장소로서의 환경적 현실을 의미

(2) 사회학의 역할

① 사회학 이론의 기능은 사회 재조직의 확고한 기초를 마련하는 것이다.

② 실증주의 사회학의 역할

㉠ 지성의 이론적 법칙을 실증하는 유일의 합리적 방법을 제공한다.

㉡ 우리 교육 체계의 재조직을 지도한다.

㉢ 여러 가지 종류의 과학의 진보에 기여한다.

2 이론과 실천

(1) 개요

① 이론과 실천이 사회 과학의 입장 속에서 통일을 이룰 수 있어야 한다.

② 과학의 본질적 과제가 진리를 추구함으로써 실천에 기여하는 것이라면, 베버의 가치중립성의 기준은 사회 과학자가 자기의 실천적 의지에 의해 사실을 왜곡하지 않기 위한 윤리, 즉 진리를 탐구하는 과학자적 윤리에 있는 것이다.

③ 미르달(G. Myrdal)은 실천과 이론, 학문과 정책의 진정한 협력을 위해서는 자유로운 학문적인 분위기를 보장하여야 함은 물론, 관련된 광범위한 문제를 두고 최고의 학문적 수준에서 공개적인 토론이 필요함을 지적하였다.

(2) 사회학자의 임무

현대사회가 어떠한 형태를 취하고 있고, 그것이 어떤 과정을 밟고 있는가를 고찰하는 것이다. 면밀히 숙고된 이론을 통해 현실을 변혁하는 과정에 참여해서 현실을 합리적 실재로 만들도록 노력해야 한다.

제3절 **한국 사회학의 과제**

1 한국 사회학의 현실

- 한국 사회는 발전을 지향하고 있으나, 사회학을 전공한 학자는 희소성을 갖는다.
- 건국 직후의 한국적 과제는 민주화였는데, 집권자들은 서구 제도의 모방에만 관심을 두었고 민주화를 위한 사회 문제를 도외시하였다.
- 6 · 25 전쟁 이후 한국을 휩쓴 미국사회학의 압도적인 영향하에 있었다.
- 사회학에 대한 일반인의 오해도 작용한다.

2 사회학의 공헌

- 사회학은 우리나라에서 **행동 과학**을 주도하고 있다.
- 한국 사회학을 휩쓴 가치관의 혼란 문제를 학문적으로 분석하고, 인간의 재사회화 문제를 다루는 데 있어 적극적으로 기여하였다.
- 보다 정책적인 공헌으로, 근대화를 복지 사회화로 유도하는 데 계속적인 노력을 기울였다.

3 앞으로의 과제

- 사회학을 공부하는 사람들이 다루고 있는 사회학 이론들이 과연 우리 사회를 이해 · 설명할 수 있을 만큼 적합한 것이냐의 문제이다.
- 한국의 사회학에는 전략적인 주제가 없다는 점을 인식해야 한다.
- 한국의 사회학자들은 누구를 위해 학문을 하고 있는지에 대해 돌아보아야 한다.
- 한국의 사회학에는 한국 사회를 재개조하고자 하는 의욕이 보이지 않는다.
- 역사와 사상의 빈곤증에 걸려서는 안 된다.
- 사회학은 통합 과학으로서의 역할을 포기해서는 안 된다.

01 역사이론의 단점은 사회 발전을 위한 구체적인 계획이나 경험적 연구에서 얻어질 수 있는 자료를 제시해 주지 못하는 데 있다.

01 다음 중 역사이론에 대한 설명으로 옳지 <u>않은</u> 것은?

① 역사주의의 전통에서 유래한 이론으로 콩트, 마르크스, 스펜서, 베버 등 사회적 현실을 평면적으로 파악하지 않고 역사의 산물로서 파악하려는 경향이다.

② 과거의 역사와 현실을 비교하여 미래 전망을 밝힘으로써 단계적인 역사 발전을 주장하여 그 주장의 힘이 미래에의 추진력이 되어 강렬한 발전적 충동을 일으킨다.

③ 역사의 법칙을 밝히고 사회의 미래상을 제시함으로써 문제의식을 불러일으켜 역동적 사회 형성에 기여하고 있다.

④ 사회 발전을 위한 구체적인 계획이나 경험적 연구에서 얻을 수 있는 자료를 제시해 준다.

02 체계이론은 고도의 일반성을 가진 정태적 분석으로 사회 구조를 파헤친다.

02 다음 중 체계이론에 관한 설명으로 <u>틀린</u> 것은?

① 인간과 사회에 대한 체계이론이다.

② 파슨스를 중심으로 한 미국 사회학자들의 경향이며, 독일의 형식 사회학도 그 이론적 바탕에 자리하고 있다.

③ 고도의 일반성을 가진 동태적 분석으로 사회 구조를 파헤친다.

④ 파슨스는 의사소통을 가능하게 하는 상징체계의 질서에 관점을 두고 있다.

정답 (01 ④ 02 ③)

03 다음 중 체계이론의 단점에 속하는 것은?

① 다른 사회를 분석할 때 이론적 경제성이 보장되지 않는다.
② 사회를 전체적으로 계획할 때 짜임새 있는 이론이 될 수
없다.
③ 사회적 평형을 찾기 위한 밑받침이 될 수 없다.
④ 역사적 파악과 동태적 분석이 힘들다.

>>>◯

[체계이론의 장·단점]

장점	• 다른 사회를 분석할 때 이론적 경제성이 보장된다. • 사회를 전체적으로 계획할 때 매우 짜임새 있는 이론이 된다. • 사회적 평형을 찾기 위한 밑받침이 된다.
단점	• 역사적 파악과 동태적 분석이 힘들다. • 이데올로기를 문제시하지 않는 이론이 되고 만다. • 사회 문제를 본의 아니게 외면하는 인식방법 자체에 이미 한계를 내포하고 있다.

04 다음 중 실증이론에 관한 설명으로 옳지 <u>않은</u> 것은?

① 라자스펠트, 런드버그 등을 중심으로 하는 경험주의적·실
증적 연구 방법이다.
② 특수한 문제를 경험적으로 주의 깊게 연구하여 그 결과를
통합함으로써 포괄적인 지식을 구축해 나가는 것이 그들의
연구 과정이다.
③ 라자스펠트는 '사회 과학자는 자기가 원하는 자료를 자기
스스로 얻어야 한다.'라고 주장하였다.
④ 경험주의적 방법은 오늘날 중대한 사회 문제나 인간적 문제
를 구체적으로 다루고 있다.

03 [문제 하단의 표 참고]

04 실증이론의 경험주의적 방법은 오늘날 중대한 사회 문제나 인간적 문제를 등한시하게 된다. 긍정적으로 평가한다면, 이론의 발견·수정·보완과 같은 적극적인 기능을 하는 점도 인정되어야 한다.

정답 03 ④ 04 ④

05 건국 직후의 한국 사회의 과제는 민주화였으나, 집권자들은 서구 제도의 모방에만 관심을 두었고, 민주화를 위한 사회 문제를 도외시하였다.

05 한국 사회학의 현실에 관한 설명으로 옳지 <u>않은</u> 것은?

① 한국 사회는 발전을 지향하고 있으나, 사회학을 전공한 학자의 희소성을 두고 있다.
② 건국 직후의 한국적 과제는 민주화였다.
③ 집권자들은 서구 제도를 등한시하고 민주화를 위한 사회 개혁을 적극적으로 시도했다.
④ 6·25 전쟁 이후 한국을 휩쓴 미국 사회학의 압도적인 영향 하에 있었다.

06 인간의 재사회화 문제를 다루는 데 있어 적극적인 기여를 해 왔다.

06 사회학의 공헌에 대한 설명으로 옳지 <u>않은</u> 것은?

① 사회학은 우리나라에서 행동 과학을 주도하고 있다.
② 한국 사회학을 휩쓴 가치관의 혼란 문제를 학문적으로 분석했다.
③ 인간의 재사회화 문제를 다루는 데 있어 소극적인 기여를 해왔다.
④ 정책적인 공헌으로는 근대화를 복지 사회화로 유도화하는 데 기여했다는 점이다.

07 사회학 이론의 기능은 사회 재조직의 확고한 기초를 마련하는 것이다.

07 다음 중 사회학 이론의 역할로 옳지 <u>않은</u> 것은?

① 사회학은 발생시부터 사회에 대한 적극적인 문제의식에서 출발하였고, 그 연구 대상은 인간과 사회였다.
② 사회학 이론의 기능은 사회 각 부분의 요소들이 자기의 이익을 추구하는 것이다.
③ 실증주의 사회학의 역할은 지성의 이론적 법칙을 실증하는 유일의 합리적 방법을 제공한다.
④ 우리 교육 체계의 재조직을 지도하고, 여러 가지 종류의 과학의 진보에 기여한다.

정답 05 ③ 06 ③ 07 ②

08 다음 내용과 같은 주장을 한 학자는 누구인가?

> 의사소통을 가능하게 하는 상징체계의 질서와 기대의 규범적 측면에 대한 동기 지향의 상호성에 있어서의 질서가 있다.

① 베버
② 헤겔
③ 파슨스
④ 런드버그

08 파슨스의 체계이론은 미국 사회학자들의 경향이며 독일의 형식 사회학도 그 이론적 바탕에 자리하고 있는데 고도의 일반성을 가진 정태적 분석으로 사회 구조를 파헤친다.

09 한국 사회학의 발전 과정 중에서 미국 사회학이 본격적으로 도입되고, 사실 탐구를 위한 조사 방법이 사회학 연구 방법으로 크게 활용되었던 시기는 언제인가?

① 제1기
② 제2기
③ 제3기
④ 제4기

09 한국의 사회학의 제1기는 일본의 교육 체계가 남겨 준 서구 사회학의 전통을 밑받침으로 한 이론 사회학의 도입과 수련기이다. 제3기는 미국 사회학이 가르쳐 준 조사 방법론의 무비판적 추종을 반성하고, 한국적 특색의 사회학이 모색되는 단계이다.

10 미국 사회학의 특징에 대한 설명으로 옳지 <u>않은</u> 것은?

① 구조적 체계의 내면성과 실증적 조사에 역점을 두고 있다.
② 추상적 이론에 빠지지 않고 구체적·실제적 문제의 연구가 항상 결합되어 있다.
③ 사회학의 지배적 경향이 시민 사회의 각 단계에 있어서의 역사적·종합적 인식을 목표로 하고 있다.
④ 일상생활의 직접적 필요에서 나왔으며, 그 해결을 과제로 하고 있다.

10 ③은 독일 사회학의 특징에 해당한다.

정답 (08 ③ 09 ② 10 ③)

이성으로 비관해도 의지로써 낙관하라!

– 안토니오 그람시 –

제 5 장

문화

할 수 있다고 믿는 사람은 그렇게 되고, 할 수 없다고 믿는 사람도 역시 그렇게 된다.

– 샤를 드골 –

제 **5** 장 | 문화

1 문화의 개념

(1) 문화가 우리 생활에 미치는 영향

① 우리가 생각하고 느끼고, 행동하는 모든 것은 문화의 영향을 받는다.

② 문화는 우리에게 모든 것을 제공하고 가르쳐 주며, 동시에 우리의 모든 것을 규제한다.

③ 문화는 우리가 감정을 표시할 수 있는 방법과 우리의 의사를 남에게 전달할 수 있는 언어라는 매체를 통해서 다른 사람들과의 의사소통이 가능하며, 우리의 사고를 폭넓고 깊게 발전시켜 나갈 수 있다.

④ 의식주, 가치관을 포함한 우리의 행동 양식, 사고방식, 사고의 인지 내용, 세계관 등도 개인에게 문화의 영향을 미친다.

(2) 문화의 개념

① **사회학적 관점에서 문화의 정의** : 문화는 지식과 가치 체계, 즉 한 사회성원의 인지와 표현의 규범이 사회적으로 규준화된 지식 체계이다.

② **문화 인류학적 관점에서 문화의 정의** : 영국의 인류학자 타일러(Edward B. Tylor)는 그의 저서 『원시문화』에서 문화를 인간이 사회의 성원으로서 습득한 지식, 신앙, 예술, 도덕, 법률, 관습 및 기타 사회 구성원으로서의 인간에 의해 획득된 모든 능력과 습관을 포함한 복합적인 총체라고 정의하였다.

③ 문화는 사람이 자연 안에 속한 존재로서 살아가면서 자연에 순응하거나 자연을 활용하고, 때로는 자연을 거스르는 과정 가운데 다른 동물들과 달리 독특한 삶의 유형을 만들어 낸 것을 말한다.

④ 문화는 학습된 행위 유형들과 인식을 말하고, 사회는 상호작용하고 있는 유기체들의 집단을 말한다.

(3) 문화의 산물

① 문화의 산물이란 규준화된 지식 체계에 의해서 느낌이나 감성 또는 생각을 표현한 구체적인 행동이나 물건, 예술 작품, 공연 등 문화의 내용이 겉으로 드러난 것을 말한다.

② **문화와 문화의 산물의 구별**

  ㉠ 건축 양식은 문화이며, 건축 양식이 구체적으로 표현된 건축물은 문화의 산물이다.

  ㉡ 행동과 도덕규범은 문화이며, 그 행동과 도덕규범에 따라 행하는 개인의 구체적 행동은 문화의 산물이다.

  ㉢ 유사한 집단 성격이나 심리 특성도 특정 문화에서 형성된 문화의 산물이고, 문화의 산물이 집합적으로 표현하는 어떤 의미나 상징은 문화이다.

2 문화의 속성 기출 24

(1) 창조성

① 문화가 인간의 창조물이라는 것은 문화의 가장 중요한 특성이다.

② 문화는 어떤 자연조건에서 인간에게 주어진 혜택이 아니라, **인간이 직접 만들어 낸 창조물**이므로 인간만이 가지고 있다.

(2) 후천성(학습성)

① 문화적 특성은 타고나는 것이 아닌, 출생 후 성장 과정에서 사회화(사회적 상호작용을 통한 후천적 학습)를 통해 획득된다.

② 개인이 사회를 통해 학습한 문화는 다시 **다음 세대에게 학습을 통해 전승**된다.

(3) 축적성

① 언어·문자 등을 통해 한 세대가 전 세대에서 **전승받은 문화와 해당 사회에서 학습한 문화가 함께 다음 세대로 전승되면서 축적**되어 간다.

② 새로운 방식이 더해져서 더욱 복잡하고 다양해진다.

③ 문화의 축적성은 인간만의 탁월한 능력으로, 문화의 중요한 특징 중 하나이다.

(4) 공유성

① 한 집단의 구성원들이 **공통적으로 가지는 생활 양식**이다.

② 인간이 사회생활(공동생활)을 하는 동안 형성된 공동 경험, 공동 신념, 유사한 생활 습관 등이 그 집단 나름대로의 일정한 틀로 유형화 된 것이 곧 문화이다.

③ 사회성원들에게 원활한 사회생활을 위한 공동의 장을 제공한다.

④ 사회성원들간의 행동 및 사고 예측이 가능하다.

(5) 체계성

① 문화의 각 요소들은 **상호 유기적인 관련을 맺고 있으면서 전체적으로 하나의 통합성**을 가진다.

② 문화의 내용을 구성하고 있는 의식주 양식, 윤리, 통치 규범(경제 제도와 정치 제도), 예술 양식 등은 서로서로 영향을 주고받으며 조화를 이루면서 한 문화를 형성한다.

③ 문화의 어느 한 부분에 변동이 생기면 다른 부분에도 영향을 주어 변동이 일어난다. 즉, 문화는 역사적·지리적·자연적인 여러 상황이 복합되어 하나의 체계를 형성해 나가는 것이다.

④ 문화를 통합된 하나의 큰 틀 속에서 이해하려는 노력이 필요하다.

(6) 변동성

① 문화는 고정불변이 아닌, 문화적 특성이 추가 또는 소멸되며 변화한다.

② **문화 변동의 원인** : 사람은 직면하는 문제들에 대해 보다 효과적인 새로운 해결 방법을 모색하기 때문이다.

③ 내부적으로 생성되거나 외부로부터 전파된 새로운 특성들이 사회의 유지와 존속에 치명적인 영향을 주기도 한다.

(7) 보편성

① 세계 어느 사회나 문화가 있고 사회성원 모두에게 영향을 미친다. 즉, 모든 사회가 자연적 · 사회적 조건이 다르나 인간의 생리적인 구조와 기본 욕구, 인간의 감정과 사유능력, 상징능력은 같거나 비슷하기 때문에 모든 사회의 문화는 구체적인 형태와 구조가 다르더라도 공통적인 요소들은 있다.

② **공통되는 문화의 보편적 현상**

㉠ 모든 인류는 자신들의 자연환경에 적합한 적응 방법을 개발해 왔다.

㉡ 모든 문화는 자녀 양육의 방식과 규범을 명시하고 있다.

㉢ 이웃 부락, 이웃 종족 등과의 대외적인 관계와 대처 방법을 정하고 있다.

㉣ 개인, 집단 간에 의사소통 방법을 발전시켜 왔다.

㉤ 모든 문화는 정치 제도와 경제 제도가 있다.

㉥ 모든 문화는 탄생과 죽음을 대하는 태도와 가치관이 있다.

(8) 다양성

① 세계 각국의 문화는 매우 다양하다. 즉, 윤리적 · 도덕적 가치규범이 다양하고, 종교 제도와 가족 제도가 다르며, 일상적인 행동 표현이 다양하다.

② 각 사회 · 문화마다 구체적인 인간의 행동, 사고, 감정의 표현은 각각 다양하게 나타나며, 이것이 인류 문화의 다양성을 이룬다.

③ 문화는 표현의 다양성과 가치관의 상대성을 갖고 있다. 따라서 어느 특정 문화의 가치가 인류 전체의 절대적인 가치는 될 수 없다.

제2절 문화의 내용과 기능

1 문화의 내용 기출 23

볼드리지(J. V. Baldridge)는 문화를 경험적 문화, 심미적 문화, 규범적 문화로 나누었다.

(1) 경험적 문화

① 인간의 경험을 통해서 얻은 기술과 지식이 축적된 문화를 말한다.
  ㉠ 주로 자연환경을 통제하는 지식, 즉 기술이 여기에 포함된다.
  ㉡ 가뭄, 홍수, 질병 등의 자연재해에 대처하는 방법, 주어진 자연환경 하에서 어떤 농작물을 지어
     야 수확이 좋을 것인가 하는 지식, 농기계의 사용법, 집 짓는 법 등이 모두 경험에 의해서 축적된
     기술이고 지식이다.

② **토마스(W. I. Thomas)의 상황의 정의**
  ㉠ 지금의 현실이 어떤 상황이라고 파악하는 인지 내용은 절대적인 의미에서 객관적인 상황을 파악
     하는 것이 아니라, 문화가 개인에게 특정 상황이라고 규정해주는 대로의 상황을 실제적인 상황
     인 것처럼 받아들이고 그에 따라 행동한다는 말이다.
  ㉡ 현재라는 개념은 객관적 상황이라기보다는 문화가 규정해 준 개념이다.

③ 우리의 존재와 존재의식, 존재하기 위하여 필요한 모든 도구적 지식과 기술을 제공해 준다. 현실에
   대한 인식도 경험적 문화가 규정해 주는 것이다.

(2) 심미적 문화

① 한 사회 내에서 아름답거나 예술적이라고 생각되는 신념 체계이다.
② 아름다움에 대한 판단의 기준을 제공해 주는 문화가 심미적 문화이다.
③ 아름다움에 대한 미적 기준도 시대와 공간에 따라 다르다. 음악, 미술, 조각, 문학, 무용 등 모든 예
   술작품의 창작 활동과 감상도 문화에 의해서 규정된다.
④ 심미적 문화는 우리에게 무엇이 아름다운가 하는 미에 대한 정의를 규정해 줄 뿐 아니라 예술에 대
   한 감각도 규정해 준다.

(3) 규범적 문화 기출 22

① 인간 행동의 가치를 제시해 주고, 옳고 그름을 판단케 해주는 행위의 기준이 되는 문화이다.
② 사소한 일상적 행동에서부터 사회 조직적 행동에 이르는 모든 행동의 기준을 제공한다.
③ 사회성원들에게 특정 행동의 옳고 그름을 밝혀 주고, 행동의 방향을 제시하여 구체적 행동의 지침을
   정해 놓은 행동의 규칙이다.
④ 규범은 강제성이 있고, 또 이러한 강제성으로 인하여 문화가 세대에서 세대로 전승되는 것이다.
⑤ 섬너(William G. Sumner)는 전통적 풍습에 근거하여 규범을 민습과 원규로 나누었고, 현대적 의미
   의 법률을 합쳐서 세 가지로 나누었다.

㉠ 민습(Folkways) 기출 23
- 일상적인 개인의 생활을 중심으로 규정해 놓은 행동 규범으로 상식 또는 에티켓이라고 하며, **가장 규제력이 낮은 사회 규범이다.**

  예 식사 예절, 옷 입는 법, 말씨, 친척에 대한 호칭 사용법, 가정에서의 제례 의식 등
- 민습을 어겼다고 해서 사회적 제재나 형벌을 받지는 않지만, 따돌림이나 찌푸림, 비난을 듣는 등의 제재를 받을 수 있다.

㉡ 원규(Mores)
- 원규는 그 사회가 추구하는 가치를 실현할 수 있도록 구체화한 행동 규범이다.
- 원규는 **민습보다는 강력한 사회적 제재를 받는 규범 문화이다.**

  예 국가에 대한 애국심, 일부일처제와 배우자에 대한 정절, 근친상간 금기 등
- 원규는 **대부분 전통적인 행동 규범이며,** 그에 대한 타당성은 해당 문화에서만 인정되는 상대성을 가지고 있다.
- 원규는 사회 복지에 중요하다고 간주되는 행위에 대한 주요 규칙으로 종교의례, 삼종지도(三從之道), 칠거지악(七去之惡) 등이 포함된다.

㉢ 법률(Laws)
- 민습과 원규는 명문화되지 않은 사회 제재 수단이나, **법률은 공식적으로 명문화된 사회 통제 수단이다.**
- 민습이나 원규를 위반했을 경우에는 그 행위·행위자의 모든 것(재산, 신분, 지위, 생명 등)에 규제력이 미치나, 법을 위반했을 때에는 구체적인 위반 행위에 대해서만 징계를 받는다.

[민습과 원규, 법의 차이점]

민습과 원규	법
• 명문화되지 않은 사회 통제 수단	• 공식화·명문화된 사회 통제의 수단
• 징계범위가 위반 행위는 물론 행위자까지 확대 적용	• 징계 범위는 구체적 행위 자체에 국한됨
• 마을 공동체 혹은 사회구성원 전체가 규범의 집행자	• 훈련된 전문인(판사, 검사, 경찰 등)만이 법의 집행자

⑥ **규범의 내면화**

㉠ 규범이 규범으로서 지켜지고 존속되기 위해서 정당성, 강제력(구속성), 내면화 조건이 충족되어야 한다.
- 정당성 : **특정 행위가 지켜져야 하는 타당성과 당위성이** 사회성원들에 받아들여져야 한다는 것이다.
- 강제력 : 정당성이 인정된 법이나 규제라 하더라도 그것을 지키려는 사회와 국가의 의지가 분명하고, 지키지 않았을 때는 그에 상응하는 상벌(賞罰)이 따라야 그 규범은 지켜지고 오래 존속된다.
- 내면화 : 내면화라는 말은 어떤 것에 오래 익숙해져 있기 때문에 자기 것이 되어 버린, 그래서 자신의 일부처럼 생각되는 현상을 말한다. 사회성원들에게 내면화되지 않은 규범은 불편하고 시행 착오를 거듭하게 된다.

ⓛ 규범은 마땅히 지켜야 할 가치가 있다고 집단 성원들이 그 당위성과 정당성을 인정한 행동에 대해, 합의에 의한 사회적 제재가 뒷받침되고 내면화될 때 사회 규범으로서 지속된다.

2 문화의 기능

(1) 개인과 사회에 대한 문화의 기능

① **개인적 차원** : 기본적인 욕구를 충족할 수 있는 수단을 제공하는 동시에 개인의 욕구 수준을 제한한다.

② **사회적 차원** : 사회 질서의 유지와 존속의 기능을 수행한다.

(2) 인간과 사회에 대한 문화의 기능

① 인간과 동물의 구별을 가능하게 한다.

② 개인에게 주어진 자연환경에 가장 적합한 적응 방식을 제공해 준다.

③ 개인의 생존과 안정에 필요한 물질적·심리적 욕구를 일으키고 충족시킬 수 있는 수단을 제공해 주기도 한다.

④ 문화는 사회 통제의 기능을 한다. 즉, 문화는 개인적 욕구를 규제하기도 하고, 욕구 수준을 제한하기도 한다.

> **더 알아두기**
>
> **부르디외의 저서 『구별짓기』**
> 사회계층별로 각기 다른 독특한 문화를 가지고 있으며 옛날에는 핏줄이 신분을 갈랐듯이 지금은 문화와 취향에 의해 계층이 나뉘어지고 있다고 한다. 즉, 한 개인이 어떤 미술 작품을 좋아하고, 어떤 분야의 음악을 선호하는가의 여부는 그의 계급에 의해 결정된다는 것이다.

(3) 사회가 존속할 수 있는 기본 조건 − 베넷과 튜민(J. W. Bennett & M. M. Tumin)

① 사회성원을 재생산하여 계속 충원해야 한다.

② 사회성원들이 생물학적으로 기능을 유지할 수 있도록 해주어야 한다.

③ 사회성원들을 사회화시켜야 한다.

④ 사회 활동과 삶에 필요한 재화와 봉사를 생산하고 분배해야 한다.

⑤ 사회 질서를 유지하고 외부의 침입으로부터 보호해야 한다.

⑥ 성원들에게 삶의 의미를 부여하고, 어떤 일에 임하도록 자극과 동기를 주어야 한다.

제3절 문화의 다양성

1 전체 문화와 부분 문화 기출 24

(1) 전체 문화

① **의미** : 한 사회의 성원 대부분이 공유하는 문화로, 그 사회의 가장 기본이 되는 가치와 이념이 행동이나 상징으로 표현되는 것이기 때문에 그 사회성원이 대체로 이질감이나 거부감 없이 받아들이는 문화이다.

② **지배 문화** : 사회가 복잡해질수록 다양한 가치관이 나타나며, 사회성원들의 지배적인 가치관이 표현되므로 전체 문화를 지배 문화라고 한다.

(2) 부분 문화

① **의미**

㉠ 특정 집단에서 독특하게 나타나는 문화, 즉 한 사회 내의 여러 집단이 각각 자기 집단 성원들끼리만 공유하는 문화를 말한다(하위 문화라고도 함).

㉡ 한 사회의 구성원 중 일부가 그들만의 감정이나 생활 유형을 갖고 그들이 추구하는 공동의 가치를 나누며, 유사한 행동 또는 의식을 행하는 집단들의 문화를 말한다.

② **부분 문화의 아노미(역기능적 측면)**

㉠ 부분 문화가 너무 많으면 가치관이 다양해지고 전체 사회의 규범이 약화될 수 있다.

㉡ 아노미 현상(뒤르켐) : 대립되는 가치관이 한 사회에 공존할 경우, 개인은 가치관의 혼란을 일으킨다.

③ **기능적 측면**

㉠ 가치관이 다양해진다는 것은 개인에게 선택의 폭이 넓어진다는 뜻이 되기도 한다.

㉡ 사회에는 하위 문화가 있으므로 제도의 융통성과 사회생활에 유연성을 주며, 개인에게는 선택의 기회를 넓혀 준다.

㉢ 파슨스(T. Parsons)는 사회가 분화되고 재통합되는 과정에서 제도적 융통성이 생기고 융통성이 있을수록 더 발전된 사회라고 본다.

④ **반문화(대항문화)** 기출 24, 22, 20

㉠ 기존 사회의 질서를 인정하지 않고 그것을 파괴하려는 집단의 문화를 말한다.

㉡ 이들 집단이 전체 문화의 가치관을 받아들이지 않고 그들끼리의 가치관을 내세워 사회 전체 문화의 가치관에 도전하기 때문이다.

예 폭력 집단, 마약 중독자, 알코올 중독자, 동성 연애자 등의 가치관

> **더 알아두기**
>
> **문화의 다양성에 대한 여러 가지 예**
> • 서북 멜라네시아에 살고 있는 트로브리안드섬의 주민들에게는 '아버지'라는 개념이 없고, 부(父)의 권리와 의무는 외숙에게 있다.
> • 티베트의 네팔(Nepal)족, 남인도의 토다(Toda)족, 마케샤섬의 주민들 중에는 일처다부제 가족도 있다.
> • 남미의 인디언 종족에서는 신부가 남편을 맞이하기 전에 사제(司祭)와 처음 성관계를 갖는 초야권의 풍습이 있다.
> • 뉴기니아의 챔불리족은 여자들이 지배적이고 공격적이며, 남자들은 수동적이고 의존적이라고 한다.

2 문화적 상대주의와 자민족 중심주의

(1) 문화적 상대주의

① 모든 문화는 그 사회 나름대로의 독특한 역사와 환경, 가치가 있기 때문에 특정 문화를 논할 때 그 문화의 역사적·사회적 관점에서 보고 가치를 인정해야 한다는 태도를 말한다.

② 문화적 상대주의에서는 자기 문화의 가치관을 가지고 다른 문화의 도덕성이나 윤리성, 그리고 이성적이라든가 비이성적이라든가 하는 식의 평가를 해서는 안 된다는 태도이다.

③ 문화적 상대주의란 세계 문화의 다양성을 인식하고, 각 문화의 독특한 환경과 역사·사회적 상황에서 이해해야 하며, 각 문화의 가치를 인정하고 존중해야 한다는 태도를 말한다.

(2) 자민족 중심주의 [기출] 24

① 자기 민족과 문화의 모든 것(가치관, 도덕성, 정치체제, 경제제도, 생활 방식 등)만이 옳고, 합리적이며 윤리적이라고 생각하고 다른 민족의 문화를 배척 내지 경멸하는 태도를 민족 우월주의라고 한다.

② 자기 민족의 모든 것이 우월하므로 다른 민족의 종교, 가치관, 생활 방식, 여러 가지 사회 제도, 나아가서는 생물학적인 특성까지도 배척하거나 말살하고 **자기 민족의 모든 것을 따르도록 강요하는 태도를 문화적 제국주의라고 한다.**

③ 자민족 중심주의가 자국 내에서 강조될 때에는 민족의 자부심, 긍지, 일체감 조성 등 민족 감정을 고무시킬 수 있는 긍정적인 기능을 한다.

④ 자민족 중심주의가 타민족이나 국가 간의 관계에서 강조될 때에는 **타민족에 대해 배타적인 편견을 갖게 된다.**

　예 게르만 민족이 우월하다는 나치즘(유태인 학살), 일제 강점기 일본의 문화적 우월주의(조선인 차별과 학대)

(3) 문화 사대주의

① 다른 문화권의 문화가 자기나라의 문화보다 우월하다고 느끼고 자기 문화를 열등하게 생각하고 다른 문화권의 문화를 무비판적으로 동경하는 것이다.

② 주체성이 없고, 무비판적이며, 옆에서 누가 좋다고 하면 생각도 해보지 않고 무조건 따라서 하는 경우가 많다.

③ 글로벌 시대가 되어가면서 이런 관념을 가진 사람들이 늘고 다른 나라의 문물을 서슴없이 받아들이고 있다.

　　예 영어 지상주의와 세계 최고의 과학 문자인 한글 경시 풍조, 서구인의 체형에 맞춘 성형 수술 열풍 등

제4절　문화의 변동

문화는 계속 변한다. 문화의 변동 원인으로는 발명과 발견, 그리고 다른 문화의 전파와 접촉을 들 수 있다. 두 가지 이상의 서로 다른 문화가 오랜 시간 동안 지속적으로 접촉하면 일방 또는 쌍방의 문화에 변화가 일어난다. 이러한 현상을 문화 접변(Acculturation)이라고 한다. 문화 접변은 문화 수용, 문화 동화, 문화 융합과 같은 서로 다른 양상으로 나타난다.

1 발명과 발견

(1) 발명

① 이전에 없던 새로운 물건을 만들거나 기술과 지식, 혹은 이념을 만들어 내는 것을 말한다.

② 발명의 종류

관념적 발명과 물질적 발명	• 관념적 발명 : 종교, 신화, 이데올로기 • 물질적 발명 : 전화, 컴퓨터 등
1차적 발명과 2차적 발명	• 1차적 발명 : 처음으로 새로운 문화적 요소를 만들어 내는 것 • 2차적 발명 : 기존 문화 요소나 원리를 조합·응용하여 새로운 문화 요소를 만들어 내는 것

(2) 발견

① 이미 세상에 존재해 있던 사물이나 지식, 이념을 새로운 방법으로 인식하고 사용할 수 있도록 깨닫게 하는 것을 말한다.

② 발명과 발견이란 용어에는 기술이나 물건만이 아니라, 지식과 이념 같은 추상적인 개념도 포함된다.

③ 새로운 기술이나 지식의 발견과 발명은 문화 변동의 직접적인 원인이 된다.

2 문화의 전파와 접촉

(1) 접촉

① 외래문화와 직접 혹은 간접적인 접촉을 통하여 문화의 내용이 변하는 것을 말한다.

② 교역에 의한 문물 거래, 유학·혼인·여행 등의 개인적인 접촉, 전쟁·침략·식민 정책 같은 국가적 수준의 접촉을 통해 문화의 변화가 이루어진다.

③ 외부의 새로운 지식이나 기술, 이념, 사상, 생활 습관 등의 소개에 의해서 문화의 내용이 바뀌기도 한다.

(2) 전파

① 접촉하지 않아도 **외래문화의 내용이 전파되어 문화 변용(文化變容)**을 일으키는 것이다.

② 신화나 설화의 전파, 책이나 선물 등 기타의 방법으로 이루어진다.

　예 신데렐라, 콩쥐팥쥐 이야기 등

③ **종류**

　㉠ 직접 전파 : 한 지역으로부터 문화요소를 직접 전해 받는 것을 뜻한다.

　㉡ 간접 전파 : 매개체를 통해 문화요소를 전해 받는 것을 뜻한다. 즉, 인쇄물·TV·인터넷 등의 매개체를 통해 전해지는 것을 뜻한다.

(3) 문화 접변 　기출 24

① 허스코비츠(M. J. Herskovits)는 서로 다른 문화를 가진 집단들이 직접적이고 지속적인 접촉을 함으로써 어느 일방 또는 쌍방의 본래 문화 유형에 변화를 가져올 때 일어나는 제 현상라고 문화 접변을 정의하였다.

② 둘 이상의 서로 다른 문화가 오랜 기간 동안 지속적인 접촉으로 쌍방의 문화에 변화가 일어나는 것이고, 여기에는 '문화 수용, 문화 동화, 문화 변형'이 있다.

　㉠ **문화 수용(공존)** : 두 개의 이질적인 문화가 접촉을 하면서도 각각 자체 문화의 가치관과 특성을 그대로 유지하면서 **한 사회 내에서 공존하는 문화 현상**

　　예 우리나라에 사는 중국인 집단

　㉡ **문화 동화** : 여러 가지 독특한 하위 문화를 가진 집단이 그 사회의 **지배 문화로 통합되는 문화 현상**, 즉 한 사회의 문화요소는 없어지고 다른 사회의 문화요소로 대체되는 현상

　　예 미국 문화에 동화하는 이민집단의 문화

　㉢ **문화 변형(융합)** : 두 개의 이질적인 문화가 오랜 기간 접촉하는 동안 **각각 본래의 문화 유형을 잃어가고 새로운 문화를 창조해 내는 문화 현상**, 즉 A문화와 B문화가 접촉하는 동안 C문화가 나타나는 현상을 말한다.

　　예 스페인 문화와 토착 인디언의 문화가 융합되어 제3의 문화를 만들어낸 멕시코 문화

3 문화 지체 기출 24, 23, 22, 20

(1) 문화 지체의 뜻

① 문화가 변동할 때 문화 내용의 제 측면이 골고루 같은 속도로 변하지 않고 어느 측면은 빠르게 변하는데, 다른 측면은 천천히 변하기 때문에 생기는 문화의 부조화 현상을 말한다.

② 문화의 제 측면의 변화 속도의 차이에서 일어나는 사회 현상을 말한다.

(2) 오그번(W. F. Ogburn)의 문화 지체

① 오그번은 문화의 변동은 기술 발달에 의해서 일어난다고 보았다.

② 그는 한 사회에서 기술 발달이 그 기술을 뒷받침하는 가치관과 같은 정신적인 발달이 동반되어 나타나지 않을 때 문화의 부조화 현상이 생긴다고 하였다.

③ 문화 지체란 문화의 여러 측면이 같은 속도로 골고루 변동하지 않을 때 나타나는 현상이다.

제5절 클로드 레비 – 스트로스(Claude Levi – Strauss)에 대한 이해

1 구조 인류학

(1) 인류학에 구조주의 방법론을 도입한 선구자

① 프랑스의 문화 인류학자 클로드 레비–스트로스의 구조주의 사상은 구조 언어학의 창시자인 소쉬르(Ferdinand de Saussure)로부터 유래하였다.

② 소쉬르는 『일반언어학 강의(1915)』에서 구조 언어학적 방법들과 분석 용어들을 제시하였는데, 이 방법론과 용어를 신화, 친족 관계 등의 연구에 가져와서 적용함으로써 레비–스트로스의 구조주의 인류학이 창시되었다.

(2) 구조주의의 개념

① 구조주의(Structuralism)란 문화적 현상들을 설명함에 있어서 전체의 구조를 설정하고, 그 구조를 해석함으로써 설명을 시도하는 문화 인류학의 한 방법론이다.

② 구조주의는 상부 구조를 연구하는 방법론과 하부 구조를 연구하는 방법론으로서의 구조주의로 나누어진다.

③ 하부 구조는 레비–스트로스의 구조주의이고, 상부 구조는 마르크스의 구조주의이다.

④ 레비–스트로스의 구조주의는 연구 대상이 친족, 신화, 예술, 종교 등으로 한정되어 있고, 정치와 경제 등은 마르크스 구조주의의 연구 대상이다.

⑤ 인류학에서 구조주의라고 할 때 일반적으로 레비–스트로스 학파의 구조주의를 말한다.

2 클로드 레비-스트로스(Claude Levi-Strauss)

(1) 인간의 사고 구조

① 이전의 인류학자들은 미개인과 근대인의 심적 상태가 근본적으로 다르다고 주장하였으나 레비-스트로스에 따르면 문명인의 사고와 미개인의 사고는 사물을 분류하는 방식과 관심의 주된 영역이 다를 뿐, 어느 것이 더 과학적이거나 논리적이라고 말할 수 없다고 하였다.

② 인간은 누구나 동일한 사고 구조를 가지고 있으므로 현대인이나 원시인, 야만인까지도 우리와 유사한 논리적 감각을 가지고 있으며, 논리적으로 사고한다.

③ 인간은 누구나 동일한 논리적 감각과 사고 구조를 가지고 있으며 이분적 대립 관계를 사용해 인간 심성의 구조를 찾으려 했다.

④ 이분적 대립이란 사물과 감정을 그 성질에 따라 이분적으로 대조하고 대립시키는 것이다.
예 하늘과 땅, 검은색과 흰색, 남성과 여성, 남쪽과 북쪽, 왼쪽과 오른쪽 등을 서로 대조

⑤ 자아와 타자를 구별하는 이분적 분류가 인간 심성의 기본구조로 겉으로 드러나는 인간 행위는 보이지 않는 인간 심성의 기본 구조의 영향을 받는다고 보았다.

(2) 기타 주장

① 원시인의 신화적 사고도 서구인의 과학적 사고와 마찬가지로 논리적인 구조를 갖고 있다.

② 문화적 다양성을 인정하지 않으려는 편협성, 서구인들이 행동하는 것처럼 행동하지 않으려는 사회를 야만적이라고 경멸하는 태도, 이런 것은 모두 서구 사회 자체가 부족적인 편견 또는 민족적인 우월감에 사로잡혀 있음을 보여준다고 지적하였다.

③ 우리가 미개하다고 생각하는 대부분의 사회에서 그러한 우리의 관습은 극심한 공포를 일으킬 것이다. 결국 우리와는 상반되는 관습을 지니고 있다는 이유만으로 우리가 그들을 야만적이라고 간주하듯이, 우리 자신도 그들에게는 야만적으로 보이게 된다.

④ 야성적 사고와 합리적 사고를 통합하는 인간 정신의 심층에 존재하는 초합리성을 찾으려 한다. 이것은 과거와 현재, 내 문화와 타 문화를 초월하여 어디에나 존재했고, 또 존재하는 인간 정신 속의 초월적·구조적 무의식의 법칙을 증명하는 일이다.

⑤ 레비-스트로스는 『야성의 사고』라는 다른 저서에서도 서구 사회에서 볼 수 있는 과학적 사고와 미개사회에서 우세한 주술적·신화적 사고 사이에 커다란 간격은 없다고 주장하면서, 야성의 사고를 인간의 본래적이고 보편적인 사고 형태로 간주하였다.

(3) 비판

① 레비-스트로스의 미개 사회에 대한 견해는 종종 미개 사회, 원시 사회를 지나치게 이상화시켰다는 비판을 받기도 하였다.

② 레비-스트로스의 구조주의 인류학 역시 변화의 측면을 간과하고 지속, 원형, 구조의 측면에 지나치게 기울어져 있는 것이 아니냐는 비판을 받기도 하였다.

제6절 한국 문화

1 복합적 성격

다종교적 사회 상황이 특징을 이루는 우리나라의 문화는 복합적인 성격을 띠고 있다.

2 다종교적 상황

우리나라 문화는 유·불·선 3교와 기독교의 전통과 우리의 고유문화 전통인 무속과 기복 사상을 근간으로 하는 민간 신앙이 혼합되어 서로 영향을 주고받으며 오늘에 이르렀고, 그 위에 현대 교육이 가져 온 과학성과 합리적인 사고가 다종교적 가치관과 나란히 또 다른 문화의 맥을 이룬다.

3 심미적 측면

단아하고 간결한 아름다움을 추구했으며, 농경 문화의 예술과 전통, 극대극소를 지양하는 중간적인 아름다움과 직선보다는 부드럽고 완만한 곡선을 선호하는 심미적 문화 전통을 갖고 있다.

4 규범적 측면

무속 및 민간 신앙을 뿌리 깊은 바탕으로 하는 고유의 전통문화 위에 유·불·선 3교와 기독교의 규범과 가치관이 공존하며, 과학성과 합리주의 사고 등이 아직 뚜렷이 정립되지 않은 상태에서 상호 역동적인 관계를 맺고 있다.

01 영국의 인류학자 타일러는 『원시문화(Primitive culture)』에서 문화를 '인간이 사회의 성원으로서 습득한 지식, 신앙, 예술, 도덕, 법, 관습, 그리고 기타의 모든 능력과 습관을 포함한 복합적인 총체'라고 정의하였다. 이를 통해 백인 이외의 다른 인종들도 문화를 발전시켜 나갈 수 있다고 생각하게 되었고, 서구 백인 중심 문화의 개념을 보편적인 개념으로 바꾸어 놓는 데 크게 기여했다.

01 문화를 '인간이 사회성원으로서 습득한 지식·신앙·예술·도덕·법·관습, 그리고 기타의 모든 능력과 습관을 포함한 복합적인 총체'라고 정의한 사람은 누구인가?

① 섬너(W. G. Sumner)
② 타일러(E. B. Tylor)
③ 토마스(W. I. Thomas)
④ 볼드리지(J. V. Baldridge)

02 문화의 보편성은 세계 어느 사회나 문화가 있고 사회 성원 모두에게 영향을 미친다는 것이다. 즉 모든 사회가 자연적·사회적 조건이 다르나 인간의 생리적인 구조와 기본 욕구, 인간의 감정과 사유 능력, 상징 능력과 같거나 비슷하기 때문에 모든 사회의 문화는 구체적인 형태와 구조가 다르더라도 공통적인 요소들은 있다는 것이다.

02 다음 현상들이 나타날 수 있는 이유가 되는 문화의 속성은?

> • 모든 인류는 자신들의 자연환경에 적합한 적응 방법을 개발해 왔다.
> • 모든 문화는 자녀 양육의 방식과 규범을 명시하고 있다.
> • 이웃 부락이나 이웃 종족 등과의 대외적인 관계나 대처 방법을 정하고 있다.

① 다양성
② 보편성
③ 공유성
④ 후천성

정답 (01 ② 02 ②)

03 민습과 원규, 법에 대한 비교 내용으로 옳지 **않은** 것은?

① 민습과 원규는 명문화되지 않은 사회 통제 수단이다.

② 민습과 원규의 징계 범위는 구체적 행위 자체에 국한된다.

③ 법은 명문화된 사회 통제 수단으로 훈련된 전문인이 법의 집행자이다.

④ 민습과 원규는 마을 공동체 혹은 사회구성원 전체가 규범의 집행자이다.

03 민습이나 원규는 명문화되지 않은 사회 제재 수단이나, 법률은 공식적으로 명문화된 사회 통제 수단이다. 민습이나 원규를 위반했을 경우에는 그 행위·행위자의 모든 것(재산, 신분, 지위, 생명 등)에 규제력이 미치나, 법을 위반했을 때에는 구체적인 위반 행위에 대해서만 징계를 받는다.

04 "여성성과 남성성은 태어날 때부터 주어지는 것이 아니라 교육되는 것이다."라고 주장한 학자는 누구인가?

① 타일러(E. B. Tylor)

② 미드(M. Mead)

③ 프로이트(S. Freud)

④ 베네딕트(R. Benedict)

04 마거릿 미드(Margaret Mead, 1901~1978)는 미국의 인류학자로 남녀의 성격(지배적, 공격적, 수동적, 의존적 등)과 역할은 모든 문화에서 공통적으로 나타나는 현상이 아니고 문화에 따라 다르게 나타난다는 사실을 현지 조사를 통해 밝혔다.

05 문화와 문화의 산물에 대한 설명으로 옳지 **않은** 것은?

① 행동과 도덕규범은 문화에 해당한다.

② 건축 양식은 문화이며 건축물은 문화의 산물이다.

③ 유사한 집단 성격이나 심리 특성도 특정 문화에서 형성된 문화의 산물에 해당한다.

④ 문화란 규준화된 지식 체계에 의해서 느낌이나 감성 또는 생각을 표현한 구체적 행동이나 물건, 예술 작품, 공연 등이다.

05 ④는 문화의 산물에 대한 설명에 해당한다. 즉, 행동과 도덕규범은 문화이며, 그 행동과 도덕규범에 따라 행하는 개인의 구체적 행동은 문화의 산물에 해당한다.

정답 (03 ② 04 ② 05 ④)

06 문화는 개인이 그가 속한 집단의 한 구성원으로서 생각하고, 느끼고, 행동하게 하는 인지와 표현의 규범이며, 이것이 사회적으로 규준화된 지식 체계이다.

06 사회학에서 의미하는 문화의 정의로 가장 적절한 것은?

① 문화란 인간이 사회의 성원으로서 습득한 모든 것, 모든 능력과 습관을 포함한 복합적인 총체이다.
② 문화란 한 사회성원의 인지와 표현의 규범이 사회적으로 규준화된 지식 체계를 말한다.
③ 문화란 야만과 반대되는 개념으로 정교하게 다듬어지고 세련된 창조를 의미한다.
④ 문화란 질서 체계를 말한다.

07
• 문화 : 문화는 개인이 그가 속한 집단의 한 구성원으로서 생각하고, 느끼고, 행동하게 하는 인지와 표현의 규범이며, 이것이 사회적으로 규준화된 지식 체계이다.
• 문화의 산물 : 문화를 인지와 표현의 규범으로서의 지식 체계로 정의한다면, 물건이나 행동은 개인의 감정과 인지의 내용이 구체적으로 표현된 것이라고 할 수 있다.

07 '인지와 표현의 규범으로서의 지식 체계'라는 뜻이 정의하는 내용으로 알맞은 것은?

① 규범
② 상징
③ 문화
④ 문화의 산물

08 모든 문화는 다음과 같은 공통되는 보편적 현상을 보여준다.
• 모든 인류는 자연 상황에 적응하는 방법을 개발했다.
• 자녀 양육의 방식과 규범을 정하고 있다.
• 이웃 부락, 이웃 종족과의 관계, 즉 대외적인 관계와 대처 방법을 명시한다.
• 개인과 개인, 개인과 집단, 타집단과의 의사소통 방법을 발전시켜 왔다.
• 정치 제도와 경제 제도를 모든 문화에서 볼 수 있다.
• 새생명이 태어남에 대한 의식과 죽음을 대하는 태도와 가치관이 모든 문화에서 나타난다.
• 초월적인 존재를 의식하고 신성함을 예배하는 종교 제도가 있다.

08 다음 중 문화의 보편성에 대한 설명으로 옳지 않은 것은?

① 자연환경에 대처하는 지식
② 의사소통 방법의 발전
③ 어린이의 교육과 양육에 대한 지식
④ 결혼 상대를 자신이 직접 찾도록 하는 관습

정답 (06 ② 07 ③ 08 ④)

09 다음 중 문화의 속성에 해당하는 것은?

① 창조성

② 우연성

③ 선천성

④ 일회성

10 다음 중 문화의 주요 특성에 대한 설명으로 **틀린** 것은?

① 정체되어 있지 않고 항상 변화한다.

② 세대 간에 전승되며 축적되어 간다.

③ 다른 사회구성원들과 구별되는 어떤 공통적인 경향이다.

④ 인간은 특정한 문화를 가지고 태어난다.

11 된장 담그는 법, 김치 담그는 법 등의 내용이 포함된 문화에 해당하는 것은?

① 경험적 문화

② 전통적 문화

③ 심미적 문화

④ 규범적 문화

12 볼드리지(J. V. Baldridge)는 문화를 경험적 문화, 심미적 문화, 규범적 문화로 나누었다. 경험적 문화는 인간의 경험을 통해서 기술과 지식이 축적된 문화를 말하고, 심미적 문화는 아름다움에 대한 판단의 기준을 제공해주는 문화이고, 규범적 문화는 인간 행동의 가치를 제시해주고 옳고 그름을 판단케 해주는 행위의 기준이 되는 문화이다.

12 다음 내용에서 괄호 안에 들어갈 학자는 누구인가?

> ( )은(는) 문화를 경험적 문화, 심미적 문화, 규범적 문화로 나누었다.

① 섬너(W. Sumner)
② 짐멜(G. Simmel)
③ 토마스(W. Thomas)
④ 볼드리지(J. V. Baldridge)

13 토마스(1863~1947)는 현재의 상황에 대해서 개인 스스로가 생각하고 판단하기 이전에 미리 사회와 문화가 상황을 규정한다는 것을 지적하였다.

13 '현재'라는 상황은 문화에 의해서 규정된다는 것을 밝힌 학자는 누구인가?

① 짐멜(G. Simmel)
② 토마스(W. Thomas)
③ 섬너(W. Sumner)
④ 타일러(E. B. Tylor)

14 상황의 정의란 문화가 개인에게 특정 상황이라고 규정해주는 대로의 상황을 실제적인 상황인 것처럼 받아들이고 그에 따라 행동한다는 말이다.

14 '광우병'이 인간에게 치명적인 재앙을 가져올지 아닐지는 아직 과학적으로 증명된 바가 없다. 그러나 우리 국민 대부분은 현재 광우병의 공포에서 자유롭지 못하다. 이와 같은 현상을 토마스(W. Thomas)의 용어로 설명한 것은?

① 비합리적 두려움
② 상황의 정의
③ 문화적 감염
④ 군중 폭력

정답 12 ④ 13 ② 14 ②

15 예술품의 창작과 감상에 관여하는 문화에 해당하는 것은?

① 경험적 문화

② 심미적 문화

③ 규범적 문화

④ 예술 문화

16 '얼짱, 몸짱'을 규정하는 데 작용하는 문화에 해당하는 것은?

① 다양성의 문화

② 경험적 문화

③ 규범적 문화

④ 심미적 문화

17 황진이와 미스코리아는 심미적 문화가 정의한 미인이나, 이들의 아름다움이 유사하지 않은 이유로 알맞은 것은?

① 문화의 다양성

② 문화의 공유성

③ 문화의 보편성

④ 문화의 변동성

18 아름다움에 대한 미적 기준도 시대와 공간에 따라 다르다. 따라서 음악, 미술, 조각, 문학, 무용 등 모든 예술 작품의 창작 활동과 감상도 문화에 의해서 규정된다. 「진달래꽃」은 김소월의 대표작으로, 이별의 슬픔을 인종의 의지로 극복해 내는 여성 화자를 설정하여 이별의 정한이라는 문학적 전통을 계승하고 있는데, 이러한 전통적인 한의 정서에 대한 이해를 위해서는 심미적 문화를 공유해야 가능한 것이다.

18 **김소월의 「진달래꽃」을 외국어로 번역할 때 그 정서까지 번역하기 어려운 이유에 대한 설명으로 가장 적합한 것은?**

① 외국인들과 우리의 역사적 환경이 다르기 때문이다.
② 그들과 우리는 심미적 문화를 공유하지 않기 때문이다.
③ 규범적 문화가 다르기 때문에 왜 고이 보내드려야 하는지 모르기 때문이다.
④ 언어는 경험에 의해서 습득되는 것인데 우리와 경험적 문화가 다르기 때문이다.

19 규범적 문화는 사소한 일상적 행동에서 사회 조직적 행동에 이르기까지 모든 행동의 기준을 제공해 준다.

19 **인간 행동의 가치를 제시해 주고, 옳고 그름을 판단하게 해주는 행위의 기준이 되는 문화는 무엇인가?**

① 경험적 문화
② 심미적 문화
③ 규범적 문화
④ 내재적 문화

20 섬너는 규제력의 정도에 따라 규범을 민습, 원규, 법률로 나누고 있다.

20 **다음 중 섬너(W. G. Sumner)가 분류한 사회 규범에 해당하는 것은?**

① 가족법
② 형법
③ 민법
④ 민습

정답 18 ② 19 ③ 20 ④

21 다음 중 분명하고 구체적인 상벌 규정에 의해 운영되는 규범은 무엇인가?

① 민습

② 원규

③ 법률

④ 모든 규범

22 다음 설명 중 옳은 것은?

① 어느 사회에서나 규범은 같다.

② 규범은 행동의 규칙들을 의미한다.

③ 시대가 변해도 남성의 역할은 변하지 않는다.

④ 가족 내에서 여성의 역할은 사회에 따라 다르지 않다.

23 다음 중 인간이 양심(良心)의 가책을 느끼는 이유를 가장 적절하게 설명한 것은?

① 인간에게는 생물학적인 자아(Id)가 잘 발달했기 때문이다.

② 사회는 인간을 떠나 스스로 존재할 수 없기 때문이다.

③ 개인 속에 사회가 내재하기 때문이다.

④ 사회의 규범 때문이다.

21 민습과 원규가 명문화되지 않은 사회 규범이라면, 법률은 공식적으로 명문화된 사회 규범이다.

22 사회성원들에게 특정 행동의 옳고 그름을 밝혀주고, 행동의 방향을 제시하여 구체적 행동의 지침을 정해 놓은 행동 규칙을 규범이라고 한다.

23 사람들은 인간 속에 내재하게 된 사회, 개인 속에서 영향력을 발휘하는 사회적 실체를 여러 가지 이름으로 부르는데, 이를 양심이라고 한다. 잘못된 생각으로 잘못된 행동을 할 때 비록 주위 사람들이 그 잘못을 보지 못했다 하더라도 당사자는 양심의 가책을 느끼게 된다. 즉, 양심의 가책이란 개인 속에 내재된 사회 규범의 작용을 뜻한다.

정답 21 ③ 22 ② 23 ③

24 원규

그 사회가 추구하는 가치를 실현할 수 있도록 구체화한 행동 규범

25 민습은 일반적으로 우리가 상식 또는 에티켓이라고 부르는 정도의 행동 규칙으로, 강제력의 정도에 있어 가장 규제력이 낮은 사회 규범이며, 합당한 사회적 행위에 대한 대수롭지 않은 규칙에 해당한다. 민습은 어겨도 사회적인 제재나 공식적인 형벌을 받지는 않지만 몰상식하다는 비난을 받을 수 있다.

26 사회 규범에는 강제성과 규제력도 있으나 어떠한 사회 규범도 그 집단 성원들 사이에서 타당하고 합리적이라고 인정되지 않으면 오래 지속될 수 없다. 이렇게 타당하고 합리적인 사회 규범이 있는 사회에서 살다보면 자연스럽게 규범을 준수하게 되는 규범의 내면화가 일어나게 된다.

정답 24 ② 25 ① 26 ③

---

24 다음 내용과 관계 깊은 사회 규범으로 알맞은 것은?

> • 종교 의례
> • 간통 및 근친상간 금지

① 민습
② 원규
③ 법률
④ 도덕

25 다음 내용과 관계 깊은 사회 규범에 해당하는 것은?

> • 주도(酒道)
> • 식사 예절
> • 친척에 대한 호칭
> • 옷 입는 방식
> • 데이트할 때의 에티켓
> • 가정에서의 제례 의식

① 민습
② 관용
③ 원규
④ 법률

26 사회 규범이 지켜지고 존속되기 위해서는 꼭 필요한 몇 가지 조건이 있다. 이에 해당된다고 볼 수 <u>없는</u> 것은?

① 타당성
② 강제성
③ 자율성
④ 내면화

27 다음 중 문화의 기능이라고 볼 수 <u>없는</u> 것은?

① 인간의 욕구를 충족시킬 수 있는 수단을 제공해 준다.
② 개인에게 주어진 생활 환경에 대한 가장 적합한 적응 방식을 제공해 준다.
③ 개인의 욕구를 제한하고 규제한다.
④ 사회발전을 위해 갈등을 조장한다.

27 문화는 인간이 동물과 구별되는 창조적 생활을 가능하게 해 주고, 인간의 욕구를 규정해 주며, 동시에 욕구를 충족할 수 있는 수단을 제공해 준다. 또한, 사회 질서를 유지하여 사회가 존속할 수 있게 해 준다.

28 다음은 부분 문화가 너무 많을 때 나타나는 사회 현상을 열거한 것이다. 적절하지 <u>않은</u> 것은?

① 사회성원들의 일체감이 높아진다.
② 가치관이 다양해진다.
③ 전체 사회의 규범이 약화된다.
④ 사회에 아노미 현상이 일어난다.

28 부분 문화의 다양성에 따른 문제점은 다음과 같다.
• 가치관이 다양해지고 전체 사회의 규범이 약화될 수 있다.
• 사회성원들은 전체 문화 속에서의 일체감 내지는 통일성을 잃게 된다.
• 개인은 아노미를 경험하게 되고, 사회에는 아노미 현상이 일어난다.

29 고령화 사회가 되면서 노인 인구가 증가하고 있다. 노인들의 문화는 한국 사회에서 볼 때 어느 문화에 속하는가?

① 지배 문화
② 하위 문화
③ 기성 문화
④ 반문화

29 하위 문화란 다른 말로 부분 문화라고도 하며, 한 사회의 구성원 중 일부가 그들만의 감정, 생활 유형, 공동의 가치를 갖고 유사한 행동과 의식을 행하는 문화를 의미한다. 이러한 부분 문화는 노동자 문화, 대학생 문화, 노인 문화, 상류층 문화 등 여러 가지 형태로 다양하게 공존하고 있다.

정답 (27 ④ 28 ① 29 ②)

30 하위 문화는 어떤 사회의 전체 또는 주요 문화에 대비되는 개념, 즉 부차 문화(副次文化)라고도 한다. 따라서 어떤 사회에서 일반적으로 볼 수 있는 행동 양식이나 가치관을 전체 문화라고 생각한 경우, 그 전체 문화 내부에 있으면서 어떤 점에서 독자적 성질을 나타내는 부분적 문화이다. 다양한 하위 문화의 존재는 전반적으로 문화의 획일화를 막고, 문화에 동태성(動態性)과 활력 작용을 제공한다.

30 한 사회 내에 하위 문화가 많을 때 나타날 수 있는 사회 현상에 대한 설명으로 틀린 것은?

① 그 사회가 자신감이 있다는 증거이다.
② 사회가 유연성이 높다는 증거이다.
③ 청소년들에게 행동의 선택의 폭이 넓다는 것을 의미한다.
④ 그 사회를 강력하게 통합하는 규제력이 있다는 증거이다.

31 반문화는 부분 문화와는 다르게 전체 문화의 가치관을 거부하면서 자신들끼리의 문화를 공유하는 문화를 말한다.

31 기존 사회 질서를 인정하지 않고 그것을 파괴하려는 집단 문화에 해당하는 것은?

① 반문화
② 하위 문화
③ 상위 문화
④ 대중 문화

32 문화적 상대주의란 세계 문화의 다양성을 인식하고 각 문화는 그 문화의 독특한 환경과 역사, 사회적 상황에서 이해해야 하며, 각 문화의 가치를 인정하고 존중해야 한다는 태도이다. 즉, 모든 가치는 가변적·상대적이라는 것이다.

32 문화적 상대주의와 자민족 중심주의에 대한 설명으로 옳지 않은 것은?

① 문화적 상대주의는 다른 문화의 가치를 인정하는 한편, 자기 문화에 대해서는 가능한 한 긍지를 갖지 않으려는 태도이다.
② 문화적 상대주의 관점에서는 '공희의례'에 대해서도 가치판단을 하지 않는다.
③ 자민족 중심주의가 자국 내에서 강조될 때에는 민족의 자부심을 고취시키는 긍정적인 측면도 있다.
④ 인류역사에서 자민족 중심주의의 극단적인 행위는 나치의 유태인 학살정책에서 찾을 수 있다.

정답 30 ④ 31 ① 32 ①

33 다음 글과 관계 깊은 태도에 해당하는 것은?

> 네오 나치들에 의한 외국인들의 피해는 해마다 증가하고 있으며, 2008년에는 네오 나치들에 의한 범죄가 전년 대비 30%나 증가하여 사상 최고의 피해를 기록했다는 보고가 있다. 최근 들어 경제 위기의 여파로 곳곳에서 "외국인은 떠나라!"라는 구호가 적힌 낙서를 어렵지 않게 볼 수 있다.

① 다원주의
② 방임주의
③ 문화적 상대주의
④ 자민족 중심주의

34 '서로 다른 문화를 가진 집단들이 직접적이고 지속적인 접촉을 함으로써 어느 일방 또는 쌍방의 본래 문화 유형에 변화를 가져올 때 일어나는 제반 문화 현상'을 일컫는 허스코비츠(M. Herskovits)의 용어로 옳은 것은?

① 문화 수용
② 문화 동화
③ 문화 접변
④ 문화 변형

35 다음 중 문화 접변(Acculturation) 현상에 해당하지 <u>않는</u> 것은?

① 발명
② 문화 수용
③ 문화 동화
④ 문화 변형

---

33 네오 나치즘은 자민족 중심주의에 근거하여 타민족에 대한 편견을 극단적으로 표현하는 입장인데, 이처럼 다른 민족에 대해 극도로 편협한 시각과 배타적인 태도를 갖는 것은 인류의 평화를 위협할 수 있다.

34 허스코비츠(M. Herskovits)는 최초의 문화 전파에 의해서든, 문화 접촉에 의해서든 상관없이 두 가지 이상의 서로 다른 문화가 오랫동안 지속적인 접촉이 일어나면 일방 또는 양방의 문화에 변화가 일어나는데, 이것을 문화 접변이라고 정의하였다.

35 문화 접변의 양상에는 문화 수용, 문화 동화, 문화 변형이 있다.

정답 33④ 34③ 35①

36 문화 수용은 각각의 문화가 그 고유의 정체성과 가치 체계를 그대로 지키면서 공존하는 문화 현상이다.

36 우리나라에 사는 화교들과 같이 그들 문화의 가치관과 특성을 지키면서 한국 문화와 공존하며 사는 문화 접변 현상은?

① 문화 수용
② 문화 동화
③ 문화 변형
④ 문화 접촉

37 문화 동화는 여러 가지의 독특한 하위 문화를 가진 집단이 그 사회의 지배 문화로 통합되는 문화 현상이다.

37 재미동포 2, 3세들은 우리말과 글을 전혀 모르는 경우가 많은데, 이와 같은 문화적 현상을 설명할 수 있는 용어로 가장 적합한 것은?

① 문화 지체
② 문화 접촉
③ 문화 수용
④ 문화 동화

38 문화 지체란 문화가 변동할 때 문화 내용의 제 측면이 골고루 같은 속도로 변하지 않고, 어느 측면은 빠르게 변하는데 다른 측면은 늦게 천천히 변하기 때문에 생기는 문화의 부조화 현상을 말한다. 특히, 기술적인 측면에서 많이 발생한다.

38 이동통신은 급속도로 확산되고 있는데 아직도 공공장소에서 큰 소리로 전화통화를 하는 사람들을 쉽게 발견할 수 있다. 이러한 현상을 설명할 수 있는 적합한 용어는 무엇인가?

① 문화 동화
② 문화 변형
③ 문화 갈등
④ 문화 지체

정답 (36 ① 37 ④ 38 ④)

39 다음 내용을 통해 알 수 있는 사회 현상에 해당하는 것은?

> 서구 사회가 경험한 기술의 발달은 물질 생활의 급격한 변화를 야기하였다. 그러나 물질적 측면과 연관되어 있는 여러가지 제도나 가치의 변화는 물질적 측면의 변화를 따르지 못하고, 기술 발달이 계속되면서 그 간격이 계속 커지고 있다.

① 문화 변동
② 기술 변동
③ 문화 지체
④ 기술 지체

40 다음 내용과 관련 있는 레비-스트로스의 주장에 해당하는 것은?

> • 인간 심성의 기본 구조로 자아와 타자를 구별하는 것
> • 하늘과 땅, 검은 색과 흰색, 남성과 여성, 남쪽과 북쪽 등으로 구별하는 것

① 삼각 관계
② 동조 행위
③ 갈등 구조
④ 이분적 대립

39 문화 지체 현상이란 물질 문화와 정신 문화의 갭으로 개인적·사회적 혼란을 가져오며 문화 접변 과정에서 발생하는 것이다. 즉, 물질 문화의 변동 속도는 빠른 데 비하여 비물질 문화인 가치관과 규범의 변동 속도가 느려 나타나는 사회 혼란의 예에 해당한다. 문화의 내용 중에서 종교, 가치관 및 사회 제도와 같은 비물질적인 것은 물질적인 것보다 전파와 변동 속도가 일반적으로 느리다. 이렇게 물질적인 측면의 변화를 따르지 못하고 기술 발달이 계속되면 그 간격은 점점 커지게 된다.

40 레비-스트로스(Levi-Strauss)는 사물을 그 성질에 따라 유사한 것끼리 범주화하고 서로 다른 것을 가르는 등의 사고 유형에 있어 현대인과 야만인이 같은 논리적 감각과 사고 구조를 갖고 있다고 하였다. 그러므로 레비-스트로스의 과제는 세상 모든 사람들이 갖고 있는 사고의 구조는 구체적으로 무엇인가를 찾아내는 것이었는데, 가장 단순한 단계가 이분적 대립이었다. 그는 사물과 감정을 그 성질에 따라 이분적으로 대조하고 대립시켰고 자아와 타자를 구별하는 이분적 분류가 인간 심성의 기본 구조라고 하였다.

정답 39 ③ 40 ④

비관론자는 어떤 기회가 찾아와도 어려움만을 보고,
낙관론자는 어떤 난관이 찾아와도 기회를 바라본다.

– 윈스턴 처칠 –

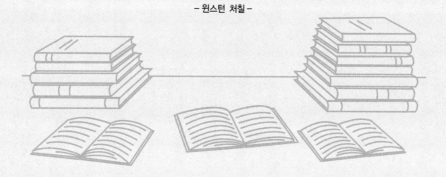

제 6 장

사회화와 퍼스낼리티

당신이 저지를 수 있는 가장 큰 실수는 실수를 할까 두려워하는 것이다.

– 앨버트 하버드 –

제 6 장 | 사회화와 퍼스낼리티

제1절 사회화의 뜻과 의의

1 사회적 상호작용의 중요성

(1) 사회적 상호작용의 의미

① **사회적 행동의 상호교환 과정** : 서로 상대방에게 감정과 행동을 주고받는 사회적 행동의 교환 과정이다.

② **상황에 대응한 선택적 반응 과정** : 주어진 상황과 조건을 분별하고 적합한 행위 방식과 절차에 선택적으로 반응하는 역동적인 과정이다.

(2) 상호작용의 중요성과 특성

① **상호작용의 중요성** : 상호작용은 긍정적인 측면에서는 좋은 인간을 만들지만, 반대로 부정적인 측면에서 일어나는 상호작용은 나쁜 결과를 개인에게 가져다주기 때문에 그 중요성이 강조된다.

② **사회적 상호작용의 특성**

㉠ 사회적 상호작용은 공유하고 있는 문화 혹은 상징을 밑바탕으로 하여 발생한다.

㉡ 사회적 상호작용이 일정기간 동안 지속적으로 일어나면 그것은 어떤 형태로든 유형화되어 사회 구조를 이루게 된다.

(3) 상호작용의 유형

① **협동** : 공동의 목표를 달성하기 위해 성원들이 서로 힘을 합치는 것으로, 평등한 참여 기회를 보장하고 목표 달성 시 그 혜택을 공평하게 나눠야 잘 이루어진다.

② **경쟁** : 둘 이상의 행위자 혹은 집단이 공통의 규칙에 따라 동일한 목표를 서로 먼저 차지하기 위해 애쓰는 것으로 심할 경우 갈등으로 발전할 수 있다.

③ **갈등** : 목표나 이해관계가 충돌하여 상대방을 강제로 굴복시키거나 제거해서 목표를 달성하려는 것으로, 사회 분열과 혼란을 초래하지만 사회 문제를 파악하고 해결 방안을 모색함으로써 사회 발전에 기여하는 측면도 있다.

> **더 알아두기**
>
> **사회적 상호작용의 공통점과 차이점**
> • 협동과 경쟁은 동일한 목표를 달성하려 한다는 공통점이 있다.
> • 경쟁은 협동과 달리 상대방보다 먼저 목표를 달성하려 하고, 경쟁은 규칙에 따라 정당하게 목표를 달성하려 한다는 점에서, 규칙을 지키지 않고 서로를 적대시하며 제거 또는 파괴하려는 갈등과 구별된다.

2 사회화의 뜻과 과정 기출 24, 22, 20

(1) 사회화의 뜻

① 한 동물적 존재인 인간이 태어나서 타인과의 상호작용을 통해 그 사회의 가치와 규범, 도덕, 신념 등을 내면화함으로써 그 사회가 바라는 인간다운 인간으로 성장하는 과정을 말한다.

② 사람이 사고나 감정, 행동의 방식을 획득하는 사회적 상호작용 과정으로서, 사회화 과정이 없이는 개인도 사회도 존속할 수가 없다.

③ 개인은 사회화 과정을 통해서 규범, 가치, 언어, 기술 등 사회생활에 필요한 지식과 행동 방식을 배운다.

④ 사회의 가치와 규범을 내면화하고 사회에서 요구하는 사람다운 사람이 되는 과정을 말한다.

(2) 사회화 전체 과정에 대한 이해

① 사회화되기 전의 나는 아무것도 모른다(내가 누구인지조차도 모른다).

② 아무것도 모르는 나는 가족, 친구 등의 사회화 대행자들에 의해서 문화의 내용을 습득한다.

③ 사회화가 되면 "나는 누구인가?" 하는 자아정체감이 형성되고, 개인의 독특한 퍼스낼리티가 형성된다.

④ 사회의 가치와 규범, 신념 등을 받아들이고 자신의 지위와 그에 따른 역할을 알게 된다.

(3) 사회화의 형태

① **원초적 사회화** : 어린 시절의 학습 과정으로 언어와 인지 능력의 향상, 문화적 규범과 가치의 내면화, 정서적 유대의 확립, 다른 사람들의 역할과 관점에 대한 평가 등을 포함한다.

② **예기 사회화** 기출 24, 20 : 학습 역할들이 현재가 아닌 미래의 역할에 지향된 사회화로, 어린아이들이 소꿉놀이를 하면서 어머니와 아버지의 흉내를 내보는 것이 대표적인 예이다.

③ **발달 사회화** : 새로운 기대나 의무, 역할의 습득이 요구되는 상황(결혼이나 전직 등)에서 **새로운 학습이 옛것에 부가되거나 융화되어 일어나는 사회화**를 말한다.

④ **역사회화** : 구세대의 문화지식이 젊은 세대로 전해지는 것이 아니라 그 반대의 방향으로 일어나는 현상이다. 시골에서 서울로 이주한 노인들이 자식들로부터 대도시의 생활 방식을 배우는 경우, 어른들이 컴퓨터를 배우는 경우 등이 해당된다.

⑤ **재사회화** 기출 24, 23, 22 : 급격한 생활환경의 변화가 있을 때, 즉 사람들이 과거에 가지고 있던 것과는 근본적으로 다른 규범과 가치를 내면화하는 경우이다. 특히 군대나 포로수용소, 교도소, 수녀원, 정신병원 등과 같은 이른바 '총체적 기관'에서 효율적으로 일어난다.

제2절 사회화의 과정

1 프로이트(S. Freud)의 성품발달이론 기출 20

프로이트는 인간이 자아를 발달시키고 성품이 형성되는 과정을 설명하는 데 있어 인간이 생득적인 욕구를 어떻게 얼마나 충족시키는가 하는 측면에서 이론을 전개하였다. 특히 영아기와 유아기 때 경험했던 불만이나 억압, 좌절이 훗날 정신 질환이나 원만하지 못한 성격 형성의 원인이 된다고 설명하였다.

(1) 구강기(0~1세)

① 태어나면서부터 12개월까지 유아가 주로 **입을 통해서의 만족**을 얻는 시기이다.
② 즐거움의 근원은 충동의 즉각적인 만족에 있으며 자신에게 만족과 쾌감을 주는 인물이나 대상에게 애착을 느낀다.

(2) 항문기(2~3세)

① 만족을 느끼는 것이 입에서 항문으로 옮겨오는 시기이다(배설의 만족감).
② 유아는 배변 훈련을 통해서 충동적 행동 억제와 사회의 도덕, 질서를 지키려는 관념, 창조적·비창조적 성격이 형성된다.
③ 어린이는 대소변을 가리기 시작하고, 본능적인 행동을 때와 장소에 따라 규제해야 한다는 것을 터득하게 된다.
④ 이때 처음으로 본능적 충동에 대한 외부적 통제를 경험하게 되는데, 고착 현상의 징후는 지나치게 규율을 준수하는 결벽성을 갖게 된다.

(3) 음경기(3~5세)

① 쾌감을 느끼는 만족대가 성기로 옮겨오는 단계를 말한다.
② 이 시기의 아동은 남녀의 신체 차이, 부모의 성 역할 등에 관심을 갖는다.
③ 오이디푸스 콤플렉스(거세 불안증)와 엘렉트라 콤플렉스(남근 선망)를 동일시하는 현상이 나타난다.
  ㉠ 오이디푸스 콤플렉스 : 남자아이가 어머니를 좋아하고 이성적인 애정을 느끼는데, 어머니의 애인이라고 간주되는 아버지의 존재로 인해 그 감정을 표현하지 못하기 때문에 생기는 불만을 말한다.

ⓒ 엘렉트라 콤플렉스 : 여자아이가 아버지를 좋아하고 엄마를 미워하는 증오감을 성적 동일시와
같은 방법으로 승화시키지 못하거나 겉으로 표출하지 못했을 때 생기는 욕구불만을 말한다.

④ 이 시기는 매우 복잡하고 자극적인 감정이 교차되는 특징을 보이며, 성격 형성에 매우 중요한 단계
이다.

(4) 잠복기(6~11세)

① 성적인 욕구가 철저히 억압되어 심리적으로 평온한 시기로, 이 시기를 잠복 기간이라고 하는 이유는
단지 **성적으로 침체된 시기**라는 의미이다.

② 성적인 부분을 제외하고는 새로운 학습, 사회적 지위 역할, 운동 능력의 신장 등 매우 활동적인 모습
을 나타낸다.

(5) 생식기(11세 이후)

① 성적인 완숙을 보이기 시작하는 단계이다. 즉, 성적 쾌감은 진정한 이성적 사랑의 대상을 찾아 만족
을 얻고자 하는 것으로, 이성의 부모에 대한 지나친 애정은 불가능하고 부모와의 성적 관계는 금기
시됨을 안다.

② 부모로부터 독립하려는 욕구가 생기며, 진정한 사랑의 대상으로 이성을 찾게 된다.

더 알아두기

프로이트의 자아 개념 `기출` 24, 20

- **Id(본능, 원초아)** : 선천적으로 지니고 있는 원시적이고 동물적인 욕망으로, 인간의 삶을 지배하는
기본 원리이다. 쾌락의 원리에 의해 지배되며 인간의 모든 욕망의 저장소이다(신체적 흥분이 정신적
으로 표현된 것).
- **Ego(자아)** : 외부 세계를 현실적으로 판단하고 현실 세계와 자기 자신의 관계를 평가하며, 행동을
사회적으로 용납될 수 있도록 통제하는 성격의 부분으로, Id와 Super-ego를 조절하며 **현실의 원리
에 의해 지배**된다.
- **Super-ego(초자아)** : 성장 과정에서 부모나 사회적인 교육의 과정에서 습득되고 형성되는 것으로,
인간의 가치, 규범, 윤리, 태도 등과 같은 사회적 행동 규제와 관련된다. 이것은 인간의 양심과 자아
이상의 두 가지 하위 체계를 갖고 있다. 또한, 본능의 표출을 금지하고 현실 세계를 도덕적 가치에
의해 판단하는 것이며, 이는 이상이나 도덕적 원리에 의해 지배된다.

---

2 에릭슨(E. H. Erikson)의 자아발달 8단계 이론

프로이트의 심리적 발달 단계론을 기초로 하였으나, 에릭슨은 프로이트와는 달리 사회 속에서 맺게 되는 사회적 관계에 따라 일생을 8단계로 나누고 각 발달 단계가 상호관련성이 있다고 보았다. 따라서 에릭슨의 발달이론을 사회 심리적 성격 발달 이론이라고 부른다.

(1) 신뢰감과 불신감의 단계(0~1세)

① 영아의 욕구가 충족되고 따뜻하고 일관성 있는 태도로 보살핌을 받게 되면 신뢰감을 형성하고, 그 반대의 상황에서 불신감을 형성하게 된다.

② 생후 1년간에 해당하는 유아기의 주요 과업은 적당한 비율로 신뢰감과 불신감을 획득하는 것이며, 신뢰감이 불신감보다 많아야 위기에 대처할 수 있다.

③ 구강 감각기 중에 형성되며 먹는 만족, 편안한 수면·배설을 하는 능력에서 나타난다.

(2) 자율성과 의구심의 단계(2~3세)

① 자기 자신과 주위의 여건들에 대해 자율적으로 통제·조정하고 싶어 한다.

② 배변 훈련을 통하여 자율성을 성취하게 된다.

③ 자기 능력으로 할 수 있는 일은 자기 방식대로 하도록 허용하고 격려하면서 분별력 있게 도와주면 자율성이 발달된다. 그러나 자율성을 존중해 주지 않으면 수치감과 회의감을 유발시킨다.

(3) 진취성과 죄의식의 단계(4~5세)

① 자기 스스로의 육체적·사회적 행동을 할 수 있는 능력이 발달한다.

② 이 단계에서 아동의 주 활동은 놀이이며, 진취성과 죄의식이라는 극적인 행동양식으로 특징지어진다.

③ 원하는 활동에 참여하고, 호기심에 찬 질문에 대한 부모들의 충실한 대답을 듣는 경험을 통하여 어떤 목표나 계획을 세워 그것을 주도적으로 성취하고자 하는 노력이 이루어진다.

(4) 근면성과 열등감의 단계(6~11세)

① 대체로 적극적이고 능동적이며, 부지런히 일을 하는 단계이다.

② 초등학생의 연령 정도로 새로운 기술과 사회적 능력을 학습한다. 읽거나 쓰기뿐만 아니라 손 기술을 배우는 것, 기술적인 놀이와 운동에 참여하는 것 등의 노력이 충분히 보상되면 근면성이 발달한다.

③ 귀찮은 일만 하고 다닌다는 핀잔을 받거나 아동 스스로가 계획했던 생각이나 행동이 늘 중간에 좌절하게 되면 열등 의식이 생긴다.

(5) 자아정체감과 역할 혼돈의 단계(12~18세)

① 육체적인 성숙과 더불어 사춘기에 접어드는 단계로 자아정체감을 습득하거나 역할 혼돈에 빠지는 단계이다.

② 청년기의 급격한 신체적 변화를 경험하게 되면서 자신의 존재에 대한 의문과 탐색을 시작하고, 정체감 형성을 촉진하는 내적 작용자인 자아에 의해 재능, 소질, 기술을 선택하며 통합하는 능력을 갖는다.

③ "나는 누구이며 어디로 가고 있는가?"라는 질문에 답변을 찾으면 정체가 형성되며 그렇지 못하면 역할의 혼미로 위기가 온다.

④ 사춘기의 소년·소녀가 불신감과 의구심, 죄책감, 그리고 열등의식을 경험했으면 자아 정체감이 발달하지 못하고 역할 혼돈 속에 빠지게 된다고 본다.

(6) 친근감과 고립감의 단계(청년기)

① 다른 사람과 나의 감정을 나눌 수 있는가 없는가 하는 위기에 직면해 있는 단계이다.

② 타인과의 친밀한 관계를 유지하는 일에 따르게 되며, 이성과 결혼하고 대인 관계가 확립되는 시기이다. 정상적인 대인 관계가 확립될 수 없으면 고독감에 사로잡힌다.

(7) 창의력과 침체의 단계(중년기)

① 자기 자신보다 타인에 대해서 더 많이 생각하는 단계이다.

② 창조성, 생산성, 다음 세대의 지도에 대한 관심과 헌신의 시기이며, 더 나은 사회를 만들기 위해 노력한다. 반면, 그렇지 못한 경우에는 무관심, 허위, 이기심을 갖게 된다.

(8) 자아 완성과 절망의 단계(노년기)

① 생애 주기의 마지막 단계인 노년기에는 자신의 전 생애를 통해 이룩해 놓은 업적을 뒤돌아보는 단계이다.

② 에릭슨은 이 단계에 이르러서야 인간은 자신의 위치, 대인 관계, 능력을 정확히 인식하게 되고, 비로소 한 개인의 성품이 완성된다고 보았다.

3 피아제의 인지발달이론

> **더 알아두기**
>
> **피아제(Jean Piaget, 1896~1980)**
> - 한 어린이가 그의 주위의 세계를 어떻게 이해하고 종합하느냐 하는 인지 성숙의 정도가 곧 아동의 지능 발달 정도를 말하며, 아동의 성품 형성에 영향을 준다고 믿었다.
> - 한 어린이가 성숙하는 과정에는 몇 가지 단계가 있으며, 모든 사람은 반드시 이 단계를 거친다고 하였다.

(1) 지각 동작 단계(0~1.5세)

① 모든 감각(미각, 후각, 시각, 청각, 촉각)이 발달하고 **감각과 활동을 통해서만 사물을 인식**한다.
② 지능이 행동으로 표현되는 시기로 감각과 운동을 사용하여 지각한 활동에 의해서 세상을 이해한다.
③ 대상 영속성도 나타나는데 이는 어떤 대상이 시야에서 사라져도 그 대상이 존재한다는 것을 알게 되는 것을 말한다.

(2) 조작 전기 단계(1.5~7세)

① 사물을 생각과 감정으로 이해하고 내재화시키나 **사고와 감정 표현은 자기중심적**이다.
② 언어를 배우기 시작하고 다른 사람의 말과 행동을 모방하지만, 그것은 단순히 모방에 지나지 않는다.
③ 보존 문제를 해결할 수 없고 본 그대로의 **직접적인 것과 지각적인 것에 지배**된다.

(3) 구체적 조작 단계(7~11세)

① 단순한 사항에 대해서는 **논리적 사고를 할 수 있는 단계**이다.
② 구체적 사물에 대하여 조작적 사고가 가능한 시기다. **자기중심적에서 벗어나 탈중심화**하며, 보존 문제, 가역성, 배(계)열, 분류 등의 능력이 발달된다.
③ 질량 보존의 개념, 시간과 거리의 개념, 사물을 그 성질에 따라 나누고 배열하고 범주화할 수 있는 능력도 생긴다.

(4) 형식적 조작 단계(12세 이상)

이 시기의 아동은 성인의 추상적 사고력을 습득할 수 있게 된다. 가설적 명제만으로 조작할 수 있는 능력을 갖추며, 가능한 변인을 가려낼 수 있고, 후에 실험을 통해서 증명될 수 있는 가능한 관계를 연역할 수 있게 된다.

① **사춘기(12~14세)** : 좀더 복잡하고 추상적이고 논리적 사고를 할 수 있는 단계이나, 아직은 사물이나 현상을 여러 측면에서 생각해 보고 증명하지는 못한다.
② **사춘기 이후 단계(15세~사망기)** : 복잡한 논리적 사고를 할 수 있고, 학문과 이론을 전개시켜 나갈 수 있는 성숙 단계로 타인의 입장에서 세상을 관찰할 수 있는 안목도 갖게 된다.

4 미드(George H. Mead)의 자아발달이론

(1) 기본 이론(자아 개념)

① 사회적 상호작용을 통한 자아발달을 사회화의 핵심으로 생각하며, 자아는 사회에서 만들어진다고 본다. → 쿨리와 함께 상징적 상호작용 이론의 대표자이다.

② 인간의 자아 개념(Self-concept)이 어떻게 발달하고 인간이 하나의 사회적 존재로 성장하게 되는 지에 대해서 좀 더 구체적이고 체계적인 이론으로 발전시켰다.

③ **자아의 개념**

사회화된 인간이라고 해서 반드시 피동적·수동적이지는 않다. 미드에 의하면 자아(Self)에는 사회의 기대에도 불구하고 스스로 결정하는 능동적이고 주체적인 자아(I)와 사회적으로 형성된 사회적 자아(Me)의 두 가지 성격을 갖고 있다고 보았다.

㉠ 주체적 자아(I) : 욕구대로 행동하고 싶어 하는 충동적이고 본능적인, **주체로서의 자아**이다.

㉡ 사회적 자아(Me) : 주체적 자아(I)의 행동을 규제하고 일반화된 타자의 입장에 서서 판단하는 **사회적인 자아**이다. Me는 자신을 하나의 객관적인 물건으로 보며 사유의 대상이 된다.

④ **자아 형성**

㉠ 갓 태어난 아기는 자아라는 개념이 없다. 그러므로 자신의 존재 자체를 의식하지 못한다.

㉡ 자아 개념이 생기기 전에 타인의 개념이 먼저 생긴다. 즉, 엄마와의 육체적 접촉과 상호작용을 통해서 자신과 엄마가 분리된 존재임을 어렴풋이 의식한다.

㉢ 언어를 배우고 기타 다른 상징적 수단(제스처 포함)을 통해 부모, 형제와 상징적, 물리적 자극을 주고 받으면서 **자아정체감**이 생긴다. 이때 정체감 형성에 영향을 미치는 사람으로 중요한 타자와 일반화된 타자가 있다.

(2) 중요한 타자와 일반화된 타자

① **중요한 타자**

㉠ 자아 개념과 자아정체감 형성에 중요한 역할을 담당하는 사람을 말한다.

㉡ 주로 가족이나 학교 선생님을 말하며 어린이와 **지속적인 상호작용**을 통해 어린이의 자아 형성에 큰 몫을 담당하는 사람을 말한다.

② **일반화된 타자**

㉠ 언어를 마음대로 구사하고 좀 더 자라면 선과 악에 대한 구별과 판단을 할 수 있게 된다. 이때 선과 악에 대한 판단의 기준이 되는 사람을 말한다.

㉡ 전체 사회를 대표하는 일반인, 즉 사회의 규범과 가치를 내면화한 일반인으로 자아에게도 그들의 규범과 가치에 따라 행동하도록 기대하는 사람들을 의미한다.

(3) 미드의 역할 학습 3단계

미드(G. H. Mead)는 상호작용을 통해 어린이의 발달을 설명하면서 어떻게 역할을 학습하게 되는가를 **역할 학습의 3단계 법칙**으로서 설명했다.

① **준비 단계(1~3세)** : 단순한 모방 단계이다. 아무런 의미나 뜻도 모르고 타인(성인)의 행동과 말을 모방하는 단계이다.

② **유희 단계(3~4세)** : 소꿉놀이를 하며 그가 맡은 역할의 의미가 무엇인가를 이해하면서 자신들도 그런 역할을 **흉내내어 행동하는 단계**이다. 특히 이 단계에서 **중요한 타자의 역할**이 강조된다.

③ **경기 단계(4~5세)** : 특정 게임을 하기 위해서는 규칙을 준수해야 하고 자기 차례와 남의 차례를 기다릴 수도 있어야 하며, 타인의 역할을 기대하고 그에 대응할 수 있는 방법도 생각할 수 있어야 한다. 그러므로 이 단계는 **사회의 가치와 규범을 인식하고**(Generalized others의 역할), **행동하고** 억제할 수 있는 능력이 준비된다.

5 쿨리의 영상 자아(Cooley and Looking-glass self)

(1) 영상 자아의 개념

① 초기 상징적 상호작용론자인 쿨리(C. H. Cooley)는 개인이 사회적 환경 속의 다른 대상들처럼 자신을 대상으로 보는 과정에서 자아를 형성해 간다고 보았다.

② 쿨리는 인간의 자의식이란 갓난아이들이 다른 사람들과의 부단한 상호작용을 통해서 서서히 형성하게 되는 사회적 산물이기 때문에 '남들'이 없는 상황 속에서 '나'라는 의식이 형성될 수 없다고 보았다.

③ 상호작용 과정에서 다른 사람의 나에 대한 태도가 곧 나를 비추어 주는 거울의 역할을 하므로, 다른 사람의 마음속에 비친 내 모습이 바로 영상 자아이다.

④ 다른 사람들이 자신을 귀한 존재라고 여기면 자기 스스로도 귀한 존재라는 자아 개념이 생기고, 남들이 자신을 열등한 존재라고 여기면 자기 스스로도 열등한 존재라는 자아 개념이 생긴다는 것이다.

⑤ 자신을 대상화하여 평가하는 자기 성찰성을 강조한다.

(2) 영상 자아를 통한 자아 형성의 단계

① 내가 남들에게 어떻게 보여지고 있는지에 대한 나의 상상

② 남들에게 그렇게 보여지고 있는 내가 그들에게 어떻게 평가되고 있는지에 대한 나의 상상

③ 남들의 그러한 평가에 대한 나 자신의 해석(느낌)

→ 타인이 나를 보고 아름답다고 하면 나도 내가 아름답다는 생각이 들고, 내게 도둑놈이라고 하면 나도 나쁜 사람인가보다 하는 느낌을 갖게 되어, 그 사람들이 기대한 대로 나쁜 사람처럼 행동하게 된다는 것이다. 즉, 남들의 반응이라고 하는 사회적 거울이 없이는 '나'라고 하는 자의식의 형성은 불가능하다.

6 공자의 인격발달 단계

더 알아두기

子曰
공자께서 말씀하시기를
吾 十有五而志于學(오 십유오이지우학)하고
나는 열다섯(15세)에 학문에 뜻을 두었고,
三十而立(삼십이립)하고
서른(30세)에 뜻을 세웠고,
四十而不惑(사십이불혹)하고
마흔(40세)에는 모든 사리에 현혹되지 않고 마음의 흔들림(혼란)이 없었으며,
五十而知天命(오십이지천명)하고
쉰(50세)에는 하늘의 뜻을 알게 되었고,
六十而耳順(육십이이순)하고
예순(60세)에는 어떠한 말을 들어도 모든 일의 이치를 깨달아 저절로 알게 되었고,
七十而從心所欲(칠십이종심소욕)하여 不踰矩(불유구)라.
일흔(70세)에는 마음에서 하고자 원하는 대로 행하여도 법도에 어긋나는 일이 없었다.

즉, 도덕성의 완성은 하늘과 사회의 이치를 다 깨닫고 어떤 일에도 편견을 갖지 않는 지식과 학문을
터득한 후에나 이룰 수 있는 지혜의 마지막 단계로 보았다.

(1) 공자는 인간의 지혜, 또는 도덕성이 연령의 증가에 따라 단계적으로 발달·확장된다고 보았다.

(2) 자기가 하고 싶은 대로 마음 가는 대로 행동을 해도 사회의 가치와 규범, 법과 도덕, 그리고 일상적인
예절에서 벗어나지 않는 사람을 성숙한 사람으로 보았다.

(3) 도덕성의 완성이 인생의 마지막 단계라고 할 수 있는 노년기(공자의 나이 70세)에 이르러 비로소 완성
된다고 했다.

제3절 사회화의 행동자(대행자)

1 사회화의 대행기관과 대행자

(1) 대행자

한 개인이 사회화되도록 옆에서 도와주고 사회화시키는 사람들을 사회화의 대행자(또는 주관자)라고 한다.

(2) 대행기관

사회화시키는 기관을 사회화 대행기관(가족, 동료 집단, 학교, 직장, 대중 매체 등)이라고 한다.

① **가족** : 일차적 사회화가 일어나는 곳으로, 어린이가 태어나면서 제일 먼저 상호작용을 하는 곳이다.

② **동료 집단(친구 집단)** : 가족에 버금가는 중요한 사회화의 대행자로, 골목의 또래 친구들에서부터 중·고등학교의 친구들에게까지 이들이 개인의 자아 발달과 사회화 과정에 끼치는 영향은 대단히 크다.

③ **학교** : 가장 효율적인 사회화 대행기관으로, 조직적이고 공식적인 사회화 기관인 동시에 비공식적인 사회화 대행기관이다. → 학교에서 학생의 진로를 정해 주고 예기 사회화(豫期社會化)를 시키는 과정에서 너무나 기존의 가치체계에 의해서 학생의 장래를 결정하기 때문에 그들의 꿈을 제한시키는 역기능적인 측면도 있다.

④ **직장** : 일정한 훈련을 받은 사람끼리 모여 상호작용을 하는 곳으로 전문인으로서의 자질과 태도, 기술, 지식을 습득하고 사회화된다.

⑤ **대중 매체(Mass media)** : 동시에 가장 널리 사회화시킬 수 있는 대행자 역할을 담당하며, 사회성원들을 획일적으로 사회화시키는 기능을 한다.

(3) 재사회화와 재사회화 기관

① **재사회화** : 일차적인 사회화에 의하여 학습한 가치, 규범, 신조 등을 버리고 **새로운 가치 규범, 신념**을 내면화하는 것(교도소, 정신 병원 등)을 말한다.

② **특정 집단의 재사회화** : 군대 조직이나 특수 집단같이 일반 사회의 가치·규범을 가지고는 지휘·통솔할 수 없는 기관에서의 사회화를 말한다.

　㉠ 일차적 사회화 과정이 잘못된 경우 : 사회가 기대하는 가치, 규범으로 성공적인 사회화가 이루어지지 않았을 때 사회화시킨다(교도소, 정신 병원, 알코올 중독자나 마약 중독자를 위한 강제 수용소 등).

　㉡ 일차적 사회화는 성공적인 경우 : 일반 사회의 가치·규범을 가지고는 지휘·통솔할 수 없는 기관에서는 그 조직 내에서만 통하는 가치·신조 등으로 교육하여 목적 달성에 효율적인 인간으로 사회화시킨다(군대 조직이나 특수 집단).

③ **탈사회화** 기출 20 : 사회화 과정에서 학습한 모든 것을 다 잊어버리고 **백지화되는 현상**으로, 재사회화가 되려면 먼저 탈사회화가 되어야 한다.

제4절　사회화의 결과

1 **개인적 측면**

(1) 자아 개념이 발달하고 자아정체감이 형성된다.

(2) 그 개인만이 갖는 독특한 퍼스낼리티가 형성된다.

(3) 자아정체감에 대한 인식은 자신의 지위와 그에 따른 역할을 인식하게 해 준다. 또한, 성(性) 역할의 습득으로 여성은 여성답게, 남성은 남성답게 행동한다.

(4) 사회에서 인정하는 방법과 범위 내에서 희구(希求) 수준을 결정한다.

2 **사회적인 측면**

(1) 문화를 다음 세대로 전승하는 기능을 한다.

(2) 효과적인 사회화가 진행된 곳에서는 사회화의 피해자가 생긴다. 즉, 현존 질서에서 대접받지 못하는 집단, 여성들, 신체장애자들, 그리고 사회의 어두운 곳에 사는 집단들이 이에 속한다.

제5절　퍼스낼리티의 형성 요인

1 **퍼스낼리티의 개념**

(1) 퍼스낼리티란 남과 나를 구별할 수 있는 **나만이 가지고 있는 독특한 성질(개성)**을 말한다.

(2) 독특한 성질이란 나의 생김새는 물론 성격 특성, 인품, 자질, 됨됨이 등 나와 관련된 부속물 모두를 포함한다.

2 퍼스낼리티를 형성하는 데 작용하는 요인

(1) 생득적인 요인

부모로부터 물려받은 유전적인 유형, 즉 외모, 체격, 체질, 체력, 건강 상태, 지능 정도, 성별의 차이에 따라 다른 유형의 퍼스낼리티가 형성된다.

(2) 사회화 과정에서 작용하는 요인

자녀 교육법, 부모의 성격과 가치관, 부모·형제자매 간의 상호작용의 유형과 친밀 정도, 타인과의 접촉(사랑, 우정)의 폭과 깊이 정도, 사회화 대행자의 특성(친구 집단의 특성, 직장의 성격) 등이 작용한다.

(3) 심리적인 요인(매슬로우 이론)

매슬로우(A. H. Maslow)는 인간은 원초적으로 다음과 같은 욕구가 단계적으로 충족되어야만 개인이 원만하고 완성된 퍼스낼리티를 형성한다고 본다.

① **기본적·생리적 욕구** : 최하위에 있는 가장 기초적인 욕구로 우선순위가 가장 높은 욕구
   → 의·식·주·휴식에 대한 욕구, 성적 욕구
② **안전과 보장의 욕구** : 위험·위협에 대한 보호, 경제적 안정, 질서에 대한 욕구 등
③ **소속과 애정의 욕구** : 친밀한 인간관계, 집단에의 소속감, 애정을 주고받는 것 등에 대한 욕구
④ **자기존중의 욕구** : 다른 사람의 존경을 받으려는 욕구, 긍지·자긍심에 대한 욕구를 말하며 지위·명예·위신·인정 등에 대한 욕구 등
⑤ **자아실현의 욕구** : 자아성취·자기발전·창의성과 관련된 욕구

제6절 사회 문화의 유형과 퍼스낼리티

1 베네딕트의 구분

(1) 베네딕트(R. Benedict)의 구분

아메리카 인디언 문화에서 남부 푸에블로족(Pueblo Indian)의 아폴로(Apollo)형 문화와 서부 대평원 지역의 콰키우틀족(Kwakiutl Indian)의 디오니소스(Dionysos)형 문화 유형에서 개인과 퍼스낼리티 사이에 얼마나 밀접한 관계가 있는가를 연구했다.

(2) 아폴로형 문화와 디오니소스형 문화의 비교

구분	아폴로형 문화	디오니소스형 문화
종족	남부의 푸에블로족	서부의 콰키우틀족
성격	성격이 온화하며 상호협조적이고 경쟁심이 없다.	개인의 성격이 전투적·공격적이고, 횡포·과격하며, 극도로 정열적이고 경쟁심이 강한 것은 물론, 이기적·비협조적·개인주의적이다.
개인주의적 성향	개인주의적 성격은 형성되지도 않고 나타나지도 않는다.	개인주의적 행동이 나타난다.
대인관계	안정과 평화	갈등과 불안
목적	중용 추구, 전통과 규율 중시	극단 추구, 초자연적 힘의 획득 중시

2 사회 유형과 퍼스낼리티 – 사회 발전 단계에 따른 퍼스낼리티 유형 기출 23, 22, 20

리스먼(D. Riesman)은 『고독한 군중』이라는 저서에서 사회의 발전 단계에 따른 퍼스낼리티 유형을 다음의 세 가지로 제시했다.

> **더 알아두기**
>
> **사회적 퍼스낼리티**
> 한 사회의 개인들에게 가장 흔히 나타나는 성격을 말하며, 사회적 성격이라고도 한다.

(1) 전통지향형 기출 20

① 1차 산업이 지배적이었던 사회의 퍼스낼리티 유형이다.

② 개인 행동의 기준이 개인적인 가치에 있는 것이 아니라 문화가 제시해 주는 행동 규범에 따라 행동하는 퍼스낼리티를 말한다.

(2) 내부지향형

① 초기 공업화 사회에서 **개인적인 표준에 따라 행동**하는 퍼스낼리티 유형이다.

② 전통적 가치관을 고수하는 사람은 급변하는 사회에 적응하지 못하고 낙오하는 현상이 일어날 수 있다. 이때 개인이 자기 스스로의 판단과 목표에 의해서 행동을 결정하는 유형이다.

(3) 외부지향형 `기출` 20

① 제2차 세계 대전 이후에 3차 산업의 비중이 점점 커지는 대중 사회에서 나타나는 퍼스낼리티 유형이다.

② 대량 소비와 대량 생산에 따라 소비 지향적 문화가 형성되어 나타나는 유형이다.

③ "다른 사람들이 나를 어떻게 생각할까?" 하는 등 주위의 다른 사람의 감정과 행동에 민감한 반응을 보인다.

④ 자기와 같은 또래를 따라 행동하며 **다른 사람의 행동에 민감히 반응**한다.

3 한국인의 사회적 성격

(1) 한국인의 퍼스낼리티는 가부장적 권위에서부터 시작된다.

(2) 감투 지향적 성격, 상하 서열의식, 권위의식, 눈치의 원리, 친소(親疎) 구분의식, 공동체 지향의식 등이 한국인의 퍼스낼리티 형성에 큰 영향을 준다.

더 알아두기

최재석의 『한국인의 사회적 성격』
한국인의 사회적 성격에 대해 가부장적 복종이 강요되기 때문에 감투를 좋아하는 감투지향적 성격을 가지며 상하 서열의식이 뚜렷해서 아첨과 권위의식이 조성되고 눈치의 원리가 팽배하였다고 지적하였다. 또한 나와 관련 있는 것과 관련 없는 친소 구분의식, 공동체 지향의식이 뚜렷하다고 설명하였다.

---

01 사회화란 인간이 사회 속에서 성장하면서 자아정체감을 형성하고 사회의 구성원으로서 살아가고자 그 사회의 행동방식과 사고방식을 배워나가는 과정을 말한다.

01 인간이 태어나서 타인과의 상호작용을 통해서 그 사회의 가치와 규범, 도덕 등을 내면화하는 과정을 일컫는 개념은 무엇인가?

① 문화화
② 사회화
③ 재사회화
④ 탈사회화

02 ② 갈등은 집단 내의 인간관계에 혼란과 파멸을 가져오지만 순기능을 하기도 한다. 집단 간의 갈등은 집단 내부의 갈등을 줄여준다.
③ 사회적 상호작용은 긍정적인 측면에서는 좋은 인간을 만들지만, 반대로 부정적인 측면에서는 나쁜 결과를 개인에게 가져다주기 때문에 그 중요성이 강조된다.
④ 갈등적 상호작용은 당사자들의 목표나 이해 관계가 상충되어, 서로를 적대시하거나 상대방을 제거하려고 할 때 나타난다.

02 다음 중 사회적 상호작용에 대한 설명으로 옳은 것은?

① 대화는 개인 간의 사회적 상호작용이다.
② 집단 간의 갈등이 격화되면 집단 내부의 결속이 약화된다.
③ 사회적 상호작용은 어떠한 경우에도 개인에게 좋은 결과만을 가져다 준다.
④ 갈등적 상호작용은 참여가 개방되고 공정한 분배가 보장될 때 나타난다.

03 사회화는 사회적 역할과 제도적인 규범, 그리고 문화적 가치와 신념을 학습하는 과정이다.

03 사회화에 대한 설명으로 잘못된 것은?

① 역할과 가치의 학습 과정이다.
② 개인이 그 사회의 문화를 학습해 가는 과정이다.
③ 한 인간이 사회적 존재로 성장해 가는 과정이다.
④ 사회적 존재로서 초인적 잠재 능력을 실현해 가는 과정이다.

정답 01 ② 02 ① 03 ④

04 동물적 존재인 인간이 타인과의 상호작용을 통해 그 사회가 바라는 인간다운 인간으로 성장하는 과정을 일컫는 사회학적 용어에 해당하는 것은?

① 인격 형성
② 사회화
③ 정체감 형성
④ 퍼스낼리티 형성

05 다음 중 사회화의 역할로 알맞은 것은?

① 기술 습득
② 사회적 역할
③ 사회의 기본적 규율
④ 개인의 정체성 제공

04 사회화란 인간이 태어나 타인과의 상호작용을 통해 사회의 가치와 규범 등을 내면화하면서 사회가 바라는 인간다운 인간으로 성장하는 과정을 말한다. 즉, 동물적인 인간이 사회가 바라는 인간다운 인간으로 성장하는 것을 의미한다.

05 사회화의 역할은 다음과 같다.
• 사회구성원들이 자신이 속한 사회에서 생활하는 방법을 배우고 문화를 내면화한다.
• 사회화 과정을 통하여 각자의 고유한 개성을 형성하고 개인으로서 또는 집단성원으로서 기능을 할 수 있는 재량을 발달시켜 간다.
• 인간이 태어나서 생물학적 유기체로부터 자기 정체감을 가진 인간으로 성장해 가는 과정이라고 할 수 있다.
• 사회화를 통해서 문화적으로 인정된 규범을 습득하고, 자신이 속한 사회에서 문화적으로 받아들여지는 신념이나 가치관, 행위 규범들을 내면화한다.

정답 (04 ② 05 ④)

06 프로이트는 음경기까지를 성품 형성에 아주 중요한 단계로 보고, 그 이후는 이전 단계의 반응이라고 생각했다.
① 구강기 : 태어나면서부터 12개월까지의 영아가 주로 입을 통해서 만족을 얻는 시기이기 때문에 아이의 이유식 시기와 방법을 잘 택해야 한다.
② 항문기 : 이때 대소변 가리기 훈련을 하는데, 그것이 성공적으로 이루어지면서 순간적인 행동을 억제하고 사회의 도덕과 질서를 지키려는 관념이 생기게 된다.
③ 음경기 : 어린이가 아버지를 이성에 대한 경쟁자로 느끼게 되는데, 아버지의 행동 여하에 따라 성(性)에 대한 사회화가 원만하게 또는 원만하지 못하게 이루어지는지가 결정된다.

07 다른 사람에게 영향을 미치는 행동을 사회적 행동이라고 하는데 이러한 의미가 담긴 행동 등은 상징 기호를 통해 표현되는 것이다.

08 ① 오이디푸스 콤플렉스 : 남자 아이가 어머니를 좋아하고 이성적인 애정을 느끼는데 아버지를 이성에 대한 경쟁자로 간주하여 그 감정을 표현하지 못하면서 불만을 품게 되는 성향
② 나르시시즘 : 자신이 리비도의 대상이 되는 정신분석학적 용어로, 자기애(自己愛)라고도 함
④ 피그말리온 효과 : 타인의 기대나 관심으로 인하여 능률이 오르거나 결과가 좋아지는 현상

정답 06 ④ 07 ② 08 ③

06 프로이트(S. Freud)의 성품발달이론에서 개인의 성격 형성에 상대적으로 영향이 적은 발달 단계에 해당하는 것은?
① 구강기
② 항문기
③ 음경기
④ 생식기

07 인간이 자신의 행동을 주어진 상황과 조건에 적합한 것이라고 여기고 특정한 의미가 담긴 말이나 행동을 보일 때, 이러한 것을 일컫는 용어에 해당하는 것은?
① 사회적 적응
② 사회적 행동
③ 사회적 작용
④ 사회적 태도

08 다음 중 여자 어린이가 아버지를 좋아하고 엄마를 미워하는 증오감을 성적 동일시와 같은 방법으로 승화시키지 못하거나 겉으로 표출하지 못했을 때 생기는 욕구불만을 가리키는 용어는 무엇인가?
① 오이디푸스 콤플렉스
② 나르시시즘
③ 엘렉트라 콤플렉스
④ 피그말리온 효과

09 다음 중 프로이트(S. Freud)의 심리성적 발달단계에 대한 설명으로 적절한 것은?

① 심리성적 발달단계는 모두 성공적으로 진행되는 경우가 일반적이다.

② 유아기부터 성인기까지 여덟 단계로 구분된다.

③ 본능적인 성적 에너지가 행동과 사고의 동기가 된다.

④ 구강기부터 원초아, 자아, 초자아가 역동적으로 작용하기 시작한다.

09 프로이트는 무의식의 개념과 함께 정신을 구성하는 3가지 구조적 요소로 자아(Id), 현실적 자아(Ego), 초자아(Super-ego)를 들었다. 이러한 세 가지 요소가 발달하는 단계를 5단계로 구분하였는데, 이를 프로이트의 심리성적 발달단계라고 부른다. 이런 단계가 이루어지는 가장 큰 힘을 성적 욕구, 즉 리비도(Libido)라고 하였다. 프로이트는 리비도를 인간이 살아가게 하는 힘의 원천으로 보았고, 욕구 자체라고 말하였다.

10 프로이트가 말하는 자아의 구조에서 양심이나 사회적 규범에 따른 원리에 일치하는 자아에 해당하는 것은?

① 자아

② Me

③ 원초아

④ 초자아

10 프로이트의 자아 개념
- 본능, 원초아(Id) : 인간에게 원동력을 부여하는 성적(性的)이고 본능적인 자아
- 합리적인 사고를 하는 자아(Ego) : 본능적 충동과 사회규범 사이에서 자아의 방향을 제시해 주는 자아
- 초자아(Super-ego) : 선과 악을 판단할 줄 알고, 사회의 규범을 내면화하는 사회적 양심

11 성적 본능의 에너지, 즉 리비도의 집중 부위를 기준으로 사회화 단계를 제시한 학자는 누구인가?

① 미드

② 에릭슨

③ 피아제

④ 프로이트

11 리비도란 정신분석학적 용어로 성충동을 일으키는 에너지로 프로이트는 리비도가 사춘기에 갑자기 나타나는 것이 아니라 태어나면서부터 서서히 발달하는 것이라고 보았다.

정답 09 ③ 10 ④ 11 ④

12 친근감과 고립감의 단계(청년기)는 다른 사람과 나의 감정을 나눌 수 있는가 없는가의 위기에 직면해서 원만한 대인관계를 맺을 수 없는 경우 고립감을 경험하게 된다.

12 에릭슨(E. Erikson)은 친근감 또는 고립감이 형성되는 시기를 언제라고 보았는가?

① 영아기
② 유아기
③ 청년기
④ 중년기

13 생애 주기의 마지막 단계인 노년기에는 자신의 전 생애를 통해 이룩해 놓은 업적을 뒤돌아보는 단계이다. 자신의 삶에 대한 후회가 없으며 가치 있는 삶이었다고 생각하는 시기로 자신의 위치, 대인관계, 자신의 능력을 정확히 인식하여 비로소 한 개인의 성품이 완성된다고 보았다.

13 에릭슨(E. Erikson)의 자아 발달 단계에 의하면 인간이 자신의 업적에 만족하고 자아완성에 이르는 단계는 언제인가?

① 아동기
② 청년기
③ 중년기
④ 노년기

14 에릭슨은 사회 속에서 맺게 되는 사회적 관계에 따라 일생을 8단계로 나누고 각 발달 단계가 상호 관련성이 있다고 보았다. '신뢰감과 불신감의 단계 → 자율성과 의구심의 단계 → 진취성과 죄의식의 단계 → 근면성과 열등감의 단계 → 자아정체성과 역할 혼돈의 단계 → 친근감과 고립감의 단계 → 창의력과 침체의 단계 → 자아완성과 절망의 단계'로 발전한다고 보았다.

14 다음 내용에서 괄호 안에 들어갈 말은 무엇인가?

> 에릭슨(E. Erikson)이 주장하는 자아발달 8단계 이론에서 첫 번째에 해당하는 것은 (   )의 단계이다.

① 자율성과 의구심
② 진취성과 죄의식
③ 신뢰감과 불신감
④ 근면성과 열등감

정답 (12 ③   13 ④   14 ③)

15 다음 중 피아제(J. Piaget) 이론에서 전조작적 사고 단계의 특성을 바르게 설명한 것은?

① 몸으로 행동하는 대신 마음속으로 행동의 결과를 예측한다.
② 가설 설정과 미래 사건의 예측이 가능하다.
③ 자신의 사고와 다른 사람의 사고를 구별하지 못한다.
④ 언어를 사용하기 시작하고 논리적 사고를 한다.

16 피아제(J. Piaget)의 인지발달이론에서 인간이 여러 가지 추상적이고 복잡한 논리적 사고뿐만 아니라 세계 속의 자신을 인식하고 타인의 입장도 이해해 주는 성숙한 단계에 해당하는 것은?

① 지각 동작 단계(Sensory-motor stage)
② 조작 전기 단계(Pre-operational stage)
③ 형식적 조작 단계(Formal operational stage)
④ 구체적 조작 단계(Concrete operational stage)

17 피아제(J. Piaget)가 아동의 성품 형성에 영향을 주는 요인으로 본 것은?

① 아동의 경험의 폭
② 욕구 충족의 정도
③ 상호작용의 친밀 정도
④ 인지 성숙의 정도

---

15 전조작기 단계에서는 정보를 기억하거나 미리 계획을 세우는 일을 효과적으로 행하지 못한다. 전조작기는 언어적 표상이 추가 되나 아직 논리적인 사고를 못하는 시기이다.

16 ① 지각 동작 단계 : 사물을 만지고 두들겨 보면서 주위 세계와 사물을 이해하는 단계이다.
② 조작 전기 단계 : 지각 동작 단계를 통해 이해한 것들을 내재화시키는 단계이다. 사고와 감정의 표현은 자기중심적이며, 다른 사람들의 말과 행동을 모방하는 단계이다.
④ 구체적 조작 단계 : 단순한 이론적 사고의 단계로, 사물을 사고를 통해 합리적으로 이해할 수 있으며, 약간의 추상적 개념을 이해하는 단계이다.

17 피아제는 한 어린이가 그의 주위의 세계를 어떻게 이해하고 종합하느냐 하는 인지 성숙의 정도가 곧 아동의 지능 발달의 정도를 말하며, 아동의 성품 형성에 영향을 준다고 믿었다.

정답 15 ③ 16 ③ 17 ④

18 사춘기 이후 단계는 피아제가 주장한 인지발달의 단계로 복잡한 논리적 사고를 할 수 있고 학문과 이론을 전개시켜 나갈 수 있는 성숙 단계이다.

18 피아제(J. Piaget)의 인지발달단계 중 개인이 세계 속의 자신을 인식하고 타인의 입장도 이해할 수 있으며, 타인의 입장에서 세상을 관찰할 수 있는 안목이 생기는 단계는?

① 사춘기 단계
② 구체적 조작 단계
③ 지각 동작 단계
④ 사춘기 이후 단계

19 피아제에 의하면 인간의 발달은 주위의 제반 환경과 상호작용을 통한 적응 과정이다. 이러한 적응은 '동화'와 '조절'이라는 두 가지 하위 가정에 의해 평형화를 이루는 과정이며, 이는 새로운 인지 구조를 조직해 가는 원천이 된다. 즉, 이러한 과정을 통하여 구분되는 발달 단계를 거쳐서 변화하게 된다. 개인의 경험과 문화의 차이로 인해 한 단계의 발달이 성취되는 연령에는 차이가 있을 수 있으나 발달 단계의 계열은 불변한다.

19 아동의 지능 발달은 단계적으로 이루어지기 때문에 아무리 천재라 해도 특정 단계를 뛰어넘어 다음 단계로 도약하는 일은 없다는 사실을 강조한 학자는 누구인가?

① 프로이트(S. Freud)
② 피아제(J. Piaget)
③ 미드(G. H. Mead)
④ 에릭슨(E. Erikson)

20 미드는 인간이 언어를 배움으로써 자아를 얻게 되고 사회와 만나게 됨을 강조하였다. 어린아이는 내적 대화를 하면서 다른 존재의 입장에 서서 자기를 바라보고, 이러한 대화 과정 속에서 사회적 존재로 성숙해 나간다는 것이다.

20 언어와 같은 상징을 중요한 사회화의 수단으로 강조한 학자는 누구인가?

① 미드(G. H. Mead)
② 프로이트(S. Freud)
③ 에릭슨(E. Erikson)
④ 마르크스(K. Marx)

정답 18 ④ 19 ② 20 ①

21 미드(G. H. Mead)가 설명하는 어린이의 역할 학습의 3단계 과정을 순서대로 바르게 나열한 것은?

① 준비 단계 → 유희 단계 → 경기 단계
② 유희 단계 → 준비 단계 → 경기 단계
③ 유희 단계 → 경기 단계 → 준비 단계
④ 준비 단계 → 경기 단계 → 유희 단계

21 **미드의 역할 학습 3단계**
• 준비 단계 : 단순한 모방 행동만이 일어난다.
• 유희 단계 : 소꿉놀이를 하며 그가 맡은 역할의 의미를 이해한다.
• 경기 단계 : 사회의 가치와 규범을 인식하고 행동을 억제할 수 있는 능력이 준비된다.

22 미드(G. H. Mead)의 역할 학습 3단계 중에서 단순한 모방밖에 모르던 어린이가 규칙을 준수할 수 있는 역할을 학습하게 되는 단계에 해당하는 것은?

① 경기 단계
② 준비 단계
③ 모방 단계
④ 유희 단계

22 역할 학습의 준비 단계에서는 아무런 의미나 뜻도 모르고 타인의 행동과 말을 따라하지만 유희 단계에 이르러 다른 사람과 상호작용을 통해 역할을 학습하게 된다고 보았다. 그리고 경기 단계에 이르러 게임을 하면서 게임의 규칙을 준수하면서 사회의 가치와 규범을 인식하고 행동을 억제할 수 있는 능력이 준비된다고 보았다.

23 옆자리 친구의 답안지를 보고 싶은 자아가 있는 동시에 한편으로는 커닝은 범죄라고 말하는 자신 속의 또 다른 자아가 있다. 전자와 같이 주관적인 자아를 나타내는 개념은 무엇인가?

① I
② Me
③ Ego
④ Super－ego

23 미드는 자아를 'I'와 'Me'로 나누어 분석한다. 언어를 배우고 사회의 규범을 받아들이는 사회화된 개인의 자아(Self)에는 사회적 자아(Me)와 능동적이고 주체적인 자아(I)가 있다. 'I'는 충동적이고 본능적인 주체로서의 자아이며, 'Me'는 그러한 'I'의 행동을 규제하고 일반화된 입장에서 판단하는 자아이다.

정답 21 ① 22 ① 23 ①

24 미드(George H. Mead)는 사회적 상호작용을 통한 자아 발달이 사회화의 핵심이라고 하였다.
- 중요한 타자 : 자아 개념과 자아정체감 형성에 중요한 역할을 담당하는 사람으로 주로 가족, 학교 선생님을 말한다.
- 일반화된 타자 : 선과 악의 판단의 기준이 되는 사람, 전체 사회를 대표하는 일반인을 말한다.

24 지속적인 상호작용을 통해 어린이의 자아 형성에 중요한 영향력을 미치는 사람을 일컫는 개념으로 미드(G. H. Mead)가 주장한 것은?

① 선생님
② 중요한 타자
③ 일반화된 타자
④ 영상 자아

25 일반화된 타자는 전체 사회를 대표하는 일반인으로 사회의 규범과 가치를 내면화한 사람이다. 이는 특정 집단이나 사회적 가치와 규범을 내면화한 사회의 일반인을 지칭하며, 행위자의 행동과 가치 판단의 기준이 되는 일반적인 사회성원을 말한다.

25 어린이 행동의 선과 악의 판단의 기준이 되고, 사회의 규범과 가치를 내면화한 일반인을 지칭하는 개념으로 가장 적합한 것은?

① 중요한 타자
② 일반화된 타자
③ 규범집단
④ 가족집단

26 쿨리(C. H. Cooley)는 인간의 자아의식이란 다른 사람들과의 끊임없는 상호작용을 통해서 서서히 형성하게 되는 사회적 산물이기 때문에 '다른 사람들'이 없는 상황 속에서 '나'라는 의식이 형성될 수 없다고 보았다. 이러한 맥락 속에서 쿨리는 '영상 자아'라는 개념을 제시하게 되었다. 여기서 영상 자아란 곧 '거울에 비친 자아'를 말한다.

26 다음 중 '거울에 비친 자아'라는 개념을 발전시킨 학자는 누구인가?

① 미드(G. H. Mead)
② 쿨리(C. H. Cooley)
③ 프로이트(S. Freud)
④ 에릭슨(E. Erikson)

정답 24 ② 25 ② 26 ②

27 다음 중 사회화의 대행기관으로 볼 수 <u>없는</u> 것은?

① 직장

② 대중 매체

③ 병원

④ 학교

27 사회화 대행기관에는 가족, 동료집단, 학교, 직장, 대중 매체 등이 있다.

28 유아기의 사회화를 담당하는 가장 중요한 사회화 매체에 해당하는 것은?

① 가족

② 학교

③ 매스컴

④ 이웃

28 가족은 사회 구성의 가장 기초적인 단위이며 유아가 제일 먼저 접하는 사회화 장소이다.

29 비공식적 사회화 기관이며 동시에 2차적 사회화 기관에 해당되는 것은?

① 가족

② 놀이 집단

③ 대학원

④ 대중 매체

29 비공식적 사회화 기관은 부수적으로 사회화 기능을 담당하며, 2차적 사회화 기관은 한 단계 더 심화된 내용을 학습시키는 사회화 기관이다.

정답 27 ③ 28 ① 29 ④

30 예견적 사회화란 특정 집단의 성원이 되기 전에 미리 그 집단의 가치와 행동을 받아들여 미리 사회화되는 현상을 말한다.

30 자신이 바라는 종착 지위를 획득하기 위해서 미리 종착 지위가 요구하는 삶의 양식을 배우고 익히는 현상을 나타내는 사회학적 용어로 알맞은 것은?

① 준비 사회화
② 사회화
③ 예견적 사회화
④ 준거 사회화

31 예기 사회화란 현재보다 미래에 예상되는 지위가 요구하는 역할을 습득하는 사회화 과정이다.

31 '우열반' 시행에 대해 찬성과 반대 논쟁이 있었다. '우열반' 편성이 가져올 수 있는 결과로 가장 적합한 사회학적 개념에 해당하는 것은?

① 좌절감
② 예기 사회화
③ 사회화 대행자
④ 퍼스낼리티

32 재사회화가 되려면 먼저 탈사회화가 되어야 한다. 탈사회화란 사회화 과정에서 학습한 모든 것(자아정체감을 비롯해 사회의 가치와 규범 등 모두)을 다 잊어버리고 백지화되는 현상이다.

32 이미 형성된 자아정체감과 사회의 가치와 규범 등을 모두 잊어버리고 백지화되는 현상으로 알맞은 것은?

① 재사회화
② 탈사회화
③ 예기 사회화
④ 과잉 사회화

정답 30 ③ 31 ② 32 ②

33 1차적인 사회화에 의하여 학습한 가치, 규범, 신조 등을 버리고 새로운 가치, 규범, 신념을 내면화하는 것은?

① 재사회화

② 탈사회화

③ 예기 사회화

④ 과잉 사회화

33 급격한 생활 환경의 변화가 있을 때, 사람들이 과거에 가지고 있던 것과는 근본적으로 다른 규범과 가치를 내면화하는 경우를 재사회화라 한다.

34 다음 중 사회화의 결과와 거리가 **먼** 것은?

① 자아 정체감 형성

② 퍼스낼리티 형성

③ 사회화의 피해자 발생

④ 사회갈등과 문화변동

34 사회화의 결과는 다음과 같다.
- 자아 정체감 형성 : 자아 개념 발달
- 퍼스낼리티가 사회화 과정에서 형성
- 성의 동일시 : 자신의 지위와 그에 따른 역할 인식
- 희구 수준 결정 : 사회의 인정하는 방법과 범위 내에서 결정
- 전승하는 기능 : 기존 사회의 질서와 가치를 받아들이고 그에 따라 행동
- 사회화의 피해자들 발생(例현존 질서에서 대접 받지 못하는 동성애자, 성 전환자 등)

35 여성이나 신체장애인처럼 현존 질서에서 대접받지 못하고, 사회제도가 오히려 이들에게 불리하게 작용하는 집단을 지칭하는 가장 적합한 사회학적 용어에 해당하는 것은?

① 사회화의 피해자

② 일탈자

③ 하층 계급

④ 소수자

35 사회화의 피해자들이란 모든 사람이 완벽하게 성공적인 사회화가 이루어지면 현존하는 사회에서 불리한 처지에 있는 소수 인종, 여성들, 정신적·신체적 장애인들을 말한다. 그들은 그들의 잠재적 가능성을 충분히 계발시키지 못하고 불리한 대로 그저 그런 것이려니 하고 현존하는 가치 체계를 받아들일 가능성이 있다.

정답 33① 34④ 35①

36 소속과 애정의 욕구는 제3단계로, 가정을 이루거나 친구를 사귀는 등 어떤 단체에 소속되어 애정을 주고 받고자 하는 욕구이다.

36 다음 중 매슬로우(A. Maslow)의 이론에서 결혼을 하고 가족과 지역 공동체의 한 구성원이 되고 싶어 하는 욕구로 옳은 것은?

① 생리적 욕구

② 자아실현의 욕구

③ 소속과 애정의 욕구

④ 자아존중의 욕구

37 공자는 연령의 증가에 따라 지혜의 내용과 품성이 발달한다고 보았다.

37 인격발달의 단계에 대한 공자의 사상으로 가장 적절한 것은?

① 사람의 성품과 지혜는 단계적으로 성숙한다.

② 공자의 품성 발달 과정은 피아제의 인지발달 단계와 정확히 대응을 이루고 있다.

③ 기본적으로 공자는 치자와 피치자 사이의 구분을 거부한다.

④ 공자는 상호작용의 중요성을 명시적으로 강조하고 있다.

38 공자는 논어 위정편에서 지학(志學, 15세), 이립(而立, 30세), 불혹(不惑, 40세), 지천명(知天命, 50세), 이순(耳順, 60세), 종심[(從心, 70세), 뜻대로 행하여도 도리에 어긋나지 않는 나이로 고희(古稀)라고도 한다]으로 구분하였다.

38 공자가 말하는 '불혹의 나이'에 해당하는 것은?

① 30세

② 40세

③ 50세

④ 60세

정답 36 ③ 37 ① 38 ②

39 퍼스낼리티 형성에 가장 큰 영향을 주는 요인으로 알맞은 것은?

① 조직화

② 사회화

③ 단순화

④ 분업화

39 퍼스낼리티의 형성 요인은 다음과 같다.
- 생득적(생물적) 요인 : 부모로부터 물려받은 외모, 체격, 체질 등
- 사회적·환경적 요인 : 자녀 양육법, 부모의 성격과 가치관, 부모와 형제자매 간의 상호작용의 유형과 친밀도, 타인과의 접촉의 폭과 깊이의 정도, 사회화 대행자의 특성
- 심리적 요인 : 개인의 욕구 충족의 정도가 영향을 줌

40 리스먼(D. Riesman)은 사회의 발전 단계에 따라 나타나는 퍼스낼리티 유형이 있다는 것을 제시했다. 1차 산업이 지배적이던 사회의 퍼스낼리티 유형에 해당하는 것은?

① 타자지향형 퍼스낼리티

② 전통지향형 퍼스낼리티

③ 자기지향형 퍼스낼리티

④ 내부지향형 퍼스낼리티

40 전통지향형 퍼스낼리티는 역사적으로 볼 때 전근대적인 1차 산업이 지배적이던 사회의 퍼스낼리티 유형이다. 이것은 개인 행동의 기준이 개인적인 가치에 있는 것이 아니라 문화가 제시하는 행동 규범에 있는 퍼스낼리티를 말한다.

41 '타자지향형 퍼스낼리티'라는 용어를 사용하여 센세이션을 일으켰던 『고독한 군중(The lonely crowd)』의 저자는 누구인가?

① 리스먼(D. Riesman)

② 미드(M. Mead)

③ 오그번(W. Ogburn)

④ 베네딕트(R. Benedict)

41 리스먼은 『고독한 군중』에서 사회의 발전 단계에 따른 퍼스낼리티의 유형을 전통지향형 퍼스낼리티, 내부지향형 퍼스낼리티, 외부(타자)지향형 퍼스낼리티로 분류하였다. 외부지향형 퍼스낼리티는 대중 사회에서 대두되는 유형으로 군중에 의해 대표된다. 이는 자기와 같은 또래를 따라 행동하며 다른 사람이 자기를 어떻게 생각하는 가에 따라서 반응한다는 것이다.

정답 39 ② 40 ② 41 ①

42 문화 유형과 개인의 퍼스낼리티 사이에 얼마나 밀접한 관계가 있는가를 연구한 학자는 베네딕트이다. 베네딕트는 아메리카 인디언 문화를 크게 아폴로형 문화와 디오니소스형 문화로 구분하였다.

42 **다음 중 문화의 유형과 퍼스낼리티 이론의 연관성에 대한 연구와 관련이 <u>없는</u> 것은?**

① 아폴로형 문화
② 디오니소스형 문화
③ 리스먼(D. Riesman)
④ 베네딕트(R. Benedict)

43 ① 전통지향형 : 1차 산업이 지배적이었던 사회 내에서 문화가 제시해주는 행동 규범에 따라 행동하는 퍼스낼리티
② 권위주의적 : 지도자의 선호를 우선하여 추종자의 동조를 강조하는 퍼스낼리티
③ 타자지향형 : 제2차 세계대전 이후 3차 산업의 비중이 점점 커지는 사회에서 다른 사람의 감정과 행동에 민감한 반응을 보이는 퍼스낼리티

43 **다음 내용에서 설명하는 퍼스낼리티의 유형에 해당하는 것은?**

> 엄격하고 명백한 전통에 따라 반응하는 것이 아니라 개인이 자기 판단과 행동목표에 따라 행동을 결정하는 성격이다.

① 전통지향형
② 권위주의적
③ 타자지향형
④ 내부지향형

정답 42 ③ 43 ④

44 다음 중 베네딕트(R. Benedict)가 주장한 아폴로형 문화의 특징으로 가장 적절한 것은?

① 극단을 추구하는 개인주의적 행동의 인정
② 전통을 중시
③ 감각의 일상적 궤도를 이탈하는 격렬한 경험에 가치 부여
④ 경쟁적 대인관계

≫≫〇

[아폴로형 문화와 디오니소스형 문화의 비교]

구분	아폴로형 문화	디오니소스형 문화
종족	남부의 푸에블로족	서부의 콰키우틀족
성격	온화, 상호협조적, 경쟁심 없음	전투적, 공격적, 정열적, 이기적, 비협조적, 경쟁심 강함
개인주의 성향	형성되지 않음	개인주의적 행동 인정
대인관계	안정과 평화	갈등과 불안
목적	중용 추구, 전통과 규율 중시	극단 추구, 초자연적 힘의 획득 중요시

45 다음 중 한국인의 사회적 성격에 대한 설명으로 옳지 <u>않은</u> 것은?

① 친소 구분의식을 지닌다.
② 상하 서열의식이 뚜렷하다.
③ 감투 지향적 성격을 지닌다.
④ 눈치의 원리는 적용되지 않는다.

---

44 [문제 하단의 표 참고]

45 한국인의 퍼스낼리티는 가부장적 권위에서부터 시작된다. 또한 감투 지향적 성격, 상하 서열의식, 권위의식, 눈치의 원리, 친소 구분의식, 공동체 지향의식 등이 한국인의 퍼스낼리티 형성에 큰 영향을 준다.

정답 44 ② 45 ④

나는 내가 더 노력할수록 운이 더 좋아진다는 걸 발견했다.

－토마스 제퍼슨－

제 7 장

지위와 역할

무언가를 시작하는 방법은 말하는 것을 멈추고 행동을 하는 것이다.

– 월트 디즈니 –

제 7 장 | 지위와 역할

제1절   사회적 지위

1 사회 관계와 사회 구조

(1) 사회 관계와 사회 구조

사회 관계는 개인과 개인 사이의 관계이며, 사회 구조는 사회 관계가 오랜 기간 동안 고정화되고 유형화된 관계를 말한다.

(2) 사회 구조의 특징

① **지속성** : 사회를 구성하는 구성원들이 바뀌더라도 오랫동안 지속된다.
② **안정성** : 사회 구성원들이 사회적으로 구조화된 행동을 함으로써 유형화된 행동 양식이 예측 가능하므로 안정적인 사회적 관계가 유지된다.
③ **변동성** : 사회 형태 및 정책의 변화 또는 구성원들의 행동 양식이나 가치 규범 등의 변화에 의해 사회 구조의 성격이 달라질 수 있다.

(3) 사회 구조의 기본 요소

사회 구조는 사회적 지위나 역할을 갖고 있는 개인과 개인 사이의 관계가 일정한 질서에 의해 고정화되고 유형화된 관계들로 구성되어 있는데, 이러한 사회 구조의 기본 요소는 사회적 지위와 역할이라 할 수 있다.

2 사회적 지위

(1) 사회적 지위의 개념 _{기출} 24

① 사회 속에서 다른 사람들과의 관계를 통해 형성되는 **개인의 사회적 위치**이다.

② 사회 또는 집단 안에서 개인의 서열, 즉 높고 낮음을 뜻하는 것이 아니라, 사회 관계에서 주어지는 단순한 위치만을 가리키는 용어로 사용된다.

(2) 사회적 지위의 구분 _{기출} 24, 23, 22

① 사회적 지위의 유형

㉠ 주된 지위(Master status) : 사회적 정체성을 결정하는 데 중요한 역할을 하는 지위로, 전통 사회에서는 신분, 현대 사회에서는 직업 등이 해당된다.

㉡ 귀속 지위 : 본인의 의사나 노력과는 관계없이 주어진 사회적 지위로, 나이와 성, 인종 등이 있다.

㉢ 성취 지위(획득 지위) : 노력에 의해 성취한 사회적 지위로 교육 수준, 직업, 수입 등이 있다.

② 귀속 지위와 성취 지위의 비교

구분	귀속 지위	성취 지위
결정 요소	연령, 성별, 인종	재능, 노력, 업적, 교육
특징	• 선천적, 운명적, 불변적, 자연적 • 근대 이전에 중요한 지위 • 계층 구조의 폐쇄성이 높은 사회	• 후천적, 의도적, 가변적, 사회적 • 사회의 복잡, 전문화로 근대 이후에 증가 • 계층 구조가 개방적인 사회에서 강조됨
예	남자, 성인, 가장, 딸, 노비, 나이 등	학생, 과장, 장관, 남편, 부모 등

(3) 지위 불일치 _{기출} 23, 22, 20

① 한 개인이 가지는 사회적 지위의 차원별 높이가 서로 다른 상황을 말한다.

② 한 개인의 사회적 위치가 그의 사회적 지위에 긍정적 효과와 부정적 효과를 동시에 미치는 상황을 뜻한다.

㉠ 교사의 높은 사회적 위신은 사회적 지위를 높이는 효과를 보이는 반면, 낮은 소득은 사회적 지위를 낮추는 효과를 보인다.

㉡ 유흥업소 사장이나 졸부의 부정적 이미지는 사회적 지위를 낮추는 효과를 보이지만, 높은 소득 또는 재산은 사회적 지위를 높이는 효과를 발휘한다.

③ 지속적으로 지위 불일치가 일어난다면 기존 사회 체제에 대한 불만이 표출되어 사회 통합을 저해할 수 있다.

제2절 역할의 개념과 체제

1 역할의 정의

(1) 어떤 지위에 기대되는 행동방식을 역할이라고 하는데 **모든 지위에는 일정한 역할**이 있다. 개인들은 사회화 과정을 통하여 여러 가지 지위에 따른 역할 수행의 방식을 습득하게 된다.

(2) 각각의 사회적 지위에 연관된 규범적인 행동 유형을 일컫는다. 아버지로서의 역할, 또는 교사로서의 역할 등이 바로 사회적 역할이 된다.

(3) 사회적 역할은 사회적 지위에 부여된 일련의 기대와 과제로 이루어진다고 할 수 있다. 지위와 역할은 하나로 묶여 있으며, **역할은 지위의 역동적 측면을 구성**한다.

(4) 비들과 토마스는 '역할은 점유하고 있는 지위에 대해 바람직하다고 생각되는 행동을 규정해 놓은 일련의 처방'이라고 하였다.

(5) 어떠한 특정한 지위를 차지하고 있는 개인으로 하여금 일정한 방식으로 생각하게 하고, 느끼게 하고, 행동하게 하는 힘이다.

(6) 지위·기대·제재는 역할의 주요한 세 가지 측면이다.

2 역할과 역할무리 – 연극과의 비유

(1) 역할(Role) : 마치 연극에서 연기자 각자가 맡고 있는 소임과 같은 것이다. 역할의 사회학적 의미는 그것이 사회적 지위와 관련하여 각자가 연출해야 하는 것을 지시해 주는 데에 있다.
① 역할은 일반성의 정도에 따라 다음과 같이 나눌 수 있다.
 ㉠ 사회적으로 규정되는(또는 이상적인) 역할
 ㉡ 개인에 의해 인지되는 역할
 ㉢ 개인에 의해 실제 수행되는 역할
② 역할은 어떤 주어진 가치·조직·제도가 필요로 하는 **적절한 기능의 수행을 위해 요구**된다. 따라서 가치·조직·제도의 생성과 변화는 필연적으로 역할의 생성과 변화를 수반한다. 역할은 항상 고정되어 있는 것이 아니고 **변화가 심한 사회에는 늘 새로운 역할이 발생**한다.
③ 주어진 어떤 하나의 지위는 하나의 역할을 발생시키는 것이 아니라 **복합적인 역할의 수행을 요구**한다.

(2) 역할무리

① 하나의 지위에 의해 규정되고 이에 따라 수행되는 역할들의 복합체를 말한다.

② **연극과 사회생활의 비교**

연극	사회생활
맡은 배역	행위자의 지위
쓰인 각본	사회의 규범
감독의 지시에 대한 복종	권력자나 권위자의 지시에 대한 동조
타 연기자의 연기에 반응	타인들의 반응에 의해 자신의 행동 조절
청중에 대한 반응	일반화된 타자에게 반응
다양한 연기 능력을 갖고 나름대로 독특한 역할을 해석하면서 연기함	다양한 자아 개념을 갖고 나름대로의 상호작용 양식을 가짐

(3) 역할의 예 – 성과 연령

① 성과 나이는 전형적인 사회적 역할이다. 나이와 성은 사람의 사회적 위치를 알려 주고, 그것 때문에 어떻게 생각하고 어떻게 행동해야 하는지를 요청하기 때문이다.

② 성에 따른 역할 기대는 사람이 태어나서 먼저 배우는 사회적 기대이다.

   예 남자는 '남자답게', 여자는 '여자답게' 행동하도록 강요당한다.

③ 나이에 따라 사회적 기대가 다르다.

   예 어린이는 어린이답게, 중·고등학생은 학생답게, 청·장년은 청·장년답게, 노인은 노인답게 행동해야 한다.

제3절 역할 행동과 역할 기대

1 역할 행동

(1) 역할 행동의 개념

① **역할 행동** : 특정 지위에 따르는 역할은 실제로 그 역할을 수행하는 역할 행동과 구별된다. 역할은 그 역할을 수행하는 사람과 관계없이 그 지위에 따르는 일률적인 행위의 기대이며, **역할 행동은** 특정한 사람이 그 역할을 수행하는 활동 그 자체를 말한다.

② **역할 체제** : 특정 역할에는 상대역과 주위의 다른 역할이 있을 때 이 역할들은 상호의존적 또는 상호 결정적인 관계에 있다. 이러한 상호보완적인 역할들의 모임을 역할 체제라고 한다.

③ **역할조** : 특정 지위와 관계가 있는 여러 역할들의 집합 혹은 총체이다.

(2) 역할 행동에 작용하는 요인

① **역할 기대** : 특정 사회적 위치를 정하고 있는 개인에 대한 일반 사회성원들이 생각하는 권리, 의무, 특전 및 책임 모두를 포함하는 인지적 개념이다.

② **역할 지각 능력** : 자기 자신과 타인의 사회적 위치를 파악한다.

③ **역할 요구** : 역할 요구는 규범적으로 제시될 수도 있고 어떤 금기사항일 수도 있으며, 언어로 표현된 구체적인 지시일 수도 있다. 행위자에게 제시되는 타인의 구체적인 역할 요구의 내용과 그 내용을 정확히 지각하는 능력이 역할 행동의 유형과 결과에 직접적인 영향을 준다.

④ **역할 수행 능력** : 기술과 재능을 포함한다.

⑤ **자아 특성과 역할의 일치 정도** : 행위자의 성격, 태도, 가치관의 특성이 역할 수행에 영향을 준다.

⑥ **타인의 반감** : 타인의 반응에 영향을 미친다.

2 역할 기대

(1) 다렌도르프의 역할 기대

① 역할의 성격

㉠ 역할은 일종의 준객관적 복합체로 원칙적으로 개개인과 관계없는 행위 처방이다.

㉡ 역할의 내용은 개개인이 아닌 사회 구조에 의해 규정되고 수정된다.

㉢ 역할은 사회 구속력 또는 제재력을 갖는다. → 역할 기대를 무시할 때 스스로에게 불이익이나 손상을 초래한다는 뜻에서 역할은 개개인의 행위를 통제한다.

② 역할 기대 : 강제성 또는 구속성의 정도에 따라 법적 기대, 사회·문화적 기대, 용인적 기대로 구분하였다.

(2) 역할 기대의 구분

① 법적 기대

㉠ 반드시 지켜야 할 기대이다.

㉡ 법적 기대를 어길 때에는 법원 판결에 의한 형사 처벌이라는 부정적 제재를 받게 된다.

㉢ 법적 기대대로 행동하는 경우 특별한 긍정적 제재, 곧 보상은 없다.

② 사회·문화적 기대

㉠ 지켜야 할 기대이지만 어디까지나 사회적인 구속력을 가질 뿐 법적 제재력은 없다.

㉡ 사회적 기대는 법적 기대보다 약한 물리적 제재를 받는다고 보여진다.

㉢ 사회적 기대에 따라 충실하게 행동하면 동료들로부터 인기를 얻게 된다.

③ 용인적 기대

㉠ 반드시 지켜야만 하는 것은 아니지만, 되도록 지키는 것이 좋은 기대이다. 즉, 어기는 것이 용인된다는 뜻이다.

ⓛ 해도 좋고 안 해도 무방하지만, 기대대로 행동하는 경우 반드시 존경을 받게 된다.

역할 기대의 종류	제재의 종류		모범적 행동의 보기
	긍정적 제재	부정적 제재	
법적 기대	–	법적 징벌(법원에 의한)	정직한 재정 처리
사회·문화적 기대	(인기)	사회적 배제와 차별	클럽회의에 적극 참여
용인적 기대	존경	(인기 없음)	자발적 모금

제4절 역할 갈등

1 역할 갈등의 개념 기출 23

(1) 역할 갈등 기출 24, 22

① 두 개 또는 그 이상의 지위들에 상응하는 역할들이 동시에 요구되어 양립 불가능하게 된 경우에 발생하는 사회 갈등이다.

② 역할 갈등은 한 사람이 갖고 있는 여러 역할들 사이에서만 나타나는 것이 아니고, 하나의 제도 안에서 서로 다른 지위를 차지하고 있는 사람들 사이에서도 나타난다.

(2) 역할 혼동

한 개인이 갖는 두 개 또는 그 이상의 지위들에 상응하는 역할들 사이에 문제가 생기기는 하지만 그것들이 양립 불가능한 것은 아니어서 어느 역할을 선택해야 할지 고민하는 상황이다.

(3) 역할 긴장

① 하나의 사회적 지위에 요구되는 여러 역할들 사이에서 양립 불가능한 행동·기대·의무들이 생길 때 개인이 경험하는 스트레스 또는 긴장을 말한다.

② 역할 긴장과 갈등은 사회 변동이 심할 때, 즉 많은 역할이 새로 생성되고 변화할 때 특히 심하다. 또 역할의 분화가 크게 일어날 때도 역할 사이의 갈등은 고조된다.

(4) 역할 모호성

① 역할이 명확하지 않거나 일관성 없이 수행되는 상태 또는 현상을 의미한다.

② **발생 원인(실라기와 월리스)** : 지위에 대해 명료하게 직무기술서에 기술되어 있지 않고, 업무 수준이 역할 모호성에 영향을 미치기 때문이다.

(5) 역할의 변화

시대와 사회의 변화에 따라 사회적 지위에 따라 요구되는 역할도 변화할 수 있다.

> **더 알아두기**
>
> **다중 역할**
> 개인이 둘 이상의 사회적 지위를 가지고 있어 다양한 역할 행동을 하는 것을 말한다. 현대 사회에서는 모든 사람들이 동시에 여러 가지의 지위를 가지게 되고 그에 따른 역할을 수행해야 하는 경우가 자주 생긴다.

2 역할 갈등의 분류

(1) 역할 간 갈등

두 가지 이상의 역할을 동시에 수행함으로써 겪는 갈등이다. 즉, 한 개인이 두 가지 이상의 지위를 가지고 있을 때 각각의 지위가 서로 다른 역할을 요구하거나 기대하기 때문에 생기는 갈등 현상이다.

(2) 역할 내 갈등

동일 역할에 관해 다른 사람들에게서 상충되는 기대를 받게 될 때 느끼는 갈등이다. 즉, 주어진 하나의 지위에 대해서 기대하거나 요구하는 역할이 일치하지 않기 때문에 생기는 갈등 현상이다.

(3) 자아 특성과 역할 기대의 불일치에서 오는 갈등

주어진 역할이 개인의 기본적인 가치관·태도·욕구 등과 상충될 때 발생하는 갈등으로 불충분한 개인의 사회화가 역할 갈등의 원인이 되고, 개인으로 하여금 심리적 긴장을 경험하게 한다.

3 역할 갈등의 해소

역할의 우선순위를 정하여 중요한 것부터 처리해 나가거나, 여러 가지 역할 가운데 하나를 선택하는 것도 갈등을 해소하는 방법이다.

(1) 외적 요인의 변형 : 우선순위 부여

(2) 구분화 : 무시나 취소를 통해 갈등 요인 제거

(3) 합리화 : 변명, 자인(自因)

(4) 결단 : 손익을 따져서 하나만 선택

(5) 신념의 변화 : 역할 기대 내용을 변화시킴

(6) 역할 소원(役割疏遠, Role distance) : 역할의 참된 의미를 외면한 채, 외형적 역할만을 수행

제5절 역할 소원과 인간의 자율성

1 역할 소원의 개념

(1) 고프만(E. Goffman)의 개념

① 역할 행위자가 특정 역할의 진정한 의미는 받아들이지 않고 형식적·의도적으로 외형적 역할만을 수행하는 현상이다.

② 사회를 연극에 비유한 이론을 발전시킨 고프만은 인간의 삶은 연기자가 무대 위에서 연기를 하는 것과 유사한 것으로 보았다.

(2) 고프만의 '역할'과 '역할 수행'

① **역할** : 특정 지위에 부착된 규범들에 따라서 행위하는 것이다.

② **역할 수행** : 지위에 따라서 역할을 실제로 행하는 것이다.

(3) 인상 관리와 역할 소원

① 주어진 무대 장면에서 발생한 연기의 결과다. 고프만은 개인들이 자아를 안정적으로 유지하는 것을 '인상 관리'라고 하였다.

② 개인들은 인상 관리의 차원에서 자신에게 주어진 역할이 자기의 본모습과 어울리지 않는 것으로 상황 정의를 하는 경우, 그 역할을 과감히 포기하기도 한다.

③ 역할 수행자가 자신의 연기에서 기획하는 자아 이미지와 실제 역할이 맞지 않는다고 판단할 경우, '실생활에서 자신이 하고 있는 역할'을 경멸하듯이 내팽개치는 행위를 역할 거리 또는 역할 소원이라 한다.

2 버거(Burger)의 역할 소원

(1) 버거는 인간의 이중성이 강요되는 강압적인 상황에 처해 있는 인간이 그들의 자의식 속에서 인간의 존 엄성을 유지할 수 있는 유일한 방법으로 나타나는 것이 역할 소원이라고 하였다.

(2) 사회적으로 규정되는 행동 속에서 인간이 자율성을 갖는 때는 역할이 자신에게 어울리지 않을 때 역할 소원을 하는 경우를 말한다.

3 '사회학적 인간'의 문제점

(1) 사회화 개념의 전제들

① 사회학적 인간은 수동적·타율적인 존재이다.

② 사회화 과정을 통해 역할 연기자로 '성숙'되는 인간은 대체로 잘 훈련된 존재이다.

③ **사회화 개념의 전제**

㉠ 인간은 태어날 때 백지, 또는 빈 병과 같다. 즉, 사회화를 통해야만 비로소 그 백지가 내용을 갖추게 되고, 빈 병이 사회 규범으로 채워진다는 것이다. 이것은 인간의 수동성을 전제로 한다.

㉡ 인간 행동은 밖으로부터 규제받아야 한다. 즉, 규제받지 않고는 성숙한 사회적 존재, 곧 사회학 적 인간이 되지 못한다는 가정이다. 이것은 인간의 타율성을 전제로 한다.

(2) 사회학적 인간 개념의 문제점

① 사회학적 인간의 개념은 인간이 수동적·타율적인 존재이며, 원래 거칠고 못된 존재임을 나타낸다. 따라서 이는 인간의 존엄성을 부정하는 개념이다.

② 사회학적 인간은 탈로 자기 얼굴을 가리고 시나리오에 따라서 웃고 우는 연기자와 같다. 따라서 위 선의 인간, 위세의 인간, 허세의 인간이 될 위험이 있다.

(3) 현대 사회에서 사회학적 인간이 겪는 어려움

① 오늘날 복잡한 산업 사회에 사는 현대인들은 단순한 전통 사회에 살았던 조상들과는 달리 한 사람이 많은 역할들을 갖게 되었다.

② 역할의 증대가 더 문제되는 것은 그 늘어난 역할들 사이에 긴장과 갈등이 생기기 때문이다.

③ 일정한 기간에 한 사람이 여러 역할들을 충실하게 연기해야 하는 상황이 생기기도 한다.

④ 현대 사회에서는 역할 내용 자체가 급변함으로써 다른 차원의 긴장이 유발되기도 한다.

(4) 동조적 · 수구적 인간상의 극복

① 일종의 동조적 사회 존재인 사회학적 인간은 결코 바람직한 인간상이라고 할 수 없다.

② 학자, 음악가, 사상가, 종교인 등 많은 사람들이 자기들 시대의 전형적인 사회학적 인간을 거부하면서 그에 따른 대가를 치렀다.

③ 지배 세력의 뜻에 따라 웃고 우는 충성심 넘치는 사회학적 인간은 바람직한 인간으로 볼 수 없다. 21세기에는 이와 같은 동조적 인간과 수구적 인간을 극복해 내야 한다.

01 개인이 사회에서 차지하고 있는 위치를 나타내는 사회학적 용어는?

① 사회 계층
② 사회적 지위
③ 사회적 신분
④ 품위

02 사람이 태어나면서부터 부여받는 지위를 의미하는 것은?

① 주요 지위
② 성취 지위
③ 귀속 지위
④ 공식적 지위

03 다음 중 귀속 지위의 특성이 아닌 것은?

① 연령과 같은 것을 예로 들 수 있다.
② 한 번 얻으면 쉽게 변하기 어렵다.
③ 태어날 때부터 타고 난다.
④ 노력해서 얻을 수 있다.

01 사회생활을 하면서 사람은 일정한 사회적 위치를 갖게 되는데, 이러한 각 위치를 사회학에서는 사회적 지위라 한다.

02 귀속 지위는 개인의 의사나 재능과 상관없이 태어나면서부터 운명적으로 갖게 되는 지위를 말한다.
① 주요 지위 : 한 개인이 차지하는 여러 지위 중 자신에게 가장 중요하다고 생각되는 지위
② 성취 지위 : 자신이 스스로 획득한 지위
④ 공식적 지위 : 형식적인 지위

03 성취 지위(업적 지위)는 개인의 능력이나 노력으로 얻게 되는 지위로 현대 사회에서 중시된다. ④는 성취 지위(업적 지위)에 대한 설명이다.
예 교사, 학생, 경찰, 공무원, 법관, 은행원 등

정답 01 ② 02 ③ 03 ④

04 사회적 역할이란 주어진 사회적 지위에 있는 사람에게 따르는 사회적으로 규정된 기대를 의미한다. 사회적 역할은 인간 개개인과 사회를 만나게 해주고, 이 둘을 중개한다.

04 개인과 사회를 만나고 중개하는 역할을 하는 개념은?

① 사회적 역할
② 결사체
③ 직장
④ 원초적 관계

05 역할 행동의 성공, 실패에 따라 보상과 제재가 가해진다.

05 역할과 관련된 개념의 설명으로 옳지 <u>않은</u> 것은?

① 역할 기대대로 행동하는 것이 역할 수행이다.
② 역할 행동은 역할 수행자의 구체적 행동이다.
③ 역할에 대한 사회적 기대를 역할 기대라 한다.
④ 역할 갈등에 따라 사회적 보상이나 제재가 가해진다.

06 개인은 일단 특정 지위를 점유하게 되면 대체로 그 지위가 요구하는 것에 따라 생각하고 행동해야 한다. 사람이 일정하게 행동하도록 요구받는 것은 그 지위에 붙어 있는 역할 때문이다. 아들의 역할, 아내의 역할, 회사 직원의 역할을 충실히 이행할 때 개인은 성숙한 사회적 존재로 인정받게 된다.

06 다음 내용에서 괄호 안에 공통으로 들어갈 말로 알맞은 것은?

> 사회는 개인이 (   )을 수행함으로써 유지될 수 있다. 사람이 일정하게 행동하도록 요구받는 것은 그 지위에 붙어 있는 (   ) 때문이다.

① 기능
② 역할
③ 귀속의식
④ 천부적 재능

정답 04① 05④ 06②

07 다음 내용에서 괄호 안에 들어갈 문구로 알맞은 것은?

> 역할은 ( )

① 사회적으로 규정된다.
② 시간지리학으로 연구된다.
③ 비언어적 의사소통이다.
④ 지위와 무관하다.

08 사회학 이론으로 연극학적 이론을 주장한 학자는 누구인가?

① 파슨스(T. Parsons)
② 프로이트(S. Freud)
③ 고프만(E. Goffman)
④ 머튼(R. Merton)

09 다음 중 다렌도르프가 규정한 역할의 성격이라고 볼 수 <u>없는</u> 것은?

① 역할은 일종의 준객관적 복합체이다.
② 역할의 내용은 사회 구조에 의해 규정·수정된다.
③ 역할에는 자율성과 융통성이 있다.
④ 역할은 개개인의 행위를 통제한다.

---

07 역할의 개념은 다음과 같다.
- 특정 지위에 대해 사회적으로 규정해 놓은 규범적 역할
- 그 규정된 역할을 행위자가 해석하는 주관적 역할
- 행위자가 실제로 수행한 실제 행동을 포함

08 사회를 연극에 비유한 이론을 발전시킨 고프만은 인간의 삶은 연기자가 무대 위에서 연기를 하는 것과 유사한 것으로 보았다. 또한 역할은 마치 연극에서 연기자가 각자가 맡고 있는 소임과 같은 것이라면서 역할의 사회학적 의미는 그것이 사회적 지위와 관련하여 각자가 연출해야 하는 것을 지시해 주는 데에 있다고 보았다.

09 다렌도르프의 역할의 성격은 다음과 같다.
- 역할은 일종의 준(準)객관적 복합체로서, 원칙적으로 개개인과 관계없는 행위 처방이다.
- 역할의 내용은 사회 구조에 의해 규정·수정된다.
- 역할 기대를 무시할 때에는 자신에게 손상을 초래한다는 뜻에서 개개인의 행위를 통제한다.

정답 07 ① 08 ③ 09 ③

10 역할의 내용은 개개인에 의해서가 아니라 사회 구조에 의해 규정·수정된다.

10 다음 중 역할에 대한 설명으로 옳지 않은 것은?

① 역할은 준객관적 복합체로서 개개인과 관계없는 행위 처방이다.

② 역할은 사회적 제재와 불가분의 관계를 맺고 있기 때문에 성가신 사회적 사실이기도 하다.

③ 역할의 내용은 원칙적으로 개인의 선호에 따라 결정할 수 있다.

④ 역할은 사회구속력을 갖고 개개인의 행위를 통제한다.

11 역할 갈등은 두 개 또는 그 이상의 지위들에 상응하는 역할들이 동시에 요구되어 양립 불가능하게 된 경우에 발생하는 사회 갈등이다. 이는 한 사람이 갖고 있는 여러 역할들 사이에서만 나타나는 것이 아니고 하나의 제도 안에서 서로 다른 지위를 차지하고 있는 사람들 사이에서도 나타난다.

11 워킹맘에게 회사와 가정일에서 각기 다른 역할을 요구할 때 이를 가장 적절하게 표현한 개념에 해당하는 것은?

① 재사회화

② 역할 갈등

③ 지위 불일치

④ 사회적 역할

12 인간이 사회 내에서 어떤 역할을 수행할 때 이에 대한 보상이 주어진다. 그 보상은 정치권력일 수도 있고, 사회적 명예 또는 금전적 보상일 수도 있다. 그런데 세 가지 보상이 항상 동일한 정도로 주어지는 것은 아니므로 지위 불일치가 나타난다.

12 다음과 같은 현상을 설명할 수 있는 개념으로 적절한 것은?

> 과학 기술인들은 이공계 인력이 사회 발전의 주역이라는 확고한 신념을 갖고 있다. "이공계 인력이 우리 사회에 기여하는 바가 크다."에 동의하느냐는 질문에 93% 가량이 "그렇다." 혹은 "매우 그렇다."고 대답했다. 그러나 승진과 안정성 측면에서는 각각 11.6%, 22.4%만이 긍정적으로 답하는 등 대부분 부정적 의견을 나타냈고, "이공계에 대한 사회적 인식이 긍정적인가?"라는 질문에는 23.5%만이 "그렇다."고 답했다.

① 재사회화

② 목적 전치

③ 역할 갈등

④ 지위 불일치

정답 10 ③ 11 ② 12 ④

13 모든 사람은 자신의 지위에 기대되는 역할이 있다. 대통령이 부
정부패에 연루되어서는 안 된다는 역할기대에 해당하는 것은?

① 관료적 기대

② 사회·문화적 기대

③ 법적 기대

④ 용인적 기대

14 다음 내용에서 괄호 안에 들어갈 사회학적 개념은 무엇인가?

> 인간이 사회 내에서 어떤 역할을 수행할 때 이에 대한 보상
> 이 주어진다. 그 보상은 정치권력일 수도 있고, 사회적 명예
> 일 수도 있다. 또한 금전적 보상일 수도 있다. 대개 한 지위
> 에 따른 역할에 대하여 주어지는 보상은 세 가지 모두이다.
> 다만 지위의 성격에 따라서 금전적 보상이 더 높을 수도 있
> 고, 명예적 보상이 더 중요시될 경우도 있다. 세 가지 보상
> 이 항상 동일한 정도로 주어지는 것은 아니다. 예를 들어
> 우리 사회에서 대학 교수의 경우, 비슷한 다른 지위에 비하
> 여 명예라는 보상은 많이 받지만, 정치권력이나 금전적인
> 보상은 상대적으로 적다. 이때 (   )이(가) 일어난다. 이러
> 한 경우, 해당 지위의 사람들은 상대적으로 낮은 보상을 받
> 는 가치에 대하여 부족함을 느끼는데, 이는 사회에 대한 불
> 만으로 이어질 수 있다.

① 인간소외   ② 지위 불일치

③ 사회적 배제   ④ 사회적 정체감

15 다렌도르프의 역할 기대 중 반드시 지켜야만 하는 것은 아니
지만 되도록 지키는 것이 좋은 기대를 가리키는 용어는?

① 기술적 기대

② 법적 기대

③ 사회·문화적 기대

④ 용인적 기대

13 **다렌도르프의 역할 기대**
- 법적 기대 : 반드시 지켜야 할 기대
  이며, 어길 때에는 법원 판결에 의
  해 처벌을 받는다.
- 사회·문화적 기대 : 사회적인 구
  속력은 가지지만 법적 제재력은 갖
  고 있지 않다.
- 용인적 기대 : 어겨도 용서가 되고,
  되도록이면 지키는 것이 좋은 기대
  이다.

14 지위 불일치란 사회적 지위 위계상
한 개인이 차지하고 있는 지위 중 하
나 이상이 동일한 수평적 수준에 있
지 않은 현상을 말한다. 조선 시대 역
관들이 경제적으로는 많은 부를 누
렸으나 사회적 신분은 그에 걸맞지
않았던 것을 예로 들 수 있는데, 이러
한 지위 불일치는 인간관계에 큰 영
향을 미치는데, 다른 사람과 상호 작
용하는 과정에서 개인은 자신의 가
장 높은 지위로 다른 사람과 관계를
맺으려고 하지만, 상대방이 그 개인
의 가장 낮은 지위로 대하려고 한다
면 그들의 상호작용에 문제가 발생
하게 된다. 또한 지속적으로 지위 불
일치가 일어난다면 기존 사회체제에
대한 불만이 표출되어 사회 통합을
저해하게 된다.

15 다렌도르프는 역할 기대를 법적 기대,
사회·문화적 기대, 용인적 기대로 구
분하였다. 법적 기대는 그것을 어기면
형사처벌이라는 부정적인 제재를 받는
것을 말한다. 사회·문화적 기대는 사
회적인 구속력을 가질 뿐 법적 제재력
은 없다. 하지만 어떤 경우에는 집단으
로부터의 배제나 따돌림이라는 강한 제
재력을 갖기도 한다. 용인적 기대는 반
드시 지켜야만 하는 것은 아니지만 되
도록 지키는 것이 좋은 기대를 말한다.

정답 (13 ③   14 ②   15 ④)

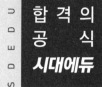

미래가 어떻게 전개될지는 모르지만, 누가 그 미래를 결정하는지는 안다.

– 오프라 윈프리 –

제 8 장

사회 집단

당신이 할 수 있다고 생각하든, 할 수 없다고 생각하든, 그렇게 될 것이다.

– 헨리 포드 –

제 8 장 | 사회 집단

제1절 | 개인과 집단

1 사회 집단의 특성과 의미

(1) 사회 집단의 의미

① 어떤 목적을 향해 지속적으로 상호작용하는 다수 사람들의 집합체이다.

② 두 사람 이상의 무리로서, 빈번히 상호작용을 하고 소속감 및 서로 의지하는 감정을 공유하는 집합체로 어느 정도의 공동체 의식을 가지고 비교적 지속적인 상호작용을 하는 결합체이다.

③ 각각의 개념을 사회라는 거대한 구조의 한 성원으로 연결시켜 주는 징검다리 역할을 한다.

④ 빈번한 상호작용이 없는 사람들의 무리 혹은 소속감과 상호 의지의 감정을 공유하지 않는 사람들의 무리는 사회 집단이 아니다. 즉, 우연한 시점에 우연한 장소에서 만나는 사람들의 무리는 사회 집단이 아니다.

　예 길거리의 사람들, 경기장의 관중, 음악회에 모인 청중 등

(2) 사회 집단의 성립 요건

① **다수의 사람들** : 사회 집단은 두 사람 이상의 구성원을 필요로 한다.

② **소속감 또는 공동체 의식** : 구성원들은 자신이 하나의 집합체에 속해 있다는 의식을 가지고 있어야 한다.

③ **지속적인 상호작용** : 다수의 사람들이 공동의 소속 의식을 가지고 모였다 하더라도 그것이 일시적인 모임에 지나지 않는다면, 사회 집단이라고 볼 수 없다.

(3) 사회 집단의 기능

① 사람들은 사회 집단에 소속됨으로써 집단 내의 사람들과 사회적 관계를 형성하고 소속감, 자아정체성을 갖게 된다.

② 가족, 또래 집단, 학교 집단 등을 통하여 사회화의 경험을 갖게 된다.

③ 직장, 정당 등과 같은 사회 집단을 통해 자아를 실현하고 생계를 해결한다.

④ 각종 사회 집단에 참여함으로써 다양한 사회적 욕구를 충족시킨다.

2 사회학적 관심의 대상이 되는 집단(Robert Bierstedt의 분류)

(1) 사회 집단

① 소속감과 동료의식도 있고 **지속적으로 상호작용이 일어나는 집단**으로, 사회적 범주보다 더 강한 결속력을 지닌다.

② 식사, 운동, 고통 등을 함께 하고 삶을 즐기나, 공식적 조직체를 만들지는 않는다. → 뚜렷한 목표가 없다.

(2) 준사회 집단

① 구성원들 자신의 소속감은 있지만, 구체적으로 **상호작용이 일어나지 않는 집단**이다.

② 단순히 여성이라는 이유로, 어느 특정 지역 출신이라는 이유로, 피부 색깔이 검다는 이유로 그렇지 않은 사람들과 구별될 때 동류의식이 생긴다.

  예 남성과 여성 집단, 40세 집단 등

(3) 통계적 집단

① 사회학자나 통계학자가 연구를 위해서 임의로 범주화한 집단이다.

② 구체적인 동류의식(소속감)이나 사회관계 및 공식 조직을 갖고 있지 않다(취학 아동, 결핵 환자, 뚱뚱한 사람들의 무리 등).

(4) 결사체적 집단

① 공식적인 조직 체계를 갖춘 사회 집단으로, 뚜렷한 목적이 있고 **목표 달성을 위해서 형식적으로 조직된 집단**이다.

② 사회 집단이 공식적인 조직체를 갖추게 되면, 그것은 일종의 결사체가 된다.

③ 모든 공식 기구가 이 결사체에 속하며, 관료제도 바로 이 수준의 집단을 일컫는다.

  예 흑인 인종 차별로 인해 구성된 흑인 인권 단체, 여성 차별로 인해 결집된 여성 단체

제2절　사회 집단의 형성요인

1 사회 집단의 특성 기출 24

(1) 일정 수의 사람이 있어야 한다(최소 두 명 이상).

(2) 일정 수의 사람이 공유하는 의식과 가치가 있어야 한다.

(3) 소속 의식이 있어야 한다.

(4) 상호작용이 있어야 한다.

(5) 유대관계가 있어야 한다.

2 사회 집단의 형성요인 – Morton Deutsch & Robert M. Krauss의 집단형성과 결속의 요인

(1) 사회적 근접성

(2) 사람들의 태도와 배경의 유사성

(3) 성공과 실패의 공통 경험

(4) 주위 사람들보다 뛰어난 사람, 집단

(5) 퍼스낼리티 간의 조화

(6) 상호관계를 맺으려는 기대와 이와 유사한 요인

제3절 집단의 종류 기출 24

1 집단의 분류와 분류 기준

(1) 집단의 분류

① **집단 성원의 수에 따른 분류** : 소집단, 대집단
② **집단의 조직과 구조에 따른 분류** : 공식집단, 비공식집단
③ **성원들의 가입 조건에 따른 분류** : 개방집단, 폐쇄집단
④ **구성 형태에 따른 분류** : 일차집단, 이차집단
⑤ **소속감, 애착심에 의한 분류** : 내집단, 외집단
⑥ **행동 판단의 기준이 되는 집단** : 준거집단

(2) 집단의 분류 기준

① 동류의식의 유무
② 개인들 간의 사회관계의 수준
③ 특정 목표를 달성하기 위한 공식적 조직의 유무

2 일차집단과 이차집단 – 쿨리(C. H. Cooley)의 분류

(1) 일차집단(원초집단) 기출 23

① **일차집단의 개념** : 구성원들 간의 친밀한 대면 접촉을 통하여 이루어진 집단으로, 인간을 성숙한 사회적 존재로 성장시키는 데 가장 중요한 기능을 담당하는 사회 집단
② **일차집단의 성립 조건**
　㉠ 지리적 근접성 : 면대면의 가까운 거리에 살아야 한다.
　㉡ 소규모 : 집단의 규모가 대체로 소규모여야 한다.
　㉢ 관계의 지속성 : 잦은 접촉과 사귐이 있어야 한다.
③ **일차집단의 특성**
　㉠ 구성원들 간에 인격적인 관계가 맺어지게 되고 인간 본성이 형성된다.
　㉡ 어린이는 부모와의 공감을 통해 사회 규범과 도덕적 가치를 배운다(초기 사회화).
　㉢ 상호작용으로 사랑을 배운다.

(2) 이차집단

① **이차집단의 개념** : 구성원 간의 간접적인 접촉과 목적 달성을 위한 수단적인 만남을 바탕으로 결합된 집단

② **이차집단의 특성**

    ㉠ 특정한 목표를 달성하기 위해 형성된 집단이다.

    ㉡ 인간관계가 형식적 · 비인격적 · 수단적인 관계이다.

    ㉢ 상대방의 특정 기술이나 지위를 주로 본다.

    ㉣ 상대방과의 의사소통이 사무적 · 형식적이다.

    ㉤ 대규모의 집단 안에서 거리를 두고 간접적으로 접촉한다.

(3) 일차집단과 이차집단의 관계

① 일차집단과 이차집단의 구분은 주로 개념적 설명을 위한 구분일 뿐 실제에 있어서는 그 경계가 명료하지 않다.

② 처음에는 이차집단이었던 것이 시간이 지나면서 일차집단으로 변화하는 경우도 있다.

③ 이차집단 내에 여러 가지 상이한 일차집단들이 생겨나는 경우도 흔하다.

    예 어떤 회사 내에 여러 동호회들(등산 동호회, 축구 동호회, 바둑 동호회 등)이 존재한다.

④ 현대사회에서는 이차집단의 특성이 강화되고 있으나, 일차집단의 중요성도 줄어들지 않고 있다.

> **더 알아두기**
>
> **메이요(E. Mayo)**
> - 경제적 유인(Incentive)만이 노동 의욕을 증진시키는 것은 아니다.
> - 다른 노동자들과의 일차집단적 관계가 노동 의욕 증진에 영향을 준다.
> - 대체로 기능 분화는 생산성 제고와 능률적 조직 운영에 도움이 되지만, 지나친 기능 분화는 오히려 이러한 일차집단적 관계를 붕괴시켜 역작용을 할 수도 있다.

(4) 일차집단과 이차집단의 비교

구분	일차집단	이차집단
전형적 집단	가족, 유희 집단, 또래 집단	학교, 회사, 노동조합, 군대, 도시, 국가
사회적 특성	• 인격적(인간적) • 비형식적 구조 • 자연적 • 일반적 목표 • 쉽게 바꾸기 어려움	• 비인격적 • 형식적 구조 • 공리적 • 특정 목표 • 쉽게 바꿀 수 있음
외형적 조건	영구적, 소규모, 신체적 접근	유동적, 대규모, 신체적(사회적) 거리

3 내집단(內集團)과 외집단(外集團) - 섬너(W. Sumner)

(1) 내집단 [기출] 22, 20

① 자기 자신이 소속되어 있다고 느끼는 집단으로서 자기 집단에 대한 애착심이 강하게 나타나고, 타 집단에 대한 폐쇄성을 보이기도 한다(우리집단).
② 사람들은 내집단을 통하여 자신을 인정받고 자아정체감을 얻으며 판단과 행동의 기준을 배운다.

(2) 외집단

① 자신이 소속되어 있지 않은 외부의 집단으로서 이질감이나 적대감을 갖는 집단이다(그들집단).
② 사람들은 외집단을 통해서 집단의 성격을 비교하여 파악하고, 내집단 결속의 필요성을 인식하며, 서로 다른 판단과 행동기준이 있다는 것을 알게 된다.

4 준거집단 [기출] 23, 22, 20

(1) 준거집단의 개념

① 준거집단은 개인이 자신의 행동과 가치 판단의 기준으로 삼는 집단을 말한다.
② 그 집단의 규범과 가치관이 개인에게 영향을 미쳐 개인의 태도 및 행위의 준거를 제공한다.
③ 자신이 속한 집단일 수도 있고 그렇지 않을 수도 있으며, 소속된 집단이 많을 경우에는 그중의 하나가 된다.
④ 준거집단 중에는 긍정적 준거집단도 있고, 부정적 준거집단도 있다.
⑤ 준거집단이라는 용어는 하이만(H. Hyman)이 처음으로 사용하였다. 하이만이 처음 준거집단의 개념을 사용했을 때의 집단은 비교 기준이 되는 집단을 뜻했다.
⑥ 자신의 행동의 모범으로 삼는 준거집단은 규범적 준거집단이 되고, 단순히 비교의 개념일 때는 비교 준거집단이 된다.

(2) 준거집단의 분류

① 비교 준거집단
　⊙ 사람이 자기 지위의 높낮이를 평가할 때 남의 지위를 비교 잣대로 활용하는 것을 말한다.
　ⓒ 비교 준거집단은 상대적 박탈감을 해명하는 데 유익한 개념이다.

> **더 알아두기**
>
> **상대적 박탈감** [기출] 20
> 개인이 자신과 다른 사람의 수준을 비교 평가할 때, 그럴 만한 이유없이 자신이 다른 사람보다 사회적
> 인정을 받지 못한다거나 경제적으로 열등하다고 느끼는 감정

② **규범적 준거집단** : 사람이 어떤 집단의 규범을 준수하고 싶을 때 그 집단은 그 사람에게 규범적 준거
집단이 된다.

　　㉠ 회원집단 : 지금 자기가 소속되어 있는 집단으로, 회원집단과 준거집단이 동일하면 집단귀속의
　　　식이 탄탄해지고 집단 결속력도 강해진다.

　　㉡ 비회원집단 : 현재의 회원집단 외에 속하고 싶은 다른 집단이며, 비회원집단 가운데 자기가 소속
　　　되고 싶은 집단이 있는 경우, 이 집단이 준거집단이 될 가능성이 많다.

(3) 관련 개념

① **원천 지위와 종착 지위**

　　㉠ 원천 지위 : 지금의 가족 지위

　　㉡ 종착 지위 : 장차 자기가 속하고 싶은 집단의 지위

② **예견적 사회화** : 특정 집단의 성원이 되기 전에 미리 그 집단의 가치와 행동을 받아들여 미리 사회화
되는 현상을 말한다. 즉, 원천 지위의 삶에 매이지 않고 종착 지위에 알맞은 삶의 양식을 배우려고
하는 현상이다.

③ **주변적 인간**

　　㉠ 주변적 인간이란, 서로 다른 두 집단에 소속되어 있으나 어느 집단에도 완전히 동일시되지 못하
　　　고 두 집단의 변두리 부분에 속해 있는 존재이다. 즉, 종착 지위와 원천 지위 사이의 존재이다.

　　㉡ 주변인은 심리적으로 안정되지 않기 때문에 아노미적 징후를 갖기 쉽고, 일탈과 비행으로 나아
　　　갈 수 있다.

5 기타 주요 집단

(1) 공동사회와 이익사회 − 퇴니스(F. Tönnies)의 분류(결합의지) [기출] 20

① **공동사회(Gemeinschaft)** : 인간의 의지와 무관하게 자연적으로 형성된 집단으로, 정(情)과 전인적
인 인간관계를 중시하고, 전통과 관습에 의해 질서가 유지된다(가족, 친족, 촌락 공동체, 민족 등).

② **이익사회(Gesellschaft)** : 인간의 인위적 의지에 의해 형성된 집단으로, 합리성과 수단적 인간관계
를 중시하고, 공식적인 규율에 의해 질서가 유지된다(회사, 학교, 정당, 국가 등).

(2) 공동체(Community)와 결사체(Association)

① **공동체** : 인간관계는 일차적 관계이며, 공속의식(共屬意識)이 강하고, 인간관계가 친밀하고 인격적이다.

② **결사체** : 이차적 인간관계로 맺어진 집단으로 인간관계가 **형식적·공식적·부분적인** 특성을 지닌다.

(3) 게마인샤프트(Gemeinschaft)와 게젤샤프트(Gesellschaft) 기출 20

① **개념**

㉠ 퇴니스(F. Tönnies)가 공동체(게마인샤프트)와 결사체(게젤샤프트)와 같은 개념으로 사용한 용어이다.

㉡ 퇴니스는 전통적인 사회로부터 현대 산업 사회로 이행해 오는 동안 일차적 관계로 이루어진 공동체적인 요소가 지배적이던 게마인샤프트 사회에서, 점점 인간관계가 메말라가고 목적합리적인 이차적 관계가 지배적인 게젤샤프트 사회로 변모해 왔음을 지적했다.

> **더 알아두기**
>
> 일차·이차집단의 분류와 비슷한 것으로는 내집단과 외집단, 우리집단과 그들집단, 공동체와 결사체, 게마인샤프트와 게젤샤프트 등이 있다.

② **게마인샤프트(Gemeinschaft)**

㉠ 가족, 친족, 민족, 마을처럼 혈연이나 지연 등 애정을 기초로 하여 이루어진 공동사회이다.

㉡ 특징은 비타산적, 감정적, 전인격을 지닌 자들이 서로 결합하여 운명을 함께하는 결합 형태이다.

㉢ 일차적 관계를 특징으로 하고, 감정적, 비공식적 관계이다.

㉣ 대면적 상호작용 속에서 상대의 내면을 이해하고 상대에 대한 공감 및 동정적 태도를 보인다.

㉤ 우리가 과거 마을에서 흔히 볼 수 있었던 관계이다.

③ **게젤샤프트(Gesellschaft)**

㉠ 기업, 조합, 국가, 단체 등과 같이 선택에 의해 인위적으로 만들어진 사회이다.

㉡ 이익과 목적 달성이 중요하며 계약이나 규칙의 지배가 필요하다(타산적).

㉢ 구성원들 사이에 적대감과 경쟁관계가 형성될 수 있다.

㉣ 특징은 형식적, 의도적, 인위적, 공식적, 타산적, 경쟁적, 계약적 관계이다.

㉤ 상대방을 이해하려 하지 않고, 상대의 내면에 관심을 두지 않는다.

㉥ 이차적 관계이며, 합법적, 규칙에 의한 행위에 기반을 둔다.

㉦ 현대 대도시에서 흔히 볼 수 있는 관계이다.

(4) 머튼(R. K. Merton)의 비동조자

① 비동조자란 단순한 범법자가 아니라 고차원의 신념으로 실정법을 어긴 확신범이나 양심범이다. 현재의 법률은 어겼지만 자신만의 새로운 규범에 따르면서 그것이 정당하다고 여기는 것이다.

② **특성**

㉠ 실정법의 정당성에 도전하면서 그것을 어긴 것을 숨기지 않는다.

㉡ 소속 집단의 부당한 규범을 대신하여 새로운 정당한 규범을 도입하려 한다.

㉢ 현재 소속 집단의 규범을 어기는 것은 개인의 사적 이익과는 관계없다.

제4절 집단의 유지와 와해

1 집단의 유지 요인

(1) 집단의 유지·존속을 위해 수행해야 할 기능

① **집단의 과제 달성** : 집단이 목표로 하고 있는 과제를 달성해야 한다.

② **결속과 유대 강화** : 집단 성원들의 결속과 정서적 유대를 강화해야 한다.

③ **두 측면의 균형 유지 필요** : 과제의 달성만을 내세우면 성원들의 사기가 떨어져 결국 생산성이 떨어지게 되고, 정서적 유대만을 너무 강조해도 생산성이 떨어져 집단의 존속이 문제가 된다. 그러므로 이 두 측면이 적절하게 균형을 유지하는 것이 중요하다.

(2) 집단의 유지·발전 요건

① **집단의 적절한 크기와 구성원의 비율** : 집단이 너무 커지면 결속력이 약화되고, 집단 구성원이 너무 자주 바뀌면 목적과 전통이 퇴색되기 쉽다. 반면에 너무 작으면 세력이 약해 목표달성에 어려움이 있게 되며, 구성원이 이동하지 않으면 새로운 의식과 방법이 유입되지 않아 집단이 정체될 우려가 있다.

② **집단 구성원들의 합의와 동조** : 집단의 목표나 규범 또는 목표 달성이 집단 구성원들의 자율적인 합의나 동조에 의하여 지지될 경우에는 집단의 결속력이 커지고, 집단의 목표도 효율적으로 달성될 수 있다.

③ **구성원의 자발적인 자기 책임 의식** : 구성원들이 집단의 목표 달성을 위해 적극적으로 참여하고, 구성원들 스스로가 자기 책임으로 받아들이며 헌신하려는 자세를 가지게 되면, 집단이 더욱 효율적으로 운영될 것이다.

④ **적당한 방식의 보상과 제재** : 구성원들의 역할 수행에 대한 물리적 또는 상징적인 보상과 제재가 집단의 효율적 목표 달성에 기여한다.

⑤ **집단 지도력** : 집단의 지도자가 주도적인 역할을 통하여 구성원들의 자율적인 합의와 동조를 이끌어내고, 구성원들의 이견이나 갈등을 조정할 수 있어야 한다.

⑥ **역할 분담과 조정** : 공동 목표를 추구하기 위하여 성원들 각자가 역할을 맡아서 처리하는 것이 바람직하다.

⑦ **의사소통** : 성원들 사이에 의사소통이 단절되면 상호작용이 줄어든다.

⑧ **정서적 만족과 통제** : 정서적 만족이 클수록 집단은 유지된다.

2 집단의 와해

(1) 직접적 원인

가치관의 불일치, 즉 성원들의 행동에 대한 이해, 양보, 동조가 없다는 것은 집단 내부의 규범이 약화되었음을 뜻하며, 규범이 없는 집단은 존속할 수 없다.

(2) 이차적 원인

역할 분담과 서열 체계의 무질서, 즉 개인과 다른 성원 사이의 역할 갈등과 마찰이 심한 집단은 내부 긴장이 계속되어 와해된다.

(3) 삼차적 원인

의사소통의 단절 등이 있다.

제5절 | 자발적 결사체(자발적 이차집단)

1 자발적 결사체의 의미와 종류

(1) 자발적 결사체의 의미

① 비슷한 관심과 이해관계를 가진 사람들이, 자기들의 관심과 이해관계를 옹호하고 증진시키기 위하여 **자발적으로 결성한 집단**이다.

② 현대 사회가 될수록 사회 구조가 다양화되고 전문화됨에 따라 이러한 자발적 결사체의 수가 증가하고 있다.

③ 여기서 자발적이란 집단 가입이 자발적이고 활동에 대한 참여도, 헌신 정도가 강제가 아닌 성원이 하고 싶어서 가입하는 집단이라는 의미이다.

(2) 종류

① **친교를 목적으로 한 결사체** : 오락이나 레크리에이션처럼 단순하고 우의적인 친교를 목적으로 하여 형성된 경우로, 취미 동호회나 동창회 등이 있으며, 이들은 원초적인 관계를 바탕으로 한다.

② **특정 집단의 이익 대변을 위한 결사체** : 의사, 변호사, 간호사 등 전문직에 종사하는 사람들이 만든 협회라든가 노동조합 및 경제인이나 경영자 단체 등이 있다.

③ **사회의 공익을 위해 결성된 결사체** : 환경 보호, 소비자 보호, 도덕성 회복 등을 위한 시민운동 단체들이 있다.

④ 자발적 결사체 중에는 친교를 목적으로 하는 원초적 관계와 공통의 이익 추구를 목적으로 하는 이차적 관계가 공존하고 있는 것이 많이 있다.

2 자발적 결사체의 기능과 문제점

(1) 기능

① **긴장 해소와 정서적 만족** : 현대인은 자발적 결사체에 참여함으로써 구조적 긴장을 풀고 정서적 만족을 얻는다.

② **사회의 다원화에 기여** : 자발적 결사체가 건전한 이익집단으로 육성될 수 있다면, 국민의 다양한 이익을 대변할 수 있고, 사회의 다원화와 민주화에 기여할 수 있다.

(2) 문제점

① **배타적 특권 집단화 우려** : 회원 자격의 규정이 까다롭고 일부 특수층에만 가입이 허용되면, 자발적 조직은 배타적인 특권 집단으로 변하기 쉽다.

② **이익집단화하여 정책 결정에 관여** : 이익집단화되어 자신들의 이해와 직접적으로 관련된 부분의 주요 정책 결정 과정에 깊이 관여하여, 그들 집단의 이익을 확보하는 좋지 않은 결과를 만들기도 한다.

01 사회 집단은 일정한 수(최소 두 명 이상)의 사람의 모임이면 된다.

01 다음 중 사회 집단의 특성이 <u>아닌</u> 것은?

① 성원들 사이에 소속감이 있다.

② 합의된 가치 체계를 공유한다.

③ 지속적인 상호작용을 하고 서로 간에 영향을 주고받는다.

④ 대규모 사람들의 모임이라는 특성을 갖고 있다.

02 사회 집단은 성원들끼리 공유하는 가치관이 있고 소속 의식이 있으며 지속적이고 반복적인 상호작용을 통하여 친밀한 유대 관계를 맺고 있는 두 사람 이상의 모임을 말한다. 사회 집단은 동료의식이 강하지만 뚜렷한 목표가 설정되어 있지는 않다.

02 운동과 식사를 함께하는 등 사회관계를 유지하고 동류의식도 있으나, 아직 공식적인 조직체를 만들지 않은 집단이 속하는 범주에 해당하는 것은?

① 사회 집단

② 결사체

③ 통계적 범주

④ 사회적 범주

정답 (01 ④ 02 ①)

03 다음 중 각종 동아리 모임이 속하는 것은?

① 통계적 집단
② 준사회 집단
③ 사회 집단
④ 결사체

03 • 사회 집단 : 일정한 의미 있는 사회 관계 형성, 사회적 범주보다 더 강한 결속력을 지니지만 공식적인 조직체를 만들지는 않음
• 결사체 : 구성원 모두가 관철해야 할 뚜렷한 조직 목표를 설정, 달성하기 위해 동원, 조직됨(관료제)

04 사회학적 관심의 대상이 되는 사회 집단의 특성과 거리가 <u>먼</u> 것은?

① 일정 수의 사람이 있어야 하고, 공유하는 의식과 가치가 있어야 한다.
② 소속 의식과 지속적 · 반복적인 상호작용이 있어야 한다.
③ 순수하고 친밀한 연대 관계를 맺고 있다.
④ 사회 집단의 성원은 조직 내에서 일정한 역할과 신분을 가지나, 개인의 사회화 과정을 주도하는 것은 아니다.

04 사회 집단의 특성
• 구성원의 소속 관계가 자격 유무를 근거로 명시되어 있다.
• 공통의 목표와 관심을 갖는다.
• 구성원 간에 상호 접촉이나 상호작용을 교환한다.
• 집단성원들에게 일정한 감정적 태도, 즉 '우리의식'을 제공한다.
• 사회 집단의 성원은 조직 내에서 일정한 역할과 신분을 가진다.
• 규범을 공유한다.
• 개인의 사회화 과정을 주도한다.
• 구성원의 행위를 통제할 수 있는 힘을 지닌다.

05 다음 중 집단에 대한 설명으로 <u>틀린</u> 것은?

① 집단 간 갈등과 긴장은 집단 응집력을 강하게 하는 순기능적인 요소도 있다.
② 집단 구성원들의 합의와 동조는 집단결속력을 키울 수 있다.
③ 집단의 모든 역동성은 집단에 긍정적인 요소가 된다.
④ 하위집단 간 결속력이 강할수록 집단의 결속력이 강해진다.

05 집단의 역동성을 적절히 활용하면 집단과 집단 구성원 사이에 긍정적인 영향을 미치지만, 집단 역동이 집단에 역기능적인 영향을 미치기도 한다.

정답 03 ③ 04 ④ 05 ③

06 원초집단(또는 일차집단)이라는 말은 쿨리(C. H. Cooley)가 처음 사용한 개념이다.

06 한 개인의 사회적 성격과 이상을 형성하는 데 가장 기본적이고 중요한 영향을 주는 집단을 나타내는 쿨리의 개념은 무엇인가?

① 중요집단
② 사회집단
③ 이차집단
④ 원초집단

07 일차집단의 조건은 다음과 같다.
• 면대면의 가까운 거리에 살아야 한다.
• 집단의 규모가 소규모라야 한다.
• 잦은 접촉과 사귐이 있어야 한다.

쿨리의 사회집단 분류
• 일차집단 : 인간을 성숙한 사회적 존재로 성장시키는 데 가장 중요한 기능을 담당하고, 초기 사회화 과정이 이루어지는 사회집단
• 이차집단 : 특정한 목표를 달성하기 위해 형성된 것으로, 형식적·비인격적 관계이며, 사회 관계는 부분적인 성격을 띠게 된다.

07 다음 중 쿨리가 분류한 일차집단의 요건으로 가장 적합한 것은?

① 서로 멀리 떨어져 살아야 한다.
② 가끔씩만 만나야 한다.
③ 철저히 자기 몫을 챙겨야 한다.
④ 대체로 소규모여야 한다.

08 일차집단은 구성원들 간의 친밀한 대면 접촉을 통해 이루어진 집단으로 인간 본성이 생성되며, 성원을 교체하기 어렵다. 가족, 놀이집단 등이 대표적 예이다.

08 성원들 간에 정서적 인격과 교환이 이루어지고, 비공식적 제재를 통해 사회 통제가 이루어지며, 성원을 교체하기 어려운 집단에 해당하는 것은?

① 외집단
② 준거집단
③ 이차집단
④ 일차집단

정답 06 ④ 07 ④ 08 ④

09 다음 중 일차집단의 필요조건이 <u>아닌</u> 것은?

① 면대면 관계
② 수단적 목적
③ 소규모 집단
④ 잦은 접촉

10 일차집단에서 이루어지고 있는 어린이의 학습 과정을 일컫는 사회학적 개념은 무엇인가?

① 재사회화
② 2차 사회화
③ 유아 사회화
④ 초기 사회화

11 다음 중 이차집단의 특성이 <u>아닌</u> 것은?

① 대면적 상호작용
② 익명적 관계
③ 이해타산적인 인간관계
④ 규칙과 법률에 의한 규제

09 일차집단이 되기 위해서는 면대면의 가까운 거리, 소규모의 집단, 잦은 접촉과 교류 등의 요건을 충족해야 한다. 이 세 조건은 일차집단의 필요조건이라고 할 수 있다.

10 일차집단에서 어린이는 부모와의 공감을 통해 사회 규범과 도덕적 가치를 배우게 된다. 이 같은 어린이의 학습 과정을 초기 사회화라고 부른다.

11 대면적 상호작용은 일차집단의 특징이다.
이차집단의 특징은 인간관계가 형식적·비인격적·수단적이고, 상대방을 특정 기술이나 지위로 본다. 또한 의사소통이 사무적이고 대규모인 집단에서 간접적으로 접촉하고, 사회관계가 부분적이다.

정답 09 ② 10 ④ 11 ①

12
- 일차적 인간관계 : 혈연, 지연, 학연 등에 의해 형성되는 인간관계이다.
- 이차적 인간관계 : 개인적인 매력, 직업적 이해관계, 가치(또는 이념, 사상, 신념, 종교, 취미)의 공유에 의해 형성되는 인간관계이다.

13 이차집단은 특정 목표를 가진 사람들이 그 목표 달성을 위해 의식적으로 만든 집단으로, 결사체를 포함한다.

14 "인간관계가 제한적이고 형식적이다."라는 말은 이차적 인간관계를 표현한 말로 목적적·합리적이고, 인위적·사무적·일시적 관계라고 할 수 있다.

12 다음 중 백화점의 판매원과 고객과의 관계로 알맞은 것은?

① 표현적 관계
② 일차적 관계
③ 이차적 관계
④ 감정표출적 관계

13 다음 중 '결사체'가 속하는 집단에 해당하는 것은?

① 일차집단
② 이차집단
③ 공동체
④ 게마인샤프트

14 "인간관계가 제한적이고 형식적이다."라는 말을 다른 말로 표현했을 때, 가장 적합한 것은?

① 인간관계가 전인적(全人的)이다.
② 인간관계가 감정적이다.
③ 인간관계가 목적적·합리적·수단적 관계이다.
④ 지속적인 상호작용을 하는 인간관계이다.

15 산업 현장의 인간관계 연구에서 메이요가 발견한 중요한 연구 결과로 옳은 것은?

① 경제적 유인만이 노동의욕을 증진시키는 유일한 요인이다.
② 윗사람과의 빈번한 상호작용의 빈도와 노동의욕의 정도가 정비례한다.
③ 작업장의 바로 윗단계의 사람의 성격에 따라 노동 효율성에 차이가 있다.
④ 이차집단 내에서도 일차집단적 관계가 노동 의욕 증진에 매우 중요하다.

15 테일러가 생산의 주체를 생산 설비에 두었다면, 메이요는 호손 실험의 결과를 통해 인간관계와 인간의 심리적 측면을 보다 중요하게 인식시켰다.

16 다음 중 비공식조직에 속하는 것은?

① 기업의 이사회
② 대학의 교수 회의
③ 병원의 산악 동호회
④ 공장의 품질 관리조

16
• 공식조직 : 목적을 달성하기 위한 조직으로 인위적으로 형성되며, 업무가 세분화·전문화되어 있어 위계질서가 엄격하다.
• 비공식조직 : 정서적 교감이 목적인 조직으로, 친밀한 인간관계가 있으며 자발적으로 형성된다.

17 다음 중 유사성이 가장 약한 것은?

① 결사체
② 2차 관계
③ 소규모 사회 집단
④ 게젤샤프트(Gesellschaft)

17 인간을 성숙한 사회적 존재로 성장시키는 데 중요한 기능을 담당하는 일차집단에는 소규모 사회 집단이 포함된다. 특정한 목표를 달성하기 위해 형성되는 2차 관계로서의 이차집단으로는 결사체, 게젤샤프트 등이 있다.

정답 15 ④   16 ③   17 ③

18 결사체는 특정 목적과 이익을 관철하기 위해 제한된 조건하에서 일시적으로 결합된 집단이다.
  ① 게마인샤프트 : 공동체적인 요소 혹은 일차집단적인 특징을 갖는 집단
  ② 일차집단 : 가족관계처럼 인간을 사회적 존재로 성숙시키는 데 가장 중요한 기능을 담당
  ④ 게젤샤프트 : 게마인샤프트와 대립되는 이차집단으로, 이해관계와 합리적 타산성이 지배하는 사회

18 **다음 중 유사한 개념끼리 짝지은 것으로 옳지 않은 것은?**

① 공동체 – 게마인샤프트(Gemeinschaft)
② 가족 – 일차집단
③ 부부 관계 – 결사체
④ 게젤샤프트(Gesellschaft) – 이차집단

19 게마인샤프트(Gemeinschaft)와 게젤샤프트(Gesellschaft)
  • 게마인샤프트(Gemeinschaft) : 가족, 부족, 국민의 관계처럼 혈연, 지연이 요소가 되며, 인간 상호 간의 애착을 바탕으로 하여 결합된 사회를 말한다.
  • 게젤샤프트(Gesellschaft) : 서로 공통된 이익이나 목적을 달성하기 위해 교환을 통해 개방적으로 결합되어 있는 인위적 사회로서, 영리회사, 협회 등이 이에 속한다.

19 **다음 중 게젤샤프트(Gesellschaft)의 특징으로 옳은 것은?**

① 이차집단적 성격
② 공동체
③ 유사성
④ 비타산적

20 결사체란 특정 목적과 이익을 관철하기 위해 제한된 조건하에서 일시적으로 결합된 집단을 말한다.

20 **다음 집단의 범주에서 학교는 어디에 속하는가?**

① 통계적 범주
② 사회적 범주
③ 결사체
④ 사회 집단

정답 18 ③ 19 ① 20 ③

21 머튼의 이론 중 비동조자의 특성으로 가장 알맞은 것은?

① 소속집단의 규범을 어긴 사실을 당당하게 밝힌다.

② 소속집단의 규범의 정당성을 인정한다.

③ 소속집단의 규범을 바꾸려 하지 않는다.

④ 개인의 사사로운 이익을 위해 규범을 어긴다.

22 서로 다른 두 집단에 속해 있으면서 어느 집단에도 완전히 소속되지 못하고, 두 집단의 변두리 부분에 속해 있는 사람들을 일컫는 용어로 가장 적합한 것은?

① 사회화의 피해자

② 국외자

③ 일탈자

④ 주변적 인간

23 고속도로에서 시속 70km로 달릴 때는 '느리다'라고 생각하지만 도심에서 70km로 달릴 때는 '너무 빠르다'라는 생각이 든다. 이러한 감정은 자신의 계층(계급) 인식에서도 갖게 되는데, 이러한 현상을 설명하는 사회학적 용어로 알맞은 것은?

① 규범적 준거집단

② 상대적 박탈감

③ 비교 준거집단

④ 예견적 사회화

---

21 비동조자의 특징은 다음과 같다.
- 소속집단의 실정법을 어긴 사실을 당당하게 밝힌다.
- 실정법의 정당성에 도전하며, 그 정당성을 인정하지 않는다.
- 기존 실정법을 변화시키려 한다.
- 현재 소속집단의 규범을 어기는 것은 사익과 관계없이 저질러지는 행위이다.

22 주변적 인간이란 서로 다른 두 집단에 모두 소속되었지만, 두 집단의 변두리에 속해 있는 존재이다. 종착 지위와 원천 지위의 사이에서 일종의 주변적인 존재로 여겨진다.

23 사람은 자신의 지위의 높낮이를 평가할 때 남의 지위를 비교 잣대로 활용한다. 이를 비교 준거집단이라고 부르며, 상대적 박탈감에 의한 사회혁명과 같은 경우를 이해하는 데 유익한 개념이다.

정답 21 ① 22 ④ 23 ③

24 어떤 닫힌 사회에서 모든 국민들이 굶
주리고 있다면, 그들은 다른 나라 국
민들과 자신들을 비교할 수 없기 때문
에 자신들이 불행하다고 느끼지 않는
다. 그러나 다른 나라 사람들이 잘 먹
고 잘 산다는 사실을 알게 되면 박탈
감을 느끼게 된다. 이러한 심리적 불
만을 상대적 박탈감이라고 한다.

24 다음 내용에서 설명하는 사회학적 개념은 무엇인가?

> 최근 우리 사회는 부(富)의 양극화 현상이 심화되고 있는
> 데, 경제 발전이 이루어져도 부의 불평등이 심하면 하층 계
> 급은 불만을 갖게 된다. 이들이 느끼는 심리적 불만을 일컫
> 는 사회학적 개념이다.

① 상대적 박탈감
② 지위 불일치
③ 상황의 정의
④ 상류층에 대한 반감

25 쿨리가 분류한 일차집단은 특정한
목표를 달성하기 위해서가 아니라
구성원들 간의 친밀한 접촉을 통하
여 이루어지며, 인간을 성숙한 사회
적 존재로 성장시키는 데 가장 중요
한 기능을 담당한다. 그 예로 가족을
들 수 있는데, 집단의 규모가 대체로
소규모이며 잦은 접촉이 일어난다.

25 쿨리가 분류한 일차집단의 성격으로 옳은 것은?

① 잦은 접촉이 일어나지 않는다.
② 전인적인 성격을 지니고 있다.
③ 집단의 규모가 대체로 대규모이다.
④ 특정한 목표를 달성하기 위해 형성된 집단이다.

정답 24 ① 25 ②

제 9 장

일탈 행동

실패하는 게 두려운 게 아니라, 노력하지 않는 게 두렵다.

– 마이클 조던 –

제 **9** 장 │ 일탈 행동

제1절 일탈의 개념

1 일탈 개념의 상대성

(1) 일탈의 개념 기출 20

① 일탈 행위는 중요한 사회 규범의 위반 행위로 이탈되는 행위이다.

② 사회가 정한 가치와 규범에 의해서 바람직하다고 생각되는 행동 유형의 허용 범위에서 벗어나는 행동을 말한다.

더 알아두기

일탈에 대한 그릇된 개념 규정

- 일탈의 기준을 통계적 평균으로부터 상당히 벗어난 특성으로 이해해서는 안 된다(예 불구자, 왼손잡이, 노총각이나 노처녀, 지능지수가 높거나 낮은 사람 등).
- 일탈을 비정상적인 것을 가리키는 말로 이해해서도 안 된다(비정상적인 행동도 사회적으로 용납되고, 규범에 위배되지 않는 경우가 있기 때문이다).
- 일탈을 병리적 현상으로 이해해서도 안 된다(어떤 일탈 행위는 사회 발전에 기여하는 경우도 있고, 어떤 집단에는 역기능적이나 다른 집단에는 순기능적인 경우도 있으며, 사회 규범은 시간과 장소에 따라 다르기 때문에 동일한 현상이 어떤 때에는 병리적인 것으로, 또 어떤 때는 병리적이지 않은 것으로 다루어지기도 한다).
- 일탈 행위를 사회적 반응의 산물로만 규정해서도 안 된다(낙인이론에서는 일탈 행위를 행위 그 자체의 속성에 의해서라기보다는 사회적 반응의 산물로 이해할 것을 주장한다. 예컨대 사소한 물건을 훔친 사람이 절도 행위가 발각되면 일탈자가 되지만, 값비싼 물건을 훔친 사람이라도 절도 행위가 발각되지 않으면 일탈자가 되지 않는다고 본다. 이처럼 사회적 반응을 지나치게 강조하는 것도 일탈에 대한 개념 규정으로는 부적절하다).

---

(2) 일탈의 상대성 기출 24

① 일탈의 개념은 시간적·공간적으로 상대적인 개념이다.
② 일탈 행위의 평가는 문화적 상황에 따라 다르기 때문에 어떤 문화적 상황 하에서 야기되는 일탈인가를 고찰하는 데서 일탈의 이해가 시작되어야 한다.
③ 일탈 행동은 사회적으로 **상대성**을 가지고 있기 때문에, 특정 행위는 **역사적 조건이나 사회적 상황에 따라 일탈 행동**이 될 수도 있고 아닐 수도 있다.
④ 규범은 사회에 따라 다르고 또한 사회가 변함에 따라 변할 뿐만 아니라 동일한 사회 내에서도 집단 또는 집단 내에서의 사회적 지위에 따라 다르다는 점에서 볼 때, 일탈 행위란 어떤 절대적인 기준에 의해서 규정될 성질의 것이 아니다.

2 일탈의 기능

(1) 부정적 기능(일탈의 역기능)

① 사회 조직의 해체 및 붕괴가 초래된다.
② 조직화된 사회생활을 유지하는 데 필요한 **신뢰감을 저하**시킨다.
③ 일탈 행위에 대한 적절한 사회 통제가 가해지지 않는다면 사람들은 규범을 준수하고자 하는 **동기 혹은 의지를 상실**하게 된다.
④ 일탈 행위를 통제하는 데 많은 비용이 소요되므로, **사회적 자원을 낭비하는 결과**가 생긴다.

(2) 긍정적 기능(일탈의 순기능)

① 일탈 행위는 **사회 규범**(상응하는 처벌이 무엇인가)을 분명히 **규정**해 주고, 사회성원들에게 용납될 수 있는 **행동의 범위를 한정**해 준다(범죄자의 공개적 재판과 처벌).
② 집단의 **결속력을 강화**시켜 줄 수도 있다.
③ 축적된 욕구 불만을 해소시켜 줌으로써 그보다 더 심각한 무질서를 예방해 주는 **안전판**과 같은 역할을 하기도 한다.
④ 사회 조직의 **결함을 미리 알려 주는** 기능도 한다.
⑤ **사회 변동의 근원**이 되는 경우도 있다(여권 신장 운동).

제2절　일탈을 개인의 특성으로 보는 견해

1 생물학적 접근 [기출] 24

(1) 생물학적 접근의 의미

일탈 행동의 원인을 생물학적 또는 유전적인 측면에서 설명하고자 하였다.

(2) 19세기 이탈리아의 범죄학자 롬브로소(C. Lombroso)

범죄 행동을 하는 사람은 날 때부터 무언가 다르며, 범죄자는 진화론적으로 볼 때 원시적인 인간이라고 주장하였다.

(3) 영국의 의사 고링(C. Goring)

범죄자들과 일반인들의 신체적 특징에 아무런 차이가 없음을 밝힘으로써 롬브로소의 주장을 반박하였다.

(4) 심리학자 윌리엄 셸던

사람을 체격에 따라 땅딸막한 사람, 중간 키의 건장하고 튼튼한 사람, 마르고 키가 큰 사람의 세 가지 형태로 구분하고, 일탈 행위자는 건장하고 튼튼한 체형을 가진 사람이 많다고 하였다.

(5) 오늘날 대부분의 사회학자들

생물학적 요인은 일반적인 수준에서 일탈 행위를 설명하는 데 적절치 않다고 본다.

2 심리학적 접근

(1) 심리학자 또는 정신분석학자들의 입장

일탈 행동의 원인을 퍼스낼리티나 개인의 문제로 설명하고, 범죄도 정신 질환이나 비정상적인 심리 상태에서 저지르는 것으로 본다.

(2) 프로이트(S. Freud)

일탈 행위를 Superego나 Ego가 적절히 발달하지 못해서 Id의 충동을 통제하지 못할 경우에 일어나는 현상으로 보았다.

(3) 욕구좌절 – 공격이론

일탈 행위를 욕구 좌절에 의해서 일어나는 사람 혹은 사회에 대한 공격적 행위의 한 형태로 보며, 좌절 감의 정도는 억압된 욕구의 강도에 따라, 또 공격의 강도는 좌절감의 강도에 따라 결정된다고 한다.

(4) 비판

심리학적 이론은 사람들 간 일탈률의 차이가 왜 있는지와 동일한 사회에서도 일탈 행위에 차이가 있는 가에 관해서는 적절한 설명을 제시하지 못하고 있다. 또 일탈 행위란 문화적으로 규정된다는 사실을 간과하고 있다.

제3절 문화적 · 사회 구조적 환경에서 찾는 견해(기능론적 일탈이론)

1 사회 조직의 와해

(1) 일탈 현상을 문화와 사회 환경, 사회 구조 속에서 찾는 시각

① 일탈 행동 그 자체가 문화와 사회 속에서 규정되고, 일탈 행동을 일으키는 요소들도 문화적 목표와 규범, 사회적 상호작용 및 사회적 역학 관계 등에 의해 결정된다고 본다.

② 일탈을 사회 구조의 맥락 속에서 설명하고자 하는 이론은 **아노미이론**(뒤르켐의 자살론, 머튼의 아노 미이론, 클라워드와 올린의 기회구조론), **차별교제이론, 낙인이론** 등이 있다.

(2) 아노미의 개념 기출 22

① 뒤르켐의 『자살론』에서 아노미를 사회학에 도입한 후 머튼에 의해서 더욱 발전하였다.

② 아노미란 '**규범이 없다**'는 뜻으로, 사회의 규범이 약화되거나 부재일 때, 또는 그 이상의 상반된 규 범이 동시에 존재할 때, 한 개인은 행동의 지침을 잃게 되고 개인의 욕구와 행위를 조정해 줄 수 있는 사회적 규율이 없으므로 행동 방향을 잃게 되는 상태를 말한다.

③ 아노미 상태가 심화된 사회에서는 **사회 내의 결속이 약화**되기 쉽고, 심한 경우 **사회 조직이 와해**될 수 있다.

④ 기능론적 시각에서 보면, 일탈이나 범죄는 사회 체제 유지에 필요하고 유익하다고 보며 사회 체제 안에 존속하고 있는 모든 제도와 관행은 그 나름대로 사회 체제의 안정에 유익하기 때문에 존속하는 것이라고 본다.

(3) 일탈과 범죄의 순기능(뒤르켐)

① 일탈 행위는 **사회적 · 도덕적 경계선**을 뚜렷하게 알려주고 깨닫게 한다.

② 사람들은 일탈자나 범죄자를 국외자(局外者)로 몰아붙임으로써 자기들끼리의 **집단 연대를 강화**한다 (일종의 외집단).

③ 일탈 행위는 **사회 개혁의 기능**이 있다. 일탈 행위 중 기존 규범에 비동조적인 행위는 법을 위반함으로써 낡은 규범을 변화시키는 기능을 담당하기도 한다.

④ 일탈 행위는 때와 장소만 적절하게 선택한다면 허용되는 일탈이 있으며, 그러한 일탈은 긴장 해소에 도움이 된다고 한다.

2 뒤르켐의 자살론

(1) 개념 기출 24

① 프랑스의 사회학자 에밀 뒤르켐(E. Durkheim)이 1897년에 발표한 『자살론』에서 자살은 엄연한 사회 현상이며, 자살의 원인 역시 사회적이라고 보았다.

② 자살이 사회적 현상이라는 것을 증명하기 위하여 여러 가지 통계 자료를 조사했다. 그 결과 사람들이 생각하던 것과는 달리, 정신병이나 신경 쇠약증 등이 자살과 확정적인 관계가 없다는 것을 밝혔다.

③ 유전적 요소, 개인의 체질, 밤낮의 길이, 계절에 따른 온도의 영향 등 다양한 신체적 · 물질적 조건들이 자살 현상을 설명하기에는 부적합하다는 것을 밝혔다.

④ 자살의 유형을 사회 통합도에 따라 '이기적 자살'과 '이타적 자살'로 구분하였고, 사회적 규제에 따라 '아노미(Anomie)적 자살'과 '숙명적 자살'로 구분하였다.

(2) 자살의 유형 기출 20

① **이기적 자살** : 사회적 결속력이 약할 경우, 즉 집단으로부터 소외되었을 때, 개인과 사회의 결합력이 약할 때의 자살이다. 일상적인 현실과 좀처럼 타협 또는 적응하지 못하는 사람들의 자살이 이 경우에 해당한다.

② **이타적 자살** : 사회적 결속력이 강할 경우, 즉 사회적 의무감이 지나치게 강할 때의 자살이다. 예컨대 제2차 세계 대전 당시 전투기를 몰고 미군 군함으로 돌진했던 일본군 **자살 특공대**(가미카제)가 있다.

③ **아노미적 자살** 기출 20

㉠ 사회 정세의 변화라든가 사회 환경의 차이 또는 도덕적 통제의 결여에 의한 자살이다.

㉡ 지금까지 당연하게 여겨지던 가치관이나 사회 규범이 혼란 상태에 빠졌을 때 자주 일어난다.

㉢ 규범이 와해된 상태에서 많이 나타난다.

㉣ 갑작스런 **경제적 호황**이나 불황, 기술 지식의 급속한 발전, 광활한 시장의 유혹 등이 규범 와해를 가져온다.

④ **숙명적 자살** : 사회가 과도하게 욕망을 억압하기 때문에 생기는 것으로, 절망적 상황에서 많이 나타 난다. 노예의 자살이 대표적이다.

3 마르크스의 갈등론적 견해

(1) 마르크스의 견해

① 경제적·물질적 조건이 사람들로 하여금 일탈을 일으키게 한다.

② 자본주의의 경제적 불평등 구조는 일탈을 내재적으로 가지고 있다.

③ 동조자와 일탈자의 구별, 즉 누가 처벌을 받느냐 안 받느냐의 기준이 보편타당한 바탕 위에서 만들 어진 기준이 아니라 상당한 정도의 계급 편견이 존재하는 기준이다.

(2) 뒤르켐의 견해와의 차이점

① **뒤르켐**

㉠ 일탈과 범죄를 자연적·보편적 현상으로 보았다.

㉡ 사회 통제의 형태가 야만스러운 체벌 형태의 징벌 통제 방법에서부터 좀 더 가벼운 방법인 형무 소 구금형태로, 직선적으로 변해간다고 보았다.

㉢ 사회가 공유하는 가치 체계가 깨졌을 때 일탈이 생긴다.

② **마르크스**

㉠ 범죄는 보편적 현상이 아니다. 모든 형태의 법이나 정치 형태, 범죄까지도 생활의 물질적 조건에 서 발생하는 것이다.

㉡ 사회의 합의에 의한 고유한 가치 체계는 애초부터 존재하지 않는다.

㉢ 소수의 권력자와 재산가의 이익을 보호하기 위해 권력자들이 다수의 무산 계급과 권력 없는 자의 가치를 지배하기 때문에 일탈자가 생긴다.

4 머튼의 아노미이론

(1) 개념

① 머튼(R. K. Merton)은 뒤르켐의 아노미 개념을 수정하여 일탈 행위를 설명하고자 하였다.

② 머튼은 문화적 목표와 이를 달성하기 위한 제도적 수단 사이의 격차로 인해 일탈 행위가 발생된다고 보았다. 예컨대, 물질적 성공이 매우 중요한 문화적 목표로 되어 있는 사회에서 그것을 정당하게 성취할 수 있는 제도적 수단들이 제한되어 있다면, 도둑질이나 공금 횡령과 같은 일탈 행위가 빈발 한다는 것이다.

(2) 머튼의 아노미이론에 대한 개인의 적응 양식

① **동조형** : 문화적 목표와 제도적 수단을 모두 받아들이는 적응 양식으로, 일탈 행위가 일어나지 않는다.

② **혁신(고안형)** : 문화적 목표는 수용하지만 제도적 수단은 막혀진 상태, 즉 성공하고 싶은 욕구는 갖고 있으나 제도적 수단은 갖고 있지 못한 경우이다. 예컨대, 학교 성적을 올리기 위해서 부정 행위를 한다든지, 진급을 위해서 상사에게 뇌물을 공여한다든지, 돈을 벌기 위해서 탈세나 공금 횡령을 하는 등의 행위를 말한다.

③ **의례주의형** : 문화적 목표(성공 목표)는 갖고 있지 않고 제도적으로 마련된 수단은 갖고 있는 경우로, 극단적인 경우를 제외하고는 일탈 행위로 취급되지 않는 경향이 있다.

　　예 관료 조직의 목표에는 무관심하고 규칙이나 절차에만 집착하는 관료들의 행위

④ **패배주의(은둔형)** : 문화적 목표와 제도적 수단 모두를 포기 또는 부정하는 유형이다.

　　예 알코올중독자, 은둔자, 부랑아 등

⑤ **반역(저항형)** : 현존하는 문화적 목표와 제도적 수단 모두를 거부하고 새로운 목표와 수단을 대안으로 제시하는 경우이다.

　　예 혁명가, 급진적인 여성 해방 운동가, 히피족 등

(3) 머튼의 아노미이론에 대한 문제점

① 어느 사회에서나 중요한 문화적 가치와 목표들은 기본적 합의가 이루어져있다고 가정하고 있으나, 실제로 반드시 그렇지는 않다.

② 일탈의 원인을 문화와 사회 구조 속에서 파악하려고 한 나머지 집단 또는 개인들 간의 상호작용이 일탈 행동 발생에 기여하는 영향력을 과소평가했다는 비판이 있다.

③ 문화적 목표를 달성하기 위한 제도적 수단의 문제에 있어서 합법적인 수단에만 역점을 둠으로써, 비합법적인 수단에 근접할 수 있기 때문에 일어나는 일탈 행위의 경우를 충분히 설명하지 못한다.

④ 구조적 긴장이 극대화되어 있는 하류 계층의 일탈 행동은 잘 예견할 수 있으나, 그 긴장이 극소화되어 있는 상류층의 일탈 행동은 잘 예견하지 못하고 있다.

5 차별교제이론 기출 24

(1) 개념

① 서덜랜드(E. H. Sutherland)가 체계화시킨 이론으로, 일탈 행위는 **차별교제의 과정을 통해 학습**된다고 보았다.

② 비행 소년 집단에 들어간 소년이 비행을 학습하고 다른 성원들과 같이 비행을 저지르는 경우 혹은 직장 동료들로부터 장부를 위조하는 방법을 배워서 탈세를 하는 중산층의 범죄 행위 등이 그 예이다.

③ 개인들은 범죄적 규범을 가지고 있는 다른 사람들과 접함으로써 일탈자나 범죄자가 된다.

④ 범죄 행위는 범죄 문화를 깊이 수용한 자들과 상호작용하는 과정에서 이루어진다(이러한 접근을 시도한 학자들을 '시카고학파'라 한다).

(2) 차별교제이론의 기본 명제

① 범죄 행위는 학습되며, 차별교제는 빈도, 기간, 우선순위, 강도에 차이가 있다.
② 범죄 행위는 커뮤니케이션을 통한 다른 사람과의 상호작용에서 학습된다.
③ 범죄 행위 학습의 중요한 부분은 친밀한 원초집단(혹은 일차집단) 내에서 이루어진다.
④ 범죄 행위가 학습될 때 그 학습은 범죄의 기술뿐만 아니라 특정한 방향의 동기, 추동, 합리화, 태도까지도 포함한다.
⑤ 특정 방향으로의 동기와 추동은 법조문에 대한 사람들의 우호적 혹은 비우호적 규정으로부터 학습된다.
⑥ 어떤 한 사람이 비행을 하는 이유는 범법에 대한 비동조적인 규정들보다는 범법에 동조적인 규정들에 더 많이 접촉하기 때문이다.
⑦ 범죄적 및 반범죄적 유형과의 접촉에 의한 범죄 행위의 학습 과정은 다른 유형의 행위를 학습하는 경우와 마찬가지로 모든 종류의 학습 방법을 통해서 이루어진다.
⑧ 범죄 행위는 일반적 욕구와 가치의 표출일지라도, 그러한 욕구와 가치가 범죄 행위의 본질적 성격을 특정하지는 않는다.

(3) 차별교제이론의 문제점

① 모든 일탈 행위가 일탈자들과의 직접적인 교제를 통해서 학습되는 것은 아니며 또한 일탈자와 접촉하는 사람 모두가 일탈 행위를 하는 것도 아니다.
② 전문적 조직 범죄나 상습적인 범죄는 잘 설명해 줄 수 있으나, 우연적 또는 충동적 범죄는 잘 설명해 주지 못한다.
③ 법을 잘 준수하는 사람들과의 접촉을 통해서 학습되는 경우는 잘 설명해 주지 못한다.
④ 같은 환경에서 자란 두 사람 중 한 사람은 범죄자가 되고, 다른 한 사람은 범죄자가 되지 않음을 설명해 주지 못한다.

6 낙인이론(Labeling theory) 기출 23

(1) 낙인이론의 개념 기출 24, 20

① 낙인이론은 1960년대에 등장한 이론으로, 제도·관습·규범·법규 등 사회를 유지하기 위한 기본적인 제도적 장치들이 오히려 범죄를 유발한다는 이론이다.
② 낙인이론의 핵심은 '왜, 어떻게' 특정 행동이 일탈이라고 규정되며 '누가' 일탈자라고 낙인을 찍는가, 또 낙인 찍힌 사람에게 그 낙인을 주는 사회적 영향은 무엇인가를 설명하려고 한다.
③ 낙인이론에서는 어떤 한 사람 또는 그의 행위가 다른 사람들에 의해서 '일탈'이라는 낙인 혹은 딱지가 붙으면, 그는 곧 '일탈자'가 된다고 주장한다.

④ 사회적 규범에서 볼 때 어떤 특정인의 행위가 규범에서 벗어났을 경우, 구성원들이 단지 도덕적인 이유만으로 나쁜 행위라고 규정하고 당사자를 **일탈자로 낙인찍으면** 결국 그 사람은 범죄자가 된다는 이론이다.

⑤ 일탈은 자연적·보편적인 사회 현상이 아니라 상대적인 개념이다. 즉, 일탈은 절대적 개념이 아님을 강조한다.

⑥ 낙인이론은 상징적 상호작용론과 갈등론이라는 두 가지 사회학이론의 관점을 수용하는 일탈이론이다.

⑦ 대부분의 일탈 행위는 다른 사람들에게 발견되지 않으며, 또한 발견되더라도 중요한 사람들이나 경찰 혹은 검찰과 같은 범죄 통제 기관에 의해서 발견되지 않는다면 문제가 되지 않는다(숨은 범죄).

(2) 베커(H. S. Becker)의 낙인이론 – 사회적 지위로서의 일탈(낙인이론의 대표자) 기출 20

① 일탈은 행위의 속성에 의해서가 아니고, 규칙(규범, 법 등)과 제재의 적용의 결과라고 주장하였다.

② 사회 집단이 규칙을 만들고 그 규칙을 특정인들에게 적용시켜 그들을 '국외자들(외부자)'이라고 낙인함으로써 일탈 행위를 만들어 낸다는 것이다.

③ 규칙은 대체로 권력을 가진 지배 집단에 의해서 만들어지고, 그렇지 못한 집단에 적용되는 경향이 있다.

④ 규칙이나 형벌이 제정되지 않으면 범죄 행위가 성립되지 않는다.

⑤ 일탈자라는 지위는 다른 가능한 여러 지위에 비해 중요한 지위로 청중들에 의해 받아들여지기 때문에 일탈자가 다른 영역에서 정상적인 사회생활을 하는 데 매우 힘들게 되며, 반대로 일탈은 더욱 용이해진다고 한다. 즉, 이 경우 일탈자는 그가 속한 집단에서 외부인(Outsider)이 된다는 것이다.

(3) 레머트(E. Lemert)의 낙인이론 – 사회적 낙인으로서의 일탈

① 일탈 행위를 일차적 일탈과 이차적 일탈로 구분하였다.

② **일차적 일탈**
  ㉠ 규칙을 어긴 최초의 행위이나 발견되지 않아 낙인이 찍히지 않은 행위이다.
  ㉡ 일시적이거나 경미한 것으로, 그런 행동을 한 사람도 자신을 일탈자라고 생각하지 않는다.

③ **이차적 일탈**
  ㉠ 사회적 낙인이 찍힌 후 자신을 부정적으로 생각하게 될 때 생기는 행위이다.
  ㉡ 일차적 일탈이 중요한 다른 사람들(예 친구, 부모, 고용주, 선생, 경찰관, 검사 등)에 의해서 공개되어 일탈자라는 낙인이 찍힘으로써 이전과는 다른 반응을 받게 되고, 그 결과 자기 자신이 일탈자라는 자아상을 갖게 되는 경우이다.

(4) 낙인이론의 문제점

① 낙인이론에서는 이차적 일탈에 초점을 두고 있기 때문에 일차적 일탈과 강자(권력을 소유한 사람들)의 일탈을 경시하는 경향이 있다. 결국 낙인이론에서는 낙인의 부여 여부와 권력 관계 간의 상관성을 적절히 설명하지 못한다.

② 일탈을 일으키는 요인이 무엇이고, 일탈률의 증가와 감소는 어떠하며, 일탈을 줄일 수 있는 방안은 무엇인가 하는 등의 질문에는 적절한 대답을 하지 못한다.

③ 공식적 사회 통제 기관의 제재를 강조하고, 가족, 학교, 친지 등에 의한 비공식적 낙인은 경시하는 경향이 있다.

④ 낙인의 긍정적 효과인 비행의 심각성을 깨닫게 하고 탈범죄화, 비수감의 정책, 기소유예 등으로 범죄를 예방할 수 있는 효과가 있다는 점을 간과하고 있다.

7 마짜(D. Matza)의 중화이론(Techniques of neutralization theory)

(1) 개념

① 사람은 누구나 양심의 압박을 중화할 수 있는 방법만 알면 일탈자가 될 수 있다는 이론이다.

② 일탈자나 동조자나 모두 규범을 어기고 싶어 하는 욕구를 갖고 있는 사람들이다.

③ 범죄 환경을 접하고도 범죄에 빠지지 않는 이유는 범법 행위의 부도덕성을 수긍하기 때문이며, 반대로 범죄를 저지르는 이유는 나름대로의 이유를 들어 범법 행위의 부도덕성을 부정(그럼으로써 자신의 행위를 정당화)하기 때문이라고 생각하였다.

④ 중화 기술이란 자신의 행위가 실정법상으로 위법함을 알지만, 그럴듯한 구실이나 이유를 내세워 자신의 행위를 도덕적으로 문제가 없는 정당한 행위로 합리화시키는 능력이다.

(2) 범죄자들의 변명의 유형 - 중화의 기술

① **자기 책임의 부인**

㉠ 범죄를 저지르려는 마음은 없었는데 주위 환경 때문에 어쩔 수 없이 범죄를 저질렀기 때문에 자기 잘못이 아니라는 주장이다.

㉡ 자신이 저지른 행위는 자신의 의지로는 어쩔 수 없는 강압적 힘(소질 성향, 심리적 이상, 생리학적 결함 등)에 의한 결과이므로, 자신에게는 아무런 책임이 없다고 주장하는 것이다.

② **손해 발생의 부인**

㉠ 어느 누구에게도 손해를 입히지 않았다고 주장하는 것이다. 예를 들면 기물 파괴는 장난이고, 자동차 절도 행위는 빌린 행위이며, 불량 집단 간의 싸움은 사적인 다툼일 뿐이고, 방화로 소실된 물건은 보험 회사에서 보상해 주므로, 자신의 행위는 어떠한 피해도 야기하지 않았다는 변명이다.

㉡ 행위가 위법이긴 하지만 실제로는 아무도 손해를 받은 사람이 없으므로 처벌을 받을 이유가 없다고 주장하는 것(마약 사용, 매춘, 도박 등)이다.

③ **피해자의 부인**

㉠ 나쁜 것은 오히려 피해자 쪽이라는 주장이다. 예를 들면 피해자가 범죄를 자초했다고 여기거나, 유혹했다고 변명하거나, 상대가 나쁜 놈이라고 합리화하는 것이다.

㉡ 자신의 행위는 마땅히 제재를 받아야 할 사람을 응징한 것일 따름이므로, 피해자가 있을 수 없다고 주장하는 것(부정 축재자 습격 등)이다.

④ 비난자 비난
  ⊙ 사회 통제 기관을 부패한 자들로 규정하여 범죄자를 심판할 자격이 없다고 함으로써 범죄 행동을 정당화한다.
  ⓒ 알고 보면 자신의 행위를 비난하는 사람들(검사, 경찰 등)이 더 추악하고 타락해 있다고 주장하는 것이다.

⑤ **고도의 충성심에 호소**
  ⊙ 자신의 행위가 옳지 않은 줄 알았지만 친구·가족 등 친근 집단에 대한 충성심에서 부득이 그러한 행동을 하게 되었다고 진술하는 것이다.
  ⓒ 패거리에 대한 충성심 때문에 범죄를 저질렀다는 것이다.

(3) 중화이론의 장·단점

① **장점**
  ⊙ 중화이론은 범법자들도 정상인처럼 관례적 가치를 수용하고 있어서 그들도 정상적으로 행동할 때는 별다른 모습을 보이지 않는다는 현실을 보여준다.
  ⓒ 청소년일 때 이런저런 일탈 행위를 저지르지만 어른이 되면서 일탈 행위를 그만두게 되는데, 중화이론은 이러한 현실을 잘 설명해 준다.
  ⓒ 약물 복용 행위를 설명하는 데는 중화이론이 적절하다. 은둔형의 일탈자들은 "누구나 복용하지 않나?"라는 식의 변명을 일반적으로 활용한다.

② **단점**
  ⊙ 인간을 규범 동조라는 극과 규범 파괴라는 또 다른 극 사이에서 표류하는 존재로 규정한다. 그러나 인간이 왜 표류하는 존재인가에 대한 이론적 해명이 분명치 않다.
  ⓒ 합리화의 기법은 범행 전에도 사용될 수 있다는 점에서, 일탈 행위의 인과관계에 있어 중화가 어떤 위치에 놓이는지 밝히기 힘들다.
  ⓒ 중화기법을 익힌 사람들 중 범죄를 저지르려 하지 않는 사람들도 있다는 현실을 설명하기 어렵다.

8 클라워드와 올린의 기회구조론(아노미이론)

(1) 개념

① 클라워드와 올린도 머튼처럼 일탈과 비행을 유발하는 근원이 아노미에 있다고 본다.
② 클라워드와 올린의 이론은 **머튼의 아노미이론과 시카고학파의 범죄 문화론을 종합**한 것으로 볼 수 있다.
③ 아노미적인 상태에 빠진 사람들은 자기 주변에는 합법적 기회가 없기 때문에 비합법적인 기회가 쉽게 제공되는 환경, 곧 범죄 문화 지역으로 들어가게 되는데, 원래의 아노미적 조건과 관계없이 그 범죄 문화가 제공하는 복잡한 수단이 얼마나 이용 가능한가에 따라 범죄가 유발되거나 유발되지 않는다는 것이다.

④ 일탈과 범죄라는 결과를 유발시키는 원인을 아노미 조건과 범죄 문화의 조건으로 본다. 즉, 제도적 수단이 없는 아노미적 상태와 비제도적 수단이 있는 범죄 문화의 조건이 상승 작용할 때 일탈과 범죄가 유발된다고 본다.

(2) 일탈 문화의 분류

클라워드와 올린은 절도 행위와 같은 범죄 문화, 폭력 문화, 마약 복용과 같은 은둔 문화에 중점을 두어 일탈 문화를 분류한다.

① **동조형** : 성공 목표를 달성하기 위해 부당한 수단과 폭력을 활용하지 않고 오로지 정당한 수단, 곧 제도적 수단만을 활용한다.

② **고안형** : 대물 범죄(對物犯罪)를 저지르기는 하지만 대인 범죄(對人犯罪)는 저지르지 않는다. 고안형이 폭력적인 행동을 잘 하지 않는 이유는 그들이 대체로 범죄 문화 지역에 살고 있어도 세대 간의 통합이 잘 이루어져 있기 때문이다. 이러한 안정된 (범죄) 문화로 인해 폭력 사용이 자제되고 범죄자들은 자기 감정 억제를 잘한다.

③ **폭력형** : 성공 목표를 내면화시켰으나 제도적 수단과 비제도적 수단 모두를 갖추고 있지 않다. 그들은 범죄 문화와 정상적 문화에서 모두 소외되어 있기 때문에 폭력에 의존하여 목적을 관철하려고 한다(길거리에서 패싸움하는 일탈 행위).

④ **은둔형** : 주로 약물을 복용하여 목표를 관철하려 한다. 이들은 폭력이나 절도 행위 같은 부당한 수단을 사용하지 않는데, 그 이유는 대체로 다음 두 가지를 지적할 수 있다. 하나는 수단이 부당하다고 믿는 내적 금지 때문에 자발적으로 폭력 행위를 사용하지 않는 은둔형이며, 다른 하나는 폭력이나 절도 행위를 사용하려다가 실패했기 때문에 약물을 복용하는 마약 복용자이다.

제4절 　범죄의 유형과 범죄이론

1 　범죄의 유형

(1) 범죄의 개념

① 법에 의해서 공식적으로 제재를 받는 행동이다.

② 범죄 행위는 대체로 사회적으로 지나치게 파괴적이어서 허용될 수 없고, 비공식적인 제재에 의해서는 통제될 수 없는 행위들로 한정된다.

(2) 범죄의 종류 – Clinard & Quinney(1967)의 범죄 유형

① **대인 폭력 범죄** : 살인, 강도, 강간, 폭행 등

② **비상습 재산 범죄** : 수표 위조, 상점 좀도둑, 자동차 도둑, 시설물 훼손(Vandalism) 등

③ **직업 혹은 중산층 범죄** : 중산층에 있는 사람들이 직업을 수행하는 과정에서 불법적인 행위를 하는 것으로서, 공금 횡령, 수뢰, 장부위조를 통한 탈세, 허위 광고, 상품 가격의 사기, 암거래 등이 있고, 대부분의 사람들이 이들을 범죄자라고 생각하지 않는 경향이 있다.

→ 숨은 범죄 중 하나

④ **정치 범죄** : 반역, 치안 방해, 시민 소요 등

⑤ **공공질서 범죄** : 매춘, 도박, 마약 상습, 취중망동, 문란행위, 교통위반 등

⑥ **상습 범죄** : 생활 방식의 일부로서 절도, 강도질, 도둑질 등

⑦ **조직 범죄** : 마약 밀매, 협박에 의한 강탈, 매춘, 도박 등

⑧ **전문적 범죄** : 전문적인 금고털이나 화폐 위조범으로부터 시작해서 소매치기, 상습적인 상점 도둑, 수표 위조범, 장물아비, 사기범 등

(3) 화이트칼라 범죄 – 횡령, 사기, 문서 위조, 탈세 등 `기출` 23

① 1939년 서덜랜드에 의해 처음으로 화이트칼라 범죄라는 용어가 사용되었다.

② 사회의 지도적 · 관리적 위치에 있는 사람이 직무상 지위를 이용하여 저지르는 범죄이다.

③ 점차 발생 빈도가 높아지고 있으며 횡령 · 배임 · 탈세 · 외화 밀반출 등을 비롯하여 뇌물 증여, 주식이나 기업 합병, 공무원의 부패, 근로기준법 · 공정거래법 위반 등이 있다.

④ 자본주의 사회의 일상적 현상으로 볼 수 있으나 기업 활동이나 행정 집행 과정에서 저질러지기 때문에 적법 · 위법의 판단을 내리기 어렵다.

⑤ 교묘하고 계획적인 범죄가 많아 피해자가 느끼는 피해 감정이 미약하며, 가해자도 살인 · 강도 등을 저지른 것과 같은 죄의식을 갖지 않는다.

(4) 피해자 없는 범죄 `기출` 22 : 알코올 중독, 마약 사용, 도박, 매춘, 기타 다른 약물 중독과 같은 범죄는 피해를 받는 사람이 없는 범죄이다.

2 범죄이론

(1) 고전적 범죄이론

① **배경**

㉠ 고전주의학파는 18세기 유럽의 계몽주의, 인본주의, 합리주의의 영향 하에 나타났다.

㉡ 당시 유럽의 자의적이고 비합리적이며 잔혹한 형사 사법 제도에 반대하여 범죄를 효과적으로 예방하면서, 피의자의 인권을 보호할 수 있는 형사 사법 제도를 주장하였다.

ⓒ 인간은 쾌락을 극대화하고 고통을 최소화하려는 쾌락주의적 존재이다.

ⓔ 비록 외부적 조건이 다소 영향을 미칠 수 있지만, 인간은 자유 의지에 따른 합리적 판단에 따라 행동을 통제할 수 있다.

ⓜ 인간과 사회는 계약 관계이다. 인간은 합리적 판단에 따라 자신의 권리 보장에 필요한 만큼의 자유를 국가에 위임하였다. 따라서 사회와 국가는 개인을 처벌할 권리가 있다.

ⓗ 형벌은 고통과 공포감 조성을 통해 범죄를 억제하는 도구이다.

ⓢ 형벌의 강도는 범죄로 인해 훼손된 이익에 비례해야 한다.

② **베카리아의 범죄이론**

    ㉠ 고전학파의 대표자로 '죄와 형벌'에 대하여 책을 펴냈다.

- 법은 독립된 개인이 자기의 몫을 희생하고 공공의 안전을 담보하기 위해 만든 사회를 형성하기 위한 조건(사회 계약설)일 뿐이므로, 공공의 안전을 보장하는 것 이상의 형벌을 부정하였다.
- 형벌의 목적은 범죄인이 새로운 범죄를 저지르지 않도록 하는 것(특별 예방 효과)과 일반인이 비슷한 범죄를 저지르지 않도록 하는 것(일반 예방 효과)이다.
- 형벌 목적 달성을 위해 형벌의 신속성, 확실성, 죄형의 균형성이 필요하다고 했다.

    ㉡ 베카리아의 형사 정책

- 범죄자의 처벌 범위를 설정하여 **법원의 재량권을 제한**해야 한다(죄형 법정주의).
- 형벌의 목적 달성을 위해서는 그 고통이 범죄의 이익을 단지 넘어서기만 하면 된다(등가주의 원칙, 사형폐지론).
- 신속한 처벌은 범죄자의 정신적 고통을 덜어주므로 공정하고, 범죄와 처벌의 관계를 공고하게 하기 때문에 효과적이다.
- 처벌보다는 예방이 더 좋으며 이것은 입법의 역할이다. 법문은 간결·명확하여 누구나 법의 정신이나 목적을 이해할 수 있어야 한다.
- 사형을 폐지하고 구금형으로 대치, 고문 폐지, 교도소 시설의 인간화, 신분에 따른 차별과 예외가 없는 공정한 법 집행, 처벌의 공개 등을 주장하였다.

③ **벤담(Bentham)의 범죄이론**

    ㉠ '최대 다수의 최대 행복'을 추구하는 공리주의의 대표적 사상가로서 범죄를 포함한 인간의 행위는 고통을 피하고 쾌락을 추구하는 합리적 판단의 결과라고 주장하였다.

    ㉡ 형벌은 필요악으로 범죄와 균형이 맞아야 하고, 범죄 예방을 위해서만 정당화될 수 있다. 그러기 위해 형벌의 계량화를 주장했다.

    ㉢ 최소 비용으로 최대 감시 효과를 거둘 수 있는 판옵티콘(Panopticon, 원형 교도소)을 구상하였다.

    ㉣ 감옥은 잔인한 고통을 주는 곳이 아니라 참회 장소이어야 한다.

④ **고전주의학파의 발전**

    ㉠ 범죄 행위에 있어 개인의 자유 의지를 주장하는 현대 형법의 구파의 입장으로 정착하였다.

    ㉡ 1960년대, 무죄 추정의 원칙 등 피의자의 권익 보호를 강조하는 적정 절차 모델로 발전되었다.

    ㉢ 1970년대 이후, 실현하기 어려운 범죄자의 교화, 개선보다는 사회 계약과 형벌에 의한 예방 효과를 강조하는 현대 고전주의적 범죄학이 나타났다.

⑤ 비판

㉠ 개인의 자유의지를 강조함으로써, 범죄 행위에 대한 책임을 개인에게 집중시키고 범죄 행위의 사회적 요인과 생물학적 요인 등 외적 요인을 간과했다.

㉡ 고전주의가 모든 개인들 사이의 평등을 가정함으로써, 이익과 고통을 논리적으로 판단하는 능력의 차이(나이, 정신 상태 등)를 인식하지 못했다.

(2) 신고전적 범죄이론(억제 이론)

① 범죄 억제

㉠ 특수 억제 : 이미 형벌을 받은 사람들의 범죄를 어떻게 통제하고 억제할 것인가에 초점을 맞춘다.
→ 재범 문제와 재활 문제, 무력화 등

㉡ 일반 억제 : 범법 행위를 저지를 가능성이 있는 사람들의 범죄 행위를 어떻게 억제할 것인가에 초점을 맞춘다.

② 형벌의 조건 : 형벌을 독립변수로 보고, 범죄율을 종속변수로 본다.

㉠ 독립변수인 형벌의 객관적 조건 : 형벌이 엄격하고 확실하고 신속하게 집행된다면, 범죄 억제도 효과적이어서 그만큼 범죄율이 떨어질 것이라는 것이다.

• 형벌의 엄격성 : 형벌을 엄격하고 무겁게 한다.
• 형벌의 확실성 : 범죄한 자는 반드시 처벌을 받는다.
• 형벌의 신속성 : 범죄자는 신속하게 체포되어 처벌받는다.

㉡ 주관적 조건

• 객관적으로 형벌이 엄격하다 할지라도 기존 범죄자나 잠재적 범죄자들이 별로 엄격하지 않다고 인지한다면 범죄 억제의 효과는 낮을 것이다.
• 형벌의 객관적 조건과 억제 대상자들의 주관적 조건이 높을 때 범죄율이 낮아진다고 가정할 수 있다.

③ 범죄 억제의 효과에 대한 논란

㉠ 특수 억제의 경우

• 글레이서(Glaser)가 조사한 바에 의하면 형벌의 엄격성은 재범을 방지하는 데 효과가 별로 없다.
• 수감이라는 처벌이 재범을 억제할 수도 있지만 수감 기간 중 오히려 범죄 기법을 익히고 범죄자들과의 사회관계를 형성할 가능성도 있기에 오히려 재범률을 높일 수 있다.
• 수감의 경험이 범죄 낙인의 효과를 낳음으로써 재범률을 높일 수 있다.

㉡ 일반 억제의 경우

• 티틀(Tittle)의 연구 : 형벌의 확실성은 범죄율을 낮출 수 있으나 형벌의 엄격성은 범죄율을 낮출 수 없다고 본다.
• 나긴(Nagin) : 형벌과 범죄의 관계는 끝없는 쌍곡선을 이룬다고 본다. 즉 범죄율이 높으면 처벌이 강화되지만, 강한 처벌로 범죄율이 일시적으로 떨어지게 되면 처벌도 따라서 약화되며, 그렇게 되면 범죄율은 다시 올라가게 된다고 보았다.

ⓒ 그 밖의 견해
- 범죄 억제의 효과는 처벌에 대한 주관적 인식, 이를테면 공포에서 온다고 본다.
- 범죄자로 하여금 범죄 행위를 못하도록 무력화할 때 확실하게 효과적인 억제가 이뤄진다고 본다.
- 무력화란 범죄자를 사형시키거나, 무기수로 수감시키는 등 범죄자의 행위 자체를 무력화시킨다는 뜻이다.
- 무력화의 방법으로 사형, 장기수감, 선고의 일관성을 관철시키는 것 등이 있다(Wilson).

④ 사형 제도에 대한 논란
- ㉠ 사형 찬성론 : 대체로 신고전론자들은 사형만이 궁극적인 무력화 방법이며, 효과적인 억제책이라고 보았다.
- ㉡ 사형 반대론 : 단순한 인도주의적 차원만이 아닌 과학적인 근거를 가지고 반대한다. 즉, 살인범은 대체로 면식범이다. 이것은 피살자와 살인자 간의 인간관계에서 나오는 격정적 요인이 작용한다는 뜻이기도 하다. 또 사형 집행의 결과를 분석해 보면 인종과 계급의 영향이 커서 흑인이 백인보다 더 많이 처형되는 경향이 있다.

⑤ 사형 집행의 효력에 대한 논란
- ㉠ 사형 찬성론 : 국가에 의해 사형이 집행되면 잠재적인 살인자들이 사형당한 그 사형수와 자기 자신을 동일시할 것이라고 가정한다. 즉, '나도 범죄를 저지르면 저렇게 죽겠구나'라는 두려운 생각을 갖게 될 것이라고 본다.
- ㉡ 사형 반대론 : 바우어스(Bowers)와 피어스(Pierce)는 잠재적인 살인자는 국가가 사형시킨 범죄자를 바로 자기가 죽이고 싶은 그 사람이라고 생각할 수 있다고 주장한다. 이것이 대안적 동일화 과정이다. 이러한 대안적 동일화는 살인 행위를 줄이기보다 오히려 북돋울 수 있다.

⑥ 신고전적 범죄 이론의 효과
- ㉠ 수단적 범죄를 억제하는 데 효과적이다.
- ㉡ 목적 달성을 위한 수단으로 범죄를 선택하는 경우에는 형벌의 확실성과 엄격성, 신속성이 높아질 때 범죄율이 낮아질 수 있다.
- ㉢ 표현적 범죄(격정적·우발적 범죄)인 경우 억제하는 데는 효과적이지 못하다.
- ㉣ 국가의 범죄 억제 효과(공식적 범죄 억제 효과)에만 초점을 맞추는 나머지, 비공식적 범죄 통제 효과에 대해 무관심하다.
- ㉤ 형벌의 효과에 있어서도 형벌의 엄격성 효과보다는 확실성이 상대적으로 더 큰 효과를 가져올 수 있다. 즉, 무조건 엄벌에 처한다고 범죄가 억제되지는 않는다.

제5절   사회 통제

1 사회 통제의 개념

사회 통제란 규범으로부터의 일탈을 억제하고, 그것에 동조하도록 만드는 기제 또는 과정을 말한다. 구체적으로 사회화(사회 규범의 내면화)를 통한 사회 통제와 사회적 압력 혹은 제재를 통한 사회 통제가 있다.

2 사회 통제의 기제와 유형

(1) 사회화를 통한 사회 통제

가장 효율적인 수단으로 사회화를 통해서 규범을 내면화시켜 사회를 통제하는 것이다.

(2) 사회적 제재를 통한 사회 통제

완벽한 사회화는 있을 수 없으므로 제재를 통한 사회 통제가 요구된다.
① **공식적 통제** : 사회 질서 유지의 책임을 맡고 있는 공식 기관, 즉 경찰, 검찰, 법원, 교도소, 소년원, 정신병원 등이 일탈자에게 일정한 방식으로 제재를 가함으로써 그 처벌 효과를 통하여 **규범의 준수**를 강제하는 통제이다.
② **비공식 통제** : 일상생활에서 관계를 맺고 있는 가족이나 친족, 친구, 동료, 동아리, 직장 내 등 비교적 규모가 작고 친숙한 관계에 있는 원초집단 안에서 매우 직접적으로 작용한다.

3 사회 통제의 문제점

(1) 모든 사람은 법 앞에서 평등하다는 이념에도 불구하고, 일탈자들에 대한 **통제가 불공평하고 선택적으로** 이루어지고 있다.

(2) 사회 통제가 오히려 **일탈의 양과 정도를 확대시키기도** 한다.

(3) 사회 통제로 인해 바람직한 방향으로의 **사회 변동을 억제하는 경우**가 있다.

(4) 통제 기구의 권력 남용 가능성이 상존한다. 즉, 사회 개혁을 통해서 더 좋은 사회를 이루고자 하는 사회 운동에 제재를 가함으로써 사회 발전을 저해하는 경우(여권 운동이나 노동 운동 등)가 있다.

01 사회의 규범이 약화되거나 부재할 때 혹은 그 이상의 상반된 규범이 동시에 존재할 때, 한 개인은 행동 지침을 잃게 된다. 이처럼 개인의 욕구와 행위를 조정해 줄 수 있는 사회적 규율이 없으므로 행동 방향을 잃게 되는 상태를 아노미라고 한다. 이러한 상태가 심화된 사회에서는 사회 내의 결속이 약화되기 쉽고 심한 경우 사회 조직이 와해될 수 있다.

01 다음과 같은 현상이 나타나는 근본적인 원인에 대한 서술로 가장 알맞은 것은?

> • 질서와 법을 무시하고 자신의 이익만 추구한다.
> • 사회 혼란과 부정부패가 만연하고 서로 간 불신의 경향이 심해진다.

① 교육 수준이 점차 낮아지기 때문이다.
② 사회에 지배적인 규범이나 가치가 없기 때문이다.
③ 생활수준 향상이 제대로 이루어지지 않았기 때문이다.
④ 정치인들의 국가 주도 능력에 대한 확신이 없기 때문이다.

02 사회적 지위가 노력하여 성취되는 사회에서는 아노미 개념이 유용하지만, 그것이 사회적으로 세습되는 사회에서는 그 유용성이 없다.

02 다음 중 머튼의 일탈이론에 대한 비판으로 옳지 <u>않은</u> 것은?

① 일탈자가 다른 사람과 맺고 있는 사회관계의 중요성을 도외시한 점
② 현대의 복잡한 사회에서는 어떤 하나의 가치나 목표가 보편적이라고 할 수 없음에도 불구하고 하나의 목표를 가정했다는 점
③ 귀속적 사회에서는 아노미 개념이 유용한 개념일 수 있으나 업적적 사회에서는 아노미 개념이 유용하게 쓰일 수 없는 개념이라는 점
④ 일종의 계급적 편견을 갖고 있다는 점

정답 (01 ② 02 ③)

03 다음 내용에서 괄호 안에 들어갈 용어를 순서대로 나열한 것은?

> 뒤르켐은 유럽 여러 나라의 자살률을 연구한 결과 사회 통합의 정도가 (㉠), 규제력이 (㉡) 사회에서는 이기적 자살이 (㉢) 사실을 발견하였다.

	㉠	㉡	㉢
①	낮고	약한	적다는
②	낮고	강한	많다는
③	높고	강한	적다는
④	높고	강한	많다는

04 뒤르켐의 『자살론』에서 집단 결속력이 약한 집단에서 가장 많이 나타나는 자살 유형으로 옳은 것은?

① 이기적 자살
② 이타적 자살
③ 아노미적 자살
④ 숙명적 자살

03 뒤르켐은 자살이라는 사회적 현상을 사회 통합의 정도에 따라 설명하였다. 예컨대, 영국에서의 이기적 자살률이 스페인에서보다 높다는 사실을 설명한다고 가정해 보면, 다음과 같은 논리적 도출이 가능하다.
- 모든 인간 집단에서 사회 통합의 정도가 높을수록 자살 가능성은 낮아진다.
- 천주교는 개신교보다 사회 통합의 정도가 높다.
- 영국은 스페인보다 개신교의 인구가 더 많다.
- 따라서 영국은 스페인보다 자살률이 더 높다.

04 이기적 자살은 집단 결속력이 매우 낮을 때 생겨나는 자살이다.
② 이타적 자살 : 집단을 위기에서 구하는 일이 시급하다고 믿게 될 때 선택한다.
③ 아노미적 자살 : 규범이 와해되어 아노미 상태에 빠졌을 때 나타나는 일탈의 자살이다.
④ 숙명적 자살 : 노예 상태와 같은 절망적 상황에서 발생난다.

정답 (03 ③ 04 ①)

05 차별교제이론에서는 한 개인의 일탈 유형과 지속적으로 접하면서 사회 규범에 동조적인 행동 유형과는 멀어지게 될 때 일탈 행위자가 된다고 보았다. 즉 개인은 일탈 행위자와 친교를 맺음으로써 일탈 행동에 젖어든다는 것이다.
①은 심리학적 접근의 설명이고, ③은 머튼의 아노미이론, ④는 낙인이론의 주장 내용이다.

05 **다음 중 일탈 행위에 관한 차별교제이론에 대한 설명으로 옳은 것은?**

① 일탈 행동은 비정상적인 심리 상태에서 저질러지는 것이다.
② 개인은 일탈 행위자와 친교를 맺음으로써 일탈 행동에 젖어든다.
③ 문화적 목표와 제도화된 수단 사이의 괴리에서 일탈이 발생한다.
④ 일탈을 규정 짓는 기준은 그 사회에서 힘을 가진 사람들에 의해 결정되는 경우가 많다.

06 뒤르켐의 아노미적 자살이란 단순한 농경 사회에서 분업이 발달한 현대 산업 사회로 급속하게 변동하는 과정에서 많이 나타나는 자살 유형이다. 사회의 결속력이 약할 때, 개인이 자기가 속한 집단 규범에서 비교적 자유로울 때 많이 나타난다.

06 **뒤르켐에 의하면 단순한 농경 사회에서 분업이 발달한 현대 산업 사회로 급속하게 변동하는 과정에서 많이 나타나는 자살 유형은 무엇인가?**

① 숙명적 자살
② 아노미적 자살
③ 이타적 자살
④ 이기적 자살

정답 05 ② 06 ②

07 다음 내용에서 설명하고 있는 일탈이론에 해당하는 것은?

> • 범죄 행동은 타인과의 상호작용에서 학습되며 그런 학습은 대개 개인과 친밀한 원초집단 또는 준거집단에서 이루어진다.
> • 동일한 환경에서 성장한 두 사람 중 한 사람은 범죄자가 되고 다른 한 사람은 선량한 사람이 되는 경우를 설명하지 못하는 한계가 있다.

① 낙인이론
② 아노미이론
③ 자아발달이론
④ 차별교제이론

08 다음 중 공통점이 있는 개념끼리 짝지은 것으로 옳지 <u>않은</u> 것은?

① 중요한 타자 – 일반화된 타자
② 영상 자아 – 일차집단
③ 사회 분업론 – 종교 생활의 원시 형태
④ 자살론 – 이해적 방법

09 머튼의 아노미이론에 대한 설명으로 적절한 것은?

① 문화적 목표와 제도적 수단 간의 괴리를 말한다.
② 규범이 없어 사회가 무질서한 상황을 말한다.
③ 규범이 너무 많아 사회가 혼란한 상황을 말한다.
④ 사회성원들의 정신적 혼돈 상황을 말한다.

---

07 차별교제이론은 일탈자와 교제를 하는 사람은 그도 일탈자가 될 개연성이 크다는 이론으로 학습과 사회적 상호작용을 강조하는 이론이다. 이에 따르면 하위 문화권이 보편화된 사회일수록 일탈 행동이 보편화되었다고 본다. 서덜랜드가 체계화시킨 이론으로 일탈을 규정하는 객관적인 기준이 있으며 한 개인이 일탈 유형과 지속적으로 접하면서 사회 규범에 동조적인 행동 유형과 멀어지게 될 때 일탈 행위자가 된다고 하였다.

08 자살론은 뒤르켐의 이론이고, 이해적 방법은 베버의 방법이다.

09 아노미이론은 무규범 이론으로, 기능론적 일탈 이론 중 가장 잘 알려진 것이다. 문화적으로 공통된 목표를 달성하기 위해 필요한 제도적 수단이 다르게 분포되어 있고, 그 제도적 수단 간에 격차가 생기게 되는데, 이러한 격차를 아노미라고 부르며, 일탈 행위를 부르는 원인이라고 설명하였다. 즉, 문화적 목표와 제도적 수단간 괴리가 존재하지 않는 경우 일탈 행위가 발생하지 않는다는 의미로도 생각할 수 있다.

정답 (07 ④ 08 ④ 09 ①)

10 고안형 일탈은 목표가 있어 일탈적 수단을 찾아내거나 고안한다.
　② 의례주의형 일탈 : 목표는 없지만 제도적 수단은 갖고 있는 경우이다.
　③ 은둔형 일탈 : 욕구도, 목표도 없고, 제도적 수단도 갖고 있지 않다.
　④ 저항형 일탈 : 기존의 목표와 수단을 거부하고 새로운 목표와 수단을 대안으로 삼는다.

10 머튼의 이론에 의하면 시험을 볼 때의 부정 행위가 속하는 일탈의 유형에 해당하는 것은?

① 고안형
② 의례주의형
③ 은둔형
④ 저항형

11 인간의 목표를 성취하려는 욕구를 관리하고 규제하는 규범이 무너진 상태를 아노미라고 한다. 마짜(Matza)는 일탈을 정당화시켜서 내적 통제(양심의 압박)로부터 자유롭게 해 주는 중화의 기법만 있으면, 정상적인 청소년도 얼마든지 일탈자가 될 수 있다고 하였다. 이것은 기존의 전통적인 범죄 이론들이 마치 처음부터 범죄자들을 아노미에 빠져 범죄를 저지르는 비정상적인 존재로 규정하는 것과는 대조적이다.

11 다음 중 일탈 현상을 아노미 개념(이론)으로 접근하지 않은 학자는 누구인가?

① 뒤르켐(E. Durkheim)
② 머튼(R. K. Merton)
③ 마짜(D. Matza)
④ 클라워드와 올린(Cloward & Ohlin)

12 레머트는 사회 감시나 통제에 따른 일탈 행위의 발생을 살펴봄으로써 일탈 행위를 일차적 일탈과 이차적 일탈로 구분하고 낙인이론을 더욱 정교화하였다.

12 사회나 정치 당국이 특정 행동을 '일탈 행위'로 규정하기 때문에 일탈자가 만들어지는 것이라고 주장한 학자는 누구인가?

① 서덜랜드(E. H. Sutherland)
② 레머트(E. Lemert)
③ 뒤르켐(E. Durkheim)
④ 머튼(R. K. Merton)

정답　10 ①　11 ③　12 ②

13 다음 내용에서 괄호 안에 들어갈 용어로 적절한 것은?

> 마짜(Matza)는 중화이론을 설명하기 위해서 표류와 ( )
> (이)라는 개념을 사용하였다. 즉, 모든 사람을 규범 동조라는
> 극과 규범 파괴라는 극 사이를 왔다 갔다 하는 존재로 파악
> 하고, 누구나 규범 파괴에 대한 양심적 압박을 중화시킬 수
> 있는 기술이 있으면 일탈자가 될 수 있다고 설명하였다.

① 책임회피
② 양심의 통제
③ 잠행가치
④ 낙인

14 다음 내용과 같은 이론을 주장한 학자는 누구인가?

> 일탈이란 사람이 저지르는 행위의 속성이 아니라 다른 사
> 람들이 그 규칙을 적용하여 이른바, 규칙 위반자에게 가하
> 는 제재의 결과라 하겠다. 일탈자란 그러한 낙인이 성공적
> 으로 적용된 사람이며, 일탈 행위란 사람들이 그렇게 낙인
> 찍은 행위이다.

① 서덜랜드(E. H. Sutherland)
② 클라워드와 올린(Cloward & Ohlin)
③ 베커(H. Becker)
④ 마짜(D. Matza)

---

13 마짜의 중화이론은 범죄자와 정상인을 근본적으로 다르다고 파악하는 것이 아니라, 대체적으로 정상적인 가치 또는 공식적인 가치를 인정하고 그것에 따르는 동조 행위가 나타나지만, 드러나지 않는 영역에서 일탈 행위를 부추기는 가치, 즉 잠행가치가 작동함으로써 누구나 잠행적 수준에서는 일탈과 비행·범죄를 저지를 수 있다고 보는 것이다.

14 베커의 낙인이론은 다음과 같다.
- 규칙, 규범, 법 등을 제정함으로써 일탈이 일어난다.
- 범죄나 일탈은 행위 자체의 본질이 아니다.
- 당국을 포함한 사회 집단이 특정 행위에 대하여 범죄 규정을 할 때 비로소 범죄가 구성된다.

정답 13 ③ 14 ③

15 낙인이론은 국가가 특정 행위를 범죄라고 규정할 경우 범죄자가 양산될 수 있는데, 이러한 인식이 기초가 되는 이론이다.

15 사회 통제가 먼저 있은 후에 범죄가 발생한다고 보는 입장에 해당하는 것은?

① 낙인이론
② 아노미이론
③ 기회구조론
④ 기능론적 일탈이론

16 낙인이론은 어떤 개인의 행동을 통제하려는 행위가 머튼(R. Merton)이 말하는 자아 완성적 예언의 효과를 발휘하여 통제 대상이 되었던 개인으로 하여금 자신이 일탈자라는 믿음을 갖게 하거나 일탈자로 전락시킨다고 보는 이론이다.

16 어떤 행동도 그 행위 자체는 본질적으로 일탈이 아니라 그 행위가 발생하는 상황과 여건에 의해서 일탈과 정상이 규정되며, 일탈은 일탈 행위자와 일탈을 규정하는 자 사이의 이해와 가치의 갈등에서 설명된다는 이론은 무엇인가?

① 사회적 학습이론
② 차별교제이론
③ 낙인이론
④ 갈등론

17 클라워드와 올린의 아노미이론은 제도적 수단이 없는 아노미적 상태와 비제도적 수단이 있는 범죄 문화의 조건이 상승 작용할 때 일탈과 범죄가 유발된다고 보는 입장이다.

17 아노미를 경험하는 사람 중에서 범죄문화가 제공하는 수단이 얼마나 이용 가능한가에 따라 범죄가 유발되거나 또는 유발되지 않는다는 이론은?

① 마짜의 중화이론
② 클라워드와 올린의 아노미이론
③ 머튼의 아노미이론
④ 과정론적 일탈이론

정답 (15 ① 16 ③ 17 ②)

18 다음 중 행위자 자신이 사회의 규범과 상황을 자신에게 유리하도록 재창출하는 과정을 보여주는 이론은 어느 것인가?

① 낙인이론

② 아노미이론

③ 중화이론

④ 억제이론

19 근래 정치 지도자들의 억대의 뇌물 수수에 관한 뉴스는 수천만 원의 빚에 쪼들리는 사람들에게는 범죄를 저지르게 하는 좋은 구실(변명)이 될 수 있다. 중화의 기법 중 이와 같은 변명이 속하는 것은?

① 책임 회피

② 상해의 부인

③ 피해자의 부인

④ 범죄 통제자에 대한 비난

20 법 집행의 객관성과 예측성을 강조하면서 형벌에 있어 등가주의 원칙을 주장한 이론은 무엇인가?

① 고전적 범죄이론

② 신고전적 범죄이론

③ 아노미이론

④ 중화이론

---

18 중화이론은 범죄자 또는 일탈 행위를 하는 사람이 따로 있는 것이 아니라 정상적이고 모범적이라고 평가받는 사람들 중에서도 일탈을 정당화시켜 양심의 압박으로부터 자유로워질 수 있는 기법만 알고 있으면 누구든지 일탈자가 될 수 있다는 이론이다.

19 중화의 기법들은 다음과 같다.
- 범죄 통제자에 대한 비난 : 범죄 통제 기구를 반도덕적인 부패 기구로 비난한다.
- 책임 회피 : 일탈 행위를 하고 나서 그 탓을 자기가 아닌 다른 것에 돌린다.
- 상해의 부인 : 자기가 저지른 행위의 잘못된 점을 부인함으로써 일탈을 합리화한다.
- 피해자의 부인 : 피해자가 자초한 불행이라고 합리화한다.
- 고상한 원칙에 호소 : 더 고상한 원칙에 대한 헌신 때문에 기존의 규범을 당당히 어긴다.

20 고전적 범죄이론은 18세기 중엽에 나타났으며 베카리아와 벤담이 대표적인 학자들이다. 고전적 범죄이론에 따르면 형벌의 강도는 범죄에 비례해야 한다고 한다. 베카리아는 형벌에 있어서 등가주의 원칙을 주장하였으며, 군주의 권력 남용을 견제하려 했던 범죄이론가로 사형제도에 대해 비판하였다.

정답 18 ③ 19 ④ 20 ①

21 고전론적 범죄이론은 형벌 원칙을 제시하고, 사형 제도를 비판하였다.

21 다음 중 고전론적 범죄이론가의 주장이 <u>아닌</u> 것은?

① 인간은 범죄를 할 것인가 동조를 할 것인가를 스스로 결정하는 자유 의지의 소유자이다.
② 국가는 범죄에 대한 형벌의 책임을 져야 한다.
③ 형벌의 강도는 범죄로 인해 얻은 이익에 비례해야 한다.
④ 효과적으로 범죄를 예방하기 위해서는 사형 제도를 둘 수 있다.

22 판옵티콘(Panopticon)은 벤담이 제시한 독특한 감옥으로, 감옥 중심부에 높은 감시대를 세우고 이를 중심으로 부채살처럼 감방을 배열함으로써 죄수들의 활동을 효과적으로 감시할 수 있게 한 감옥 제도이다. 최소의 비용만으로도 최대의 감시 및 통제 효과가 있기 때문에 범죄 통제뿐만 아니라, 병원이나 공장 등 강제적 관료제에도 효율적이다.

22 다음 중 '판옵티콘(Panopticon)'이라고 하는 감옥 제도를 제안했던 학자는 누구인가?

① 베커(H. Becker)
② 머튼(R. K. Merton)
③ 마짜(D. Matza)
④ 벤담(J. Bentham)

23 뒤르켐은 무한한 인간의 욕망이라는 범죄-충동적 힘은 언제 어디서나 동일한데, 사회적 규제라는 통제력에서 차이가 나타나고, 이것이 범죄 발생의 차이로 연결된다고 주장하였다.

23 다음 중 인간에 대한 사회의 통제력을 가장 강하게 주장한 학자는 누구인가?

① 호만스(G. Homans)
② 뒤르켐(E. Durkheim)
③ 쿨리(C. H. Cooley)
④ 미드(G. H. Mead)

정답 21 ④ 22 ④ 23 ②

24 고전론적 범죄이론과 신고전론적 범죄이론에 대한 설명으로 옳은 것은?

① 고전론적 범죄이론은 수단적 범죄를 무력화하는 데 효과적이고, 신고전론적 범죄이론은 표현적 범죄를 무력화하는 데 효과적이다.

② 고전론적 범죄이론에서는 사형 제도를 반대했으나, 신고전론적 범죄이론에서는 사형 제도를 인정했다.

③ 신고전론적 범죄이론은 고전론적 범죄이론보다 비공개적 범죄 통제 효과에 대해 관심을 가졌다.

④ 고전론적 범죄이론에서는 범죄의 재발 방지에 중점을 두었으나, 신고전론적 범죄이론에서는 법집행의 예측성을 강조했다.

25 다음 중 고전론적 범죄이론에 대한 내용으로 옳지 <u>않은</u> 것은?

① 사면 제도를 비판했다.

② 범죄 예방이 중요하다고 보고, 범죄를 억제할 수 있는 방법을 연구했다.

③ 법집행의 객관성과 예측성을 강조했다.

④ 형벌에 등가주의 원칙을 주장했다.

26 신고전론적 범죄이론에서는 형벌을 독립변수로 보고 범죄율을 종속변수로 본다. 다음 중 독립변수인 형벌의 객관적 조건과 거리가 <u>먼</u> 것은?

① 형벌의 포괄성

② 형벌의 엄격성

③ 형벌의 확실성

④ 형벌의 신속성

24 고전론적 범죄이론은 형벌의 원칙을 제시하였고, 신고전론적 범죄이론은 범죄 억제 목적으로 사형 제도를 허용했다.

25 고전론적 범죄이론은 고문 폐지를 주장하고 사형 제도뿐 아니라 사면 제도까지 비판했다. 범죄를 어떻게 통제하고 억제할 것인가에 초점을 맞춘 것은 신고전적 범죄이론이다.

26 독립변수인 형벌의 객관적 조건들은 다음의 세 가지로 나뉜다.
- 형벌의 엄격성 : 형벌을 엄격하고 무겁게 한다.
- 형벌의 확실성 : 범죄한 자는 반드시 처벌을 받는다.
- 형벌의 신속성 : 범죄자는 신속하게 체포되어 처벌받는다.

정답 24 ② 25 ② 26 ①

27 수단적 범죄란 목적 달성을 위한 수단으로 범죄를 선택하는 경우를 말한다.

27 카드빚을 갚기 위해 은행 강도를 한 범죄가 속하는 범죄 유형으로 알맞은 것은?

① 수단적 범죄
② 인습 범죄
③ 표현적 범죄
④ 중화적 범죄

28 공식적 통제와 비공식적 통제는 다음과 같다.
• 공식적 통제 : 사회 질서 유지의 책임을 맡고 있는 공식 기관, 즉 경찰, 검찰, 법원, 교도소, 소년원, 정신병원 등이 일탈자에게 일정한 방식으로 제재를 가함으로써 그 처벌 효과를 통하여 규범의 준수를 강제하는 통제이다.
• 비공식적 통제 : 일상생활에서 관계를 맺고 있는 가족이나 친족, 친구, 동료간, 서클, 직장 내 등 비교적 규모가 작고 친숙한 관계에 있는 원초집단 안에서 매우 직접적으로 작용한다.

28 다음 중 사회 통제의 기제와 유형에 대한 설명으로 옳지 <u>않은</u> 것은?

① 사회화를 통한 사회 통제란 가장 효율적인 수단으로 사회화를 통해서 규범을 내면화시켜 사회를 통제하는 것이다.
② 완벽한 사회화가 있을 수 없으므로, 제재를 통한 사회 통제가 요구된다.
③ 공식적 통제는 비교적 규모가 작고 친숙한 관계에 있는 원초 집단 안에서 매우 직접적으로 작용한다.
④ 공식적 통제는 일탈자에게 일정한 방식으로 제재를 가함으로써 그 처벌 효과를 통하여 규범의 준수를 강제하는 통제이다.

정답 27 ① 28 ③

29 다음 내용에서 설명하는 일탈이론에 부합하는 것은?

> 외국인은 외국인 등록을 하지 않고 90일 이상 국내에 체류하면 불법 체류자가 된다. 이것은 출입국 관리법을 위반한 행위로서 범죄이지만 살인, 강도와 같은 형법상의 범죄는 아니다. 그러나 불법체류자라는 말이 형법상의 범죄를 연상시킬 수 있기 때문에 미등록외국인, 미등록체류자라는 말을 쓰자고 하는 사람들도 있다.

① 일탈적 하위문화가 범죄 행위를 조장할 수 있다.
② 일탈을 저지르는 것은 생물학적으로 그런 경향이 강한 사람들이다.
③ 일탈이란 사회적 상호작용에서 발생한 일탈자라는 사회적 낙인찍기이다.
④ 일탈 행동이란 개인의 무의식적인 충동과 내면화된 사회적 요구 간에 나타나는 갈등을 해결하지 못해서 일어난다.

29 제시된 지문은 제도·관습·규범·법규 등 사회를 유지하기 위한 기본적인 제도적 장치들이 오히려 범죄를 유발한다는 이론과 부합한다.

30 뒤르켐이 주장한 자살론의 유형에 대한 설명으로 옳은 것은?

① 이기적 자살 : 사회가 과도하게 욕망을 억압하기 때문에 생겨난다.
② 이타적 자살 : 사회적 결속력이 약할 경우, 개인과 사회의 결합력이 약할 때 일어난다.
③ 아노미적 자살 : 갑작스런 경제적 호황과 불황, 급속한 기술지식의 발전 등이 원인이 된다.
④ 숙명적 자살 : 제2차 세계 대전 당시 전투기를 몰고 미군 군함으로 돌진했던 일본군 자살 특공대가 여기에 속한다.

30 ① 이기적 자살 : 사회 통합과 규제가 약화된 집단에서 많이 일어난다.
② 이타적 자살 : 사회 통합의 정도가 높고 사회 결속력이 강한 집단에서 많이 일어난다. 집단에 대한 극단적인 의무감으로 집단을 위한 자살을 하기도 한다.
④ 숙명적 자살 : 사회적 규제가 너무 심하기 때문에 일어난다. 절망적 상황에서 많이 나타난다.

정답 29 ③ 30 ③

가장 큰 영광은 한 번도 실패하지 않음이 아니라 실패할 때마다 다시 일어서는 데에 있다.

– 공자 –

제 10 장

사회 구조론

어떤 것이 당신의 계획대로 되지 않는다고 해서 그것이 불필요한 것은 아니다.

– 토마스 에디슨 –

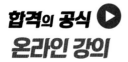

제 10 장 | 사회 구조론

1 사회 구조의 개념 및 의의

(1) 구조와 사회 체계

① 구조
- ㉠ 구조란 어떤 물체의 구성 상태, 즉 그 물체를 이루는 구성요소들이 연결지어 배열되어 그 물체만이 가지는 총체적이고 통일된 특성을 나타내는 상태를 가리킨다. 이렇게 볼 때, 사회 구조 역시 사회를 이루는 구성요소가 연결지어 배열된 독특한 총체이다.
- ㉡ 어떤 통일적 · 조직적인 총체에 있어 각 요소들 혹은 부분들 간의 기본적인 관계 양식을 의미한다.

② 사회 체계
- ㉠ 사회 체계란 사회의 조직 단위를 하나의 전체로 보고, 그것의 구성 원리가 체계의 특성을 나타낼 때 쓰는 말이다.
- ㉡ 체계는 본래 생물학의 개념으로서, 전체와 그것을 구성하는 부분 요소들 간의 관계가 상호 연관된 상호의존적인 것을 일컫는다.

(2) 사회 구조의 개념

① 사회 구조의 정의
- ㉠ 구조란 구성 요소 사이에서 관찰되는 상호연관된 규칙적 양식을 가리키므로 사회 구조는 상대적인 의미에서 통일성과 지속성을 갖는 여러 요소의 구조화된 양식을 가리킨다.
- ㉡ 대체로 사회는 인간, 집단, 그리고 이들의 상호작용으로 이루어져 있다. 이와 같은 상호작용의 상태가 사회에 따라 독특하게 정형화되고 안정된 틀을 이루고 있는 것을 사회 구조라 한다.
- ㉢ 사회적 관계를 전체적으로 파악한 것으로, 사회를 이루는 구성요소의 기본적 관계가 비교적 안정된 유형이며, 인간의 사회 관계가 통일적 · 조직적인 총체를 이루고 있는 상태이다.
- ㉣ 사회 구조는 사회 내에 존재하는 개개인의 대인 관계에서 파악된 행동의 원리이고, 하나의 사회가 존재하고 존속하는 것은 이러한 행동 원리가 사회 질서를 유지시켜 주기 때문이다.

② **사회 구조의 개념**

　㉠ 사회 구조는 인간 상호작용의 규칙적인 양상이다.

　㉡ 사회 구조는 인간의 상호작용을 통해서 이루어진다.

　㉢ 사회 구조는 **도표로 표시할 수 있는 모양**을 가지고 있다.

　㉣ 사회 구조는 권력이나 명예, 경제적 차원과 같은 상호작용에 있어서의 어느 측면을 표시한다.

　㉤ 사회 구조란 사회 구성 요소의 기본적 관계의 비교적 안정된 유형을 말하며, 사회구성원들이 사회적으로 구조화된 행위를 함으로써 안정된 사회 관계를 유지하게 된다.

③ **사회 구조의 특성**

　㉠ 지속성과 안정성 : 사회 구조는 구성원들이 바뀐다 하더라도 크게 달라지지 않고 상당히 오랫동안 지속되고, 개인의 행동에 대하여 구속력을 갖는다.

　㉡ 변화 가능성 : 사회 구조는 구성원들이 구조화된 행동을 하지 않게 되면, 사회 관계를 흐트러뜨리거나 변형시킬 수 있다.

④ **사회 구조와 개인의 구조화된 행동**

　㉠ 구조화 : 사람들 사이의 상호작용이 **지속적·반복적**으로 일어나고, 그 결과 보다 많은 사람들에게 그것이 당연한 것으로 받아들여짐으로써 동일한 상황에서 동일한 행동 양식을 따르게 될 때, 우리는 특정한 사회적 행동 양식 또는 상호작용 양식이 '구조화'되었다고 말한다.

　㉡ 개인이 구조화된 행동을 하는 경우 : 안정된 사회 관계 유지(사회 구조의 안정)

　㉢ 개인이 구조화된 행동을 하지 않는 경우 : 사회 관계의 왜곡, 변형 → 사회 구조의 변동 초래

2 사회 구조의 구성요소 및 차원

(1) 구성요소

① 사회 구조의 가장 중요한 구성요소로는 **규범, 지위, 역할, 집단, 제도** 등이 있다.

② 사회의 구성원으로는 개인, 집단, 조직이 있다. 집단이나 조직은 개인들로 구성되며, 개인, 집단, 조직은 각각 행위의 주체이며 삶의 주체이다.

(2) 차원

① **거시적 차원** : 집단의 특성과 집단 간의 상호작용, 그리고 지역 사회와 국가 또는 국제 사회의 체계적 특성과 상호작용 등과 같은 거시적인 차원으로 구분된다.

　㉠ 오랜 역사적 기간에 걸쳐 지속되는 거대한 사회적 관계들로 구성된다.

　㉡ 거대한 공간과 긴 시간에 걸쳐 존재하는 상대적으로 안정된 관계망이다.

　㉢ 거시적 사회 구조의 변화는 장시간에 걸쳐 점진적으로 폭넓게 일어난다.

② **미시적 차원** : 개인의 사회적 행위, 개인과 개인 또는 집단과의 상호작용이나 역할 수행 등 일상생활에서 굳어진 반복적인 사회적 관계들로 구성된다(사회적 관계).

제2절 사회 구조의 이론

1 사회 구조를 보는 관점

(1) 기능론적 관점과 갈등론적 관점 – 사회 구성요소들 간의 관계에 따른 분류

기능론적 관점	갈등론적 관점
본래 사회를 이루는 구성요소들은 상호의존 관계에 있으며, 사회 전체의 유지와 존속·통합을 위해 기여하고 있다고 보는 관점	사회의 구성요소들이 항상 서로 대립되거나 불일치한 상태로 존재하며, 이러한 갈등은 사회 전체의 변동에 기여한다고 보는 관점
• 사회는 하나의 유기체이다. • 각 부분은 상호의존 관계에 있다. • 전체적 균형과 통합을 유지한다. • 합의에 의한 협동적 관계이다.	• 대립적 불균형 상태이다. • 각 부분은 갈등, 강제, 변동 관계에 있다. • 긴장, 마찰에 의한 변화를 중시한다. • 강제에 의한 종속관계이다.

(2) 사회 명목론과 사회 실재론 – 개인과 사회의 관계에 따른 분류

① **사회 명목론**

ㄱ 사회 명목론(호만스 등)은 사회 실재론과 달리 사회는 이름뿐이며, 실제로 존재하지 않는다고 한다.

ㄴ 사회를 구성하고 있는 실재는 개개인의 사람이라고 보는 입장으로, 사회보다는 인간을 강조한다.

ㄷ 이 이론에 의하면 개인을 떠난 사회란 존재할 수 없으므로 개개인의 특징과 별개인 집단적 특징은 존재하지 않는다고 본다.

ㄹ 사회의 실재성이란 구성원인 개개인의 합에 불과하므로, 개인의 특질에서 볼 수 없는 그 어떤 특성이 집단에서 출현된다고 보는 이른바 출현적 속성은 부정되고, 모든 문제의 핵심은 개개인에게 있으며 **사람 그 자체가 중요한 독립변수**가 된다.

ㅁ 사회 명목론에서는 사회는 인간에 의해서 만들어지고 제도로 정착, 구조화되는 것이지 사회가 인간을 만드는 것은 아니라고 본다. 즉, 사회의 주체는 인간이며 사회는 인간의 종속변수에 지나지 않는다는 견해이다.

ㅂ 개인주의적, 이기적인 관점을 우선시하여 공익을 침해할 수 있는 관점이라는 비판이 있다.

② **사회 실재론**

ㄱ 사회 실재론적(社會實在論的) 관점은 인간과 사회와의 관계에서 개인보다는 **사회가 우선**이라는 관점이다.

ㄴ 사회는 그 자체의 의지와 목적을 가지고 있으므로, 목적을 달성하기 위해서는 사회가 할 수 있는 모든 힘을 행사할 수 있다고 본다.

ㄷ 개인은 사회의 의지에 따라야 하고 사회의 목적 달성에 한 몫을 해야 한다. 만약 개인이 사회의 의지에 따르지 않고 사회의 목적에 반하는 행위를 하면 사회는 그 개인을 구속하거나 퇴출시키는 방법으로 응징한다.

ㄹ 사회 실재론은 개인에 대한 사회의 구속성을 당연하다고 본다. 즉, 사회는 그 자체의 독특한 속성, 특질 또는 본질을 갖고 있으며 이러한 집단심은 사회를 구성하고 있는 한 사람 한 사람의 개인적 속성으로는 환원되지 않는 특성을 갖고 있다.

구분	사회 명목론	사회 실재론
중점	사회 질서를 설명하는 데 있어서 개인의 의식·정서·심리 상태를 중시	인간 행동과 사회 현상의 분석에 있어서 집단적·사회적 요인을 중시
근거	개인주의와 자유주의 (사회 계약설 – 홉스, 로크, 루소)	사회를 생물에 비유하는 사회 유기체설 (뒤르켐, 콩트, 스펜서)
사회관	사회에 대한 개인의 우월성을 강조하는 개인주의적 사회관	개인에 대한 사회의 우월성을 강조하는 전체주의적 사회관

(3) 기타 사회학자들의 사회 구조를 보는 다양한 관점

① **사회 구조를 사회 현상의 기저에 있는 공리와 같은 것으로 보는 견해** : 레비-스트로스

② **사회 구조를 사회의 제도화된 질서와 동일시하는 견해** : 파슨스의 구조 기능주의적 체계이론이 대표적

③ **사회 구조를 전체 사회 내 구성요소들의 움직임의 일시적 균형으로 보는 견해** : 귀르비치(G. Gurvitch)

④ **마르크스주의의 유물사관적 견해** : 사회 체제 혹은 사회 구성체를 토대(혹은 하부 구조)와 상부 구조로 나누고 양자 간의 관계 양상에 주목

2 마르크스주의적 사회 구조 이론

(1) 사회 구성체(社會構成體)는 다음과 같은 조건을 만족하는 사회 내부의 관계를 가리킨다.

① 상호 연관을 맺고 있는 존재나 집단이 존재하고, 이들 사이에 비교적 지속적인 사회 관계와 행동이 일어나며, 사회 기관과 규범이 사회 체제 안에서 이루어지는 행위의 준거가 될 때이다.

② 위와 같은 조건을 만족하는 사회 구성체란 결국 사회 안에서 의지와 목적, 기능, 역할 등이 서로 다른 존재 또는 집단이 **상호연관을 맺은 구조**를 가리킨다.

③ 사회 구성체는 종종 사회 구조로 표현되기도 한다. 사회 구성체의 일례로 인종, 계급, 성별 등을 기준으로 사회 내부 존재나 집단을 서로 다른 계층으로 나누는 신분제 사회를 들 수 있다.

④ 사회 구성체는 경제 체제, 법 체계, 정치 체제, 문화 체제와 같은 **각종 사회 체계**나 가족, 법, 종교 등 하위 사회 체계 어디서나 관찰될 수 있다.

(2) 사회 구성체라는 용어를 최초로 사용한 사람은 마르크스이다.

① 마르크스는 생산 양식의 하부 구조(경제 구조)와 이에 상응하는 문화·정치적 구조인 상부 구조로 사회 구성체라는 용어를 사용하였다.

② 이후 마르크스주의 사회학자인 루이 알튀세르는 이에 덧붙여 상부 구조의 자율성을 강조하였다. 즉, 경제 구조에 의한 이해관계는 사회 구성체의 '최종 심급'에서만 결정력을 갖는다는 것이다.

(3) 토대 상부 구조란 하부 구조가 상부 구조를 결정한다는 의미이다.

① 토대는 경제적 관계이며 '부르주아−프롤레타리아', '유산자−무산자' 등의 개념으로 나눠서 볼 수 있다. 이런 경제적인 관계, 즉 하부 구조가 보이지 않는 무형의 상부 구조를 결정한다는 것이다.

② 마르크스는 경제적 하부 구조가 상부 구조 추상체의 국가를 만들어 내고, 하부 구조의 이해가 상부 구조에 반영된다는 것이다. 예컨대 국가라는 집단은 가난한 사람들보다 부자들의 권리를 대변하고, 그런 정책들을 쏟아내는 이유는 하부 구조의 경제적 이해관계가 반영되었기 때문이다.

③ 사회 구조는 상부 구조와 하부 구조로 나뉘는데, 일반적으로 하부 구조는 경제, 특히 생산력을 가리킨다.

④ 생산력으로 정의되는 하부 구조 속에 이미 상부 구조에서 나와야 할 요소들이 존재하고 있다. 인간의 자연에 대한 관계, 즉 우리의 경제 행위는 인간 사회를 위한 기반 또는 토대이다.

⑤ 생산 양식이라고도 하는 경제적 토대는 인간의 자연에 대한 관계뿐만 아니라 노동 과정에서 인간의 다른 인간에 대한 관계도 포함된다.

⑥ 마르크스는 사회의 경제적 토대에 생산력과 생산 관계의 기본적인 두 가지 요소를 포함시키고 있다.

체크 포인트

• **하부 구조(토대)**
물적인 삶의 과정이 인간의 총체적인 사회적 삶의 과정 가운데서 가장 기본적인 과정
• **상부 구조**
생활 물자의 생산에 직접적으로 관련되지 않는 사회적·정치적·종교적·정신적인 삶의 과정 일체를 지칭하는 말

---

3 기능주의적 − 체계이론적 구조론(Parsons의 사회 체계 이론)

(1) 행위 체계의 구성요소

① **행위의 환경** : 물리적−유기체적 환경으로, 인간의 비상징적인 측면들, 즉 해부학적·생리학적 측면을 포함한다.

② **문화 체계** : 가치, 관념, 상징의 체계 등 행위자들에게 행위를 동기화하는 규범과 가치를 제공함으로써 잠재성 기능을 수행한다.

③ **사회 체계** : 상호작용의 체계로 구성요소들을 통제함으로써 **통합의 기능**을 담당한다.

④ **퍼스낼리티 체계** : 개별행위자의 동기와 욕구의 복합체로 체계의 목표를 정의하고 그것을 성취하기 위한 자원들을 동원함으로써 **목표 달성 기능**을 담당한다.

⑤ **행동 유기 체계** : 인간의 생물학적 의미에서의 구성체로 외부세계에 적응하고 그것을 변형시킴으로써 적응 기능을 수행한다.

> **더 알아두기**
> **행위 체계**
> • 고차적 체계 : 문화 체계, 사회 체계
> • 저차적 체계 : 퍼스낼리티 체계, 행동 유기 체계

(2) 사회 체계

① 사회 체계는 물리적이거나 환경적인 측면을 갖는 상황 속에서 서로 상호작용하는 다수의 개별 행위자들로 구성되어 있는데, 그 행위자들은 만족의 최적화를 지향하도록 동기화되며 서로를 포함한 그들의 상황에 대한 관계는 문화적으로 구조화되고 공유되는 상징들의 체계로 정의, 매개된다.

② **신분-역할 복합체** : 사회 체계의 구조적인 구성 요소이다. 신분은 사회 체계 내에서의 구조적인 지위를 말하는 것이고, 역할은 행위자가 그 지위에서 하는 일로, 더 큰 체계에 대한 기능적 중요성의 맥락에서 이해된다. 행위자는 신분과 역할의 묶음으로 간주한다.

③ **인성** : 인성은 개별 행위자의 행위에 있어서 **지향과 동기의 조직화된 체계**로 정의된다. 인성의 기본적인 요소는 욕구-성향이다.

　㉠ 욕구-성향이란 행위 동기의 가장 중요한 단위로, 타고난 것이 아니라 **행위 과정 자체를 통해** 습득되는 성향들이다.

　㉡ 사회 환경에 의해 형성된 충동, 즉 욕구-성향은 행위자가 환경 속에 나타난 대상을 수용 또는 거부하도록 하거나 이용할 수 있는 대상이 욕구-성향을 적절히 만족시키지 못할 경우 새로운 대상을 찾아내도록 강요한다.

④ 문화 체계는 다른 행위 체계들을 통제하는 위치에 있는 것이며, 이처럼 상부 구조인 문화에 절대적 비중을 두는 점이 마르크스주의적 사회 구조론과의 가장 큰 차이점이다.

> **더 알아두기**
> **파슨스 체계이론의 특징**
> • 체계는 질서라는 속성, 그리고 각 부문들 간의 상호관련성과 상호의존이라는 속성을 갖는다.
> • 체계는 균형 상태를 지향함으로써 자기 유지를 기한다.
> • 체계의 구성요소들 혹은 부분들은 전체 체계의 운행에 긍정적으로 기여한다.

(3) 사회 체계의 형성

① 단위 행동은 진공 상태에서 이루어지는 것이 아니라, **사회적 맥락**에서 일어난다.

② 행위자는 다양한 지향을 가지고 **상호작용**한다(퍼스낼리티 체계).

③ 상호작용 과정에서 행위자들은 **규범**을 형성한다(문화 체계).

④ 규범이 **상호작용**을 규제하고, 안정성을 부여한다(사회 질서의 창출).

(4) 체계가 통합 문제를 해결하는 방식들

① **사회화** : 문화적 유형들(가치, 신념, 언어, 그리고 그 밖의 상징들)을 퍼스낼리티 체계로 흡수하고, 퍼스낼리티 체계의 욕구 구조(Need structure)를 바꾸는 과정을 통하여, 행위자들은 기꺼이 동기와 에너지를 역할에 투입하고 역할 수행에 필요한 개인 간의 기술이나 그 밖의 기술을 얻게 된다. 또한 사회화는 적절한 동기와 기술의 획득과 관련된 과로, 불안, 긴장의 많은 부분을 완화시키도록 개인 간의 유대를 안정적이고 확실하게 제공한다.

② **사회 통제** : 지위, 역할이 사회 체계에서 긴장과 일탈을 줄이도록 조직된 방식이다.

③ **문화적 유형** : 모든 행위자에게 언어를 비롯한 상징적 자원을 제공함으로써 문화는 상호작용을 가능하게 하고, 문화 유형(가치, 신념, 이데올로기 등)에 포함된 사고의 내용은 공통의 관점, 공통의 상황정의를 제공한다.

제3절　구조론적 관계의 유형들

1　사회적 구조 관계의 유형

(1) 경쟁, 적대, 갈등관계

경쟁관계는 상호간에 무의식적으로 이루어지고, 경쟁이 인지되면 적대관계가 되고, 적대관계가 심해지면 갈등관계의 단계가 된다.

① **경쟁관계** : 집단 상호 간에 이해관계의 대립이 생기는 관계이다.

② **적대관계** : 특정 집단 사이의 인지된 **경쟁** 형태로, 사회적 긴장이라고도 한다.

③ **갈등관계** : 상대 집단의 약점을 폭로, 조작하면서 서로 상대를 붕괴시키려는 관계이다.

(2) 코저가 제시한 갈등 혹은 갈등관계의 기능

코저는 갈등관계가 반드시 역기능적인 측면만 가지고 있는 것이 아니고, 갈등하는 집단은 여러 가지 긍정적인 기능도 수행한다고 본다. 그가 제시한 갈등 집단의 긍정적 기능은 다음과 같다.

① **집단 결속의 기능** : 다른 집단과 갈등관계가 있는 집단성원들은 '우리의식'을 갖고, 자기 집단을 유지하려는 응집력이 강화된다.

② **집단 보존의 기능** : 갈등을 통하여 적의와 분노를 발산하고 사회성원들의 긴장을 해소시켜 기존 사회 체계의 유지에 도움을 준다.

③ **집단 구조의 결정** : 외집단에서 오는 갈등적인 압력은 그것에 대처할 수 있는 강도의 집단 규범과 구조 및 조직을 재정비하는 기회를 가지게 한다.

④ **이데올로기의 창출** : 성원들에게 갈등 상황의 정당성을 믿게 하고 타집단과의 투쟁의식을 고취시키기 위해서 새로운 이데올로기를 창출해낸다.

⑤ **세력 균형의 창출** : 타집단과의 객관적인 힘의 비교는 자기 집단 내의 새로운 세력 균형을 창출하는 계기를 마련해 준다.

⑥ **집단 동맹의 확대** : 갈등 과정에서 자기를 방어하고 타집단을 약화시키기 위해서 **제3자와 제휴 및 동맹 관계를 맺는다.**

코저는 갈등이 분열이나 해체만을 가져오는 것이 아니라 집단의 결속력을 강화하고 기존 사회 체계에 대한 비판을 가능하게 함으로써 사회의 변동과 안정 양면에 적극 기여한다고 보며, 갈등의 기능을 강조한다.

(3) 화해, 동화, 협동, 통합

① **화해** : 갈등이 지나쳐서 집단 자체의 존립이 문제시될 때, 직접적인 갈등을 회피하고 기존의 지위와 이익을 보장하기 위해 **집단이 상호 조정하는 과정**

② **동화** : 하위 문화 집단이 그 사회의 **지배 문화로 통합되는 문화 현상**

③ **협동** : 어떤 공통의 목적이나 유사한 관심에 기초를 두고 **의견의 일치를 본 공동 행위**

④ **통합** : 협동관계가 긴밀해져 각각 집단 내부에서 통합하라는 압력이 발생하여 두 집단이 하나로 통합됨

제4절   사회 구조와 인간 자유 의지의 문제

사회 구조는 개인의 행동 범위와 양식에 대한 사회적 규정의 틀이라는 점에서 개인의 자유 의지를 속박하는 측면이 있지만, 반면에 인간의 집단적인 삶이 가능해지기 위한 규범적 통로를 제공해 준다는 측면도 있다. 다른 한편으로, 구조는 개인들의 행동에 의해서 창조 혹은 변형되는 것이면서도 그 창조－변형 행위는 일정한 구조적 맥락 속에서 구성된다. 이런 점에서 볼 때, 개인과 사회, 행동과 구조와의 관계는 변증법적 성격을 띠는 것으로 파악된다.

01 사회 구조에 대한 설명이 <u>잘못된</u> 것은?

① 사회 구조는 그 구성원이 바뀜에 따라 변동한다.

② 사회 구조는 사회적 관계 및 사회적 행동의 틀이다.

③ 사회 구조는 안정성과 변화의 가능성을 동시에 지니고 있다.

④ 사회 구조는 전체적·종합적으로 파악한 사회적 관계의 체계이다.

01 사회 구조는 개인의 집합체 이상의 체계와 기능을 지니고 있어서 그 구성원의 교체 여부와 관계없이 유지·존속된다.

02 사회 구조의 각 차원에 따른 연결이 바르게 된 것은?

① 거시적 사회 구조 - 친구관계의 망

② 미시적 사회 구조 - 집단 간의 관계, 계급 간의 관계들로 구성됨

③ 미시적 사회 구조 - 일상생활에서 반복적인 사회적 관계들로 구성됨

④ 거시적 사회 구조 - 친구의 적은 적이라는 상호작용의 규칙이 존재함

02 미시적 사회 구조는 일상적·반복적인 사회관계로 구성되고, 거시적 사회 구조는 장기간 지속되는 거대한 사회적 관계들로 구성된다.

정답 (01 ① 02 ③)

03 사회 구조는 상대적인 의미에서 통일성과 지속성을 갖는 여러 요소의 구조화된 양식을 가리킨다.

03 다음 중 사회 구조에 대한 설명으로 옳지 <u>않은</u> 것은?

① 사회 구조란 구성요소 사이에서 관찰되는 상호연관된 규칙적 양식을 가리킨다.

② 사회 구조는 절대적 의미에서 통일성과 지속성을 갖는 여러 요소의 구조화된 양식을 가리킨다.

③ 대체로 사회는 인간, 집단, 그리고 이들의 상호작용으로 이루어져 있다.

④ 상호작용의 상태가 사회에 따라 독특하게 정형화되고 안정된 틀을 이루고 있는 것을 사회 구조라 한다.

04 개인이 구조화된 행동을 하는 경우에는 안정된 사회관계가 유지되나, 개인이 구조화된 행동을 하지 않는 경우는 사회관계가 왜곡·변형되어 사회 구조의 변동을 초래한다.

04 사회 구조에 대한 설명으로 틀린 것은?

① 지속성과 안정성, 변화 가능성이 있다.

② 구성원들이 바뀐다 하더라도 크게 달라지지 않고 상당히 오랫동안 지속되며, 개인의 행동에 대하여 구속력을 갖는다.

③ 구성원들이 구조화된 행동을 하지 않게 되면, 사회관계를 흐트러거나 변형시킬 수 있다.

④ 개인이 구조화된 행동을 하지 않아도 안정된 사회관계가 유지된다.

정답 (03 ② 04 ④)

05 사회 구조의 특징에 대한 설명으로 옳지 <u>않은</u> 것은?

① 사회 구조란 사회 구성요소의 기본적 관계의 비교적 안정된 유형을 말하며, 사회구성원들이 사회적으로 구조화된 행위를 함으로써 안정된 사회관계를 유지하게 된다.

② 사회 구조의 가장 중요한 구성요소로는 규범, 지위, 역할, 집단, 제도 등이 있다.

③ 사회의 구성원으로는 개인, 집단, 조직이 있다.

④ 집단이나 조직은 개인들로 구성되며 개인, 집단, 조직은 행위 객체이자 삶의 주체이다.

06 사회 구조의 거시적 차원에 대한 설명으로 <u>틀린</u> 것은?

① 오랜 역사적 기간에 걸쳐 지속되는 거대한 사회적 관계들로 구성된다.

② 개인의 사회적 행위, 개인과 개인 또는 집단과의 상호작용이나 역할 수행 등 일상생활에서의 차원이다.

③ 거시적 사회 구조의 변화는 장시간에 걸쳐 점진적으로 폭넓게 일어난다.

④ 거대한 공간과 긴 시간에 걸쳐 존재하는 상대적으로 안정된 관계망이다.

05 개인, 집단, 조직은 행위 주체이자 삶의 주체이다.

06 사회 구조를 집단의 특성과 집단 간의 상호작용, 그리고 지역 사회와 국가 또는 국제 사회의 체계적 특성과 상호작용 등으로 구분하는 것이 거시적인 차원이다. 일상생활에서의 차원은 사회 구조의 미시적 차원에 대한 설명이다.

정답 05 ④ 06 ②

07 사회 구조를 보는 시각으로는 사회 명목론과 사회 실재론이 있다. 사회 실재론은 사회 구조의 이해와 설명은 사회 구조 자체의 분석을 통해서만 가능하다는 입장으로, 구조적 시각의 인식론적 기반이 되며, 이것이 바로 사회학을 다른 사회 과학과 구별하는 가장 중요한 기준으로 삼기도 한다.

07 다음 중 사회 구조를 보는 시각에 대한 설명으로 옳지 <u>않은</u> 것은?

① 사회 구조를 보는 시각으로는 사회 명목론과 사회 실재론이 있다.

② 집단의 사회적 실재성을 인정하고 사회 구조의 이해와 설명은 사회 구조 자체의 분석을 통해서만 가능하다는 입장은 구조적 시각의 인식론적 기반이 된다.

③ 사회 실재론적 관점은 사회를 구성하고 있는 실재는 개개인의 사람이라고 보는 입장으로, 사회보다는 인간을 강조한다.

④ 사회 실재론적 관점은 인간과 사회와의 관계에서 개인보다는 사회가 우선이고 중요하다는 관점이다.

08 사회 명목론의 입장은 다음과 같다.
- 사회는 이름뿐이며, 실제로 존재하지 않는다.
- 사회를 구성하고 있는 실재는 개개인의 사람으로, 사회보다는 인간을 강조한다.
- 개인을 떠난 사회란 존재할 수 없으므로 개개인의 특징과 별개인 집단적 특징은 존재하지 않는다.

08 다음 중 사회 명목론에 관한 설명으로 거리가 <u>먼</u> 것은?

① 스펜서, 호만스 등이 대표적 주장자이다.

② 사회 명목론은 사회 실재론과 달리 사회는 이름뿐이며, 실제로 존재하지 않는다고 본다.

③ 사회를 구성하고 있는 실재는 개개인의 사람이라고 보는 입장으로, 사회보다는 인간을 강조한다.

④ 사회는 그 자체의 의지와 목적을 가지고 있으므로 그 목적을 달성하기 위해서는 사회가 할 수 있는 모든 힘을 행사할 수 있다고 보는 관점이다.

09 사회 실재론의 입장은 다음과 같다.
- 개인보다는 사회가 우선이다.
- 사회는 목적을 달성하기 위해 힘을 행사할 수 있다.
- 개인은 사회의 의지에 따라야 하고 사회의 목적 달성에 한 몫을 해야 한다.

09 사회 실재론적 관점에 대한 설명으로 옳지 <u>않은</u> 것은?

① 개인은 사회의 의지에 따라야 하고, 사회의 목적 달성에 한 몫을 해야 한다.

② 개인이 사회의 의지에 따르지 않고 사회의 목적에 반하는 행위를 하면 사회는 그 개인을 구속하거나 퇴출시키는 방법으로 응징한다.

③ 개인에 대한 사회의 구속성을 당연하다고 본다.

④ 개인주의적, 이기적인 관점을 우선시하여 공익을 침해할 수 있는 관점이라는 비판이 있다.

정답 (07 ③ 08 ④ 09 ④)

10 사회학자들이 사회 구조를 보는 다양한 관점에 대한 설명으로 **틀린** 것은?

① 레비-스트로스는 사회 구조를 사회 현상의 기저에 있는 공리와 같은 것으로 본다.

② 파슨스는 사회 구조를 사회의 제도화된 질서와 구분한다.

③ 귀르비치(G. Gurvitch)는 사회 구조를 전체 사회 내 구성요소들의 움직임의 일시적 균형으로 본다.

④ 마르크스주의의 유물사관적 견해는 사회 체제 혹은 사회 구성체를 토대(혹은 하부 구조)와 상부 구조로 나누고, 양자 간의 관계 양상에 주목한다.

10 파슨스는 사회 구조를 사회의 제도화된 질서와 동일시한다.

11 마르크스주의적 사회 구조 이론에 대한 설명으로 옳지 **않은** 것은?

① 상호간에 연관을 맺고 있는 존재나 집단이 존재하고, 이들 사이에 비교적 지속적인 사회관계와 행동이 일어난다.

② 사회 기관과 규범이 사회 체제 안에서 이루어지는 행위의 준거가 될 때이다.

③ 사회 구성체란 결국 사회 안에서 의지와 목적, 기능, 역할 등이 서로 다른 존재 또는 집단이 상호 연관을 맺은 구조를 가리킨다.

④ 사회 구성체라는 용어를 최초로 사용한 사람은 막스 베버였다.

11 사회 구성체라는 용어를 최초로 사용한 사람은 마르크스이다.

정답 10 ② 11 ④

12 사회 구조는 상부 구조와 하부 구조로 나뉘는데, 일반적으로 하부 구조는 경제, 특히 생산력을 가리킨다.

12 마르크스의 사회 구성체에 대한 설명으로 옳지 <u>않은</u> 것은?

① 사회 구성체는 종종 사회 구조로 표현되기도 한다.

② 사회 구성체의 일례로 인종, 계급, 성별 등을 기준으로 사회 내부의 존재나 집단을 서로 다른 계층으로 나누는 신분제 사회를 들 수 있다.

③ 사회 구성체는 경제 체계, 법 체계, 정치 체계, 문화 체계와 같은 각종 사회 체계나 가족, 법, 종교 등 하위 사회 체계 어디서나 관찰될 수 있다.

④ 사회 구조는 상부 구조와 하부 구조로 나뉘는데, 일반적으로 상부 구조는 경제, 특히 생산력을 가리킨다.

13 행위 체계는 다음과 같이 나뉜다.
• 고차적 체계 : 문화 체계, 사회 체계
• 저차적 체계 : 퍼스낼리티 체계, 행동 유기 체계

13 파슨스의 사회 체계 이론에 대한 내용으로 옳지 <u>않은</u> 것은?

① 행위 체계의 구성요소에는 행위의 환경, 문화 체계, 사회 체계, 퍼스낼리티 체계, 행동 유기 체계 등이 있다.

② 행위의 환경은 물리적–유기체적 환경으로 인간의 비상징적인 측면들, 즉 해부학적·생리학적 측면을 포함한다.

③ 고차적 체계에는 퍼스낼리티 체계, 행동 유기 체계가 있다.

④ 문화 체계는 가치, 관념, 상징의 체계 등 행위자들에게 행위를 동기화하는 규범과 가치를 제공함으로써 잠재적 기능을 수행한다.

14 사회 체계의 형성에 대한 설명으로 <u>잘못된</u> 것은?

① 단위 행동은 사회적 맥락에서가 아니라 진공 상태에서 이루어진다.

② 행위자는 다양한 지향을 가지고 상호작용한다(퍼스낼리티 체계).

③ 상호작용 과정에서 행위자들은 규범을 형성한다(문화 체계).

④ 규범이 상호작용을 규제하고 안정성을 부여한다(사회 질서의 창출).

15 사회적 구조 관계의 유형에 대한 설명으로 옳지 <u>않은</u> 것은?

① 사회적 구조 관계의 유형에는 경쟁, 적대, 갈등 관계가 있다.

② 경쟁 관계는 상호 무의식적으로 이루어지고, 경쟁이 인지되면 적대 관계가 되며, 적대 관계가 심해지면 갈등 관계의 단계가 된다.

③ 경쟁 관계는 집단 상호 간에 이해관계의 대립이 생기는 관계이다.

④ 적대 관계는 상대 집단의 약점을 폭로하고 조작하면서 서로 상대를 붕괴시키려는 관계이다.

14 단위 행동은 진공 상태에서 이루어지는 것이 아니라, 사회적 맥락에서 일어난다.

15 • 적대 관계 : 특정 집단 사이의 인지된 경쟁 형태로, 사회적 긴장이라고도 한다.
• 갈등 관계 : 상대 집단의 약점을 폭로하고 조작하면서 서로 상대를 붕괴시키려는 관계이다.

정답 14 ① 15 ④

16 갈등 과정에서 자기를 방어하고 타 집단을 약화시키기 위해서 제3자와 제휴 및 동맹관계를 맺는다.

16 코저가 제시한 갈등 혹은 갈등 관계의 기능에 대한 설명으로 잘못된 것은?

① 코저는 갈등 관계가 반드시 역기능적인 측면만 가지고 있는 것이 아니고, 갈등하는 집단은 여러 가지 긍정적인 기능도 수행한다고 본다.

② 코저는 갈등이 분열이나 해체만을 가져오는 것이 아니라 집단의 결속력을 강화하는 기능도 있다고 보았다.

③ 성원들에게 갈등 상황의 정당성을 믿게 하고 타집단과의 투쟁 의식을 고취시키기 위해서 새로운 이데올로기를 창출해 낸다.

④ 갈등 과정에서 자기를 방어하고 타집단을 약화시키기 위해서 자기집단 내의 새로운 세력균형을 창출한다.

17 ② 사회 실재론 : 사회는 그 자체의 의지와 목적을 가지고 있고, 개인은 사회의 의지에 따라야 한다.
③ 사회 계약론 : 사회구성원들이 자신들의 권리를 확실히 보장하기 위한 합의에 의하여 국가를 성립시켰다.
④ 사회 조직론 : 집단구성원들이 공통의 이익을 위하여 다른 구성원들과 기능적으로 활동한다.

17 다음 내용에서 설명하는 사회 이론은 무엇인가?

> 사회는 구성하는 개인과 별개의 수준에 존재하는 것이 아니라 개인의 속성으로 환원될 수 있다.

① 사회 명목론 　　　　② 사회 실재론
③ 사회 계약론 　　　　④ 사회 조직론

18 사회 구조는 구성원이 바뀐다 하더라도 크게 달라지지 않고 상당히 오랫동안 지속되고 개인의 행동에 대하여 구속력을 갖는다. 또한 구성원들이 구조화된 행동을 하지 않게 되면 사회 관계를 흩뜨리거나 변형시킬 수 있다.

18 다음 〈보기〉에서 사회 구조의 특성을 모두 고르면?

> ┌ 보기 ┐
> ㉠ 지속성
> ㉡ 안정성
> ㉢ 균형성
> ㉣ 변화 가능성

① ㉠, ㉡ 　　　　② ㉠, ㉡, ㉢
③ ㉠, ㉡, ㉣ 　　　　④ ㉠, ㉡, ㉢, ㉣

정답 (16 ④　17 ①　18 ③)

19 파슨스의 사회 체계 이론에서 설명하는 행위 체계의 구성요소 중 다음 내용에 해당하는 것은?

> 개별 행위자의 동기와 욕구의 복합체로 체계의 목표를 정의하고 그것을 성취하기 위한 자원들을 동원함으로써 목표 달성 기능을 담당한다.

① 문화 체계
② 사회 체계
③ 행동 유기 체계
④ 퍼스낼리티 체계

20 다음 내용에서 괄호 안에 들어갈 말로 알맞은 것은?

> 사회 구조는 개인의 행동 범위와 양식에 대한 사회적 규정의 틀이라는 점에서 개인의 (　　)을(를) 속박하는 측면이 있지만, 반면에 인간의 집단적인 삶이 가능해지기 위한 규범적 통로를 제공해 준다는 측면도 갖고 있다.

① 사회화
② 자유 의지
③ 집단 결속
④ 문화적 유형

19 파슨스는 체계를 상위 체계와 하위 체계, 개방 체계와 폐쇄 체계로 구분한다. 투입 과정과 산출 및 환류의 요소를 지닌다면서 행위자는 다양한 지향을 가지고 상호작용하면서 퍼스낼리티 체계를 형성한다고 보았다.

20 사회 제도는 개인의 행동 범위와 행동 양식을 사회적으로 규정하는 틀이라고 할 수 있으며, 사회적 각본이며 강제력을 행사하는 실제로 볼 수 있다. 즉, 사회 구조는 사회 규정의 틀에서 개인의 자유 의지를 구속하는 측면이 있다.

정답 19 ④ 20 ②

절대로 고개를 떨구지 말라. 고개를 치켜들고 세상을 똑바로 바라보라.

– 헬렌 켈러 –

제 11 장

사회 조직

사람은 행복하기로 마음먹은 만큼 행복하다.

– 에이브러험 링컨 –

제 11 장 | 사회 조직

제1절　조직이론

1 과학적 관리론 기출 23

(1) 등장 배경

① 19세기 말부터 20세기 초엽 미국에서 산업 자본주의가 전개됨에 따라 일어난 일련의 기업 경영 및 생산 과정 과학화 운동과 고전적 조직이론이 접목되면서 구축된 관리이론을 말한다.

② 테일러(F. W. Taylor)로 대표되는 과학적 관리학파는 '절약과 능률'을 행정의 가장 중요한 가치 기준으로 삼고, 정치·행정분리론을 토대로 하여 행정 고유 영역의 활동을 규율하는 과학적 원리와 합리적인 관리 기법을 탐구하였다.

(2) 과학적 관리의 원리

① **시간 연구의 원리** : 모든 생산적인 노력은 정확한 시간 연구에 의해 측정되어야 하며, 공장에서 행해지는 모든 작업에 대하여 표준 시간이 설정되어야 한다.

② **성과급의 원리** : 임금은 산출에 비례해야 하며, 그 비율은 시간 연구에 의해 결정된 표준에 입각하여야 한다. 이때 노동자가 할 수 있는 최고 수준의 작업이 이루어져야 한다.

③ **계획과 작업 수행 분리의 원리** : 경영자는 작업을 계획하고 그 작업 수행을 물리적인 면에서 가능하도록 하는 책임을 져야 한다. 시간 연구와 자료는 과학적으로 결정되고 체계적으로 분류되어야 한다.

④ **과학적인 작업 방법의 원리** : 경영자는 작업 방법에 관한 책임을 져야 하며, 최선의 방법을 결정하고 이에 따라서 노동자를 훈련시켜야 한다.

⑤ **관리 통제의 원리** : 경영자는 경영과 통제에 과학적인 원리를 적용할 수 있는 훈련과 교육을 받아야 한다.

⑥ **기능적 관리의 원리** : 군대식 원리의 엄격한 적용은 재고되어야 하며, 산업 조직은 여러 전문가의 활동들에 대한 조정의 개선 목적에 가장 잘 기여할 수 있도록 고민되어야 한다.

(3) 과학적 관리론의 특징

① 생산 공정에 있어서 개개의 작업을 요소 동작으로 분해하고 각 요소 동작의 형태, 순서, 소요 시간 등을 시간 연구 및 동작 연구에 의해 표준화함으로써 하루의 작업량을 설정한 후, 이것을 기준으로 관리의 과학화를 도모하려고 하였다.

② 작업 수행에 있어서 낭비와 비능률을 제거하고, 생산 과정에 있어서 필요한 지식과 기술을 활용해서 생산의 효과를 올리려는 이론이다.

③ 과학적으로 책정된 업무의 양을 시간 단위로 노동자에게 배당하여 그 배당량을 완수한 노동자에게 는 높은 성과급을 지불하고, 그렇지 못한 노동자에게는 일급 정도의 낮은 보수를 지급하여 생산을 극대화하려 하였다.

(4) 과학적 관리론의 장점

① 비능률적인 인간 유기체를 가능한 최선의 방법으로 생산 과정에 활용하는 기술과 지식을 체계화하 는 기초를 확립하였다.

② 시간과 동작 방법의 연구를 통해서 인간의 생산 활동을 정확히 측정·분석하여 그에 입각한 관리가 가능하다는 사실을 보여주었다.

③ 기업 경영은 물론, 일반 행정과 교육 행정에도 큰 영향을 미치게 되었다. 특히 새로운 교수법의 계 발, 표준화된 평가 체제의 도입, 교과 과정의 체계적인 연구, 장학 활동에 있어서의 교직원의 능률 평가, 학교 회계 제도의 개선 등에 지대한 영향을 주었다.

④ 20세기에 들어와 정부의 행정에도 적용되어 권력 현상으로서가 아니라, 관리 현상으로서의 정학을 성립시키는 데 큰 영향을 끼쳤다.

(5) 과학적 관리론의 단점

① 인간의 사회·심리적인 측면을 도외시하고, 너무 기계적·물리적·생리적 측면을 강조하였다는 비 판을 받고 있으며, 인간을 기계의 일부로 취급하였다.

② 조직과 행정의 어느 일면만을 강조하고, 조직에서의 인격적인 측면을 무시하거나 부차적인 것으로 만 생각하는 경향이 있다.

더 알아두기

테일러 시스템과 포드 시스템

• 테일러 시스템 : 과학적인 방법에 의해 전 생산 과정을 최소 단위로 분해하여 각 요소 동작의 형태, 순서, 소요 시간 등을 시간 연구와 동작 연구에 의하여 표준화하고 차별능률급제를 채용하는 등 이 른바 과학적 관리법을 개발하였다. 이는 경영 합리화와 생산성 향상에 획기적인 기여를 하였다.

• 포드 시스템 : 경영을 대중 사회에 대한 봉사 수단으로 인식하여 '저가격고임금' 원칙을 추구하였으 며 생산의 표준화와 유동식 조립 방법의 활용 및 노사 간의 의사소통에 의한 협력을 강조하였다.

　－ 기술적인 면 : 생산의 표준화, 부품의 규격화, 공장의 특수화와 특수한 운반기를 사용하여 유동식 작업 체제로 발전시켜 이동 조립법을 실시

　－ 인간공학적인 면 : 기계에만 의존하지 않고 관리에 있어서 인간관계의 분석과 노사 간의 의사소 통 및 정보에 의한 협조를 강조

---

2 고전적 관리론

(1) 등장 배경

과학적 관리론을 보완한 것으로서, 기업 조직의 공식적 구조의 특성과 유형을 발견하는 이론이다. 대표적 학자로는 페이욜(H. Fayol), 귤릭(L. Gulick), 어윅(L. Urwick) 등이 있다.

(2) 고전적 관리론의 전제

① 직위와 직위 간의 구분과 각 지위 간에는 책임과 권한이 분명히 구분된다.
② 조직의 일반적인 목적이 주어지므로 그 목적을 달성하기 위한 제반 활동 형태가 확정되고 이것이 구체적인 활동 형태로 세분되어 최종적으로 개인이 행하는 과업으로 나누어진다. 이 과업들은 최소의 경비로 최대의 생산성과 능률을 올리도록 계획되어야 한다.
③ 고전적 관리론은 기업뿐만 아니라 다른 조직에도 적용할 수 있는 일반적인 관리 원칙을 제시하고자 했는데, 그것은 대체로 분업과 통제를 중심으로 한 것이다.

(3) 페이욜의 관리론

① **산업 관리론**
  ㉠ 테일러와는 다른 각도에서 과학적 관리론을 발전시킨 사람은 1916년에 『일반 및 산업행정』이라는 책을 발간한 페이욜(H. Fayol)이다. 테일러가 노동자들을 중심으로 연구한 반면에 페이욜은 관리자에게 관심을 두었다는 점에서 그 차이를 발견할 수 있다. 두 사람은 모두 산업 조직에 관심을 두고 능률을 향상시키려 했다는 점에서 공통점을 가지고 있다.
  ㉡ 경영 관리의 보편적 요소 : 계획·조직·명령·조정·통제의 다섯 가지 요소를 통해 조직이 당면한 여러 가지 현실적인 문제에서 추출된 원리들을 강조하였다.
  ㉢ 페이욜은 경영 활동이 합리적인 가정을 거쳐야 하고 경영 능률을 향상시키기 위한 종합적 관리를 해야 한다고 강조하였다. 경영 관리의 요소와 원리들은 여러 행정 분야에 적용되어 중요한 개념으로 발전되었다.
② **행정 관리론** : 정치·행정의 이원론이 대두되면서 행정을 권력 현상으로서가 아니라, 관리 현상으로서 파악하려는 경향이 나타났다. 즉, 정치로부터 행정의 독자성이 인정되면서 테일러의 과학적인 관리 방법을 행정에 적용하여 행정의 과학화에 기여하려고 했던 것이다.

3 인간관계론

(1) 등장 배경

① 산업 심리학의 발전과 근로자들의 저항 확산이라는 두 요인에 의해 등장하였다.

② 과학적 관리론을 비롯한 고전적 조직이론에서는 인간을 기계의 일부로 취급함으로써 비인간화 경향을 초래하였다.

③ 진정한 능률을 추구하기 위해서 인간을 기계적으로 취급할 것이 아니라, 인간의 감정적 요소와 비합리적 요소 등을 중시하는 인간 중심적인 이론이 나타나게 되었다.

④ 대표적인 학자는 메이요(E. Mayo), 문스터베르크(H. Munsterberg), 뢰슬리스버거(F. J.Roethlisberger) 등이 있다.

⑤ 인간관계론에 대한 최초 연구는 메이요가 실시한 호손(Hawthorn) 공장 실험에서 비롯되었다.

(2) 인간관계론의 내용

① 인간의 개인차와 직무 만족도를 고려한 민주적 리더십과 비공식적 작업 집단에 중점을 두었다.

② 조직의 생산성 향상은 노동자에게 경제적 동기뿐 아니라 **비공식집단의 인정과 소속감** 등의 동기도 중요하다.

③ 고전적 조직이론에는 통제의 대상이 조직의 구성 요소인 사람이었고, 통제의 궁극적 목적은 조직의 기계적 능률성과 생산성을 올리는 데 반하여, 인간 중심적 조직이론에서는 통제의 대상이 조직의 비인간적인 요소이며 통제의 궁극적 목적은 사회적 목적으로 전환되었다.

④ 작업 집단 내에서는 자생적인 비공식조직이 형성되는데 그 비공식조직이 집단의 규범과 기대를 창출해 내고 그 집단 성원들로 하여금 동조하도록 강력히 통제한다.

⑤ 개별 노동자는 비공식조직이 암묵적으로 정한 적당량의 하루치 일이라는 규범을 따르는데, 그 이유는 다른 사람보다 일을 많이 하여 임금을 더 받는 것보다 그 집단의 성원들이 보여주는 **애정과 존경**을 더 선호하기 때문이다.

⑥ 기업 사회 안에서 개인의 존재는 경제 논리적인 존재가 아니고 협력 체제라는 사회적 인간관의 시각에서 인정되었으며, 노동자의 사회·심리적 욕구를 충족시킴으로써 기업의 생산성이 향상될 수 있다는 인식을 갖게 되었다.

(3) 호손(Hawthorn) 공장의 실험

① 하버드대학 교수인 메이요와 뢰슬리스버거 등이 전후 8년간에 걸친 연구를 행하였는데, 이것이 인간 관계론을 태동케 한 유명한 호손 실험이다. 이 실험의 구성은 조명 실험, 계기 조립 실험 연구, 면접 프로그램, 건반 배선 연구로 이루어졌다.

② **실험의 결과**

　㉠ 생산성 향상에 영향을 미치는 중요한 요소는 보수나 작업 조건 등 물리적 조건이 아니라 조직 구성원의 심리적·사회적 요인이다.

　㉡ 조직 내의 비공식집단이 경영과 일체감을 갖고 있을 때 생산성이 향상된다는 것이다.

ⓒ 인간은 합리적 · 경제적 존재가 아니라, 비합리적 · 사회적 존재로 간주된다.

ⓔ 생산성의 수준은 비공식집단의 사회적 규범에 의하여 규정된다고 본다.

ⓜ 조직 구성원의 근무 의욕은 사회 · 심리적 요인에 따라서 좌우된다고 본다. 즉, 동기 부여와 만족도는 사회 · 심리적 욕구의 충족 내지 비경제적 보상 · 제재에 따라서 좌우된다고 보는 것이다.

(4) 인간관계론의 한계

① 지나치게 비합리적 · 정서적 · 감정적 요인만을 강조함으로써 공식조직의 합리적 구조 · 기능을 등한시하고 있다.

② 인간의 합리적 · 공식적 · 제도적 측면을 무시하고 있으며, 경제적 동기를 지나치게 경시하였다.

③ 인간을 관리의 대상으로 삼고 있으므로 관리 방법 적용상의 기술적 한계가 현실적으로 존재한다.

④ 조직 내의 개인 · 비공식조직을 중심으로 사회적 · 심리적 관계를 연구하는 데에 그치고 있어 조직과 외부 환경과의 상호의존 작용관계를 등한시하였다(폐쇄형의 이론).

⑤ 관리자를 위한 인간 조종의 과학이면서 인간 조작의 기술로 보다 주체적 · 자발적 · 능동적인 참여를 경시하고 있어 공익을 추구하는 행정에 그대로 적용하기는 곤란하다.

⑥ **인간관계의 안정적 균형**을 지나치게 중시하고 있으며, 이것은 결국 보수주의를 지향하게 되는 결과를 가져온다.

⑦ 사회 심리적 욕구의 충족에 의한 동기 부여를 지나치게 강조하고 있으며, 직무 자체를 중심으로 한 동기 부여를 간과하고 있다.

⑧ 하위의 일반 직원에 대한 관리 기술의 연구에 국한되어 관리자의 관리 행태에 대한 연구 · 분석이 없었다.

⑨ 인간의 합리적인 측면과 비합리적 측면, 공식조직과 비공식조직을 이원화하여 서로 대립시켜 파악하고 있으나, 현실적으로 이 양자는 융합적 · 통합적인 것이다.

⑩ 인간을 사회적 동물로 인식하여 자아실현을 비교적 과소평가하였다.

⑪ 일체감 · 소속감 · 동료의식 등의 사회 심리적 욕구가 충족된다고 해서 그것이 그들의 주장대로 생산성 및 직원 권익의 실질적 향상을 가져온다는 현실적인 보장은 없다.

(5) 과학적 관리론과 인간관계론의 관계

① **유사점**

ⓐ 생산성 향상을 궁극적 목표 가치로 주장하고 있다는 점에서 양자의 이론은 공통점을 보이고 있다.

ⓑ 두 이론 모두 관리 방법 중심의 관리이론이다.

ⓒ 인간(조직구성원)을 조작 가능한 수단 가치로 인식하고 있다.

ⓓ 조직 목표와 개인 목표의 양립 가능성을 인정하고 있다.

ⓔ 두 이론 모두가 조직을 폐쇄 체계적 관점에서 파악하고 있다(폐쇄형의 이론).

② **차이점**

구분	과학적 관리론	인간관계론
능률관	절대적·기계적 능률관	상대적·사회적 능률관
조직관	기계적·기술적·합리적·경제적 모형	사회 체제 모형
인간관	합리적·경제적 인간관	사회적 인간관
연구 대상	공식적 구조 중심	비공식적 구조, 소집단 중심
동기 부여	경제적 유인 중시	사회·심리적 유인 중시
의사전달	하향적	상향적·하향적
조직과 개인 간의 목표의 균형	여건 조성으로 인한 자동적인 균형	적극적 개입 전략으로 균형 중시

4 체계이론

(1) 의의

① **체계(System)의 개념**

ㄱ 특정 목적을 달성하기 위하여 상호관련적으로 작용하는 요소들의 집합체

ㄴ 동일 목적하에 공동의 노력을 통하여 합리적인 전체를 형성하며 기능적이고 조직적인 형태를 조성해 나가는 각 부분의 질서정연한 결합체

ㄷ 독립적 또는 개별적 요소나 부분, 이 부분들 간의 상호작용적 관계, 이 상호관계의 결합에 의한 전체성과 구조적 틀 등을 내포

② **체계의 성격**

ㄱ 상호관계를 갖는 단위의 집합으로 체계의 총체는 그 부분의 합보다 크다.

ㄴ 체계라는 개념을 기반으로 연구 대상을 선정하고 해결해야 할 문제에 접근한다.

ㄷ 체계는 어느 정도의 독립성과 자기 경계(체계의 내부요소와 외부요소를 구분 짓게 한다)를 가지고 있으면서, 다른 대상, 부분, 요소들과 상호의존, 상호작용하는 전체, 집합, 실체이다.

ㄹ 개방 체계를 전제로 한다는 것은 외부 환경과 지속적으로 교류를 한다는 것이다.

③ **체계이론** : 조직 자체를 분석 대상으로 삼고, 조직이 속한 사회를 환경으로 취급하여 조직 내의 개인과 집단을 조직의 구성요소로 보려는 이론이다.

(2) 폐쇄 체계와 개방 체계

① **폐쇄 체계(Closed system)** : 주위 환경과 관련이 없는 일종의 '자급자족적 실체'이다.

ㄱ 체계의 작동과 기능을 체계 내부의 각 부분과 구성요소 간의 관계로서만 파악한다(전통적인 조직관).

ㄴ 폐쇄 체계는 엔트로피, 다시 말해 혼돈·무질서·와해로 가는 경향, 부분이 소멸되어 다른 것으로 대치될 수 없는 경향을 경험한다.

ⓒ 전통적 조직이론은 조직을 폐쇄 체계로 간주하고 대부분의 조직 문제가 조직 외적 환경에 대한 고려를 하지 않고도 조직 내적 구조만으로 분석될 수 있다고 본다.

② **개방 체계(Open system)** : 외부 환경과 상호관련 및 상호작용하는 실체

　ⓐ 체계는 외부 환경과 에너지 및 물질을 상호 교류하고 작용함으로써 기능에 동태적으로 적용하고 때때로 새로운 체계로 변화되어 간다.

　ⓑ 개방 체계의 환경적 상호작용은 자기 보존의 근본이기 때문에 이러한 교환은 시스템의 생명과 형태를 유지하는 데 결정적으로 중요한 것이다. 시스템은 투입과 내부적인 변화, 산출, 그리고 피드백(경험의 한 요소가 그 다음 요소에 영향을 주는 과정인)의 연속적인 순환으로 특징지어진다.

　ⓒ 모든 조직을 개방 체계, 즉 환경으로부터 자원을 받고 그러한 자원을 산출물로 변형시키고 이를 다시 환경으로 전달하는 환경과 역동적이고도 상호의존적인 관계 속에서 존재하는 실체로서 간주한다.

　ⓓ 개방 체계는 환경으로부터 더 많은 에너지 자원을 유입함으로써 네겐트로피를 획득할 수 있다.

　ⓔ 개방 체계는 분화의 증가, 전문화를 통한 역할 분화 및 동일귀착성 혹은 등(等) 종국성에 의해 특징지어질 수도 있다.

　ⓕ 개방 체계이론은 모든 조직을 분석하고 이해하기 위한 분석틀을 제공해 준다. 이는 이전의 조직이론 혹은 현대 조직이론의 타당성을 전적으로 부정하지는 않는다.

　ⓖ 개방 체계이론은 단지 모든 조직이 동일함과 동시에 모든 조직이 상이하다는 점을 인식하도록 해준다.

　ⓗ 모든 조직이 개방 체계로 간주되는 한 사적(기업), 공공(정부), 준정부 혹은 비영리조직 등 어느 조직이든 간에 모두 특정 측면에 있어 유사성을 갖는다. 그러나 이와 동시에 모든 조직은 상이하다.

　ⓘ 살아있는 유기체, 조직, 또는 사회적 집단은 완전한 개방 체계들이나 탑, 교량, 그리고 미리 정해진 동작만을 행하는 시계와 같은 것들은 모두 폐쇄 체계들이다.

(3) 체계의 특징

① 체계는 여러 부분으로 구성되어 있고 서로 기능적으로 연결되어 있으므로, 한 체계는 주위 환경과 구분되며 하나의 집합이고 실체이다.

② 체계는 기계의 부품으로 구성될 수도 있고, 추상적인 개념의 연결로 구성될 수도 있다.

③ 체계의 각 구성 부분은 전체 체계(Total system) 속의 하위 체계(Sub-system)로 나타난다.

④ 각 하위 체계는 다른 하위 체계와 구별되는 경계를 가지며, 전체 체계는 그의 상위 체계인 환경과 구별되는 경계를 가진다.

⑤ 전체 체계와 하위 체계는 각기 그들의 목표를 성취하기 위해 자료, 정보, 에너지, 자원을 소유하고 있다. 하지만 이들 각각은 전체 체계의 공통된 목표 달성을 위해 기능적으로 연결되어야 한다(통제·감시의 필요성).

⑥ 체계는 '투입(요구와 지지) – 전환 – 산출 – 환류'의 기능적 구조를 가진다.

⑦ 체계는 균형을 유지한다. '정적 균형 – 현상의 유지', '동적 균형 – 일정한 방향으로 변화'하면서 균형을 유지한다.

(4) 체계의 구성요소

① **투입(요구와 지지, 정치 체제 – D. Easton이 주장)** : 외부 환경으로부터 체제로 유입

ㄱ 요구(요구 대응 정책) : 국민이 개인의 힘으로 해결하기 어려운 문제를 해결해 달라는 것(사회 문제 해결의 요구)

- 부당한 피해로부터 보호한다(재산, 생명의 보호, 노동자 보호, 환경의 보호, 불공정 거래의 시정 등 여러 가지가 있으며, 이는 주로 보호적 규제 정책과 관련이 깊다).
- 정부로부터 여러 가지 재화와 서비스의 제공을 요구한다(국방, SOC, 보조금, 융자, 권리 부여 등과 같은 것으로 배분 정책과 관련이 깊다).

ㄴ 지지(지지 획득 정책)

- 체계의 유지와 운영에 필요한 인적 · 물적 자원의 제공이다. 징병 정책, 조세 정책 등이 있다. 추출 정책과 관련이 깊다.
- 순응 확보 정책으로서 정부에 대한 국민의 지지는 인적 · 물적 자원의 추출을 용이하게 하고, 규제 정책 등에서 공권력의 행사에 피규제자들이나 배분 정책에서 불만을 지닌 자도 순응하도록 하는 정책으로 상징 정책, 구성 정책, 여론 조작 정책이 있다.

② **전환** : 투입된 각종 요인을 새로운 결과 도출을 위해 움직이는 일종의 처리 및 가공 과정이다. 행정의 경우에는 정책 결정 과정(참여자, 정책 분석 등)이라고 볼 수 있다.

③ **산출** : 체계는 어떤 결과를 환경에 배출하는데 이러한 산출이 만약 바람직하다면 그 체제는 존재 가치와 존재 의의를 가지고, 또 그 체계를 계속 유지 · 확대해 나갈 수 있다. 행정의 경우 투입에 대한 정부의 다양한 정책으로 나타난다.

④ **환류** : 산출의 결과(평가, 시정 조치, 개혁, 책임, 통제)를 다음의 새로운 투입에 전달하거나 반영한다.

(5) 체계의 속성

① **항상성**

ㄱ 자기 규제와 지속적인 상태를 유지할 수 있는 능력이다.

ㄴ 생물학적 유기체는 비록 환경과 끊임없는 교환을 하면서도, 형태의 규칙성과 환경으로부터의 개별성을 유지하려고 하는 것이다.

ㄷ 형태와 개별성은 소위 '부정적 피드백'에 근거하여 시스템의 운영을 조절 · 통제하는 항상적 과정을 통해 획득되는데, 이때 부정적 피드백이란 어떤 표준이나 규범으로부터의 이탈이 곧 그것을 바로잡는 행위를 촉발시키는 것을 말한다.

ㄹ 사회적 시스템 또한 지속적인 형태를 유지하려면 이러한 항상적인 통제 과정을 필요로 한다.

② **네겐트로피**

ㄱ 엔트로피 : 자연 소화, 부패, 혼돈, 무질서, 와해로 가는 경향이며, 에너지 전환의 일방성이다. 즉, 사용가능에서 불가능으로, 질서에서 무질서로, 성장에서 소멸로, 부분이 소멸되어 다른 것으로 대치될 수 없는 경향을 말한다.

ⓛ 폐쇄 체계는 그것이 쇠퇴하고 정지해 가는 경향이 있다는 점에서 엔트로피적이다. 반면에 개방 체계는 이러한 엔트로피적 경향을 막기 위해 외부로부터 에너지를 들여옴으로써 자신을 유지한다. 따라서 개방 체계는 네겐트로피에 의해 특징지어진다.

③ **동일종국성(동일귀착성)**

㉠ 동일종국성이란 체계가 상이한 투입과 상이한 체계요소의 조합으로서, 조합을 이용하여 그 목적을 달성할 수도 있으며 산출 시 여러 가지 다른 방법을 이용하여 투입을 변형시킴으로써 얻어질 수 있다는 원칙이다. 다시 말하면, 개방 체계의 경우 단일 최고방법이란 존재하지 않으며 단지 목적을 달성하는 다양한 방법이 있을 수 있다는 것이다.

㉡ 살아있는 체계는 상이한 출발점에서, 상이한 자원을, 상이한 방식으로 사용하고서도 특정한 결과를 얻을 수 있는 유연성 있는 조직이론이다.

④ **필요다양성**

㉠ 필요다양성의 원칙이란 시스템의 내부적인 규제 체계는 시스템이 당면하고 있는 환경만큼 다양해야만 한다는 것을 뜻한다. 그 이유는 필요한 다양성을 내부적인 통제 속에 모두 포괄함으로써 이 체제는 환경에 의해 제기된 모든 다양성과 도전을 처리할 수 있기 때문이다.

㉡ 환경의 다양성으로부터 자신을 고립시키는 어떤 체계도 쇠퇴하기 마련이며, 또한 그의 복잡성과 개별성을 상실하기 마련이다. 따라서 필요다양성은 모든 종류의 살아있는 체제의 중요한 특징일 수밖에 없다.

⑤ **시스템 진화**

㉠ 시스템의 진화능력(System evolution)은 보다 복잡한 형태의 분화와 통합으로 나아가는 능력이며, 시스템의 다양성을 증진시켜 환경의 도전과 기회에 대처할 수 있는 능력을 촉진시키는 것이다.

㉡ 시스템 진화는 변화, 선발, 그리고 선발된 특성들을 보유하는 순환적 과정을 포함한다.

(6) 체계의 기능(T. Parsons - AGIL)

① **적응 기능(Adaptation)** : 환경으로부터 자원을 획득하고 이를 배분하는 기능으로, 환경의 변화에 적응해야 하는 기능이다.

② **목표 달성 기능(Goal attainment)** : 목표가 설정되면, 여러 목표 중에서 상대적 우선순위를 정하고 이를 달성하기 위해 노력하는 것으로, 유·무형의 가치를 창출하는 기능이다.

③ **통합 기능(Integration)** : 하나의 체제가 규모가 증대하고 기능이 증가하면, 자연적으로 분화 현상이 일어나고, 분화가 심해지면 통합(조정)의 필요성이 커진다. 예컨대 각 부처와 부분이 전체의 목표나 이익을 무시하고 행동하는 경우가 있는데 이를 방지하는 역할도 한다. 즉, 하위체계의 활동을 조정·조절하는 기능이다.

④ **잠재성 기능(Latency)** : 체계 자신의 기본적 유형을 유지하고 자신의 가치·규범을 재생산하는 기능이다(교육 기관, 연구소 등).

(7) 문제점

① 변화와 발전의 문제를 다루는 데 한계가 있다. 이는 체계가 균형·항상성·안정을 유지하는 경향이 있기 때문에 보수주의화할 가능성이 있다. 이는 변화가 심한 개발 도상국보다는 안정적인 선진국의 현상을 설명하는 데 적합하다고 볼 수 있다.

② 이데올로기나 가치 문제를 다루는 데 한계가 있다.

③ **물상화(物象化)** : 마치 인간적 현상이 사물인 것처럼, 즉 비인간적이거나 초인간적인 관점에서 인간적 현상을 이해하는 것이다.

5 행동 과학의 조직이론

(1) 등장 배경

① 고전적 관리이론과 인간관계론이 사회적 관계와 공식적 구조의 영향을 무시했기 때문에 나타나는 여러 가지 합리점을 보완하기 위하여 행동 과학 이론은 이들의 근접을 융합하고, 정치학·경제학·사회학·심리학으로부터 도출된 명제(Proposition)들을 첨가하였다.

② 특히 인간관계에 대한 연구의 결과들이 행동 과학 이론을 성립시키는 계기가 되었다.

③ 행동 과학의 이론의 대표적인 학자들로는 버나드(C. I. Barnard)와 사이몬(H. Simon) 등을 들 수 있다.

(2) 행동 과학 이론의 특징

① 행동 과학은 고전적 관계론과 인간관계론의 단점을 보완하고, 정-반-합의 변증법적 발전논리에 따라 양 이론 간의 갈등을 해소하면서 개인과 조직 간의 조화로운 관계를 이해하려는 방법이라고 할 수 있다.

② 행동의 개념과 이론, 연구설계, 통계적 측정 기법 등을 이용하여 개념을 조작하고, 이론적 가설을 실증적 자료에 의해 검증하여 일반화할 수 있는 이론을 수립하도록 하였다.

(3) 버나드(C. I. Barnard)의 이론

① 행정에 대한 행동 과학적 접근을 처음으로 시도한 버나드는 구조적 개념으로 개인 협동체계 공식조직, 복합적 공식조직, 비공식 조직을 동등한 개념으로 자유의지, 협동, 의사소통, 권위, 의사결정 과정, 동태적 균형을 중요하게 생각했다.

② 버나드는 협동 체제를 주장하였는데, 협동은 상호 관련 요인으로 구성되고, 조직의 목표달성도인 효과의 중요성과 개인의 욕구 충족인 능률을 강조하였다.

③ 체계는 존속하기 위해 목적 달성이라는 의미에서 효과적이어야 하고, 개인의 욕구 만족이라는 의미에서 능률적이어야 한다고 했다.

(4) 사이몬(H. Simon)의 이론

① 사이몬은 버나드의 개념을 확대하고 작업 동기에 관한 공식적 이론에 초점을 두어 조직의 균형에 관한 개념을 사용하였다.

② 조직이 비록 합리적 결정을 위한 개념적인 틀과 정보 및 가치 등을 제공할지라도 정보를 수집·처리하고 대안을 찾고 결과를 예언하는 능력에서는 한계가 있다. 그러므로 조직은 적정화에 의해서보다는 만족화를 통해서 문제를 해결해야 한다고 하였다.

③ 사이몬은 버나드의 이론을 계승하여 의사결정이론으로 발전시켰으며, 절약과 능률보다 합리적 결정을 더 중요한 것으로 주장하였다.

(5) 리비트(H. S. Leavitt)의 이론

① 초기 단계에 있어서는 조직 내의 권력이 기존의 권위주의적 위계질서에 있어서 보다 더욱 공평하게 배분되어야 한다는 규범적인 신념을 가지고 있었다.

② 권력 평준화의 접근법은 인간을 변화시킨다는 점 외에도 조직에서 인간형상의 다른 측면에도 주안점을 둔다.

③ 권력 평준화의 접근법은 외부적으로 계획되고 시도된 변화를 넘어서 개인-집단-조직 내부적으로 전개된 유도된 변화에 가치를 둔다.

④ 권력 평준화의 접근법은 과업의 성취만이 아니라 인간의 성장과 실현에도 많은 가치를 두며, 이 양자 간의 인과관계 정도를 파악하려고 한다.

제2절   관료제

1   관료제의 개념

(1) 관료제의 등장 배경

① **화폐 경제의 발달** : 화폐 경제는 공동의 가치 척도에 의하여 사물을 가치화함으로써 보편주의를 조장하고 인간의 교환 행위를 촉진하게 되는데, 이러한 **보편주의적·합리적 교환행위**가 관료제를 등장시켰다.

② **자본주의의 발달** : 자본주의의 발달은 기업 조직의 확장과 조직 구조의 계층화를 탄생시켰다.

③ **행정의 양적 증대** : 행정 사무의 양적 증대 및 질적 변화에 따라 객관적인 기준에 의거한 업무의 처리를 강조하게 되었고, 이에 따라 법의 지배방식을 강조한 관료제가 등장하게 되었다.

④ **사회적 차별의 철폐 및 균등화** : 근대 관료제는 공정성을 띤 법에 근거한 임용과 지배를 강조한다. 이는 19세기부터 본격적으로 등장한 평등의 사상에 근거한다.

⑤ **물적 관리 수단의 집중화** : 근대 관료제는 국가 행정비의 총액을 예산으로 계상하여 하급 기관에 경상비를 제공하고 그 비용에 관하여 고도의 집권성에 근거하여 규율·통제한다.

⑥ **관료제적 조직의 기술적 우위성** : 완전히 발달된 관료제 기구는 정확성·신속성·통일성·엄격한 복종, 물적·인적 비용의 절약 등 기존의 합의제나 명예직제보다 기술적 우월성을 가진다.

(2) 관료제 개념

관료제는 대체로 합리적인 관점에서 대규모 조직을 관료제로 보는 베버(M. Weber)의 이론과 병리적이고 정치권력적인 관점에서 보는 라스키(H. J. Laski)의 이론, 리그스(F. Riggs)와 같이 구조적인 측면과 기능적인 측면에서 설명하는 이론으로 나눌 수 있다.

① **베버** : 구조적 개념으로 접근하면서 관료제를 계층제 형태를 지닌 복잡한 대규모 조직의 구조를 중심으로 **합법적·합리적 지배가 제도화된 것**으로 정의하고 있다.

ㄱ 합법성·합리성에 근거하여 **계층제 구조가 제도화되고 지배되는 대규모 조직이 곧 관료제**라 할 수 있다.

ㄴ 산업 사회의 발달에 대처하고 유지·관리·발전되기 위한 제도로서 합리성·합법성을 근거로 한 대규모 조직의 필요성이 불가피한 현상의 하나로 나타나게 되었으며, 이것이 관료제라는 것이다.
→ 관료제의 구조적인 측면을 강조한 견해

ㄷ 이러한 의미의 관료제는 보편성을 지니게 되어 **행정 조직이나 사기업, 군대, 노동조합, 교회 등**을 포함한다.

② **라스키(H. Laski)와 파이너(H. Finer)** : 관료제를 소수의 관료 집단이 정치권력을 장악한 형태로 개념을 정의하고, 특권층을 형성하고 있는 관료 집단이 정치권력의 장악자로서의 지위를 차지하고 있는 정치 구조를 관료제로 정의하였다. → 관료제의 기능적 측면(특히 권력적 측면)을 강조한 견해

③ **리그스(F. Riggs)** : 관료제를 고도의 계층 구조와 합리적 기능과 비합리적 기능을 아울러 가지고 있는 것으로 보는 견해로, 구조적으로는 계층적 대규모 조직으로 단일 의사결정 기구이며, 기능적으로는 권력적·합리적·병리적 측면을 갖고 있는 복합적 현상으로 파악하고 있다.

(3) 베버의 관료제의 특징

베버는 관료제가 지니는 수많은 측면들 가운데 핵심적·특징적인 측면들만을 선별하여 관료제의 개념을 제시하였다.

① 관료제는 결사체 수준에 있는 사회 집단의 한 형태로, 대규모의 행정적 과제(목표)들을 달성하기 위하여 고안된 조직체이다.

② **명확히 규정된 권위 및 책임**에 따라서 작업이 구분되며, 그것은 **공식적인 임무로 합법화**된다.

③ 관료의 권한과 직무 범위는 법규에 의해 규정된다.

④ 직책과 직위는 권위의 서열에 따라 조직되어 **명령 체계**를 형성한다.

⑤ 조직의 구성원들은 공식적 형태의 시험을 통하여 혹은 훈련 및 교육을 통하여 획득된 전문적 자격을 기준으로 선발된다.

⑥ 조직의 관리자는 임명되고, 조직의 구성원들과 관리자가 조직의 소유자가 될 수는 없다.

⑦ 조직의 구성원들과 관리자는 일정한 봉급을 받고 일하는 '직업적' 관리이다. 즉, 관료들의 직무는 부업이 아닌 주업의 의미를 지닌다는 뜻이다.

⑧ 모든 구성원들과 관리자는 그들의 공식적 임무 수행에 있어서 미리 정해진 엄격한 **규칙과 규율**, 그리고 **통제**하에서 일하며, 이 같은 규칙·규율·통제는 모든 조직 구성원들에게 동일하게 적용된다.

체크 포인트

블라우(P. M. Blau)가 지적한 관료제의 특성
전문화, 권한의 서열, 규칙의 체계, 비정의성

---

2 관료제의 기능 기출 24, 23

(1) 관료제의 순기능

① 다양하고 복잡한 일을 신속하고 능률적으로 수행할 수 있다.

② 비합리적·감정적 요소를 배제한 공무 처리가 이루어진다.

③ 전문적 업무에 따라 관료제 자체에 계산 가능성이 있다.

④ 일정한 훈련과 자격만 갖추면 누구나 관료가 될 수 있으므로 경제적·사회적 불평등을 평준화시키고 대중 민주주의 형성에 기여한다.

⑤ 종신 재직권을 허용함으로써 고용의 안정성이 제공되고, 규칙과 규정을 통해 공정성·통일성이 확보된다.

(2) 관료제의 역기능 기출 24, 20

① **몰인정함과 비인간화** : 관료제가 강조하는 합리성은 몰인정성을, 공식성은 경직성을, 위계질서는 개성 무시로 연결될 수 있다.

② **절차 합리성의 번문욕례(繁文縟禮, Red tape)를 조장** : 규제 절차가 너무 번잡하고 억압적이면 목적의 전도 현상이 일어난다. 즉, 절차 그 자체가 목적이 될 수 있다.

③ **훈련받은 무능자로 전락(형식주의)** : 한 분야에는 능력 있는 전문가가 될 수 있으나, 다른 분야에는 무능력자가 되기 쉽다. 또, 선례가 없으면 아무 일도 하지 않는 이른바 형식주의에 빠지기 쉽다.

④ **경직화** : 관료는 윗사람의 눈치를 지나치게 보며, 복지부동의 자세로 일관한다.

⑤ **변화 및 혁신에 대한 저항** : 관료들은 저마다 오랫동안 유지해 온 타성에 젖어 새롭고 바람직한 **변화나 혁신**을 의도적으로 거부하려는 경향이 있다.

⑥ **소모적 업무의 창출** : 소위 파킨슨의 법칙에 따르면, 관료 조직의 성원들은 실제로는 바쁘지 않더라도 바쁜 것처럼 보여야 하고 딱히 할 일이 없더라도 할 일을 스스로 만들어내야만 한다. 그 결과 엄청난 시간-비용-노력이 불필요한 업무(예 서류의 작성, 보존 등)에 소모된다.

⑦ **과두제의 출현** : 과두제(Oligarchy)란 조직성원들의 복리를 위해 종사할 사명을 부여받은 한 무리의 리더들이 성원들의 복리를 추구하기보다는 자기 자신들만의 복리를 추구하기 위해 견고한 지배 체제를 구축하는 현상을 가리킨다.

> **더 알아두기**
>
> **조지 리처(G. Ritzer)의 맥도날드화** `기출` 20
> - 사회학자 조지 리처(G. Ritzer)가 그의 책 『맥도날드 그리고 맥도날드화』에서 처음 사용한 사회학적 용어이다.
> - 리처는 '맥도날드'로 대표되는 패스트푸드점의 원리가 미국 사회와 그 밖 세계의 더욱더 많은 부문을 지배하게 되는 과정과 그것이 가져오는 비인간화를 '맥도날드화'라고 하였다.
> - 합리화의 전통적 사고방식에서 합리적 사고로의 전환, 그리고 과학적 경영의 재개념화를 의미하는 것으로 막스 베버가 변화하는 사회의 방향을 나타내기 위하여 관료제라는 개념을 사용하였다면, 리처는 패스트푸드 음식점이 현대 사회의 패러다임을 더 잘 보여준다고 생각한 것이다.
> - **구성요소** : 효율성, 측정 가능성, 예측 가능성, 통제

---

3 관료제의 유형

강제적 관료제	관료제 안에 있는 사람들을 물리적으로 강제하는 관료제, 그들의 동조 행위는 강제력에 기초함 (예 감옥, 교도소, 정신 병동 등)
규범적 관료제	관료제 안에 있는 사람들이 도덕적인 설득을 받고 관료제의 규범에 동조하게 됨(예 대학, 개혁 지향적 자원 단체 등)
공리적 관료제	관료제에서 일하는 사람들이 각종 보상을 받기 때문에 그 규범에 동조함(예 산업 조직체 등)

제3절 | 조직의 연대성과 생산성

1 조직의 개념

(1) 조직의 정의
둘 이상의 사람이 **특정한 목표**를 추구하기 위하여 **의도적으로 구성**한 사회 체제로서 목표 달성을 위한 특정한 과업, 역할, 권한, 의사소통, 지원 구조 등을 갖는 체계이다.

(2) 개념적 특성
① 특정한 목적 또는 목표를 가지고 있다.
② 사람들로 구성되며, 개별 구성원과는 별개의 실체를 형성한다.
③ 분화와 통합에 의한 공식적인 구조와 과정이 있으며, 반드시 비공식적 또는 자생적 관계가 형성된다.
④ 조직과 그 환경을 구별하게 해 주는 경계가 있다.
⑤ 개방 체제로 환경과 상호작용을 한다.
⑥ 규모가 크고 그 구성원이 복잡해도 어느 정도 합리성의 지배를 받는다.
⑦ 상당한 지속성을 지니고 움직이는 역동적인 현상이다.

(3) 조직의 원리
① **계층의 원리** : 조직체의 공동 목표 달성을 위한 업무 수행에 관하여 권한과 책임의 정도에 따라 직위의 서열과 등급을 매기는 것
② **기능적 분업의 원리** : 구성원들의 지식이나 숙련도에 따라 한 사람에게 한 가지의 주된 업무를 분담시키는 원리(기능의 원리 또는 전문화의 원리)
③ **조정의 원리** : 조직의 공동 목표를 달성하기 위하여 집단적 노력을 질서 있게 배열하는 것
④ **적도 집권의 원리** : 중앙 집권제와 지방 분권제 사이에 적도의 균형을 취하는 원리
⑤ **명령 통일의 원리** : 부하는 오직 한 사람의 상관으로부터 명령·지시를 받고 한 사람의 상관에게만 보고하도록 되어야 한다는 원리(계층제의 원리를 전제로 함)
⑥ **통솔 한계의 원리** : 한 사람의 지도자가 직접 통솔할 수 있는 부하의 수에는 한계가 있다는 것

2 조직의 연대성

(1) 조직 연대성의 개념

① 파슨스는 조직의 연대성이란 상호 간에 나누어 가진 가치 지향이 전체 성원의 만족을 위한 방향으로 제도화되어 있음으로써 이루어진다고 하였다.

② 조직의 연대성은 집단이 그 성원에게 제시하는 목표나 가치가 성원 전체를 만족시켜 주고, 집단의 규범이 성원에서 공유되어 이루어지는 사람들의 협동 관계의 확립을 뜻한다.

③ 집단의 연대성을 집단 역학에서는 집단의 유의가 혹은 애착도로 표시하고, 페스팅거(L. Festinger)는 집단의 응집력으로 표현했다.

(2) 연대성 측정을 위한 지표

① 성원의 발언에서 우리와 나와의 비율

② 우정의 강도

③ 집단 규범을 공유하는 인원 수

④ 성원의 일탈 행동에 대한 민감도

⑤ 집단에 대한 애착도

⑥ 성원의 노력에 대한 조정도

⑦ 직장에서의 사기

3 생산성

(1) 생산성의 개념

① 집단이 특정한 목표를 향하여 움직일 때 나타나는 업적적인 면이다.

② 집단의 목적 달성을 위한 욕구가 생산성의 원동력이다.

(2) 사기와 생산성의 관계

① 사기는 만족감만이 아니라 개인의 욕구 불만, 환경에 대한 집단의 적응도, 집단 분위기, 집단 목표의 내면화, 규범의 통제력 등도 작용하는 복잡한 구조를 지닌다.

② 생산성의 앙양(昻揚)을 위해서는, 전체의 목적을 달성하기 위한 결정을 충실히 따를 수 있도록 성원에게 동기를 제공해야 한다.

③ 집단이 제공하는 동기에 만족하여 성원이 전체 행동에 충실히 종사할 때 그 집단 성원은 사기가 높다고 말한다.

(3) 사기를 측정하는 기준 척도 - 카츠(D. Katz)

사기가 높은 집단은 생산성도 높다. 따라서 사기의 측정은 생산성의 기준이 된다.

① 작업 집단에의 긍지
② 자기과업에의 만족도
③ 조직체에의 포락도
④ 경제적 만족도 등

제4절 | 조직과 리더십

1 리더십의 개념

(1) 리더십의 정의

① 리더십(Leadership : 지도성)이란 조직 목표의 달성을 위하여 구성원의 자발적·적극적 노력을 유도하는 쇄신적 능력·기술을 말한다.
② 리더십은 리더가 어떤 집단 상황에서 특정의 개인 혹은 조직을 일정한 의도에 따르도록 작용하는 힘이라고 정의할 수 있으며 그러한 힘은 상벌적·준거적·전무적·합법적 권위에서 나오는 것으로, 그러한 힘을 이용하여 집단을 지배·통제하거나 이끌어 가는 것이다.
③ 조직의 관리자에게 리더십은 조직의 목적과 목표 달성을 유도하는 핵심적인 힘이다.
④ 리더십의 문제는 인간관계론에서부터 그 중요성이 연구되기 시작하였다.

(2) 리더십의 특징

① **목표 지향성** : 리더십은 조직 목표의 구현을 위한 활동이다.
② **리더십의 3대 변수** : 리더십의 내용은 지도자(Leader)와 피지도자(Follower), 상황(Situation)적 요인들의 상호작용을 통하여 결정된다.
③ **권위 수용을 전제** : 리더십은 지도자의 권위(Authority)를 통해서 발휘되는데, 공식적·법적 권한이 있다고 행사되는 것이 아니며 직권력(Headship)과 구별된다.

(3) 직권력과의 구별

직권력(Headship)은 공식조직의 상급자가 직위와 법적 권한을 토대로 행사하는 공식적·제도적 권력이며, 피지도자의 자발적 수용을 전제로 행사되는 것은 아니다. 이에 비하여 리더십은 공식조직은 물론 비공식조직에서도 행사될 수 있고, 직위가 아닌 사람 자체에서 나오는 권위이며, 자발적 동의를 요하는 심리적 권위이다.

(4) 리더십의 기능

① **목표의 설정 및 역할의 명확화** : 리더는 조직 목표를 설정하고 부하의 구체적인 목표를 제시하며 목표 달성을 위한 활동을 수행한다.

② **대내적 기능** : 리더는 조직의 통일성을 확보하고 인적·물적 자원 및 정치적 자원을 효율적으로 동원하여 구성원들에게 동기를 부여한다.

③ **대외적 기능** : 리더는 국민 등 다양한 환경적 세력의 협력을 얻을 수 있도록 환경 관리 기능을 수행한다.

2 리더십의 유형(본질)

(1) 조직 및 성원 지향적 리더십(행태이론)

① 지도자 개인으로서의 특성(자질)보다 지도자의 지도 행태를 중시하며 리더의 실제 행위에 대한 관찰을 통하여 효과적이거나 이상적 리더십을 발견해 내고자 한다. 즉, 리더 개인의 행태 또는 리더십 유형(Style)에 중점을 두는 이론이다.

② **리더십 행태의 두 가지 유형**

㉠ 조직 지향적 리더십 : 집단의 유지 및 목표 달성을 위해서 성원의 이해는 고려하지 않는 유형(조직체의 초창기나 위기에 처했을 때 직무·의사결정·성과의 평가 등을 중시하는 리더십)

㉡ 성원 지향적 리더십 : 조직 목표의 달성은 어느 정도 차질이 있더라도 성원의 욕구를 우선적으로 고려하는 유형(조직체의 안정기에 피지도자의 욕구 및 인간적 측면을 중시하는 리더십)

(2) 화이트(R. K. White)와 리피트(R. Lippitt)의 리더십(1939~1940년의 연구) 기출 22

① **권위형 리더십** : 직무 수행, 즉 임무를 성취시키는 측면이 중시되며 지도자가 결정하고 지시하는 유형이다.

② **민주형 리더십** : 인간관계, 즉 피지도자들의 참여와 만족이 강조되는 유형이다.

③ **자유 방임형 리더십** : 피지도자들에 의하여 모든 결정이 이루어지고 완전한 자유가 보장되는 유형으로서, 피지도자가 직무 수행의 목표까지 결정하게 되므로 사실상 리더십으로서의 존재 의미가 없다.

(3) 블레이크(R. R. Blake)와 모우튼(J. S. Mouton)의 리더십

① 생산에 대한 관심과 인간에 대한 관심을 기준으로 5가지 리더십 유형을 분류하였다.

② 빈약형·친목형·과업형·절충형·단합형의 5가지 리더십을 제시하면서 그중 단합형을 이상적인 리더십으로 보았다.

(4) 탄넨바움(R. Tannenbaum)과 슈미트(W. Schmidt)의 리더십

효율적인 리더십의 유형은 지도자 요인, 피지도자 요인 및 상황요인에 따라서 결정된다고 보며, 리더의 권위(리더의 권한 영역)와 부하의 자유재량권(부하의 자율영역)의 크기는 반비례 관계에 있다고 주장한다.

(5) 레딘(W. Reddin)의 리더십

① 레딘은 브레이크와 머튼의 연구 및 오하이오 주립대학에서 연구된 리더십의 과업 지향적 행태와 인간 관계 지향적 행태의 두 차원에서 효과성이라는 차원을 하나 더 추가하여 3차원적 리더십을 정립한 학자이다.

② 레딘의 이론은 리더십의 과업 지향적 행태와 인간 지향적 행태의 두 차원에서 파생된 4가지 기본적 유형을 효과성이라는 상황과 관련시킨 것이 특징이다. 즉, 리더의 행태가 주어진 상황에 적합하면 보다 효과적인 리더십 유형이 될 것이고, 그렇지 못하면 비효과적인 리더십 유형이 된다는 것이다.

(6) 변혁적 리더십

① **변혁적 리더십의 개념**

㉠ 최근 조직 사회의 실정에 요구되는 변화를 지향하는 리더십으로서 새로운 비전을 창출하고 조직 문화를 개조할 수 있는 리더십을 의미한다.

㉡ 안정지향의 전통적인 거래적 리더십과 대비된다. 거래적 리더십(교환적 리더십)은 리더와 부하와의 상호작용 및 교환관계를 중시한다.

② **변혁적 리더십의 특징**

㉠ 최고 관리자에게 요구 : 변혁적 리더십은 레이니(H. Rainey)와 왓슨(S. Watson) 등이 주장한 개념으로, 공유된 비전의 창출과 환경에 대하여 민감하게 대처하는 최고 관리자에게 요구되는 리더십을 말한다.

㉡ 카리스마적 능력 중시 : 대규모의 변혁을 유도하고 모험적 정책을 신중하게 수행하며 핵심 가치를 제시하는 전환적 리더십으로, 신념에 대한 자신감과 성공, 능력에 대한 이미지 관리를 중시한다.

㉢ 동기 유발·능력 있는 리더십 : 변혁적 리더십은 교환에 의한 보상보다는 간단한 상징 및 영감과 비전 제시에 의한 동기 유발을 중시한다.

㉣ 급진적 변화 지향적 리더십 : 점진적 변화보다는 급진적 변화를 추구하며, 카리스마적 지도력·영감·지적 자극을 중시하는 전략적 리더십을 말한다.

㉤ 개별적 배려 중시 : 개개인의 특성을 파악하고 개인의 존재가치를 인정하며, 조직과 개인이 공생적 관계를 형성하고 공동의 목표를 향해 단합하게 하는 리더십을 말한다.

(7) 바람직한 리더십

① **리더십 유형의 적절성 여부** : 지도자요인·부하요인·(협의의) 상황요인의 3대 변수의 상호작용에 의하여 결정된다. 바람직한 리더는 일정한 자질을 보유하고 부하의 욕구·특성 및 상황에 적합한 리더십 유형을 신축성 있게 선택할 수 있는 사람이다.

② **바람직한 리더십의 내용** : 민주적 리더십, 목표·정책 지향적 리더십, 포괄적 시야·정치적 능력, 관리 능력 있는 리더십, 변동 대응 능력 있는 리더십 등을 말한다.

01 다음 중 조직이론의 발달 순서를 순서대로 바르게 나열한 것은?

① 과학적 관리이론 - 인간관계이론 - 체계이론 - 총체적 품질관리

② 인간관계이론 - 과학적 관리이론 - 체계이론 - 총체적 품질관리

③ 과학적 관리이론 - 체계이론 - 인간관계이론- 총체적 품질관리

④ 과학적 관리이론 - 인간관계이론 - 총체적 품질관리 - 체계이론

02 다음 중 조직이론에 대한 설명으로 **틀린** 것은?

① 과학적 관리이론 - 개인의 동작에 대한 소요 시간 중시

② 과학적 관리이론 - 분업과 효율성 중시

③ 인간관계이론 - 인간관계 중시

④ 관료제이론 - 합리성과 융통성 중시

정답 (01 ① 02 ④)

03 다음 중 관료 조직 체제가 <u>아닌</u> 것은?

① 노동조합

② 백화점

③ 동네 구멍가게

④ 대학교

04 산업 조직체는 관료제의 어느 유형에 속하는가?

① 강제적 관료제

② 공리적 관료제

③ 규범적 관료제

④ 민주적 관료제

05 다음 중 강제적 관료제가 <u>아닌</u> 것은?

① 감옥

② 대학

③ 수용소

④ 정신병동

03 관료제는 국가의 출현과 권력의 사회화 현상에 따라 필연적으로 나타나는 근대 사회의 목적을 달성하기 위한 합리적인 지배 행사 조직이다. 이는 국가뿐만 아니라, 회사·노동조합·대학 등 대규모의 사회 집단 전반에서 형성되고 있다.

04 관료제의 세 가지 유형
- 공리적 관료제 : 각종 보상을 받기 때문에 규범에 동조(산업 조직체 등)
- 강제적 관료제 : 관료제 안에 있는 사람을 물리력으로 강제하는 관료제(감옥, 거대한 수용소, 정신병동 등)
- 규범적 관료제 : 도덕적인 설득을 받고 관료제의 규범에 동조(대학, 개혁 지향적 자원단체 등)

05 강제적 관료제란 관료제 안에 있는 사람들을 물리적으로 강제하는 관료제로, 그들의 동조 행위는 강제력에 기초한다. 대학은 규범적 관료제에 속한다.

정답 03 ③ 04 ② 05 ②

06 변혁적 리더십이란 최근 조직 사회의 실정에 요구되는 변화를 지향하는 리더십으로, 새로운 비전을 창출하고 조직 문화를 개조할 수 있는 리더십을 의미한다. 이는 안정 지향의 전통적인 거래적 리더십과 대비되며, 리더와 부하와의 상호작용 및 교환관계를 중시한다. 또한 교환에 의한 보상보다는 간단한 상징 및 영감과 비전 제시에 의한 동기 유발을 중시한다.

06 다음 중 변혁적 리더십에 대한 설명으로 옳지 <u>않은</u> 것은?

① 레이니와 왓슨 등이 주장한 개념이다.
② 점진적 변화보다는 급진적 변화를 추구한다.
③ 간단한 상징 및 영감과 비전 제시에 의한 동기 유발보다는 교환에 의한 보상을 중시한다.
④ 공유된 비전의 창출과 환경에 대하여 민감하게 대처하는 최고 관리자에게 요구되는 리더십이다.

07 베버는 관료제가 엄격한 분업과 계층제, 명확히 규정된 직무, 많은 규칙과 규정(높은 공식화와 표준화), 비정의성, 집권화, 분명한 명령 복종 체계, 좁은 통솔 범위, 낮은 팀워크, 경직성, 내정 통제의 강화, 폐쇄 체제 등의 특징을 갖는다고 보았다.

07 다음 중 베버가 제시한 관료제의 특징이 <u>아닌</u> 것은?

① 지위에 따른 임무를 명백하게 규정한다.
② 직책과 지위는 일정한 위계체계에 따라 배열된다.
③ 승진은 성과급 원칙에 의해 이루어진다.
④ 충원은 능력 원칙(Meritocracy)에 의해 이루어진다.

정답 06 ③ 07 ③

08 베버가 제시한 이념형으로서의 관료제의 특징이 <u>아닌</u> 것은?

① 인간적 배려

② 재직 보장

③ 능력 원칙

④ 지위에 따른 명백한 임무규정

08 베버가 이념형(Ideal type)적으로 고려한 관료제의 특징은 다음과 같다.
- 명확히 규정된 권위 및 책임에 따라서 작업이 구분되며, 그것은 공식적인 임무로 합법화된다.
- 직책과 직위는 권위의 서열(Hierarchy)에 따라 조직되어 명령 체계를 형성한다.
- 조직의 구성원들은 공식적 형태의 시험을 통하여 혹은 훈련 및 교육을 통하여 획득된 전문적 자격(Professional expertise)을 기준으로 선발된다.
- 조직의 관리자는 선발(Selection)되는 것이 아니라, 임명(Nomination)된다.
- 조직의 구성원들과 관리자는 일정한 봉급을 받고 일하는 '직업적' 관리(Vocational bureaucrat)에 해당한다.
- 조직의 구성원들과 관리자가 조직의 소유자(Owner)가 될 수는 없다.
- 모든 구성원들과 관리자는 그들의 공식적 임무 수행에 있어서 미리 정해진 엄격한 규칙과 규율, 그리고 통제하에서 일하며, 이 같은 규칙·규율·통제는 모든 조직 구성원들에게 동일하게 적용된다.

09 다음 중 번문욕례(繁文縟禮, Red tape)를 조장할 수 있다는 비판을 받는 것은?

① 소규모 영농제

② 관료제

③ 가족경영

④ 1차집단

09 번문욕례는 "절차와 규정, 엄격한 위계서열에 의해서 한 가지 민원을 해결하기 위해서 많은 결재라인을 거쳐야 한다."라는 뜻으로 관료제 병리현상이다. 이외에도 비인간화, 할거주의, 형식주의, 무사안일주의, 목표전치 등의 폐단이 발생할 가능성이 있다.

정답 08 ① 09 ②

10 관료제의 순기능은 다음과 같다.
- 지위에 따른 임무를 명쾌하게 규정한다.
- 직책과 지위가 일정한 위계 체계에 따라 배열되어 있다.
- 관료의 직책은 아무에게나 맡겨지는 것이 아니고, 능력 원칙에 따른 시험으로 해결된다.
- 직책 보유자의 능률적 직책 수행을 유발·보장하기 위해 재직의 보장에 필요한 수단들을 강구한다.

10 **다음 중 관료제의 순기능에 해당하는 것은?**

① 능력 원칙(Meritocracy)
② 몰인정성(Impersonal)
③ 번문욕례(Red tape)
④ 형식주의(Ritualism)

11 관료제의 역기능은 다음과 같다.
- 몰인정함과 비인간화를 들 수 있다. 관료제가 강조하는 합리성은 몰인정성을, 공식성은 경직성을, 위계질서는 개성무시로 연결될 수 있다.
- 절차 합리성의 번문욕례(繁文縟禮, Red tape)를 조장할 수 있다. 즉, 도장 찍는 일이 지나치게 많다.
- 관료제에서 일하는 사람은 이른바 훈련받은 무능력자로 전락할 수 있다(형식주의).
- 관료는 윗사람의 눈치를 지나치게 본다. 능동적인 업무 수행이 아닌, 복지부동의 자세로 일을 하게 된다.

11 **다음 중 관료제의 역기능에 해당하지 <u>않는</u> 것은?**

① 형식주의
② 몰인정성
③ 번문욕례(Red tape)
④ 능력 원칙(Meritocracy)에 의한 충원

12 관료제는 복잡하고 거대한 집단적 과업을 안정된 조직 속에서 효율적으로 처리할 수 있는 장점이 있다.

12 **관료제의 역기능에 대한 설명으로 틀린 것은?**

① 인간이 만들어 낸 가장 비효율적 조직 형태이다.
② 윗사람의 눈치를 지나치게 보며, 복지부동의 자세가 나타날 수 있다.
③ 규칙에 명확하게 나타나 있지 않은 특수한 상황이 발생할 경우에 이에 대처하기 어렵다.
④ 조직을 운영하기 위한 규칙은 목표를 달성하기 위한 수단에 불과하지만, 때에 따라서는 규칙 그 자체가 목적이 되는 경우도 있다.

정답 (10 ① 11 ④ 12 ①)

13 베버가 정리한 관료 조직의 특성으로 옳은 것은?

① 규칙·규율·통제는 모든 조직 구성원들에게 동일하게 적용된다.

② 조직구성원 간의 중복되는 업무가 많다.

③ 조직구성원 간의 위계질서가 없는 평등한 조직이다.

④ 상급자가 자기 마음에 들지 않는 하급자를 마음대로 해고할 수 있다.

14 다음 중 화이트와 리피트가 분류한 리더십 유형이 <u>아닌</u> 것은?

① 권위형 리더십

② 민주형 리더십

③ 자유 방임형 리더십

④ 조직 지향적 리더십

13 ② 명확히 규정된 권위 및 책임에 따라서 작업이 구분된다.
③ 직책과 직위는 권위의 서열에 따라 조직되어 명령 체계를 형성한다.
④ 종신 재직권을 허용함으로써 고용의 안정성이 제공된다.

14 화이트와 리피트의 리더십 유형은 세 가지로 분류할 수 있다. 권위형 리더십은 직무 수행 즉, 임무를 성취시키는 측면이 중시되며, 지도자가 결정하고 지시하는 유형이고, 민주형 리더십은 인간관계 즉, 피지도자들의 참여와 만족이 강조되는 유형이며, 자유 방임형 리더십은 피지도자들에 의해 모든 결정이 이루어지고, 완전한 자유가 보장되는 유형이다.
④ 조직 지향적 리더십과 성원 지향적 리더십은 리더십을 조직 중심과 성원 중심의 차원에서 각각 구분한 것이다.

정답 13 ① 14 ④

전력을 다해서 시간에 대항하라.

- 톨스토이 -

제 12 장

사회 제도

기운과 끈기는 모든 것을 이겨낸다.

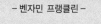

– 벤자민 프랭클린 –

제**12**장 | 사회 제도

1 사회 제도의 의미

(1) 사회 제도의 개념

① 사회 제도는 인간의 기본적인 생리적·사회적 욕구를 충족시키는 동시에 인간의 무한한 욕심과 욕구를 규제하기 위해서 인간이 만들어 낸 사회적 고안물이다.

② 사회 제도는 사회 구성원의 욕구를 만족시키고 여러 가지 활동을 가능하게 하는 사회가 마련해 놓은 공인되고 조직화된 행동 절차를 말한다.

③ 사회 제도는 사회 구성원들이 추구하는 가치와 행동규범의 복합체이다. 가치와 행동규범은 대부분 성원들의 일상생활에서 습관화되고 상호 간에 기대되는 것이다. 즉, 제도는 기대되는 행위양식이다.

④ 사회 제도는 그 제도가 의도하는 목표가 있다. 제도의 목표는 사회성원들이 공유하는 공통의식을 바탕으로 한다.

⑤ 허츨러(J. O. Hertzler)가 말하는 제도의 의미

    ㉠ 제도는 생활의 도구이며, 질서의 형식이다.

    ㉡ 전체 사회 조직의 단위이며, 사회 구조의 부분이다.

    ㉢ 사회적으로 시인되고 공식화된 것이다.

    ㉣ 사회적 관습으로 표현되며, 겉으로 드러나는 행동이다.

    ㉤ 상벌을 동반하는 규범이다.

    ㉥ 인간의 업적이고, 문화의 형식이다.

    ㉦ 지속성을 가지며, 공동 의지에 의해서 유지된다.

    ㉧ 집단 생활의 유지를 위하여 개인 행동을 인도한다.

⑥ 카노이(M. Carnoy) : 제도는 사회적으로 시인되고 보상이 뒤따르는 행동의 유형을 지배하는 특수한 사회적 규범 또는 표준이다.

⑦ 파슨스(T. Parsons) : 사회를 하나의 체계로 보고, 제도는 전체 체계 중에서 한 가지씩의 기능을 맡고 있는 하위 체계로 파악한다.

(2) 사회 제도의 구성요소

① **체이핀(F. S. Chapin)의 견해**

    ㉠ 그 제도가 수행하려고 하는 목표

    ㉡ 성원들 사이에 공유하는 공통의식(정서적 몰입, 충성심, 우월감, 복종심 등)

    ㉢ 어떤 물질에 상징적인 가치를 구현하는 상징물(깃발, 우상, 십자가 등)

    ㉣ 목표를 달성하고 제도 유지에 필요한 구체적인 건물, 집기, 시설들

    ㉤ 다음 세대로 전승하기 위한 수단으로 언어나 강령, 명문화된 헌법, 선거권 등

② **페이블맨(J. Feiblmen)의 견해** : 구조적 요소와 목표 지향적 요소로 구분

    ㉠ 구조적 요소

      • **설비** : 제도 유지에 필요한 기물이나 시설

      • **관행** : 유형에 따른 행동 방식

      • **인원** : 제도에 종사하는 인원

      • **조직** : 집합적으로 조직화된 형태

    ㉡ 목표 지향적 요소

      • **신화** : 철학적 원칙의 질적 표상

      • **상징** : 신화를 표출하는 의식이나 기호

      • **양식** : 신화의 세분화된 표형

      • **강령** : 위의 것들의 양적·구조적 측면

2 사회 제도의 분류

(1) 섬너(W. G. Sumner) – 제도의 성립 과정을 기준으로 분류

① **법제화한 제도** : 합리적 창안과 계획적인 관심을 집중시킨 결과의 산물이며, 그것은 고도로 발전된 문명사회에 적합하다.

② **자생적 제도** : 무의식적·자연발생적으로 성립하여 점차 제도로서의 체제를 갖춘 혼인 제도나 종교 제도이다.

(2) 제도의 중요성에 따른 분류

① **기초적 제도(원초적 제도)** : 종족 보존, 사유 재산, 학교, 국가, 교회에 관여하는 제도 – 사회의 질서 유지에 필요불가결한 것

    ㉠ 다목적·다기능 위주 : 가족

    ㉡ 수단적 기능 위주 : 경제·정치

    ㉢ 표출적 기능 위주 : 종교·교육

② **보조적 제도(파생적 제도)** : 오락이나 휴양 등에 관여하는 제도

   ⊙ 수단적 기능 위주 : 후생 복지·기술 체계

   ⓒ 표출적 기능 위주 : 대중 통신·여가·오락

(3) 베커와 비제(Becker & Wiese) – 제도의 운영 방식에 따른 분류

① **작용적 제도** : 하나의 제도를 구성하는 여러 가지 행동 유형이 대체로 그 자체로서 일정한 목적을 달성하는 제도

② **규제적 제도** : 정치나 법률 제도처럼 타 제도의 운영을 규제하는 데 존재이유를 갖는 제도

(4) 파슨스(T. Parsons) – 제도의 기능적 측면에 따른 분류

① 사회 체계가 유지되고 존속되기 위해서 수행해야 할 몇 가지 기능을 사회 체계 유지의 기능적 요건이라 하였다.

② 사회 체계 유지에 필수적인 기능적 요건 : AGIL 기능

   ⊙ A(Adaptation) : 환경에 적응해야 하는 적응의 기능 → 경제 제도가 담당

   ⓒ G(Goal attainment) : 체계의 목표를 달성해야 하는 목표 달성의 기능 → 정치 제도가 담당

   ⓒ I(Integration) : 체계 내의 각 부분들을 통합해야 하는 통합의 기능 → 법 제도가 담당

   ⓒ L(Latency) : 잠재적 유형 유지와 긴장 처리의 기능 → 종교와 교육 등의 문화 제도와 가족 제도가 담당

(5) 카디너(A. Kardiner)

퍼스낼리티 형성에 끼치는 영향의 중요도에 따라 일차적 제도(예 육아 과정)와 이차적 제도(예 종교·민속 등)로 분류

(6) 페이블맨(J. Feiblmen)

제도의 사회적 기능에 따라 '봉사적' 제도(예 경제·국가·법률)와 '고차적' 제도(예 예술·철학·종교 등)로 분류

3 사회 제도의 기능

(1) 드러난 기능과 숨은 기능

① **드러난 기능(명시적 기능 또는 현재적 기능)** : 그 제도가 처음에 의도했던 기능을 말한다.

② **숨은 기능(잠재적 기능)** : 처음에 의도했던 것과는 관계없이 전혀 예기치 못한 뜻밖의 결과가 나타나는 것을 말한다.

(2) 순기능과 역기능

① **순기능** : 사회의 유지와 존속에 기여하는 기능
② **역기능** : 사회의 유지와 존속에 방해가 되는 기능

(3) 허츨러(J. O. Hertzler)의 제도 기능

① 개인의 욕구를 충족시켜 주는 기능을 한다(의식주, 정서적 안정, 자아실현 등).
② 사회의 질서를 유지시켜 주는 기능을 한다.
③ 사회성원들이 표준적 행동 양식에 따르도록 사회화시킴과 동시에 통제한다.
④ 일상생활에서 시행착오를 줄여 주고, 예측 가능하게 해주기 때문에 사회생활이 일상적·통상적이게 해준다.
⑤ 문화의 운반자 역할을 한다. 현재의 문화는 사회 제도를 통해서 유지되고, 또 다음 세대로 전승된다.
⑥ 인간의 행동·태도·관념·가치 등에 관하여 기존의 가치체계를 수호한다.

(4) 볼드리지(J. V. Baldridge) - 기초적인 제도와의 비교

구분	사회 기능	상징	공유된 신조와 규범	조직적 장치
가족	• 사회의 지지와 교제 • 자녀의 출산 • 자녀의 사회화 • 경제 소비 단위	• 결혼 반지 • 가족 사진	• 결혼에 대한 신뢰 • 자녀의 양육 • 노인의 부양	• 가족 재산과 상속권을 통제하는 법 • 가정과 생활장치들
종교	• 신에 대한 예배 • 신자들에 대한 정신적 지지 • 총인간적 집단 유대	• 십자가 • 다윗의 별 • 성문서 : 성경·토라·코란	• 초자연적인 것에 대한 신앙 • 타자에 대한 윤리 법전	교회·교파·제의·성직자·국교
교육	• 새로운 세대들의 사회화 학습 • 연구를 통한 새로운 지식의 창출	• 모자·교복·책 • 지식의 등불	• 지식의 가치에 대한 신뢰 • 과학적 방법의 지원 • 교육 기회의 평등	• 초·중·고등학교, 대학·종합대학 교육 지원을 위한 과세 제도 • 교육 재단들
정치 제도	• 사회적 목적들과 계획들을 정하고 성취 • 사회적 통제와 폭력과 갈등의 해결	• 국기 • 국가 • 독수리 • 망치와 낫	• 민주주의 • 법의 규율에 대한 신뢰, 모든 사람은 평등	• 정부 : 지방 정부·주정부·연방 정부 • 법원 • 정당
경제 제도	• 재화와 용역의 생산 • 고용의 창출	• 미화 표시 • 손익 도표	자본주의·공산주의 경제 이론	• 은행 제도 • 단속 기관(예 연방 준비 은행·주식 시장) • 환전

> **더 알아두기**
>
> **사회 제도의 특성**
> - **포괄성** : 사회 생활과 인간 행위에 관련된 모든 것을 포괄
> - **통합성** : 사회 구성 집단들, 집합체들 및 지역 공동체들과 중복되면서 그것들 모두를 포용
> - **보수성** : 기존 질서와 규범을 지지하고 새로운 변화를 억제
> - **기본욕구 충족성** : 사회 구성원들과 사회의 기본 욕구를 충족시킴

제2절 사회 제도의 유형

1 경제 제도

(1) 경제 제도의 개념

① 사회의 모든 재화와 용역의 생산과 분배, 소비에 관여하는 제도이다.

② 경제 제도란 인류의 경제 활동에 관한 의식, 질서, 조직 및 기술을 총체적으로 파악한 규범체계이다.

③ 경제 의식, 경제 질서, 경제 조직과 과학 기술이 경제 활동을 구성하는 요소들이며, 이러한 제요소가 체계적으로 종합된 것이 경제 제도이다.

(2) 경제 활동을 통제하고 있는 제도적 기제

① **시장 기제** : 시장 자체가 경제 활동에 대한 통제 기제 역할을 한다.

② **문화적 규범** : 모든 문화는 대다수 사회 성원들의 욕구를 충족시킬 수 있다고 생각되는 경제 질서를 제공하고 경제 제도의 유지를 위한 규제적 골격을 제시해 준다.

③ **공통의 문화적 목적** : 특수한 역사적·사회적 상황에 따라 그 사회가 추구하는 독특한 문화적 목적이 특정 사회의 특정 시대 사람들의 경제 활동을 규제하는 역할을 한다(예 영토 확장, 군사력 증강, 식민지 쟁탈, 산업 육성 등).

④ **행정부와 조직체의 통제** : 정부·노동조합·공장·회사 등, 기타 조직체들이 경제 행위를 통제한다.

(3) 경제 제도의 기능

① **경제 제도의 드러난 기능**

㉠ 생산·분배·소비 기능 : 인간의 의식주의 욕구를 해결할 수 있는 물질을 생산·분배·소비하는 기능을 담당한다.

㉡ 사회성원의 참여 기능 : 사회성원들로 하여금 생산에 적극 참여하도록 동기를 부여한다.

ⓒ 소비의 조정 기능 : 소비의 유형과 내용·의식을 규제하기도 하고, 또 소비를 자극하기도 한다.

ⓔ 변화에 대한 적응 기능 : 사회 체계가 외적 환경 변화에 적응할 수 있는 중요한 기능을 수행한다.

② **경제 제도의 숨은 기능**

ⓐ 의도하지 않은 사회적 불평등을 조성한다.

ⓑ 경제 제도의 변화는 사회의 다른 부분의 변화를 가져온다(공업화·산업화 정책으로 인구의 도시 집중, 농촌의 고령화 현상, 전통적 가치관의 변화).

(4) 현대의 경제 제도

① **자본주의 경제 제도**

ⓐ 자본주의의 장점 : 사회주의와 비교할 때 상대적으로 나타나는 장점

- 개인에게 생산과 소비, 직업 선택의 자유를 보장하고 생산과 교역을 자유롭게 한다.
- 상호 협력이 개인의 자유 의사에서 이루어지는 사회를 만든다.
- 자유경쟁에서 이기기 위하여 합리적 경영과 가격이 형성된다.
- 자본을 축적할 수 있다.
- 유한 계급의 잉여 재산을 사회에 환원시키도록 한다.

ⓑ 자본주의의 단점

- 생산자와 생산 수단의 분리, 즉 노동자가 생산 수단에서 소외되는 현상이 나타난다.
- 자본가와 노동자 사이의 갈등이 구조적으로 내재해 있다.
- 생산력과 소비자의 구매력 사이에는 언제나 불균형이 존재한다.
- 생산을 국가나 사회가 통제할 수 없기 때문에 경기 변동, 만성적 실업, 자원의 낭비를 막을 수 없다.
- 소수의 자본가에게 부(富)가 집중되고, 이들 소수에 의해 사회의 전체적 자원이 통제된다.

② **사회주의 경제 제도**

ⓐ 사회주의 제도의 장점 : 균등한 분배, 계획된 생산, 자유 경쟁 시장에서 오는 자원의 낭비 감소 등

ⓑ 사회주의 이념이 가지고 있는 내재적 단점

- 경제 활동 전반에 정부가 관여하므로 **생산·분배·소비를 통제**받고 개인은 경제적 자유를 박탈당한다.
- 사유 재산을 인정하지 않고, 기업의 이윤 추구를 억제하여 창의력을 저해하고 생산 능률을 저하시킨다.
- 평등한 분배가 노동 의욕을 감퇴시킨다.
- 정부의 생산과 계획의 통제로 합리적 경영과 가격 형성이 이루어지지 않는다.

2 정치 제도

(1) 정치 제도의 개념

① 정치 제도는 어떤 개인들 및 집단들이 다른 개인이나 집단들에 대하여 권력을 획득·행사하는 제도
   화된 체제이다.

② 정치 제도는 **권력의 제도화**를 말하며, 권력의 행사는 **지배**에 의해서 가능하다.

③ 권력의 제도화가 가장 뚜렷한 정치 제도는 국가이다. 즉, 최고 수준의 권력은 국가에 있는 것이 보통
   이다.

④ 국가는 정치 제도의 중심이 되는 중요한 구성요소로서, 국가가 비인격적 사회 제도라고 한다면 정부
   는 어느 임의의 시점에서 **국가의 권력을 통제**하고 있는 사람들의 집합이다.

(2) 정치적 지배의 형식(유형)

베버(M. Weber)는 지배 혹은 권위의 양식을 정당성의 개념에 입각하여 **합법적 지배, 전통적 지배, 카리
스마적 지배**의 세 유형으로 구분하였다.

① **카리스마적 지배** : 초인간적인 자에 대한 신앙을 기초로 하여 성립하는 지배를 말한다. 즉, 개인이
   가진 특수한 힘(범상한 사람들이 보여줄 수 없는, 하늘이 내려준 것이라고 믿는 것)을 소유함으로써 피
   지배자가 이를 자연스러운 것으로 받아들이게 될 때 지배가 정당화된다(주술사, 추장, 정당의 영수 등).

② **전통적 지배** : 지배받는 사람들이 (지배자의) '**전통적**' 권위들을 신뢰하고 동의와 복종을 하는 것이
   다(왕조 사회에서 임금에게 복종하는 것, 고대의 가부장적·가산제적 군주 등).

③ **합법적 지배** : 합리적으로 형성된 **법률과 규준**에 의한 지배이다(근대 시민사회 이후).

(3) 정치 제도의 조직 유형

정치 제도는 정치권력을 누가, 어떻게 행사하며 그것을 어떻게 정당화시키는가에 있다. 정치력의 행사
주체 및 정당화의 방법에 따라 군주제, 과두 정치제, 독재와 전체주의, 민주 정치로 분류된다.

① **군주제** : 군주 한 사람이 지배하는 정치 형태이다.

② **과두 정치제** : 소수의 지도자들(지주, 기업가, 정치가 등)이 권력을 행사하고 권위를 누리는 정치
   체제이다.

③ **독재와 전체주의** : 1인 또는 1개 정당이 모든 정치권력을 장악하는 정치 형태이며, 개인 생활의 모든
   부분에까지 영향을 미친다는 의미에서 전체주의라고도 한다.

④ **민주 정치** : 민주 정치는 **지배 권력을 분산시켜 권력의 집중을 막고** 지배자와 피지배자 간의 힘의
   균형을 달성하려는 정치 체제이다.
   ㉠ 민주주의의 증대는 일반 시민의 자유를 신장시키고, 대중의 경제적 복지도 개선시키며, 공공복
      지를 위해 사회성원을 결속시켜 준다.
   ㉡ 민주주의의 결함
      • 민주주의는 제한된 시간과 공간적 토대 위에서 작용할 수 있다는 내적 취약성을 가지고 있다.
      • 현대 사회에서는 소수에 의한 지배 권력의 장악을 막을 수 없다는 점이다.

(4) 정치 제도의 기능

① **정치 제도의 순기능(드러난 기능)**

㉠ **사회의 질서를 유지**(정치 제도의 가장 중요한 기능) : 질서 유지를 위한 법률을 집행, 집단들 사이의 분쟁 해결

㉡ **사회구성원의 보호 기능** : 치안 확보와 국방의 기능

㉢ **공공복리를 위한 시설 마련** : 공공복리를 위한 시설(학교 · 공원 · 박물관 · 국도 · 철도 등)을 통하여 사회 목표 달성을 주도하는 기능

㉣ 정치 제도의 중요한 기능은 오늘날 대부분 정부가 주도하며, 그 기능이 확대되어 다른 제도가 수행하던 기능까지 정부의 기능으로 통합되는 추세이다(노인 보호 문제, 미혼모와 아이 문제, 주가의 급등락 진정, 농수산물의 수급 계획 등).

② **정치 제도의 역기능(숨은 기능)**

㉠ 권력의 집중현상과 권력 엘리트가 형성된다.

㉡ 행정부의 권한이 막대한 사회에서는 **부정부패** 등 관료들의 범죄가 생겨난다.

3 교육 제도

(1) 교육 제도의 개념

① **좁은 의미의 교육** : 지식과 기능을 전달하는 사회적 활동이다.

② **넓은 의미의 교육** : 지식과 기능뿐만이 아니라, 현 사회의 가치와 규범을 새로운 세대에게 체계적으로 전달하여 그들을 온전한 **사회성원**으로 만들어 가는 사회화 과정이다.

③ 산업화 이전의 사회에서 학교 교육은 실용성을 추구하는 것이 아니고 자신의 교양을 넓히기 위해 여가를 활용하는 것이었으며, 대부분의 사람들은 부모나 친족과의 일상적인 접촉을 통해서 필요한 모든 지식과 기술을 습득하였다.

④ 산업 사회에서의 교육은 중요한 사회 제도로서, **사회화**를 담당하는 필수적 기관이다.

(2) 교육의 기능

① **교육의 드러난 기능**

㉠ **사회구성원의 사회화**(가장 중요한 교육의 기능) : 개인은 교육을 통하여 사회 규범(사회의 가치 · 규범 · 도덕 · 법 · 신념 · 이념 등)을 터득하고 그 사회성원으로서의 정체감을 가진 사회성원으로 사회화되고, 그 후손들을 사회화시킴으로써 문화를 전승하는 기능을 한다.

㉡ **새로운 기술 교육의 기능** : 교육을 통하여 새로운 지식 · 기술 · 과학을 배우며, 사회가 필요로 하는 노동력 양성의 기능이 있다.

㉢ **신지식 창출의 기능** : 교육을 통해 새로운 지식을 창출하고, 기존의 생활 방식과 제도, 지식 등에 도전하여 사회를 새로운 모습으로 변화시킨다.

   ⓔ 사회 통제의 기능 : 학교 안에서 머물게 함으로써 학교가 허용하는 범위 밖의 행동과 태도는 단호하게 규제한다.

  ② **교육의 숨은 기능**

   ㉠ 아동 보호의 기능 : 선생님의 보살핌으로 혼자 있거나 놀이터에서 혼자 놀 때보다도 안전하게 보호하는 기능을 한다.

   ㉡ 결혼 조절의 기능 : 일반적으로 고등학교 졸업 후 결혼을 하기 때문에 교육 제도가 결혼을 늦추게 하는 기능을 한다.

   ㉢ 실업 조절의 기능 : 대학교 재학생은 실업자 수에 포함되지 않는다.

   ㉣ 학연을 형성하여 사회의 통합에 역기능적으로 작용 : 학연으로 맺어진 사람들끼리 사회의 이권을 나누어 갖고, 다른 학교 졸업생들에게 폐쇄적인 태도를 보이는 등 역기능적인 측면도 있다.

   ㉤ 문화 혁신의 기능 : 교육을 받은 사람은 현재의 문화 현상을 객관적으로 평가하고 반성해서 고칠 것은 고쳐야 한다고 주장하는 경향이 있다.

   ㉥ 지위 상승의 기능 : 고학력 수준의 교육은 좋은 직장을 구하는 데 결정적인 역할을 한다.

(3) 교육의 기회에 관한 이론 - 볼드리지(J. V. Baldridge)

 ① **대학 진학 여부를 결정짓는 요인** : 개인의 지능, 개인의 가정 배경, 사회 계급, 부모의 교육정도

 ② **대학 진학에 영향을 주는 요인**

  ㉠ 모델이론 : 부모가 높은 교육을 받은 집의 자녀일수록 대학에 진학할 확률이 높다.

  ㉡ 기회이론 : 고소득층 집안의 자녀와 대도시에 사는 학생들은 대학에 진학할 확률이 높다.

  ㉢ 준거집단이론 : 친구나 이웃이 대학에 많이 다닐수록 대학에 진학할 확률이 높다.

  ㉣ 능력이론 : 개인의 지능이 높거나 열심히 공부하는 학생일수록 대학에 진학할 확률이 높다.

4 종교 제도

(1) 종교의 사회학적 관점과 종교 성립의 기초

 ① **종교의 사회학적 의미**

  ㉠ 종교는 크게 두 가지 성격을 가진 것으로 이해되고 있다. 사회학적 관점에서 보면 종교의 본질을 탐구하는 근본적인 물음은 '종교는 무엇인가'이고, 종교의 기능을 탐구하는 근본적인 물음은 '종교는 무엇을 하는가'이다.

  ㉡ 신이나 절대자를 인정하여 일정한 양식 아래 그것을 믿고, 숭배하고, 받듦으로써 마음의 평안과 행복을 얻고자 하는 정신 문화의 한 체계로, 신(God) 또는 초월적 절대자를 인정하고 일정한 양식을 통해 그 힘을 빌어 인간의 힘으로는 통제할 수 없는 인간과 자연을 통제하기 위한 목적으로 만들어진 사회 제도이다.

② **뒤르켐(E. Durkheim)의 정의**

ⓒ 현대 사회학의 시조라 부를 수 있는 뒤르켐(E. Durkheim)은 1915년 『종교생활의 기초형태』에서 종교는 사회가 지닌 '집합적 의식의 상징적 표상'으로서 사회적 유대를 견고게 하여 사회를 통합하는 기능을 가진다고 설명하였다.

ⓛ 종교의 초기적 형태로 토테미즘을 상정하고, 종교를 규정짓는 특징으로서 테일러(E. Tylor)의 영적인 존재에 대한 믿음이라는 기준을 거부하고, 신성함이라는 기준을 채택하였다. 즉, 돌·바위·나무·우물·조약돌·나무토막·집 등 무엇이나 성스러운 것이 될 수 있으며, 한 집단이나 사회에서 신성하다고 규정된 것은 일상생활에서 다른 것들과는 다르게 취급받는다.

ⓒ 가장 원초적 단계의 종교의 시작은 성(聖)과 속(俗)의 구별에서부터 시작된다.
- 성(聖)과 속(俗)이라고 하는 두 가지 영역 혹은 상태 간에 근본적인 이분법이 존재함
- 성(聖)이란 인간 사회에서 종교적 현상의 특징인데, 분리되고 숭배되는 것
- 성(聖)의 특질은 사회 그 자체에서 나오는 것이며, 집단 결속의 표현
- 성(聖)은 속(俗), 곧 일상적인 것과 일련의 특별한 의례와 상징적 속성에 의해서 구분됨

ⓔ 뒤르켐은 종교를 사회적 결속을 표현하고 강화하는 사회 제도로 간주한다. 따라서 종교적 믿음은 어떤 의미에서 사회 그 자체의 은유이며, 사회적 응집력과 사회적 의무의 성스러운 성격이다.

③ **종교 성립의 기초(L. Broom & P. Selznick)**
브룸과 셀즈닉은 인간의 퍼스낼리티 특성과 사회 유대의 필요성을 중심으로 종교 성립의 기초를 제시하였다.

ⓒ 두려움과 긴장의 극복을 위해 종교가 필요하다.

ⓛ 자기 정당화와 궁극적 의미의 탐구(고통의 타당성과 도덕적 의미 탐구)를 위해서이다.

ⓒ 자기 초월의 경험 추구를 위해서이다. 즉, 사람들은 거대한 자연적인 사건이 발생할 때 예외적인 공포와 위압적인 상황에 자신을 던져 초월적인 경험을 하고 경외감을 갖기도 한다.

ⓔ 인간의 힘의 과시와 성취에 대한 축하이다. 즉, 종교적 신념과 활동은 인간의 자존심과 기쁨에 관한 것이다.

ⓜ 세계에 대한 해석과 의미의 부여이다. 즉, 인간은 우주관을 갖고 자신이 살고 있는 세계의 의미를 파악하고자 한다.

ⓗ 기존 사회의 규범과 가치의 유지이다.

(2) 종교의 구성요소

신성한 것과 관계가 있는 통합된 체계를 구성하는 요소로 의식, 감정, 믿음과 조직을 들 수 있다.

① **의식** : 의식은 모든 종교에 나타나는 공통요소 중 가장 중요하다.

② **감정** : 겸손, 숭배, 경외심 등은 공통적인 종교적 감정이다.

③ **믿음** : 종교 의식과 종교적 감정을 정당화하고 지지하는 신념이다.

④ **조직** : 종교적 신념과 감정을 유지·강화하기 위해서 조직이 필요하다(신자 공동체 형성).

(3) 종교의 분류

① **신앙의 대상에 따른 분류**

　㉠ 단순 초자연 신앙 : 초자연적인 힘을 믿는 신앙

　㉡ 생령 신앙 : 모든 사물에 영혼이 깃들어 있다고 믿는 신앙

　㉢ 유신론 : 신을 믿는 신앙

　㉣ 추상적 이상을 믿는 종교 : 절대 진리나 가치를 믿는 신앙

② **신앙의 성격에 따른 분류**

　㉠ 일신교(유일신을 믿는 유태교, 기독교, 이슬람교 등)

　㉡ 다신교(하나 이상의 여러 신을 모시는 힌두교)

　㉢ 윤리 종교(불교, 유교, 도교 등)

　㉣ 전래 종교(민족의 전통에서 계승된 종교)

　㉤ 원시 종교(정령 신앙, 토템 신앙 등)

③ **종교 조직의 분류**

브룸과 셀즈닉(L. Broom & P. Selznick)은 제도화의 정도, 통합의 정도, 성원 충원의 범위, 참여의 정도 등 네 가지 기준에 따라 종교 조직을 **보편 교단, 교파, 종파, 소종파**로 나눈다.

　㉠ 보편 교단

　　• 한 사회의 성원 모두가 자동적으로 성원이 되는 조직이다.

　　• 가장 공식화되고 관료 조직화된 종교 조직이다(가톨릭 교회).

　㉡ 교파

　　• 기성 교회 안에서 분열되어 나온 종교 조직으로 훈련된 성직자가 있고, 위계서열이 분명한 관료제화된 조직이다.

　　• 다른 교파를 인정한다(기독교의 장로교, 감리교, 성결교 등).

　㉢ 종파

　　• 전통적인 교회에서 분리되어 나간 사람들의 종교 집단으로, 다른 종교 조직을 용납하지 않으며 독단적이다.

　　• 보편 교단이나 교파의 종교 조직보다는 덜 공식화되고 조직화되었으며, 전문적으로 교육받은 성직자가 드물다.

　㉣ 소종파(분파)

　　• 흔히 카리스마적 지도자나 특수한 정신적 인식을 중심으로 조직된 종교 집단이다.

　　• 개인적 은혜와 체험에 중점을 둔다.

　　• 제도화와 공식화의 정도, 기존 사회・경제적인 질서와 통합의 정도도 아주 낮은 종교 집단이다.

　　• 타집단에 대해서는 대단히 배타적이며, 기존 사회의 질서와 가치를 거부하기 때문에 사회 문제를 일으키기도 한다.

(4) 종교의 기능

① **종교의 드러난 기능**
- ㉠ 삶의 의미 제공
- ㉡ 사회적 유대감 형성
- ㉢ 사회 통합과 통제의 기능
- ㉣ 사회 변동의 촉진
- ㉤ 심리적 위안을 제공

② **종교의 숨은 기능**
- ㉠ 마르크스(K. Marx)는 종교를 정치적·경제적 지배 계급으로서, 지배 계급의 이익을 옹호하고, 현존하는 불평등을 정당화해 주며, 억압받는 자들에게 내세를 믿게 하여 현세의 운명에 만족하게 한다고 본다.
- ㉡ 종교가 여러 분파로 분리될 때 사회적 갈등을 조장한다.
- ㉢ 교단이 커지면서 관료 조직체에서 나타나는 현상들이 나타난다.
- ㉣ 갈등론적 입장은 종교가 기존의 사회 구조를 정당화하고, 사회 변동과 사회 혁명을 저해하는 기능을 한다고 본다.
- ㉤ 베버(M. Weber)의 추종자들은 종교가 의도했던 바는 아니지만 사회 변화의 원동력이 될 수도 있다고 본다.

(5) 한국의 종교

① **한국의 종교 제도를 보는 시각**
- ㉠ 우리 사회에는 현재 유교, 불교, 기독교, 유태교 및 이슬람교가 공존하고 있다. 이러한 여러 종교들 중 어느 하나도 우리 사회를 주도하는 위치에 있지 못하다.
- ㉡ 우리 사회는 그 어느 국가에서도 찾아보기 힘든 다종교 상황의 문제를 안고 있다. 다종교 상황은 곧 절대 신념 체계가 여럿이 공존하는 것을 의미한다.

② **한국 종교의 현황**
- ㉠ 우리 사회에는 유일신적 세계관(기독교, 이슬람교), 일원론적 세계관(인도), 윤리적 세계관(한문 문화권의 천인합일)들과 같이 세계 문화권을 형성하는 전통들이 모두 살아서 기능하고 있다.
- ㉡ 다양한 종교들이 공존하나, 그 어느 하나도 한국 문화를 주도하지 못하는 이른바 문화 복합 현상을 이루고 있다.

01 사회 제도를 기능 중심으로 분류하는 경우 표출적 기능을 수행하는 것은?

① 후생 복지 제도

② 정치 제도

③ 여가 생활에 관련된 제도

④ 가족 제도

>>>○

원초적 제도 (기초적 제도)	• 다목적 · 다기능 위주 : 가족 • 수단적 기능 위주 : 경제 · 정치 • 표출적 기능 위주 : 종교 · 교육
파생적 제도 (보조적 제도)	• 수단적 기능 위주 : 후생 복지 · 기술체계 • 표출적 기능 위주 : 대중통신 · 여가 · 오락

02 다음 내용에서 밑줄 친 부분에 대한 설명으로 옳지 <u>않은</u> 것은?

> 얼마 전까지만 하더라도 가족 제도는 가족 구성원의 재생산 기능뿐만 아니라, 사회화 기능, 경제적 기능을 모두 수행하였다. 가족의 가장 큰 어른이 교육을 담당하였으며, 부모들은 직접 생산 활동을 하여 가족들의 생계를 책임졌다. 하지만 오늘날 가족의 모습은 과거와 크게 다르다. <u>과거 가족 제도가 담당하는 기능들을 새로운 사회 제도가 수행하게 된 것이다.</u>

① 사회 제도가 다양한 형태로 분화되고 있다.

② 사회 변동에 따라 다양한 사회 제도가 요구되고 있다.

③ 사회 전반적으로 분업과 교환의 확대에 따른 현상이다.

④ 하나의 사회 제도가 여러 제도의 기능을 포괄하고 있다.

01 [문제 하단의 표 참고]

02 사회 제도는 사회 변동에 따라 그 기능이 변화하고 있으며, 특히 현대의 사회 제도는 단순한 형태에서 복잡하고 다양한 형태로 분화되고 있다. 가족 제도 또한 과거와 달리 가족의 기능들을 다양한 사회 제도에서 수행하고 있다. 가족 제도의 기능 중 상당 부분은 교육 기관, 보호 기관, 기업으로 기능이 분화되고 있고, 산업화와 같은 사회 변동으로 사회 제도가 변화하고 있다. 또한 산업화에 따라 각 제도별 기능의 분업과 교환이 확대되고 있다. 생산은 가족의 기능이 아니라 기업의 기능이 되었고 자녀 교육은 학교에서, 노부모 보호는 양로원에서와 같이 전문화된 사회 제도의 기능이 더 중시되고 있다.

정답 (01 ③ 02 ④)

03 어떤 사회에서 그 사회의 역할·제도·습관 등의 기능이 그 사회 구성원에 의하여 의도되고 인지되어 있는 경우, 그 기능을 현재적 기능이라고 한다. 반면, 이러한 기능이 구성원에 의하여 의도되지 않고 인지되어 있지 않은 경우, 그것을 잠재적 기능이라고 한다.

03 사회 제도는 언제나 그 제도가 수행하고자 하는 특정 목적이 있는데 이와 같이 제도의 성립 당시 의도한 기능에 해당하는 것은?

① 현재적 기능
② 잠재적 기능
③ 순기능
④ 역기능

04 사회 제도가 사회의 유지와 존속에 기여하는 기능을 순기능이라 하고, 방해가 되는 기능을 역기능이라 한다.

04 사회 제도가 사회의 유지와 존속에 기여하는 기능은 무엇인가?

① 역기능
② 순기능
③ 명시적 기능
④ 잠재적 기능

05 잠재적 기능(숨은 기능)은 처음에 의도했던 것과는 관계없이 전혀 예기치 못한 뜻밖의 결과가 나타나는 것을 말한다.

05 제도를 운영하다 보면 뜻밖의 순기능이나 엄청난 역기능이 나타나기도 하는데, 이러한 예상치 못했던 뜻밖의 결과가 나타나는 제도의 기능으로 알맞은 것은?

① 잠재적 기능
② 명시적 기능
③ 현재적 기능
④ 드러난 기능

정답 03 ① 04 ② 05 ①

06 다음 중 자본주의 경제 제도의 장점에 대한 설명으로 적절하지 **않은** 것은?

① 생산자와 생산 수단의 분리로 노사 간의 협동이 이루어진다는 점

② 개인에게 생산과 소비, 그리고 직업 선택의 자유를 준다는 점

③ 자본 축적이 가능해서 잉여 재산을 사회에 환원시키게 할 수 있다는 점

④ 인간의 이기심을 인정하고 상호협력이 자유 의사에서 이루어지도록 유도한다는 점

07 다음 중 자본주의 경제 제도가 지니고 있는 구조적 단점에 해당하는 것은?

① 노동자의 창조적인 노동력 이용

② 생산력과 소비자의 구매력 사이에 존재하는 균형

③ 국가나 사회에 의한 생산의 통제

④ 분배의 불균형

08 통치와 지배, 이에 대한 복종·협력·저항 등의 사회적 활동을 총칭하는 것은?

① 정치

② 외교

③ 공권력

④ 시민운동

---

06 자본주의 경제 제도의 장점은 다음과 같다.
- 생산과 소비, 직업 선택의 자유를 보장하고 생산과 교역을 자유롭게 한다.
- 상호협력이 개인의 자유 의사에서 이루어지는 사회를 만든다.
- 자유 경쟁에 의해 합리적 경영과 가격이 형성된다.
- 자본을 축적할 수 있다.
- 유한 계급을 사회에 봉사하도록 유도함으로써 그들의 잉여 재산을 사회에 환원시키도록 한다.

07 자본주의 경제 제도의 단점은 다음과 같다.
- 생산자와 생산 수단이 분리되어 노동자가 생산 수단으로부터 소외되는 현상이 나타난다.
- 자본가와 노동자 사이의 갈등이 구조적으로 내재해 있다.
- 생산력과 구매력 사이에 언제나 불균형이 존재한다.
- 경기 변동, 만성적 실업, 자원 낭비가 발생한다.
- 부는 소수의 자본가에게 집중되고, 이들에 의해 사회의 전체적 자원이 통제된다.

08 정치의 사전적 의미는 통치와 지배, 이에 대한 복종·협력·저항 등의 사회적 활동의 총칭이다.

정답 06 ① 07 ④ 08 ①

09 사회 제도를 제도의 중요성에 따라
분류하면 다음과 같다.
- 기초적 제도(원초적 제도) : 종족
  보존, 사유 재산, 학교, 국가, 교회
  에 관여(사회 질서 유지에 필요불
  가결함)
  - 다목적·다기능 위주 : 가족
  - 수단적 기능 위주 : 경제·정치
  - 표출적 기능 위주 : 종교·교육
- 보조적 제도(파생적 제도) : 오락이
  나 휴양 등에 관여하는 제도
  - 수단적 기능 위주 : 후생 복지·
    기술 체계
  - 표출적 기능 위주 : 대중 통신·
    여가·오락

09 사회 제도를 제도의 중요성에 따라 분류할 때 수단적 기능을
담당하는 원초적 제도에 속하는 것은?

① 교육
② 정치
③ 가족
④ 오락

10 베버는 현대 사회의 주된 특징은 권
력의 집중과 합리성의 증대로 보았
으며, 이러한 현대 사회의 발전을 가
능하게 해준 대표적인 조직의 유형
이 관료제라고 하였다.

10 근대 사회로 올수록 관료 조직체가 증가할 것이라고 예견한
학자는 누구인가?

① 오그번(W. Ogburn)
② 베버(M. Weber)
③ 파슨스(T. Parsons)
④ 짐멜(G. Simmel)

11 베버의 지배 양식
- 카리스마적 지배 : 권위 행사자의
  절대적인 인격의 위광에 매혹되어
  그를 신성시하고 그의 초자연적인
  권위를 정당한 것이라고 따르는 지
  배 형태
- 전통적 지배 : 과거부터 관습적으
  로 정당한 것이라고 믿어 왔던 일상
  적·전통적 권위에 대한 지배 형태
- 합법적 지배 : 법률과 규준에 따라 합
  법적이라고 규정해 놓은 지배 형태

11 베버(M. Weber)의 분류에 의한 법률과 규준에 따른 지배
양식에 해당하는 것은?

① 카리스마적 지배
② 전통적 지배
③ 합법적 지배
④ 민주적 지배

정답 (09 ② 10 ② 11 ③)

12 2017년 5월에 제19대 문재인 대통령이 취임하였다. 이와 같은 대통령의 지배양식은 베버(M. Weber)가 분류한 방법에 의하면 어떤 양식에 속하는가?

① 전통적 지배
② 합법적 지배
③ 군사적 지배
④ 카리스마적 지배

12 베버는 지배 혹은 권위의 양식을 정당성의 개념에 입각하여 합법적 지배, 전통적 지배, 카리스마적 지배의 세 유형으로 구분하였다. 그중 합법적 지배는 근대 시민 사회 이후 합리적으로 형성된 법률과 규준에 의한 지배를 의미한다.

13 다음 〈보기〉의 법조문과 같은 사회 제도를 통해 알 수 있는 사회 현상에 대한 설명으로 옳지 <u>않은</u> 것은?

┌─ 보기 ─
혼인이 유효하게 성립하기 위해서는 당사자 쌍방이 다음과 같은 실질적 요건을 갖추어야 한다.
1. 만 18세에 달하여야 한다(민법 제807조).
2. 미성년자는 부모의 동의를 얻어야 한다(민법 제808조).
└─

① 일종의 사회적 약속이라 할 수 있다.
② 시대 구분없이 항상 같은 모습을 유지한다.
③ 사회생활의 기본틀과 질서를 제공하여 준다.
④ 한 사회 구성원 간의 조직화한 행동 양식이다.

13 사회 제도는 한 번 형성되면 쉽게 변하지 않으나, 사회 변동에 따라 변화하기도 한다. 결혼 제도 또한 과거와 현재의 모습이 같지는 않다. 또한 사회 제도는 구성원들 사이의 약속이라 할 수 있고 일상생활의 문제를 해결하기 위한 방식이나 관습이 제도화된 것으로, 조직화한 행동 양식이라 할 수 있다. 사회 제도는 구성원들에게 강제력이 있으며, 이로 인하여 사회 질서가 유지될 수 있고, 사회 구성원은 사회 질서의 테두리 내에서 기본적 욕구 충족을 할 수 있으며, 테두리를 벗어날 경우 비난이나 처벌을 받게 된다.

정답 (12 ② 13 ②)

14 베버는 지배를 '특정 내용이 포함된 명령에 특정 집단의 사람들이 복종할 가능성'이라고 하면서 단지 외부에서 주어진 지배자들의 명령을 준수하는 것뿐 아니라, 그것을 내적 자기 규범으로 삼는 것이 진정한 '지배'라고 하였다. 즉, 베버에게 지배란 이처럼 '합법적인 권위'의 다른 표현으로, 이러한 정의를 바탕으로 역사적으로 세가지 합법적 지배 유형이 있다고 하였다. 그 첫 번째로 전통적 지배는 먼 옛날의 전통과 관습의 신성함에 대한 믿음을 바탕으로 하는 지배 형태로 족장, 가부장, 봉건 귀족의 지배가 이런 유형에 속한다.

14 지방에서 행해지고 있는 문중의식(門中儀式)에서는 사회에서의 지위와 관계없이 문중의 '어른'이 최고의 권위를 가지며, 문중(門衆)은 그의 지시에 따른다. 이와 같은 지배 양식의 유형에 해당하는 것은?

① 카리스마적 지배
② 전통적 지배
③ 규범적 지배
④ 합법적 지배

15 독재와 전체주의란 1인 또는 1개 정당이 모든 정치권력을 장악하는 정치 형태이다. 개인 생활의 모든 부분에까지 영향을 미친다는 의미에서 전체주의라 한다. 독재는 검열과 경찰권을 이용하여 반대파를 억압하는 강제력을 사용하는 것이 특징이다.

15 정치 제도의 조직에서 1인 또는 1개 정당이 모든 정치권력을 장악하고, 사회와 개인 생활의 모든 부분에 영향을 미치는 정치 형태는 무엇인가?

① 정당 정치
② 독재와 전체주의
③ 과두 정치
④ 군주제

16 정치권력의 행사 주체 및 정당화의 방법에 따라 군주제, 과두 정치제, 독재와 전체주의, 민주 정치로 나눌 수 있다. 그중 민주 정치는 지배 권력을 분산시켜 권력의 집중을 막고 지배자와 피지배자 간의 힘의 균형을 달성하려는 정치 체제이다. 민주주의의 증대는 일반 시민의 자유를 신장시켰고 대중의 경제적 복지도 개선시켰으며 공공복지를 위해 사회성원을 결속시켜 주었다.

16 지배 권력을 분산시켜 권력의 집중을 막고 지배자와 피지배자 간의 힘의 균형을 달성하려는 정치 체제에 해당하는 것은?

① 군주제
② 과두 정치
③ 전체주의 체제
④ 민주 정치

정답 14 ② 15 ② 16 ④

17 소수의 지도자들이 권력을 행사하고 권위를 누리는 정치 체제로 알맞은 것은?

① 군주제(Monarchy)

② 독재 체제(Dictatorship)

③ 민주 정치(Democracy)

④ 과두 정치(Oligarchy)

18 다음 중 정치 제도의 드러난 기능으로 볼 수 <u>없는</u> 것은?

① 사회 질서 유지의 기능

② 권력 엘리트 형성의 기능

③ 국민 보호의 기능

④ 목표 달성의 기능

19 사회 제도의 유형 중 정치 제도의 드러난 기능에 해당하는 것은?

① 권력 엘리트 형성의 기능

② 정부 영역의 확대 기능

③ 사회 질서 유지의 기능

④ 정경 유착의 기능

---

17 정치 제도의 조직 유형
- 군주제 : 세습적으로 지위를 승계하는 군주 한 사람이 지배하는 정치 형태
- 과두 정치 : 소수의 지도자들이 권위를 누리는 정치 체제
- 독재와 전체주의 : 1인 또는 1개 정당이 모든 정치 권력을 장악한 정치 형태
- 민주 정치 : 지배 권력을 분산시켜 권력의 집중을 막는 정치 체제

18 정치 제도의 역기능에는 권력의 집중현상과 권력 엘리트의 형성, 부정부패 등 관료들의 범죄발생 등이 있다.

19 정치 제도의 드러난 기능은 다음과 같다.
- 사회 질서 유지의 기능 : 갈등하는 여러 집단들 사이의 분쟁을 해결해 주고 법률 집행의 기능을 수행한다.
- 국민 보호의 기능 : 국민들이 마음 놓고 살 수 있도록 치안을 확보하고 국방의 기능을 수행한다.
- 사회의 목표 달성 기능 : 행정 조직을 만들어 사회성원들의 공공복리를 실현하고, 사회의 모든 인적·물적 자원을 동원하여 사회의 목표 달성을 주도하는 기능을 수행한다.

정치 제도의 숨은 기능은 다음과 같다.
- 정부 기능의 확대
- 권력의 집중과 권력 엘리트 형성의 기능
- 행정 관료들이 부정부패에 유혹될 가능성이 높아짐

정답 17 ④ 18 ② 19 ③

20 경제 활동을 통제하는 제도적 기제는 무수하게 많지만 그중 중요한 것들에는 시장 기제, 문화적 규범, 공통의 문화적 목적, 행정부와 조직체의 통제에 의한 조절 등이 있다. 그중 시장 기제는 시장 자체가 경제 활동에 대한 통제 기제 역할을 하는 것이다.

20 다음 내용에서 설명하는 경제 활동을 통제하는 제도적 기제로 알맞은 것은?

> 시장에서 상호의존적 경제 행위는 특정 가격을 조절하고 이 가격은 시장 참여자의 경제 행위를 조절한다.

① 시장 기제
② 문화적 규범
③ 공통의 문화적 목적
④ 정부나 조직체의 통제

21 페이블맨은 제도의 사회적 기능에 따라 봉사적 제도와 고차적 제도로 분류하였는데, 봉사적 제도에는 경제·국가·법률 등이 포함되고, 고차적 제도에는 예술·철학·종교 등이 포함된다.
베커와 비제는 제도가 기능을 발휘하여 운영되어 가는 방식을 기준으로 작용적 제도와 규제적 제도로 분류하였고, 카디너는 퍼스낼리티 형성에 끼치는 영향의 중요도에 따라 일차적 제도와 이차적 제도로 분류하였다.

21 사회 제도의 사회적 기능에 주목하여 봉사적 제도와 고차적 제도로 분류한 학자는 누구인가?

① 베커
② 비제
③ 카디너
④ 페이블맨

22 국수주의란 자기 나라의 국민적 특수성만을 가장 우수한 것으로 믿고 남의 나라의 것은 배척하는 편협적이고 극단적인 민족주의 혹은 국가주의를 의미한다.

22 극단적인 국가주의와 같은 뜻으로 사용되며, 타민족·타국가에 대하여 배타적·초월적 성격을 지니는 것은?

① 자유주의
② 국수주의
③ 제국주의
④ 상대주의

정답 20 ① 21 ④ 22 ②

23 다음 중 교육 제도의 숨은 기능으로 옳은 것은?

① 문화 전승의 기능

② 사회 통합의 기능

③ 사회 통제의 기능

④ 실업의 조절 기능

24 다음 중 교육의 드러난 기능에 속하지 <u>않는</u> 것은?

① 지위 상승의 기능

② 사회화 기능

③ 신지식 창출의 기능

④ 사회 통제의 기능

25 다음 중 교육의 대표적인 기능으로 알맞은 것은?

① 아동의 보호 기능

② 사회성원의 사회화 기능

③ 학연 형성의 기능

④ 문화 혁신의 기능

23 교육 제도의 숨은 기능에는 아동의 보호 기능, 결혼의 조절 기능, 실업의 조절 기능, 문화 혁신의 기능, 지위 상승의 기능 등이 있으며 학연 형성으로 인해 사회 통합의 역기능으로 작용하기도 한다.

24 교육 제도의 드러난 기능에는 사회화의 기능, 새로운 기술 교육의 기능, 신지식 창출의 기능, 사회 통제의 기능 등이 있다.

25 **교육의 기능**
• 사회성원의 사회화 : 가장 중요한 교육의 기능이라고 할 수 있다.
• 새로운 기술 교육 : 사회가 필요로 하는 노동력 양성의 기능이다.
• 신(新)지식 창출 : 사회를 새로운 모습으로 바꾸어가는 기능을 한다.
• 사회 통제 : 중·고등학교의 청소년들을 학교에서 엄격하게 통제한다.

정답 23 ④ 24 ① 25 ②

26 볼드리지는 대학 진학 여부를 결정
지는 요인에 개인의 지능, 개인의 가
정 배경, 사회 계급, 부모의 교육 정
도 등이 있다고 보았다. 그중 부모가
높은 교육을 받은 집 자녀일수록 대
학에 진학하는 확률이 높다고 보는
것은 모델이론이다.

26 볼드리지(J. V. Baldridge)의 이론 중 부모의 교육 정도가 높
을수록 자녀의 대학 진학률이 높은 현상을 설명하는 데 가장
적합한 것은?

① 모델이론

② 기회이론

③ 준거집단이론

④ 능력이론

27 볼드리지(J. V. Baldridge)의 대학
진학에 대한 이론은 다음과 같다.
• 모델이론 : 부모의 교육 정도가 높
  을수록 자녀의 대학 진학률이 높다.
• 기회이론 : 고소득층 집안의 자녀
  가 대학에 진학할 확률이 높다.
• 준거집단이론 : 친구나 이웃 중 대
  학에 다니는 사람이 많을수록 대학
  진학률이 높다.
• 능력이론 : 개인의 지능이 높거나
  열심히 공부하는 학생일수록 대학
  진학률이 높다.

27 볼드리지(J. V. Baldridge)는 개인의 지능이 높거나 열심히
공부하는 학생일수록 대학에 진학할 확률이 높다고 하였는데,
이런 가능성(확률)이 기초한 이론으로 옳은 것은?

① 모델이론

② 기회이론

③ 준거집단이론

④ 능력이론

28 종교의 구성요소는 다음과 같다.
• 의식 : 종교 의식은 그 자체가 성스
  러운 활동인 동시에 또 성스러운
  것을 상징하기도 한다.
• 감정 : 겸손과 숭배와 경외심 같은
  감정이 종교의 감정들이다.
• 믿음 : 믿음 자체가 신성한 것을 창
  출하는 역할을 하기도 한다.
• 조직 : 종교적 신념과 감정을 유지
  · 강화하기 위해서 종교 활동에는
  조직이 필요하다.

28 다음 중 종교의 구성요소라고 볼 수 <u>없는</u> 것은?

① 의식(Ritual)

② 감정(Feeling)

③ 영혼(Soul)

④ 조직(Organization)

정답 26 ① 27 ④ 28 ③

29 다음 중 종교의 숨은 기능에 해당하는 것은?

① 사회 변동의 촉진
② 사회 통합과 통제
③ 사회적 갈등 조장
④ 심리적 위안 제공

30 브룸과 셀즈닉(L. Broom & P. Selznick)에 의한 종교 조직의 분류 중 가톨릭 교회와 같이 가장 공식화되고 관료 조직화된 종교 집단이 속하는 것은?

① 보편 교단(Ecclesia)
② 교파(Denomination)
③ 종파(Sect)
④ 분파(Cult)

31 다음 중 브룸과 셀즈닉(L. Broom & P. Selznick)이 인간의 퍼스낼리티 특성과 사회 유대의 필요성을 중심으로 제시한 종교의 기초로 적합하지 않은 것은?

① 자기 초월의 경험 추구
② 인간 힘의 과시와 인간의 성취에 대한 축하
③ 기존 사회의 규범과 가치의 유지
④ 절대자의 권능에 대한 경배

---

29 종교의 숨은 기능은 다음과 같다.
• 종교가 여러 분파로 갈라질 때 사회적 갈등을 조장한다.
• 교단이 커지면서 점차 관료 조직체에서 발생하는 현상들이 나타난다.
• 종교가 기존의 사회 구조를 정당화하여 사회 변동과 사회 혁명을 저해한다.
• 베버의 추종자들은 의도했던 바는 아니지만 종교가 사회 변화의 원동력이 될 수 있다고 본다.

30 브룸과 셀즈닉은 종교 조직, 특히 기독교 조직을 보편 교단, 교파, 종파, 소종파로 나누었다. 이 중 가장 공식화되고 관료 조직화된 조직이 보편 교단이며, 이후의 순서로 그 정도가 약화된다.

31 브룸과 셀즈닉은 인간의 퍼스낼리티 특성과 사회 유대의 필요성을 중심으로 종교의 기초를 다음과 같이 제시하였다.
• 두려움과 긴장의 극복
• 자기 정당화와 궁극적 의미의 탐구
• 자기 초월의 경험 추구
• 인간 힘의 과시와 인간의 성취에 대한 축하
• 세계에 대한 해석과 의미 부여
• 기존 사회의 규범과 가치의 유지

정답 29 ③ 30 ① 31 ④

32 애니미즘은 무생물, 생물, 자연 현상 등 모든 것들의 배후에 그것과는 독립된 영혼이 있다고 생각하고 이 정령을 숭배하는 종교형태이다.
② 샤머니즘 : 영혼의 세계와 현실 세계를 매개할 수 있는 무당의 존재를 믿고 무당이 영혼에 대한 통제력을 발휘할 수 있는 기술을 지니고 있다고 믿는 종교 형태
③ 토테미즘 : 대개 친족 집단인 특정 사회 집단과 식물이나 동물과 같은 특정 사물의 범주 사이에 신비적인 또는 의례적인 연관이 있다고 믿는 신념 체계와 행위를 가리키는 종교 형태
④ 도교 : 무위자연설을 근간으로 하는 중국의 다신교적 종교

32 무생물계에도 영혼이 있다고 믿는 세계관으로 알맞은 것은?

① 애니미즘
② 샤머니즘
③ 토테미즘
④ 도교

33 유일신교에는 유일신을 믿는 유태교, 기독교, 이슬람교 등이 있다.

33 다음 중 신앙의 성격에 따라 분류할 때 이슬람교가 속하는 종교로 알맞은 것은?

① 유일신교
② 다신교
③ 윤리 종교
④ 토템 신앙

34 종교의 분류
• 신앙의 대상에 따른 분류 : 단순 초자연 신앙, 생령 신앙, 유신론, 추상적 이상을 믿는 종교
• 신앙의 성격에 따른 분류 : 일신교(유태교, 기독교, 이슬람교), 다신교(힌두교), 윤리 종교(불교, 유교, 도교), 전래 종교, 원시 종교(생령 신앙, 토템 신앙)

정답 32 ① 33 ① 34 ③

34 다음 중 동양의 종교라고 하는 불교, 유교, 도교가 속하는 범주로 알맞은 것은?

① 일신교
② 다신교
③ 윤리 종교
④ 원시 종교

35 해방 이후 우리나라의 종교 상황의 특징을 가장 잘 표현한 것은?

① 정치-종교의 유착

② 다양한 종교의 공존

③ 불교와 기독교가 갈등하는 상황

④ 공인 종교에 의해 사회가 통제되는 상황

35 한국 종교의 현황을 살펴보면 다음과 같다.
- 우리 사회에는 세계 문화권을 형성하는 전통들이 모두 살아서 기능하고 있다.
- 다양한 종교들이 공존하나, 그 어느 하나도 한국 문화를 주도하지 못하는 문화 복합 현상을 이루고 있다.

정답 35 ②

가장 어두운 밤도 끝날 것이다. 그리고 태양은 떠오를 것이다.

– 빈센트 반 고흐 –

제 13 장

사회 계층

많이 보고 많이 겪고 많이 공부하는 것은 배움의 세 기둥이다.

– 벤자민 디즈라엘리 –

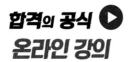

제13장 | 사회 계층

제1절 | 사회 계층의 기초 개념

1 사회 계층과 계급의 개념

(1) 사회 계층의 개념

① 사회 계층은 구조화된 불평등 체계를 말한다.

② 사회구성원들을 그들의 지위, 재산, 교육, 수입 등에 의하여 분류할 때, 비슷한 지위를 차지하고 있는 일군의 층을 의미한다.

③ 동일한 또는 비슷한 정도의 희소가치(부, 명예, 위신, 권력 등)를 향유하는 사람들의 집단 또는 비슷한 사회적 평가를 받는 사람들의 범주를 가리킨다.

④ 사회 체제 속에서 직업, 정치적 위치, 가족적 배경, 인종, 개인의 능력 및 기술에 의하여 특권, 위신, 이익 등이 사회적으로 불평등하게 분배되어 있는데, 이런 가운데에서 서로 비슷한 위치에 있는 인간의 집단을 말한다.

⑤ 사회적 서열 체계에서 지위에 따른 여러 가지 사회적 보상들의 접근 기회가 여러 범주의 사람들에게 차별적으로 구조화되는 불평등으로 규정할 수 있다.

> **더 알아두기**
>
> **사회 계층과 관련된 용어 해설**
> • 계층 구조 : 사회의 위계서열이 고정화되어 일정한 유형으로 굳어진 현상
> • 계층화 : 사회층들이 시간이 지남에 따라 점차 위계서열적으로 배열되는 과정
> • 계층 : 지위나 수입 등이 상하로 배열된 서열 구조
> • 계급 : 연속적인 개념이 아니라, 비연속적인 대립과 단절을 전제로 한 집합 개념
> • 사회적 지위 : 한 개인이 점유하고 있는 각 집단들에서의 개별 지위들을 종합한 단일 지위
> • 사회층 : 동등한 사회적 지위들을 점유함과 동시에 그에 상응하는 비교적 동등한 수준의 희소가치를 분배받는다고 생각되는 사람들이 이루는 하나의 층

(2) 사회 계급과 계층의 비교 기출 24, 23

구분	계급	계층
의미	• 사회 내에 존재하는 실제적·객관적 지위가 경제력이라는 단일 지표에 의하여 분류된 사회 불평등 구조 • 비연속선상에 있는 하나의 층으로 <u>주관적·심리적 서열 구조</u> • 경제적 요인(생산 수단의 소유 여부)에 따라 나누어진 대립 집단 ⇒ 자본가 계급(부르주아)과 <u>노동자 계급(프롤레타리아)</u>	• 연속선상에 있는 지위의 서열로서 다원적 지표에 의하여 분류되는 불평등 구조 • 비교적 고정적·위계적 개념 • 다양한 요인(경제적 계급, 사회적 지위, 정치적 권력 등)에 의해 서열화된 위치가 비슷한 집단 ⇒ 상류층·중류층·하류층
이론	<u>마르크스의 일원적 계급 이론</u>	<u>베버의 다원적 계층 이론</u>
특징	계급 간의 <u>지배와 피지배</u>, 갈등과 대립이 불가피함을 전제, <u>계급의식 강조</u>, 소속감 강함, 사회적 이동 제한	사회적 희소가치의 불평등한 분배 상태를 범주화하여 이해하려는 분석적 의미로, 계층들은 수직적으로 하나의 연속선상에 배열되고, 사회적 이동이 자유로움

2 계층의 형태

(1) 이념형으로 본 계층의 형태

① **완전 성층형(피라미드형)** : 모든 성원이 일직선상에 상하 배열되는 형(불평등이 가장 심한 사회 – 카스트제도)

② **부분 성층형** : 하류 계층이 비대한 피라미드형(현실적인 계층 구조 – 초기 산업 사회, 후진국)

③ **완전 평등형** : 모든 성원이 횡적으로 비슷한 위치에 있는 형(이상적 계층 구조 – 사회주의국가)

④ **부분 평등형** : 현대 대중 사회에서 중간층이 비대한 다이아몬드형(노르웨이, 스웨덴, 후기 산업 사회)

(2) 계층 제도

① 인도의 카스트제(폐쇄성 계층제)

㉠ 개인의 사회적 지위가 완전히 출생에 의해 형성, 즉 생득적 혹은 귀속적이며 임의로 그러한 지위가 변경될 수 없다.

㉡ 일반적으로 족내혼(Endogamy)이 성행하며, 따라서 계층 간의 경계가 유지된다.

㉢ 다른 카스트 성원과의 식탁 동석을 금지하는 섭식금제이다.

㉣ 카스트제도는 브라만(승려, 지주), 크샤트리아(무사), 바이샤(농·상·공업의 서민), 수드라(천민 계급, 노예)의 4종성 제도이다.

㉤ 서로 다른 카스트 성원들 간의 결혼은 불가능하지만, 만일 허용되는 경우에는 자식이 부모 가운데 어느 한쪽의 낮은 지위만을 계승한다.

② **신분제(중세 봉건 사회)**

　㉠ 신분 제도는 강력하면서도 안정된 정부가 와해되고 도시 생활이 점차 쇠퇴하였던 중세 유럽에서 시작되었다.

　㉡ 신분 집단은 귀족, 성직자, 농민으로 구분되었는데, 귀족이 가장 높고 농민이 가장 낮은 신분이었다.

　㉢ 법에 의해 신분이 결정되고 신분에 따라 권리와 의무가 차별적으로 주어진다.

　㉣ 신분의 변경은 특별히 법이 허용될 때에만 가능하다.

　㉤ 사회 이동은 한정되어 있으나, 카스트제도처럼 완전히 폐쇄적인 것은 아니었다.

　㉥ 신분과 신분 간의 경계선은 엄격하며 귀속적인 성격을 가지고 있다.

　㉦ 중세 사회, 로마 사회, 우리나라의 고려와 조선 사회의 계층 제도가 여기에 속한다.

③ **근대적인 계층 제도**

　㉠ 산업 혁명 이후 등장한 사회 계층 제도이다.

　㉡ 비정형적 · 유동적이다.

　㉢ 계층의 구분이나 고정된 개인의 지위도 없으며, 개인의 능력과 업적에 따라 계층적 지위를 바꿀 수 있다.

　㉣ 개방된 계층제라고도 한다.

3 사회 계층의 차원론

(1) 마르크스(K. Marx)의 단일차원론

① 마르크스는 생산 수단의 소유 유무라는 단일 요인에 의해 사회 계층을 자본가 계급(부르주아지)과 노동자 계급(프롤레타리아)의 두 집단으로 분류했다.

② 자본가와 노동자의 관계는 지배자와 피지배자라는 불평등의 관계뿐만 아니라 착취의 관계이기도 하다.

③ 생산 수단의 소유 유무라는 객관적인 조건에 의해 동일한 위치를 점하고 있는 사람들의 집단을 즉자적(卽自的) 계급이라 하였다. 또 이러한 즉자적 계급이 계급의식을 통해 하나의 정치적 공동체를 형성할 때, 그것을 대자적(對自的) 계급이라고 불렀다.

　㉠ 즉자적 계급은 계급의식은 형성되지 않았으나, 생산 수단의 소유 여부라는 단순한 기준에 따라 분류되는 집단으로, 참다운 계급인 대자적 계급의 전제가 된다.

　㉡ 대자적 계급은 계급의식을 가지고 부르주아지에 대항하는 진정한(참다운) 의미의 계급이다.

(2) 베버(M. Weber)의 다차원론 [기출] 23, 22

① 베버는 마르크스의 계급론이 사회 계층의 복잡다단한 측면을 취급하기에는 너무 단순하다고 주장하면서 다차원적 접근 방법을 제시하였다. → 계층 현상이 계급(경제적 부), 사회적 지위, 정치적 권력을 중심으로 전개됨

② **계급(Class)**

　㉠ 계급이란 시장에서 어떤 공통되는 상황을 공유하는 사람들의 집단을 의미하며, 중요한 경제적 기회는 생산 수단 또는 재산의 소유권의 통제뿐만 아니라 개인이 제공할 수 있는 용역까지도 포함한다.

　㉡ 사유 재산의 소유에 바탕을 두고 거기에서 유사한 경제적 이해관계나 소득 등을 지니는 사람들의 범주를 계급이라 하였다.

　㉢ 계급 지위를 사회 변동을 촉진시키는 유일하고도 지배적인 실재로 보지 않았으며, 단일 형태의 계급 의식은 존재하지 않는다고 보았다.

③ **지위(Status)**

　㉠ 지위란 한 공동체에 의하여 개인 또는 그의 사회적 역할에 부여된 명예나 위신의 양을 말한다.

　㉡ 지위 집단은 보다 커다란 공동체에서 중요시되는 지위 기준들에 입각하여 어떤 수준의 위신이 부여된 개인들의 한 공동체를 의미한다. 이러한 지위 집단의 성원들은 서로를 사회적 동료로 생각하며 자신들을 다른 집단의 사람들과 구분하는 비슷한 생활 양식을 추구한다.

　㉢ 계급이 재화와 용역의 생산관계에 의해 결정된다면 지위는 재화와 용역의 소비관계에 의해 결정된다고도 말할 수 있다.

④ **권력(Power)**

　㉠ 베버는 권력을 어떤 사회적 관계에 있어서 다른 사람들의 저항에도 불구하고 자신의 의지를 관철시킬 수 있는 힘으로 정의하였다.

　㉡ 권력이 획득되면 사회적 지위나 계급 지위를 얻는 것이 수월하기 때문에, 권력 획득을 지향하는 사람들은 정당을 구성하려고 한다.

　㉢ 사람들이 권력을 추구하는 목적은 매우 다양하지만 주로 타인에 대한 영향력 행사가 주요 목적이다.

4 사회 계층의 측정

(1) 객관적 방법

① 객관적인 계층 변수(직업, 학력, 소득)를 사용하여 사회·경제적 지위의 지표로 삼는다.

② 사회성원의 객관적인 속성(수입, 직업, 교육 수준 등)에 근거하여 개인이나 집단의 계급 위치 또는 계층적 지위를 규정하는 방법이다.

③ 사회 계급 또는 계층적 지위를 측정하는 데 가장 많이 사용되는 방법이다.

④ 전국 규모의 조사, 대규모의 조사 연구에서 매우 유용하게 사용된다.

⑤ 직접적인 사회 조사를 실시하지 않고 2차 자료(Secondary data, 예 인구 통계국의 조사 자료)로서도 사용이 가능하다.

⑥ 객관적 방법은 보다 심층적인 연구를 요하는 조사에서는 적당치 않다. 예컨대 객관적 기준에 의하면 하층 계급이지만, 주관적 기준에 의하면 중산층인 경우 등이 있기 때문이다.

(2) 주관적 방법

① 사람들이 자신의 계급이나 계층적 위치를 스스로 어떻게 인식하고 있는가를 측정함으로써 계층 구조를 연구하는 방법이다.

② 개인의 자아평가를 바탕으로 하여 계층 구조를 파악하는 것으로 사람들의 계층의식, 특정 계층의 귀속의식을 연구하는 데 주로 쓰인다.

③ 주관적 방법을 사용하는 학자들은 '상층－중층－하층' 혹은 '상류 계급－중류 계급－하류 계급(노동자 계급)' 등으로 구성된 설문 문항을 응답자들에게 제시하고 스스로 체크하게 하여 측정한다.

④ 대규모의 조사 대상에 적용이 가능하고, 정치적 행동을 예측하는 데 매우 유용하다.

(3) 평가적 방법

① 피조사자가 다른 사람의 계층을 평가하는 것이다.

② 작은 지역 사회를 선정하여 그 지역 사회를 잘 아는 판정자나 평가자에 의뢰한 다음, 전 성원을 층화하도록 하고 그 평가의 평균치로써 계층 구조를 평가하는 것이다.

③ 일종의 주관적 평가 방법이긴 하지만, 그 평가의 대상이 자신이 아니라 주위 사람들인 것이 특색이다.

④ 평가적 방법을 사용한 대표적 연구로는 워너 등의 『Yankee city』가 있다.

⑤ 공동체 조직에 있어서 사회적 상호작용과 성원 자격의 유형을 예측하는 데 특히 유용하다.

⑥ 이차적인 집단관계가 지배적인 대규모 도시 지역에서는 사용하기 어렵다.

5 지위 불일치 기출 20

(1) 개념

① 한 개인 혹은 집단이 지니고 있는 지위들의 등급이 서로 일치하지 않는 상황을 의미한다.

② 예컨대 회사 사장의 학력이 낮은 경우, 궁핍한 시인이 사회적 명망과 위신은 매우 높은 경우 등이 있다.

(2) 지위 불일치의 결과

① 지위 불일치는 사람들로 하여금 정치적 변동을 추구하는 행동을 조장할 수가 있다.

② 지위 불일치는 사람들 사이의 관계 형성에도 영향을 미칠 수가 있다.

③ 지위 불일치는 각종 비행이나 범죄를 조장함으로써 사회 통합의 약화를 초래하기도 한다.

④ 지위 불일치는 과시 소비를 조장하기도 한다.

⑤ 렌스키 : 지위 불일치한 사람은 현 위치에 불만이 있으므로 기존 질서를 파괴하려는 경향이 있다.

제2절 계층 이론

1 기능주의 이론과 갈등론적 이론 기출 24

(1) 기능주의 이론

① 사회구성원은 사회적으로 수행해야 할 기능과 역할이 분화되며, 각자의 능력과 과업에 따라 역할 수행은 물론 분업을 기초로 전체적 목적을 위하여 협동적으로 과업을 수행하게 된다. 따라서 각자의 지위, 역할, 능력에 따른 보수, 사회적 대우, 평가를 받으며 이러한 차등적 대가는 불평등하다기보 다는 정당한 것이라고 믿게 된다.

② 상사와 부하의 보수와 위신의 차이는 근본적으로 그들이 수행하는 사회적 기능에 의하여 결정된다 고 보는 것이다.

③ 사회 구성원들은 각자의 직업적·사회적 지위의 고하에 따라 경제적 소득이나 사회적 지위가 불평 등하게 배분되는 것을 정당한 것으로 받아들여야 한다고 믿고 있다.

④ 데이비스-무어(K. Davis & W. Moore) 이론 기출 22

　㉠ 각 직업의 기능적 중요성의 차이와 희소성에 입각하여 계층 현상을 불가피하고 긍정적인 존재로 파악하고 있다는 이론이다.

　㉡ 사회의 특정 위치는 다른 지위나 위치들보다 더 중요하고, 그 수행을 위해서는 특수한 기능을 요한다.

　㉢ 사회성원 중 한정된 인원만이 그 기능을 훈련받을 수 있는 재능을 가지고 있다.

　㉣ 재능 있는 사람이 기능을 획득하려면 장기간의 훈련 또는 상당한 정도의 희생을 감수해야 한다.

　㉤ 재능 있는 사람에게 그러한 희생을 감수케 하여 훈련을 받게 하려면 경제적 부, 권력, 위신 또는 이들이 적절하게 결합되어진 보상 혹은 인센티브(Incentives)를 제공함으로써 개인들에게 그러 한 역할들을 담당하도록 유인해야만 한다.

　㉥ 사회적 보상의 이러한 불평등한 배분은 사회를 위한 기능인데, 그 이유는 희소한 재능을 요구하 는 역할들이 가장 능력 있는 개인들에 의해서 수행되기 때문이다.

(2) 갈등론적 이론

① 사회를 균형의 한 체계로 보려는 기능주의적 관점을 거부하는 대신, 사회적 가치와 집단이해를 둘러 싼 갈등은 어느 사회에서나 내재적인 것으로 본다.

② 인간의 능력은 천부적인 측면보다는 환경에 의해 계발되는 측면이 더 크다고 전제하면서, 사회의 불평등한 분배가 불평등한 능력 계발을 가져온다고 본다.

③ 갈등론에서는 사회 질서의 본질이 지배와 강제라고 본다.

④ 사회 불평등론이나 갈등론자들은 사회 계층이란 사회구성원들의 폭넓은 합의에 의한 것이라기보다 는 특정 계층의 이익을 위하여 약자에 대한 강자의 강압 또는 지배적 관계에 기초한 것이라고 보고 있다.

⑤ **마르크스(K. Marx)** : 사회 계층을 인간이 **제도적으로 만들어 놓은 불평등**이라고 본다. 그는 인류의 불평등은 생산양식에 의해 결정된다고 주장하고, 농경이 주된 사회에서는 지주와 소작인, 산업 사회에서는 자본가와 노동자 간의 계급이 인위적으로 형성되어 이 같은 불평등을 종식시키기 위하여 계급 투쟁이 야기되는 것은 필연적인 것이라는 주장을 이론화하고 있다.

⑥ **다렌도르프(R. Dahrendorf)** : 가치와 규범에 근거를 둔 제재(Sanction)와 보상이 불평등의 근원이라고 보았다.

⑦ **튜민(M. Tumin)의 주장(갈등론적 관점)**

  ㉠ 사회가 유지·존속되기 위해서는 더 중요하고 덜 중요한 일이 없다. 즉, 의사나 구급차 운전사는 환자의 목숨을 살리는 데 똑같이 중요하다. 의사의 일이 중요도가 높다고 생각하는 것은 특권층의 자기중심적 판단에 불과하다.

  ㉡ 데이비스－무어 이론에 대한 튜민(M. Tumin)의 계층 구조의 부정적인 역기능 지적

   • 계층이 있으므로 유능한 인재 발견의 가능성이 제한된다.

   • 계층은 유용한 재능의 범위를 좁혀 사회의 생산적 자원을 확장할 가능성을 제약한다.

   • 계층은 사회를 보수적으로 만든다.

   • 긍정적 자기평가가 불평등하여 인간에게 고유한 창조적 가능성의 발달을 제한한다.

   • 사회적 보수의 불평등은 각 계층 간의 적대·의심·불신을 조장하고 사회 통합을 저해한다.

   • 낮은 계층에게는 사회에 대한 충성심과 참여의식을 저하시키는 기능을 한다.

기능론에 의한 사회 계층의 본질	갈등론에 의한 사회 계층의 본질
• 계층은 보편적이며 필연적이다.	• 계층은 보편적일지 모르지만, 필연적인 것은 아니다.
• 사회 체제가 계층 체계를 만든다.	• 계층 체계가 사회 조직(체계)을 만든다.
• 계층은 통합·조정·응집을 위한 사회적 요구에서 생긴다.	• 계층은 집단 정복·경쟁·갈등에서 생긴다.
• 계층은 사회와 개인이 적절한 기능을 하도록 촉진한다.	• 계층은 사회와 개인의 적절한 기능을 제약한다.
• 계층은 사회적 공동가치의 표현이다.	• 계층은 권력 집단들의 가치의 표현이다.
• 권력은 늘 정당하게 배분된다.	• 권력은 늘 부당하게 배분된다.
• 일자리와 보상은 평등하게 배분된다.	• 일자리와 보상은 불평등하게 배분된다.
• 경제적인 부분을 타 부분의 밑에 둔다.	• 경제적인 부분을 사회의 맨 위에 둔다.
• 계층 체계는 항상 진보적 과정을 통하여 변화한다.	• 계층 체계는 항상 혁명적 과정을 통하여 변화된다.

2 렌스키(G. Lenski)의 종합이론(기능주의와 갈등론의 종합)

(1) 주장 내용

① 계층 체계의 갈등과 기능적 요소들 모두를 강조한다. 즉, 사회가 생존을 위해 요구하는 기본자원들은 기능주의가 주장하는 바와 같이 중요한 역할과 희소한 재능이 부합되는 방식으로 배분되지만, 사회 생존에 꼭 필요하지 않은 사회의 잉여자원들은 경쟁하는 집단들 간의 갈등을 통해 분배된다고 한다.

② 잉여물이 생기면서 불평등이 발생하고, 잉여물이 많을수록 불평등은 더욱 심화된다. 즉, 그 잉여 자원은 권력에 의해 불평등하게 분배된다.

(2) 렌스키 이론의 가정

① **인간의 본성에 대한 가정** : 인간의 사회성(사회적 동물), 이기성, 가치의 희소성(욕심의 무한성), 인간 능력의 선천성(동등하지 않은 천부적 소질), 습관성(한 번 형성된 관습은 그대로 유지하려는 경향)이 있으므로 현존하는 분배 체계를 당연한 것으로 받아들인다.

② **사회의 특성에 대한 가정** : 인간 조직은 불완전한 체계이고, 협동과 갈등은 정상적인 인간 생활의 특징이며, 집단 통합의 정도는 체계마다 차이가 있으므로 그 원인과 결과를 찾아야 한다.

(3) 렌스키의 분배 법칙

① **제1분배의 법칙** : 인간의 사회성과 이기심의 가정에서 도출
  ⊙ 사회성 : 인간의 사회성과 이기심의 가정에서부터 도출된다. 인간은 생존에 필요한 만큼의 범위 안에서 생산품을 나누어 가질 것이다.
  ⓒ 이기성 : 타인의 생산 활동이 자신에게 이익이 되고 필요하다고 생각되는 수준에서 그들이 생산 활동을 계속할 수 있을 정도로 생산품을 나누어 줄 것이다.

② **제2분배의 법칙** : 가치의 희소성과 천부적 능력 차이로부터 도출
  ⊙ 렌스키의 분배 법칙 중 제2분배의 법칙은 권력을 사회 불평등의 원인으로 보았다.
  ⓒ 모두가 바라는 물건이 희귀한 것이라면(가치의 희소성) 그것을 획득하기 위해 갈등과 경쟁이 발생하는 것은 정상적인 것이다(갈등의 편재성).
  ⓒ 갈등과 경쟁에서 이기는 것은 권력으로, 개인이나 집단의 능력이다. 즉, 권력이 사회의 잉여자원을 분배한다.
  ② 권력의 향유 정도에 따라 잉여자원의 축적이 결정되며, 잉여자원을 독점하거나 통제할 수 있는 특권(Privilege)은 권력(Power)과 함수관계에 있다.
  ⑩ 개인의 사회적위신(Prestige)은 그가 향유하는 권력과 특권의 정도와 정비례한다고 본다.

(4) 렌스키가 분석한 잉여물과 불평등과의 관계

① 단순 수렵·채취 사회는 계층이 존재하지 않을 만큼 인구가 적고 사회성원들이 기본적으로 동일하기 때문에 잉여물도 거의 없고 불평등도 나타나지 않는다.

② 원예 및 목축 사회에서는 잉여 생산물이 축적되고 세력 있는 가족이 잉여물에 대한 통제를 획득하였으나, 이 사회에서는 불평등이 특정 개인들 혹은 가족들 사이에서만 존재하기 때문에 층화가 잘 생기지 않았다.

③ 농경 사회는 상당한 양의 잉여물을 생산하고, 지배 계급이 이러한 부에 대한 권리를 주장하여 불평등이 커졌다.

④ 불평등의 정도는 농경 사회에 와서 가장 높게 나타나고, 다시 산업 사회로 진행되면서 낮아지는 경향을 보인다.

⑤ 잉여물이 점점 증가함에 따라 불평등도 커지는 것을 알 수 있다.

제3절 | 계급 구조

1 상류 계급

(1) 상류 계급의 개념

① 자본주의 사회에서의 상류 계급은 자본 계급으로, 이들은 이윤 증식에 열중하는 기업 정신·투쟁 정신의 소유자이다.

② 자본주의의 발달은 지배의 분업을 성립시켜 자본 소유자 외에도 경영자, 고급 관료도 상류 계급으로 상승시켰다. 이들은 자신의 이익을 보호하기 위해 전문적 정치가 집단을 필요로 하며 이런 과정을 통해 엘리트층이 생겨난다.

③ 지배 계급으로서의 엘리트층은 권력·부·위신 등의 사회적 가치의 배분관계에서 정점에 위치하는 사회적 집단을 뜻한다.

④ 정책 결정자로서의 엘리트층은 특정 지역 사회의 각 계급·각 직업 집단 내부에서 모든 성원의 행동 양식이나 태도를 통제하고 정책 결정의 기능을 맡는 권력 주체를 말한다.

⑤ 밀스(C. W. Mills)는 정책 결정자로서의 엘리트를 권력 엘리트라 명명하고, 사회의 상류층에 위치하는 권력 엘리트들이 상호 연합 세력체를 형성하여 국가 정책에 영향을 준다고 하였다.

(2) 엘리트에 관한 이론

① **모스카(G. Mosca)의 소수 지배의 원칙** : 사회는 언제나 특정 엘리트 계층이 지배를 담당한다.

② **미첼스(R. Michels)의 과두제의 철칙** : 민주적 선출, 단순한 기능상의 분화로 지도자가 대두되어도 결국은 주변의 권력을 모아 부동의 지도자가 되는 현상을 과두제의 철칙이라 한다.

③ **파레토(V. Pareto)의 엘리트 순환설** : 권력에 부적합한 능력을 가진 엘리트들은 탈락하고 통치기능을 가진 엘리트층이 충원되어 계층 간의 순환이 일어난다.

④ **리스먼(D. Riesman)에 의한 엘리트 분류**

㉠ 적응형 엘리트 : 기존 사회 체제에 동조하고, 사회의 요구에 부응하는 반응을 보이는 보수적 지도 세력을 형성한다.

㉡ 아노미형 엘리트 : 사회 체제에 대한 적응에 실패하여 심리적 안정과 평형을 상실한 인간집단들의 대표로 구성된다.

㉢ 자치형 엘리트 : 사회 체제의 신화나 이데올로기로부터 자유로우며, 새로운 사회의 전망과 유토피아를 가진다.

2 구중간 계급

(1) 구중간 계급의 개념 기출 20

① 흔히 중산 계급으로 호칭되어 왔는데, 원래 중세 사회에서는 귀족이나 승려에 대한 제3신분으로서 신흥의 도시 상공업자, 자유직업자 등이었다.

② 자본주의 사회 성립 후 소기업주·소상인·자영농민 등 전통적 생산 수단의 소유자로 구성된다.

(2) 구중간 계급의 특징

① **구중간 계급의 현황** : 수공업적 자영업자나 소상인은 근대적 대기업, 거대 자본을 소유한 도매업자에 밀려 그들의 하청업체의 역할을 하고 있다.

② **구중간 계급의 성향** : 이들은 빈농이나 노동 계급에 대해서 경제적으로 우월하다는 생각 때문에 정치적으로 보수성을 띤다.

3 신중간 계급

(1) 신중간 계급의 개념 기출 20

① 자본가와 임금 노동자의 중간에서 봉급 생활을 하는 모든 사람을 총괄해서 신중간 계급 혹은 화이트 칼라라고 한다.

② 소비 지향적이고 사생활에 충실하다는 뜻의 소시민적 인간 유형이다.

③ 프롬(E. Fromm)이 지적한 '자유로부터의 도피'임을 알게 되는 권위주의 지향의 인간, 리스먼(D. Riesman)이 '고독한 군중'으로 표현한 타자 지향형의 인간도 모두 신중간층을 지칭한 것이다.

(2) 신중간 계급의 특징

① **신중간 계급의 현황** : 교양 있고 안정된 생활을 하고 있지만, 점차 블루칼라와의 격차가 좁혀지고 있다.

② **신중간 계급의 성향** : 예속적 퍼스낼리티의 소유자이며 대다수의 사람들이 취하는 성향을 따라가는 타자 지향형의 인간형이다.

> **더 알아두기**
>
> **아비투스(Habitus)**
> 특정 계급에서 획득되어진 취향, 인지, 판단 등의 인간의 행동 체계를 의미한다. 아비투스는 프랑스 사회학자인 부르디외(Pierre Bourdieu, 1930~2000) 이론의 핵심이기도 하다. 부르디외에 의하면 아비투스란 특정한 시간과 장소에 따라 특정한 사회적 환경에 의해 내면화된 성향의 체계로, 인간 행동의 생산자이며 인지와 평가와 행동의 일반적 모습을 말한다.

4 하류 계급

(1) 하류 계급의 개념 [기출] 20

① 자본주의 사회에서 생산 수단을 갖지 못하고 자기의 노동력을 팔아서 생활을 영위하는 임금 노동자・농업 노동자・룸펜・프롤레타리아 등을 총괄하여 하류 계급 혹은 무산 계급이라 한다.

② 하류 계급의 노동은 임금 노동 형태를 취하며, 노동자의 노동력이 상품화되어 자본가에게 매각되고 그 대가로 임금이 지불되는 것이다. 임금 노동자는 좀바르트(W. Sombart)의 말처럼 '자본주의 제도의 그림자'와 같은 존재이다.

(2) 하류 계급의 특징

① **하류 계급의 현황** : 노동자들은 열악한 노동 조건을 개선하기 위해 노동조합을 결성하고, 노동조합에 대해 강한 귀속의식을 가진다. 빈농은 경제 구조상 자립이나 정당한 자산 축적이 불가능하다.

② **하류 계급의 의식** : 이들은 전통적 보수성과 아울러 자신들의 열악한 위치에 대한 반발로 진보성도 가진다.

제4절   사회 이동

1 사회 이동의 개념 [기출] 23

(1) 사회 이동의 의미

① 개인 또는 집단이 하나의 계층적 위치에서 다른 계층적 위치로 이동하는 현상을 말한다.

② 소로킨의 사회 이동론에서 나온 말로 계층의 동태적 측면에 해당한다.

③ 집단 또는 개인의 사회적 지위의 변화를 통틀어 일컫는 말로, 분배 체계에서 개인의 위치 변화이다.

④ 한 사회의 계층 체계가 폐쇄적인가 개방적인가에 따라 그 양, 정도, 폭이 크게 다르게 나타난다.

(2) 사회 이동의 요인

① **사회 이동의 폭과 형태에 직접적으로 영향을 미치는 사회 구조적인 특성**

   ㉠ 개인 능력의 평가

     • 귀속적 : 개인 능력의 평가가 귀속적인 사회에서는 개인의 사회 이동은 제약받는다.

     • 업적적 : 개인 능력에 대한 평가가 업적적인 사회에서는 개인의 노력에 따라 사회 이동은 활발히 일어날 수 있다.

ⓒ 사회 구조의 분화 정도
- 미분화된 사회 : 정치적 권력, 종교, 부의 일인 독점 현상이 많이 나타나서 개인의 사회 이동은 극히 제한적이다.
- 분화된 사회 : 정치, 경제, 종교, 문화가 각각 별개로 독립되어 있어 직업이 다양해지고 개인의 상승 이동이 용이하다.

ⓒ **사회 통제의 방식** : 희소가치를 분배하는 권력의 집중이 어떻게 분산되어 있는가에 따라 사회 이동의 형태에 영향을 미친다.

② **사회 구조적 원인**

ⓐ 사회·경제적 요인 : 가장 대표적인 것이 공업화로, 공업화가 이루어짐에 따라 노동자의 수요는 증대하고 그에 따라 농업에 종사하는 사람들의 수는 감소한다. 그 결과 공업화는 자연히 새로운 종류의 직업들을 만들어냄으로써 사회의 직업 구조를 변화시키게 되며, 공업화가 계속됨에 따라 사람들은 사회 계층에서 많은 이동을 경험하게 된다.

ⓑ 인구학적 요인 : 인구학적 요인에 따른 사회 이동으로, 출생, 사망, 계층별 출산력의 차이 또는 인구의 전·출입의 유형에 따라서도 사회 이동의 양과 폭에 영향을 준다.

③ **개인적 원인** : 교육 수준, 상향이동에의 열망, 가정이나 교우 집단의 사회화, 결혼 혹은 개인적 행운 등이 있다.

2 사회 이동의 유형

(1) 이동의 방향에 의한 구분

① **수평적 사회 이동** : 계층에는 변동이 없으나 다른 직종을 택한다거나 동급의 다른 부서로 이전한다거나 하는 경우를 말한다.

② **수직적 사회 이동** : 현재의 계층보다 윗단계로 이동하거나 현재보다 못한 아래 단계로 이동하는 것을 통틀어 말한다.

ⓐ 상향 이동 : 현재보다 나아지는 이동

ⓑ 하향 이동 : 현재보다 살기 어려워지는 등 더 아래 계층으로 이동하는 경우

(2) 시간적 거리에 의한 구분

① **세대 내 이동** : 어느 한 개인에 의하여 그의 생애 동안의 경력 이동 등으로 계층의 변화를 가져오는 경우(예 개인이 처음으로 직업을 가졌을 때의 지위와 정년퇴직할 때의 지위를 비교)

② **세대 간 이동** : 수세대에 걸친 가계를 통해 변화하는 계층의 이동을 말한다. 직업은 얼마나 많은 사람이 사회 이동을 하였는가를 결정하는 데 자주 사용되며, 세대 간 이동에 관한 여러 사회의 자료가 이용 가능할 때에는 그러한 사회들의 수직 이동의 비율을 상호 비교하기도 한다.

ⓐ 세대 간 하강 이동 : 잘 살던 부모의 재산을 탕진하는 자식의 경우

ⓑ 세대 간 상승 이동 : 자식이 자수성가하여 집안을 존경받는 명문집안으로 만든 경우

(3) 이동의 주체에 따른 구분

① **개인적 이동** : 이동하는 사람이 개인일 경우
② **집단적 이동** : 사회 이동이 프롤레타리아, 노동자, 또는 도시의 상공인과 같이 집단적으로 일어나는 경우

더 알아두기

사회 이동의 측정 척도
사회 이동의 측정 척도는 사회 이동의 빈도와 거리를 구분하여 측정하는데, 이는 한 사회가 얼마나 개방적인가 혹은 폐쇄적인가의 정도를 알게 해준다.

㉠ 사회 이동의 빈도 : 사회·경제적 지표에서 상향 혹은 하향 이동을 한 사람들의 구성비
㉡ 사회 이동의 거리 : 수입이나 재산, 사회적 지위, 권력 등에서의 변화 정도

[사회 이동의 종류]

구분	종류	의미
이동 방향	수평 이동	동일한 계층 내에서의 위치 변화
	수직 이동	계층적 위치가 상승 또는 하강하는 것
세대 범위	세대 간 이동	한 세대와 다음 세대 간에 나타나는 계층적 위치의 변화
	세대 내 이동	한 개인의 생애에 걸친 계층적 위치의 변화
이동 주체	개인적 이동	주어진 계층 체계 내에서의 개인의 위치 변화
	구조적 이동	전쟁, 혁명 등의 사회 변동으로 인해, 기존의 계층 구조가 변화됨으로써 나타나는 위치 변화

3 사회 이동의 결과

(1) 부분적인 상승 이동이 일어나는 경우

교육을 통해 부분적 상승 이동을 한 지식인은 계층 체계의 광범위한 개혁을 열망하지만, 기존의 특권층이 이들의 개혁을 차단하고 기존의 계층 구조를 옹호하는 사례가 있다. 이러한 경우 신·구 엘리트 집단 사이에 사상적 양극화 현상을 가져올 수도 있다.

(2) 부분적인 하강 이동이 일어나는 경우

유럽의 중간층들은 노동자의 사회적 진출로 자신들의 지위가 상대적으로 약화되고, 전문직 종사자의 실업이 증가하는 동시에 인플레이션으로 수입이 감소하기에 이르자, 반동적이고 복고적인 극우의 전체주의 운동에 투신했던 역사적인 사실이 있었다. 그러므로 부분적인 하강 이동은 복고적인 사상적 지향을 갖게 할 수 있다.

(3) 사회 이동이 사회 통합에 공헌하기 위한 전제조건

① 이동에 대한 열망이 전 인구층에 중요하게 인식되고 광범위하게 확산되어야 한다.

② 현실적으로 이동이 모든 사회층과 대다수 성원에게 실현되어야 한다.

③ 사회 이동은 이동의 모든 중요한 차원에서 골고루 일어나야 한다.

④ 각 계층 간의 단절, 개인 상호 간의 단절, 문화적 단절이 최소화되어야 한다.

⑤ 개인적, 그리고 집단적으로 사회 이동에 원만하게 적응할 수 있는 기제가 있어야 한다.

[사회적 불평등 문제의 해결 방안]

개방적 계층 구조의 실현	• 수직적 사회 이동의 가능성 확대, 성취 지위 중시 • 개인적 노력과 능력에 의한 사회 이동의 기회 확대
다이아몬드형 계층 구조 실현	사회적 희소가치의 분배가 상류층에 집중되지 않도록 하고, 하류층의 복지 수준을 높여 계층 간 소득 격차를 최소화함
제도 개선	누진세 등의 소득 재분배 기능 강화, 사회 보장 제도 확충 등
의식 개혁	출세와 경쟁적 대립의 가치관을 지양하고, 봉사와 협동적 공존의 가치관을 가져야 함

제5절 | 한국의 계급 구성

1 한국의 계층 구성

(1) 한국의 소득과 빈곤

① **한국 사회의 계층 구성** : 우리나라 국민은 직업으로 보는 객관적 계층과 심리적인 주관적 계층 귀속 의식이 거의 비슷하게 일치한다.

② **절대 빈곤과 상대 빈곤** 기출 20

㉠ 절대 빈곤 : 가구당 소득이 '최소한의 식품비, 주거비, 광열비, 피복비, 잡비 등의 총계가 최저 생계비에 미달'하는 생활이다.

㉡ 상대 빈곤 : 가구당 소득이 전체 평균 소득의 1/3에 미달하는 경우이다.

(2) 소득과 불평등의 관계

① **역U자 가설(쿠즈네츠의 가설)**

㉠ 쿠즈네츠(S. Kuznets)에 의하면 경제가 발전하는 초기에는 불평등이 심화되는 경향이 있으나, 어느 단계를 지나 안정적인 경제 발전이 계속되면 그 후부터는 불평등의 정도가 축소되는 경향이 있다고 한다.

㉡ 지니계수를 이용하여 불평등의 관계와 경제 발전을 그래프로 나타내면 역U자 모양이 되므로, 쿠즈네츠의 가설을 역U자 가설이라고 한다.

② **지니계수**

　　㉠ 지니계수가 높을수록 불평등이 심하다.

　　㉡ 일반적으로 지니계수가 0.5를 넘으면 상대적으로 불평등하다고 간주하고, 0.35 이하이면 상대적으로 평등하다고 간주한다.

　　㉢ 사회주의 국가의 지니계수는 대체로 0.35 이하가 많은 반면, 자본주의 국가는 0.35~0.40이 많다. 개발 도상국은 0.5가 넘는 나라도 많다.

③ **불평등 지수** : 불평등의 정도를 시계열적으로 비교하거나, 서로 다른 나라의 소득 분배를 비교할 때의 측정 척도를 말한다.

2 한국 사회의 소득과 부의 불평등 기출 23

(1) 한국의 소득 불평등도

① 우리나라의 불평등 지수는 1990년을 기준으로 보면 0.323으로 불평등이 커지고 있다.

② 근로자 가구의 소득 불평등도는 전체적으로 조금씩 나아지고 있는 추세이다.

③ 자영업자와 경영자 계층의 소득 불평등은 점점 커지고 있다.

(2) 한국의 부의 분배

① 금융 자산이 실물 자산보다 더 불평등한 분포를 보이고, 소득보다는 금융 자산과 실물 자산이 더 높은 불평등을 보여준다.

② 금융 자산의 지니계수는 소득 불평등 지니계수의 2배이다.

③ 일반적으로 소득 불평등은 도시보다 농촌이 낮다.

(3) 학력에 따른 소득의 불평등 관계

① 현대 사회에서 교육은 가장 바람직한 상승 이동의 수단이다.

② 고등학교 졸업생의 소득은 대학 졸업자의 2/3 수준이다.

③ 우리나라에서 교육은 개인의 경제적 지위를 가져오는 중요한 요인으로 작용한다.

(4) 성별의 차이와 직업에 따른 불평등

① **계급별 남성과 여성의 월평균 소득**

　　㉠ 남녀 사이에서 소득 불평등이 가장 심하게 나타나는 직종은 미숙련 노동자층이다.

　　㉡ 전문직 여성의 월평균 소득은 남성에 비해 많이 낮으나, 전문 경영자층에서는 여성의 소득이 남성보다 더 높다.

② **학력별 · 성별 임금**

　㉠ 학력이 높을수록 임금을 많이 받는다.

　㉡ 여성과 남성은 같은 학력이라도 여성이 더 적은 임금을 받아 임금 격차가 있다.

> **더 알아두기**
>
> **직업분리지수**
>
> 모든 직종에서 남녀가 고르게 분포하려면 남자(또는 여자)가 얼마나 직업을 많이 바꾸어야 하는가를 나타내는 지수이다.

(5) 우리나라 사회 계층의 특징

① 사회 계층의 구조화 정도가 낮다. 즉, 산업화의 진전으로 급속하고 광범위한 세대 간 이동은 점차 감소하는 추세이다.

② 수직적 사회 이동의 속도 차이에 따른 **상대적 박탈감이 만연하고 있다.** 이는 계층 갈등과 지역 간 갈등이 원인으로 작용한다.

③ 학교 교육이 계층 상승의 주요 수단으로 기능한다. 즉, 높은 교육열은 경제 성장의 원동력이 되지만, 각종 사회 문제를 야기한다.

01 구조화된 불평등 체계를 일컫는 사회학적 개념으로 옳은 것은?

① 사회 계층
② 사회 체계
③ 경제 제도
④ 사회 구성체

02 대자적 계급의 노동자들이 함께 연대하여 자본가에게 대항해서 투쟁하면 자본주의 사회를 붕괴시킬 수 있다고 보는 혁명으로 옳은 것은?

① 프롤레타리아 혁명
② J곡선 혁명이론
③ 프랑스 혁명이론
④ 체제 불균형 이론

03 계층이란 사회 구성원들이 그들의 지위, 재산, 교육, 수입 등에 의하여 분류할 때 비슷한 지위를 차지하고 있는 일군의 층을 의미한다. 연속선상에 있는 지위의 서열로 다원적 지표에 의하여 분류되는 불평등 구조이다.

03 지위나 수입 등이 상하로 배열된 서열 구조를 일컫는 일종의 연속적 속성을 가진 사회학적 용어로 가장 적합한 것은?

① 계층
② 계급
③ 신분
④ 사회적 지위

04 계층은 여러가지 사회적 지위에 대한 서열상의 평가인 데 반해, 계급은 재산이나 권력의 분배를 중심으로 하는 이해관계의 대립 집단을 의미한다.

04 계급과 계층의 개념에 대한 설명으로 옳지 <u>않은</u> 것은?

① 계층은 여러가지 사회적 지위에 대한 서열상의 평가이다.
② 계급의 성원은 강한 소속감과 심리적 공감을 가지며, 이를 계급의식이라 한다.
③ 계층은 재산이나 권력의 분배를 중심으로 하는 이해관계의 대립 집단을 뜻한다.
④ 지배·피지배 관계인 계급 간에는 대립·갈등이 불가피하다는 의미가 내포되어 있다.

05 계층화는 시간이 흐름에 따라 사회 계층들이 점차 위계서열에 의해 배열되는 과정이다.
③ 계층 구조 : 위계 배열이 고정화되어 일정한 유형으로 굳어진 현상
④ 계급 : 비연속적인 대립과 단절을 전제로 한 집합 개념

05 다음 중 사회의 희소가치를 불평등하게 분배받은 사회층이 시간이 흐름에 따라 점차 위계서열로 배열되는 과정을 지칭하는 것은?

① 계층 제도
② 계층화
③ 계층 구조
④ 계급

정답 (03 ① 04 ③ 05 ②)

06 개인이 어느 계층에 소속되는가를 규정하는 데 대한 베버의 견해를 설명한 것으로 옳지 **않은** 것은?

① 개인의 경제적 지위는 중요하지 않다고 보았다.

② 국가권력에서의 개인의 위치는 중요한 요인이라고 보았다.

③ 사회 구성원들로부터 존경받는 정도는 계층 소속의 중요한 요인이라고 보았다.

④ 학문, 예술 등의 분야에서 이룬 개인의 업적도 계층의 중요한 요인이라고 보았다.

06 베버는 재산의 소유를 경제적 지위, 즉 계급의 결정요인으로 생각한다. 말하자면 재산, 특히 사유 재산의 소유에 바탕을 두고 거기에서 유사한 경제적 이해관계, 소득 등을 지니는 사람들의 범주를 계급이라고 부른다.

07 계급의식이 형성된 계급을 무엇이라고 하는가?

① 프롤레타리아(Proletariat)

② 부르주아(Bourgeois)

③ 즉자적 계급(Klasse an sich)

④ 대자적 계급(Klasse fur sich)

07 마르크스는 즉자적 계급의 성원들이 그들의 이해관계를 인식하는 이른바 계급의식(Class consciousness)을 가지고 부르주아에게 대항하는 진정한 의미의 계급, 즉 대자적 계급으로 발전한다고 보았다.

08 마르크스 계급이론에서 즉자적 계급과 대자적 계급의 구분 요건으로 옳은 것은?

① 계급의식

② 생산관계

③ 계급 투쟁

④ 생산력

08 마르크스는 물건을 생산하는 과정에서 인간들 사이에 불가피하게 맺어질 수밖에 없는 인간관계를 생산관계라 하였다.

정답 06 ① 07 ④ 08 ②

09 "개인이 생산 수단을 가졌는가, 안 가졌는가" 하는 생산 수단의 소유 여부에 따라서 자본주의 사회의 주요 계급을 자본가 계급(부르주아지)과 노동자 계급(프롤레타리아)으로 나눈다.

09 다음 중 마르크스가 계층을 규정하는 가장 핵심적인 요인으로 본 것은?

① 권위관계에서의 위치
② 생산 수단
③ 사회적 지위
④ 권력

10 기능적 중요도에 따라 희소가치가 부여되고, 보수의 불평등 체계가 형성되는 것은 계층이론에 대한 설명이다.

10 사회의 불평등(또는 계층 현상)에 대한 갈등론적 관점과 관련된 설명으로 옳지 <u>않은</u> 것은?

① 계층이 있으므로 유능한 인재의 발견이 제한된다.
② 인간능력은 선천적인 것이 아니라, 사회의 불평등구조에서 생기는 환경적 요인이 크다.
③ 계층 간의 적대, 불신을 조장하고 사회 통합을 저해한다.
④ 기능적 중요도에 따라 희소가치가 부여되고, 보수의 불평등 체계가 형성된다.

11 베버는 계층 결정의 주요 요인을 경제적 계급, 사회적 지위, 정치적 권력의 세 가지로 보았다.

11 베버의 계층 결정의 주요 요인으로 가장 옳지 <u>않은</u> 것은?

① 정치적 권력
② 교육적 지위
③ 사회적 명예
④ 경제적 지위

정답 09 ② 10 ④ 11 ②

12 기능론적 관점과 일치하는 견해로 옳은 것은?

① 사회 계층 구조는 혁명적인 과정을 통해서 변화된다.

② 희소가치의 배분은 지배 집단의 의사와 결정에 따라 분배된다.

③ 사회의 계층화는 필수불가결한, 인류 사회의 보편적인 현상이다.

④ 사회 규범은 사회성원들의 합의보다는 강제와 복종관계에서 만들어졌다.

13 계층을 규정하는 핵심적인 요인은 생산 수단의 소유 여부라고 주장하는 견해에 해당하는 것은?

① 계층 규정의 핵심요인론

② 계층 규정의 단일차원론

③ 계층 규정의 생산성 중심 이론

④ 프롤레타리아 이론

14 마르크스가 사회의 기초가 되는 '토대(Base)'로 본 것은?

① 정치

② 생산 양식

③ 이데올로기

④ 계급 투쟁

---

12 기능론에서는 계층화를 필수불가결한 보편적 현상이며, 사회적 기능의 수행을 위한 최선의 장치라고 보았다.

13 사회 계층의 차원으로 마르크스의 단일차원론은 생산 수단의 소유 여부를 가지고 '계급'을 개념화한 단일 요인으로 들었고, 베버는 사회적 불평등을 좀 더 다원적인 '계층'의 개념으로 설명하려고 하였다.

14 마르크스는 사회 구성체를 상부 구조와 하부 구조로 구성되어 있는 하나의 체계라고 보았다. 하부 구조는 생산력과 생산 관계의 복합체인 생산 양식이라고 규정하였다.

정답 12 ③ 13 ② 14 ②

15 사회 계층에 관한 측정의 대표적 방법에는 객관적·주관적·평가적 방법이 있다. 객관적 방법은 사회 성원의 객관적인 속성(수입, 직업, 교육 수준 등)에 근거하여 개인이나 집단의 계급 위치 또는 계층적 지위를 규정하는 방법으로, 사회 계급 또는 계층적 지위를 측정하는 데 많이 사용되는 방법이다.
④는 주관적 방법에 대한 설명이다.

15 사회 계층의 측정 방법 중 객관적 방법에 대한 설명으로 옳지 않은 것은?

① 대규모의 조사 연구에서 유용하게 사용된다.
② 직업, 학력, 소득을 사용하여 사회·경제적 지위의 지표로 삼는다.
③ 사회 계급 또는 계층적 지위를 측정하는 데 많이 사용되는 방법이다.
④ 사람들의 계층의식, 특정 계층의 귀속의식을 연구하는 데 주로 쓰인다.

16 지위란 한 공동체에 의하여 개인 또는 그의 사회적 역할에 부여된 명예나 위신의 양을 말하는데, 지위 집단은 보다 커다란 공동체에서 중요시되는 지위 기준들에 입각하여 어떤 수준의 위신이 부여된 개인들의 한 공동체를 의미한다.
ⓔ은 계급에 대한 설명에 해당한다.

16 다음 〈보기〉에서 베버의 다차원론 중 지위에 대한 설명에 해당하는 것을 모두 고르면?

┌─ 보기 ─────────────────────────
│ ⓐ 재화와 용역의 소비관계에 의해 결정된다고 할 수 있다.
│ ⓑ 한 공동체에 의하여 개인 또는 그의 사회적 역할에 부여된 명예나 위신의 정도를 말한다.
│ ⓒ 집단 성원들은 서로를 사회적 동료로 생각하며 자신들을 다른 집단의 사람들과 구분하는 비슷한 생활 양식을 추구한다.
│ ⓓ 사유 재산의 소유에 바탕을 두고 거기에서 유사한 경제적 이해관계나 소득 등을 지니는 사람들의 범주를 말한다.
└───────────────────────────────

① ⓐ
② ⓐ, ⓑ
③ ⓐ, ⓑ, ⓒ
④ ⓐ, ⓑ, ⓒ, ⓓ

정답 15 ④ 16 ③

17 기본적으로 부의 불평등한 분배, 즉 경제적 요인이 혁명의 발생 요인이라고 주장하는 학자는 누구인가?

① 토크빌(A. Tocqueville)
② 데이비스(J. Davies)
③ 존슨(C. Johnson)
④ 마르크스(K. Marx)와 엥겔스(Engels)

17 가장 고전적인 혁명이론으로는 마르크스와 엥겔스의 견해를 들 수 있다. 이들은 부의 불평등한 분배, 즉 경제적 요인이 혁명의 원인이라고 보았다. 즉, 노동자가 자본가에게 상대적 박탈감을 느끼게 되면 이런 심리적 현상이 집단적으로 형성되어 사회 불안의 요인이 되어 혁명이 일어난다고 보았다.

18 다음 중 이념형으로 볼 때 노르웨이, 스웨덴 등 복지 사회의 계층 형태에 해당하는 것은?

① 완전 성층형
② 부분 평등형
③ 부분 성층형
④ 완전 평등형

18 이념형으로 본 계층의 형태는 다음과 같다.
- 완전 성층형 : 모든 사회성원이 상하로 배열되는 계층 유형으로, 불평등이 가장 심한 사회의 계층 형태(예 카스트제도)
- 완전 평등형 : 모든 성원이 횡적으로 비슷한 위치에 있는 형으로, 앞으로 실현시키고자 하는 이상형의 계층 형태
- 부분 성층형 : 하류 계층이 비대한 피라미드형 구조(예 초기 산업 사회)
- 부분 평등형 : 중간층이 비대한 다이아몬드형 구조(예 노르웨이, 스웨덴, 후기 산업사회)

19 후기 산업사회를 나타내는 계층 형태에 가장 가까운 유형으로 알맞은 것은?

① 부분 성층형
② 완전 평등형
③ 부분 평등형
④ 완전 성층형

19 부분 평등형은 중간층이 비대한 다이아몬드형 구조에 해당한다. 이는 사회적 희소가치의 분배가 상류층에 집중되지 않도록 하고 하류층의 복지 수준을 향상시켜 계층 간 소득 격차를 최소화하는 형태이다.

정답 17 ④ 18 ② 19 ③

20 피라미드형에서 다이아몬드형 계층 구조로 변화하는 원인은 산업화에 따른 직업의 분화로 전문직·관료직·사무직의 비중이 증가하기 때문이다. 따라서 계층 구성원의 비율에 따라 구분된다.

20 피라미드형 계층 구조와 다이아몬드형 계층 구조의 구분 기준으로 옳은 것은?

① 사회 이동의 가능성
② 계층 구성원의 비율
③ 계층 구조의 안정성
④ 계층 간의 불평등 정도

21 **사회 계층의 측정 방법**
• 객관적 방법 : 직업, 교육 수준(학력), 소득 등 사회·경제적 지위의 지표를 사용
• 주관적 방법 : 자아 평가, 귀속의식을 바탕으로 사회의 계층 구조 파악
• 평가적 방법 : 피조사자의 이웃사람이나 다른 사람의 계층을 평가하게 하는 방법

21 최근 우리 사회는 '상대적 박탈감'을 느끼는 사람들이 증가하고 있다. 이것을 연구하기 위하여 우리나라 사람들의 계층의식을 조사하는 경우 측정 방법으로 가장 적절한 것은?

① 객관적 방법
② 주관적 방법
③ 평가적 방법
④ 설명적 방법

22 지위 불일치란 한 개인이 점하고 있는 지위가 경제적·사회적·정치적 측면에서 서로 일치하지 않는 상황을 말한다. 이러한 현상은 급격한 사회 변화를 겪으면서 많이 발생한다.

22 공식적인 학력은 중졸(中卒)인 어느 대기업의 회장은 소규모 기업을 창업하여 그 기업을 세계적인 그룹으로 키워냈다. 이러한 현상을 나타내는 사회학적 용어로 가장 적절한 것은?

① 지위의 괴리
② 상대적 박탈감
③ 사회화의 역기능
④ 지위 불일치

정답 20 ② 21 ② 22 ④

23 희소가치의 불평등한 분배를 '기능주의적 관점'에서 설명하는
대표적인 학자는 누구인가?

① 렌스키(G. Lenski)

② 튜민(M. Tumin)

③ 데이비스-무어(K. Davis & W. Moore)

④ 오소브스키(S. Ossowski)

24 계층 현상과 관련한 데이비스-무어의 이론에 대하여 튜민이
비판한 내용으로 가장 적합한 것은?

① 사회의 유지와 존속을 위해서 기능적으로 더 중요한 일이
있다.

② 인간 능력의 차이는 주로 선천적인 요인 때문이다.

③ 유능한 인재는 수련 기간 동안 오히려 정신적·심리적 보수
를 향유한다.

④ 인간은 안락을 추구하는 이기적 존재이다.

---

23 '데이비스-무어'의 '기능주의적 관점'은 개인이 직업을 통해 사회 유지의 기능을 수행하며, 다양한 직업들은 기능적 중요도에서 차이를 갖기 때문에 능력을 갖춘 자에게 적합한 보상을 해주어야 한다는 입장이다. 따라서 기능주의적 관점에서의 불평등은 사회가 유지되는 과정에서 자연스럽게 형성된 사회 질서이다.

24 '데이비스-무어 이론'에 대한 튜민의 비판 내용은 다음과 같다.
- 사회가 유지·존속되기 위해 기능적으로 더 중요하고 덜 중요한 일은 없다.
- 인재의 희소성은 문제가 되지 않는다.
- 유능한 인재가 수련 기간에 쓰는 금전적·시간적 노력에 대해 보상해야 한다는 것은 구실에 지나지 않는다. 수련 기간 동안 교육비는 부모가 부담하고 본인은 오히려 그 기간 동안에 정신적·심리적 보수를 향유한다.
- 인간은 안락을 추구하는 이기적 존재가 아니다. 재능 있는 사람이 어려운 일을 수행하게 하기 위해서 반드시 정신적·물질적 보상을 주어야 하는 것은 아니다. 동기 부여 요인으로 보수만이 아니라 사회 봉사 의식이나 사회적 의무감을 갖도록 사회화할 수도 있다.

정답 23 ③ 24 ③

25 튜민이 지적한 계층 현상의 역기능을 살펴보면 다음과 같다.
- 계층이 있으므로 유능한 인재 발견의 가능성이 제한된다.
- 사회의 생산적 자원을 확장할 가능성을 제약한다.
- 보수적 경향이 지배하게 된다.
- 창조적 가능성의 발달을 제한한다.
- 각 계층 간의 적대감, 의심, 불신을 조장하고, 사회 통합을 저해한다.
- 낮은 계층에는 사기와 사회에 대한 충성심, 참여의식을 저하시킨다.

25 다음 중 튜민이 지적한 계층 현상의 역기능이라고 볼 수 <u>없는</u> 것은?

① 계층이 있으므로 유능한 인재 발견의 가능성이 제한된다.
② 사회의 생산적 자원을 확장할 가능성을 제약한다.
③ 개혁적 경향이 지배하게 된다.
④ 낮은 계층의 사회에 대한 충성심과 참여의식을 저하시키는 기능을 한다.

26 갈등론적 관점의 가장 대표적인 학자인 튜민(M. Tumin)은 기능론적 계층론에 내재된 여러 가지 문제점을 비판하였다. 사회의 다양한 역할들을 기능적 중요성에 따라 위계적으로 파악하는 것은 아주 위험한 발상이라고 주장하는데, 이는 한마디로 "직업에는 귀천이 없다."는 말로, 기능적 중요성의 기준이 다분히 자의적이라는 점을 지적하였다.

26 "직업에는 귀천이 없다. 모든 직업은 사회에 중요한 역할을 한다."라고 주장한 학자는 누구인가?

① 튜민(M. Tumin)
② 렌스키(G. Lenski)
③ 데이비스(K. Davis)
④ 무어(W. Moore)

27 기능주의의 기본적인 관점은 사회가 유지·존속하려면 반드시 수행해야 하는 여러 가지 기능이 있다는 것이다. 데이비스-무어(Davies-Moore)는 기능적으로 더 중요한 일은 어렵고, 수행이 필요하기 때문에 특권적 보상을 주어야 한다고 주장하였고, 이러한 과정에서 발생하는 보수의 불평등 체계가 곧 사회 계층이라고 하였다.

27 사회의 불평등은 직업의 기능적 중요도와 일의 난이도 등에 따라 차등적인 보상이 주어지기 때문에 생겨난 자연스러운 현상이라고 보는 관점에 해당하는 것은?

① 기능주의적 관점
② 관념론적 관점
③ 갈등론적 관점
④ 자연주의 관점

정답 25 ③ 26 ① 27 ①

28 경제 발전과 불평등의 관계에 대한 쿠즈네츠의 가설로 가장 옳은 것은?

① 경제가 발전하는 초기에는 불평등이 심화되는 경향이 있으나, 어느 단계를 지나면 안정적인 수준이 되고, 그 후 경제 발전이 지속되면 불평등의 정도가 축소된다는 가설

② 공평한 분배는 경제 발전의 정도보다는 권력자의 의지가 더욱 중요하다는 가설

③ 경제가 발전하고 그 규모가 커질수록 불평등의 정도는 더욱 심화된다는 가설

④ 경제 발전과 불평등의 정도는 무관하다는 가설

28 쿠즈네츠(S. Kuzents)는 경제가 발전하는 초기에는 불평등이 심화되는 경우가 있으나, 안정적인 수준으로 경제 발전이 계속되면 그 후부터는 불평등의 정도가 축소된다는 역U자 가설을 제시하였다.

29 다음 중 불평등의 정도를 나타내는 지수 중 소득 분배의 불평등을 나타내는 대표적인 지표로 옳은 것은?

① 직업분리지수

② 엥겔계수

③ 사회 경제적 지위

④ 지니계수

29 지니계수는 소득 분배에서 가장 대표적인 불평등을 나타내는 지표이다.

정답 28 ① 29 ④

30 기능주의적 관점에서는 사회 불평등 구조를 사회의 통합, 기능의 조정, 결속의 필요성에서 생겨난 것으로 보지만, 갈등주의적 관점에서는 불평등 구조를 집단 간의 갈등, 경쟁, 정복으로부터 생겨난 결과물로 보았다.
①은 차등보상을 말하는 것으로 기능주의적 관점이다.
②·③·④는 갈등론적 관점이다.

30 기능주의적 관점에서 사회가 불평등한 이유를 설명한 것으로 가장 옳은 것은?

① 재능 있는 사람으로 하여금 사회에 기능적으로 중요한 일을 하게 하려면 그에 적합한 보상을 해야 하기 때문에 불평등이 생겼다.

② 사회의 모든 직업에는 귀천이 없으나, 특정 직업을 가진 사람들이 자기들의 일이 중요하다고 주장하기 때문에 불평등이 생긴 것이다.

③ 잉여자원이 없을 때는 불평등도 없었다. 불평등이 있다는 것은 사회에 잉여자원이 있기 때문이다.

④ 권력 있는 사람이 힘으로 힘없는 사람의 몫을 갈취하기 때문에 사회에 불평등이 생긴 것이다.

31 렌스키(G. Lenski)의 제2분배의 법칙
제2분배의 법칙은 가치의 희소성과 천부적 능력의 차이로 설명된다. 모두가 바라는 물건이 희귀한 것이라면(가치의 희소성), 그것을 획득하기 위해 갈등과 경쟁이 발생하는 것은 정상적인 것이다(갈등의 편재성). 갈등과 경쟁에서 이기는 것은 개인이나 집단의 능력이며, 이것을 렌스키는 권력이라고 보았다. 즉, 권력이 사회의 잉여자원을 분배한다.

31 렌스키의 제2분배의 법칙에서 사회 불평등의 원인으로 옳은 것은?

① 재산
② 명예
③ 위신
④ 권력

32 카스트 제도는 카스트 성원의 지위가 출생과 함께 정해지고, 카스트적 지위는 바꿀 수 없는 제도로 닫혀 있는 계층 제도이다. 반면, 근대적인 계층 제도는 열려 있는 계층 제도이다.

32 인류 역사에서 가장 닫힌 계층 제도에 해당하는 것은?

① 신분 제도
② 완전 성층형 계층 형태
③ 카스트 제도
④ 근대 사회의 비정형적 계층 제도

정답 30 ① 31 ④ 32 ③

33 다음 중 엘리트이론에 대한 설명으로 옳지 <u>않은</u> 것은?

① 계급 간 투쟁보다 엘리트들 간의 갈등을 중시한다.

② 권력은 항상 소수에 의해 행사된다고 본다.

③ 대중과 엘리트를 구분하여 생각한다.

④ 정책 결정에 있어서 대중의 의견을 중시한다.

34 한 사회에서 사회 이동의 폭과 규모는 그 사회의 구조적인 특성에 영향을 받는다. 다음 중 사회 이동에 영향을 미치는 사회 구조적인 특성이 <u>아닌</u> 것은?

① 사회 통제의 방식

② 사회 구조의 분화 정도

③ 사회 이동에 대한 개인의 열망 정도

④ 개인의 능력에 대한 평가 방법(귀속적 또는 업적적)

35 집단 또는 개인의 사회적 지위의 변화를 가리키는 것은?

① 사회 변동

② 사회 발전

③ 사회 이동

④ 사회 운동

33 사회는 엘리트와 대중으로 구분되며, 엘리트의 대중에 대한 지배는 역사적 필연이라고 보았다.

34 사회 이동에 영향을 미치는 사회 구조적인 특성에는 사회 구조의 분화 정도, 사회 통제의 방식, 개인 능력에 대한 평가(귀속적 인가, 업적적 인가) 등이 있다.

35 사회 이동이란 개인 또는 집단이 하나의 계층적 위치에서 다른 계층적 위치로 이동하는 현상으로, 집단 또는 개인의 사회적 지위의 변화를 통틀어 일컫는 말로 분배 체계에서 개인의 위치 변화에 해당한다.

정답 33 ④ 34 ③ 35 ③

36 사회 구조적인 요인에는 공업화나 혁명, 전쟁과 같은 사회·경제적 변동 요인과 인구학적 요인(출생·사망, 계층별 출산력, 인구의 전출입 등)이 있으며, 사회 구조적인 특성은 그 사회에서 발생할 수 있는 사회 이동의 폭과 형태를 규정해준다.

36 개인의 사회 이동에 영향을 주는 사회 구조적인 요인에 해당하지 <u>않는</u> 것은?

① 공업화
② 혁명
③ 교육 정도
④ 인구의 전·출입 유형

37 사회 이동이 사회 통합에 공헌하기 위해서는 다음 조건이 전제되어야 한다.
• 이동에 대한 열망이 전 인구층에 광범위하게 확산되어야 한다.
• 현실적으로 이동이 대다수 성원에게 실현되어야 한다.
• 사회의 모든 차원에서 이동이 골고루 일어나야 한다.
• 각 계층 간의, 개인 상호 간의, 그리고 문화적 단절이 최소화되어야 한다.
• 개인적, 그리고 집단적으로 사회 이동에 원만하게 적응할 수 있는 기제가 있어야 한다.

37 사회 이동은 사회 통합에 기여하기도 하고 저해요인으로 작용하기도 한다. 사회 이동이 사회 통합에 공헌할 수 있는 조건으로 보기 <u>어려운</u> 것은?

① 전통적인 중상층보다는 노동자층의 상승 이동이 활발하게 이루어져야 한다.
② 실질적으로 사회 이동이 대다수 사회성원에게 실현되어야 한다.
③ 사회의 모든 차원에서 이동이 골고루 진행되어야 한다.
④ 각 계층 간, 개인 상호 간의 문화적 단절이 최소화되어야 한다.

38 수직 이동이 얼마나 많이 일어나느냐가 그 사회의 계급 구조의 '개방성'을 측정하는 척도가 된다. 왜냐하면 개방성이 높은 사회에서는 하층에서 태어난 사람이라 할지라도 뛰어난 재능을 가지고 있다면 상승 이동을 할 수 있기 때문이다.

38 사회 이동에 관한 다음 내용에서 괄호 안에 들어갈 말로 알맞은 것은?

> "한 사회에서 수직 이동이 얼마나 많이 일어나느냐 하는 것은 그 사회의 ( ) 정도를 알려 주는 중요한 척도이다."

① 폐쇄성
② 개방성
③ 평등성
④ 자유성

정답 36 ③ 37 ① 38 ②

39 어떤 사람이 A라는 회사에서 자동차를 조립하는 일을 하였다. 그는 B회사로 직장을 옮겼지만 여전히 자동차를 조립하는 일을 하고 있다. 이 사례에서 일어난 사회 이동의 유형에 해당하는 것은?

① 세대 내 이동
② 수직 이동
③ 개인적 이동
④ 수평 이동

40 다음 중 사회 이동에 대한 설명으로 **틀린** 것은?

① 사회 이동을 분석할 때 주된 지표로 활용하는 것은 소득, 교육 수준, 직업 지위 등이다.
② 일반적으로 수직적 사회 이동이 활발한 사회를 좀 더 개방적인 사회라고 할 수 있다.
③ 부모의 지위가 자녀에게 그대로 세습되는 전통 사회에서는 세대 간 사회 이동의 폭이 현재보다 컸을 것이다.
④ 한 개인의 생애에 걸친 사회적 지위의 상승과 하강을 세대 내 사회 이동이라고 한다.

39 노동자라는 계층의 변동 없이 동급의 다른 회사로 이전을 하였으므로 수평 이동에 해당한다.

40 전통 사회에서는 부모의 지위가 자녀에게 그대로 세습되었으므로, 한 세대와 다음 세대 간에 나타나는 계층적 위치의 변화인 세대 간 사회 이동이 거의 일어나지 않았다.

정답 39 ④ 40 ③

우리는 자신을 이김으로써 스스로를 향상시킨다.
(자신과의) 싸움은 반드시 존재하고, 거기에서 이겨야 한다.

– 에드워드 기번 –

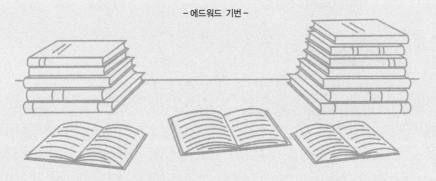

제 14 장

가족

성공은 열심히 노력하며 기다리는 사람에게 찾아온다.

– 토마스 에디슨 –

제**14**장 │ 가족

제1절 가족의 개념

1 가족의 의미

(1) 가족의 개념

가족은 사회를 구성하는 가장 기본적인 사회 제도로 부부를 중심으로 하여 그로부터 생겨난 아들, 딸, 손자, 손녀 등 가까운 혈육들로 이루어진다. 혼인과 혈연의 유대로 맺어진 집단으로 단일 가구를 형성하며 그 안에서 각자의 지위에 따라 사회적 역할을 수행함으로써 상호작용하면서 공통의 문화를 만들어 유지해 나간다.

(2) 가족의 정의 변화

사회 변동과 사회 제도의 분업과 전문화 등에 따라 가족을 기준 짓는 범위가 확대되고 있다.

2 가족의 정의

(1) 버제스(E. Burgess)와 로크(J. Locke)의 정의 기출 20

혼인, 혈연, 입양에 의해 결합된 집단으로, 하나의 가구(家口)를 형성하고 남편과 아내, 아버지와 어머니, 아들과 딸, 형제와 자매라는 각각의 사회적 역할 속에서 상호작용하며, 의사를 소통하고 공통의 문화를 창조·유지하는 집단이다.

(2) 머독(G. Murdock)의 정의(핵가족적 정의)

가족은 부부와 그들의 자녀로 구성되고, 주거와 경제적인 협력을 같이 하며 자녀의 출산을 특징으로 하는 집단이다.

(3) 레비-스트로스(C. Levi Strauss)의 정의(확대가족적 정의)

가족은 결혼으로 시작되며 부부와 그들 사이에서 출생한 자녀로 구성되지만 이들 외에 가까운 친척이 포함될 수 있고, 가족 구성원은 법적 유대 및 경제적·종교적인 것 등의 권리와 의무, 성적 권리와 금기, 애정, 존경 등의 다양한 심리적 정감으로 결합되어 있다.

3 가족과 유사한 개념들

(1) 가구

동거하며 가계를 같이 하는 사람들의 집단으로 동거하는 친족은 물론 고용인이나 식솔(남의 집에서 밥을 얻어먹고 지내는 사람)도 모두 포함된다.

(2) 친족

혈연관계에 입각한 집단으로 생물학적으로 동일 혈연관계에 있는 사람들이다.

(3) 동족

동일한 조상을 가진 혈연 집단이라는 점에서 친족과 비슷하지만, 부계든 모계든 한 혈연에 따라 식별된다. 동족은 동일한 지역에서 거주하고 재생산 기능 이외의 가족이 맡는 모든 기능을 수행할 수 있다는 점에서 가족과 매우 유사하다. 그러나 가족은 대가 끊어지는 경우도 있지만 동족은 영속적이라는 점에서 다르다.

제2절   결혼 및 가족의 형태

1 배우자의 수에 따른 분류

단혼제	한 남자와 한 여자가 결혼하는 형태(일부일처제)
복혼제	세 사람 혹은 그 이상의 사람들로 맺어지는 결혼(일부다처제, 일처다부제)

2 배우자의 선택 범위에 따른 분류

내혼	자기 집단의 성원과 결혼하는 것 → 전형적인 내혼제는 교차사촌혼
외혼	자기 집단의 성원이 아닌 사람과 결혼하는 것 → 근친상간 금기의 확대된 표현

3 가족원의 구성 방식과 주거 형태에 따른 분류

(1) 핵가족

① 핵가족의 개념

ㄱ 윌리엄 구드(W. J. Goode)의 핵가족 개념 : 핵가족이란 단순히 미혼 자녀와 부부로 구성된 가족 형태 그 자체만을 칭하는 것이 아니라, 사람들이 이상적인 가족이라고 생각하는 가족에 대한 이론적 구성이다.

ㄴ 윌리엄 구드의 이념형으로서의 핵가족의 특징

- 핵가족은 광범위한 혈족·인척관계를 배제하고, 친척은 양계제적 친족제도를 말한다.
- 핵가족의 부부는 친척들의 도움을 기대할 수 없고, 일가친척들도 부부의 봉사를 요구할 수 없다.
- 핵가족의 부부와 일가친척들은 서로 상대방에게 여러 가지 권리를 주장할 수 없으며, 상대방에 대한 의무감도 약하다.
- 친척들은 핵가족의 부부에 대해 어떤 종류의 도덕적인 통제와 제재를 가할 수 없다.
- 핵가족 내에서 부부 사이의 감정적인 충돌이나 갈등도 부부 사이에서 해결해야 한다.
- 이혼과 재혼의 가능성이 크다.

② 산업 사회에서 이념형으로서의 핵가족의 특징

ㄱ 공업화·산업화된 사회에서 핵가족화될 가능성은 많다. 그러나 산업화된 사회에서는 어디서나 핵가족이 나타날 것이라고 일반화할 수는 없다.

ㄴ 산업화가 핵가족의 전제조건은 아니고, 핵가족이 산업화의 필연적인 결과도 아니다. 따라서 '공업화-산업화-핵가족화'라는 도식은 타당하지 못하다.

ㄷ 핵가족이라는 가족 형태는 산업화 이전 사회에서도 존재했고, 핵가족이 지배적인 가족형태를 구성하고 있는 사회가 그 기능적인 적합성 때문에 산업화에 빨리 적응할 수 있었다.

③ 핵가족의 유형

ㄱ 지향가족 : 한 개인이 태어나고 길러지는 가족이며, 부모 형제가 포함된다.

ㄴ 생식가족 : 혼인함으로써 이루는 가족으로, 남편 또는 아내와 자녀들이 포함된다.

(2) 확대가족 기출 22

한 가정에 3대 이상의 세대가 어우러져 사는 가족 형태로, 일부일처제 원칙하에 혈연이나 입양으로 인하여 두 쌍의 부부가 자식들과 함께 산다.

① **부거제** : 혼인한 부부가 남편의 지향가족과 함께 사는 경우

② **결합가족** : 혼인한 모든 아들들이 부모와 함께 사는 형태

③ **직계가족** : 혼인한 아들 하나(장남)만이 부모와 함께 사는 형태

④ **모거제** : 혼인한 부부가 아내의 지향가족과 함께 사는 형태

4 가계 계승의 원칙에 따른 분류

부계제	혈통[姓]과 유산은 아버지의 혈통을 따라 계승하는 경우
모계제	혈통이나 상속을 어머니의 혈통을 따라 계승하는 경우
양계제	혈통과 유산이 가족의 남녀 모두를 통해 계승되는 경우
장자상속제	부(父)가 사망하면 장자(長子)가 모든 것을 상속하는 제도

5 가족 내 구성의 소재에 따른 분류

부권제(가부장제)	가족성원들의 행동 방침을 결정하고, 그것을 집행시키는 권위가 부계에 집중되어 있는 것
모권제	권위가 모계에 집중되어 있는 것

※ 현대로 넘어올수록 가족 내 구성원의 관계는 점점 평등한 것으로 바뀌는 추세이다.

6 새로운 형태의 가족 제도

(1) 연속단혼제

이혼이 과거에 비해 용이해지면서 여러 차례 재혼하는 연속적인 결혼 경력을 갖는다.

(2) 개방혼제

배우자 각자가 혼외 성관계를 가질 수 있는 권리를 포함한 여러 가지 융통성에 동의하는 결혼이다(상호 계약).

(3) 동거

주로 젊은 층에서 나타나는 현상이다(결혼 생활을 시작하기 전의 시험 결혼).

(4) 한부모가족

18세 미만의 미성년 자녀를 둔 가정에서 부모의 한쪽 또는 양쪽이 사망·이혼·별거·유기·미혼모 등의 이유로 혼자서 자녀를 키우며 부모 역할을 담당하는 한부모와 자녀로 구성된 가족을 의미한다(모자가족 또는 부자가족).

(5) 독신

아이를 원하지 않으며, 결혼을 인생의 필수요건으로 보지 않는 사람들이다.

제3절 가족의 사회적 기능

1 가족의 사회적 기능 기출 22

(1) 가족의 사회적 기능(기능론적 관점)

① 사회성원의 재생산 혹은 사회성원의 충원

② 양육과 보호의 기능

③ 사회화 기능

④ 성관계의 유지와 규제

⑤ 경제적 생산과 소비의 기능

⑥ 사회적 보호와 정신적 안정의 기능

⑦ 성의 충족과 통제 기능

(2) 갈등론적 관점에서 본 가족 제도의 기능

① 갈등론자들도 가족이 중요한 사회적 기능을 수행한다는 사실을 인정한다.

② 갈등론자들은 특히 가족을 여성에 대한 남성의 지배가 실현되는 제도라는 사실에 주목한다.

③ 마르크스와 엥겔스에 의하면, 결혼은 인류 역사상 최초의 계급 적대감을 보여 주는 제도여서, 배우자 간의 지배-피지배관계는 계속해서 나타나는 모든 억압관계의 원형이라고 한다.

④ 갈등론적 견해는 1960년대의 급진적 여성 해방 운동에 많은 영향을 미쳤다.

⑤ 갈등론의 입장에서 보면, 부모·자녀 관계도 일종의 권력관계라 할 수 있다.

⑥ 갈등론자들에 의하면 가족은 긴장이 끊이지 않는 장소로서 가족성원들 각자가 서로를 자신의 통제 하에 두려는 경쟁의 장일 수도 있다.

⑦ 부모는 사회화를 통해 기존의 사회적 가치관을 자녀에게 주입하는데, 이것은 결과적으로 기존의 권력 구조를 강화한다.

⑧ 대체로 남편들은 모든 중요한 문제를 결정하는 데 아내보다 더 큰 권위를 갖는 것이 사실이다. 오늘날까지 대부분의 사회에서 여성들은 남편이나 (미혼인 경우에는) 아버지의 소유물로 취급받아 왔으나, 최근 부부간의 평등이 강하게 나타나는 경향이 있다.

2 가족 기능의 분화

(1) 제도의 분화

기존의 제도가 담당했던 기능이 더 이상 효율적으로 수행되지 않으면, 그중 특정 기능만을 맡아서 수행하는 새로운 제도가 나타나게 되었는데 이러한 현상을 의미한다.

(2) 변화의 양상 기출 24

① 전통 사회에서 가족은 생산과 소비를 자체적으로 해결하는 자족적 단위였으나, 산업혁명 이후 자족적 생산 기능은 점차 가족에서 분리되어 나가고, 가족은 소비 기능만 남게 되었다.

② 전문인이 제례의식을 담당하면서 종교는 가족으로부터 분화하여 종교 제도가 되었다.

③ 가족이 전담했던 교육 기능은 학교 등 전문 교육 기관이 담당하고, 가족은 일부분만 담당하게 되었다.

④ 질서 유지 기능은 가족으로부터 분화하여 정치 제도로 확립되었다.

⑤ 교환에서 일정한 기준과 규범이 나타나 경제 제도로 확립되었다.

⑥ 오락, 휴식, 통신, 후생복지 등도 가족 외적인 제도로 분화되었다.

제4절 | 가족제도의 변천과 여성문제

1 보수적 관점과 자유주의적 관점

(1) 보수적 관점(기능주의적 관점 – 파슨스)

① 부부간의 역할 분담이 생물학적으로 규정된 성별 기능의 분화에 의해 원초적으로 주어진 것이라고 하였다.

② 여성은 아내, 어머니로서 가족 내의 통합과 긴장 관리의 정서적·표출적 역할을 담당한다.

③ 남성은 남편, 아버지로서 대외적 직업 활동을 통해 가족을 경제적으로 부양하는 역할을 담당한다.

④ 핵가족을 보편적 가족 형태로 해석한다.

(2) 자유주의적 관점(미드)

① 세 개의 원시 부족의 조사 결과 성별 분업의 근거가 되는 '남성적' 혹은 '여성적'이라고 일컬어지는 성격적 특성들의 상당 부분이 한 사회의 일정시기 문화의 산물에 대한 불리함임을 밝혔다.

② 남자와 여자는 생물학적 구분이지만, 남성과 여성은 본성이거나 유전에 의해서가 아닌 사회·문화적 조건에 의해서 결정 또는 규정된 개념이라 하였다.

2 급진적 관점

(1) 여권주의적 관점

가족 제도에 대한 일부 급진론자들은 성별 역할의 차이는 물론, 궁극적으로는 가족 제도까지 폐지해야 남녀 간의 불평등이 해소될 수 있다고 보았다.

(2) 마르크스주의적 관점

① 각 시기에 있어서 경제 체제와 생산관계의 성격이 어떠하냐에 따라 가족의 모습도 변화한다는 관점이다.

② 여성 문제를 남녀 간의 문제가 아니라, 계급적 모순을 근거로 한 성차별의 문제로 보는 입장을 취하고 있다.

(3) 급진적 관점

가족 제도란 전체 사회 구조의 반영이며, 그것이 변화함에 따라 함께 변해 가는 것이기에 가족 문제 혹은 여성 문제의 해결도 궁극적으로 사회 구조의 근본적 변화와 궤를 같이한다는 관점이다.

제5절 한국의 가족

1 전통적 가족 제도와 가족 규범

(1) 조선 시대

부계 혈통 계승에 의한 종족제와 적·장자 중심의 직계가족 형태가 제도로서 확립되었다.

① 유교의 영향으로 혼인, 가족, 친족제도에 엄격한 부계제가 확립되었다.

② 가족 제도의 이상형은 대가족 또는 확대가족이다.

③ 실제의 가족 형태는 부부가족, 직계가족이다.

(2) 혼인 규범

① 전통적 가족 생활을 지배한 유교적 행동 규범 중 가장 중요한 것은 효(孝)이다.

② 혼인 규범은 족내혼의 금지이다(금지의 범위는 8촌 이내의 혈족 또는 친인척까지이다).

2 현대의 가족 제도와 가족 의식

(1) 도시화와 가족 제도 변천

① 도시화로 인하여 **핵가족** 형태가 널리 확산되었다.

② 핵가족화의 문제점

  ㉠ **친족의 중요성이 날로 약화**되고 있으며, 결혼도 가족과 가족 간의 결합이기보다는 개인적인 목적을 위한 것으로 변질되고 있다.

  ㉡ 핵가족 제도의 확산은 부부의 문제를 **이혼으로만 해결**하려는 문제점을 낳고 있다.

  ㉢ 직업을 가진 사람이 사망하거나 장기적인 병환 혹은 실업으로 직장을 잃게 될 경우, 그 가족이 심각한 위기에 처하게 되는 문제, 노인이 일정한 역할을 담당할 수 없게 됨으로써 생기는 노인 문제 등 여러 가지 문제들이 생기고 있다.

③ 아이를 원하지 않으며, 결혼을 필수요건으로 보지 않는 사람들이 많아지고 있는 등 탈가족화 현상이 나타나고 있다.

(2) 가족의식

① 내형적으로는 전통적인 효 관념, 부모·형제와의 경제적 및 정서적 관계의 중요성, 남아선호 관념, 가족주의적 가치는 그대로 유지되고 있다.

② 가부장권이 점차로 축소되는 경향이다.

③ 부부평등 제도가 확립되었다.

④ 가족의 기능이 점점 축소되어 소비의 기능만 담당하고 있다.

01 할머니, 아버지, 어머니, 미혼인 이모, 나, 여동생이 함께 거주하는 가족의 구성상의 분류로 알맞은 것은?

① 출생가족
② 방계가족
③ 확대가족
④ 양계가족

01 한 가족 안에 2쌍 이상의 부부가 있거나, 3대 이상의 친족으로 구성된 가족은 확대가족이다.

02 사회를 구성하는 가장 기본적이고 보편적인 사회 제도이며 사회의 최소 기본 단위인 것은?

① 가족 제도
② 정치 제도
③ 경제 제도
④ 교육 제도

02 가족은 우리가 관계를 맺는 가장 친숙한 사회 집단으로 가장 기초적인 사회 제도이다. 가족은 개인과 사회를 연결하는 통로로 어느 사회에나 존재하는 보편적인 사회 제도이다.

정답 (01 ③ 02 ①)

03 가족은 일반적으로 혈연, 혼인, 입양의 관계로 형성되는 사회 제도이지만 사회 변동에 따라 가족을 기준 짓는 범위 또한 변하고 있다. 오늘날에는 실제로 가족의 기능을 수행하는 집단을 가족이라 보기도 한다. 제시문에서 서 모 씨는 애완동물과 주말 기간에만 함께 생활하지만, 가족으로 생각하고 있다는 것을 알 수 있다.

03 다음 〈보기〉의 글을 읽고 추측할 수 있는 내용으로 옳은 것은?

> ┌ 보기 ┐
>
> 결혼 4년차 서 모 씨(38)는 맞벌이로 주말이면 근처에 사는 친정어머니에게 맡겼던 강아지를 데려온다. 자녀 없이 부부 둘만 살기 허전했던 그녀는 평일엔 친정어머니에게 강아지를 맡겨 놓고 퇴근 후나 주말에 데리러 간다. 친정이나 시댁에 아이를 맡기는 맞벌이 부부의 모습과 다를 바 없다. 이는 아이를 낳지 않는 딩크족에서 발전된 형태로 이를 두고 전문가들은 '애완동물이라도 정을 주고 친밀감이 있으면 가족이 되는 것'이라고 말한다.

① 가족은 결혼, 출생으로 맺어진 법적인 집단이다.
② 가족의 기준은 시대와 장소에 관계없이 불변한다.
③ 한 집에서 함께 거주를 해야만 가족이라 할 수 있다.
④ 가치관 변화에 따라 가족에 대한 범위가 확대되고 있다.

04 윌리엄 구드가 본 이념형으로서의 핵가족의 특징은 다음과 같다.
- 핵가족은 일상생활에서 광범위한 혈족·인척관계를 배제한다. 그리고 친척은 양계제적 친족제도를 말한다.
- 핵가족의 부부는 친척들의 도움을 기대할 수 없고, 일가친척들도 부부의 봉사를 요구할 수 없다.
- 핵가족의 부부와 일가친척들은 서로 상대방에게 여러 가지 권리를 주장할 수 없으며, 또 상대방에 대한 의무감도 약하다.
- 친척들은 핵가족의 부부에 대해 어떤 종류의 도덕적인 통제와 제재를 가할 수 없다.
- 부부 사이의 감정적인 충돌이나 갈등도 핵가족 내에서 해결할 수밖에 없다.
- 이혼과 재혼의 가능성이 크다.

04 구드(W. Goode)가 제시한 이념형으로서의 핵가족의 특징이 아닌 것은?

① 핵가족은 일상생활에서 광범위한 혈족·인척관계를 배제한다.
② 핵가족의 부부는 친척들의 도움을 기대할 수 없고, 일가친척들도 부부의 봉사를 요구할 수 없다.
③ 핵가족의 신혼부부는 부모의 주거지에서 거주한다.
④ 혼인 연령이나 혼인 상대자의 선택에 대해 친척이 결정권을 가질 수 없다.

정답 (03 ④ 04 ③)

05 다양한 언어, 문화, 민족, 종교 등을 통해서 서로의 정체성 (Identity)을 인정하고 함께 어우러질 수 있는 사회적 질서를 의미하는 것은?

① 세계주의

② 전체주의

③ 공동체주의

④ 다문화주의

06 가족은 사회 질서를 지속시키는 데 필요한, 사회적으로 요구되는 기본 욕구를 충족시키는 중요한 업무를 수행한다고 보는 이론적 관점에 해당하는 것은?

① 체제이론적 관점

② 상호작용론적 관점

③ 페미니즘적 관점

④ 기능주의적 관점

07 다음 중 성인 자녀들이 독립한 후 부부만 남은 상태에서, 남성은 사회·경제적 활동으로 바쁜 반면, 전업주부인 여성은 소외감과 심리적 어려움을 경험하는 현상은 무엇인가?

① 심리적 이유기

② 빈둥지증후군

③ 갱년기 우울증

④ 정체감 유실

---

05 다문화주의는 다민족 사회에서 문화적인 다양성을 관리하는 정책이다. 공식적으로 상호존중과 문화적 차이에 대한 똘레랑스(관용)를 중시한다. 다문화주의는 세계화 시대에 발맞춰 다양한 문화를 인정하고 이해하자는 의미로 자신의 나라만이 우월하다는 국수주의나 과거 한 나라의 문화만이 우월하다는 문화 사대주의와는 다른 상대적인 의미라고 할 수 있다.

06 가족의 사회적 기능(기능론적 관점)
• 사회성원의 재생산 혹은 사회성원의 충원
• 양육과 보호의 기능
• 사회화 기능
• 성관계의 유지와 규제
• 경제적 생산과 소비의 기능
• 사회적 보호와 정신적 안정의 기능
• 성의 충족과 통제 기능

07 빈둥지증후군은 자식들이 성장하여 독립해감에 따라 느끼게 되는 공허감과 자기 정체성 상실을 말하는 것이다. 활동적으로 사회 생활을 하는 남편과 비교하여 자신의 처지를 비관하는 전업주부들이 느끼는 심리적 증상이다.

정답 05 ④   06 ④   07 ②

08 ① 핵가족 제도로 인해 이혼율이 증가하였다.
③ 현대 사회에도 전통적인 효 관념과 남아선호사상은 유지되고 있다.
④ 현대 사회의 가족은 소비의 기능만을 가진다.

09 가족원의 구성 방식과 주거 형태에 따른 분류로 핵가족과 확대가족으로 나눌 수 있는데, 특히 핵가족은 지향가족과 생식가족으로 나눌 수 있다. 가족 내 구성의 소재에 따라서는 가부장제와 모권제로 나눌 수 있다.

10 보수적 관점의 대표적인 학자는 기능주의적 관점의 파슨스이며 미드는 자유주의적 관점을 대표하는 학자이다. 미드는 남자와 여자는 생물학적 구분이지만 남성과 여성은 본성이거나 유전에 의해서가 아니라 사회·문화적 조건에 의해서 결정 또는 규정된 개념이라고 보았다.

08 현대 사회에서 가족 변화의 양상에 대한 설명으로 가장 적절한 것은?

① 핵가족 제도의 확산은 이혼율을 낮추는 데 기여하였다.
② 아이를 원하지 않으며, 결혼을 필수요건으로 보지 않는 사람들이 많아지고 있다.
③ 전통적인 효 관념과 남아선호사상이 강해지고 있다.
④ 현대 사회의 가족은 자족적 생산의 기능과 소비의 기능을 가지고 있다.

09 가족의 형태를 나누는 기준과 그 분류가 잘못 짝지어진 것은?

① 배우자의 수 – 단혼제, 복혼제
② 배우자의 선택 범위 – 내혼, 외혼
③ 가족원의 구성 방식 – 핵가족, 확대가족
④ 가족 내 구성의 소재에 따른 분류 – 지향가족, 생식가족

10 다음 중 가족 제도의 변천과 여성 문제에 대해 보수적 관점의 주장이 아닌 것은?

① 핵가족을 보편적 가족 형태로 해석한다.
② 대표적인 학자는 미드이며 여성 운동의 논리적인 근거가 된다.
③ 여성은 아내, 어머니로서 가족 내의 통합과 긴장 관리의 정서적·표출적 역할을 담당한다.
④ 부부 간의 역할 분담이 생물학적으로 규정된 성별 기능의 분화에 의해 원초적으로 주어진 것이라고 하였다.

정답 08 ② 09 ④ 10 ②

제 15 장

농촌 사회와 도시 사회

성공은 대개 그를 좇을 겨를도 없이 바쁜 사람에게 온다.

– 헨리 데이비드 소로 –

제15장 | 농촌 사회와 도시 사회

제1절 농촌 사회

1 농촌 사회의 발전 단계

(1) 전근대적 농촌 사회

① **특징**
- ㉠ 전근대적인 농업 경영에 기초 생산력이 낮아 자급자족적 생산을 특징으로 한다.
- ㉡ 촌락 공동체는 생존을 위하여 공동으로 결합한 전근대적 집락을 말한다.

② **유형**
- ㉠ 아시아적 형태 : 고대 이집트, 메소포타미아, 서파키스탄, 북부 중국 등의 지역으로, 기본적 생산 수단인 토지의 공동 소유와 그에 기초한 공동 노동을 특징으로 한다.
- ㉡ 고전 고대적 형태 : 그리스, 로마의 도시 국가 형태로 토지의 일부는 종족적 공동체의 필요를 위한 공유지이고, 나머지는 개개인의 강력한 가장권 아래 노예까지 포함한 가부장제 가족의 분할지이다.
- ㉢ 게르만적 형태 : 경지는 기본적으로 '가부장제 소가족'인 각 가족의 가옥, 택지, 정원과 더불어 개인적으로 소유되었고 수렵지, 목축지, 벌채지 등은 공동으로 이용하였다.

(2) 근대적 농촌 사회

① **발생 과정**
- ㉠ 생산력의 발전에 따라, 구체적으로 분업과 상품 교환의 진전에 따라 촌락 공동체가 해체되면서 발생하였다.
- ㉡ 근대의 농촌 사회는 촌락 공동체가 아니라 단순한 지역 사회로 존재한다.
- ㉢ 인클로저 운동으로 부유한 사람들은 대규모 농업을 시작하였으며 촌락 공동체의 해체가 가속화되면서 근대적 농촌 사회로의 전환을 이루게 되었다.

② **공동체**
- ㉠ 성원들의 생산과 생활이 공동체에 예속되고, 그 대신 성원들은 공동체로부터 보호와 안전을 보장 받는 자급자족적인 집단이다.
- ㉡ 공동체 내부에 대한 도덕과 외부에 대한 도덕 간에 괴리현상이 생겨 양자가 상반적인 성격을 보이게 된다(베버).

③ **지역 사회**
- ㉠ 생산과 생활이 공동이 아닌 사적으로 이루어진다.
- ㉡ 농업 생산은 자급적 생산이 아니라 상품 생산이 주가 된다.

2 농촌의 사회·문화 기출 20

(1) 농촌의 사회·문화적 성격

① 패쇄적·고정적인 농촌 사회에서는 전통적인 행동 방식에 대한 집착이 강하다(습관에 순종하는 경향).

② 미신과 같은 민간 신앙에 의존하며, 자연에 순종하는 '운명주의적 성향'이 있다.

③ 가족은 생산 주체이며, 소비 주체이다.

④ 성원들은 동질화되기 쉬우며, 감정과 사고방식에 동질성이 있다.

⑤ 지배 계급과 위정자에 대한 불신감이 있으며, 또 거기에 저항하지 않는 일종의 숙명론적 체념 속에 갇혀 있다.

(2) 농업 발전의 지체요인

① 자본주의적 재생산 과정의 본질적 성격상 농업과 공업이 분리되어 농업에 대한 관심이 점차 멀어지고 있다.

② 수확량의 증대에만 급급하여 토지에 대한 계획적인 투자를 하지 않는다.

③ 잠재적 과잉 인구에 대한 상대적 저임금과 농촌 규모의 영세성으로 농업의 기계화가 어렵다.

(3) 자본주의하에서의 소농 경영

① 노동력과 생산 수단이 직접 결합되어 있으면서 이것이 소농민에 의한 사적 소유 형태로 나타난다.

② 대규모의 영농과 과학 기술에의 응용에 적합하지 않다.

③ 농업 소득이 감소하더라도 농업 생산을 그만두는 일은 드물다.

④ 자가 소비를 위한 자결 생산과 자가 소비를 넘는 잉여부분을 시장에 판매하는 상품 생산이 병존한다.

⑤ 농업 생산 수단의 구매 과정을 통하여 자본이 소농민을 지배한다.

(4) 농촌 사회의 문제점

① 농촌 고유의 생활 질서 및 미풍이 도시의 발달과 영향에 의하여 파괴되는 데서 농촌 문제가 비롯된다. 즉, 자본주의적 화폐 경제의 침투와 소비 지향적인 도시 문화의 유입을 농촌 문제의 발생요인으로 보는 견해이다.

② 농촌 사회에 잔존하는 **전통적·전근대적인 사회 관계 및 비민주적인 사회 규범·사회의식**이 그 폐쇄성으로 인하여 농촌 문제를 자초하는 것으로 보는 견해이다.

③ 농촌 문제를 자본주의 체제하에서 농업 문제에 의하여 생성·축적되어 온 현상, 즉 농업과 공업의 불균형 발전에서 비롯되는 것으로 보는 견해이다. **농업이 소규모 경영형에서 탈피하지 못하고 자본제 생산 양식으로 발전한 공업 분야와의 격차를 크게 벌려 놓음**으로써 농촌 문제가 발생한다는 것이다. 현실적으로는 도시화 과정에서 일어나는 농촌 인구의 도시 집중과 이로 인해 발생되는 도시 문제, 농촌 노동력의 노령화·부녀화로 인한 노동력 구성의 질적 저하, 농촌 청소년 문제 등이 농촌 문제의 대상소재(對象素材)가 된다.

3 한국의 농촌 사회 기출 23

(1) 개요
① **근대적 농촌 사회의 성립** : 한국의 농촌 사회가 전 근대적인 촌락 공동체로부터 근대적인 농촌 사회로 변모하게 된 계기는 일제 식민 통치로부터의 해방과 그 후의 농지 개혁이다.
② **농촌 인구의 특성**
   ㉠ 산업화에 따른 대량 이농 현상(농촌 인구의 감소 요인)
   ㉡ 농촌 인구의 노령화가 가속되는 현상

(2) 농촌 사회의 계층 구조
① **농촌 하류 계층** : 1단보 이상 5단보 미만의 토지를 가졌거나, 전혀 토지를 갖지 못한 농업자와 노령 자가구를 말한다.
   ㉠ 막노동으로 생계를 유지한다.
   ㉡ 도시로 이주하는 비율이 높다.
② **독립 자영농 계층** : 빈곤층을 제외한 자영농층은 경지 규모나 경영 방식에 있어 큰 차이가 없는 동질 집단으로, 2.0정보 이상의 경지 규모는 대농이라 볼 수 있다. 현재 농촌 인구 중 가장 큰 구성비를 가진다.

(3) 한국 농촌의 문제 기출 24, 23, 21, 20
① 경제적인 면에서나 교육 수준 면에서 도시에 비해 뒤처져 있어 상대적으로 사회적 지위가 최하위에 놓여 있다.
② 이농 현상, 노령화 현상, 농업 노동력의 여성화 경향으로 **노동력이 부족**하다.
③ 구조 면에서 토지 자본의 영세성, 기술 수준의 미흡, 노동력의 저생산성 등으로 인하여 **취약한 경제 구조**를 가지고 있다.
④ 도시화와 산업화로 인한 노인 가족의 증가와 가족 해체의 문제로 농촌 사회의 존속마저 어려워지고 있다.
⑤ 편의 시설, 생활 환경 시설의 부족 등 **사회·문화적 기반이 부족**하다.
⑥ 농촌 생활의 환경 변화에 따른 불안감이 증대하고 있다.

(4) 농촌 자원 관리의 중요성
① 전통적으로 농업은 한국의 경제 발전과 사회 변동에 큰 영향을 주었을 뿐만 아니라, 생활과 문화에까지 깊게 뿌리내려 왔다.
② 우리 사회의 농업과 농촌에 대한 사회적 관점은 식량 생산의 기능에만 국한되어 있는 것이 아니라 전체 사회에서 농촌이 점하고 있는 공익적 기능 또한 무시하지 못한다. 또한 한국산업의 근간으로서의 역할을 하고 있다.
③ 1995년 새로운 세계 무역 체제(WTO)의 출범을 전후해 주요 농업 선진국들은 신(新) 농업기본법을 제정, 사회와 농업·농촌과의 관계를 새롭게 설정하고 국제 경쟁력을 높이기 위한 체제를 구축하였다.

④ 국제 정세 속에서 우리나라 농업이 경쟁력을 갖추려면 체계화된 자원관리, 즉 농사를 짓기 위한 기반과 농촌의 생활터전을 잘 정비하고 체계적으로 관리해야만 비로소 우리의 농업·농촌이 경쟁력을 갖출 수 있다.

제2절 │ 도시 사회

1 도시의 기원과 역사적 형태

(1) 도시의 기원
① 최초의 도시는 농업 생산력이 급격히 성장하면서 잉여 생산물이 확대되고 그것이 수송될 수 있을 만큼 기술이 발달한 후에 성립되었다.
② 도시 형성의 최적 입지는 농업 생산에 유리한 조건을 바탕으로 생산력의 증대가 보장되는 4대강 유역을 중심으로 입지하였다.

(2) 역사적 형태
① 세계의 도시는 신전의 도시로 시작되어 왕권의 도시, 봉건 영주와 사원의 도시, 상공인들의 도시로 이어오다가, 산업 혁명 이후에는 공업 도시로 그 기능과 구실이 변화해 왔다.
② 서구 자본주의 국가들의 도시는 산업 혁명을 거치면서 도시화가 급격히 진행되었고, 제3세계 국가들의 도시는 서구의 식민 정책에 의해 형성되었다.

2 도시 연구의 관점

(1) 생태학적 접근법
① 도시를 생태학적 공동체로 개념화해서 보는 접근법이다.
② 도시의 성장 과정 및 환경의 변화에 인간이 적응해 가는 과정을 설명한 이론이다.
③ 파크(R. Park), 버제스(E. Burgess), 멕켄지(R. Mckenzie)가 대표적이다.

(2) 사회·문화적 접근법
① 도시에서 일어나는 일상적인 관계를 인구학적 특성과 문화적 변화를 중심으로 고찰하는 접근법이다.
② 워스(L. Wirth)는 인구 규모, 인구 밀도, 인구의 이질성의 세 가지 변수가 상호작용하여 빚어내는 도시의 생활 양식의 특징을 개념화하여 '도시성'이라고 이름 붙였다.

③ 워스가 말하는 도시성이란 주민들 간의 익명성, 인간관계의 피상성과 분절화, 공식적 사회 통제의 메커니즘 등 무려 50가지에 이른다.

④ 짐멜(G. Simmel)은 도시인의 심리적 변화 측면에 중점을 두고 자본주의적 노동 분화와 화폐 교환 등을 분석했다.

(3) 사회 공간적 체계

① 도시를 사회 공간적 체계라는 개념을 통하여 들여다보는 접근법이다.

② **논의의 세 가지 가정**

⊙ 공간은 불균등하게 배분되어 있다.

ⓒ 불균등한 배분 방식은 사회적 과정에 의존한다.

ⓒ 사회적 과정은 도시의 상이한 경쟁 집단과의 상쟁과 갈등을 반영한다.

(4) 마르크스주의적 이론

① 마르크스(K. Marx)의 이론을 가지고 자본주의의 메커니즘과 관련시켜 도시의 사회·경제 구조와 공간 구조를 분석하려는 최근의 정치·경제학적 접근법이다.

② 카스텔(M. Castells)은 자본주의 사회에서 노동력을 재생산하는 데 필요한 제반 물자와 요소를 집합적 소비 수단으로 정의했다.

③ 하비(D. Harvey)와 르페브르(H. Lefevre)는 자본가의 자본 축적과 관련하여 도시 공간 구조의 문제를 제기하였다.

3 도시화

(1) 도시화의 개념 기출 22

① 도시화란 도시가 형성되고 변화하는 과정, 즉 인구가 도시로 집중되는 현상을 가리키는 말로 전체 인구 중 도시 인구의 비율이 증가함을 말한다.

② 도시화란 도시권의 확대, 도시 생활 양식의 보급, 도시 인구의 증가, 도시적 특성의 증대를 의미한다.

③ 차일드(G. Childe)는 인류 역사에서 도시의 형성을 하나의 사회적 혁명으로 보아 도시 혁명이라 이름 붙이고, 산업 혁명 이후 급속히 진행된 도시로의 인구 집중, 즉 '인구의 도시화'를 제2의 도시 혁명이라고 하였다.

④ **도시 인구의 비율이 늘어나는 요인**

⊙ 농촌 지역이 도시로 재분류된다.

ⓒ 도시 인구의 자연 증가율이 농촌보다 더 높다.

ⓒ 사람들이 농촌에서 도시로 이동한다.

(2) 인구 집중으로서의 도시화

① **압출형** : 도시화란 농촌의 생산력 수준이 낮고 농촌의 출생률이 매우 높은 경우, 잉여 노동력이 도시로 유출되는 것을 말한다(제3세계의 저개발국, 개발 도상국 등).

② **흡인형** : 도시에서 고도의 산업화가 이루어진 결과, 노동력이 부족해짐과 동시에 농촌보다 더 높은 수준의 취업 기회와 삶의 기회가 제공됨에 따라 농촌인구가 도시로 흡인되는 것을 말한다(서구 산업국의 도시화).

(3) 생활 양식과 의식의 도시화

① 도시화는 인구의 도시 집중뿐 아니라 인간 생활의 변화, 즉 개인 생활과 사회 제도 및 조직의 변화라는 의미에서 사용되고 있다.

② 도시화란 바로 어떤 지역이 이 연속선상에서 더욱 도시적인 방향으로 이동함을 뜻한다.

③ 오늘날의 도시화를 뜻한다(지배적임).

(4) 근교화와 거대도시화 기출 22

① **근교화** : 도시 주변 지역에 새로운 거주 지역이 형성되어 사람들이 교외로 주택을 마련해서 도심지를 떠나는 것뿐만 아니라, 각종 활동과 기능의 무대가 교외로 이전되는 현상까지 포함하는 개념이다.

② **거대도시화**

　㉠ 거대도시 : 중심이 되는 도시와 그 주변의 비도시 → **농업 근교 및 위성도시들을 포괄하는 광범위한 지역을 말한다.**

　㉡ 거대도시화 : 한 나라 안에서의 거대도시·대도시·중소도시의 계열로 체계화되면서 상호관련을 맺어가는 과정이다.

> **더 알아두기**
>
> **도시의 유형**
> - 메트로폴리스(Metropolis) : 인구와 여러 가지 사회적 기능이 고도로 집중된 현대의 도시
> - 메갈로폴리스(Megalopolis) : 여러 도시의 연합으로 형성된 거대도시
> - 테크노폴리스(Technopolis) : 첨단산업을 전략 산업으로 육성하면서 균형된 지역 개발을 위한 전략으로 산업, 연구 및 주거환경들이 잘 조화된 기술 집적 도시
> - 세계도시(Global city) : 국제적 수준의 금융·무역·서비스 기능을 갖추고 있으면서 전 세계에 영향력을 미치는 도시

③ **위성도시**

　㉠ 대도시의 주변에 있으면서 그 대도시의 기능을 분담하는 도시이다.

　㉡ 행정적으로는 독립되어 있으며, 교통편 등의 관계 등으로 따져서 그 주변 교외에 있는 소도시 등에서 발달되어 있다.

　㉢ 고양, 성남, 안양, 부천, 광명, 과천, 안산 등이 그 예이다.

② 대체로 대도시의 주거 기능을 분담하는 경우가 많지만 공업이나 행정 등 특수 기능을 담당하는 위성도시도 있다.

> **더 알아두기**
>
> **선진국의 도시화**
> - **집중적 도시화(Urbanization)** : 중심도시의 교외 지역은 정체된 가운데 중심도시에 인구와 산업이 집중하여 급격히 팽창하는 현상
> - **분산적 도시화(Suburbanization)** : 교외화라고도 하며 중심도시의 주변 지역으로 인구와 산업이 분산되어 이루어지는 도시화
> - **역도시화(Deurbanization)** : 도시의 중심부와 교외를 포함한 도시권 전체의 인구가 감소되기 시작하는 도시의 쇠퇴 단계

4 도시의 공간 구조와 사회 과정

(1) 도시의 생태학적 과정

① 생태학적 과정이란, 사람들과 그들의 활동 무대가 변화하는 현상을 말한다.

② **멕켄지(R. Mckenzie)** [기출] 20 : 생태학적 과정을 '집중 → 분산 → 중심화 → 분심화 → 격리 → 침입 → 계승' 과정으로 분류했다.

③ **생태학적 과정의 특징** : 침입과 계승이 진행되면서 그 결과로 새로운 격리 현상이 생기고, 얼마의 시간이 흐르고 나면 다시 침입을 거쳐 다른 것으로 계승되는 과정이다.

　㉠ 침입 : 한 가지 기능 또는 활동으로 격리되어 있던 어느 인구 집단이 다른 인구 집단이나 활동 부분의 침투와 혼입을 허용하는 경우이다.

　㉡ 계승 : 침입과정을 거쳐 한 지역이 완전히 새로운 집단이나 활동 구역으로 대치되는 것이다.

(2) 도시 공간 구조의 생태학적 모형들

① **시카고학파** : 시카고학파인 파크(R. Park), 버제스(E. Burgess), 맥켄지(R. Mckenzie) 등이 가장 고전적인 도시의 생태학적 연구를 하였다.

　㉠ 자연지역 이론 : 도시 공간 구조의 생태학적 유형이 인위적인 작용이 아닌 물리적인 특성에 의해 자연스럽게 구획되는 형태로 자리 잡으며, 그에 따라 인간 집단의 사회·문화적 활동도 유형별로 구분된다는 이론이다.

　㉡ 동심원지대 가설(버제스) [기출] 20 : 도시는 중앙 업무 지구(중심 상업 지대)인 도심을 동심원처럼 둘러싼 네 개의 특수한 지대로 틀이 잡힌다.

　㉢ 선형 이론(호이트) : 특정 용도의 구역이 교통로를 따라 중심부로부터 외관까지 길게 뻗어나가는 방사형을 띠는 것과 동시에 이들의 사이사이가 서로 격리되면서 내부적으로는 동질적인 거주 지역이 형성됨을 말한다.

ⓔ 다핵형 이론(해리스와 울만) : 현대 대부분의 도시를 경험적으로 보면, 여러 개의 핵을 기초로 해서 형성된다. 즉, 교통 기술의 발달을 전제로 할 때, 오늘날의 도시들은 몇 개의 상업 중심지, 산업 중심지, 주거 중심지로 발전하면서 다핵 구조를 갖는다는 것이다.

② **사회지역 분석법** : 제2차 세계 대전 이후 쉐브스키에 의해 등장했으며, 다음 세 가지 지표에 의해 분석된다.

ⓐ 사회적 서열 : 직업, 교육 등에 의해 결정

ⓑ 격리 지표 : 출신 지역, 인종 구분에 의해 구성

ⓒ 도시화 지표 : 여성 노동률, 출생률, 단독가구 비율 등으로 측정

(3) 생태학적 모형의 한계와 대안적 접근

① **한계점**

ⓐ 도시 구조의 형성과 변천을 인간적·자연적 과정으로 그려내고 있다.

ⓑ 도시 내의 인구 집중과 분산, 토지 이용의 변화상 등을 도시민들의 주관적인 지위 추구욕이나 의사결정의 수준에서만 설명하고 있다.

ⓒ 도시 공간 구조의 형성에 있어서 도시 계획이나 여타의 메커니즘을 통한 국가의 역할이 무시되거나 과소평가되고 있다.

② **대안적 접근**

ⓐ 하비(D. Harvey) : 토지 투자 자본이 계속해서 한 곳에만 투자되면 결국 자본의 이윤율이 떨어지므로 자본은 투자 대상을 다른 지역으로 옮겨 가게 된다.

ⓑ 카스텔(M. Castells) : 자본주의에서의 도시는 기본적으로 자본주의의 모순이 관철되는 장이고, 각 계급은 도시 공간에 대해 서로 상반된 이해관계를 가지고 있으며, 국가는 도시 계획을 통해 이러한 계급 갈등에 개입한다.

(4) 제3세계의 도시화와 도시 공간 구조

① **제3세계의 도시화의 특성** : 도시가 빠른 속도로 팽창하고, 산업화를 수반하지 않은 도시화로 인구가 급속하게 집중되어 늘어난다. 또한, 지역과 도시 간의 불균형이 확대되며 이주민들이 주로 '부패한 주변부'에 집중한다. 이로 인해, 무허가 주택 등 극도로 열악한 조건의 주택들이 많아지면서 슬럼을 형성한다.

② **제3세계 도시 공간 구조의 특성** : 개발 도상국의 도시들이 제2차 세계 대전 이후 급격한 성장을 하면서 도시 주변의 광범위한 무허가 정착지가 형성된 도시 공간 구조를 이루게 되었다.

5 한국의 도시화와 도시 문제

(1) 한국의 도시화

① 1960년 이후 국가의 산업 구조가 공업화로 전환되면서 그와 관련된 지역이 도시 발달을 주도하였다.

② 1960년 이후 도시와 농촌 간의 경제적 격차에 의한 이촌향도 현상과 제조업의 수도권 집중에 따른 취업 기회의 확대로 전국의 인구가 수도권으로 집중되었다.

(2) 한국의 도시 문제와 그에 따른 대책

① **한국의 도시 문제** : 도시에 인구가 집중하여 도시 간 불균형과 국토 이용의 불균형 문제가 나타나게 되었다.

ㄱ 지방의 중소도시는 인구의 감소로 노동력이 부족해지며 기반 시설에 투자가 이루어지지 않아 더욱더 생활에 불편함이 나타나는 문제가 야기된다.

ㄴ 대도시는 과잉 도시화로 인해 주택, 교통, 공공 서비스 등의 각종 시설이 부족해지고, 시가지의 무질서한 팽창으로 인해 경지의 잠식과 지가의 상승을 초래하며 환경 문제 등이 나타나고 있다.

② **도시 문제의 대책**

ㄱ 인구와 기능의 대도시 집중을 완화하고 지방 도시들을 육성해야 한다.

ㄴ 도시의 무질서한 팽창을 억제하고 녹지 공간을 확보하기 위해 개발 제한 구역을 설정하면서 토지를 합리적으로 이용해야 한다.

01 계는 친목과 공제를 목적으로 하고, 동시에 현실적 이익도 함께 추구하였으며, 예부터 내려오는 독특한 민간 협동 자치단체이다.

01 우리나라 농촌 지역 사회의 전통적인 조직 중 경제적인 기능을 담당했던 것은?

① 향약
② 동제
③ 동회
④ 계

02 노년층 인구의 비율이 증가하고 있다.

02 현대 농촌 사회의 문제점과 거리가 <u>먼</u> 것은?

① 농촌의 인력 부족
② 노년층 인구의 비율 감소
③ 농촌 총각의 결혼 문제
④ 홀로 사는 노인의 증가

정답 01 ④ 02 ②

03 한국 농촌 사회의 가족 제도의 변화 양상으로 옳지 <u>않은</u> 것은?

① 공업화와 도시화가 진행됨에 따라 확대 직계가족이나 결합 가족의 형태를 띤다.

② 점차 핵가족화의 경향을 취하고 있다.

③ 동족 조직의 기능이 약화되고, 친척 간의 접촉 빈도도 축소되고 있다.

④ 평등사상과 개인주의사상을 바탕으로 자아중심의 개인주의적 태도가 강해지는 추세이다.

04 도시 사회의 성격에 대한 설명으로 <u>틀린</u> 것은?

① 인구 밀도가 높으며 인구의 이질성이 크다.

② 도시에서는 형식적인 인간관계가 강조된다.

③ 주거에 있어서 비교적 높은 이동성을 보인다.

④ 자신들이 하는 일이나 사는 곳에 대한 애착이 크다.

05 다음 내용과 일치하는 도시의 형태로 알맞은 것은?

> 도시적인 산업이 넓은 공간과 값싼 노동력을 찾아 교외로 옮겨 가고, 도시의 주민들도 주택난 때문에, 그리고 비교적 쾌적한 환경을 찾아서 교외 지역으로 나가게 되면서 도시의 경계는 점차 넓어진다. 즉, 인구가 100만 명이 넘는 도시가 형성된다.

① 신형도시

② 위성도시

③ 메트로폴리스

④ 메갈로폴리스

---

03 공업화와 도시화가 진행됨에 따라 확대 직계가족이나 결합가족의 형태에서 점차 핵가족화의 경향을 취하고 있다.

04 도시인들은 대체로 자신들이 하는 일이나 사는 곳에 대해 농촌 사람들보다 애착을 덜 가지고 있다.

05 메트로폴리스는 도시의 경계가 넓어지고 인구가 100만 명이 넘는 도시이고, 메갈로폴리스는 1,000만 명이 넘는 인구가 하나의 생활권에서 살아가는 도시이다.

정답 (03 ① 04 ④ 05 ③)

06 ② 다핵형 이론
　③ 동심원지대 가설
　④ 선형 이론

06 시카고학파의 자연지역 이론에 대한 설명으로 옳은 것은?

① 도시 내부 공간 구조의 생태학적 유형이 물리적인 특성에 의해 자연스럽게 형성되며, 그에 따라 인간 집단의 사회·문화적 활동도 유형별로 구분된다.

② 현대 대부분의 도시를 경험적으로 보면, 여러 개의 핵을 기초로 형성된다.

③ 도시는 중앙 업무 지구인 도심을 동심원처럼 둘러싼 네 개의 특수한 지대로 틀이 잡힌다.

④ 특정 용도의 구역이 교통로를 따라 중심부로부터 외곽으로 길게 뻗어나가면서 서로 격리되어 내부적으로는 동질적인 거주 지역이 형성된다.

07 동심원지대 이론은 미국의 사회학자 버제스(E. Burgess)가 1925년 시카고 시(市)에 대한 실증적 연구를 통하여 제창한 것으로, 도시 구조를 업무 중심지대, 변이지대(도시가 발전하면서 특정지대가 확장되어 소멸될 가능성이 많은 지대), 자립 근로자 거주지대, 중산층 거주지대, 통근자 거주지대의 5종으로 분류하였다. 이들 지대는 동심원적 구조를 이루어 제각기 바깥쪽에 인접한 지대를 잠식하면서 팽창해간다. 이 중 변이지대는 매우 가난하고 사회적으로 일탈한 사람들이 많이 거주하고 있는 지대로, 사회 범죄도 이 지대에서 일어날 가능성이 높다.
　④ 변이지대는 공업과 상업에 의해 잠식되어 가는 과정에 있으나, 가난한 사람들, 이주자 및 이민해 온 사람들이 주거하는 지역을 포함하고 있다.

07 동심원지대 이론에 대한 설명으로 옳지 않은 것은?

① 동심원지대 이론은 버제스(E. Burgess) 등이 미국의 시카고 시를 연구한 것이 유명하다.

② 중심부에 있는 상업지대를 중심으로 하여 원을 그리면서 특정한 성격의 지대가 형성된다는 이론이다.

③ 한 도시의 발전 형태는 도시의 특정 활동이 특정 공간지대에 몰리게 되는 동심원 유형을 띤다고 주장하였다.

④ 변이지대는 공업과 상업에 의해 잠식되어 가는 과정에 있으나, 부유층이 거주한다.

정답　06 ①　07 ④

08 버제스의 동심원지대 이론에 대한 설명으로 옳지 <u>않은</u> 것은?

① 중심지대는 상업과 공업이 점유한다.

② 지대 유형은 생태학적 과정, 특히 경쟁을 통하여 출현한다고 생각되었다.

③ 가장 고가의 토지는 그것을 소유할 만한 재원을 가지고 있는 상업이나 공업 부문에 의해 구입 및 사용된다.

④ 대체로 토지의 가치는 변이지대로부터 가까울수록 높아진다.

09 도시형성 이론에서 다핵지대 이론에 대한 설명으로 옳지 <u>않은</u> 것은?

① 대부분의 현대 공업 도시는 여러 개의 핵(지대나 구역으로 분류하기 힘든 인구의 집합체)을 기초로 형성된다는 이론이다.

② 도시 지리학자 해리스(C. Harris)와 울만(E. Ullman)에 의해 제시된 도시 구조모델이다.

③ 현대 도시들은 실제로 여러 개의 핵심지를 가지고 있으므로, 도시 내부 구조는 다핵 모델에 의해 설명될 수 있다는 이론이다.

④ 모든 기능이 하나의 중심핵에 집중할 수 있다고 하였다.

---

08 대체로 토지의 가치는 변이지대로부터 멀리 떨어질수록 높아지며, 그에 따라서 토지의 용도와 거주자의 직업 형태도 달라진다.

09 모든 기능이 하나의 중심핵에 집중할 수 없으며, 실제로 도시 기능을 분리시키고, 핵심을 분화시키려는 다음의 네 가지 요인들이 도시 성장 과정에서 발생한다고 보고 있다.
- 특정 입지와 시설을 필요로 하는 특정 산업
- 한 장소에 입지하려는 유사 업종 간의 '집중 지향성'
- 서로 다른 업종 간에 분리하여 입지하려고하는 '분산 지향성'
- 특정 장소에 대한 업종별 경제지대(Economic rent)의 지불 능력 차이

정답 08 ④ 09 ④

10 ②는 도시화 현상에 관한 설명이다.

10 다음 현상에 관한 사회 문제로 틀린 것은?

> 우리나라는 2000년에 이미 65세 이상의 인구 비율이 전체 인구의 7%를 넘어서는 고령화 사회로 진입하였다. 우리나라는 고령화 사회로의 전환이 유래 없이 빠른 속도로 전개되고 있다.

① 노인 부양에 따른 세대 간 갈등이 심화될 수 있다.
② 도시 지역의 인구 급증으로 삶의 질 저하를 가져올 수 있다.
③ 고령자에 대한 사회 보장이 국가 재정에 부담이 될 수 있다.
④ 생산 인구가 부족해지고 사회 전체의 경제 활동이 위축될 수 있다.

11 지역 사회에 대한 관심이 높아지면서 국가의 역할 상당 부분을 지역 사회에 넘기려는 움직임이 나타나고 있다(복지 다원주의).

11 오늘날 지역 사회에 대한 관심이 높아지고 있는 이유가 아닌 것은?

① 지역 사회가 삶의 질에 영향을 미치는 기본적인 사회 환경이라는 인식의 확대
② 산업화와 도시화가 가져온 부정적 사회 현상에 대한 의문과 반성
③ 복지 국가의 재편 과정에서 국가의 역할 확대
④ 지방 자치 제도의 확대와 도입

정답 10 ② 11 ③

12 도시 연구의 관점 중에서 도시의 성장 과정 및 환경의 변화에 인간이 적응해 가는 과정을 설명한 이론을 연구한 학자가 <u>아닌</u> 사람은?

① 파크
② 버제스
③ 카스텔
④ 멕켄지

13 다음 〈보기〉에서 괄호 안에 공통적으로 들어갈 말로 알맞은 것은?

> ─ 보기 ─
>
> 차일드는 인류 역사에서 도시의 형성을 하나의 사회적 혁명으로 보아 (   )(이)라 이름 붙이고, 산업 혁명 이후 진행된 도시로의 인구 집중, 즉 인구의 도시화를 제2의 (   )(이)라고 하였다.

① 정보 혁명
② 도시 혁명
③ 거대도시화
④ 인클로저 운동

12 도시 연구의 관점 중에서 생태학적 접근법에 대한 설명으로 도시를 생태학적 공동체로 개념화해서 보는 입장으로 파크, 버제스, 멕켄지가 대표적인 학자이다.

13 도시 혁명은 잉여 식량의 발생으로 직업의 분화 및 도시 문화의 탄생을 유발했으며, 신석기 시대의 자급자족적인 생활 방식을 변화시켰다. 사람들이 종사하는 일이 분화되면서 점차 도시 문화가 생겨나게 되었고 신석기 시대의 자급자족적인 생활 방식이 변화되었다.

정답 12 ③   13 ②

14 위성도시는 대도시의 주변에 있으면서 그 기능을 분담하는 도시로 고양, 성남, 안양, 부천, 광명, 과천, 안산 등이 그 예이다. 대도시와의 사이에 일상적인 산업·사회 활동의 교류가 밀접하게 행해지며 통근·통학 등이 가능한 지역이다.

14 다음 내용에서 공통적으로 설명하고 있는 도시의 종류는 무엇인가?

> • 행정적으로는 독립되어 있으며 교통편 등의 관계 등으로 따져서 그 주변 교외에 있는 소도시 등에서 발달되어 있다.
> • 대체로 대도시의 주거 기능을 분담하는 경우가 많지만 공업이나 행정 등 특수 기능을 담당하는 경우도 있다.

① 산업도시
② 생태도시
③ 위성도시
④ 중소도시

15 워스는 인구 규모, 인구 밀도, 인구의 이질성의 세 가지 변수가 상호작용하여 나타나는 도시 생활양식의 특징을 '도시성'이라고 하였다.

15 워스가 도시를 연구했을 때 고려한 특징이 <u>아닌</u> 것은?

① 인구 규모
② 인구 밀도
③ 농촌과의 거리
④ 인구의 이질성

정답 (14 ③ 15 ③)

제 16 장

현대 사회

뜻을 세운다는 것은 목표를 선택하고, 그 목표에 도달할 행동과정을 결정하고,
그 목표에 도달할 때까지 결정한 행동을 계속하는 것이다.
중요한 것은 행동이다.

– 마이클 핸슨 –

제16장 | 현대 사회

제1절 사회 체제의 이행

1 사회 체제의 개념

(1) 특정한 역사적 시기에 있어서 사회의 각 부분들을 전체로써 결합시키는 양식을 말하며, 모든 형태의 사회적 상호작용 간의 구조적 유사성을 갖는다.

(2) 사회 체제는 역사적으로 볼 때 고정불변적이지 않고 변동해 왔다.

2 사회 체제의 이행 관련 이론

(1) **스펜서(H. Spencer)** : '공동 사회'로부터 '산업형 사회'로 이행한다.

(2) **퇴니스(F. Tönnies)** : '공동 사회'로부터 '이익 사회'로 이행한다.

(3) **메인(H. Maine)** : '신분 사회'로부터 '계약 사회'로 이행한다.

(4) **마르크스(K. Marx)** : 사회 체제의 발전 단계론과 그 이행론을 전 역사에 걸쳐 총체적으로 정립하였다.

> 5단계론 : 원시 공산 사회 체제 → 노예제 사회 체제 → 봉건제 사회 체제 → 자본주의 사회 체제 → 사회주의 사회 체제

사회 이동에 있어서 중요한 역할을 하는 것은 교육이다. 학력이라는 통로를 통해 사회 이동이 이루어지고 이러한 사회 이동을 통해 인간이 기존의 불평등으로부터 자유로워지는 효과야말로 산업 사회의 안정에 필수불가결한 조건이라고 보는 것이다.

제2절 | 현대사회론

1 산업사회론

(1) 산업사회의 특징

① 자본주의가 지니는 궁핍화, 양극화의 문제를 해결하고, 경제 성장으로 사회의 재화를 대량화함으로써 '풍요한 사회'를 실현한다. → 산업사회 개념은 19세기 초 생시몽(Saint-Simon)에 의해 처음 만들어졌다.

② 자본의 소유와 경영을 분리시킨 주식회사가 발전하여 새로운 범주의 경영자 집단을 창출하며 자본가의 단독 지배력이 약화된다.

③ 과학 및 기술이라는 것은 사회 체제를 초월한 보편적인 것이므로 고도화·기계화된 생산 공정이 보편성을 갖는다.

④ 산업사회에서는 사적 소유권에 결부된 계급 갈등이 추방된다.

(2) 다렌도르프의 산업사회론

① **개념** : 산업화란 공장이나 기업에서 생산이 기계화되는 것이고, '산업사회'란 산업화가 경제 조직에서 지배적인 형태로 되는 사회이며, 반면 자본주의 사회는 산업 생활이 주로 개인의 손에 달려있는 사회, 곧 산업 기업가가 공장의 소유자임과 동시에 노동자들을 직접 통제할 수 있는 권위를 갖는 사회라 하였다.

② **특징**

㉠ 자본주의 사회란 산업사회를 구성하는 하나의 하위 유형이다.

㉡ 산업사회는 자본주의 사회의 궁핍화를 해결하고 풍요로운 사회를 실현시킨다.

㉢ 산업사회에서는 기술자, 지식인, 경영자 등이 사회의 지배 세력으로 등장한다.

㉣ 자본주의 사회와 사회주의 사회는 산업사회로 수렴된다.

(3) 벨의 후기 산업사회론

① **개념** : 벨은 마르크스에 의해 주장된 자본주의 사회로부터 사회주의 사회로 이어지는 사회 발전 단계론을 잘못된 것이라고 주장하면서 '산업사회'의 개념을 중시하였다.

② **특징**

㉠ 제조업 중심의 생산 경제는 '서비스 경제'로 전환된다.

㉡ 직업에 있어서 전문적·기술적 부류가 지배적 위치를 차지한다.

㉢ 후기 산업 사회에서는 개혁과 정책 결정에 있어서 이론적 지식이 가장 중요한 역할을 한다.

㉣ 후기 산업 사회에서는 기술의 통제와 계획을 기본적 특징의 하나로 들 수 있다.

㉤ 후기 산업 사회에서는 새로운 지적 기술이 발전하게 될 것이다.

2 대중사회론

(1) 대중사회의 개념

① 대중사회란 대중이 사회의 중심부에 접근하고 있는 사회이다.

② 쉴스는 근대 사회로 넘어오면서 대중이 사회의 중심부로 보다 더 접근하게 되었다고 본다.

(2) 대중의 특성

① 어떤 조직된 집합이나 계급으로 통합되어 있지 않은 많은 수의 사람들이다. → 이질적 성격

② 익명적이다.

③ 선택된 소수의 엘리트를 제외한 모든 사람들을 말한다.

④ 하나 또는 그 이상의 동일한 자극에 심리적으로 비슷하게 반응한다.

(3) 대중사회의 특성

① 다분히 부정적인 성격을 나타낸다. 대중사회는 전체주의 사회 혹은 반 전체주의 사회와 천박한 사회로 묘사된다.

② 대중사회는 또한 대중문화에 의해 지배되고 있는 사회로 대중문화를 양산하고 있다.

③ 아렌트(H. Arendt)는 대중사회가 전체주의 사회로 되는 이유를 대중의 고립성과 그들의 정상적 사회 관계의 결여에서 찾았다.

3 복지사회론

(1) 복지사회의 개념

① '복지사회'란 사회 정책과 국가 개입의 확대 현상을 의미한다.

② 일반적으로 높은 생활 수준의 사회적 보장을 의미하는 것이다.

③ 복지사회 국가는 복지 지향적 국가 목표를 실현하기 위한 여러 가지 정책들, 여러 가지 제도들의 확립을 중요한 국가 기능의 하나로 파악한다.

(2) 오늘날 복지국가가 지향하는 것

① 사회 보장

② 완전 고용과 경제 계획

③ 노동자 보호와 노동조합 육성

④ 삶의 기회의 균점

4 관리사회론(H. Marcuse, 마르쿠제)

(1) 관리사회론의 개념

① 관리사회론은 대중사회론보다도 더욱 현대 사회의 부정적 측면을 파헤쳐 분석한 이론이다.

② 마르쿠제는 1964년 『일차원적 인간』에서 현대 사회의 특징은 바로 기술 합리화라고 하였다.

③ 기술 합리화란 테크놀로지적 이성에 의해 고도의 생산성을 달성하기 위해 기구와 장치를 마련하고, 모든 수단을 조직하며 사회를 전면적으로 관리하는 것을 말한다.

(2) 테크놀로지의 지배와 일차원적 사회

① 테크놀로지가 현 체제의 유지를 위해 사용되며, 압도적인 테크놀로지에 의해 개인들의 정치의식, 철학, 예술, 언어가 동질화되고 사회 내의 대립이 소멸된 사회를 '일차원적 사회'라고 한다.

② 일차원적 사회는 본질적으로 정적인 사회로서 사회의 일차원성을 유지하기 위해 생산력의 끊임없는 발전을 필요로 한다.

③ 일차원적 사회에서는 문화적·정치적·경제적 권력의 집중화가 행해져서, 사회의 경제 상태는 정치에 의해 대부분 결정되고, 경제는 국가의 직접·간접 개입에 의해 기능하고 있는 하나의 **전체주의적** 사회를 말한다.

④ 일차원적 사회에서는 노동자 계급도 체제 내로 통합된다.

제3절   제3세계의 사회이론

1 제3세계의 개념

(1) 제3세계의 의미

① 제3세계란 말은 프랑스의 인구학자 소비(A. Sauvy)가 1952년 8월 14일자 「Observateur」지와의 회견에서 처음 사용한 이래 후진 또는 개발 도상 사회를 지칭하는 데 광범위하게 쓰이고 있다.

② **세계 체제의 변방에 있는 빈국이나 약국을 통칭**

ⓐ 시간적 : 제2차 세계 대전을 전후로 하여 후기-후발형 발전의 맥락에서 산업화를 추진

ⓑ 공간적 : 20세기 중반에 해방된 아시아, 아프리카 대륙의 국가, 19세기에 이미 독립을 얻은 라틴 아메리카 지역의 국가 등

③ **선발형과는 다른 산업화 과정** : 식민주의라는 과거의 경험 속에서 국가 형성의 단절과 왜곡을 거쳐 현재에도 종속의 상황에 직면하고 있다.

ⓐ 국제관계에서 '서'와 '동'에 의한 힘의 정치를 거부하는 '남'의 나라들로서 자본주의 진영에 국한 되거나 아니면 사회주의 진영을 포괄하는 것으로 파악된다.

ⓛ 중심부적으로 편향된 세계 역사의 전개에 대한 도전으로서 자주, 독립, 해방, 평등 등의 기치 아래 제3세계의 유대감이 형성되어 왔다.

④ **복합적·이질적** : 식민지 경험, 지정학적, 국제 분업적 위치, 국가의 성격, 문화적 전통, 자원부존 상태에서 볼 때 매우 큰 다양성을 나타낸다.

⑤ 특히 신흥 공업국(NICs)과 산유국(OPEC)을 제외한 대부분의 제3세계는 농산물과 광산물에 의존하는 1차 산품의 생산 구조를 지니고 있다.

(2) 제3세계 관련 국제회의

① **1955년 반둥회의** : 아시아, 아프리카 대륙을 중심으로 한 지역적 기반을 갖고 비동맹이라는 노선 아래 미·소의 제국주의적 패권에 도전하는 정치 연합

② **1967년 77그룹 회의** : 라틴 아메리카 지역 나라들 대거 참여, 남북 관계에서 남측의 경제 협력을 도모하기 위한 것으로 전환

③ **1974년 신국제경제질서 제창**(NIEO : New International Economic Order) : 1974년 4월 제6회 유엔 특별 총회(자원 총회)에서 '신국제경제질서' 수립 선언을 채택, 개발 도상국의 이익을 중시한 새로운 세계의 경제 질서, 현재 세계 경제의 메커니즘은 선진국에 이익을 가져오는 것이며 근본적으로 변혁되지 않는 한 개발 도상국의 이익은 있을 수 없다는 것

2 아시아적 생산양식론

(1) 개념

서구 중심적 인식틀에서도 비서구 지역의 근대 이전에 대해서만은 서구의 그것과는 달리 파악하였다. 이것이 바로 아시아적 생산양식론이다.

(2) 특징

아시아적 생산 양식의 사회 체제는 농업과 수공업의 가내적 내지 공동체적인 강인한 결합을 가지고 있으며, 또 여기에 기초를 둔 국가적 토지 소유 등의 특징을 두고, 수천 년 동안 변함없이 '지속된 왕국'의 정체된 사회로 묘사된다.

3 식민지 반봉건사회론

(1) 개념

식민지(반식민지) 반봉건사회론은 그 자체를 사회 체제로 볼 수 있는가의 문제를 비롯하여 여러 가지 논쟁점을 갖고 있지만, 대체로 제2차 세계 대전 이전까지 서구의 제국주의적 침략에 의해 편성되는 비서구 사회 체제를 이해하는 데 도움이 된다.

(2) 특징

① 식민지(반식민지) 반봉건 사회란 식민지 혹은 반식민지 경험을 가진 아시아 근대 사회를 파악하는 개념으로 1930년대에 형성되었다.

② 식민지(반식민지) 반봉건 사회는 중국, 인도, 한국 등과 같은 아시아의 근대 사회에서 보편적으로 나타나는 형태이다.

4 주변부 자본주의사회론

(1) 종속이론

① 제3세계에서 나타난 근대화의 결과와 방향에 대한 반성과 비판의 소리를 배경으로 출현하였다. 즉, 제3세계의 여러 국가들은 현저한 경제 성장을 달성했음에도 불구하고 선진자본주의 국가와의 상대적 격차가 줄어들지 않고 오히려 증가하였고, 국내적으로 실업, 부의 사회적 격차들이 감소되지 않고 심화되는 현상을 보였던 것이다.

② 세계 자본주의 체계는 중심부와 주변부로 양분되거나 '중심-반주변-주변'으로 3분된다.

③ 국내 차원에서의 중심, 주변 간의 양극화 현상은 필연적으로 사회적·정치적 위기를 조성하며 결과적으로 권위주의 체제의 출현을 초래하였다.

(2) 아민(S. Amin)의 종속이론

① 아민은 종속이론의 중심·반주변·주변부의 기본적 범주를 받아들인 후, 서구의 부유한 사회들과 비서구의 가난한 사회들의 사회 발전 법칙을 제대로 이해하기 위해서는 각각의 나라들을 개별적으로 고찰해서는 안 되고, 이러한 모든 나라들이 상호 연관되어 있는 '세계 체계'를 분석의 중심에 놓아야 한다고 보았다.

② 세계 체계란 상호 연관된 사회들로 구성되어 있는 것으로, 이들 각 사회의 존재 형태는 그 사회가 세계 체계 내에서 차지하는 위치의 상대적 우열, 즉 강한가, 약한가 혹은 그 중간적인 것인가에 따라 어느 정도 결정된다고 한다.

③ 아민은 주변부 사회가 언제 세계 자본주의의 주변부로 편입되었느냐 하는 주변화의 시점이 제3세계의 '주변부 사회 구성'의 내부적 특성을 결정짓는 데 중요하다고 보았다.

④ 아민은 1870년대 이후에 '주변부 자본주의 사회 체계'의 전개가 본격화·보편화되었다고 덧붙이고 있다.

⑤ **아민의 '주변부 자본주의 사회' 이론의 한계** : 19세기 말과 현재를 거의 구별하지 않고 모두 이 개념으로 설명하였다.

(3) 세계체계론 기출 24

① 세계체계론에 따르면 세계 자본주의 체계의 구조는 단일한 분업의 원칙 아래 상이한 상품 생산에 입각한 불평등한 교환관계로 서로 연관되어 있는 중심부, 반주변부, 주변부 3가지 국가군으로 되어 있다.

② 세계 자본주의 체계의 기능은 단일한 자본주의적 생산 양식에 입각하여 불평등한 교환관계를 통해 잉여가 주변부에서 중심부로(또는 반주변부를 거쳐) 이전되고, 나아가서 종속적 구조를 주변부에 형성하는 것으로 파악한다.

③ 세계 자본주의 체제는 단일한 분업 하에서의 상이한 필수품의 생산에 입각한 불평등한 교역관계로 서로 연관되어 있는 중심부, 반주변부, 주변부의 3가지 국가군으로 구성되어 있다고 보았다.

④ 강력한 국가 기구를 가지고 자유 임금·노동에 기초하여 제조품 생산에 주력하는 중심부는, 허약한 국가 기구를 가지고 강제노동에 기초하여 농산물 경작에 주력하는 주변부에 대하여 국제 교역 과정에서의 잉여를 수탈하는 것으로 파악하였다.

⑤ 반주변부는 중심부에 의해 수취당하며 동시에 주변부를 수취하는 제3의 구조적 위치를 점유하고 있는 나라들이다.

> **더 알아두기**
>
> **월러스틴(E. Wallerstein)**
> • **소체제** : 완전 분업 아래 단일 문화를 지니는 과거의 농경 사회, 수렵 사회, 채취 사회 등
> • **세계 제국** : 단일한 분업 아래 복수의 문화 체제를 가지나 정치적으로는 통합된 고대 중국 제국, 이집트 제국, 로마 제국 등
> • **세계 경제** : 단일한 분업 아래 복수의 문화 체제를 지니며 정치적으로 분리되어 있는 오늘날의 자본주의 세계 경제
> • **제3세계 경제 발전**
>   – 중심부와 주변부에 반주변부라는 개념을 추가
>   – 하나의 전체로서 세계 체계를 분석대상으로 설정
>   – 제3세계 국가들이 선진국을 따라하면 근대화를 이룰 수 있다고 주장
>   – 중심부와 주변부 사이의 격차는 점차 심화될 것

01 대중 사회는 계급적·혈연적 한계를 넘어서서 모든 성원들의 복지에 관심을 갖는 사회이다.

01 다음 내용에서 설명하고 있는 대중 사회의 긍정적인 이미지에 해당하는 것은?

> 저소득층이나 하층민에게 일정 수준까지는 평등한 교육 기회가 주어지고 있으며, 가벼운 질병 정도는 저렴한 약값만 지불하면 손쉽게 치료할 수 있다.

① 도시 사회
② 복지 사회
③ 산업 사회
④ 대규모 사회

02 복지 사회의 이념으로 인간 존중의 인도주의, 자유와 평등, 보상주의를 들 수 있다. 복지는 사회 전체 성원을 대상으로 하는 보편적 활동이다.

02 복지 사회의 근본 이념이라고 볼 수 없는 것은?

① 분배 정의가 실현되어야 한다.
② 복지 사회는 인간 존중의 사상이 근간이다.
③ 빈민만이 수혜 대상이 되는 특수한 서비스 활동이다.
④ 자유는 그 자체로서 행복의 구성요소이며, 행복 추구의 수단이다.

정답 01 ② 02 ③

03 주요 사회 정책 중 하나인 교육 정책이 중시되는 이유로 보기 어려운 것은?

① 노동 생산성을 높여 준다.

② 계층 간의 갈등을 완화시켜 준다.

③ 사람답게 살 수 있는 능력을 길러 준다.

④ 인간성을 계발하고 창의력을 높여 준다.

03 교육은 필요한 기술과 능력의 제공, 인간성 계발, 창의력 제고, 인간다운 생활 능력 배양 등의 가치를 가지고 있다.

04 현대 사회의 산업화에 수반되는 사회 문제를 설명한 것으로 옳지 <u>않은</u> 것은?

① 산업화는 환경을 오염시키는 결과를 가져올 수 있다.

② 인간이 거대 조직의 한 부품으로 전락해 버리는 인간 소외 현상이 야기된다.

③ 과잉 도시화는 교통, 주택, 환경, 빈민, 범죄 문제 등의 사회 문제를 일으킬 소지가 강하다.

④ 경제 성장을 위하여 도시화가 이루어지면 도시 유입 인구를 수용할 만한 일자리와 교통시설 등이 갖춰진다.

04 도시화는 도시 유입 인구를 수용할 만한 일자리와 교통시설, 주택, 학교, 병원 등을 갖추어 가면서 이루어지는 것이 바람직하다.

05 전근대성과 근대성에 대한 설명으로 옳지 <u>않은</u> 것은?

① 전근대적 사회 구조의 일반적인 특성을 전근대성이라 한다.

② 전근대성은 자급자족의 경제생활, 폐쇄성과 정체성, 비공식적 인간관계, 봉건적 토지소유 관계와 신분 제도 등을 특징으로 한다.

③ 근대 사회의 사회관계의 성격은 봉건적, 획일적, 기능적이다.

④ 근대성은 사회 통제와 조정이 집중적이며 가족 기능이 약화, 변형되고, 핵가족화, 관료제 조직의 발달 등이 그 특징이다.

05 근대 사회의 사회관계의 성격은 보편적, 합리적, 기능적이다.

정답 03 ② 04 ④ 05 ③

06 메인은 신분 사회로부터 계약 사회로 이행한다고 했다.

06 다음 중 사회 체제의 변동에 관한 설명으로 옳지 <u>않은</u> 것은?

① 스펜서는 공동 사회로부터 산업형 사회로 이행한다고 하였다.
② 퇴니스는 공동 사회로부터 이익 사회로 이행한다고 하였다.
③ 메인은 계약 사회로부터 신분 사회로 이행한다고 하였다.
④ 마르크스는 사회 체제의 발전 단계론과 그 이행론을 전 역사에 걸쳐 총체적으로 정립하였다.

07 대중은 어떤 조직된 집합이나 계급으로 통합되어 있지 않은 많은 수의 사람들로, 이질적 성격이 강하다.

07 다음 중 대중의 특성과 거리가 <u>먼</u> 것은?

① 어떤 조직된 집합이나 계급으로 통합되어 있어 동질적 성격이 강하다.
② 익명적이다.
③ 선택된 소수의 엘리트를 제외한 모든 사람들을 의미한다.
④ 하나 또는 그 이상의 동일한 자극에 심리적으로 비슷하게 반응한다.

08 아렌트(H. Arendt)는 대중 사회가 전체주의 사회로 되는 이유를 대중의 고립성과 그들의 정상적 사회관계의 결여에서 찾았다.

08 다음 중 대중 사회의 특성과 거리가 <u>먼</u> 것은?

① 다분히 부정적인 성격을 나타낸다.
② 대중 사회는 전체주의 사회 혹은 반전체주의 사회와 천박한 사회로 묘사된다.
③ 대중 문화에 의해 지배되고 있으며, 대중 문화를 양산한다.
④ 아렌트(H. Arendt)는 대중 사회가 전체주의 사회로 되는 이유를 대중의 합리성에서 찾았다.

정답 (06 ③ 07 ① 08 ④)

09 **마르쿠제의 관리사회학에 대한 설명으로 바르지 않은 것은?**

① 관리사회론은 대중사회론보다도 현대 사회의 부정적 측면을 깊게 파헤쳐 분석한 이론이다.

② 마르쿠제는 1964년 『일차원적 인간』에서 현대 사회의 특징은 바로 기술 합리화라고 하였다.

③ 기술 합리화란 테크놀로지적 이성에 의해 고도의 생산성을 달성하기 위해 기구와 장치를 마련하고 모든 수단을 조직하며 사회를 전면적으로 관리하는 것을 말한다.

④ 일차원적 사회는 본질적으로 동적인 사회로서 사회의 다차원성을 유지하기 위해 생산력의 끊임없는 발전을 필요로 한다.

10 **아민의 종속이론에 관한 설명으로 옳지 않은 것은?**

① 아민은 종속이론의 중심, 반주변, 주변부의 기본적 범주를 받아들인 후, 상호연관되어 있는 '세계 체계'를 분석의 중심에 놓아야 한다고 보았다.

② 세계 체계란 상호연관된 사회들로 구성되어 있는 것으로, 상대적 우열, 즉 강한가, 약한가 혹은 그 중간적인 것인가에 따라 어느 정도 결정된다고 본다.

③ 아민은 주변부 사회가 언제 세계 자본주의의 주변부로 편입되었느냐의 주변화의 시점이 제3세계의 '주변부 사회 구성'의 내부적 특성을 결정짓는 데 중요하다고 본다.

④ 아민의 주변부 자본주의 사회 이론은 19세기 말과 현재를 구별하여 설명한다.

---

09 일차원적 사회는 본질적으로 정적인 사회로서 사회의 일차원성을 유지하기 위해 생산력의 끊임없는 발전을 필요로 하며, 문화적·정치적·경제적 권력의 집중화가 행해져서, 사회의 경제 상태는 정치에 의해 대부분 결정되고 경제는 국가의 직접·간접적 개입에 의해 기능하고 있는 하나의 전체주의적 사회를 말한다.

10 아민의 주변부 자본주의 사회 이론의 한계는 19세기 말과 현재를 거의 구별하지 않고 모두 이 개념으로 설명한다는 것이다.

정답 09 ④ 10 ④

11 ① 하나의 전체로서 세계 체계를 분석 대상으로 설정하였다.
③ 제3세계 국가들이 선진국을 따라 하면 근대화를 이룰 수 있다고 주장하였다.
④ 주변 국가들의 '상승 이동'은 극히 예외적이며 가능하더라도 매우 미약하다.

11 **월러스틴의 제3세계 경제 발전에 관한 설명으로 옳은 것은?**

① 개별 국가를 분석 대상으로 설정했다.

② 중심부와 주변부에 반주변부라는 개념을 추가했다.

③ 제3세계에서의 발전은 불가능하다고 주장하였다.

④ 중심부와 주변부 사이의 격차가 점차 완화된다.

12 작업 성과에 따라 임금을 달리 지불하는 차별 성과급 제도를 도입하여 문제를 해결하였다.

12 **20세기 초 포드주의 생산 체제에 대한 설명으로 틀린 것은?**

① 생산의 기계화와 표준화를 통한 과학적 관리에 입각했다.

② 대량 생산을 위해서는 대량 소비가 필요하다고 생각해서 고임금 체제를 도입했다.

③ 포괄적인 가이드라인 아래에서 노동자들의 노동 속도와 내용을 통제했다.

④ 반숙련·미숙련 노동자에 대한 지속적인 관료주의적 작업장 통제가 필요했다.

정답 11 ② 12 ④

제 17 장

집합 행동과 사회 운동

성공한 사람은 대개 지난번 성취한 것보다 다소 높게, 그러나 과하지 않게 다음 목표를 세운다.
이렇게 꾸준히 자신의 포부를 키워간다.

– 커트 르윈 –

제17장 | 집합 행동과 사회 운동

제1절 집합 행동의 의미

1 집합 행동의 개념

(1) 집합 행동의 의의 기출 24

① 집합 행동이란 대개의 경우 제도적으로 합법화된 질서 밖에서 구성된 행동이다.

② 규모는 크지만 느슨하게 조직된 집단의 구성원들에 의해 이루어지는 여러 형태의 행동을 말한다.

③ 대부분의 경우 집단 구성원들에게 공동의 관심과 정체감을 갖게 하는 공동 체험에서 비롯되어 자연 발생적으로 일어난다.

④ 인종 폭동 혹은 종교 집회 등은 한 개인이 아닌 한 무리의 사람들에 의해 이루어지는 사회적 행동이다.

(2) 집합 행동의 특징

① 일시적·비조직적·우발적이며, 예측하기 어렵다.

② 대체로 동일한 대상에 초점을 맞추고 거기에 반응하는 사람들의 행위로서, 고도의 개인적 상호작용에 바탕을 둔다.

③ 자생적으로 발생·발전하며 무엇에 감염되듯이 확산된다.

> **더 알아두기**
>
> **집합 행동의 새로운 특징**
> - 공유 목표의 점차적 출현
> - 역할 분화의 점차적 형성
> - 기존 규범으로부터의 일탈과 새로운 규범에의 지향
> - 다른 집단과의 상호작용으로 인한 한계 설정
> - 상호작용의 일상화 경향의 출현

(3) 집합 행동의 예

① 유언비어(Rumor), 문화 지체

② 극장 안의 화재 상황, 물가 상승을 우려한 사재기 열풍

③ 조세 저항 운동, 국가보안법 철폐 운동, 양심적 병역거부 운동 등

> **더 알아두기**
>
> **집합 행동의 종류**
> 군중(Crowds), 폭동(Riots), 공황(Panics), 유행(Fashions), 광란(Crazes), 사회 운동(Social movements),
> 여론(Public opinions) 등이 있다.

(4) 집합 행동의 기본 형태(스멜서)

① **집합 도주** : 애매한 상황에서의 불안으로부터 벗어나고자 하는 것으로 가장 저차원의 집합 행동이다.

② **원망 표출 행동** : 의미 부여가 곤란한 상황에서의 불안을 소극적 감정의 표출 행동으로 해소하는 것이다(축제, 무용, 대유행 등).

③ **적의 표출 행동** : 불안이나 위기의 책임자로 지목되는 인물을 손상, 제거, 파멸시킴으로써 해결을 시도하는 것이다(집단 폭행, 테러, 군중 봉기 등).

④ **규범 지향 운동** : 사회 질서의 틀 속에서 기존 사회 규범의 부활을 통해 불안이나 위기의 해결을 기대한다(각종 개량 운동이나 사회 운동).

⑤ **가치 지향 운동** : 사회 질서의 기본원리인 가치 체계 자체의 변혁을 통해 불안이나 위기의 해결을 시도한다(혁명 운동).

2 집합 행동의 이론적 배경

(1) 르봉(G. Le Bon)의 이론

① 르봉은 『군중심리』라는 저서에서 집합 행동을 심리적 전염, 모방, 암시 등과 같은 심리적 요소에 의해 설명하였다.

② 개인들이 어떤 하나의 군중을 형성하게 되면 집합심성을 소유하게 되는데, 이러한 집합심성 때문에 사람들은 개인으로 홀로 남아있을 때보다는 아주 다른 방식으로 생각하고, 느끼고, 행동한다.

③ 개인이 집합체 속에 들어가게 되면 그 사람의 개성이나 취향 같은 것은 사라지고, 대신 집합체 전체의 감성과 사고를 획일적으로 끌고 나가는 집합심성이 생성되는데, 이것이 바로 사람들을 군중 속에서 새로운 방향으로 행동하게끔 유도한다고 본다.

(2) 버크(E. Burke)의 이론

집합 행동은 익명성과 집단의 힘을 이용하여 개인적으로 달성하기 어려운 목적을 달성하기 위한 합리적이고 계산된 행동이라는 점을 부각시켰다.

제2절 | 군중과 공중

1 군중

(1) 군중의 의미

① 군중은 어떤 개인 또는 사건을 중심으로 모여 있는 사람들의 일시적인 집합을 의미한다.

② 군중을 형성하는 사람들은 상호 간의 존재를 의식하며, 또한 그것에 의해 영향을 받는다.

③ 군중은 **공통된 관심사**를 갖고 직접적으로 접촉하며(군중은 특정한 장소를 공유한다), 우발성, 조직 및 구조의 결여, 상호작용한 적이 없거나 일시적인 사회적 상호작용의 특색을 갖는다.

(2) 군중의 종류

블루머(H. Blumer)는 군중의 종류를 우연적 군중, 인습적 군중, 능동적 군중, 표출적 군중의 4가지로 구분하였다.

① **우연적 군중(임시적 군중)**

　ⓐ 어떤 사건에 주의가 끌려서 모인 군중을 말한다(수동적인 사람들의 모임).

　　ⓔ 교통사고 현장, 길가에서 어떤 상품을 선전하는 장사꾼의 주위에 모인 사람들 등

　ⓑ 모든 개인 집합체 중 가장 조직화되지 않은 군중이다.

② **인습적 군중**

　어떤 특정 목적을 가지고 관례적인 규범에 따라 행동하는 사람들의 모임(정상적 군중)이다.

　　ⓔ 음악회에 모인 청중, 운동 경기를 관람하기 위해 모인 관중 등

③ **능동적 군중(활동적 군중)**

　목표 달성을 위해 적극적으로 행동하는 군중이다.

　　ⓔ 운동 경기에서 심판의 불공정한 판정을 둘러싸고 양쪽 팀의 관중들이 서로 싸움을 벌이는 집단 행동(영국의 훌리건, 폭동, 폭도 등)

④ **표출적 군중**

　특정 목적을 위해 집회에 참석했다가 감정이 격화되거나 흥분된 인습적 군중이다.

　　ⓔ 종교 부흥회, Rock music 페스티벌 등

(3) 군중 행동의 특성

① 익명화된 사람들의 행동이므로 제도화되어 있지 않고 정연한 행동 규범이 결핍되어 있으며 일방적이고 비합리적이어서 무책임한 행동을 한다.

② 군중 상황에서 개인들은 다른 사람들의 행동과 태도에 민감하게 반응한다.

③ 군중 행동은 '사회적 불안 → 위기감 → 동요 → 지도자의 출현 → 행동화'의 순서를 밟아 진행되어 간다.

2 공중과 대중

(1) 공중 [기출] 23

① 어떤 사회 문제에 대해 공통의 관심을 갖고 있는 분산된 사람들이다.

② 공동의 관심사에 대해 의견을 같이하거나, 달리하는 사람들의 집단을 말한다.

③ 군중과 달리 자의식이 있고 비판적이며, 사실과 이성을 중시한다.

④ 토론과 논쟁을 통해 여론을 형성한다.

⑤ 현대 사회에서 공중은 대중매체 등을 통해 간접적으로 상호작용하면서 여론을 형성한다.

(2) 대중

① 군중보다 규모가 큰 많은 사람들의 모임이다.

② 거리적으로 떨어져 있고 규모가 크므로, 이질적이며 상호작용이 없다.

③ 의견이 표현되지 않고 숨겨져 있을 수도 있으며, 때로는 강한 힘을 가지고 있기도 하다.

3 여론과 선전

(1) 여론

① 사회 전체의 이해와 관련된 문제에 대해 시민으로서의 공중이 표명하는 집합적 의견

② 현대 사회에서 막중한 정치적 의미를 지니게 되므로 때로는 조직적 이해관계가 얽혀 자연스럽게 형성되지 않음

(2) 선전

① 어떤 문제를 둔 집단의 견해

② 여론에 영향을 미칠 것을 목적으로, 계획된 방법에 의해 일방적으로 특정의 정보를 전파하는 것

4 집합 행동

(1) 집합 행동의 분류 – 블루머(H. Blumer)

① **군중 행동** : 우발적이고 일시적이며 비조직적인 집합 행동으로, 감정적이고 불안정하여 그 결과를 예측하기 어렵다.

② **사회 운동** : 지속적·반복적·조직적이며 행동의 목표와 정당성이 명백하다. 성원들의 행동이 치밀한 계획하에 세워지므로 예측이 가능하고 감정에 쉽게 휩쓸리지 않는다.

(2) 집합 행동의 기능과 참여 동기

① **집합 행동의 기능** : 결정의 정당화, 연대의 강화, 사회적 관심의 유발, 사회화의 촉진 등이 있다.

② **집합 행동에 참여하는 동기** : 개인적 측면에서 집합 행동에 참여하는 동기에는 합리적으로 계산된 이익의 획득, 위협이나 갈등에서 벗어나기 위한 자기 방어, 개인이 소중히 여기는 자아의 핵심 가치의 실현 등이 있다.

(3) 군중 중심의 집합 행동과 사회 운동의 비교

① 군중 중심의 집합 행동은 비제도적이고 자발적인 상호작용에 의한 연대 감정의 강화로 사회적 관심을 증가시키고 행동을 활성화함으로써, 새로운 의식주 구조와 사회의 조직화를 초래하여 구조적 변혁을 쟁취할 수 있는 특성을 갖고 있다.

② 사회 운동은 변화를 활성화하거나 저지하기 위해 조직된 인간 집단의 집합 행위로, 분명한 목표와 조직, 명백한 변화 지향적 이념을 갖고 그들이 바라는 정책들을 추진하기 위해 노력한다는 특성을 갖고 있다.

제3절 사회 운동

1 사회 운동의 의미 기출 23

(1) 사회 운동의 개념

① 사회 운동이란 기존 사회의 변화를 증진시키거나 또는 그것을 저지하기 위해 조직된 인간 집단의 집합 행위이다.

② 제도권 외부에서 집합 행위를 통하여 공통의 이익을 증진시키거나 공통의 목적을 달성하려는 집합적인 시도이다.

③ 사회 변동을 성취하거나 저해하려는 지속적·집합적인 노력으로, 상당한 기간 동안 발전·지속되며 다른 집합 행동보다 조직화되어 있고, 초점도 뚜렷한 특징을 지닌다.

　예 노예 해방 운동, 민권 운동, 반전 운동, 여권 신장 운동, 환경 운동 등

더 알아두기

신사회 운동과 구사회 운동 기출 24, 22

구분	신사회 운동	구사회 운동
주체	중간 계급	노동 계급
지향점	모든 삶의 질에 관심을 갖으며 탈물질적 경향	물질적인 경향
주요 관심사	문화적·사회적 측면에 관심 – 현대 산업 사회에서 삶의 방식과 질의 문제, 자율적이고 분권화된 조직의 원리 강조	분배, 경제력, 정치권력 문제
실제 모습	환경 보전, 반핵, 여성 운동, NGO, 소비자 운동	노동 운동 중심으로 전개

(2) 사회 운동의 특성

① 변화를 증진 또는 저지시켜야 하는 **뚜렷한 목표**가 있어야 한다.

② 목적 달성을 위한 **구체적인 프로그램**이 있어야 한다.

③ **지도자와 추종자** 사이의 역할 구분이 명확하다.

④ 사회 운동의 당위성과 이데올로기가 확립되어 있어야 한다.

⑤ 시간과 공간을 초월한 **연속성**과 **확산성**이 있으며, 일정한 의식행위를 통하여 성원의 참여를 촉진시 킨다.

⑥ 조직성 및 계획성이 강하고, 지속적·반복적이며, 장기적으로 진행된다.

2 사회 운동의 유형

(1) 복고적 사회 운동

기존 질서를 고수하고 급격한 사회 변화에 대항하기 위한 사회 운동이다(예 미국의 KKK 운동, 조선말 위정척사 사상과 위정척사 운동).

(2) 보수주의적 사회 운동

현재의 제도를 유지해야 한다고 생각하는 사람들이 현존 질서에 변동이 나타날 때 그것에 저항하기 위 한 목적으로 하는 운동을 말한다(예 동성동본 혼인 반대 운동).

(3) 개혁주의적 사회 운동

기존 사회 질서의 일부에 개혁이 필요하다고 판단될 때 현존하는 가치관이나 행동을 변화시켜 자신들이 의도하는 새로운 질서를 만들고자 하는 개혁 지향적 운동을 말한다(예 여성 임금 차별 폐지 운동, 소비 자보호 운동).

(4) 혁명적 사회 운동

기존 질서에 불만을 품고 모든 **사회 조직과 구조를 근본적으로 바꾸려고** 하는 사회 운동이다(예 프랑스 혁명, 볼셰비키 혁명, 동학 농민 운동).

(5) 표출적 사회 운동

일상생활에서 얻을 수 없는 믿음 · 가치 · 규범을 추구하며, 운동의 참여를 통하여 개인에게 내적 갈등과 감정을 표현할 수 있는 도구를 마련해 주는 성질의 운동이다(예 종교 운동, 부흥회 등).

3 사회 운동의 전개과정

(1) 스멜서(N. Smelser)의 부가가치이론 기출 20

① 사회 운동이 일어나기 위해서는 여러 가지 사회적 요인들이 있어야 하며, 특정한 요인이 첨가될수록 사회 운동이 성공할 가능성이 높아진다는 이론이다.

② **사회 운동 결정 요인**

㉠ 구조적 유발성 : 집합 행동은 사회 구조적 · 사회 문화적 선행 요건이 전제되어야 한다.

㉡ 구조적 긴장 : 사회 내에 갈등이나 박탈 혹은 불분명한 상황으로 인한 긴장이 야기되어 있어야 한다.

㉢ 일반화된 신념의 발생 및 파급 : 긴장 해결에 대한 공통된 의식이 형성되어 해결될 것이라는 일반적 믿음이 생겨나고 파급되어야 한다.

㉣ 촉발 요인 : 일반화된 신념에 집합 행동이 발생되도록 점화하는 역할이 있어야 한다.

㉤ 행동을 위한 참여자의 동원 : 사람들이 동원되기 위해서는 유언비어나 허위 보고 등이 급속히 퍼져나가고 이러한 상황에서 사람들을 자극, 흥분시켜 표적을 향해 행동으로 이끄는 지도자가 나타나야 한다.

㉥ 사회 통제 기제의 작용 : 사회 통제(경찰이나 법원, 신문, 입법, 지역 사회 지도자 등에 의해 수행)의 기제가 효율적일 경우 집합 행동은 억제되지만, 그렇지 못할 경우에는 오히려 **집합 행동을** 더욱 촉진시킨다.

(2) 사회 운동의 주기이론(Life cycle)

① **시초 단계** : 혼동, 불안, 사회적 불만 등이 생겨나고, 고립된 상태의 개인들로 하여금 문제의식을 갖게 한다. → 선동가들(Agitators)

② **민중화 단계** : 많은 사람들에게 불만이 확산되고, 집단 정체감이 발전되기 시작하며, 집단 연대감을 키운다. → 개혁가들(Reformers)

③ **형식화 단계** : 사회 운동은 안정된 조직의 단계로 발전된다. → 지적이고 정치적 수완이 있는 지도자들(Statesman)

④ **제도화 단계** : 추구하였던 목표가 일단 달성되면 제도권에 흡수되거나 새로운 질서가 수립되며, 사회 운동가들은 보수주의가 되고 자신들의 지위를 유지하는 데 있어 기득권을 가지게 된다. → 행정 집행가(Administrator – executive)

> **더 알아두기**
>
> **사회 운동의 주기이론**
> 사회 운동은 처음에는 사회 조건을 개선하기 위해 발생하지만, 목표를 달성하면 제도화되고, 제도화 된 사회 조건을 개선하기 위해 다른 사람에 의해서 또 다른 운동이 나타난다. 이런 과정은 마치 인간이 태어나서 성장한 후 죽고, 또 어린 생명이 태어나는 것과 유사하다고 하여 사회 운동의 주기이론이라 고 한다.

4 사회 운동의 주동요인

(1) 이데올로기

① 이데올로기란 '집단 혹은 집합체의 상황을 기술, 설명, 해석, 정당화하고, 가치에 의해 고취됨으로써 그 집단, 혹은 집합체의 역사 행위로의 간명한 지향을 제시하는 사상 및 판단체계'이다.

② 이데올로기는 합의를 도출하고, 사회적 분열을 야기시킨다.

(2) 엘리트

① 사회학에서 엘리트의 용어와 개념을 최초로 문제시한 학자는 '파레토(V. Pareto)'이다.

② 엘리트란 그들이 소지하는 권력과 행사하는 영향력에 의해서, 때로는 주요한 정책 결정 과정에서, 때로는 사상이나 이념의 창출 과정에서 집합체와 역사 행위에 기여하는 인간 및 집단을 말한다.

③ 파레토는 엘리트에 질적 가치를 부여하였다.

④ 파레토는 엘리트의 속성을 비세습적인 것으로 파악하여 엘리트 순환론을 주장하였다.

⑤ 엘리트는 사회 내의 우수한 성원으로 구성되고, 그들의 탁월한 자질을 권력과 위신으로 부여받는다.

⑥ 밀스(C. W. Mills)는 엘리트와 사회 계급은 뚜렷한 차이를 가지는 현상이라 정의하였다.

⑦ 밀스는 사회를 지배하는 권력층의 엘리트를 권력 엘리트라 부르고, 미국에서의 권력 엘리트의 존재를 정치인, 기업가, 군장성의 세 범주로 파악했다.

⑧ 엘리트란 권위와 권력이 보장되는 지위를 점하는 인간 혹은 집단으로 구성된다고 볼 수 있다.

⑨ 전통적 엘리트, 기술 관료 엘리트, 경제적 엘리트, 카리스마적 엘리트, 이데올로기적 엘리트, 상징적 엘리트로 구분된다.

⑩ 엘리트가 역사 행위에 작용하는 여러 가지 방식

ㄱ 사회내의 정책 결정에 영향을 미칠 수 있는 압력을 행사함으로써 역사 행위에 참여한다.

ㄴ 집합적인 상황 정의에서 점하는 역할에 의해 역사 행위에 작용한다.

ㄷ 귀감적 가치에 의해 역사 진로에 영향을 미친다.

(3) 압력집단

① 사회 운동과 압력집단을 통해서 엘리트는 고유한 역할을 행사할 수 있다.

② 현대 사회에서의 사회 운동의 기능은 매개기능, 집합의식의 명료화기능, 압력기능 등이 있다.

③ 메이노는 압력집단을 목표의 성격에 따라 직업별 조직, 이데올로기적 압력집단으로 구분하였다.

제4절 | 혁명

1 혁명의 의미

(1) 혁명의 개념

① 일반적으로 가장 과격하고 급격한 총체적인 사회 운동의 한 형태이다.

② 혁명은 정부의 전복, 사회적 가치와 목표·법규·권위와 권력의 위계·현존하는 사회적 분업까지도 전복시키는 급격하고 총체적이며 근본적인 사회 변동을 말한다.

③ 혁명은 기능적으로 분화된 사회에서 일어날 가능성이 크고, 반란은 기능적으로 미분화된 사회에서 일어날 가능성이 크다.

(2) 혁명의 종류

① **단순 혁명** : 사회 전체 중 몇 가지의 가치나 사회 조직의 변혁을 목적으로 하는 혁명(미국의 독립운동)

② **총체적 혁명** : 사회의 총체적인 가치와 사회 구조의 틀 자체를 변혁하려는 혁명(프랑스 혁명, 중국 공산당 혁명)

(3) 혁명과 반란의 차이

① **혁명** : 기존 사회 질서를 변혁하여 전혀 새로운 사회 질서의 실현을 목적으로 하는 집단적인 행동으로, 기능적으로 분화된 사회에서 일어날 가능성이 크다.

② **반란** : 정치적 이념에 대한 도전이 아니라 단순히 권위적 지위에 있는 사람을 제거하는 데 일차적인 목적이 있으며, 기능적으로 미분화된 사회에서 일어날 가능성이 크다.

2 혁명이론

(1) 고전적 견해(사회 구조적 원인 중시)

① 마르크스와 엥겔스 이론은 가장 고전적인 혁명이론이다.

② 마르크스와 엥겔스는 혁명의 원인을 '부의 불평등한 분배', 즉 경제적 궁핍으로 보았다.

③ **마르크스와 엥겔스가 밝힌 혁명의 전제 조건**

  ㉠ 경제적 갈등

  ㉡ 정치적 지배

  ㉢ 생산 수단으로부터의 소외

  ㉣ 계급 관계의 양극화

  ㉤ 프롤레타리아 계급의식 형성

  ㉥ 지식인들의 혁명 운동 가담

  ㉦ 경제적 위기

(2) 토크빌(A. Tocqueville)의 이론

① 프랑스 혁명의 원인을 부르주아 계급이 귀족 계급이 갖는 정치적·신분적 권리를 동일하게 향유하지 못한 데서 발생했다고 설명했다.

② 토크빌은 혁명을 경제적 빈곤에서 오는 것이 아니라 경기의 호황 속에서 계급 간의 불균형이 오래 지속될 때 발생하는 것으로 보았다.

(3) 데이비스(J. C. Davies)의 J곡선이론(심리적 요인 중시)

① 데이비스는 사회성원들의 심리적 상태가 혁명 발생의 주요한 요인임을 강조하였다.

② 점진적인 경제 발전 뒤에 갑자기 불황이 오면 혁명의 계기가 된다는 이론이다.

③ 일단 삶의 기준이 상승되기 시작하면 사람들의 기대 수준이 상승하는데, 이후 실제적 삶의 조건이 점차 하락하면 상승된 기대가 좌절을 불러일으키고, 따라서 폭동이 일어날 가능성이 만들어진다. 즉, 사람들이 원하고 있는 것과 실제로 얻는 것 사이에 균열이 일어날 때 혁명이 발생한다고 보았다.

④ 데이비스는 이 이론에 입각하여 프랑스 혁명, 러시아 혁명 등을 설명하였다.

⑤ 데이비스의 이론은 왜 상이한 집단들이 혁명적 변화를 추구하기 위하여 동원되는가를 설명하지 못하고 있다.

(4) 브린톤(C. Brinton)의 이론

① 브린톤은 『혁명의 해부』에서 세계 4대 혁명(영국의 청교도 혁명, 미국의 독립 혁명, 프랑스 혁명, 러시아 혁명)을 분석한 결과, 혁명은 사회 해체에서 오는 일종의 사회병리현상이라고 보았다.

② **브린톤이 제시한 혁명 발생의 사회적 조건**

  ㉠ 경제 발전과 사회 불만

  ㉡ 계급 간의 반목

   ⓒ 지식인들의 지배 계급으로부터의 이탈

   ⓔ 정부의 무능과 비효율성

   ⓜ 지배 계급의 자신감 결여

   ⓗ 정부의 재정적 파탄

(5) 존슨(C. Johnson)의 이론

① 사회 체계의 균형이 깨질 때 혁명이 초래된다고 보았다.

② **혁명 발생의 사회적 조건** : 체제 내외적인 가치관의 변화, 환경의 변화

③ **혁명 발생의 직접적인 원인** : 집권자의 권력 축소, 집권층의 권위 상실, 촉발 요인의 존재

01
- 지역 사회 계획이란 지역 사회에 존재하는 욕구를 발견하여 그 해결을 목적으로 계획을 수립하는 것을 말한다.
- 지역 사회 개발이란 일정 지역 주민의 적극적인 참여와 자발적·공동적인 노력에 의하여 공통적인 욕구를 해결하고, 지역 사회 전체의 경제적·사회적 발전을 도모하며, 나아가 국가 발전과 세계 발전에 이바지하는 활동이다.

01 다음 내용에서 괄호 안에 들어갈 말로 적절한 것끼리 묶인 것은?

> (㉠)은 지역 사회에 존재하는 욕구를 발견하여 그 해결을 목적으로 계획을 수립하는 것을 말한다. (㉡)은 지역 주민의 참여, 자발적 협동과 교육 등을 강조한다.

	㉠	㉡
①	지역 사회 계획	지역 사회 개발
②	지역 사회 개발	지역 사회 행동
③	지역 사회 개발	지역 사회 계획
④	지역 사회 계획	지역 사회 행동

02 군중의 특성에는 익명성, 비개인성, 무책임성, 감정성, 사회적 전염성 등이 있다.

02 다음 중 군중의 특성이 <u>아닌</u> 것은?
① 익명성
② 비개인성
③ 책임성
④ 사회적 전염성

정답 01 ① 02 ③

03 블루머가 분류한 다양한 군중 중 한 지역에 모여 있지만 상호 간에 동일체감이 없고 내부 조직이 없는 것을 특징으로 하는 군중을 가리키는 용어는 무엇인가?

① 임시적 군중
② 인습적 군중
③ 표출적 군중
④ 활동적 군중

03 블루머는 어떤 사건을 중심으로 우연히 모인 사람들을 가리키는 군중을 4가지로 구분하였는데, 그중 임시적 군중은 임시적으로 어떤 사건에 관심이 있어 모였지만, 상호 간의 동일체감이 없고 내부 조직이 없는 사람들이다(예 교통사고를 목격한 구경꾼들).

04 이승엽 선수의 경기를 보기 위해 야구 경기장에 모인 관중들이 속하는 것은?

① 임시적 군중
② 인습적 군중
③ 활동적 군중
④ 대중

04 인습적 군중은 음악회의 청중이나 운동 경기장의 관중들 같은 관객·청중으로 특정한 목적을 위해 모인 사람들이다.

05 군중, 대중, 공중을 통틀어서 칭하는 말에 해당하는 것은?

① 집합
② 군중
③ 집단
④ 군집

05 군집이란 집합 행동에 참여하는 사람들을 총칭한다.

정답 03 ① 04 ② 05 ④

06 대중은 군중보다 규모가 큰 많은 사람들의 모임으로, 계층, 생활 양식, 문화, 습관, 가치관, 행동 양식이 다양하여 한 집단이라 생각하지 않을 수도 있다.

06 군중보다 규모가 큰 많은 사람들의 모임을 의미하는 것은?

① 군집

② 대중

③ 공중

④ 사회 집단

07 대중 사회의 특징은 다음과 같다.
• 1차 사회적 관계의 쇠퇴
• 자연적 조직의 약화와 기능 집단의 강화
• 조직의 비대화와 권한의 집중

07 다음 중 대중 사회의 특징에 해당하는 것은?

① 기능 집단의 약화

② 사회 조직의 비대화

③ 자연적 조직의 강화

④ 2차 사회적 관계의 쇠퇴

08 공중(公衆)이란 공동의 관심사에 대해 의견을 같이하거나 달리하는 사람들의 집합을 말한다. 어떤 문제에 대해서 격렬한 토론과 논쟁을 벌이다가도 공동의 쟁점이 해결되거나 없어져버리면 공중도 해체되는 특징이 있으며, 현대 사회에서 공중의 의견이 바로 여론을 형성한다.

08 TV 토론에 나와서 정부 정책에 대해 갑론을박(甲論乙駁)하는 토론자들과 또 그들의 견해에 동조 또는 비판하는 의식 있는 사람들의 집합을 나타내는 것은?

① 대중

② 공중

③ 임시적 군중

④ 군집

정답 06 ② 07 ② 08 ②

09 다음 〈보기〉에서 대중의 특성에 해당하는 것을 모두 고르면?

> 보기
>
> ㉠ 토론과 논쟁을 통해 여론을 형성한다.
> ㉡ 거리적으로 떨어져 있고 사회적으로도 매우 이질적인 집단이다.
> ㉢ 익명성, 비개인성, 피암시성, 사회적 전염성 등의 특성을 가지고 있다.
> ㉣ 수적으로 상당히 많으며 이질적이기 때문에 성원 간에 상호작용이 없다.

① ㉠, ㉡
② ㉡, ㉢
③ ㉡, ㉣
④ ㉢, ㉣

10 지속적 · 조직적이며 행동의 목표와 정당성이 명백한 집합행동을 의미하는 것은?

① 군중 행동
② 사회 운동
③ 혁명
④ 인습적 군중 집회

09 대중은 군중보다 규모가 큰 많은 사람들의 모임으로, 이들의 의견이 표현되지 않고 숨겨져 있을 수도 있으며, 때로는 강한 힘을 가지기도 한다. ㉠은 공중에 대한 설명이고, ㉢은 군중에 대한 설명에 해당한다.

10 사회 운동의 특성
• 뚜렷한 목표가 있어야 한다.
• 목표 달성을 위한 구체적인 프로그램이 있어야 한다.
• 이데올로기가 확립되어 있어야 한다.
• 일정한 의식행위를 통하여 성원의 참여를 촉진시킨다.
• 지도자와 추종자 사이의 역할 구분이 뚜렷하다.
• 운동이 진행되는 동안 제도화 단계로 들어가기도 한다.

정답 09 ③ 10 ②

11 사회 운동은 조직성·계획성이 강하고, 지속적·반복적이며, 장기적으로 진행된다.

11 다음 중 사회 운동의 특성이 <u>아닌</u> 것은?

① 감정적
② 지속적
③ 반복적
④ 조직적

12 **사회 운동의 종류**
- 복고적 사회 운동 : 옛 질서로 돌아갈 것을 주장한다.
- 보수주의적 사회 운동 : 현재의 제도를 유지해야 한다고 주장한다.
- 개혁주의적 사회 운동 : 현존하는 가치관이나 행동을 변화시키려는 운동을 말한다.
- 혁명적 사회 운동 : 기존의 사회 조직과 구조를 근본적으로 바꾸려는 운동을 말한다.
- 표출적 사회 운동 : 일상생활에서 얻을 수 없는 믿음·가치·규범을 추구하며, 내적 갈등과 감정을 표현한다.

12 종교 운동과 같이 일상생활에서 얻을 수 없는 믿음이나 가치, 규범을 추구하는 사회 운동의 유형을 의미하는 것은?

① 복고적 사회 운동
② 표출적 사회 운동
③ 혁명적 사회 운동
④ 개혁주의적 사회 운동

13 스멜서의 부가가치이론이란 사회 운동이 일어나기 위해서는 여러 가지 사회적 요인들이 있어야 하며, 특정한 요인이 한 가지씩 더 첨가될수록 사회 운동이 성공할 가능성이 높아진다는 이론이다.

13 사회 운동이 일어나기 위해서는 여러 가지 사회적 요인들이 있어야 하는데, 특정한 요인들이 첨가될수록 사회 운동이 성공할 가능성이 높아진다는 이론은 무엇인가?

① 집합행동이론
② 부가가치이론
③ 사회 운동의 주기이론
④ 브린톤의 혁명이론

정답 11 ① 12 ② 13 ②

14 스멜서는 부가가치이론에서 여섯 단계의 조건이 있어야 사회 운동이 일어난다고 주장하였는데, 그중 어떤 집합 행동이 일어나기 위한 사회 구조적·문화적 선행요건에 해당하는 것은?

① 구조적 유발성
② 구조적 긴장
③ 일반화된 신념
④ 촉발 요인

14 스멜서의 부가가치이론은 다음과 같다. 6가지의 사회요인이 부가될수록 사회 운동이 활발히 일어난다.
• 구조적 유발성 : 어떤 집합 행동이 일어나기 위해 필요한 사회 구조적·문화적 선행요건
• 구조적 긴장 : 사회 내에 모순, 괴리가 있어 긴장이 야기되어야 함
• 일반화된 신념 : 긴장의 해결 방법에 대한 사회 구성원의 공통된 의식 형성
• 촉발 요인 : 실제 집단 행동을 유발하는 극적인 사건
• 행동을 위한 참여자의 동원 : 사람들을 동원시켜 자극·흥분하게 하여 표적을 향해 행동으로 이끄는 지도자가 나타남
• 사회 통제 : 사회적 운동에 대해 사회 통제가 가속되면 그만큼 운동의 폭발력이 강화됨

15 사회 운동의 주기이론에서 사회 운동이 초기의 목표를 달성하여 새로운 사회 제도를 만들고 질서를 세워나가는 단계에 해당하는 것은?

① 민중화 단계
② 형식화 단계
③ 제도화 단계
④ 구조 조직 단계

15 사회 운동의 주기이론의 내용은 다음과 같다.
• 시초 단계 : 혼동, 불안, 사회적 불만 등이 생겨나고, 고립된 상태의 개인들로 하여금 문제의식을 갖게 한다.
• 민중화 단계 : 많은 사람들에게 불만이 확산되고, 집단 정체감 및 집단 연대감을 키운다.
• 형식화 단계 : 사회 운동은 안정된 조직의 단계로 발전된다.
• 제도화 단계 : 추구하였던 목표가 일단 달성되면 제도권에 흡수되거나 새로운 질서가 수립되고, 사회 운동가들은 보수주의가 되며, 자신들의 지위를 유지하는 데 있어 기득권을 가지게 된다.

16 사회 운동의 마지막 단계인 제도화 단계에 가장 적합한 지도자 유형으로 알맞은 것은?

① 예언자 유형
② 정치적 수완이 있는 지도자
③ 행정 집행가
④ 개혁 지향주의자

16 사회 운동의 주기이론에서 제도화 단계는 사회 운동이 목표를 달성하여 제도권에 흡수되거나 새로운 사회 질서가 수립된다고 보는데 이에 적합한 지도자 유형은 행정 집행가(Administrator – executive)이다.

정답 14 ① 15 ③ 16 ③

17 사회 운동의 주기와 지도자의 유형은 다음과 같다.
- 시초 단계 : 고립된 개인들이 같은 쟁점이나 문제를 의식하고는 있으나 표출하지 않은 단계로, 지도자 역할은 선동가들이 한다.
- 민중화 단계 : 문제를 서로 나누어 느끼고 토론하며 친화감을 키우게 되는 단계로, 지도자는 예언자나 개혁가로서의 역할을 수행한다.
- 형식화 단계 : 이데올로기를 정교화하고 조직을 세심하게 꾸미는 단계로, 지도자는 지적이고 정치적 수완이 있어야 한다.
- 제도화 단계 : 목표를 달성하여 새로운 사회질서가 세워지는 단계로, 가장 능률적인 지도자는 행정 집행가이다.

17 사회 운동이 성공하기 위해서는 각 단계마다 다른 특성을 가진 지도자가 필요하다. 사회의 불만을 전체 민중에게 확산시키고 선동하는 단계인 민중화 단계에 가장 효과적인 지도자의 유형으로 적절한 것은?

① 개혁가(Reformers)
② 지적이고 정치적 수완이 있는 지도자(Statesman)
③ 행정 집행가(Administartor-executive)
④ 선동가(Agitator)

18 혁명 발생의 직접적 원인에는 권력의 축소, 권위의 상실, 촉발 요인의 존재 등이 있다.

18 존슨의 혁명이론에서 말하는 혁명 발생의 직접적 원인(原因)이 아닌 것은?

① 권력의 축소
② 체제 내부의 기술혁신
③ 권위의 상실
④ 촉발 요인의 존재

19 ① 마르크스와 엥겔스의 견해
② 토크빌의 견해
④ 브린톤의 견해

19 다음 중 혁명에 관한 데이비스의 견해로 가장 적절한 것은?

① 부의 불평등한 분배가 혁명의 원인이다.
② 경기 호황 속에서 계급간의 불균형이 오래 지속될 때 혁명이 발생한다.
③ 실제의 사회 경제적 조건보다 사회성원들의 심리 상태가 혁명의 더욱 직접적인 원인이다.
④ 혁명은 사회 해체에서 오는 일종의 사회병리현상이다.

정답 17 ① 18 ② 19 ③

20 혁명(Revolution)과 반란(Rebellion)에 대한 설명으로 옳은 것은?

① 혁명은 기존 사회 질서를 공고히하려는 집단적인 행동이다.
② 반란은 기능적으로 분화된 사회에서 일어날 가능성이 크다.
③ 혁명은 기능적으로 미분화된 사회에서 일어날 가능성이 크다.
④ 반란은 단순히 권위적 지위에 있는 사람을 제거하려는 데 일차적인 목적이 있다.

21 브린튼이 주장한 혁명의 원인으로 옳은 것은?

① 경제적 궁핍
② 상대적 박탈감
③ 신분 차별
④ 사회 해체

22 브린튼이 그의 저서 『혁명의 해부』에서 혁명 발생의 사회적 조건으로 지적하지 <u>않은</u> 것은?

① 계급 간의 반목
② 지식인들의 지배 계급으로부터의 이탈
③ 지배 계급의 자신감 결여
④ 극도의 사회 분화로 인한 사회적 단위의 원자화

20 존슨(C. Johnson)에 의하면 혁명은 기존 사회 질서를 변혁하기 위한 집단적인 행동이고, 반란은 정치적 이념에 대한 도전이 아니라 단순히 권위적 지위에 있는 사람(폭군)을 제거하는 데 일차적인 목표를 갖는다. 또한, 기능적으로 미분화된 사회에서는 반란이 일어날 가능성이 크고, 기능적으로 분화하여 유기적인 상호의존 관계를 형성하는 사회에서는 혁명이 일어날 가능성이 크다고 하였다.

21 사회 해체에서 오는 일종의 사회병리 현상이라고 보았다.

22 혁명 발생의 사회적 조건(브린튼)에는 경제적 발전과 사회적 불만, 계급 간의 반목, 지식인들의 지배 계급으로부터의 이탈, 정부의 무능과 비효율성, 지배 계급의 자신감 결여, 정부의 재정적 파탄 등이 있다고 보았다.

정답 20 ④   21 ④   22 ④

23 신사회 운동은 보편적인 가치를 전제로 하여 사회 전체의 복지를 추구하고자 하는 집합 행동을 의미한다. 녹색 운동, 반핵 운동, 생명 운동, 소비자 운동 등이 이에 속한다.

23 집합 행동과 사회 운동에 관련된 설명으로 옳지 <u>않은</u> 것은?

① 전통적으로 사회 운동은 집단 사이의 갈등에 기초하여 발생하였다.

② 노동 운동이나 계급 운동, 빈민 운동 등은 대표적인 신사회 운동에 속한다.

③ 집합 행동의 영향이 사회 전반에 영향을 미치게 될 때, 이를 사회 운동이라 한다.

④ 국가의 여러 제도 자체가 문제로 인식될 때 제도 개혁을 요구하는 시민 운동이 일어나게 된다.

24 탈산업 사회는 산업 사회 이후에 나타난 정보화된 사회이므로 노동자들의 임금과 노동 환경 개선을 위한 노동 운동은 탈산업 사회의 문제점으로 인해 일어난 운동이 아니다.

24 다음 중 탈산업 사회의 문제점으로 야기된 운동이 <u>아닌</u> 것은?

① 여성 운동

② 노동 운동

③ 반핵 운동

④ 환경 운동

25 제임스 데이비스는 사람들이 원하고 있는 것과 실제로 얻는 것 사이에 균열이 일어날 때 혁명이 발생한다고 보았다. 그는 이 이론에 입각하여 프랑스 혁명, 러시아 혁명 등을 설명하였다.

25 사회 성원들의 심리적 상태가 혁명 발생의 주요한 요인임을 강조한 학자는 누구인가?

① 칼 마르크스

② 찰스 탈리

③ 크레인 브린든

④ 제임스 데이비스

정답 23 ② 24 ② 25 ④

사회 변동과 사회 발전

현명한 자라면 찾아낸 기회보다 더 많은 기회를 만들 것이다.

- 프랜시스 베이컨 -

제**18**장 | 사회 변동과 사회 발전

제1절 사회 변동의 의미

1 사회 변동의 의미

(1) 사회 변동의 의미

사회 변동은 사회의 본질적인 성격, 속성이기도 하다. 사회사를 장기적·구조적으로 보면, 사회 질서는 사회의 변동 과정에서 나타나는 일시적인 정지 상태라고 볼 수 있다.

(2) 사회 변동의 특성

① 산업 혁명과 더불어 사회 구조의 변동을 체험하면서 사회학이라는 학문이 성립하였으므로, 사회 변동은 바로 사회학의 핵심적 주제라 할 수 있다.

② 사회 변동은 하나의 사회 질서(관습, 규범, 사회 제도 등 모든 차원의 현상)가 다른 사회 질서로 바뀌는 것을 뜻한다.

③ 사회 변동을 규명하기 위해서는 변동의 길이(시간적 요소), 변동의 규모(폭과 길이), 변동의 성격까지 고려해야 한다.

④ 사회 변동에서는 일정 기간(시간) 동안 사회 전반에 걸쳐 일어나는 변동의 내용 및 규모(폭과 깊이), 속도, 성격 등을 모두 다룬다.

⑤ 사회 변동이론은 사회 변동의 원인, 과정, 방향의 일정한 유형을 설명해 주는 이론이다.

2 사회 변동의 발전

(1) 사회 변동의 요인과 원동력

① **과학 기술의 발달** : 정보 통신 기술 및 생명 공학 기술의 발달

② **가치관과 신념의 변화** : 인류의 보편적 이념 확산, 정신적 가치와 삶의 질 중시, 개인주의

③ **냉전 체제의 붕괴** : 자유 민주주의와 시장 경제의 확산

④ **사회 변동의 원동력**

㉠ 정보 통신 기술, 생명 공학 기술 등 과학 기술의 발달은 현대 사회의 변동을 일으키는 가장 근본적인 원동력이라고 할 수 있다.

㉡ 인터넷을 통해 무한대로 발전을 거듭하는 정보 통신 기술로 인해 사회의 변동은 더욱 다양해지고 빨라질 것이다.

(2) 현대 사회 변동의 특징과 변동 양상

① **특징** : 변화 속도가 매우 빠르고 동시다발적으로 일어나고 폭넓은 범위에서 다양한 변화가 발생한다.

② **변동 양상**

    ㉠ 산업화·도시화 : 인류의 생산력 증대, 과학 기술의 비약적 발전, 인구의 도시 집중

        → 빈부 격차, 환경 오염 등의 문제 발생

    ㉡ 정보화·세계화·고령화 : 20세기 후반부터 급격한 사회 변동의 양상

제2절 | 사회 변동의 이론

1 진화론

(1) 개념

① 생물체가 자연 도태 및 적자생존의 과정을 통해 진화하듯이 인간 사회도 환경에의 적응 과정에서 장기적으로 볼 때 진보한다는 내용이다.

② 19세기 다윈의 생물학적 진화론을 인간 사회에 적용한 것이다.

③ 현재의 사회를 과거의 사회보다 더 나은 사회, 더 발전된 사회, 즉 진보의 개념으로 이해한다.

④ 스펜서와 뒤르켐은 진화론의 영향을 받아 오늘날까지 사회학적 사고에 강하게 영향을 끼치고 있는 유기체적 사회 진화이론을 발전시켰다.

(2) 스펜서(H. Spencer)의 진화론

① 사회를 생물학적 유기체에 비유하고, 사회 구조의 분화 및 통합에 초점을 둔 이론이다.

② 인류 역사 전체를 포괄하는 것이지만, 이론의 초점은 전근대 사회로부터 근대 사회로의 이행에 있었다.

③ 사회가 발전하는 것은 군사형 사회에서 산업형 사회로의 전이라고 보았다.

    ㉠ 군사형 사회 : 강력한 중앙 집권적 지배 형태로, 개인은 국가의 이익을 위하여 존재하며 개인의 자유는 제한된다.

    ㉡ 산업형 사회 : 개인의 자유가 존중되고 자유 의지에 따라 행동하고, 협동하는 사회(자발적 협동, 계약적 관계, 민주적·대의적 정부 존재, 개인의 창의성에 기초한 사회)이다.

(3) 뒤르켐(E. Durkheim)의 진화론

① 사회 변동을 사회적 분업과 상호의존성의 시각에서 설명하였고, 스펜서와 마찬가지로 사회 구조의 점진적 분화를 사회 진화의 주요 경향이라고 보았다.

② 뒤르켐은 스펜서와는 달리 분업에 의해 창출된 상호의존성이 근대 사회에서의 통합을 위한 충분조건이 되지 않는다고 보았다.

③ 사회 변동을 기계적 유대에 바탕을 둔 단순 사회에서 유기적 유대를 바탕으로 한 복합 사회로 변화 해가는 과정으로 보았다.

ㄱ 기계적 연대로 맺어지는 사회 : 미분화된 사회로 분업이 최소한으로만 이루어져 있으며, 사회성 원들 간의 공통된 가치 체계가 존재하므로 사회적 결속을 유지하고, 통제는 주로 형법을 통해 이루어진다.

ㄴ 유기적 유대가 지배하는 사회 : 복합적 분업이 이루어지고 전문화된 부분들은 상호의존하는 사회 로, 다양성, 이질성, 상호의존성을 특징으로 한다. 사회 통제는 주로 보상법에 의해 이루어진다.

(4) 신진화론

신진화론은 사회 발전을 한 방향으로의 변동으로 해석하는 고전적 진화론의 단점인 단선적·일반적 모형을 수정·보완한 이론으로, 사회학적 측면과 문화 인류학적 측면에서 문화의 변동을 설명하는 관 점이다.

① **사회학적 관점 – 파슨스(T. Parsons), 스멜서(N. Smelser), 아이젠슈타트(S. N. Eisenstadt)**

ㄱ 사회 체계는 분화와 통합을 반복하면서 진화한다.

ㄴ 모든 사회에서 보편적으로 나타나는 보편적 요소와 특수하게 나타나는 특수요소가 있다.

② **문화 인류학적 관점 – 화이트(L. White), 스튜어드(J. Steward)**

ㄱ 화이트 : 문화의 성장과 발전은 문화 자체의 본성이고, 독자적인 과정이다.

- 보편 진화론 : 문화란 특정 지역 및 민족의 문화가 아니라 인류 전체의 집합적 경험으로서의 보편 문화를 가리킨다.
- 문화 물질주의(경제 환경 결정론) : 화이트는 경제의 하부 구조를 중요시하였다.

ㄴ 스튜어드 : 주어진 환경에 적응한다는 문화 생태학적 측면에서 문화 변동을 주장하였다.

- 스튜어드는 화이트의 접근 시각이 너무 일반적이어서 개개의 사회가 변천되는 특수한 과정을 논의할 수 없다고 보고, 각 사회가 처한 특수한 환경에 어떻게 적응하는가를 분석해야 한다고 주장하였다.
- 다선적 진화론(多線的進化論) : 환경과 경제 활동, 정치 제도, 사회 조직 등의 관계가 성립되 어 문화 생태를 이루며 이에 의하여 문화형(Cultural type)이 발전한다. 이때 각 사회는 문화 생태의 차이에 따라 상이한 진화과정을 거치게 된다. 이것은 결코 전파나 전체적·보편적 진화 로 설명될 수 없다.
- 문화 생태학 : 스튜어드는 다양한 특정 민족과 지역에서 발견되는 문화에 관심을 가졌으며, 생 태학적 환경을 중시하였다.

(5) 마르크스(K. Marx)의 변증법적 역사발전론

① 마르크스는 원시 사회로부터 근·현대에 이르는 역사 발전의 법칙을 **생산 양식에 따른 다단계적 발전이론**으로 설명하였다.

㉠ 긍정과 부정, 부정과 부정을 거듭하면서 발전하는 것을 생산 양식이라고 보았다.

㉡ 생산 양식의 부정과 부정을 거듭하면서 인류 역사가 원시 공산 사회에서부터 고대 노예제 사회, 중세 봉건제 사회, 그리고 근대 자본주의 사회로 변동해 왔다고 설명하였다.

㉢ 인류 역사의 변동 과정에서 나타나는 생산력과 생산 관계의 모순 및 갈등은 불가피한 현상이다. 발전하는 생산력은 기존의 생산 관계와 **모순 및 갈등**을 겪으면서 새로운 생산 관계의 출현을 원한다.

㉣ 기존의 생산 관계는 붕괴되고 새로운 생산 관계가 출현한다. 새로 나타난 생산 관계는 생산력과 조화를 이루며 생산력의 발전을 촉진하고, 발전한 생산력은 다시 기존의 생산 관계와 모순과 갈등을 겪으며 또 다른 생산 관계를 출현시킨다. 이와 같이 인류의 역사 발전 자체가 끊임없는 모순과 갈등의 연속이며, 이것의 해결은 기존 체제의 붕괴를 의미한다.

② 마르크스는 헤겔의 변증법적 역사 발전론과 포이어 바흐(L. A. Feuerbach)의 유물론을 받아들여 변증법적 유물론을 제창하였다.

> **더 알아두기**
>
> **헤겔의 시대 정신**
> • 정 : 인류 역사 과정 어느 사회에서나 그 시대를 대변할 수 있는 시대 정신이 지배한다.
> • 반 : 이것을 부정하는 새로운 사상이 나타나 모순과 갈등을 겪는다.
> • 합 : (정)·(반)의 두 사상을 통합하는 새로운 이념이 출현한다.
> 따라서 역사는 절대 정신이 부정과 부정을 되풀이하는 과정에서 발전한다.

③ **인류 역사의 5단계 발전론** : 원시 공산 사회 체제 → 노예제 사회 → 봉건제 사회 → 자본주의 사회 → 사회주의 사회

(6) 토인비(A. J. Toynbee)의 나선 단계형 발전이론

① 모든 문명은 도전과 반응을 거듭하면서 나선형 계단을 한 계단씩 밟아 올라가는 모양과 같이 그 이전 사회보다 발전해간다.

② 도전과 반응의 주기적 순환은 인간 사회를 완벽한 문명 사회로 진보하게 하는 과정이라고 보았다.

기타 진화론적 주장

- **사린스와 서비스** : 스튜어드의 설명이 한 문화의 특수성을 강조하는 데 결함이 있어서 화이트와 스튜어드의 이론을 절충하여 개별 문화의 특수 진화와 전체 문화의 일반 진화로 구분하였다.
- **모건** : 사회는 야만, 미개, 문명의 단계를 거치면서 진화한다.
- **로스토우의 경제 발전 단계론**
  전통적 사회 → 도약준비단계 → 도약단계 → 성숙단계 → 고도대중소비단계
- **퇴니스** : 공동 사회(게마인샤프트) → 이익 사회(게젤샤프트)
- **메인** : 신분 사회 → 계약 사회
- **베커** : 신성 사회 → 세속 사회

2 순환론

(1) 순환론의 개념

① 발전·퇴보와 같은 특정한 방향성 없이 단순히 생성·성장·쇠퇴의 과정을 되풀이한다고 보았다.

② 인류 역사가 질서정연하게 긍정적인 영향으로 움직인다고 하는 단선 진화의 관념을 부인한다.

③ 사회 변화와 문명 현상은 유기체의 일생과 같이 성장과 쇠퇴를 되풀이한다고 보는 입장이다.

(2) 이븐 할둔(I. Khaldun)

① 최초로 순환론을 제시하였다.

② 아랍의 베두인족을 중심으로 이슬람 문명의 흥망성쇠 연구 → 유목민과 정착민의 교체 반복

(3) 파레토(V. Pareto) 기출 20

① 인류 역사를 여우형 엘리트와 사자형 엘리트의 순환 과정으로 보았다. → 엘리트 순환론 주장

ⓐ 여우형 엘리트 : 조합의 잔기가 강한 사람, 약삭빠르고 혁신적이며, 교활하고, 수완이 풍부하고, 적응성이 강하나 강력한 통제력은 없다.

ⓑ 사자형 엘리트 : 집단 존속의 잔기가 많은 사람, 전통과 관습 존중, 보수적, 강력한 통제력이 있다.

② 인간의 비논리적 행위를 설명하기 위해 잔기와 파생체라는 개념을 도입하였다.

ⓐ 잔기 : 인간 의식 속에 존재하는 비교적·항구적인 기본적 감정으로 엘리트이론과 관계 있다.

ⓑ 파생체 : 개인이 자신의 비논리적·비과학적인 신념 체계 등을 그럴듯하게 합리화시키는 정신적 요소이다.

③ 역사는 귀족들의 공동묘지가 되고, 순환하면서 발전한다고 보았다.

(4) 슈펭글러(O. Spengler)

① 각 문화를 살아있는 생명체들과 같이 출생, 성장, 성숙, 쇠퇴의 예측할 수 있는 일정한 과정을 밟는 유기체로 보았다.

② 인류의 역사를 생물체로서의 의지나 목적, 계획 없이 정해진 과정만을 그대로 밟는 운명유기체로 보았다.

③ 문명을 생물학적 유기체에 비유하여 '출생과 유년기, 청소년기, 성숙기, 노년기, 사망기'의 5단계를 순환한다고 보았다.

(5) 소로킨(P. Sorokin)

① **문화 유형** : 감각형, 관념형, 이상주의형으로 분류하였는데, 이 중 감각형과 관념형을 주요 문화 유형이라 보고, 역사는 이 두 가지 상반된 문화 유형 사이를 시계추처럼 오가는 진동의 주기를 나타낸다는 순환론을 폈다.

② **변동의 원천** : 사회 문화 체계 내부에 있으며, 어떤 종류의 진리도 너무 지나치게 발달되면 허위가 되거나 왜곡된다는 극한의 원리를 주장했다.

　㉠ 관념 지향형 문화 : 신과 영적 세계가 진정한 실재이고, 가치 있다는 원리가 지배(정신적·초월적·비현실적·비물질적)

　㉡ 감각 지향형 문화 : 감각적 세계가 실재이고 가치 있다고 보는 원리가 지배(물질적, 향락적)

　㉢ 이상주의적 문화 : 관념 지향형과 감각 지향형 문화가 적절히 조화를 이룬 형태

3 균형론

(1) 개념

① 사회를 균형 잡힌 체계로 보고, 사회 변동을 사회 유기체의 개체 유기 과정으로부터 유출하여 설명한 이론이다.

② 사회 내부에 교란 요인이 생기더라도 이를 흡수할 능력이 있기 때문에 사회는 균형을 유지한다고 보았다.

③ 금세기 중반에 미국 사회학의 중심을 이루어 왔던 이론으로, 대표적인 이론가는 파슨스(T. Parsons)이다.

(2) 주요 내용

① 어떤 부분이 다른 부분과의 균형 상태에서 벗어나면, 이들 사이에 마찰이나 갈등이 발생하고, 이 부분은 다른 부분과 균형을 맞추는 방향으로 스스로 조정해 나간다.

② 마찰과 갈등이 심화되면 다른 부분까지 포함하여 사회 전체가 새로운 균형을 찾는 방향으로 움직인다.

③ 사회의 부분이나 전체가 갈등을 극복하면서 균형의 상태를 찾아가는 과정을 사회 변동으로 보고 있다.

> **더 알아두기**
>
> **항상성**
> 균형론의 핵심 개념으로, 사회는 기본적으로 균형을 찾고자 하는 역동적 체계이며, 교란이 있어도 곧 흡수되어 안정을 찾을 수 있다.

(3) 비판

① 파슨스의 균형이론은 사회 내부로부터의 급진적인 변동의 발생과 그에 수반되는 현상을 설명할 수 없다.

② 사회 집단 간의 갈등에 의해 일어나는 사회 변동을 소홀하게 취급함으로써 역사상 여러 가지의 혁명적인 사회 변동을 설명하기 어렵다.

③ 사회 변동을 비정상적인 상황이나 병리적인 상태에서 나타나는 현상으로 간주함으로써 사회의 변화보다는 사회의 유지를 더욱 중요시하는 보수적인 성향의 이념이라는 비판을 받는다.

4 갈등론

(1) 개념

① 갈등론에서는 사회는 본질적으로 불안정하며, 사회의 여러 부분들 사이에는 항상 갈등이 존재한다고 보았다.

② 사회의 유지와 질서를 상호 합의나 동의에 의한 것이 아닌 강제적인 힘이나 권력관계에 의한 것으로 바라보는 입장이다.

③ 사회에는 사회적 통합과 균형의 순기능만 있는 것이 아니고 무질서, 변화 갈등, 투쟁이 존재하는데, 이러한 이해의 차이가 갈등을 일으키기도 하지만 이로 인해 사회 발전과 복지를 증진시킬 수 있다는 이론이다.

(2) 마르크스(K. Marx)의 변증법적 변동이론

① 계급 간의 상호갈등을 통해 사회 변동을 이해한다.

② 모든 사회를 계급 투쟁의 장으로 보고, 사회는 자원과 생산 수단을 가진 소유자와 그렇지 않은 비소유자의 끊임없는 갈등 속에서 변화하고 있다고 본다.

③ 부분들이 서로 긴장하고 갈등함으로써 생기는 역동적인 힘, 특히 생산력과 생산관계의 모순과 갈등을 사회 발전의 요인으로 설명했다.

④ 마르크스는 대자연은 물론 인간 사회 이론과 사고 역시 끊임없이 변동·발전하고 있다고 보고, 이러한 세계의 변동·발전은 '변증법'이라는 일반 법칙을 따르고 있다고 본다.

⑤ 계급의식은 '유사의식 → 연대의식 → 대항의식' 순으로 발전한다.

    ㉠ 유사의식 : 모두 다 같은 형편에 있는 노동자임을 깨닫게 되는 단계

    ㉡ 연대의식 : 같은 형편에 있는 노동자들끼리 뭉쳐야 한다는 것을 깨닫고, 강한 소속의식을 느끼며 단결하는 단계

    ㉢ 대항의식 : 유사한 형편에 있는 노동자들끼리 단결하여 자본가 계급에게 대항해야 한다는 투쟁의식이 형성되는 단계

(3) 다렌도르프(R. Dahrendorf)의 갈등론

① 마르크스는 사회 갈등의 원인을 경제적인 생산관계에서 찾았지만, **다렌도르프는 정치적인 권위관계**에서 찾았다.

② 권력과 권위가 불평등하게 배분되어 있기 때문에 지배와 피지배가 성립되는데, 이 구조가 붕괴되면 사회 변동이 일어난다고 보았다.

③ 사회 변동이란 권위관계에서 자리를 달리하는 사람들 간에 상하 이동이 일어나든가, 지배층이 피지배층의 요구를 받아들여 규범을 고치든가, 아니면 완전히 그 자리가 서로 바뀌는 것을 말한다.

④ 비판 : 과격한 사회 운동을 정당화하는 데 이용당할 수 있으며, 사회 구조를 이해관계 대립의 양극 상태로 파악할 우려가 있다.

※ 진화론과 균형론은 '안정'을 사회의 본래적 속성으로 보고 있다.

[진화론 · 균형론 · 갈등론의 비교]

구분	진화론	균형론	갈등론
관점	사회는 일정한 방향으로 진보 · 발전	변동은 각 부분의 균형이 깨져 나타나는 병리적 현상	모든 사회의 보편적 현상인 갈등에 의해 사회가 변동함
전제	현재 사회는 과거보다 더 나은 발전된 사회	정상적인 사회는 각 부분들이 균형 · 통합되어 있음	사회 각 부분 간에는 갈등이 항상 존재
변동 내용	단순, 미분화된 상태 → 복잡, 분화된 상태	균형에서 일탈 → 긴장 발생 → 마찰과 갈등 → 균형 회복	힘에 의한 통합 → 갈등의 표출 → 현상 파괴 → 새로운 힘에 의한 통합
비판	• 사회가 일정한 방향으로 진보한다는 전제의 오류 • 제국주의 국가의 식민지 지배를 정당화	• 혁명적 사회 변동 설명 불가능 • 지배층의 기득권 옹호 수단으로 이용	• 혁명, 투쟁의 정당화 근거 제공 • 사회 각 부분 간의 상호의존성 경시

5 기술 결정론

(1) 마르크스의 기술 결정론

생산관계의 변화가 사회 하부 구조의 변화를 가져오고, 사회 하부 구조의 변화는 사회 상부 구조의 변화를 가져옴으로써 사회가 변동·발전한다고 보았다.

(2) 오그번(W. F. Ogburn)의 기술 결정론

① **사회 변동의 기본 요인** : 사회는 기술이 먼저 발전하고 그 후에 기술과 적합한 가치와 규범이 변한다고 봄으로써 기술 혁신을 사회 변동의 기본 요인으로 보았다.

② **문화 지체** : 문화의 내용이 고르게 변동하지 않고 변화의 속도와 폭에 차이가 생길 때 나타나는 문화 현상을 의미한다.

6 관념론

(1) 베버(M. Weber)의 프로테스탄트 윤리이론

① 문학적인 이념이나 신념이 어떻게 경제나 기술과 동일하게 사회 변화에 영향을 미쳐왔느냐를 입증하려고 하였다.

② 프로테스탄트 윤리와 자본주의 정신에서 영국 청교도의 종교적 신념이 자본주의 발생의 원인이라 주장하였다.

③ **칼뱅주의와 자본주의의 연결의 단계**

　㉠ 칼빈의 예정설 : 운명은 신에 의해 이미 정해져 있고, 스스로의 노력으로도 바꿀 수 없다.

　㉡ 보장의 문제 : 인간은 자신이 신에게 선택된 사람이라는 사실을 가시적으로 보장받고 싶어 한다.

　㉢ 직업의 신념 : 자신의 직업에 충실하고 성공하는 사람이라면, 선택받은 사람일 것이라는 신념이 있다.

　㉣ 근면과 훈련의 물질적인 성공 : 근면성실하고 물질적으로 성공하는 것은 기독교 정신이 외부로 표출된 것이다.

　㉤ 자본의 성장 : 돈을 낭비하는 것은 칼뱅주의 신념에 위배되는 것이기 때문에 성공한 기업가들은 그들의 이익을 사회에 투자한다.

④ 사회 변동의 요인으로 물질적 요인만을 일방적으로 강조한 마르크스주의와 달리, 특정 정신을 중요한 사회 변동 요인 중 하나로 설명하였다.

(2) 사회 심리학적 변동이론

헤이건과 맥클레랜드는 모두 경제 발전에 있어서 가족의 역할과 그 결과로 아동들이 갖게 되는 퍼스낼리티 유형의 중요성을 강조하였다.

① **헤이건(E. Hagen)의 창조적 퍼스낼리티론**
   ㉠ 경제 발전을 기술적 진보로부터 비롯되는 일인당 소득의 지속적 증대로 규정하고, 이 과정이 '창조적 퍼스낼리티'에 의해 이루어진다고 보았다.
   ㉡ '창조적 퍼스낼리티'는 자신을 둘러싸고 있는 사회적 환경이 논리적 질서를 갖고 있다고 인식하였다.
   ㉢ 전통 사회와 근대 사회를 대비시켜 전통 사회는 권위주의적 퍼스낼리티에 의해 지배되고, 근대 사회는 창조적 퍼스낼리티에 의해 지배된다고 보았다.

② **맥클레랜드(D. McClelland)의 성취 지향적 퍼스낼리티**
   ㉠ 맥클레랜드도 헤이건과 마찬가지로 특수한 종류의 변동인 경제 발전에 관심을 두고, 변동의 주요 동인으로 퍼스낼리티를 강조하였다.
   ㉡ 베버가 자본주의의 역사적 발전을 기술하면서 퍼스낼리티 요소를 중시한 점과 유사하다.
   ㉢ 대체로 높은 수준의 성취 욕구를 가진 사회는 보다 정력적인 기업가들을 산출할 것이며, 이들은 다시 보다 급속한 경제 발전을 산출한다.
   ㉣ 성취 욕구의 측정 : 3가지 유형
      • 성취 욕구의 집단 측정치를 획득하여 그것을 경제 발전의 지표와 연결시키려고 노력 : 문학 작품에 대한 내용 분석, 민간 설화, 초등학교에서 읽히는 동화, 과거의 상상력이 풍부한 문학 작품 등
      • 성취 욕구의 원천과 청년들 사이에서의 효과들 : 여러 나라의 어머니와 아들 모두의 동기, 관심, 가치, 수행에 대한 개별 측정치
      • 기업가의 행동과 동기 : 정력적인 실업가들이 그들과 동년배의 다른 사람들보다 성취욕구의 수준이 높은지, 또 그들의 기업가적 활동이 더 광범위한지를 확인하는 검사
   ㉤ 성취 동기의 수준이 높은 사회에 사는 사람들은 몇 가지 기준에 따라 일을 잘 수행하려고 애를 쓴다.
   ㉥ 성취 동기의 근원 : 어린 시절의 경험이나 학습은 성취 동기에 결정적인 영향을 미친다.

제3절 | 사회 발전의 문제

1 근대화의 의미와 공통 가정

(1) 근대화의 의미

근대화란 경제 발전과 정치에 있어서 제도적 민주주의의 정착, 문화에 있어서 세속적·합리적 규범의 확산, 사회적으로 삶의 기회의 보다 평등한 분배와 사회 이동의 증가, 통신 및 매스컴의 확장과 국민의 복지 향상 등이 이루어진 상태이다. 또한 이러한 특성을 갖는 사회 속에서 근대적 퍼스낼리티의 형성이 이루어졌을 때 이를 근대화된 사회라고 할 수 있다.

(2) 근대화이론의 공통 가정 기출 22

① 근대화를 지향하는 사회의 모델을 서구 사회로 보았다.
② 전통 사회의 요소에서 빨리 벗어나는 것이 근대화를 촉진시키는 길이라고 보았다.
③ 제3세계의 사회 구조(덜 발전된 사회)를 '2중 사회'로 본다.
④ 근대화이론은 사회 변동의 분석 단위를 개개 '민족 국가'로 잡는다.
⑤ 이들 이론은 저발전국인 제3차 세계가 본질적인 독자적 발전 능력을 갖고 있지 못하다고 본다.

2 근대화이론

(1) 로스토우(W. W. Rostow)의 경제 발전 5단계설

미국의 경제학자인 로스토우 교수에 의하여 발표된 이론으로 경제 발전 단계를 크게 '전통 사회 → 도약 준비기 → 도약기 → 성숙기 → 대중적 고도 소비기'의 다섯 가지로 나누어 설명할 수 있다고 보는 학설이다. 이 중 가장 중요한 것은 도약기인데, 이 기간을 성공적으로 거치면 전근대 사회에서 자본주의 사회로 발전하게 된다.

① **전통 사회 단계** : 생산의 중심은 농업이며, 지주에게 부가 집중되어 봉건제가 지배하고 있다.
② **도약 준비 단계** : 생산의 중심이 농업에서 공업으로 이동하는 과도기적인 사회이다.
③ **도약 단계** : 저축과 투자율이 증대하고 이윤의 상당 부분이 재투자되는 단계이다.
④ **성숙 단계** : 중공업, 경공업의 체계가 국내에 정비되는 단계로, 철강업 중심의 시대이다.
⑤ **대중적 고도 소비 단계** : 소비재 산업과 서비스 산업이 주축이 되어 도시가 팽창하며, 복지 국가가 등장하는 단계이다.

(2) 호설리츠(B. F. Hoselits)의 근대화이론

① 호설리츠는 파슨스가 정교하게 구성한 사회 행동의 유형 변수를 근대화의 연구에 응용하였다.

② 호설리츠에 있어서 근대화란 전통적인 유형 변수의 제거, 즉 전통 사회에서 지배적으로 나타나는 행위 특성들을 수정 또는 제거함으로써 달성된다고 보았다.

③ **파슨스(T. Parsons)의 다섯 가지 유형 변수**

전통적 유형 변수	근대적 유형 변수
감정 개입	감정 중립
광범성	한정성
특수주의	보편주의
귀속 본위	업적 본위
집합체 지향	자기 지향

(3) 스멜서(N. J. Smelser)의 근대화이론

① 근대화를 '사회의 구조 및 기능의 분화와 통합'으로 파악한다.

② 분화는 새로운 행위 규범과 보상 체계를 요구한다.

③ 구조적 변동은 근대화 기간에 '고르게' 진행되지 않는다.

④ 전통적 방식과 마찰에서 생기는 불만족과 아노미에서 생기는 불만족이 서로 접촉하면서 서로를 악화시키는 경우가 있다.

(4) 레비(M. Levy)의 근대화 사회의 속성

① '더 근대화된 사회'와 '덜 근대화된 사회'로 구분하였다.

② 기준 : 조직체의 분화의 정도, 사회 단위 간의 상호의존성, 인간관계 유형, 중앙 집권화의 정도, 교환 매체의 유형, 관료제화의 정도, 가족의 중요성, 도시와 농촌 관계의 유형

③ 더 근대화된 사회는 산업 사회이고, 재화와 용역이 도시에서 농촌으로 들어가는 특성이 있다.

④ **더 근대화된 사회와 덜 근대화된 사회의 비교**

더 근대화된 사회	덜 근대화된 사회
• 대부분의 조직체들이 분화된 기능을 수행한다. • 사회 단위들 간의 상호의존성이 높다. • 더 근대화된 사회의 인간관계는 합리성, 보편주의, 기능적 특수성에 기초한다. • 중앙 집권적으로 조직되어 있다. • 시장에서의 화폐를 매개로 교환이 이루어진다. • 관료 조직체가 증가한다. • 가족의 기능이 분화되어 교육과 생산, 사회 통제 기능 등을 전문적인 기관에서 담당한다. • 재화와 용역이 도시에서 농촌으로 들어간다.	• 기능 분화 없이 한 사람이 여러 종류의 업무를 수행한다. • 자급자족도가 높다. • 인간관계는 전통, 특수주의, 기능적 확산에 기초한다. • 시장에서의 교환이 물물 교환으로 이루어진다. • 가족이 교육과 사회 통제, 생산과 소비, 오락의 기능을 모두 담당한다. • 재화와 용역이 농촌에서 도시로 흐른다.

(5) 근대화이론이 갖고 있는 문제점 기출 20

① 서구 중심주의이며 자민족 중심주의적·몰역사적이다. 즉, 유럽과 북아메리카의 자본주의적 산업 사회를 모든 발전의 기준과 목표로 설정, 산업화되지 않은 모든 사회들을 동일한 것으로 간주하였다.

② 사회적 진화의 보편적 노정이라는 입장에서 출발하였다.

③ 발전에 있어서 동기와 규범을 지나치게 강조했는데, 이는 곧 규범, 주관적인 편견이다.

④ 전통과 근대성의 대립적 설정, 즉 근대성과 전통성의 이념형이 추출된 사회 구조의 본질적 특징을 진정으로 포착하고 있느냐의 문제이다.

⑤ 발전의 주요 장애가 주로 전통에 있다고 본다.

⑥ 생산 관계, 특히 주변에 대한 중심부 독점 자본의 역할과 주변부 사회가 제국주의 세계 경제 속에 종속된 것을 간과, 국제적인 군사·정치적 역학관계와 주변부 국가들의 지배관계에 대한 역할을 간과하였다.

3 종속이론 기출 24, 23, 22

(1) 개념

① 1960년대에 들어 라틴 아메리카 대륙의 학자들이 라틴 아메리카의 발전 문제를 다루면서 제시한 이론이다.

② 라틴 아메리카 발전 정책의 근간이 되어 온 근대화이론에 대한 부정으로부터 출발한다.

③ 종속이론에는 중심-주변관계, 프랭크(A. G. Frank)의 세 가지 가설, 푸르타도(C. Furtado)의 저발전의 과정 등이 있다.

(2) 중심-주변부 사회이론

① **아민(S. Amin)의 중심-주변 관계**

㉠ 세계는 중심과 주변으로 나뉘어져 있으며, 저발전의 원인을 세계체제의 주변부적 위치에서 찾는 이론이다.

㉡ 아민은 주변부 사회가 언제 세계 자본주의의 주변부로 편입되었는가 하는 주변화의 시점이 그 사회의 내부적 특성을 결정하는 데 중요한 요인이라고 보았다.

㉢ 중심에는 고도의 공업 선진국, 즉 소수의 산업 국가가 세계의 정치·경제·사회적 중심을 형성하고, 전 세계의 다양화된 기술을 근간으로 재화와 용역을 생산하며, 유리한 무역을 한다.

㉣ 주변부는 저발전국으로 이루어져 있으며, 주변부는 중심부의 착취에 의해 성장할 수 없다는 이론이다.

• 중심부 : 미국, 영국, 독일, 프랑스, 네덜란드, 벨기에 등

• 반주변부 : 스페인, 이탈리아, 오스트리아, 러시아, 헝가리

• 주변부 : 아프리카와 아시아 지역, 남미의 대부분과 중동 지역, 중국

② **프랭크(A. G. Frank)의 세 가지 가설**

　㉠ 프랭크의 자본주의를 보는 시각은 독점과 착취의 교환 연계 체계이며, 일부 지역은 발전, 다른 지역은 저발전되는 동전의 양면과 같다는 논리이다.

　㉡ 프랭크는 라틴 아메리카의 경제 분석을 통해 '발전 사회'와 '저발전 사회'와의 관계는 본질적으로 '착취관계'라고 규정지었으며, 한 사회의 자본주의의 발전이 다른 사회의 저발전을 수반하여 마침내 '중상 주변' 관계라 할 수 있는 불평등 관계가 성립한다고 주장하였다.

　㉢ 세 가지 가설

　　• 제1가설 : 주변부는 주변부적 지위(위성적 지위) 때문에 발전에 제한을 받는다.

　　• 제2가설 : 위성적 지역 중 중심지와의 관계가 약할 때 발전하였다(제1・2차 세계 대전, 세계 대공황).

　　• 제3가설 : 위성국 중 가장 후진 지역은 과거에 중심부와 긴밀한 관계가 있었던 곳이다.

(3) 푸르타도(C. Furtado)의 저발전 과정론

종속이론가들은 비교 우위, 수입 대체, 다국적 기업은 산업혁명 이후 중심부와 주변부의 국제 분업관계를 맺어 주던 이론 내지 정책으로서 이러한 과정을 통해 제3세계의 저발전 상태가 계속 확대, 재생산된 것이라고 주장하였다.

① **비교 우위 단계** : 저발전국은 낮은 이윤의 1차 상품을 생산하고, 선진국은 고이윤의 기술 집약적 상품을 생산한다. 즉, 자국에서 가장 싸게 생산할 수 있는 상품을 만들어 서로 교환하는 단계에서부터 선진국보다 불리한 위치에서 교환을 하게 된다.

② **수입 대체 단계** : 종래 수입해오던 상품을 자국에서 생산하여 국제 수지를 개선하는 단계이다. 그러나 생산재, 기술, 부품 등의 수입이 급증하여 선진국의 종속관계를 벗어나지 못한다.

③ **다국적 기업의 확산 단계** : 다국적 기업은 세계 시장을 분할하여 기술집약적 산업에 중점을 둔다. 따라서 저발전국의 고용효과 창출에는 기여하지 못한다.

(4) 종속적 발전론 – 에반스(P. Evans)

① 방법론적 측면에서 산업화 과정의 정치적 특성을 강조, 해석함으로써 경제 발전 문제를 새롭게 성찰했다.

② 반주변부의 종속적 자본주의에서 발견할 수 있는 역동성을 자본주의 세계 경제의 구조 변화에 따라 개별 국가에 적용하였다.

③ 1960년대 중반 이후 한국, 대만, 브라질, 멕시코, 아르헨티나 등 후기 후발형 신흥 공업국가들이 세계 경제 체제의 주변부 사회로부터 반주변부 사회로 상승하는 현상이 일어나기 시작했다.

④ **종속적 발전론의 배경**

　㉠ 세계 경제 질서의 재조직 및 다국적 기업의 침투

　㉡ 자본주의의 중심부 간의 모순이 첨예화

　㉢ 서구의 경제권은 미국 지배하의 질서를 타파하고 다극화됨

  ⓔ 1970년대 들어 무역 마찰이 본격적으로 이루어짐

  ⓜ 국제 경제 상황의 변화는 주변부 국가에도 유리한 조건으로 작용

⑤ 브라질 발전에 대한 연구에서 오늘날 브라질과 같은 국가의 자본의 축적은 고전적 종속의 상황에서 와는 달리 매우 주목할 만하다. 즉, 자본 축적을 통하여 공업화가 이루어졌고, 보다 복잡한 내부적 분업 및 생산성의 증가가 나타났다. 물론 이것은 과거와의 완전한 단절을 의미하는 것은 아니며, 고전적 종속의 모순이 남아 있기도 하다.

(5) 종속이론의 문제점

① 종속이론은 세계 자본주의 체제의 전개 과정을 유통 구조를 통한 중심부와 주변부의 교환관계에 의해 파악함으로써 국제적인 국가 체제 안에서 정치적·군사적 제휴와 갈등이 국가발전에 대해 갖는 중요한 의미를 간과하였다.

② 세계 자본주의 체제 안에서 중심부에 연관되어 종속적 발전을 추진하는 국가는 구조적인 제약을 근본적으로 극복할 수는 없지만, 그 구조의 성격과 정책적 대처에 따라 자율적인 행위를 확대시킬 수도 있다.

③ 중심부와 주변부 사이의 교환관계를 중시함으로써 내부적인 생산관계의 모순에 따른 계급갈등이 사회 변동에 미치는 영향을 적절히 포착하지 못했다.

01 진화론과 순환론의 관점의 차이는 다음과 같다.
- 진화론 : 모든 생물체가 단순한 것에서부터 복잡한 것으로 진화한다는 다윈의 진화론적 영향을 받은 이론으로, 스펜서, 뒤르켐, 마르크스 등이 속한다.
- 순환론 : 사회나 문명도 유기체의 일생처럼 생성·성장·쇠퇴를 되풀이한다고 보는 입장으로, 칼둔, 소로킨, 파레토, 슈펭글러 등이 속한다.

01 다음 중 사회 변동에 대한 견해가 <u>다른</u> 학자는 누구인가?

① 소로킨(P. Sorokin)
② 파레토(V. Pareto)
③ 슈펭글러(O. Spengler)
④ 마르크스(K. Marx)

02 진화론의 기본 개념에는 '적응, 진보, 진화, 방향성, 좀 더 바람직한 방향' 등이 있다.

02 다음 중 진화론과 관계 <u>없는</u> 것은?

① 적응
② 진보
③ 순환
④ 좀 더 바람직한 방향

03 사회 변동의 원인을 내재적 모순에서 찾는 것은 갈등론의 주장이다.

03 사회 변동을 설명하는 기능론에 대한 내용으로 옳지 <u>않은</u> 것은?

① 사회는 항상 안정된 것이다.
② 대표적인 학자는 파슨스이다.
③ 사회 변동은 점진적·개혁적이다.
④ 사회 변동의 원인은 내재적인 모순에서 온다.

정답 (01 ④　02 ③　03 ④)

04 마르크스가 주장하는 사회 변동의 원인으로 알맞은 것은?

① 개인적 이해관계

② 가치관의 변화

③ 계급 갈등

④ 인구 증가

04 마르크스는 인류의 역사를 계급 간의 끊임없는 투쟁관계로 보았다.

05 사회 변동의 원인을 정치적 권위관계에서 찾은 학자는 누구인가?

① 베버(M. Weber)

② 마르크스(K. Marx)

③ 다렌도르프(R. Dahrendorf)

④ 오그번(W. Ogburn)

05 다렌도르프는 마르크스가 사회 변동의 원인을 주로 경제적인 것에서 찾은 것과는 달리 정치적인 권위관계에서 찾았다. 권위의 배분에 있어서 차이가 나기 때문에 명령을 하는 사람과 명령을 받는 사람들은 갈등관계에 놓이게 되고, 이로 인해 사회적 갈등이 일어나게 되며, 사회적 갈등이 일어나면 사회의 규범이 고쳐지거나 완전한 개혁이 일어나는 등의 사회 변동이 이루어진다는 것이다.

06 다음 중 사회 변동과 관련하여 공통성이 없는 것은?

① 도덕

② 가치

③ 생산관계

④ 종교

06 사회 변동의 동인은 기독교 정신과 같은 사회적 도덕·규범 가치·종교 등 개인을 지배하고 있는 정신적인 측면이다.

정답 (04 ③ 05 ③ 06 ③)

07 ②는 균형론적 원인에 대한 설명이다.

07 다음 중 사회 변동의 원인을 설명한 것으로 옳지 <u>않은</u> 것은?

① 진화론적 원인은 단순 사회에서 복합 사회로 변화해 가는 진보적 개념이다.

② 진화론적 원인은 사회는 기본적으로 균형을 찾고자 하는 역동적 체계이며, 사회 내에 교란적 요소가 있을지라도 사회 내에 흡수시켜 안정을 이룰 수 있다는 이론이다.

③ 갈등론적 원인은 모든 사회에는 항상 갈등 요소가 존재하여 언제나 변할 수 있고, 사회의 균형보다 변동을 야기한다는 이론이다.

④ 문화결정론적 원인은 인간의 의식 및 정신 생활의 변화가 경제 구조를 포함한 전 사회 구조의 변동을 야기한다는 이론이다.

08 소로킨은 변동의 원천이 사회 문화 체계 내부에 있다고 보았고, 또 어떤 종류의 진리도 지나치게 개발되면 허위가 되거나 왜곡되고 만다는 '극한의 원리'를 주장했다.

08 오늘날 미국의 세계 지배가 지나쳐 패권주의로 흐르게 되면 언젠가 그 패권은 힘을 잃게 될 것이라는 예견을 뒷받침할 수 있는 소로킨의 논리는 무엇인가?

① 흥망성쇠의 원리
② 균형의 원리
③ 극한의 원리
④ 패권의 논리

정답 07 ② 08 ③

09 다음 중 비교적 안정적이며, 지속적인 평형상태를 유지하기 위한 체계의 경향으로 옳은 것은?

① 방향성
② 항상성
③ 적합성
④ 호혜성

09 항상성은 균형론의 핵심적인 개념으로, 사회는 기본적으로 균형을 찾고자 하는 역동적 체계이며 교란이 있어도 곧 흡수되어 안정을 찾을 수 있다는 것이다.

10 인류 역사 속에서 거듭되는 도전과 반응, 성공과 실패의 과정은 사회를 발전·향상시키는 과정이며, 도전과 반응의 주기적인 순환은 인간 사회를 완벽한 문명 사회로 진보하게 하는 과정이라고 본 학자는 누구인가?

① 마르크스(K. Marx)
② 스펜서(H. Spencer)
③ 파슨스(T. Parsons)
④ 토인비(A. J. Toynbee)

10 토인비는 세계의 주요 문명들이 발생했다가 사라져 가는 힘을 찾는 과정에서 사회 변동에 대한 나선 계단형 이론을 제시하였다.

11 다음 중 사회 변동의 진화론적 입장을 취하지 <u>않은</u> 학자는 누구인가?

① 스펜서(H. Spencer)
② 콩트(A. Comte)
③ 소로킨(P. Sorokin)
④ 생시몽(H. Saint-Simon)

11 소로킨은 문화 유형을 감각형, 관념형, 이상주의형으로 분류하고, 이 중 감각형과 관념형을 주요 문화 유형이라고 하였는데, 역사는 이 두 가지의 상반되는 문화 유형 사이를 시계추처럼 오가는 진동의 주기를 나타낸다는 순환론을 폈다.

정답 09 ② 10 ④ 11 ③

12 베버는 사회 변동의 요인으로 물질적 요인만을 강조한 마르크스주의와 달리 특정 정신을 중요한 사회 변동 요인 중 하나로 설명하였다. 즉, 문학적인 이념이나 신념이 어떻게 경제나 기술과 동일하게 사회 변화에 영향을 미쳤는지 입증하려고 하면서 프로테스탄트 윤리와 자본주의 정신에서 영국 청교도의 종교적 신념이 자본주의 발생의 원인이라고 주장하였다.

12 가치와 신념 같은 개인의 관념이 사회 변동을 가져온다고 주장한 학자는 누구인가?

① 오그번(W. F. Ogburn)

② 베버(M. Weber)

③ 파슨스(T. Parsons)

④ 로스토(W. Rostow)

13 수렴이론은 아시아 사회든 아프리카 사회든 산업화된 사회는 모두 유사해질 것이라는 이론이다. 사회 구조적·제도적인 유사성뿐만이 아니라 개인의 심리·문화·이데올로기까지도 비슷한 유형으로 변할 것이라고 보았다.

13 산업화된 사회는 모두 유사해질 것이라고 전망하는 이론으로 옳은 것은?

① 동화이론

② 수렴이론

③ 근대화이론

④ 산업화이론

14 종속이론은 세계는 중심과 주변으로 나뉘어져 있으며, 저발전의 원인을 세계 체제의 주변부적 위치에서 찾는 이론이다. 중심에는 고도의 공업 선진국, 즉 소수의 산업국가가 세계의 정치·경제·사회적 중심을 형성하고, 전 세계를 통하여 다양화된 기술을 근간으로 재화와 용역을 생산하여 유리한 무역을 한다. 주변부는 저발전국으로 이루어져 있으며, 중심부의 착취에 의해 성장할 수 없다는 이론이다.

14 제3세계의 발전이 늦은 이유를 세계 경제 체제에서 선진 자본주의 사회와 후발국들 사이의 불평등한 교환관계에서 찾으려고 하는 관점은 무엇인가?

① 교환이론

② 종속이론

③ 저발전이론

④ 자본주의 체제이론

정답 12 ② 13 ② 14 ②

15 푸르타도의 저발전 과정이론 중 각국이 자국에서 가장 싸게 생산할 수 있는 상품을 만들어 서로 교환하는 과정은 어느 단계에 해당하는가?

① 비교 우위 단계
② 평면 상호 교환 단계
③ 수입 대체 단계
④ 다국적 기업의 확산 단계

15 푸르타도(C. Furtado)는 제3세계의 저발전의 원인을 국제적 관계에서의 외부적 요인으로 보고, 제3세계가 저발전하게 되는 과정을 비교 우위 단계, 수입 대체 단계, 다국적 기업의 확산 단계의 3단계로 설명하였다.

• 비교 우위 단계 : 산업 혁명 직후 국제적 노동 분업이 시작되던 시기이다. 저발전국은 낮은 이윤의 1차 생산품을 생산하고 있으며 선진국은 고이윤의 기술 집약적 상품을 생산하고 있다. 세계의 모든 나라들이 자국에서 가장 싸게 생산할 수 있는 상품을 만들어 서로 교환하는 단계에서부터 저발전국은 선진국보다 불리한 위치에서 교환을 하게 된다.

• 수입 대체 단계 : 종래 수입해 오던 상품을 국내적으로 생산하여 국제수지를 개선하는 단계이다. 그러나 수입 대체를 위한 생산재, 기술, 부품 등의 수입이 증가하여 선진국과의 종속 관계를 벗어나기 어렵다.

• 다국적 기업의 확산 단계 : 다국적 기업은 둘 이상의 나라에서 자산을 통제하는 기업이다. 이 다국적 기업은 세계 시장을 분할하며 기술집약적 산업에 치중하므로, 저발전국의 고용 효과 창출에는 기여하지 못하고 있다. 즉, 저발전국의 저발전을 더욱 심화시키는 결과를 낳는다.

정답 15 ①

독서할 때 당신은 항상 가장 좋은 친구와 함께 있다.

– 시드니 스미스 –

한국 근·현대의 사회 변동과 발전

과거에서 교훈을 얻을 수는 있어도 과거 속에 살 수는 없다.

- 린든 B. 존슨-

| 제1절 | 19세기 중엽의 한국 사회 |

1 한국 사회의 체제 위기

(1) 19세기 중엽의 체제 위기

① 조선 후기 이래로 조선 시대의 사회는 안으로는 봉건 체제의 낡은 틀을 깨뜨리고 자본주의의 근대 사회로 나아가려는 정치·경제·사회적 변화가 일고 있었다.

② 밖으로는 무력을 앞세워 통상을 요구하는 서구 자본주의 열강의 침략 위협이 높아지고 있었다.

(2) 개화사상의 형성

① 일부 중인 출신 지식인과 양반 관료들 사이에서 조선 사회의 사회 경제적 모순을 깨닫고 세계 역사의 발전 방향에 따라서 사회를 이끌려는 개화사상이 형성되었다.

② 개화파를 중심으로 서구 사회에 관한 문명 서적을 통해서 실학사상의 긍정적 요소와 세계 정세의 흐름 및 자본주의에 관한 새로운 지식을 습득함으로써 조선 사회의 개혁에 눈을 뜨기 시작하였다.

2 새로운 도전

(1) 서학(천주교)의 포교

① 조선 후기에는 농업 생산의 증대와 상품 화폐 경제의 발달에 힘입어 급격한 농민층 분화와 신분제의 동요가 일어났다. 그리고 반주자학적 입장의 실학사상이 대두하였다.

② 천주교의 수용과 서학 연구는 서세동점(西勢東漸)의 결과라는 외부적 요인에서만 비롯된 것이 아니라 사회 변혁을 희구하던 조선 사회의 내재적 요청에 따른 것이었다. 한편, 이 시기에는 서구 자본주의 열강이 봉건 지배층 및 백성들에게 새로운 위기의식의 대상으로 다가왔다.

(2) 이양선의 연안 출몰과 외국 상선의 통상 요구

① 이양선이란 우리나라 연해에 나타난 외국 선박으로, 모양이 종래 우리나라의 배와 다르다고 해서 붙인 이름이다.

② 이양선은 1735년(영조 11) 황해도 초도에, 1780년(정조 4) 전라도 흑산도에, 1797년(정조 21) 경상도 동래에 출몰하였다.

③ 그 후 1832년(순조 32) 영국의 로드 에머스트 호가 공공연히 무역을 요구해 왔고, 1845년(헌종 11)에는 사마찰 호가 연해를 측량하고 돌아갔다. 이를 전후하여 이양선의 출몰이 잦아졌는데, 천주교의 유포와 더불어 이 같은 움직임은 민심을 더욱 불안하게 하였다.

(3) 선진 자본주의 국가들의 개항 요구

① 일본의 운요호 사건(1875)을 계기로 최초의 근대적 불평등 조약인 병자수호 조약(강화도 조약)이 체결된 후, 세계 정세에 대한 새로운 안목이 형성되면서 수교의 필요성을 인식하게 되었다.

② 서양 세력이 조선에 몰려오던 시기에 집권한 흥선 대원군은 열강의 통상 요구를 거부하고, 외세의 침투를 막기 위하여 국방력을 강화하였다. 이와 같은 흥선 대원군의 외세 배척 정책은 천주교의 탄압과도 관련이 있었다.

③ 흥선 대원군은 프랑스와 미국 함대의 연속적인 침공을 격퇴한 후 외세 배격 정책을 더욱 강화하고, 서울 종로 거리와 전국 각지에 척화비를 세웠다.

④ 1882년(고종 19)에 미국과의 조·미 수호 통상조약을 시작으로 조·청 상민 수륙무역장정(1882)을 맺고, 영국(1883), 독일(1883), 러시아(1884) 등 기타 서양 제국들과 조약을 맺었다.

(4) 선진 자본주의 국가들에 의한 식민지화의 위협

① 당시 쇄국이 계속 유지될 수 없었음은 자명한 사실이었고, 개항 자체가 식민지화를 필연적으로 의미하는 것도 아니었다.

② 우리나라 개항이 갖고 있는 특이한 성격, 즉 이미 구미 자본주의 열강에 종속되어 있던 자본 축적 단계의 일본과 청국에 의해 자본주의 세계 체제의 종속적인 '주변'으로 편입되었다는 사실은 개항 후의 대등한 대외 정책의 전개와 '자율적 근대화'를 제약·왜곡하는 외측저해요인이 되었다.

③ 우리나라 사회 자체에 근대화의 내재적 동인과 특히, 자주적 개항론이 있었음에도 불구하고 그것이 제대로 정책에 반영되지 못하고 일본 측의 강압 외교와 외교적 술책에 유도되어 불평등 조약 관계를 전제로 한 굴종적인 조건의 개항이 이루어졌다. 당시의 집권층이 그 불평등성과 침략적 성격을 충분히 간파하지 못한 채, 타율적으로 받아들인 데 문제가 있었다.

④ 이러한 사실은 그 후의 외세, 특히 본원적 자본 축적 단계에 있던 일본의 국내 침투와 이에 대한 집권층의 고루한 대처 등 국내적 조건과도 관련하여 반식민지화의 시점으로 전환하는 것이었다.

3 새로운 사상과 사회 운동

(1) 개화사상과 개화파의 변화 운동

① 19세기 중엽 이후 중세적 봉건 전통 사회를 근대적 시민의식 사회로 전환하게 한 지도 이념 및 인식 체계는 실학사상의 맥락에서 찾아볼 수 있다.

② 개화사상가로 손꼽히는 박규수는 실학사상을 인식한 인물로, 중국에 전래된 서양의 근대 문명을 보고 "실(實)이 없는 학(學)은 있을 수 없다."라는 실학론을 강조하였고, 대원군의 쇄국 정책에 따른 제너럴셔먼호 격침 사건 이후 조야의 반대를 무릅쓰고 개항을 강조하였다.

③ 갑신정변은 그들의 개화사상을 국가 사회에 직접 응용해 보고자 한 구체적 표현이라고 평가할 수 있고, 갑신정변이 실패한 뒤 개화사상은 1896~1898년 독립 협회에 의하여 계승되었다.

④ 독립 협회의 개화사상의 특징은 '국민자유권사상·국민평등권사상·국민주권사상·국민참정권사상'의 정립과 발전이다.

⑤ 개화사상은 부국강병을 위한 근대적 국가와 사회의 건설을 지향하였으나, '위로부터의 개혁'이라는 한계성으로 인해 일부 도시민 청년층에만 영향을 끼쳤다. 그러나 이 영향이 집권층에 수용되어 일부 제도 개혁이 이루어졌고, 국권 피탈 후 애국계몽사상으로 이어졌다.

(2) 동학사상과 농민 혁명 운동 기출 23

① 1894년 전봉준을 중심으로 한 농민층의 주도로 반봉건(反封建)·반침략(反侵略)의 기치 아래 동학 농민 운동이 일어났다.

② 민족적 위기에 처한 상황에서 농민들이 주창했던 자립적인 근대국가 수립은 결국 실패로 돌아갔지만, 제국주의 침략에 대한 저항은 이후 민족 해방 운동의 형태로 나타났다.

③ 서학(西學)이라는 이름으로 침투해 들어오는 천주교에 맞선 동학(東學)은 양반 사회의 해체기에 농민 대중의 종교가 되면서 반왕조적인 사회 개혁 운동의 성격을 띠었고, 그 뒤 3·1 운동을 태동시킨 민족주의의 역량을 키우는 등 우리나라 근대사에 커다란 영향을 끼쳤다.

(3) 위정척사 사상과 유림의 체제 본위

① 위정척사 사상은 소중화(小中華)의 논리에서 벗어나지 못하고 자기방어적인 입장에서 척화(斥和)를 부르짖었기 때문에 서양을 교역 대상국이 아니라 단지 이적(夷狄)으로 보았다.

② 민비 집권 이후의 개화론자들에 의해 제기된 부국강병책은 절실한 시대적 요청이었지만, 서양의 자본주의에 대해 소극적인 대응책만을 제시함으로써 이후 외세 의존적인 근대화론의 논리가 자리하게 되었다.

③ 위정척사 운동은 1860년대에는 서양의 통상 요구에 대응하여 서양과의 교역을 반대하는 통상반대 운동으로 전개되었고, 이어서 서양의 무력 침략에 대항하여 척화주전론(斥和主戰論)으로 나타나 대원군의 통상 수교 거부를 강력히 뒷받침하였다.

④ 유생들은 1870년대의 문화 개방을 전후해서, 왜양일체론(倭洋一體論), 개항 불가론을 들어 개항 반대 운동을 전개하였다. 1880년대에는 정부의 개화정책 추진과 『조선책략』 유포에 반발하여 영남 만인소 등의 개화 반대 운동이 전개되었다.

⑤ 위정척사 운동은 1890년대 이후 일본의 침략에 저항하는 항일 의병 운동으로 계승되었다.

제2절　체제 개혁 시도의 계승과 좌절

1 갑오개혁과 을미개혁

(1) 전개

① 갑오개혁은 1894년부터 1896년 2월까지 조선 정부에서 전개한 제도 개혁 운동이다.

② 내각의 변화에 따라 세분화하여 제1차 갑오개혁과 제2차 갑오개혁으로 나눌 수 있으며, 후에 을미개혁(제3차 갑오개혁)으로 이어지게 되었다.

(2) 제1차 갑오개혁(1894)

① 김홍집 내각은 군국기무처(軍國機務處)라는 임시 합의 기관을 설치하고 행정 제도, 사법, 교육, 사회 등 전근대적인 제반 문제에 걸친 사항과 정치 제도의 개혁을 단행하였다.

② 개국기원(開國紀元)을 사용하여 청과의 대등한 관계를 나타냈고, 중앙 관제를 의정부와 궁내부로 구별, 기존 조선의 6조(六曹) 체계를 8아문으로 개편하고 이를 의정부 직속으로 두었다.

(3) 제2차 갑오개혁

① 제2차 갑오개혁은 김홍집과 박영효 연립 내각형태였으며, 의정부를 내각이라고 치고 7부를 두었다.

② 인사 제도는 문무관(文武官)을 개편하고 월봉 제도(月俸制度)를 수립하였으며, 과거를 없애고 총리대신을 비롯한 각 아문 대신들에게 관리 임용권을 부여했다.

③ 행정 제도를 23부로 개편하였으며, 신분 제도의 개혁을 통해 문무, 반상(班常)의 구별을 폐지하였고, 지방관에 의해서 집행되던 사법과 군사 업무를 중앙에 예속시켜서 근대 관료체제를 이룩하였다.

(4) 을미개혁(1895)

① 친일 세력들이 내각으로 구성되어 주도한 개혁이며, 친일적 성향이 가장 짙은 점이 특징이다.

② 을미개혁은 연호를 '건양'으로 고치고, 우체사 설치 및 단발령을 단행하였다.

(5) 개혁의 의의와 한계

① **개혁의 의의**

　ㄱ 갑오개혁은 정부 주도의 근대적 개혁의 성격을 지닌다. 특히 유교적 사회 질서를 근대적으로 바꾸기 위한 노력으로 계급 제도 타파, 문벌을 초월한 인재의 등용, 인신매매 금지 등 조선의 전통적인 신분 제도의 변혁을 꾀했다.

　ㄴ 죄인의 고문과 연좌제 등 비합리적인 형벌의 폐지, 조혼 금지, 자유 의사에 의한 과부의 재혼, 양자 제도의 개정, 의복 제도의 간소화 등 불합리한 전근대적 제도들을 개혁하였다.

　ㄷ 김홍집, 박영효 연립 내각이 고종을 강제하여 발표하게 한 홍범 14조는 한국 최초의 헌법적 성격을 띤 법령으로 볼 수 있다.

② **개혁의 한계**

　ㄱ 일본의 한반도 침략 의도가 직접적으로 반영된 타율적 개혁이다.

　ㄴ 군사적 제도의 개혁은 일본 제국의 군사적 침략을 용이하게 하기 위해 최소한의 내용이 적용되었다.

　ㄷ 경제 체제의 개혁도 일본 제국과 서구 열강의 경제 침략에 유리한 측면이 많았다.

　ㄹ 이러한 일련의 개혁 정책에 따라 일본에 대한 반감이 높았던 조선 내에서는 민중들의 지지를 받지 못했고, 민중들은 을미개혁 때 항일 의병 활동을 일으켰다.

2 독립 협회와 만민 공동회 운동

(1) 독립 협회의 조직

① 독립신문은 최초의 한글 신문으로 자주독립을 일깨우고, 나라 안팎의 소식을 전하였으며, 조정과 관리의 잘못을 꼬집기도 하였다.

② 독립신문 성공에 힘입은 서재필이 개혁과 독립을 위한 국민 계몽을 위해 윤치호, 이상재, 남궁억 등과 함께 1896년에 창립하였다.

(2) 독립 협회의 활동

① **독립문 건립** : 청의 사신을 영접하던 사대주의의 상징인 영은문을 헐고, 그 자리에 독립문을 세워 자주독립의식을 고취시켰으며, 사신을 접대하던 모화관을 고쳐 독립관이라 칭하고 토론회와 연설회를 개최하였다.

② **만민공동회** : 신분, 직업의 차별 없이 모든 사람이 나라의 나아갈 길을 토론하였고, 러시아 공사관에 있는 고종의 환궁을 요구했다. 또한, 국민의 권리를 존중하는 정치를 요구하였다.

(3) 독립 협회의 설립 목적

① **목적** : 자유 민주주의적 개혁 사상을 민중에게 보급하고 국민의 힘으로 자주독립국가를 건설하기 위하여 독립신문을 창간하고 독립 협회를 창간하였다.

② **활동** : 독립 협회는 강연회와 토론회의 개최, 신문과 잡지의 발간 등을 통하여 민중에게 근대적 지식과 국권, 민권사상을 고취시켰다.

(4) 독립 협회 활동의 의의

① **자주독립의식 보급** : 국민들 사이에 자주독립의식을 보급시켰다.

② **민족 운동에 영향** : 외세 침략에 대항하는 민족 운동의 전개에 큰 영향을 끼쳤다.

제3절   일제 치하의 한국 사회

1 1910년대의 일제 식민지 정책과 3 · 1 운동

(1) 1910년대의 일제 식민지 정책

① 무단 통치, 즉 헌병 경찰 통치라고도 불리기도 한다.

② 1905년 이후 보호국 체제 5년간을 거친 일본은 한반도를 완전 식민지로 만들기 위해 의병세력과 애국 계몽 운동을 본격적으로 탄압하였다.

③ 합병을 감행한 후 일본은 조선 총독부를 설치하여 조선을 통치하였다. 현역 헌병이 직접 경찰업무를 담당했으며, 소학교 교원과 군수 등의 문관들도 칼을 차고 근무하게 하는 헌병 경찰 제도를 실시하여 공포 분위기를 조성함으로써 식민 통치 초기의 안정을 유지하려 했다.

④ 경제적으로 먼저 조선인 자본의 산업자본화를 막고, 일본 공업 제품의 조선 시장 확보를 위해 회사령(會社令)을 실시했다.

⑤ 사회적으로는 토지 조사 사업을 실시하여 식민지 지주제를 강화하고 개항 이전인 조선 후기와 개항기를 통해 일부 성장하고 있던 농촌 중간 계급을 전면적으로 몰락시켜 그들을 소작농민으로 재편성하면서 식민지적 봉건유제가 잔존하게 되었다.

⑥ 무단통치기에도 독립전쟁론적 · 실력양성론적 방법론과 외교독립론이 등장하였고, 이 방법론은 3 · 1 운동을 거쳐 1920년대 민족 해방 운동에서 그 맥락이 이어졌다.

(2) 3·1 운동

① 1910년대 말의 러시아 혁명, 제정 독일의 붕괴, 미국 대통령 윌슨의 '민족자결주의' 원칙 등은 한국의 민족 운동가들을 크게 자극하였다.

② 일제의 무단 통치 기반 위의 토지 조사 사업으로 농민들은 토지를 잃고 몰락하였고, 회사령의 반포로 민족 자본의 발전을 억압당하고 일본 자본이 한국인 노동자를 지배하였다.

③ 1910년대 일제 지배하의 한국 사회에서는 농민층의 몰락, 노동 계층의 증대, 자본가층의 성장 억제 등으로 계급 구조의 변동이 어느 정도 이루어지면서, 각계각층에서 일제의 식민 통치에 대한 반발이 나타나기 시작했다.

④ 3·1 운동은 학생과 지식인을 중심으로 도시에서 시작되었지만, 지방으로 확산되면서 농민 및 노동자, 빈민들도 적극적으로 참여하였다. 특히 토지 조사 사업 과정에서 일제의 무력과 유착된 친일 지주들에 의해 토지로부터 쫓겨난 농민들의 항쟁은 폭력적·공격적인 형태로 전개되었다.

⑤ 3·1 운동에서 처음부터 끝까지 비타협적인 투쟁을 전개한 것은 '농민, 노동자, 소부르주아지' 등의 민중이었다.

⑥ 3·1 운동은 부르주아 민족주의자의 주도하에 일어난 부르주아의 민족주의적 변혁을 위한 마지막 몸부림이었으며, 특히 19세기 이래 농민 항쟁으로 표출된 반(反)봉건적 변혁 과제가 일제의 혹독한 식민지 정책 속에서 진행된 본원적 축적 과정에서 해결되지 않았고, 또한 본원적 축적 과정이 토착 자본의 발전을 위한 것이 아니라 (일제)자본의 이식을 위해 강행됨으로써 이에 대한 저항이 전국민적으로 확산되어 나타난 것이다.

2 1920년대의 일제 식민지 정책

(1) 문화 통치

① 1910년대 무단 통치에 대한 반발이 축적되고 3·1 운동을 무력으로 진압한 일본은 한반도에 대한 식민 통치 방법을 바꾸어 표면적으로 무단 통치를 지양하고 유화 통치를 표방하면서 민족 분열 정책을 적극적으로 폈다.

② 3·1 운동 후 일본은 조선에 대한 '문화 통치'를 표방하면서 헌병 경찰 제도를 폐지하고, 보통 경찰 제도를 채택하였다.

③ 민족 분열 정책은 우선 자산 계급·지식인·종교인 등의 일부를 친일 세력으로 포섭하는 일에서 시작되었다.

(2) 경제적 침탈

① 경제적인 면에서 토지 조사 사업을 완성한 일본은 조선에서의 쌀 생산량을 높여 본국의 식량 부족 문제를 해결하기 위한 정책을 본격적으로 추진하기 위해 산미 증식 계획을 실시하였다.

② 1920년대 말기에는 세계 공황의 여파가 조선에까지 미쳐, 파산한 농민의 일부는 산 속으로 가서 화전민이 되었고, 일본의 노동 시장으로 흘러가거나 만주로 가서 소작농이 되었으며, 남은 농업 인구의 절반에 가까운 수가 걸인이 되어 유랑했다.

③ 1920년대 식민지 경제 정책의 주된 방향이 일본 본국에 대한 원활한 식량 공급을 위한 산미 증식 정책에 있었으므로, 이때까지 본격적인 공업 투자는 이루어지지 않았다.

(3) 결과

① 1920년대 민족 분열 통치기는 정치적으로는 일본 제국주의가 3·1 운동에의 대응책으로서 지주·자산 계급·지식인 등을 중심으로 하는 우익 세력의 일부를 친일 세력화하여 민족 분열 정책의 성과를 보이던 시기였다.

② 경제적으로는 1910년대에 완성한 토지 조사 사업을 기초로 조선의 일본에 대한 식량 공급지화를 본격적으로 추진한 시기였다.

③ 농업 경영 면에서는 소작 경영에 의한 자본주의적 이윤 추구가 정착됨으로써 농민의 전면적 하강, 분해에 의한 빈궁화·유민화가 이루어졌던 시기였다.

④ 이와같은 식민 지배 정책의 변화에 대응한 민족 해방 운동 전선은 1920년대 전반기까지의 임시 정부 중심의 운동과 고려 공산당 중심의 운동을 끝내고, 국내에서 성립된 조선 공산당에 참가한 좌익 세력과 비타협적 우익 세력이 협조하여 민족 협동 전선 운동을 펼쳤던 시기였다.

3 1930년대의 일제 식민지 정책

(1) 민족 말살 통치

① 1937년 중일 전쟁을 도발한 후 조선에도 국가 총동원법, 일선동조론(日鮮同祖論)을 강조하고 한글 사용을 금지하였으며, 조선인에게 일본어 상용과 황국 신민화를 추진하였다. 또한, 창씨개명, 강제 징병을 강요하였으며, 위안부(정신대)를 만들어 조선인의 민족성을 말살하려 하였다.

② 1920년대 말기부터의 경제 공황으로 조선의 농촌 경제가 파멸 상태에 빠지자 조선 총독부는 그 대책으로 1932년부터 농촌 진흥 운동을 펴는 한편, 조선소작조정령, 자작농지설정사업, 조선농지령 등을 발표하였으나, 크게 효과를 보지 못한 채 중·일 전쟁의 도발로 본격적 전시 체제로 들어서게 되었다.

(2) 병참기지화 정책

① 1930년대 들어 일본의 대륙 침략이 본격화됨으로써 식민지 조선은 식량 공급지로서 역할에 더하여 병참 기지로서 역할까지 요구받게 되었다.

② 1936년에는 만주 지방에서의 항일 무장 항쟁이 동북 인민 혁명군, 동북 항일 연군으로 발전하면서 그 속에서 활약하던 조선인들에 의해 통일 전선체로서 조국광복회가 성립되었다.

제4절 해방과 한국 사회

1 1950년대의 농지 개혁

(1) 농지 개혁법의 제정

① 농지 개혁법은 제헌 헌법에 의거하여 농지를 농민에게 적절히 분배함으로써 농가 경제 자립과 농업 생산력 증진으로 인한 농민 생활의 향상 및 국민 경제의 균형과 발전에 기여하기 위하여 제정된 법률이다.

② 대한민국 정부 수립 직후, 북한에서 농지를 무상몰수하여 농민에게 무상분배한 농지 개혁이 실시됨에 따라 대한민국에서도 농지 개혁을 실시하기 위하여 제정되었다.

③ 대한민국은 자본주의 체제하의 자유 민주국가이므로 북한과 같이 무상 몰수와 무상 분배가 허용되지 않았다. 따라서 소유자가 직접 경작하지 않는 농토(소작인이 경작하는 농토)에 한하여 정부가 5년 연부 보상을 조건으로 소유자로부터 유상 취득하여 농민에게 분배해 주고, 농민으로부터 5년 동안 농산물로써 정부에 연부로 상환하게 하는 이른바 유상 몰수·유상 분배의 농지 개혁을 실시하였다.

(2) 의의

① 농지 개혁으로 종래 심각한 사회 문제가 되어 왔던 지주와 소작인 간의 분쟁 등은 해결되었으나, 이로 인해 지주 계급이 몰락하였다. 또한 농가의 농지 소유 한도를 3정보(町步)로 제한하여 소작·임대차 또는 위탁 경영을 금지하고 매매도 제한하였기 때문에 농민의 영세화(零細化)와 농촌 근대화(農村近代化)의 장애요인이 되었다.

② 장애요인의 시정을 요구하는 여론이 높아지자 현행 헌법은 이를 참작하여 제121조에서 농지의 소작 제도(小作制度)는 금지하되, 농업 생산성의 제고(提高)와 농지의 합리적인 이용을 위한 임대차 및 위탁 경영은 법률이 정하는 바에 의하여 인정된다고 규정함으로써 농촌 근대화의 길을 도모하였다.

2 1960년대 이후 사회 변동의 요인

(1) 한국 사회의 변동 특성

① 급속한 경제 성장으로 계층 간, 세대 간 갈등이 심화되었다.

② 정부가 사회 변동을 주도하여 1960년대 이후 정부 주도의 경제 발전이 이루어졌다.

③ 서구 사회의 제도와 문물을 받아들이면서 정치, 경제, 생활 양식, 가치관 등 모든 면에서 농경사회의 전통적인 모습과 단절되었다.

(2) 한국 사회의 변동 모습

① 1960년대 초반 대부분의 인구가 농업에 종사하는 농업 사회였으나, 1960년대 중반 이후 정부의 경제 개발 정책과 국민의 노력으로 급속한 산업화, 도시화가 이루어졌다.

② 닫힌 사회에서 열린 사회로 전환되었다. 즉, '남성 중심 사회, 경직된 상하의식, 공동체 중시, 개인의 주체성 상실' 등의 닫힌 사회에서 '자율화 · 개방화 · 다원화, 남녀 고용 평등, 지방 자치, 시민운동의 활성화' 등 열린 사회로 전환되었다.

③ 6 · 25 전쟁 이후 권위주의 정권의 등장으로 시민의 자유와 권리가 제한되는 사회였으나, 1980년대 후반 이후 정치적 권위주의 탈피, 시민의 사회적 주인의식 고양 등 민주 사회로 전환되었다.

3 공업화와 성장 전략의 문제 기출 23

(1) 경제 발전의 착수와 대외지향적 성장 전략의 채택(1960년대)

① 20세기 초 개화사상의 결실을 맺지 못하고 외세에 밀려 조국 근대화의 전기를 잡지 못하였으며, 광복 후 남북 분단의 고통과 전쟁의 피해로 인하여 경제 발전에 대한 민족의 잠재력을 일깨우지 못하였다.

② 1962년부터 경제 개발 계획을 수립, 추진함으로써 풍부한 노동력을 바탕으로 한 경공업 부문의 수출 산업화에 성공하였으며, 이를 토대로 대외 지향적 성장 전략이 가속화되었다.

③ 성장 전략은 관세 및 무역에 관한 일반 협정(GATT)과 국제 통화 기금(IMF) 체제를 주축으로 하는 세계적인 자유 무역 질서의 확산에 힘입어 수출의 급속한 고도성장이 가능하게 되었다.

④ 국내 자본의 축적이 빈약하여 투자 재원의 해외 의존이 불가피하였기 때문에 적극적인 외자 도입 정책이 추진되었다.

⑤ 공업화 전략의 추진으로 취업 기회가 크게 확충됨에 따라 근로자를 중심으로 소득 분배 구조가 개선되었으나 농공 간의 발전 격차 문제가 제기되기 시작하였다.

(2) 대내외 여건의 불확실성 증대와 중화학 공업의 추진(1970년대)

① 1970년대 들어 세계 경제는 석유 수출국 기구(OPEC)의 결성에 이은 제1차 석유 파동을 계기로 자원 민족주의가 팽배하기 시작하였고, 인플레 상황에서 높은 실업이 지속되는 이른바 '스태그플레이션' 현상으로 선진국의 보호 무역주의가 대두되었다.

② 이러한 대외 여건의 변화는 부존 자원이 빈약한 가운데 수출 주도적 성장 전략을 추진하는 우리 경제의 앞날에 불확실성을 증대시키는 요인이 되었다.

③ 대외 여건이 불리하게 전개되자 정부는 세계적인 농산물 가격의 불확실성에 대비하여 주곡자급에 주력하는 한편, 중화학 공업화를 통하여 자립적 공업 기반을 구축하고자 노력하였다.

④ 1960년대는 1차 산업인 농업과 섬유업이 중심이 되어 경제 활동의 주가 되었고, 1970년대에 들어서면서 새마을 운동으로 경제가 서서히 살아나기 시작하였다.

⑤ 경부고속도로 건설을 계기로 섬유 수출이 본격적으로 이루어졌으며, 구로 공단과 마산 수출 자유 지역이 섬유 산업의 메카로 등장하였다.

⑥ 1970년대 후반 들어 경공업이 발달하기 시작했으며, 전자 제품을 외국으로 수출하기 시작하였다.

(3) 경제 개발 5개년 계획(1962년)

① 1960~1970년대의 농촌 개발은 한마디로 한국 경제의 고도 성장을 뒷받침했으며, 경제주의적 개발 이론과 이것을 토대로 한 수출 확대를 위한 도시 중심의 공업화 전략의 일환이었다.

② 지난 20여 년 간의 농촌 개발 정책은 도시와 농촌의 균형 있는 발전을 통해 지역 간의 소득격차를 줄이고 전국민에게 경제 발전의 혜택이 골고루 주어지는 사회 복지 정책의 일환으로서가 아니라, 도시 중심의 공업화와 수출 확대를 통한 GNP 증대의 한 수단이었다.

③ 경제 성장 지상주의는 모든 국력을 총동원해서 경제성장을 성취한 경제력이 일정한 수준에 도달하면 그때 가서 공평한 분배를 시도할 것이라는 선성장 후분배 이념에 토대를 둔 것이다.

④ 농촌 개발은 계획된 국가경제 성장을 해치지 않는 범위에서 행해져야 하고, 나아가 국가경제 성장에 뒷받침이 되는 방향으로 전개되어야 했다는 아쉬움이 남는다.

4 문화적 갈등

(1) 한국 문화의 역사적 배경

① 해방 이후 현재까지의 우리나라의 문화 구조는 외부로부터의 문화적 충격으로 인해 자주성에 입각한 가치창조 작업이 자연 발생적인 과정을 거치지 못하였다.

② 8·15 이후의 개방 체제는 외래 문화를 무비판적으로 받아들여 현실 생활을 규제하는 기준문화로 오인하게 만들었다.

③ 식민 정책에 따른 강요된 생활 양식, 해방 이후의 갑작스러운 서구 문화의 전수는 개화되지 못했던 우리 국민들에게 상당한 문화적 충격으로 다가와 수용과정에서 가치 비판의 혼수상태를 초래하였다.

④ 1960년대 이후 산업화 과정을 겪으면서 이러한 상태가 더욱 심화되어 비판이나 선별의 단계 없이 선수용 후소화의 과정을 겪으면서 결국 가치관의 혼란을 가져 왔다.

(2) 한국의 사회 변동과 문화 활동

① 외래 문화에 폐쇄적이었던 상황에서 외세에 의한 개항으로 갑자기 시작되었다.

② 식민 지배로 인한 근대화의 왜곡과 공백이 있었다.

③ 해방 이후의 정치적·경제적·사회적 변화의 속도가 매우 급속해졌다는 특징을 가지고 있으며, 이는 가치관의 갈등과 가치 체계의 혼란 등 중요한 사회 문제로 대두되었다.

④ 한국인의 문화적 가치 체계는 전통 문화에 서구 문화의 이식이 진행됨에 따라 양 문화가 공존하고 있는 형태를 취하고 있다고 볼 수 있다.

제5절 21세기 정보 사회의 전망 기출 23

1 역사적 전환과 구조적 변화

(1) 냉전 체제의 해체(탈냉전)

① 1985년을 기점으로 1990년의 구소련 체제의 해체로 현실 사회주의 체제의 붕괴가 시작되었다.

② 고르바초프의 글라스노스트와 페레스트로이카는 냉전 체제의 와해라는 결과를 가져왔으며, 새로운 세계 경제 질서의 시작을 알리게 되었다.

③ **탈냉전의 사회·정치적 의미**

㉠ 전체주의의 지나친 지배력은 오히려 체제의 붕괴를 가져올 수도 있다. 즉, 국민의 기본권을 무시한 전체주의 국가의 이데올로기적인 통제가 체제의 사멸로 이어졌음을 보여주었다.

㉡ 자율적 시민 집단의 중요성, 즉 국가를 민주적으로 견제할 수 있는 시민 사회 운동의 활성화가 체제 유지에 순기능을 한다는 것을 확인시켜 주었다.

㉢ 마르크시즘의 이념적 지배력이 상대화되고 그 영향력이 상실, 약화되었음을 보여주었다. 즉, 냉전 체제의 해체는 외형적 논리로 잘 짜여져 있는 사상 체계와 이데올로기 담론의 효율성을 크게 감퇴시켰다.

(2) 정보 통신 혁명

① 1995년에 등장한 정보 통신 혁명(월드와이드웹 : WWW)은 하나의 새로운 정보 사회의 시작을 알리는 것이었다.

② 탈냉전은 이념과 체제의 경계선을 지워버림으로써 지구촌(Global village)이라는 통합된 체제로 단순화되었다. 즉, 세계 각국은 지구촌 형성을 위해 국제제도를 기제로 협력을 달성하고, 보편적인 가치의 공유를 토대로 통합을 이루고자 한다.

③ 정보화는 자본, 기술, 인력에 관한 정보가 국경을 초월해 넘나들게 함으로써 세계화 추세를 북돋워 세계를 하나의 큰 자본주의 시장으로 통합시킨다.

2 초고속 정보통신망 구축이 갖는 사회적 · 정치적 기능

(1) 멀티미디어 시대

① 멀티미디어로 텔레퓨터(Teleputer) 시대가 가능해졌다. → 텔레퓨터(Teleputer)란 전화의 'Tele'와 컴퓨터의 'Puter'의 합성어

② 초고속 정보 통신망이 구축되면 음성 · 영상 · 문자 등과 관련된 대량의 정보를 단일한 표준으로 통합해 광케이블을 통해 초고속으로 전달할 수 있다.

(2) 대규모 쌍방향 통신

① 쌍방향 멀티미디어 통신은 삶의 내용과 양식을 크게 변화시킬 것이다.

② 인간의 오감을 모두 전달하면, 이를 통해 형성되는 새로운 인간 공동체를 형성할 수 있다.

3 쌍방향 통신의 사회 · 정치적 의미

(1) 시 · 공간으로부터의 해방

① 편리한 장소에서 원격적인 일 처리가 가능해진다(예 원격 진료, 홈쇼핑, 원격 은행 거래, 원격 교육, 원격 재판 등).

② 시간으로부터 해방된다. 즉, 통신망이 구축된 곳이라면 언제 어디서나 편리한 시간에 원하는 일을 할 수 있다.

(2) 쌍방향 통신의 의의

① **일방향 통신의 맹점**

  ㉠ 일방향 통신의 대표격인 공중파 방송(라디오와 TV)은 일방적인 대량 전달로, 대중 사회의 개인은 원자화·고립화되고, 중간집단의 약화로 사회 구조가 양극화되는 경향이 나타난다.

  ㉡ 방송 매체를 독점한 지배 세력은 자신들의 이데올로기를 일방적으로 전파하는 전체주의의 전횡을 일삼기도 한다.

  ㉢ 일방향적 방송 매체 시대의 대중은 '객체, 대상, 반응자'이지 '주체, 주격, 행위자'가 될 수 없다.

  ㉣ 대중 사회의 시청자는 일방적 정보 수용자이며 정보 소비자이다.

② **쌍방향 통신이 갖는 일방향 통신 시대와의 차이점**

  ㉠ 일방향 대량 방송의 권위주의적 기능을 완화시킬 수 있다.

  ㉡ 정보화 사회의 시민은 단순한 정보의 소비자가 아니라 토플러가 말한 정보의 프로슈머(Prosumer)가 될 것이다. 즉, 정보의 생산자(Producer)인 동시에 소비자(Consumer)가 되는 것이다.

  ㉢ 쌍방향 통신 매체를 이용하여 시민 운동이 활성화될 수 있기 때문에 중간 집단의 부재나 약화를 극복함으로써 원격민주주의(Tele-democracy)의 발전에 기여할 수 있다.

  ㉣ 정보화 사회에서는 원격민주주의 기능성 확보로 시민들의 선택의 폭이 넓기 때문에 시민들의 주권의식이 강화된다.

  ㉤ 틀에 박힌 관료적 사고에서 벗어나 창조적인 사고의 필요성이 증대되고, 창조적 인재를 키우기 위해 지속적인 교육 개혁이 요구된다.

4 정보 사회의 변화 모습

(1) 가족의 변화

① 정보화 시대에는 원격적 일 처리 능력의 증가로 부모가 집에 머무는 시간이 길어지고, 부부 관계, 부모와 자녀 간의 관계에 변화가 나타날 수 있다.

② 정보화 사회에서의 가정의 사회화 기능은 비인격적 사회와 주체인 매체와의 대결 양상을 보이게 되고, 이러한 대결은 가족의 위기를 불러올 수도 있다.

(2) 전자 공동체의 출현

① 전자 공동체는 컴퓨터 네트워크를 통해 형성되는 공동체로서 컴퓨터라는 매체의 쌍방향 통신을 통해 이루어지는 새로운 일차 집단이다.

② **전통적인 일차 집단(가족)과의 차이점**

  ㉠ 면대면의 친근성과 물리적 근접성을 확보하기 어렵다. 즉, 인간적 공감대를 갖기 힘들기 때문에 전통적인 일차 집단이 전자 공동체보다 훨씬 더 인간적이고 인격적인 공동체일 것이다.

  ㉡ 오감이 통합된 복합 멀티미디어를 통해 쌍방향 통신이 가능해진다면 전통적 일차 집단의 분위기를 쉽게 형성할 수도 있을 것이다.

③ 문자로 의사를 전달하고, 음성과 영상으로 오감을 서로 전달하면 탈맥락화 현상을 어느 정도 극복할수 있다.

④ 현재의 컴퓨터 문자 교환에서는 정서 전달의 어려움과 신뢰성의 결핍이 나타나고, 의사 전달이 표피적·탈맥락화 된다.

(3) 교육의 변화

① **서구 대학 교육의 변화 단계**

　㉠ 수도원형 대학 : 직사각형의 성곽 같은 건물 안에서 학생을 가두고 수도하는 것과 같이 교육시켰던 대학이다.

　㉡ 기숙사형 대학 : 운동장과 기숙사를 갖추고 학생을 수용하는 형태의 대학이다(구미의 대학).

　㉢ 등하교형 대학 : 교통이 발달하면서 나타난, 등하교를 할 수 있는 형태의 대학이다(우리나라 대부분의 대학).

② **정보화 시대의 교육의 변화**

　㉠ 쌍방향 통신이 일상화되는 원격 교육이 이루어지면 교사와 학생이 직접 서로 마주 보고 있지 않더라도, 영상을 통해 서로 의사를 교환함으로써 교육과 학습이 상호보완적으로 이루어질 수 있다.

　㉡ 원격 교육은 학습자 중심 교육으로 나아갈 것이다.

　㉢ 시공간의 제약에서 벗어난, 해방된 교육과 학습이 가능해질 것이다.

　㉣ 원격 교육은 평생 학습 사회를 구현할 수 있고, 국민 누구나 배우고 싶은 것을 편리한 시간과 장소에서 배울 수 있다.

③ 열린 대학은 나이와 성(性), 지역의 제약을 받지 않고 누구나 배우고 싶은 과목을 시간과 장소의 제약없이 배울 수 있다.

④ 쌍방향 통신에 입각한 열린 교육은 학습자의 선택을 존중하며, 학습자 스스로가 진리에 이르도록 도와주는 교육 방법인 발견적 접근을 더욱 존중한다.

⑤ 정보화 사회의 교육 개혁은 주입식의 닫힌 교육에서 창조적 발상을 격려하는 열린 교육이 되어야 한다.

⑥ 교육 개혁의 초점은 교육 공급자 중심에서 교육 수요자 중심으로 전환되어야 한다.

(4) 국제 관계의 변화

① 탈냉전 이후 이념의 벽은 거의 붕괴되었으며, 자본·사람·정보 등이 활발하게 국경을 넘나들고 있다.

② 디지털 정보 통신 혁명으로 각 국가들은 부가가치가 높은 소프트웨어 제품 또는 정보 상품에 대한 지적 재산권을 정책적 차원에서 보호하고 있다.

③ 민족 국가의 경계선의 붕괴는 새로운 세력권 또는 초국가적 공동체권을 형성할 수 있다.

④ 거대도시를 거점으로 한 새로운 통신 정보 연결망이 구축될 가능성이 있고, 고부가가치 정보 상품의 지적 재산권을 놓고 국가 간의 긴장이 더욱 치열해질 것으로 예상된다.

⑤ 전지구적 초고속 정보 통신망이 연결되면 세계화와 정보화가 동시에 진행되면서 국가 간의 관계가 새로운 차원의 경쟁과 협력관계로 나아갈 것이다.

(5) 정보화 흐름에 대한 대응

① **토플러의 견해**

㉠ 정보화 시대의 주인은 대중이 아니라 다양성, 차이를 존중(관용)하는 탈대중화된 자율적 시민이다.

㉡ 관용의 문화는 새로운 사회의 생존에 필수적이다. 새 주인은 표준화되고 중앙 집중화되고 관료화된 공장형 모델의 사회 구조를 변화시키려 한다. 이들은 획일화되고 일방향적 미디어를 탈대중화시켜야 한다.

② **정보화 흐름에 대한 대응책**

㉠ 소프트웨어 산업에 대한 관심과 연구가 필요하다. 즉, 학습자 중심의 열린 교육, 창조적 학습에 도움이 되도록 해야 한다.

㉡ 산업 분야에 대한 탈규제 조치, 국내 시장 보호, 시장 개방, 비효율적 국영 사업체의 민영화 추진 등이 이루어져야 한다.

㉢ 비권위주의적 국가를 지향하고, 자율적인 중간 집단의 활성화와 시민 운동의 강화가 이루어져야 한다.

㉣ 정보 사회는 인간의 창의성 및 개성 존중, 개성의 차이를 인정하는 관용의 문화를 가져야 한다.

(6) 정보 격차의 발생

① **정보 격차의 의미** : 계층 간, 지역 간, 성별 간, 국가 간 지식과 정보에 대한 접근이 불평등하게 이루어짐에 따라 격차가 벌어지는 것

② **문제점** : 정보 취약 계층의 소득과 삶의 질 저하, 사회 참여 기회 축소 및 계층간 빈부 격차 등의 심화

③ **대응책**

㉠ 1997년부터 정보 격차 해소 사업 전개 : 정보 취약·소외 계층의 정보 접근성 향상과 정보 활용 능력 역량 제고를 목표로 함

㉡ 정보 통신기기 보급, 정보 접근성 제고, 정보화 교육 등의 다양한 정보 격차 해소 지원 정책을 지속적으로 추진하고 있음

01 우리나라의 사회·문화 변동 과정 중에 나타난 현상이 <u>아닌</u> 것은?

① 공업 구조의 고도화

② 고도의 경제 성장과 수출 신장

③ 평균 가족 수의 증가에 따른 핵가족화

④ 거대도시 및 초거대도시의 계속적 증가

01 가구당 평균 가족 수는 1970년 5.2명에서 1995년 3.3명 그리고 2018년 2.44명으로 점차 감소되고 있다.

02 우리 사회의 갈등에 대한 설명으로 <u>잘못된</u> 것은?

① 양당사자 간에 합리적 협상과 타협에 의한 해결 노력이 필요하다.

② 사회적 갈등으로 노사 갈등, 지역 갈등, 세대 갈등 등을 들 수 있다.

③ 사회적 갈등은 공정한 규칙과 관행에 따라 제도화된 방식으로 표출되어야 한다.

④ 정부는 중립적 중재자보다 정의의 수호자로 분명한 입장에서 한 편의 지지를 선언해야 한다.

02 갈등의 합리적 해결을 위해 정부는 중립적 중재자로서의 위치를 유지해야 한다.

정답 (01 ③ 02 ④)

03 세계화에 따라 국가 간의 경쟁이 심화되고 국가나 민족의 중요성이 증대되므로, 우리의 정체성 확립이 요구된다.

03 세계화의 과제와 관련된 설명으로 틀린 것은?

① 세계화는 국가 간의 상호 이해를 증진시키고 인류 평화에도 기여할 것이다.

② 세계화에 따라 국제적 시각과 틀을 가지고 지구적으로 사고할 것이 요구된다.

③ 세계화에 따라 개별 국가·민족의 의미나 중요성은 점차 사라지게 될 것이다.

④ 우리 문화에 기반을 둔 고유 상표의 개발은 세계 시장에서 높은 경쟁력을 갖게 된다.

04 전통문화의 창조적 계승을 위한 막연한 부정이나 무조건적인 전통 고수주의는 곤란하다. 가치의 정당한 평가와 불합리한 요소의 개선을 통해 현대화하는 것이 중요하다.

04 전통문화의 재발견과 비판에 대한 설명으로 옳은 것은?

① 전통문화의 가치를 정당하게 평가하고, 불합리한 요소를 극복해야 한다.

② 전통문화는 정보화 시대를 맞는 우리 사회의 발전에 장애요인이 될 것이다.

③ 경천애인(敬天愛人)의 태도는 옛것만을 고집하는 전통 고수주의라고 할 수 있다.

④ 전통적인 상부상조의 정신은 극단적 이기주의로 초래된 환경 문제의 해결 방법이다.

정답 03 ③ 04 ①

05 1960년대 우리나라의 근대화 과정에서 가장 핵심적인 역할을 한 것은?

① 인구 증가
② 도시화
③ 미국의 원조
④ 경제 개발 계획

06 우리나라의 근대화 과정에 대한 설명으로 적절하지 <u>않은</u> 것은?

① 민간 주도의 발전이 이루어졌다.
② 수출 주도형의 경제 발전이 기초가 되었다.
③ 급격한 경제 발전으로 부의 불균등 분배가 발생하였다.
④ 전통과 근대적 특징의 이중 사회 구조가 불평등 발전을 초래하였다.

07 반세기 동안 세계를 지배해 왔던 냉전체제의 붕괴(탈냉전 사건)가 우리에게 주는 시사점으로 적절하지 <u>않은</u> 것은?

① 탈냉전은 정보 통신 혁명을 예고하였다.
② 전체주의 체제는 국가의 지나친 지배력 때문에 붕괴될 수도 있음을 시사하였다.
③ 시민사회가 없거나 미약한 사회는 체제 안팎의 도전에 견디지 못한다는 점을 시사하였다.
④ 외형적 논리로 잘 짜여진 사상 체계와 이데올로기 담론의 효율성을 크게 감퇴시켰다.

05 우리나라의 근대화는 제3공화국 정부가 추진한 경제 개발 계획에 의한 공업화에서 비롯되었다.

06 우리나라는 정부 주도하의 경제 개발 계획을 통해 근대화를 추진하였다.

07 탈냉전 사건의 사회적·정치적 의미는 다음과 같다.
• 전체주의 체제는 국가의 지나친 지배력 때문에 붕괴될 수도 있음을 시사했다.
• 시민사회가 없거나 미약한 사회는 체제 안팎의 도전에 견디지 못한다.
• 냉전 체제의 해체는 외형적 논리로 잘 짜여져 있는 사상 체계와 이데올로기 담론의 효율성을 감퇴시켰다.

정답 (05 ④   06 ①   07 ①)

08 위정척사 사상은 1860년대에는 서양과의 교역을 반대하는 통상 반대 운동을 전개하였고, 서양의 무력 침략에 대항하여 척화주전론을 주장하면서 대원군의 통상 수교 거부에 강력한 뒷받침이 되었다. 이후 왜양일체론, 개항 불가론 등을 통해 개항 반대 운동을 전개하는 이론적인 전제로 정부의 개화 정책을 거부하였다.

08 다음 내용과 같은 입장을 취하였던 조선 시대 사상에 해당하는 것은?

> 소중화의 논리에서 벗어나지 못하고 자기방어적인 입장에서 척화를 주장하였으므로 서양을 교역 대상국이 아닌 이적으로 보았을 뿐이다.

① 실학
② 개화 사상
③ 동학 사상
④ 위정척사 사상

09 산업 사회(표준화, 전문화, 집중화, 중앙 집권화) → 정보화 사회(다양화, 통합화, 분산화, 지방 분권화)

09 다음 중 정보화 사회의 특징으로 볼 수 없는 것은?

① 국제적으로는 민족 국가의 중요성이 쇠퇴하고 지구촌 의식과 범세계주의가 발전한다.
② 시민들이 정보를 접하는 매체도 훨씬 다원화되어 산업 사회의 대중 매체 중심에서 벗어나게 된다.
③ 생산은 탈표준화·탈규격화되고 기업은 집중화되며, 정치는 지방 자치의 발전으로 분권화되지만, 도시화는 더욱 촉진된다.
④ 사람들의 욕구가 다양화되면서 소품종 대량 생산보다는 다품종 소량 생산이 이루어진다.

정답 08 ④ 09 ③

10 다음 내용과 같은 정책이 나온 배경으로 옳은 것은?

> • 친일 인사가 각 종교 단체 지도자가 되도록 후원하였다.
> • 수재를 교육한다는 명목으로 친일 지식인의 양성에 주력하였다.
> • 각종 친일 단체를 조직하고 지속적으로 지원하였다.

① 일제의 대륙 침략 전쟁이 본격화되었다.

② 산미 증식 계획으로 식량 수탈이 강화되었다.

③ 항일 의병, 애국 계몽 운동이 활발히 전개되었다.

④ 무단 통치에 대한 우리 민족의 거족적인 저항이 일어났다.

10 일제는 3·1 운동을 겪으면서 한국인을 무력으로는 통치할 수 없다는 것을 깨닫고 문화 통치를 하겠다고 선전하였는데, 문화 통치의 본질은 자료에서 보는 바와 같이 친일파를 양성하여 우리 민족을 분열시켜 독립 운동을 약화시키려는 민족 분열 통치였다.

정답 10 ④

경험을 현명하게 사용한다면, 어떤 일도 시간 낭비는 아니다.

- 오귀스트 르네 로댕 -

부록

최종모의고사

낭비한 시간에 대한 후회는 더 큰 시간 낭비이다.

– 메이슨 쿨리 –

제한시간: 50분 | 시작 ___시 ___분 – 종료 ___시 ___분

정답 및 해설 473p

01 문자를 해독하지 못하는 사람들에게는 사용하기 어렵지만, 비교적 짧은 시간에 많은 사람을 대상으로 조사할 수 있는 조사방법으로 알맞은 것은?

① 심층면접
② 설문조사
③ 참여관찰
④ 문헌연구

02 체계이론에 대한 설명으로 옳지 않은 것은?

① 인간과 사회에 대한 체계이론이다.
② 사회적 평형을 찾기 위한 밑받침이 된다.
③ 고도의 일반성을 가진 동태적 분석으로 사회 구조를 파헤친다.
④ 파슨스는 의사소통을 가능하게 하는 상징 체계의 질서에 관점을 두고 있다.

03 다음 내용에서 공통적으로 설명하는 사회 규범으로 옳은 것은?

> • 친족 간의 웃어른께 큰 절을 할 것이 기대된다.
> • 강제력의 정도에 있어 가장 규제력이 낮은 사회 규범이다.

① 원규
② 민습
③ 법률
④ 관습

04 문화 지체 현상이 나타나는 이유로 알맞은 것은?

① 문화는 다양성에 의한 상대성이 있기 때문이다.
② 문화는 각 요소가 상호작용하면서 변화하는 문화과정이 있기 때문이다.
③ 문화의 발견과 발명은 그것이 수용될 때 문화의 변동이 일어나기 때문이다.
④ 문화의 요소들은 전파와 변화의 속도가 다르기 때문이다.

05 다음 중 귀속 지위의 특성으로 옳은 것은?

① 노력해서 얻을 수 있다.
② 현대 사회에서 중시되고 있는 지위이다.
③ 교사, 학생, 경찰, 공무원, 법관, 은행원 등이 해당된다.
④ 태어나면서부터 자연적으로 가지게 되는 지위이다.

06 다음 내용에서 설명하는 '이것'은 무엇인가?

- 보상과 제재는 이것에 의해 이루어진다.
- 이것이 사회적 기대에 어긋나면 제재를 받거나 비난을 받게 된다.

① 역할
② 역할 기대
③ 역할 갈등
④ 역할 행동

07 쿨리(C. H. Cooley)의 집단의 개념 중 한 개인의 사회적 성격과 이상을 형성하는 데 중요한 영향을 주는 가장 기본적인 집단에 해당하는 것은?

① 중요집단
② 사회집단
③ 이차집단
④ 원초집단

08 다음 내용이 설명하고 있는 문화접변의 결과는 무엇인가?

한 사회의 문화가 다른 문화 체계 속에 흡수되는 현상으로, 인디언 부족들이 백인 문화와 접촉하면서 자기 문화를 상실한 것을 그 예로 들 수 있다.

① 문화 공존
② 문화 동화
③ 문화 융합
④ 문화 지체

09 사회 구조에 대한 설명으로 적절하지 않은 것은?

① 구성요소 사이에서 관찰되는 상호 연관된 규칙적 양식이다.
② 사회구성원들의 욕구를 충족시키는 관습화되고 공식화된 역할과 규범 체계이다.
③ 지속성과 안정성, 변화가능성이 있다.
④ 대체로 사회는 인간, 집단, 그리고 이들의 상호작용으로 이루어져 있다.

10 가장 원초적인 사회화가 이루어지며, 유아기와 아동기의 사회화에 지대한 영향을 끼치는 사회화 기관으로 옳은 것은?

① 학교
② 또래 집단
③ 가족
④ 대중 매체

11 사회화와 관련하여 다음과 같은 개념을 사용한 학자는 누구인가?

- 일반화된 타자(Generalized others)
- 주체로서의 나(I)
- 대상으로서의 나(Me)

① 미드(Mead)
② 마르크스(Marx)
③ 쿨리(Cooley)
④ 뒤르켐(Durkheim)

12 다음 중 사회 집단의 예에 해당하는 것은?

① 축구장의 관람객들
② 지하철에 탄 승객들
③ 취미 동호회
④ 식당의 손님들

13 다음 내용에서 설명하는 범죄로 옳은 것은?

- 1939년 서덜랜드에 의해 처음 사용되었다.
- 중산층 또는 상류층이 그 직업과 관련하여 저지르는 형사 범죄이다.

① 개인적 범죄
② 화이트칼라 범죄
③ 조직적 범죄
④ 피해자 없는 범죄

14 사회 구조를 사회 현상의 기저에 있는 보편적 공리로 보는 학자는 누구인가?

① 레비-스트로스(C. Levi-strauss)
② 머튼(R. K. Merton)
③ 마짜(Matza)
④ 클라워드와 올린(Cloward & Ohlin)

15 다음 〈보기〉에서 규범적 관료제에 해당하는 것을 모두 고른 것은?

┌─ 보기 ─
㉠ 교도소
㉡ 정신 병동
㉢ NGO단체들
㉣ 산업 조직체
㉤ 대학
└─

① ㉠, ㉡
② ㉠, ㉢
③ ㉢, ㉤
④ ㉣, ㉤

16 농촌에서 나타나는 인구 변화의 일반적인 현상으로 옳지 <u>않은</u> 것은?

① 이농 현상
② 고령 인구 증가
③ 노령화 현상
④ 유소년 인구 증가

18 섬너(W. G. Sumner)의 사회 제도 성립 과정에 대한 내용에서 괄호 안에 들어갈 말이 차례대로 바르게 묶인 것은?

> • (㉠) : 합리적 창안과 계획적인 관심을 집중시킨 결과의 산물이며, 그것은 고도로 발전된 문명사회에 적합하다.
> • (㉡) : 무의식적, 자연발생적으로 성립하여 점차 제도로서의 체제를 갖춘 혼인이나 종교제도이다.

	㉠	㉡
①	법제화한 제도	자생적 제도
②	법제화한 제도	기초적 제도
③	자생적 제도	구조적 제도
④	자생적 제도	기초적 제도

17 다음 중 종속이론에 대한 설명으로 <u>틀린</u> 것은?

① 주로 라틴 아메리카 학자들이 주장한 것이다.
② 서구의 근대화 모델을 저개발국가에 적용하는 것을 비판한다.
③ 제3세계에서 나타난 근대화 결과와 방향에 대한 반성과 비판의 소리를 배경으로 출현하였다.
④ 미국의 경제학자인 로스토우 교수에 의하여 발표된 이론이다.

19 다음 중 기능론적 관점과 동일한 견해에서 설명한 것은?

① 사회계층구조는 혁명적인 과정을 통해서 변화된다.
② 희소가치의 배분은 지배 집단의 의사와 결정에 따라 분배된다.
③ 사회의 계층화는 필수불가결한, 인류사회의 보편적인 현상이다.
④ 사회규범은 사회성원들의 합의보다는 강제와 복종관계에서 만들어졌다.

20 다음 내용에서 설명하는 이론은 무엇인가?

> • 대부분의 현대 공업 도시는 여러 개의 핵(지대나 구역으로 분류하기 힘든 인구의 집합체)을 기초로 형성된다는 이론이다.
> • 도시 지리학자 해리스(C. Harris)와 울만(E. Ullman)에 의해 제시된 도시 구조 모델이다.

① 동심원 지대 이론
② 근대화 이론
③ 수렴이론
④ 다핵 지대 이론

21 인간 행동의 가치를 제시해 주고, 옳고 그름을 판단하게 해주는 행위의 기준이 되는 문화로 옳은 것은?

① 심미적 문화
② 규범적 문화
③ 경험적 문화
④ 내재적 문화

22 파슨스(T. Parsons)가 주장한 것으로 사회 체계 유지에 필수적인 기능적 요건의 관계로 옳은 것은?

① A(Adaptation) – 경제 제도
② G(Goal attainment) – 법 제도
③ I(Integration) – 문화·가족 제도
④ L(Latency) – 정치 제도

23 레머트(E. Lemert)의 낙인이론 중 일차적 일탈에 대한 설명으로 옳지 <u>않은</u> 것은?

① 사회적 낙인이 찍힌 후 자신을 부정적으로 생각하게 될 때 생기는 행위이다.
② 규칙을 어긴 최초의 행위지만 발견되지 않아 낙인이 찍히지 않는 행위이다.
③ 일시적이거나 경미한 것이다.
④ 규칙을 어긴 사람도 자신을 일탈자라고 생각하지 않는다.

24 사회학의 창시자로, 사회 정학에서는 생물학적 유기체적 관점을, 사회 동학에서는 진화론적 관점을 강조한 학자는 누구인가?

① 베버
② 스펜서
③ 콩트
④ 뒤르켐

25 다음 내용에서 설명하는 이론으로 옳은 것은?

> 인간을 그가 속한 집단 또는 사회 안에 갇힌 수인(囚人)으로 보는 시각

① 사회 명목론
② 구조 결정론
③ 심리학적 환원론
④ 자살론

26 베버(M. Weber)가 주장한 가치 중립성에 대한 설명으로 옳지 <u>않은</u> 것은?

① 사회 과학자는 개인적인 가치관이나 사상을 자신의 연구 과정과 결과에 개입시켜서는 안 된다고 하는 방법론적 태도를 뜻한다.
② 사회 과학으로부터 실천적·윤리적 가치를 배제해야 한다는 사회 과학 방법론상의 이론으로, 가치 개입 또는 가치 판단과 상반되는 용어이다.
③ 실천을 포기하고 과학을 위한 과학에 치중하기보다 과학이 객관적으로 사회 현실의 개조에 실천적으로 참여할 수 있게 하기 위해서 주장한 것이다.
④ 과학자는 연구 대상의 선택 과정에서 철저히 가치중립을 지켜야 한다고 주장한다.

27 다음 중 문화의 주요 특성에 대한 설명으로 <u>틀린</u> 것은?

① 머물러 있지 않고 항상 변화한다.
② 개인이 학습한 내용은 다시 다음 세대에게 학습을 통해서 전승된다.
③ 다른 사회구성원들과 구별되는 어떤 공통적인 경향이다.
④ 인간은 선천적·유전적으로 문화를 가지고 태어난다.

28 다음 중 프로이트(S. Freud)의 심리성적 발달단계에 대한 설명으로 옳지 <u>않은</u> 것은?

① 배설의 만족감을 얻는 시기는 항문기이다.
② 심리성적 발달단계를 구강기에서 생식기까지 5단계로 구분하였다.
③ 본능적인 성적 에너지가 행동과 사고의 동기가 된다.
④ 무의식의 개념과 함께 정신을 구성하는 3가지 구조적 요소를 이드·에고·셀프라고 하였다.

29 끊임없이 변화하는 현대 사회에 적응하기 위해 필요한 것은?

① 탈사회화
② 재사회화
③ 과잉 사회화
④ 예기 사회화

30 다음 중 자발적 결사체의 특징이 <u>아닌</u> 것은?

① 구성원의 자발적인 참여로 운영된다.
② 다양한 조직의 형태로 운영된다.
③ 가입과 탈퇴는 자유롭지 못하다.
④ 신념이 뚜렷하고 조직활동에 열성적이다.

31 다음 중 일탈 현상을 아노미(Anomie) 개념(이론)으로 접근하지 <u>않은</u> 학자는 누구인가?

① 뒤르켐(E. Durkheim)
② 머튼(R. K. Merton)
③ 마짜(Matza)
④ 클라워드와 올린(Cloward & Ohlin)

32 다음 중 사회 실재론적 관점에 대한 설명으로 옳은 것은?

① 스펜서, 호만스 등이 대표적 주장자이다.
② 사회는 이름뿐이며, 실제로 존재하지 않는다고 본다.
③ 사회를 구성하고 있는 실재는 개개인의 사람이라고 보는 입장으로, 사회보다는 인간을 강조한다.
④ 사회는 그 자체의 의지와 목적을 가지고 있으므로 그 목적을 달성하기 위해서는 사회가 할 수 있는 모든 힘을 행사할 수 있다고 보는 관점이다.

33 프롤레타리아 혁명이 가능하기 위한 필수적인 계급 의식 형성의 최초 단계로 옳은 것은?

① 자아의식
② 유사의식
③ 연대의식
④ 대항의식

34 마르크스(K. Marx)의 계급이론에서 즉자적 계급과 대자적 계급을 나누는 기준으로 옳은 것은?

① 계급 의식
② 생산력
③ 권력
④ 계급 투쟁

35 '개인 속에 내재하는 사회'가 의미하는 것은?

① 사회 규범의 내면화를 말한다.
② 개인이 역사 변동의 주체라는 뜻이다.
③ 인간은 동물과 달리 자신이 살고 있는 사회에 대한 독특한 문제의식을 가지고 있다는 뜻이다.
④ 사회는 개인의 주머니 속에 들어 있는 것과 마찬가지라는 뜻을 은유적으로 표현한 말이다.

36 동심원 이론에서 언급한 것으로, 매우 가난하고 사회적으로 일탈한 사람들이 있어 사회 범죄가 일어날 가능성이 높은 지역에 해당하는 것은?

① 교외 지대
② 변이 지대
③ 업무 중심 지대
④ 중산층 주거 지역

37 갈등론적 사회학자 중 "모든 사회 집단은 다른 사회 집단의 강제에 기반하고 있다."라고 말한 학자는 누구인가?

① 다렌도르프(Dahrendorf)
② 칼뱅(J. Calvin)
③ 베버(W. Weber)
④ 뒤르켐(E. Durkheim)

38 환경과 지속적으로 상호작용하면서 정적인 균형보다 역동적인 균형을 이루고 있는 상태를 의미하는 것은?

① 항상성
② 온전성
③ 갈등성
④ 전체성

39 스멜서(N. J. Smelser)의 부가가치 이론 중 다음 내용에 해당하는 것은?

> 실제 집단 행동을 유발하는 극적인 사건

① 촉발 요인
② 사회 통제
③ 구조적 유발성
④ 일반화된 신념

40 다음 중 군중 행동의 순서로 옳은 것은?

① 위기감 → 동요 → 사회적 불안 → 지도자의 출현 → 행동화
② 동요 → 위기감 → 사회적 불안 → 지도자의 출현 → 행동화
③ 사회적 불안 → 위기감 → 동요 → 지도자의 출현 → 행동화
④ 사회적 불안 → 동요 → 위기감 → 지도자의 출현 → 행동화

제한시간: 50분 ㅣ 시작 ___시 ___분 – 종료 ___시 ___분

⊟ 정답 및 해설 478p

01 허버트 스펜서의 진화론에 대한 설명으로 옳은 것은?

① 사회 발달의 기본 원리를 진화론에서 찾았다.

② 사회학은 사회적 사실만 연구해야 한다고 주장하였다.

③ 사회적 사실은 사회성원들의 의식의 종합으로 이루어지는 것이다.

④ 사회적 사실은 개인의 외부와 개인의 상부에 존재하는 객관적 사실이다.

02 인류의 역사 발전을 질서와 진보의 관점에서 찾아보려고 했던 학자는 누구인가?

① 스펜서(H. Spencer)

② 마르크스(K. Marx)

③ 파슨스(T. Parsons)

④ 콩트(A. Comte)

03 베버(Weber)가 강조한 개념으로 알맞은 것은?

① 기계적 연대

② 생산 수단

③ 군사형 사회

④ 가치 중립

04 다음 내용에서 설명하는 사회학 연구 방법의 종류에 해당하는 것은?

> • 이론과 실천을 분리하지 않고 현실의 구조적 모순과 비리를 변혁시키는 일에 높은 가치를 부여한다.
> • 모순과 비리로 인해 억울하게 고통 받는 인간과 집단에 대해 공동체적 연대의식을 갖고 그들의 삶을 해석하고 이해하려 한다.

① 이론적 설명

② 체험적 이해

③ 과학적 관찰

④ 직관적 사유

05 다음 〈보기〉에서 갈등론과 관련 있는 것을 모두 고르면?

> ─ 보기 ─
> ㉠ 사회를 하나의 유기체로 보는 입장이다.
> ㉡ 갈등의 원인을 경제적인 것에서 찾는다.
> ㉢ 소규모의 사회적 현상에 과도하게 집중한다는 비판을 받기 쉽다.
> ㉣ 한 사회 안에 많은 문제가 생겨나는 것은 사회 질서의 바탕을 이루는 필연적인 것으로 보는 입장이다.

① ㉠, ㉡
② ㉡, ㉢
③ ㉡, ㉣
④ ㉢, ㉣

06 다음 내용과 같은 비판을 받은 사회학 이론은?

> • 너무 정태적이고 비역사적이며 관념적이다.
> • 경제 활동·정치 활동과 같은 사회 생활의 보다 거시적이고 실제적인 문제에 적용하기에는 어려움이 있다.

① 민속 방법론
② 구조주의
③ 비판이론
④ 실존 사회학

07 다음 중 역사이론의 강점에 대한 설명이 아닌 것은?

① 역사의 법칙을 밝히고 사회의 미래상을 제시한다.
② 문제의식을 불러일으켜 역동적 사회 형성에 기여한다.
③ 다른 사회를 분석할 때 이론적 경제성을 보장한다.
④ 역사 발전을 주장하는 힘이 미래의 추진력이 되어 강력한 발전적 충동을 일으킨다.

08 사회학 이론의 역할에 대한 설명으로 옳지 않은 것은?

① 사회학 이론의 기능은 사회의 각 부분요소들이 자기의 이익을 추구하는 것이다.
② 우리 교육 체계의 재조직을 지도하고 여러 가지 종류의 과학의 진보에 기여한다.
③ 실증주의 사회학의 역할은 지성의 이론적 법칙을 실증하는 유일의 합리적 방법을 제공한다.
④ 사회학은 사회에 대한 적극적인 문제의식에서 출발하였고 그 연구 대상은 인간과 사회이다.

09 다음 중 문화의 산물에 해당하지 <u>않는</u> 것은?

① 건축양식
② 건축물
③ 예술작품
④ 공연

10 다음 중 문화의 보편성과 가장 거리가 <u>먼</u> 것은?

① 자연 상황에 적응하는 방법
② 자녀 양육의 방식과 규범
③ 정치 제도와 경제 제도
④ 기후에 맞게 변형된 가옥 구조

11 다음 내용에서 설명하고 있는 문화의 변동은 무엇인가?

> 허스코비츠(M. Herskovits)는 서로 다른 문화를 가진 집단들이 직접적이고 지속적인 접촉을 함으로써 어느 일방 또는 쌍방의 본래 문화 유형에 변화를 가져올 때 일어나는 제 현상이라고 보았다.

① 문화 접촉
② 문화 접변
③ 문화 전파
④ 문화 지체

12 사회화의 형태 중에서 예기 사회화에 대한 설명으로 옳은 것은?

① 학습 역할들이 현재가 아닌 미래의 역할에 지향된 사회화
② 새로운 학습이 옛것에 부가되거나 융화되어 일어나는 사회화
③ 구세대의 문화 지식이 젊은 세대로 전해지는 것이 아니라 그 반대의 방향으로 일어나는 현상
④ 어린 시절의 학습 과정으로서 언어와 인지능력의 향상, 문화적 규범과 가치의 내면화 등을 포함한다.

13 다음 내용이 공통적으로 의미하는 피아제 (J. Piaget)의 인지발달이론의 단계로 옳은 것은?

> • 단순한 사항에 대해서는 논리적 사고를 할 수 있는 단계이다.
> • 자기 중심적에서 벗어나 탈중심화하며 보존 문제, 가역성, 계열, 분류 등의 능력이 발달된다.

① 조작 전기 단계
② 구체적 조작 단계
③ 형식적 조작 단계
④ 지각 동작 단계

14 사회화의 대행 기관 중에서 동시에 가장 널리 사회화시킬 수 있는 대행자 역할을 담당하며 사회성원들을 획일적으로 사회화시키는 기능을 하는 것은?

① 가정
② 학교
③ 직장
④ 대중 매체

15 역할 갈등에 대한 설명으로 옳지 <u>않은</u> 것은?

① 두 개 또는 그 이상의 지위들에 상응하는 역할들이 동시에 요구되어 양립 불가능하게 된 경우에 발생하는 사회 갈등이다.
② 역할 갈등은 역할 간 갈등, 역할 내 갈등, 자아 특성과 역할 기대의 불일치에서 오는 갈등으로 분류할 수 있다.
③ 역할의 우선순위를 정하여 중요한 것부터 처리해 나가거나, 여러 가지 역할 가운데 하나를 선택하는 것도 역할 갈등을 해소하는 방법이다.
④ 역할 행위자가 특정 역할의 진정한 의미는 받아들이지 않고 형식적·의도적으로 외형적 역할만을 수행하는 현상이다.

16 일차집단과 이차집단을 비교한 다음 표에서 밑줄 친 ㉠~㉣ 중 옳지 <u>않은</u> 것은?

구분	일차집단	이차집단
전형적 집단	가족, 유희 집단, 또래 집단	학교, 회사, 노동조합, 도시, 군대, 국가
사회적 특성	• 인격적(인간적) • 비형식적 구조 • ㉠ 인위적 • 일반적 목표 • 쉽게 바꾸기 어려움	• 비인격적 • 형식적 구조 • 공리적 • ㉡ 특정 목표 • 쉽게 바꿀 수 있음
외형적 조건	㉢ 영구적, 소규모, 신체적 접근	유동적, 대규모, ㉣ 신체적(사회적) 거리

① ㉠
② ㉡
③ ㉢
④ ㉣

17 다음 내용은 뒤르켐(E. Durkheim)의 자살론 중에서 무엇에 대한 설명인가?

> • 사회 정세의 변화나 사회 환경의 차이 또는 도덕적 통제의 결여에 의한 자살
> • 규범이 와해된 상태에서 많이 나타나며 지금까지 당연하게 여겨지던 가치관이나 사회 규범이 혼란 상태에 빠졌을 때 자주 일어남

① 이기적 자살
② 이타적 자살
③ 숙명적 자살
④ 아노미적 자살

18 다음 〈보기〉의 사회구조를 보는 관점 중에서 기능론적 관점에 해당하는 것만 고르면?

> ─ 보기 ─
> ㉠ 사회는 하나의 유기체이다.
> ㉡ 전체적 균형과 통합을 유지한다.
> ㉢ 강제에 의한 종속 관계이다.
> ㉣ 합의에 의한 협동적 관계이다.

① ㉠, ㉡
② ㉢, ㉣
③ ㉠, ㉡, ㉢
④ ㉠, ㉡, ㉣

19 코저가 제시한 갈등 혹은 갈등 관계의 기능이 아닌 것은?

① 집단 결속의 기능
② 집단 보존의 기능
③ 집단 구조의 결정
④ 집단 동맹의 축소

20 호손(Hawthorn) 공장의 실험 결과에 대한 설명으로 옳지 않은 것은?

① 인간은 합리적·경제적 존재이다.
② 생산성의 수준은 비공식집단의 사회적 규범에 의하여 규정된다고 본다.
③ 조직 구성원의 근무 의욕은 사회·심리적 요인에 따라서 좌우된다고 본다.
④ 동기 부여와 만족도는 사회·심리적인 욕구의 충족 내지 비경제적 보상·제재에 따라서 좌우된다고 본다.

21 다음 중 관료제의 순기능이 아닌 것은?

① 고용의 안정성
② 목표 달성의 효율적인 수행
③ 과두제의 출현
④ 비합리적·감정적 요소를 배제한 공무 처리

22 베버(M. Weber)의 정치적 지배의 유형 중 카리스마적 지배에 대한 설명으로 옳은 것은?

① 합리적으로 형성된 법률과 규준에 의한 지배이다.
② 왕조 사회에서 임금에게 복종하는 것이 그 예이다.
③ 근대 시민 사회 이후에 많이 보여지는 정치적 지배 유형이다.
④ 초인간적인 자에 대한 신앙을 기초로 하여 성립하는 지배를 말한다.

24 다음 중 사회 계층과 관련된 용어들에 대한 설명으로 옳은 것은?

① 계층 : 지위나 수입 등이 상하좌우로 배열된 서열 구조
② 계급 : 연속적인 개념으로 대립과 단절을 전제로 한 집합 개념
③ 사회적 지위 : 한 계급이 점유하고 있는 집단에서의 개별 지위들을 종합한 단일 지위
④ 사회층 : 동등한 사회적 지위들을 점유함과 동시에 그에 상응하는 비교적 동등한 수준의 희소가치를 분배받는다고 생각되는 사람들이 이루는 하나의 층

23 신앙의 대상이 되는 신의 수를 기준으로 분류할 때 다신교에 해당하는 것은?

① 힌두교
② 유태교
③ 기독교
④ 이슬람교

25 마르크스(K. Marx)의 계급에 대한 단일차원론에서 즉자적 계급과 대자적 계급을 구분하는 요건으로 옳은 것은?

① 생산력
② 생산 수단
③ 계급 의식
④ 계층 구조

26 다음 내용에서 설명하고 있는 사회 이동의 유형에 해당하는 것은?

> 사회 이동의 원인에 따른 분류로 전쟁·혁명 등의 사회 변동으로 인해 기존의 계층 구조가 변화됨으로써 나타나는 위치 변화이다.

① 수평 이동
② 개인적 이동
③ 수직 이동
④ 구조적 이동

27 우리나라 사회 계층의 특징에 대한 설명으로 옳지 않은 것은?

① 사회 계층의 구조화 정도가 높다
② 수직적 사회 이동의 속도 차이에 따른 상대적 박탈감이 만연하고 있다.
③ 학교 교육이 계층 상승의 주요 수단으로 기능한다.
④ 높은 교육열은 경제 성장의 원동력이 되지만 각종 사회 문제를 야기하기도 한다.

28 기능론적 관점에서 본 가족의 사회적 기능에 해당하지 않는 것은?

① 사회성원의 충원
② 경제적 생산과 소비의 기능
③ 사회적 보호와 정신적 안정의 기능
④ 기존의 가치관 주입을 통한 기존 권력 구조의 강화

29 다음 내용에서 밑줄 친 부분에 해당하지 않는 것은?

> 도시에서 일어나는 일상적인 관계를 인구학적 특성과 문화적 변화를 중심으로 고찰하는 접근법을 사회·문화적 접근법이라고 한다. 그중에서 워스(L. Wirth)는 세 가지 변수가 상호작용하여 빚어내는 도시의 생활 양식의 특징을 개념화하여 '도시성'이라고 하였다.

① 인구 규모
② 인구 밀도
③ 집합적 소비수단
④ 인구의 이질성

30 도시 공간구조의 생태학적 모형들 중에서 다핵형 이론을 주장한 학자는 누구인가?

① 맥켄지
② 버제스
③ 호이트
④ 해리스와 울만

32 다음 중 제3세계에 대한 설명으로 옳지 <u>않은</u> 것은?

① 세계 체제의 변방에 있는 빈국들을 통칭한다.
② 20세기 중반에 해방된 아시아, 아프리카 대륙의 국가, 19세기 이미 독립을 한 라틴 아메리카 지역의 국가 등이 포함된다.
③ 신흥 공업국과 산유국을 제외한 대부분의 제3세계는 농산물과 광산물에 의존하는 1차 산업 위주의 생산구조를 가지고 있다.
④ 라틴 아메리카 지역 나라들이 대거 참여하여 남북 관계에서 남측의 경제 협력을 도모하기 위한 것으로 전환된 것은 1955년 반둥회의이다.

31 다음 중 대중 사회에 대한 설명으로 옳지 <u>않은</u> 것은?

① 대중이 사회의 중심부에 접근하고 있는 사회이다.
② 사회 정책과 국가 개입의 확대 현상을 의미한다.
③ 쉴스는 근대 사회로 넘어오면서 대중이 사회의 중심부로 보다 더 접근하게 되었다고 보았다.
④ 아렌트는 대중 사회가 전체주의 사회로 되는 이유를 대중의 고립성과 그들의 정상적 사회 관계의 결여에서 찾았다.

33 다음 내용에서 공통적으로 설명하고 있는 현대사회론은 무엇인가?

> • 현대 사회의 특징은 기술 합리화라고 하였다.
> • 압도적인 테크놀로지에 의해 개인들의 정치의식, 철학, 예술, 언어가 동질화되고 사회 내의 대립이 소멸된 사회를 일차원적 사회라고 한다.
> • 일차원적 사회에서는 문화적·정치적·경제적 권력의 집중화가 행해진다.

① 산업사회론
② 관리사회론
③ 대중사회론
④ 복지사회론

34 다음 내용에서 공통적으로 설명하는 학자는 누구인가?

> • 사회학의 창시자이다.
> • 사회학을 사회의 진보와 질서의 법칙들을 연구하는 학문이라고 생각하였다.
> • 사회의 여러 가지 기능적 부분들 간의 조화와 균형을 강조하는 접근을 사회 유기체적 접근이라고 하였는데, 이러한 경우 부분보다 전체가 강조되면서 질서도 강조된다고 보았다.

① 버거(P. Burger)
② 뒤르켐(E. Durkheim)
③ 콩트(A. Comte)
④ 하버마스(J. Habermas)

36 일상생활에서 얻을 수 없는 믿음·가치·규범을 추구하며, 운동의 참여를 통하여 개인에게 내적 갈등과 감정을 표현할 수 있는 도구를 마련해주는 성질의 사회 운동의 유형으로 옳은 것은?

① 복고적 사회 운동
② 보수주의적 사회 운동
③ 개혁주의적 사회 운동
④ 표출적 사회 운동

35 다음과 같은 역사적 사실들에서 공통적으로 알 수 있는 것은?

> • 게르만 민족이 우월하다는 나치즘(유태인 학살)
> • 일제 강점기 일본의 문화적 우월주의 (조선인 차별과 학대)

① 문화적 상대주의
② 문화 사대주의
③ 자민족 중심주의
④ 자유 방임주의

37 다음 중 한국 사회학의 현실에 대한 설명으로 옳지 <u>않은</u> 것은?

① 건국 직후 집권자들은 민주화를 위한 사회 문제에 주목하였다.
② 6·25 전쟁 이후 한국을 휩쓴 미국 사회학의 압도적인 영향하에 있었다.
③ 한국 사회는 발전을 지향하고 있으나 사회학을 전공한 학자는 희소성을 갖는다.
④ 보다 정책적인 공헌으로 근대화를 복지 사회화로 유도하는 데 계속적인 노력을 기울였다.

38 다음 중 막스 베버(M. Weber)의 사회학 연구 방법에 대한 특성으로 옳은 것은?

① 베버는 사회학의 연구 대상을 인간의 사회적 사실로 규정하였다.

② 베버는 인간의 관념이나 경험보다 경제적 조건을 이론적으로 중요시하였다.

③ 베버는 어떠한 제도나 조직 등 일체의 사회적 형성물은 실재성을 가지고 있다고 보았다.

④ 베버는 행위자가 자신의 행위에 부여하는 주관적 인식에 대한 이해를 사회학의 과제로 삼았다.

39 다음 내용과 같은 주장을 한 학자는?

- 문화 유형을 감각형, 관념형, 이상주의형으로 분류하였는데, 이 중 감각형과 관념형을 주요 문화 유형이라 보고, 역사는 이 두 가지 상반된 문화 유형 사이를 시계추처럼 오가는 진동의 주기를 나타낸다고 주장하였다.
- 변동의 원천이 사회문화체계 내부에 있으며 어떤 종류의 진리도 너무 지나치게 발달되면 허위가 되거나 왜곡된다는 극한의 원리를 주장했다.

① 파레토(V. Pareto)
② 소로킨(P. Sorokin)
③ 슈펭글러(O. Spengler)
④ 다렌도르프(R. Dahrendorf)

40 다음 중 21세기 국제 관계의 변화에 대한 설명으로 적절하지 **않은** 것은?

① 민족 국가 경계선의 붕괴는 새로운 세력권 또는 초국가적 공동체권을 형성할 수 있다.

② 탈냉전 이후 이념의 벽은 더욱 견고해졌으나 자본 · 사람 · 정보 등은 활발하게 국경을 넘나들고 있다.

③ 고부가가치 정보 상품의 지적 재산권을 놓고 국가 간의 긴장이 더욱 치열해질 것으로 예상된다.

④ 전 지구적 초고속 정보 통신망이 연결되면 세계화와 정보화가 동시에 진행되면서 국가 간의 관계가 새로운 차원의 경쟁과 협력관계로 나아갈 것이다.

01	02	03	04	05	06	07	08	09	10	11	12	13	14	15	16	17	18	19	20
②	③	②	④	④	④	④	②	②	③	①	③	②	①	③	④	④	①	③	④
21	22	23	24	25	26	27	28	29	30	31	32	33	34	35	36	37	38	39	40
②	①	①	③	②	④	④	④	②	③	③	④	②	①	①	②	①	①	①	③

01 **정답** ②

설문조사는 많은 사람을 대상으로 일시에 실시함으로써 시간과 비용의 측면에서 효율성이 높지만, 문자 해독 능력이 없는 사람들에게 사용하기 어렵고, 응답자들의 응답 내용이 인위적·피상적일 수 있다는 단점이 있다.

02 **정답** ③

체계이론은 고도의 일반성을 가진 정태적 분석으로 사회 구조를 파헤친다.

03 **정답** ②

민습은 상식이라고 말하는 정도의 행동 규칙이며, 강제력에 있어 가장 규제력이 낮은 사회 규범이다.

04 **정답** ④

문화 지체 현상은 물질 문화의 변화 속도는 빠른데, 비물질적 문화의 변화 속도는 느리기 때문에 나타난다.

05 **정답** ④

①·②·③은 성취 지위(업적 지위)에 대한 설명이다. 즉, 성취 지위는 개인의 능력이나 노력으로 얻게 되는 지위로, 현대 사회에서 중시된다(교사, 학생, 경찰, 공무원, 법관, 은행원 등).

06 **정답** ④

보상과 제재는 지위나 역할이 아닌 역할 행동의 수행여부에 따라 이루어진다. 역할 행동은 특정한 사람이 어떤 역할을 수행하는 활동 그 자체를 말하며, 이 역할 행동이 사회적 기대에 어긋나면 제재나 비난을 받는다.

07 **정답** ④

원초집단(또는 일차집단)이라는 말은 쿨리(C. H. Cooley)가 처음 사용한 개념으로, 다면적 상호작용과 친밀성을 가지고 있는 집단을 의미한다.

08 **정답** ②

문화 동화란 여러 가지 독특한 하위문화를 가진 집단이 그 사회의 지배 문화로 통합되는 문화 현상을 말한다.

09 정답 ②

사회 제도에 대한 설명이다.

10 정답 ③

가족은 일차적 사회화가 일어나는 곳으로, 사람이 태어나면서 제일 먼저 상호작용을 하는 곳이다.

11 정답 ①

미드(Mead)는 상징적 상호작용 이론의 대표자로 사회적 상호작용을 통한 자아 발달을 사회화의 핵심으로 생각하며, 자아는 사회에서 만들어진다고 보았다. 인간의 자아 개념(Self-concept)이 어떻게 발달하고 인간이 하나의 사회적 존재로 어떻게 성장하게 되는지에 대해서 좀 더 구체적이고 체계적인 이론으로 발전시켰다.

12 정답 ③

사회 집단은 어떤 목적을 향해 지속적으로 상호작용하는 다수의 집합체이다. 두 사람 이상의 무리로서 빈번히 상호작용을 하고 소속감 및 서로 의지하는 감정을 공유한다.

13 정답 ②

화이트칼라 범죄란 사회 내에서 부유한 부문에 종사하는 이들에 의해 행해지는 범죄로, 범죄 활동을 위해 자신이 처한 전문적인 위치를 이용하는 것을 의미한다. 이러한 예로 탈세, 횡령, 불법 판매 행위, 위험물 생산 및 판매 등이 있다.

14 정답 ①

레비-스트로스는 사회 구조를 사회 현상의 기저에 있는 일종의 기준적 공리와 같은 것으로 보았다.

15 정답 ③

규범적 관료제는 관료제 안에 있는 사람들이 도덕적인 설득을 받고 관료제의 규범에 동조하게 된다(대학, 개혁 지향적 자원 단체 등).

16 정답 ④

현재 한국의 농촌은 이농 현상, 노령화 현상, 고령 인구의 증가로 인해 노동력이 부족하다.

17 정답 ④

종속이론은 제3세계에서 나타난 근대화 결과와 방향에 대한 반성과 비판의 소리를 배경으로 출현하였다. 즉, 제3세계의 여러 국가는 현저한 경제 성장을 달성했음에도 불구하고 선진 자본주의 국가와의 상대적 격차가 줄어들지 않고 오히려 증가하였으며 국내적으로 실업, 부의 사회적 격차들이 감소되지 않고 심화되는 현상을 보였다. ④ 근대화이론에 관한 설명이다.

18 정답 ①

섬너(W. G. Sumner)의 사회 제도 성립 과정은 다음과 같다.
- 법제화한 제도 : 합리적 창안과 계획적인 관심을 집중시킨 결과의 산물이며, 이것은 고도로 발전된 문명사회에 적합하다.
- 자생적 제도 : 무의식적, 자연발생적으로 성립하여 점차 제도로서의 체제를 갖춘 혼인이나 종교제도이다.

19 정답 ③

기능론에서는 계층화를 필수불가결한 보편적 현상이며, 사회적 기능의 수행을 위한 최선의 장치라고 본다.
①·②·④ 갈등론적 관점이다.

20 정답 ④

다핵 지대 이론(Multiple nuclear theory)이란 1945년 지리학자 해리스(C. Harris)와 울만(E. Ullman)에 의해 제시된 도시 구조 모델이다. 즉, 현대 도시들은 실제로 여러 개의 핵심지를 가지고 있으므로, 도시 내부 구조는 다핵 모델에 의해 설명될 수 있다는 이론이다. 모든 기능이 하나의 중심핵에 집중할 수 없으며, 실제로 도시 기능을 분리시키고, 핵심을 분화시키려는 요인들이 도시 성장 과정에서 발생한다고 보았다.

21 정답 ②

규범적 문화는 사회성원들에게 특정 행동의 옳고 그름을 밝혀 주고, 행동의 방향을 제시하여 구체적 행동의 지침을 정해 놓은 행동 규칙이다.

22 정답 ①

사회체계 유지에 필수적인 기능적 요건 : AGIL 기능

A (Adaptation)	환경에 적응해야 하는 적응의 기능	경제 제도가 담당
G (Goal attainment)	체계의 목표를 달성해야 하는 목표 달성의 기능	정치 제도가 담당
I (Integration)	체계 내의 각 부분들을 통합해야 하는 통합의 기능	법 제도가 담당
L (Latency)	잠재적 유형 유지와 긴장 처리의 기능	종교와 교육 등의 문화 제도와 가족 제도가 담당

23 정답 ①

이차적 일탈의 내용이다.

24 정답 ③

콩트는 1839년 그의 저서 『실증철학강의』에서 Socius라는 라틴어와 Logos라는 희랍어를 합성하여 'Sociologie'를 만들었으며, 사회학을 사회질서를 다루는 사회 정학과 사회 진보를 다루는 사회 동학으로 나누었다.

25 정답 ②

구조 결정론적 관점에서는 인간을 그가 속한 집단 또는 사회 안에 갇혀 있는 사람, 곧 수인(囚人)으로 본다.

26 정답 ④

베버는 저서인 『사회과학방법론』에서 사회과학적 탐구 행위를 '대상의 선택'과 '연구방법'으로 나누고, 대상의 선택에는 연구자의 가치 판단이 필수적으로 일어나지만, 연구방법에서는 연구자의 가치가 개입되지 않아야 할 것을 주장하였다. 이런 의미에서 대상의 선택은 '가치 개입적'이며, 대상의 연구는 '가치 중립적'이다.

27 정답 ④

문화는 인간이 창조해 낸 고안물이기 때문에 인간이 태어날 때부터 선천적·유전적으로 문화를 가지고 태어나지는 않는다. 문화는 사회에서 후천적으로 학습되고, 개인이 학습한 내용은 다시 다음 세대에게 학습을 통해서 전승된다.

28 정답 ④

프로이트는 무의식의 개념과 함께 정신을 구성하는 3가지 구조적 요소를 자아(Id), 현실적 자아(Ego), 초자아(Super-ego)라고 하였다. 이러한 세 가지 요소가 발달하는 단계를 5단계로 구분하였는데, 이를 프로이트의 심리성적 발달단계라고 부르고 이런 단계가 이루어지는 가장 큰 힘을 성적 욕구, 즉 리비도(Libido)라고 하였다. 프로이트는 리비도를 인간이 살아가게 하는 힘의 원천으로 보았고, 욕구자체라고 말했다.

29 정답 ②

재사회화란 일차적인 사회화에 의하여 학습한 가치·규범·신조 등을 버리고 새로운 가치 규범, 신념을 내면화하는 것, 즉 사회화된 상태에서 다시 사회화하는 것을 말한다.

30 정답 ③

자발적 결사체의 특징은 다음과 같다.
- 가입과 탈퇴의 자유가 있음
- 다양한 조직의 형태로 운영
- 구성원의 자발적 참여 및 운영
- 조직의 목표가 뚜렷하고 신념이 강함
- 규정과 조직이 융통성 있게 운영

31 정답 ③

인간의 목표를 성취하려는 욕구를 관리하고 규제하는 규범이 무너진 상태를 아노미라고 한다. 마짜(Matza)는 일탈을 정당화시켜서 내적 통제(양심의 압박)로부터 자유롭게 해주는 중화의 기법만 있으면, 정상적인 청소년도 얼마든지 일탈자가 될 수 있다고 하였다. 이것은 기존의 전통적인 범죄이론들이 범죄자들을 마치 처음부터 아노미에 빠져 범죄를 저지르는 비정상적인 존재로 규정하는 것과는 대조적이다.

32 정답 ④

①·②·③ 사회 명목론에 대한 설명이다.

33 정답 ②

계급 의식의 3단계는 '유사의식 → 연대의식 → 대항의식' 순이다.

34 정답 ①

마르크스는 계급을 생산 수단의 소유 여부에 따라 자본가 계급(부르주아지)과 노동자 계급(프롤레타리아)으로 분류하였다. 그리고 생산 수단의 소유 유무라는 객관적인 조건에 의해 동일한 위치를 점하고 있는 사람들의 집단을 즉자적 계급이라 하였으며, 이러한 즉자적 계급이 계급 의식을 통해 하나의 정치적 공동체를 형성할 때, 그것을 대자적 계급이라고 불렀다.

35 정답 ①

사람이 태어나서 자라는 과정이란 한마디로 사회가 개인 속으로 들어가는 과정을 말하는데, 이것을 '사회 규범의 내면화'라고 한다.

36 정답 ②

동심원 이론이란 미국의 사회학자 버제스(E. Burgess)가 1925년 시카고 시(市)에 대한 실증적 연구를 통하여 제창한 것으로, 도시 구조를 업무 중심 지대, 변이 지대, 자립 근로자 거주 지대, 중산층 거주 지대, 통근자 거주 지대의 5종으로 분류하였다. 이들 지대는 동심원적 구조를 이루어 제각기 바깥쪽에 인접한 지대를 잠식하면서 팽창해간다.
② 변이 지대는 도시가 발전하면서 특정 지대가 확장되어 소멸될 가능성이 많은 지대로, 문화와 가치관의 갈등이 가장 심한 지역이다.

37 **정답** ①

갈등론적 사회학의 대표적 학자는 마르크스와 다렌도르프이다. 마르크스는 "계급 간의 갈등이 사회 변화를 일으키며 사회 구조는 경제적 생산 관계 위에서 기초한다."라고 주장하였고, 다렌도르프는 "모든 사회 집단은 다른 사회 집단의 강제에 기반하고 있다."라고 하였다.

38 **정답** ①

항상성은 균형이론의 가장 핵심적인 개념으로 환경과 지속적으로 상호작용하면서 정적인 균형보다 역동적인 균형을 이루고 있는 상태이다.

39 **정답** ①

사회 운동의 결정 요인은 다음과 같다.

- 촉발 요인 : 실제 집단 행동을 유발하는 극적인 사건
- 구조적 유발성 : 어떤 집합 행동이 일어나기 위해 필요한 사회 구조적·문화적 선행요건
- 구조적 긴장 : 사회 내에 모순, 괴리가 있어 긴장이 야기되어야 함
- 일반화된 신념 : 긴장의 해결 방법에 대한 사회 구성원의 공통된 의식 형성
- 행동을 위한 참여자의 동원 : 사람들을 자극·흥분시켜 표적을 향해 행동으로 이끄는 지도자가 있어야 함
- 사회 통제 : 사회적 운동에 대해 사회 통제가 가속되면 그만큼 운동의 폭발력이 강화됨

40 **정답** ③

군중 행동은 '사회적 불안 → 위기감 → 동요 → 지도자의 출현 → 행동화'의 순서로 진행된다.

01	02	03	04	05	06	07	08	09	10	11	12	13	14	15	16	17	18	19	20
①	④	④	②	③	②	③	①	①	④	②	①	②	④	④	①	④	④	④	①
21	22	23	24	25	26	27	28	29	30	31	32	33	34	35	36	37	38	39	40
③	④	①	④	③	④	①	④	③	④	②	④	②	③	③	④	①	④	②	②

01 정답 ①

스펜서는 다윈의 진화론을 인간 사회에 본격적으로 적용하여 사회는 동질적인 부분들로 구성된 미분화된 형태로부터 점차 이질적인 것들로 이루어진 분화된 형태로 진화한다는 사회 진화론을 주장하였다.

02 정답 ④

콩트는 사회의 진보는 질서와 인간 정신의 진보에 의해서 이루어진다고 생각하였다. 또한 질서는 언제나 진보의 조건이고 진보는 질서의 필연적인 목적이 되어야 한다고 하였다. 모든 사회는 인간 정신의 발전 단계에 해당되는 일정한 단계를 거쳐 진보한다고 보고 인류의 지적 진화의 3단계 법칙을 제시하였다.

03 정답 ④

가치 중립은 사회 과학자는 개인적인 가치관이나 사상을 자신의 연구 과정과 결과에 개입시켜서는 안 된다고 하는 방법론적 태도를 뜻한다. 가치 중립성은 사회 과학으로부터 실천적·윤리적 가치를 배제해야 한다는 사회 과학 방법론상의 이론이다.

04 정답 ②

과학적 관찰은 보통 가설을 세워 경험적 자료를 수집해 통계적 처리를 거쳐 가설을 검증하는 방법으로 사회학에서는 관례화되어 있다. 이론적 설명은 논리적 도출을 사용하여 사실이 설명되는 논리 연역적 체계를 취한다. 체험적 이해는 이론과 실천을 분리하지 않고 현실의 구조적 모순과 비리를 변혁시키는 일에 높은 가치를 부여한다. 따라서 그 모순과 비리로 인해 억울하게 고통 받는 인간과 집단에 대해 공동체적 연대의식을 갖고 그들의 삶을 해석하고 이해하려는 것이다.

05 정답 ③

갈등론적 입장을 대표하는 학자는 마르크스로 갈등의 원인을 경제적인 것에서 찾으면서, 한 사회에 많은 문제가 생겨나는 것은 사회 질서의 바탕을 이루는 필연적인 것으로 보았다. ㉠은 합의론, ㉢은 상징적 상호작용론에 대한 설명이다.

06 정답 ②

구조주의는 인간의 주체성과 자유의 문제에 대한 마르크스주의와 실존주의 견해를 비판하고 관계 개념에 주목하였으며, 구조를 형성하는 요소들 간의 동질성이 전제된 '교환'이라는 사고방식을 중시하였다. 특히 사회의 구조와 체제, 의미론 등의 재구성을 꾀하였다.

07 정답 ③

다른 사회를 분석할 때 이론적 경제성을 보장하고 사회적 형평을 찾기 위한 밑받침이 된다고 보는 사회학 이론은 체계이론이다.

08 정답 ①

사회학 이론의 기능은 사회 재조직의 확고한 기초를 마련하는 것이다.

09 정답 ①

문화의 산물이란 규준화된 지식 체계에 의해서 느낌이나 감성 또는 생각을 표현한 구체적인 행동이나 물건, 예술작품, 공연 등 문화의 내용이 겉으로 드러난 것을 말한다. 따라서 건축양식은 문화이며 건축양식이 구체적으로 표현된 건축물은 문화의 산물이다.

10 정답 ④

우리나라의 경우에도 벼농사 지역에서는 초가집이 일반적이고 울릉도에는 너와집이 많은 것처럼 기후에 따라 가옥 구조가 변형되어 나타나는데 이는 문화의 보편성에 속하지 않는다.

11 정답 ②

서로 다른 문화를 가진 집단들이 직접적이고 지속적인 접촉을 함으로써 어느 일방 또는 쌍방의 본래 문화 유형에 변화를 가져올 때 일어나는 제 현상을 문화 접변이라고 한다.

12 정답 ①

②는 발달 사회화, ③은 역사회화, ④는 원초적 사회화에 대한 설명이다.

13 정답 ②

구체적 사물에 대하여 조작적 사고가 가능한 7~11세 정도의 시기이다. 질량 보존의 개념, 시간과 거리의 개념, 사물을 그 성질에 따라 나누고 배열하고 범주화할 수 있는 능력도 생긴다.

14 정답 ④

가족은 일차적 사회화가 일어나는 곳이고, 학교는 가장 효율적인 사회화 대행 기관이며, 직장은 전문인으로서 자질과 태도, 기술, 지식을 습득할 수 있는 곳이다.

15 정답 ④

역할 수행자가 자신의 연기에서 기획하는 자아 이미지와 실제 역할이 맞지 않는다고 판단할 경우 '실생활에서 자신이 하고 있는 역할'을 경멸하듯이 내팽개 치는 행위를 역할 거리 또는 역할 소원이라고 한다. 따라서 ④는 역할 소원에 대한 설명이다.

16 정답 ①

일차집단은 구성원들 간의 친밀한 대면 접촉을 통해 이루어진 집단으로, 인간을 성숙한 사회적 존재로 성장시키는 데 가장 중요한 기능을 담당하며, 인위적이 아니라 자연적이다. 이차집단은 구성원 간의 간접적인 접촉과 목적 달성을 위한 수단적인 만남을 바탕으로 결합된 집단이다.

17 정답 ④

뒤르켐(E. Durkheim)은 자살의 원인을 사회적이라고 보면서, 자살의 유형을 사회 통합도에 따라 '이기적 자살'과 '이타적 자살'로 구분하였고, 사회적 규제에 따라 '아노미적 자살'과 '숙명적 자살'로 구분하였다. 갑작스런 경제적 호황과 불황, 급속한 기술 지식의 발전, 광활한 시장의 유혹 등이 규범 와해를 가져오면서 '아노미적 자살'이 발생하였다.

18 정답 ④

기능론적 관점은 사회를 이루는 구성요소들은 상호의존관계에 있으며 사회 전체의 유지와 존속·통합을 위해 기여하고 있다고 보는 관점이다. 그에 비해 갈등론적 관점은 사회의 구성요소들이 항상 서로 대립되거나 불일치한 상태로 존재하며 이러한 갈등이 사회 전체의 변동에 기여하고 있다고 보는 관점이다.

19 정답 ④

코저는 갈등이 분열이나 해체만을 가져오는 것이 아니라 집단의 결속력을 강화하고 기존 사회 체계에 대한 비판을 가능하게 하여 사회의 변동과 안정 양면에 적극 기여한다고 보며 갈등의 기능을 강조하였다. 그 기능에는 집단 결속의 기능, 집단 보존의 기능, 집단 구조의 결정, 이데올로기의 창출, 세력 균형의 창출, 집단 동맹의 확대 등이 있다.

20 정답 ①

호손 공장의 실험 결과 생산성 향상에 영향을 미치는 중요한 요소는 보수나 작업 조건 등 물리적 조건이 아니라 조직 구성원의 심리적·사회적 요인이며, 인간은 합리적·경제적 존재가 아니라 비합리적·사회적 존재로 간주하였다.

21 정답 ③

과두제란 조직성원들의 복리를 위해 종사할 사명을 부여받은 한 무리의 리더들이 성원들의 복리를 추구하기보다는 자기 자신들의 복리를 추구하기 위해 견고한 지배 체제를 구축하는 현상을 말한다.

22 정답 ④

①, ③은 합법적 지배에 대한 설명이고, ②는 전통적 지배에 대한 설명이다. 베버는 지배 혹은 권위의 양식을 정당성의 개념에 입각하여 정치적 지배의 유형으로 나누었다.

23 정답 ①

종교를 신의 수를 기준으로 분류하는 경우 유태교, 기독교, 이슬람교는 유일신을 믿는 일신교인 데 반해, 힌두교는 여러 신을 모시는 다신교에 해당한다.

24 정답 ④

계층은 지위나 수입 등이 상하로 배열된 서열 구조이고, 계급은 연속적인 개념이 아니라 비연속적인 대립과 단절을 전제로 한 집합 개념이다. 사회적 지위는 한 개인이 점유하고 있는 집단에서의 개별 지위들을 종합한 단일 지위이다.

25 정답 ③

마르크스는 생산 수단의 소유 유무라는 기준에 의해 자본가 계급과 노동자 계급으로 분류하였다. 또한 즉자적 계급은 계급 의식은 형성되지 않았으나 대자적 계급은 계급 의식을 가지고 부르주아지(자본가 계급)에 대항하는 진정한 의미의 계급이라고 보았다.

26 정답 ④

사회 이동은 개인 또는 개인의 사회적 지위의 변화를 통틀어 이르는 말로, 이동의 방향, 시간적 거리, 이동의 주체 등에 의해서 유형을 분류할 수 있다. 구조적 이동의 경우 이동 원인에 따른 분류로 사회 구조적 원인으로 사회 이동이 일어나는 경우가 이에 해당한다.

27 정답 ①

우리나라 사회 계층의 구조화 정도는 낮다. 즉, 산업화의 진전으로 급속하고 광범위한 세대 간 이동은 점차 감소하는 추세이다.

28 정답 ④

④는 갈등론적 관점에서 본 가족 제도의 기능이다. 이 관점에서는 가족은 긴장이 끊이지 않는 장소로 가족 성원들 각자가 서로를 자신의 통제하에 두려는 경쟁의 장이 될 수 있다고 보았다.

29 정답 ③

워스는 '인구 규모, 인구 밀도, 인구의 이질성'의 세 가지 변수가 상호작용하여 도시성을 이루게 된다고 하면서 주민들 간의 익명성, 인간관계의 피상성과 분절화, 공식적 사회 통제의 메카니즘 등 무려 50가지가 이에 포함된다고 보았다.

30 정답 ④

현대 대부분의 도시는 여러 개의 핵을 기초로 하여 형성된다는 이론으로, 교통 기술의 발달을 전제로 할 때 오늘날의 도시들은 몇 개의 상업 중심지, 산업 중심지, 주거 중심지로 발전하면서 다핵 구조를 갖는다는 내용으로 해리스와 울만이 주장하였다.

31 정답 ②

②는 복지 사회의 개념으로 이 사회는 일반적으로 높은 생활 수준의 사회적 보장이 이루어진다. 복지 사회 국가는 복지 지향적 국가 목표를 실현하기 위한 여러 가지 정책들, 여러 가지 제도들의 확립을 중요한 국가 기능의 하나로 파악한다.

32 정답 ④

1955년 반둥회의는 아시아, 아프리카 대륙을 중심으로 한 지역적 기반을 갖고 비동맹이라는 노선 아래 미·소의 제국주의적 패권에 도전하는 정치 연합이고, ④는 1967년 77그룹 회의에 대한 설명이다.

33 정답 ②

마르쿠제(H. Marcuse)의 관리사회론은 대중사회론보다 더욱 현대 사회의 부정적 측면을 파헤쳐 분석한 이론이다. 이 이론에서 일차원적 사회의 경제 상태는 정치에 의해 대부분 결정되고, 경제적 측면에서 국가의 직접·간접 개입에 의해 기능하고 있는 하나의 전체주의적 사회라고 하였다.

34 정답 ③

사회학의 창시자이자 이론적 지주인 콩트는 사회를 과학적으로 탐구하는 새로운 과학의 필요성을 주장하면서 그것을 사회학이라고 불렀다. 또한 사회의 진보와 질서의 법칙들을 연구하는 학문이라고 생각하면서 그 연구에는 관찰, 실험, 비교 등의 여러 가지 방법이 사용될 수 있으며 또 사용되어야 한다고 보았다.

35 정답 ③

자기 민족의 모든 것만이 옳고 합리적이며 윤리적이라고 생각하면서 다른 민족의 문화를 배척 내지 경멸하는 태도를 자민족 중심주의라고 한다.

36 정답 ④

사회 운동은 기존 사회의 변화를 증진시키거나 또는 그것을 저지하기 위해 조직된 인간 집단의 집단 행위로 표출적 사회 운동에는 종교 운동이나 부흥회 등이 있다.

37 **정답** ①

건국 직후의 한국적 과제는 민주화였는데, 집권자들은 서구 제도의 모방에만 관심을 두었고 민주화를 위한 사회 문제를 도외시하였다.

38 **정답** ④

베버는 사회학의 연구 대상을 인간의 사회적 행위로 규정하였고, 관념론적인 해석학적 입장과 경험론적인 실증주의 입장을 통합하려 하였다. 또한 어떠한 제도나 조직 등 일체의 사회적 상징물은 그 자체의 독자적인 실재성을 가지고 있지 않다고 보았다.

39 **정답** ②

소로킨의 순환론에서 관념 지향형 문화는 신과 영적 세계가 진정한 실재이고 가치가 있다고 보았고, 감각 지향형 문화는 감각적 세계가 실재이고 가치가 있으며, 이상주의적 문화는 이 둘이 적절히 조화를 이룬 상태라고 보았다.

40 **정답** ②

탈냉전 이후 이념의 벽은 거의 붕괴되었으며, 디지털 정보 통신 혁명으로 각 국가들은 부가가치가 높은 소프트웨어 제품 또는 정보 상품에 대한 지적재산권을 정책적 차원에서 보호하고 있다.

컴퓨터용 사인펜만 사용

독학학위제 1단계 교양과정인정시험 답안지(객관식)

★ 수험생은 수험번호와 응시과목 코드번호를 표기(마킹)한 후 일치여부를 반드시 확인할 것.

전공분야

성 명

(1) | 1 | — |

(2) ① ② ③ ④

수험번호

1	—	—	—
	① ② ③ ④ ⑤ ⑥ ⑦ ⑧ ⑨ ⓪	① ② ③ ④ ⑤ ⑥ ⑦ ⑧ ⑨ ⓪	—
			① ② ③ ④ ⑤ ⑥ ⑦ ⑧ ⑨ ⓪
	① ② ③ ④ ⑤ ⑥ ⑦ ⑧ ⑨ ⓪	—	① ② ③ ④ ⑤ ⑥ ⑦ ⑧ ⑨ ⓪
	① ② ③ ④ ⑤ ⑥ ⑦ ⑧ ⑨ ⓪	① ② ③ ④ ⑤ ⑥ ⑦ ⑧ ⑨ ⓪	① ② ③ ④ ⑤ ⑥ ⑦ ⑧ ⑨ ⓪

※ 감독관 확인란

(인)

관리번호 (연번)

관리번호 (응시자수)

과목코드						응시과목			
		① ② ③ ④ ⑤ ⑥ ⑦ ⑧ ⑨ ⓪	1	① ② ③ ④	21	① ② ③ ④
		① ② ③ ④ ⑤ ⑥ ⑦ ⑧ ⑨ ⓪	2	① ② ③ ④	22	① ② ③ ④
교시코드	① ② ③ ④ ⑤ ⑥ ⑦ ⑧ ⑨ ⓪	3	① ② ③ ④	23	① ② ③ ④
① ② ③	① ② ③ ④ ⑤ ⑥ ⑦ ⑧ ⑨ ⓪	4	① ② ③ ④	24	① ② ③ ④
④	① ② ③ ④ ⑤ ⑥ ⑦ ⑧ ⑨ ⓪	5	① ② ③ ④	25	① ② ③ ④

6 ① ② ③ ④ 26 ① ② ③ ④
7 ① ② ③ ④ 27 ① ② ③ ④
8 ① ② ③ ④ 28 ① ② ③ ④
9 ① ② ③ ④ 29 ① ② ③ ④
10 ① ② ③ ④ 30 ① ② ③ ④
11 ① ② ③ ④ 31 ① ② ③ ④
12 ① ② ③ ④ 32 ① ② ③ ④
13 ① ② ③ ④ 33 ① ② ③ ④
14 ① ② ③ ④ 34 ① ② ③ ④
15 ① ② ③ ④ 35 ① ② ③ ④
16 ① ② ③ ④ 36 ① ② ③ ④
17 ① ② ③ ④ 37 ① ② ③ ④
18 ① ② ③ ④ 38 ① ② ③ ④
19 ① ② ③ ④ 39 ① ② ③ ④
20 ① ② ③ ④ 40 ① ② ③ ④

답안지 작성시 유의사항

1. 답안지는 반드시 컴퓨터용 사인펜을 사용하여 다음 [보기]와 같이 표기할 것.
   [보기] 잘된 표기: ● 잘못된 표기: ⊗ ⊙ ○ ◑ ◒ ●
2. 수험번호 (1)에는 아라비아 숫자로 쓰고, (2)에는 "●"와 같이 표기할 것.
3. 과목코드는 뒷면 "과목코드번호"를 보고 해당과목의 코드번호를 찾아 표기하고,
   응시과목란에는 응시과목명을 한글로 기재할 것.
4. 교시코드는 문제지 전면 의 교시를 해당란에 "●"와 같이 표기할 것.
5. 한번 표기한 답은 긁거나 수정액 및 스티커 등 어떠한 방법으로도 고쳐서는
   아니되고, 고친 문항은 "0"점 처리됨.

과목코드						응시과목			
		① ② ③ ④ ⑤ ⑥ ⑦ ⑧ ⑨ ⓪	1	① ② ③ ④	21	① ② ③ ④
		① ② ③ ④ ⑤ ⑥ ⑦ ⑧ ⑨ ⓪	2	① ② ③ ④	22	① ② ③ ④
교시코드	① ② ③ ④ ⑤ ⑥ ⑦ ⑧ ⑨ ⓪	3	① ② ③ ④	23	① ② ③ ④
① ② ③	① ② ③ ④ ⑤ ⑥ ⑦ ⑧ ⑨ ⓪	4	① ② ③ ④	24	① ② ③ ④
④	① ② ③ ④ ⑤ ⑥ ⑦ ⑧ ⑨ ⓪	5	① ② ③ ④	25	① ② ③ ④

6 ① ② ③ ④ 26 ① ② ③ ④
7 ① ② ③ ④ 27 ① ② ③ ④
8 ① ② ③ ④ 28 ① ② ③ ④
9 ① ② ③ ④ 29 ① ② ③ ④
10 ① ② ③ ④ 30 ① ② ③ ④
11 ① ② ③ ④ 31 ① ② ③ ④
12 ① ② ③ ④ 32 ① ② ③ ④
13 ① ② ③ ④ 33 ① ② ③ ④
14 ① ② ③ ④ 34 ① ② ③ ④
15 ① ② ③ ④ 35 ① ② ③ ④
16 ① ② ③ ④ 36 ① ② ③ ④
17 ① ② ③ ④ 37 ① ② ③ ④
18 ① ② ③ ④ 38 ① ② ③ ④
19 ① ② ③ ④ 39 ① ② ③ ④
20 ① ② ③ ④ 40 ① ② ③ ④

절취선

[이 답안지는 마킹연습용 모의답안지입니다.]

독학학위제 1단계 교양과정인정시험 답안지(객관식)

컴퓨터용 사인펜만 사용

★ 수험생은 수험번호와 응시과목 코드번호를 표기(마킹)한 후 일치여부를 반드시 확인할 것.

전공분야

성명

수 험 번 호								
(1)	1							
(2)	● ② ③ ④		① ② ③ ④ ⑤ ⑥ ⑦ ⑧ ⑨ ⑩					

교시
응시과목

과목코드

응시과목

	1	① ② ③ ④	21	① ② ③ ④
	2	① ② ③ ④	22	① ② ③ ④
	3	① ② ③ ④	23	① ② ③ ④
	4	① ② ③ ④	24	① ② ③ ④
	5	① ② ③ ④	25	① ② ③ ④
	6	① ② ③ ④	26	① ② ③ ④
	7	① ② ③ ④	27	① ② ③ ④
	8	① ② ③ ④	28	① ② ③ ④
	9	① ② ③ ④	29	① ② ③ ④
	10	① ② ③ ④	30	① ② ③ ④
	11	① ② ③ ④	31	① ② ③ ④
	12	① ② ③ ④	32	① ② ③ ④
	13	① ② ③ ④	33	① ② ③ ④
	14	① ② ③ ④	34	① ② ③ ④
	15	① ② ③ ④	35	① ② ③ ④
	16	① ② ③ ④	36	① ② ③ ④
	17	① ② ③ ④	37	① ② ③ ④
	18	① ② ③ ④	38	① ② ③ ④
	19	① ② ③ ④	39	① ② ③ ④
	20	① ② ③ ④	40	① ② ③ ④

과목코드: ① ② ③ ④ ⑤ ⑥ ⑦ ⑧ ⑨ ⑩

교시코드: ① ② ③ ④

답안지 작성시 유의사항

1. 답안지는 반드시 컴퓨터용 사인펜을 사용하여 다음 **보기**와 같이 표기할 것.
   보기 잘된 표기: ● 잘못된 표기: ⊘ ⊗ ① ◑ ○ ◐

2. 수험번호 (1)에는 아라비아 숫자로 쓰고, (2)에는 "●"와 같이 표기할 것.

3. 과목코드는 "과목코드번호"를 보고 해당과목의 코드번호를 찾아 표기하고, 응시과목란에는 응시과목명을 한글로 기재할 것.

4. 교시코드는 문제지 전면 의 교시를 해당란에 "●"와 같이 표기할 것.

5. 한번 표기한 답은 긁거나 수정액 및 스티커 등 어떠한 방법으로도 고쳐서는 아니되고, 고친 문항은 "0"점 처리함.

※ 감독관 확인란

(인)

관 리 번 호	
(연번)	(응시자수)

컴퓨터용 사인펜만 사용

★ 수험생은 수험번호와 응시과목 코드번호를 표기(마킹)한 후 일치여부를 반드시 확인할 것.

독학학위제 1단계 교양과정인정시험 답안지(객관식)

전공분야

성 명

	수 험 번 호					
(1)	1			–		
(2)	② ③ ④ ●					

수험번호 칸: ① ② ③ ④ ⑤ ⑥ ⑦ ⑧ ⑨ ⓪ (반복)

※ 감독관 확인란

(인)

관 리 번 호	(연번)
(응시자수)	

과목코드

교시코드	응시과목
① ② ③ ④	

응시과목			
1 ① ② ③ ④	11 ① ② ③ ④	21 ① ② ③ ④	31 ① ② ③ ④
2 ① ② ③ ④	12 ① ② ③ ④	22 ① ② ③ ④	32 ① ② ③ ④
3 ① ② ③ ④	13 ① ② ③ ④	23 ① ② ③ ④	33 ① ② ③ ④
4 ① ② ③ ④	14 ① ② ③ ④	24 ① ② ③ ④	34 ① ② ③ ④
5 ① ② ③ ④	15 ① ② ③ ④	25 ① ② ③ ④	35 ① ② ③ ④
6 ① ② ③ ④	16 ① ② ③ ④	26 ① ② ③ ④	36 ① ② ③ ④
7 ① ② ③ ④	17 ① ② ③ ④	27 ① ② ③ ④	37 ① ② ③ ④
8 ① ② ③ ④	18 ① ② ③ ④	28 ① ② ③ ④	38 ① ② ③ ④
9 ① ② ③ ④	19 ① ② ③ ④	29 ① ② ③ ④	39 ① ② ③ ④
10 ① ② ③ ④	20 ① ② ③ ④	30 ① ② ③ ④	40 ① ② ③ ④

답안지 작성시 유의사항

1. 답안지는 반드시 컴퓨터용 사인펜을 사용하여 다음 [보기]와 같이 표기할 것.
   [보기] 잘된 표기: ●
   잘못된 표기: ⊘ ⊗ ◑ ◔ ○ ◐

2. 수험번호 (1)에는 아라비아 숫자로 쓰고, (2)에는 "●"와 같이 표기할 것.

3. 과목코드는 뒷면 "과목코드번호"를 보고 해당과목의 코드번호를 찾아 표기하고,
   응시과목란에는 응시과목명을 한글로 기재할 것.

4. 교시코드는 문제지 전면 의 교시를 해당란에 "●"와 같이 표기할 것.

5. 한번 표기한 답은 긁거나 수정액 및 스티커 등 어떠한 방법으로도 고쳐서는
   아니되고, 고친 문항은 "0"점 처리함.

과목코드

교시코드	응시과목
① ② ③ ④	

응시과목			
1 ① ② ③ ④	11 ① ② ③ ④	21 ① ② ③ ④	31 ① ② ③ ④
2 ① ② ③ ④	12 ① ② ③ ④	22 ① ② ③ ④	32 ① ② ③ ④
3 ① ② ③ ④	13 ① ② ③ ④	23 ① ② ③ ④	33 ① ② ③ ④
4 ① ② ③ ④	14 ① ② ③ ④	24 ① ② ③ ④	34 ① ② ③ ④
5 ① ② ③ ④	15 ① ② ③ ④	25 ① ② ③ ④	35 ① ② ③ ④
6 ① ② ③ ④	16 ① ② ③ ④	26 ① ② ③ ④	36 ① ② ③ ④
7 ① ② ③ ④	17 ① ② ③ ④	27 ① ② ③ ④	37 ① ② ③ ④
8 ① ② ③ ④	18 ① ② ③ ④	28 ① ② ③ ④	38 ① ② ③ ④
9 ① ② ③ ④	19 ① ② ③ ④	29 ① ② ③ ④	39 ① ② ③ ④
10 ① ② ③ ④	20 ① ② ③ ④	30 ① ② ③ ④	40 ① ② ③ ④

[이 답안지는 마킹연습용 모의답안지입니다.]

독학학위제 1단계 교양과정인정시험 답안지(객관식)

★ 수험생은 수험번호와 응시과목 코드번호를 표기(마킹)한 후 일치여부를 반드시 확인할 것.

컴퓨터용 사인펜만 사용

전공분야	
성명	

수험번호

(1) / (2)

응시과목

과목코드 / 응시과목 / 교시코드

(표 1)

1	① ② ③ ④	21	① ② ③ ④
2	① ② ③ ④	22	① ② ③ ④
3	① ② ③ ④	23	① ② ③ ④
4	① ② ③ ④	24	① ② ③ ④
5	① ② ③ ④	25	① ② ③ ④
6	① ② ③ ④	26	① ② ③ ④
7	① ② ③ ④	27	① ② ③ ④
8	① ② ③ ④	28	① ② ③ ④
9	① ② ③ ④	29	① ② ③ ④
10	① ② ③ ④	30	① ② ③ ④
11	① ② ③ ④	31	① ② ③ ④
12	① ② ③ ④	32	① ② ③ ④
13	① ② ③ ④	33	① ② ③ ④
14	① ② ③ ④	34	① ② ③ ④
15	① ② ③ ④	35	① ② ③ ④
16	① ② ③ ④	36	① ② ③ ④
17	① ② ③ ④	37	① ② ③ ④
18	① ② ③ ④	38	① ② ③ ④
19	① ② ③ ④	39	① ② ③ ④
20	① ② ③ ④	40	① ② ③ ④

응시과목

과목코드 / 응시과목 / 교시코드

(표 2)

1	① ② ③ ④	21	① ② ③ ④
2	① ② ③ ④	22	① ② ③ ④
3	① ② ③ ④	23	① ② ③ ④
4	① ② ③ ④	24	① ② ③ ④
5	① ② ③ ④	25	① ② ③ ④
6	① ② ③ ④	26	① ② ③ ④
7	① ② ③ ④	27	① ② ③ ④
8	① ② ③ ④	28	① ② ③ ④
9	① ② ③ ④	29	① ② ③ ④
10	① ② ③ ④	30	① ② ③ ④
11	① ② ③ ④	31	① ② ③ ④
12	① ② ③ ④	32	① ② ③ ④
13	① ② ③ ④	33	① ② ③ ④
14	① ② ③ ④	34	① ② ③ ④
15	① ② ③ ④	35	① ② ③ ④
16	① ② ③ ④	36	① ② ③ ④
17	① ② ③ ④	37	① ② ③ ④
18	① ② ③ ④	38	① ② ③ ④
19	① ② ③ ④	39	① ② ③ ④
20	① ② ③ ④	40	① ② ③ ④

답안지 작성시 유의사항

1. 답안지는 반드시 컴퓨터용 사인펜을 사용하여 다음 [보기]와 같이 표기할 것.
   [보기] 잘 된 표기: ● 잘못된 표기: ⊘ ⊗ ① ◑ ○ ●
2. 수험번호 (1)에는 아라비아 숫자로 쓰고, (2)에는 "●"와 같이 표기할 것.
3. 과목코드는 뒷면 "과목코드번호"를 보고 해당과목의 코드번호를 찾아 표기하고,
   응시과목란에는 응시과목명을 한글로 기재할 것.
4. 교시코드는 문제지 전면 의 교시를 해당란에 "●"와 같이 표기할 것.
5. 한번 표기한 답은 긁거나 수정액 및 스티커 등 어떠한 방법으로도 고쳐서는
   아니되고, 고친 문항은 "0"점 처리함.

[이 답안지는 마킹연습용 모의답안지입니다.]

※ 감독관 확인란

(인)

관 리 번 호 (연번)

(응시자수)

절취선

2025 시대에듀 A + 독학사 1단계 교양과정 사회학개론 한권합격

개정15판1쇄 발행	2025년 01월 08일 (인쇄 2024년 08월 13일)
초 판 발 행	2010년 02월 16일 (인쇄 2010년 01월 07일)
발 행 인	박영일
책 임 편 집	이해욱
편 저	독학학위연구소
편 집 진 행	송영진
표지디자인	박종우
편집디자인	차성미 · 고현준
발 행 처	(주)시대고시기획
출 판 등 록	제10-1521호
주 소	서울시 마포구 큰우물로 75 [도화동 538 성지 B/D] 9F
전 화	1600-3600
팩 스	02-701-8823
홈 페 이 지	www.sdedu.co.kr
I S B N	979-11-383-7462-0 (13330)
정 가	27,000원